Takashi Ogishima

Japanilais – suomalainen
opiskelusanakirja

日本語フィンランド語
小辞典

荻島　崇著

東京　**大学書林**　発行

は　し　が　き

　2005年1月に大学書林より,「日本語フィンランド語辞典」が出版されたが,本書はその簡略版である。従って「日本語フィンランド語辞典」とは違った辞典ではなく,あくまでもそれを簡略化した辞典である。「日本語フィンランド語辞典」であるから,フィンランド人が日本語を勉強するために使用するかもしれないが,それは考えに入れないであくまでも日本人がフィンランド語を勉強するのに役立てばという目的で作られた。その証拠に語の並び方はアルファベット順ではなく,あいうえお順である。

　簡略化するために主に次の三つの方法を取った。
　第一は「日本語フィンランド語辞典」の中にあった例文を本書では全部省いてしまった事。従って例えば「できる」という単語は「日本語フィンランド語辞典」では49行にわたっているが,本書では3行になっている。「行く」という単語は「日本語フィンランド語辞典」では21行だが本書では2行になっている。例文を参照してフィンランド語の文章を作るのはこれでは不可能である。「日本語フィンランド語辞典」を含めた他の辞書の利用が必要になってくる。
　第二は具体的な単語を残して抽象的な単語を減らした事。例えば「手」には身体の手とせいぜい「手段・方法」を表す手だけを残し「手を貸す」「手を抜く」「手に負え

ない」といった抽象的な表現は全部省いてしまった。

　第三はフィンランド語の単語の数を減らした事。例えば「日本語フィンランド語辞典」では,「光」にフィンランド語の 11 の単語が当てられていたが,本書では 3 つになっている。

　主に以上のような方法で「日本語フィンランド語辞典」の簡略版である本書ができあがった。既にある「日本語フィンランド語辞典」から削除していくだけなので,簡略版は簡単に作成する事ができると考えていたのであるが,実際に取りかかってみるとなかなか大変な仕事であった。どの単語を残し,どの単語を削除するのか,単語一つ一つについて考えていくのはかなり時間がかかる仕事であった。今回もフィンランド Turku 大学の Ulla Palomäki 先生に教えられる事が多かった。ここでお礼の気持ちを表したい。

　「日本語フィンランド語辞典」が 2005 年 1 月に出版されたので,今日まで 3 年以上の歳月が流れてしまった。なかなか仕事がはかどらず,時間ばかり過ぎていくのに苛立ったり不愉快になったりしないで,今日までじっと待って下さった大学書林の佐藤政人社長に心からお礼を申し上げたいし,ご迷惑をお掛けした事に対してお詫びを申し上げたい。

2008 年 3 月

荻島　崇

凡　例

1．記号の説明

　　かわ〔川〕joki* 8 ［名］
　　おとす〔落とす〕pudottaa* 2 ［動］

1) フィンランド語の単語の右上の＊は，その語に子音階程交替が起こる事を表す。
2) 8 は joki の変化形が巻末付録の「名詞・形容詞の変化表」の 8 の lehti と同じ変化である事を表す。

　　2 は pudottaa の変化形が巻末付録の「動詞の活用表」の 2 の lähettää と同じ活用である事を表す。
3) ［名］［動］などは品詞の略語であり，その他に次の略語を用いた。

　　［名］名詞　　　　　　［複名］複数名詞
　　［形］形容詞　　　　　［動］動詞
　　［基数］基数詞　　　　［序数］序数詞
　　［人代］人称代名詞　　［指代］指示代名詞
　　［疑代］疑問代名詞　　［関代］関係代名詞
　　［不代］不定代名詞　　［再代］再帰代名詞
　　［副］副詞　　　　　　［接］接続詞
　　［後］後置詞　　　　　［前］前置詞
　　［間］間投詞

凡例　　　　　　　　　　[iv]

2．本文・巻末の付録を含めて格の名称は次のとおりである。

　　主格＝nominatiivi　　　属格＝genetiivi
　　対格＝akkusatiivi　　　分格＝partitiivi
　　様格＝essiivi　　　　　変格＝translatiivi
　　内格＝inessiivi　　　　出格＝elatiivi
　　入格＝illatiivi　　　　所格＝adessiivi
　　離格＝ablatiivi　　　　向格＝allatiivi
　　欠格＝abessiivi　　　　共格＝komitatiivi
　　具格＝instruktiivi

3．〈　〉の中は略語である。

　　c 〈地〉地学　　　　　　　〈魚〉魚類
　　　〈地質〉地質学　　　h 〈卑〉卑語
　　　〈鳥〉鳥類　　　　　　　〈法〉法律用語
　　　〈虫〉虫類　　　　　i 〈医〉医学
　　d 〈電〉電気　　　　　j 〈常〉日常語
　　　〈動〉動物　　　　　k 〈化〉化学
　　　〈動医〉動物医学　　　　〈貝〉貝類
　　f 〈服〉服装　　　　　　　〈解〉解剖学
　　g 〈楽〉音楽　　　　　　　〈絵〉絵画
　　　〈劇〉演劇用語　　　　　〈海〉海語
　　　〈言〉言語学　　　　　　〈革〉皮革細工
　　　〈技〉技術用語　　　　　〈経〉経済学
　　　〈軍〉軍隊用語　　　　　〈建〉建築用語

	〈幾〉幾何学		〈史〉歴史
	〈気〉気象学		〈詩〉詩語
	〈菌〉菌類		〈詩学〉詩学・韻律
	〈金〉金属・冶金		〈心〉心理学
	〈鉱〉鉱物学		〈神〉神話学
	〈考〉考古学		〈商〉商業
	〈甲殻〉甲殻類		〈織〉織物
n	〈農〉農業		〈植〉植物
r	〈ラ〉ラジオ		〈宗〉宗教
	〈理〉物理学		〈ス〉スポーツ
	〈林〉林業		〈数〉数学
	〈料〉料理	t	〈哲〉哲学
s	〈政〉政治		〈鉄〉鉄道
	〈声〉音声学		〈天〉天文学
	〈生物〉生物学	w	〈話〉話しことば
	〈生理〉生理学	y	〈薬〉薬剤
	〈生徒〉生徒用語		〈幼〉幼児語
	〈写〉写真	z	〈俗〉俗語

あ

ああ ああでもないこうでもない puoleen ja toiseen
アーケード kaarikäytävä 13 [名], arkadi 6 [名]
アース 〈電〉maajohto* 1 [名]
アーチ kaari 32 [名]
アーチェリー jousiammunta* 15 [名]
アーベーセー (初歩) alkeet* 78 [複名]
アーメン amen [間], aamen [間]
アーモンド manteli 5 [名]
アール (面積) aari 4 [名]
あい 〔藍〕(色) indigoväri 4 [名] ／藍色の indigonsininen 63 [形]
あい 〔愛〕rakkaus* 65 [名]
あいか 〔哀歌〕itkuvirsi* 42 [名]
あいかぎ 〔合鍵〕vara-avain 56 [名]
あいかわらず 〔相変わらず〕kuten tavallisesti
アイキュー 〔IQ〕(知能指数) älykkyysosamäärä 11 [名]
あいきょう 〔愛嬌〕愛嬌のある puoleensavetävä 13 [形]
あいこ 〔愛顧〕suosio 3 [名]
あいご 〔愛護〕rauhoitus 64 [名]
あいこう 〔愛好〕愛好家 asianharrastaja 16 [名]
あいこく 〔愛国〕愛国心 isänmaanrakkaus* 65 [名] ／愛国的 isänmaallinen 63 [形]
あいことば 〔合い言葉〕tunnussana 10 [名]
あいさつ 〔挨拶〕tervehdys 64 [名], terveiset 63 [複名] ／挨拶する tervehtiä* 17 [動]
あいじ 〔愛児〕lempilapsi 45 [名]
あいしあう 〔愛し合う〕rakastavainen 63 [形]
あいしょう 〔相性〕yhtäläisyys* 65 [名]
あいじょう 〔愛情〕rakkaus* 65 [名] ／愛情深く rakastavasti [副]

あいじん〔愛人〕〈常〉heila 10 [名]
アイス アイスクリーム jäätelö 2 [名] ／アイススケート luistelu 2 [名] ／アイスホッケー〈ス〉jääkiekko* 1 [名], jääkiekkoilu 2 [名]
あいず〔合図〕merkinanto* 1 [名], viittaus 64 [名]
アイスランド Islanti* 4 [名] ／アイスランド語 islanti 4 [名] ／アイスランド人 islantilainen 63 [名]
あいする〔愛する〕rakastaa 2 [動]
あいそ〔愛想〕愛想がよい rakastava 13 [形] ／愛想が悪い epäystävällinen 63 [形]
アイソトープ isotooppi* 4 [名]
あいだ〔間〕少しの間（時間について）（副詞的に）vähän aikaa, hetken, hetken aikaa, jonkin aikaa ／〜と〜の間に（場所と時間について）（属格と共に）välillä [後],（属格と共に）välissä [後]
あいだがら〔間柄〕(関係) suhde* 78 [名], yhteys* 65 [名]
あいちゃく〔愛着〕kiintymys 64 [名] ／愛着を感じる kiintyä* 1 [動]
あいつぐ〔相次ぐ〕相次いで päällekkäin [副]
あいづち〔相槌〕相槌を打つ nyökätä* 35 [動], nuokkua* 1 [動]
あいて〔相手〕vastustaja 16 [名],（競走などの）kilpailija 14 [名]
アイディア（考え）aate* 78 [名], idea 15 [名]
アイデンティティー identtisyys* 65 [名], henkilöllisyys* 65 [名]
あいとう〔哀悼〕suru 1 [名], surumieli 32 [名]
あいどく〔愛読〕愛読書 mielikirja 10 [名], lempikirja 10 [名]
アイドル idoli 5 [名]
あいぶ〔愛撫〕愛撫する hyväillä 29 [動], syleillä 29 [動]
あいぼう〔相棒〕〈話〉veikko* 1 [名]
あいま〔合間〕合間に siinä välissä
あいまい〔曖昧〕曖昧な epäselvä 11 [形], epämääräinen 63 [形]
あいよう〔愛用〕愛用の mieli-, lempi-

あおむけ

あいらしい〔愛らしい〕sievä 11 [形], soma 11 [形], nätti* 4 [形] ／愛らしく sievästi [副]
あいろ〔隘路〕kapea tie (kapea 21 [形], tie 30 [名])
アイロン silitysrauta* 10 [名], prässirauta* 10 [名] ／アイロンをかける silittää* 2 [動]
あう〔会う〕tavata* 35 [動], kohdata* 35 [動]
あう〔合う〕(調和する) sointua* 1 [動], (適合する) sopia* 17 [動], pitää paikkansa；(適切である) sopiva 13 [形] (pitää* 2 [動])
アウトライン luonnos 64 [名], hahmotelma 13 [名] ／アウトラインを描く hahmotella* 28 [動], kaavoittaa* 2 [動]
あえぐ〔喘ぐ〕(苦しそうに息をする) huohottaa* 2 [動], voihkia 17 [動]
あえて〔敢えて〕敢えて～する uskaltaa* 5 [動], rohjeta* 34 [動]
あえん〔亜鉛〕sinkki* 4 [名]
あお〔青〕(目・水・空などの) sinisyys* 65 [名] ／青っぽい vaaleansininen 63 [形]
あおあお〔青々〕青々とした vihanta* 12 [形]
あおい〔青い・蒼い〕sininen 63 [形]
あおいきといき〔青息吐息〕uupumus 64 [名], voipumus 64 [名]
あおいろ〔青色〕青色 sininen 63 [名], sinisyys* 65 [名] ／(薄い) 青色の vaaleansininen 63 [形]
あおぐ〔仰ぐ〕(見上げる) kohottaa katseensa, (尊敬する) kunnioittaa* 2 [動]
あおげら〈鳥〉vihertikka* 10 [名]
あおざめる〔青ざめる〕kalveta* 34 [動], vaaleta 34 [動] ／青ざめた kalpea 21 [形], väritön* 57 [形]
あおじゃしん〔青写真〕(計画) suunnitelma 13 [名]
あおじろい〔青白い〕kalpea 21 [形]
あおぞら〔青空〕青空市場 kauppatori 4 [名]
あおにさい〔青二才〕aloittelija 14 [名]
あおば〔青葉〕vihreä lehti (vihreä 21 [形], lehti* 8 [名])
あおみ〔青み〕青みがかった sinertävä 13 [形]
あおむけ〔仰向け〕仰向けになって selälleen [副]

あおもの

あおもの〔青物〕(通常は複数形で) vihannes 64〔名〕, (通常は複数形で) kasvis 64〔名〕
あおる〔煽る〕(扇動する) kiihottaa*2〔動〕, kiihdyttää*2〔動〕
あか〔赤〕punainen 63〔名〕, punaisuus* 65〔名〕
あか〔垢〕(皮膚の) lika* 10〔名〕
あかい〔赤い〕punainen 63〔形〕, (濃い) tummanpunainen 63〔形〕／赤くなる punastua 1〔動〕, punertua* 1〔動〕
あかえんぴつ〔赤鉛筆〕punakynä 11〔名〕
あかかぶ〔赤蕪〕〈植〉punajuuri 39〔名〕
あがく rimpuilla 29〔動〕
あかげら〈鳥〉käpytikka* 10〔名〕
あかし〔証〕(証拠) todistus 64〔名〕, todiste 78〔名〕
あかじ〔赤字〕〈商〉vajaus 64〔名〕
あかす〔明かす〕(打ち明ける) ilmaista 24〔動〕, paljastaa 2〔動〕
あかちゃける〔赤茶ける〕赤茶けた punertava 13〔形〕
あかちゃん〔赤ちゃん〕vauva 10〔名〕, pienokainen 63〔名〕
あかつき〔暁〕(夜明け) aamunkoitto* 1〔名〕, sarastus 64〔名〕
アカデミー tiedeakatemia 15〔名〕／アカデミーの akateeminen 63〔形〕
あがなう〔贖う〕(償う) korvata 35〔動〕, maksaa 9〔動〕
あかぬけ〔垢抜け〕垢抜けした hienostunut 77〔形〕
あかみ〔赤み〕赤みがかった punertava 13〔形〕
あがめる〔崇める〕(尊敬する) palvoa 1〔動〕, kunnioittaa* 2〔動〕
あからさま あからさまの suorasanainen 63〔形〕, avomielinen 63〔形〕
あかり〔明かり〕valo 1〔名〕, valaistus 64〔名〕, (人工の) keinovalo 1〔名〕
あがり〔上がり〕(登り) nousu 1〔名〕; (収益) ansio 3〔名〕
あがる〔上がる〕nousta 24〔動〕, kohota 38〔動〕, korostua 1〔動〕; (値段が) kallistua 1〔動〕

あかるい〔明るい〕(光や色について) kirkas* 66 [形], loistava 13 [形] ／明るくなる valjeta* 34 [動], (夜が明ける) sarastaa 2 [動], kajastaa 2 [動]

あかるさ〔明るさ〕(光について) valoisuus* 65 [名], (色について) vaaleus* 65 [名], (性格について) suloisuus* 65 [名]

あかるみ〔明るみ〕明るみに出る tulla ilmi (tulla 25 [動])

あかワイン〔赤ワイン〕punaviini 4 [名]

あかんぼう〔赤ん坊〕vauva 10 [名], pienokainen 63 [名]

あき〔空き〕(空席) tila 10 [名], tyhjä tila (tyhjä 11 [形])

あき〔秋〕syksy 1 [名], syksyaika* 10 [名] ／秋に syksyllä

あきあき〔飽き飽き〕飽き飽きする pitkästyä 1 [動]

あきかぜ〔秋風〕syystuuli 32 [名]

あきたりない〔飽き足りない〕(〜に不満である) (入格と共に) olla tyytymätön (olla 25 [動], tyytymätön* 57 [形])

あきち〔空き地〕tyhjä paikka (tyhjä 11 [形], paikka* 10 [名])

あきない〔商い〕myynti* 4 [名]

あきなう〔商う〕myydä 20 [動]

あきらか〔明らか〕明らかな ilmeinen 63 [形], selvä 11 [形] ／明らかに selvästi [副], ilmeisesti [副], epäilemättä [副] ／明らかにする selvittää* 2 [動], selittää* 2 [動] ／明らかである olla selvillä+出格 (olla 25 [動])

あきらめる〔諦める〕(出格と共に) luopua* 1 [動]

あきる〔飽きる〕〜に飽きる (入格と共に) kyllästyä 1 [動], pitkästyä 1 [動]

アキレスけん〔アキレス腱〕〈解〉akillesjänne* 78 [名]

あきれる〔呆れる〕hämmästellä 28 [動], kummastua 1 [動] ／呆れた hämmästynyt 77 [形]

あく〔灰汁〕lipeä 21 [名]

あく〔悪〕paha 10 [名]

あく〔開く〕(戸・店などが) 開いて avoinna [副], auki

[副]

あく〔空く〕(使われない) joutaa* 4 [動] ／空いている (席が) vapaa 23 [形]

あくい〔悪意〕pahuus* 65 [名], ilkeys* 65 [名] ／悪意のある paha 10 [形], ilkeä 21 [形]

あくうん〔悪運〕huono onni (huono 1 [形], onni 8 [名])

あくえいきょう〔悪影響〕huono vaikutus (huono 1 [形], vaikutus 64 [名])

あくえき〔悪疫〕kulkutauti* 4 [名], epidemia 15 [名]

あくかんじょう〔悪感情〕vihamielisyys* 65 [名]

あくぎょう〔悪行〕pahanteko* 1 [名], ilkivalta* 10 [名]

あくじ〔悪事〕pahanteko* 1 [名]

あくしつ〔悪質〕悪質な pahantapainen 63 [形]

あくしゅ〔握手〕kättely 2 [名], kädenlyönti* 4 [名] ／握手する kätellä* 28 [動]

あくしゅう〔悪臭〕haju 1 [名], haisu 1 [名]

あくしゅう〔悪習〕pahe 78 [名]

あくしゅみ〔悪趣味〕huono maku (huono 1 [形], maku* 1 [名])

あくじゅんかん〔悪循環〕noidankehä 11 [名], taikakehä 11 [名]

あくせい〔悪性〕悪性の pahantapainen 63 [形]

あくせく あくせくと働く uurastaa 2 [動]

アクセサリー koru 1 [名], koruesine 78 [名]

アクセル (自動車の) kaasu 1 [名] ／アクセルペダル kaasupoljin* 56 [名]

アクセント paino 1 [名], korostus 64 [名] ／アクセントをつける painostaa 2 [動]

あくたい〔悪態〕kirous 64 [名] ／悪態をつく kirota 38 [動], kiroilla 29 [動]

あくてんこう〔悪天候〕huono ilma (huono 1 [形], ilma 10 [名])

あくとう〔悪党〕lurjus 64 [名], vintiö 3 [名]

あくとく〔悪徳〕pahe 78 [名]

あくにん〔悪人〕pahantekijä 14 [名]

あくび〔欠伸〕haukotus 64 [名] ／欠伸をする hau-

あげる

kotella* 28 [動]
あくひつ〔悪筆〕huono käsiala (huono 1 [形], käsiala 10 [名])
あくひょう〔悪評〕悪評高い pahamaineinen 63 [形]
あくへき〔悪癖〕huono tapa, pahe 78 [名] (huono 1 [形], tapa* 10 [名])
あくま〔悪魔〕paholainen 63 [名], saatana 15 [名]
あくむ〔悪夢〕painajaisuni 32 [名]
あくめい〔悪名〕悪名高い huonossa huudossa oleva, häpeällinen 63 [形] (oleva 13 [形])
あくよう〔悪用〕väärinkäytös 64 [名] ／悪用する käyttää väärin (käyttää* 2 [動])
あくりょう〔悪霊〕perkele 78 [名], riivaaja 16 [名]
あくりょく〔握力〕ote* 78 [名]
アクリル akryyli 4 [名], akryylimuovi 4 [名]
あくれい〔悪例〕huono esimerkki (huono 1 [形], esimerkki* 4 [名])
アクロバット akrobatia 15 [名], sirkusvoimistelu 2 [名]
あげあし〔揚げ足〕揚げ足を取る moittia* 17 [動]
あげおろし〔上げ下ろし〕(荷物の) lastaaminen ja purkaaminen (lastaaminen 63 [名], purkaaminen 63 [名])
あけがた〔明け方〕aamupuoli 32 [名]
あげく〔挙げ句〕挙げ句の果てに lopulta [副], viime kädessä
あけくれ〔明け暮れ〕aamu ja ilta, (常に) aina [副] (aamu 1 [名], ilta* 10 [名])
あげしお〔上げ潮〕nousuvesi* 40 [名]
あけっぱなし〔開けっ放し〕開けっ放しになって selkoselällään [副]
あけのみょうじょう〔明けの明星〕aamutähti* 8 [名]
あけぼの〔曙〕(明け方) koi 27 [名], päivänkoitto* 1 [名]
あける〔明ける・開ける・空ける〕(開く) avata 40 [動], aukaista 24 [動], (道を) antaa tietä, (夜が) koittaa* 2 [動], sarastaa 2 [動] (antaa* 9 [動])
あげる〔上げる〕kohottaa* 2 [動], korottaa* 2 [動],

あげる 〔揚げる〕（油で）paistaa 11 [動], käristää 2 [動]
あけわたし 〔明け渡し〕〈法〉pakkoluovutus 64 [名]
あけわたす 〔明け渡す〕väistyä 1 [動]
あご 〔顎〕leuka* 10 [名]／上顎 yläleuka* 10 [名]／下顎 alaleuka* 10 [名]
アコーディオン harmonikka* 15 [名], 〈常〉hanuri 5 [名]
あこがれ 〔憧れ〕kaipaus 64 [名]
あこがれる 〔憧れる〕kaipailla 29 [動], ikävöidä 30 [動]／憧れている kaihomielinen 63 [形]
あごひげ 〔顎髭〕parta* 10 [名]
あさ 〔麻〕hamppu* 1 [名], pellava 13 [名]
あさ 〔朝〕aamu 1 [名]／朝に aamulla／朝早く aamutuimaan [副], aamulla ani varhain／朝から夕方まで aamusta iltaan／毎朝 aamuisin [副]
あざ 〔痣〕（皮膚にできる）luomi 36 [名], sinelmä 13 [名]
あさい 〔浅い〕matala 12 [形]
あさいち 〔朝市〕tori 4 [名], kauppatori 4 [名]
あざけり 〔嘲り〕pilkka* 10 [名], iva 10 [名]
あざける 〔嘲る〕（馬鹿にする）ilkkua* 1 [動], pitää pilkkana(an)（pitää* 2 [動]）
あさごはん 〔朝御飯〕aamiainen 63 [名]
あさせ 〔浅瀬〕kahlaamo 2 [名], matalikko* 2 [名]
あさって 〔明後日〕明後日に ylihuomenna
あさつゆ 〔朝露〕kaste 78 [名]
あさね 〔朝寝〕朝寝する nousta myöhään (nousta 24 [動])
あさはか 〔浅はか〕浅はかな pintapuolinen 63 [形]／浅はかに tuhmasti [副]
あさひ 〔朝日〕aamuaurinko* 2 [名]
あさましい 〔浅ましい〕（卑しい）alhainen 63 [形], häpeällinen 63 [形]
あざみ 〔薊〕〈植〉ohdake* 78 [名]
あざむく 〔欺く〕pettää* 2 [動], petkuttaa* 2 [動]／欺かれる pettyä* 1 [動]

あずけいれ

- **あさもや**〔朝靄〕aamusumu 1 [名]
- **あざやか**〔鮮やか〕鮮やかな kirpeä 21 [形]
- **あさやけ**〔朝焼け〕aamurusko 1 [名], rusko 1 [名]
- **あざらし**〔海豹〕〈動〉hylje* 78 [名]
- **あさる**〔漁る〕（探す）etsiä 17 [動]
- **あざわらう**〔嘲笑う〕pilkata* 35 [動], ilkkua* 1 [動]
- **あし**〔足〕jalka* 10 [名],（動物の）tassu 1 [名],（交通機関）kulkuneuvo 1 [名], kulkuväline 78 [名]
- **あし**〔葦〕〈植〉ruoko* 1 [名]
- **あじ**〔味〕maku* 1 [名]／味がよい hyvänmakuinen 63 [形]／～の味がする（離格と共に）maistua 1 [動]
- **アジア** Aasia 15 [名]／アジア人 aasialainen 63 [名]／アジアの aasialainen 63 [形]
- **あしあと**〔足跡〕jälki* 8 [名]
- **あしおと**〔足音〕（大きな）töminä 14 [名],（静かな）sipsutus 64 [名]／足音を立てる tömistää 2 [動]
- **あしか**〔海驢〕〈動〉hylje* 78 [名]
- **あしくび**〔足首〕nilkka* 10 [名]
- **あじけない**〔味気ない〕mauton* 57 [形]
- **あじさし**〈鳥〉tiira 10 [名]
- **あししげく**〔足繁く〕usein [副], tuon tuostakin
- **アシスタント** assistentti* 4 [名], apulainen 63 [名]
- **あした**〔明日〕huomispäivä 11 [名]／明日に huomenna [副]
- **あしてまとい**〔足手まとい〕este 78 [名]
- **あしどめ**〔足留め〕足留めする pidättää* 2 [動]
- **あしどり**〔足取り〕askel 82 [名]
- **あしなみ**〔足並み〕（歩調）askel 82 [名]
- **あしば**〔足場〕rakennusteline 78 [名]
- **あしばや**〔足早〕足早に nopeasti [副]
- **あしぶみ**〔足踏み〕足踏みする kävellä paikallaan (kävellä 28 [動])
- **あじわう**〔味わう〕maistaa 10 [動]
- **あずかり**〔預かり〕talteenotto* 1 [名]／預かり状 säilytyskuitti* 4 [名]
- **あずかる**〔預かる〕（保管する）pitää* 2 [動], pidellä* 28 [動]
- **あずけいれ**〔預け入れ〕tilillepano 1 [名]

あずける〔預ける〕(金を) panna 27 [動], tallettaa* 2 [動]

アスパラガス〈植〉〈料〉parsa 10 [名]

アスファルト asfaltti* 6 [名], asvaltti* 6 [名]

あずまや〔東屋〕huvimaja 10 [名], lehtimaja 10 [名]

あせ〔汗〕hiki* 8 [名]／汗をかく hikoilla 29 [動]

あぜ〔畦〕(畑と畑の境) piennar* 82 [名], pientare 82 [名]

あせまみれ〔汗まみれ〕汗まみれになる kylpeä hiessä, uida hiessä (kylpeä* 13 [動], uida 18 [動])

あせる〔焦る〕(苛立つ) kärsiä 17 [動], kitua* 1 [動]

あせる〔褪せる〕(色が無くなる) kalveta* 34 [動], lakastua 1 [動]

あぜん〔啞然〕啞然とする olla sanaton, olla sanaakaan virkkamattomana (olla 25 [動])

あそこ あそこで tuossa [副], siellä [副], tuolla [副]／あそこへ tuohon [副], tuonne [副], sinne [副]

あそび〔遊び〕leikki* 4 [名], peli 4 [名]／遊び場 leikkikenttä* 11 [名]

あそびくらす〔遊び暮らす〕vetelehtiä* 17 [動]

あそぶ〔遊ぶ〕leikkiä* 17 [動], pelata 35 [動]

あたい〔価・値〕arvo 1 [名]

あたいする〔価する・値する〕～に値する (属格と共に) arvoinen 63 [形]

あたえる〔与える〕antaa* 9 [動], lahjoittaa* 2 [動]

あたたかい〔暖かい〕lämmin* 58 [形], lämpöinen 63 [形], (心が) lempeä 21 [形], ystävällinen 63 [形]／暖かく (親切に) ystävällisesti [副]

あたたまる〔暖まる・温まる〕lämmitä* 37 [動]

あたためる〔暖める・温める〕lämmittää* 2 [動], lämmitellä* 28 [動], (鳥が卵を) hautoa* 1 [動]

アタッシェ attasea 15 [名]

あだな〔仇名〕pilkkanimi 8 [名], lisänimi 8 [名]

あたふた あたふたと suinpäin [副]

アダプター adapteri 5 [名], sovite* 78 [名]

あたま〔頭〕pää 28 [名], kallo 1 [名]／頭がよい viisas 66 [形]／頭が悪い tyhmä 11 [形]／頭に浮かぶ pälkähtää päähän (pälkähtää* 2 [動])

あたまかず〔頭数〕joukkojen lukumäärä (lukumäärä 11 [名])
あたまきん〔頭金〕käsiraha 10 [名]
あたまわり〔頭割り〕頭割りにする jakaa yhtä suureen osaan (jakaa* 9 [動])
あたらしい〔新しい〕uusi* 40 [形], raikas* 66 [形], tuore 79 [形] ／新しく uudelleen [副], uudestaan [副] ／新しくする uudistaa 2 [動], uusia 17 [動]
あたり〔辺り〕parras* 66 [名] ／～の辺りに (属格と共に) tienoilla [名], (属格と共に) paikkeilla [名]
あたり〔当たり〕(～に対して)(分格と共に) kohti [後] ／一人当たり henkeä kohti
あたりさわり〔当たり障り〕当たり障りのない tavallinen 63 [形], jokapäiväinen 63 [形]
あたりちらす〔当たり散らす〕vihastua (suuttua) jokaiselle (vihastua 1 [動], suuttua* 1 [動])
あたりまえ〔当たり前〕当たり前の (普通の) yleinen 63 [形], tavallinen 63 [形]; (当然の) luonnollinen 63 [形], luonnonmukainen 63 [形]
あたる〔当たる〕(ぶつかる) sattua* 1 [動], osua 1 [動]
あちら あちらへ sinnepäin [副] ／あちらこちらへ sinne tänne, ristiin rastiin
あっ あっと言う間に heti [副], välittömästi [副], silmänräpäyksessä [副]
あつい〔厚い〕paksu 1 [形] ／～の厚さの (属格と共に) paksuinen 63 [形]
あつい〔暑い〕kuuma 11 [形] ／暑苦しい helteinen 63 [形]
あつい〔熱い〕kuuma 11 [形], tulikuuma 11 [形], tulinen 63 [形] ／熱くなる kuumentua* 1 [動], kuumeta 34 [動]
あっか〔悪化〕huonommuus* 65 [名] ／悪化する huonontua* 1 [動], paheta 34 [動]
あつかい〔扱い〕kohtelu 2 [名], käsittely 2 [名]
あつかう〔扱う〕kohdella* 28 [動], pidellä* 28 [動] ／扱い易い kepeä 21 [形]
あつかましい〔厚かましい〕hävytön* 57 [形], röyh-

keä 21 [形] ／厚かましく röyhkeästi [副]
あつがみ〔厚紙〕pahvi 4 [名]
あっかん〔圧巻〕kohokohta* 11 [名]
あっかん〔悪漢〕vintiö 3 [名], lurjus 64 [名]
あつぎ〔厚着〕厚着する pukea lämpimästi (ylle) (pukea* 13 [動])
あつくるしい〔暑苦しい〕kiihkeä 21 [形], tulinen 63 [形]
あっけ〔呆気〕呆気に取られる mykistyä sanattomaksi (mykistyä 1 [動])
あつげしょう〔厚化粧〕vahva meikki (vahva 10 [形], meikki* 4 [名])
あっこう〔悪行〕pahanteko* 1 [名], ilkivalta* 10 [名]
あっさく〔圧搾〕圧搾する puristaa kokoon, tiivistää 2 [動] (puristaa 2 [動])
あっさり（簡単に）helposti [副], yksinkertaisesti [副]
あっしゅく〔圧縮〕puserrus 64 [名]
あっする〔圧する〕（押す）tiivistää 2 [動], puristaa 2 [動]
あっせい〔圧政〕sorto* 1 [名] ／圧政を行う sortaa* 7 [動]
あっせん〔斡旋〕（世話）palvelus 64 [名], hoito* 1 [名] ／～の斡旋で（属格と共に）välityksellä [後], (属格と共に) avulla [後]
あつで〔厚手〕厚手の paksu 1 [形]
あっとう〔圧倒〕圧倒する musertaa* 6 [動], vallata* 35 [動]
あっぱく〔圧迫〕painostus 64 [名], paine 78 [名] ／圧迫する painostaa 2 [動], ahdistaa 2 [動]
あっぱれ あっぱれな kiitettävä 13 [形]
あつまり〔集まり〕（集まったもの）ryhmä 11 [名], joukko* 1 [名], (集会) kokous 64 [名], edustajakokous 64 [名]
あつまる〔集まる〕kertyä* 1 [動], kerääntyä* 1 [動]
あつめる〔集める〕kerätä 35 [動], koota* 38 [動], (草の実・穀物などを) poimia 17 [動]

あつらえる〔誂える〕(注文する) tilata 35 [動]
あつりょく〔圧力〕paine 78 [名], puserrus 64 [名], (苦しめること) vainoteko* 1 [名]
あつれき〔軋轢〕(不和) epäsopu* 1 [名], eripuraisuus* 65 [名]
あて〔当て〕当てにする odottaa* 2 [動] ／当てもなく umpimähkään [副]
あてがう〔宛う〕(与える) antaa* 9 [動], luovuttaa* 2 [動]
あてこすり〔当てこすり〕vihjaus 64 [名], vihjailu 2 [名]
あてこする〔当てこする〕vihjata 35 [動], vihjailla 29 [動]
あてずっぽう〔当てずっぽう〕当てずっぽうに umpimähkään [副]
あてな〔宛名〕osoite* 78 [名]
あてはまる〔当てはまる〕(適合する) soveltua* 1 [動]
あてはめる〔当てはめる〕(適合させる) soveltaa* 5 [動]
あてる〔当てる〕(言い当てる) arvailla 29 [動], arvata 35 [動]
あと〔後〕後で (時間について) myöhemmin [副] ／ ～の後で (属格と共に) jälkeen [後]
あと〔跡〕jälki* 8 [名]
あとあじ〔後味〕jälkimaku* 1 [名]
あとおし〔後押し〕後押しする työntää* 8 [動]
あとがき〔後書き〕jälkikirjoitus 64 [名]
あとかた〔跡形〕跡形もなく täysin [副], kokonaan [副]
あとかたづけ〔後片付け〕selvitys 64 [名], järjestys 64 [名]
あとがま〔後釜〕(後任) jälkeläinen 63 [名], desendentti* 4 [名]
あどけない lapsellinen 63 [形]
あとしまつ〔後始末〕järjestäminen 63 [名], suoritus 64 [名]
あとずさり〔後ずさり〕後ずさりする peräántyä* 1 [動]
あとつぎ〔跡継ぎ・後継ぎ〕jälkeläinen 63 [名], perillinen 63 [名]

あととり〔跡取り〕jälkeläinen 63 [名], perillinen 63 [名]
アドバイザー neuvonantaja 16 [名]
アドバイス neuvo 1 [名]／アドバイスを受ける kysyä neuvoa (kysyä 1 [動])
あとばらい〔後払い〕jälkimaksu 1 [名]
あとまわし〔後回し〕後回しにする lykätä* 35 [動]
あともどり〔後戻り〕taantumus 64 [名]／後戻りする taantua* 1 [動], peräytyä* 44 [動]
あとり〈鳥〉peippo* 1 [名]
アトリエ ateljee 26 [名]
アドリブ アドリブで mielin määrin
アドレス osoite* 78 [名]
あな〔穴〕reikä* 11 [名], kolo 1 [名]／穴をあける puhkaista 24 [動]
あなうめ〔穴埋め〕(補い) korvaus 64 [名]
アナウンサー kuuluttaja 16 [名]
あなぐま〔穴熊〕〈動〉metsäsika* 10 [名], 〈動〉mäyrä 11 [名]
あなぐら〔穴蔵〕kellari 5 [名]
あなた te (変化表参照) [人代]／あなたがた te (変化表参照) [人代]
あなどる〔侮る〕halveksia 17 [動], väheksyä 1 [動]
あに〔兄〕isoveli 84 [名]
アニス〈植〉anis 64 [名]
アニメーション animaatio 3 [名]
あね〔姉〕isosisko 84 [名]
アネモネ〈植〉vuokko* 1 [名]
あの tuo (変化表参照) [指代]／あのような tuollainen 63 [形], tuommoinen 63 [形]
アパート asuntola 14 [名], huoneisto 2 [名], kerrostalo 1 [名]
あばく〔暴く〕(秘密を) paljastaa salaisuus (paljastaa 2 [動], salaisuus* 65 [名])
あばた〔痘痕〕(皮膚にできる) rokonarpi* 8 [名]
あばらぼね〔肋骨〕〈解〉kylkiluu 29 [名]
あばらや〔荒家〕mökkipaha 10 [名], mökkipahanen 63 [名]

あまい

アパルトヘイト rotuerottelupolitiikka* 10 [名]
あばれ〔暴れ〕raivo 1 [名]
あばれる〔暴れる〕riehua 1 [動], raivota 38 [動]
アピール vetoomus 64 [名] ／アピールする人 vetooja 16 [名]
あびせる〔浴びせる〕(水を) suihkuttaa vettä (suihkuttaa* 2 [動])
あひる〔家鴨〕〈鳥〉ankka* 10 [名]
あびる〔浴びる〕(入浴する) kylpeä* 13 [動]
あぶ〔虻〕〈虫〉paarma 10 [名]
あぶく (泡) kupla 11 [名], vaahto* 1 [名], kuohu 1 [名]
アブストラクト abstraktinen käsite；abstraktinen 63 [形] (käsite* 78 [名])
あぶない〔危ない〕危なくする vaarantaa* 8 [動]
あぶなく〔危なく〕(ほとんど) melkein [副], vähällä [副]
アブノーマル アブノーマルな abnormi 4 [形]
あぶら〔脂〕(料理用の) rasva 10 [名] ／脂っこい rasvainen 63 [形]
あぶら〔油〕öljy 1 [名] ／油を含んだ öljyinen 63 [形] ／油をさす (機械に) voidella* 28 [動]
あぶらえ〔油絵〕öljymaalaus 64 [名]
あぶらむし〔油虫〕〈虫〉kirva 10 [名]
アプリコット aprikoosi 4 [名]
あぶる〔炙る〕(火にあてる) paahtaa* 11 [動], polttaa* 2 [動], (肉などを) pariloida 18 [動], (料理のために) paistaa 11 [動]
あふれる〔溢れる〕(水が) tulvia 17 [動], vuotaa* 4 [動], (喜びや元気が) uhkua 1 [動]
あべこべ あべこべの kääntein 63 [形] ／あべこべに kumossa [副], nurin [副]
あへん〔阿片〕(麻薬の一つ) oopiumi 4 [名]
あま〔尼〕nunna 11 [名]
あま〔亜麻〕pellava 13 [名] ／亜麻布 pellavakangas* 66 [名]
あまい〔甘い〕makea 21 [形] ／甘くする sokeroida 30 [動]

あまえっこ〔甘えっ子〕mammanpoika* 11 [名]
あまえんぼう〔甘えん坊〕mammanpoika* 11 [名]
あまがさ〔雨傘〕sateenvarjo 1 [名]
あまガッパ〔雨合羽〕sadetakki* 4 [名]
あまぐ〔雨具〕sadeasu 1 [名]
あまぐつ〔雨靴〕kumisaapas* 66 [名]
あまぐも〔雨雲〕nimbuspilvi 8 [名]
あまざらし〔雨曝し〕雨曝しの tuulen tuivertama (tuivertama 13 [形])
あます〔余す〕余すところなく tarkoin [副]
あまだれ〔雨垂れ〕sadepisara 17 [名]
アマチュア amatööri 4 [名], asianharrastaja 16 [名]
あまどい〔雨樋〕räystäskouru 1 [名], ränni 4 [名]
あまねく〔遍く〕(一般に) tavallisesti [副], yleensä [副];(広く) laajalti [副]
あまのがわ〔天の川〕〈天〉linnunrata* 10 [名]
あまのじゃく〔天の邪鬼〕天の邪鬼な itsepäinen 63 [形]
あまみ〔甘味〕makeus* 65 [名]
あまみず〔雨水〕sadevesi* 40 [名]
あまもり〔雨漏り〕vuoto* 1 [名]
あまやかし〔甘やかし〕hemmottelu 2 [名]
あまやかす〔甘やかす〕hellitellä* 28 [動], lelliä 17 [動]
あまやどり〔雨宿り〕雨宿りする suojata sateelta (suojata 35 [動])
あまり〔余り〕余りに liian [副], liiaksi [副]
あまる〔余る〕jäädä jäljelle (jäädä 19 [動])
あまんじる〔甘んじる〕(満足する) tyytyä* 1 [動], olla tyytyväinen (olla 25 [動])
あみ〔網〕verkko* 1 [名], siivilä 15 [名]
あみだな〔網棚〕hylly 1 [名], verkko* 1 [名]
アミノさん〔アミノ酸〕〈化〉aminohappo* 1 [名]
あみばり〔編み針〕sukkapuikko* 1 [名]
あみぼう〔編み棒〕kudinpuikko* 1 [名], neulepuikko* 1 [名]
あみもの〔編み物〕kudelma 13 [名], kudin* 56 [名]
あむ〔編む〕kutoa* 1 [動], (レースなどを) nyplätä

あらいおとす

35 [動]
あめ 〔雨〕 sade* 78 [名], (細かい) tihkusade* 78 [名] /雨が降る sataa* 9 [動], sataa vettä
あめ 〔飴〕(甘い菓子) karamelli 4 [名], tikkukaramelli 4 [名]
アメーバ ameeba 15 [名]
あめんぼ 〔水馬〕〈虫〉vesimittari 5 [名]
あやしい 〔怪しい〕(信じられない) epäilyttävä 13 [形], epävarma 10 [形]
あやしむ 〔怪しむ〕(疑う) epäillä 29 [動]
あやす (赤ちゃんを膝の上で) kiikutella* 28 [動]
あやつりにんぎょう 〔操り人形〕sätkynukke* 9 [名], marionetti* 4 [名]
あやつる 〔操る〕(操作する) käsitellä* 28 [動], pidellä* 28 [動]
あやぶむ 〔危ぶむ〕(疑う) epäillä 29 [動]
あやふや あやふやな epävarma 10 [形], epäselvä 11 [形]
あやまち 〔過ち〕 hairahdus 64 [名] /過ちをおかす hairahtua* 1 [動]
あやまり 〔誤り〕 virhe 78 [名], vääryys* 65 [名] /誤りのない virheetön* 57 [形]
あやまる 〔誤る〕 erehtyä* 1 [動] /誤って harhaan [副], väärin [副]
あやまる 〔謝る〕 pyytää anteeksi (pyytää* 3 と 45 [動])
あやめ 〔菖蒲〕〈植〉iiris 64 [名]
あゆみ 〔歩み〕 askel 82 [名], kulku* 1 [名]
あゆみよる 〔歩み寄る〕(妥協する) tinkiä* 17 [動]
あゆむ 〔歩む〕 kävellä 28 [動], astua 1 [動]
あら 〔粗〕(欠点) vika* 10 [名], virhe 78 [名]
あら (驚き・感嘆などの声) kas [間], ai [間]
あらあらしい 〔荒々しい〕 hurja 11 [形], raju 1 [形] /荒々しく hurjasti [副], hillittömästi [副]
あらい 〔洗い〕 pesu 1 [名]
あらい 〔荒い〕(心・言動が) äreä 21 [形]
あらい 〔粗い〕 kalsea 21 [形], karu 1 [形]
あらいおとす 〔洗い落とす〕 pestä pois (pestä 24

あらいざらい〔洗い浚い〕kokonaan [副], täysin [副]
あらいながす〔洗い流す〕huuhdella* 28 [動]
あらう〔洗う〕pestä 24 [動], huuhtoa* 1 [動], (体を) peseytyä* 44 [動]
あらかじめ〔予め〕(前もって) etukäteen [副], ennakolta [副]
アラカルト ruokalistan mukaan
あらさがし〔粗探し〕moittimishalu 1 [名]
あらし〔嵐〕(暴風雨) myrsky 1 [名], rajuilma 10 [名]
あらす〔荒らす〕raiskata 35 [動]
あらすじ〔粗筋〕luonnos 64 [名]
あらそい〔争い〕taistelu 2 [名], tappelu 2 [名], sota* 11 [名]
あらそう〔争う〕taistella 28 [動], tapella* 28 [動]
あらた〔新た〕新たにする uudistaa 2 [動]
あらだてる〔荒立てる〕(事を) raskauttaa* 2 [動]
あらたまる〔改まる〕(良くなる) edistyä 1 [動], parantua* 1 [動]；(新しくなる) uudistua 1 [動]
あらためる〔改める〕muuttaa* 2 [動], (行いを) parantaa tapansa (parantaa* 42 [動])
あらっぽい〔荒っぽい〕hiomaton* 57 [形], muokkaamaton* 57 [形]
あらなみ〔荒波〕kuohuva aalto (kuohuva 13 [形], aalto* 1 [名])
あらまし (大体) luonnos 64 [名], pääpiirre* 78 [名]
あらゆる (すべての) kokonainen 63 [形], kokonais-, kaikenlainen 63 [形]
あられ〔霰〕(冬に降る) rae* 78 [名], jääpala 10 [名]
あらわ〔露〕露に paljaasti [副]／露になる paljastua 1 [動]
あらわす〔表す〕ilmaista 24 [動], ilmentää* 8 [動], osoittaa* 2 [動]
あらわれ〔表れ・現れ〕ilmaisu 2 [名], esiintyminen 63 [名]
あらわれる〔現れる〕ilmestyä 1 [動], esiintyä* 1 [動]

あり〔蟻〕〈虫〉muurahainen 63 [名] ／蟻塚 muurahaiskeko* 1 [名]
ありあまる〔有り余る〕(たくさんの) runsas 66 [形], paljon [副]
ありあり ありありと selvästi [副], ilmeisesti [副]
ありあわせ〔有り合わせ〕有り合わせの valmis 69 [形], käsillä oleva (oleva 13 [形])
ありか〔在処〕(所在地) olinpaikka* 10 [名], sijaintipaikka* 10 [名]
ありがたい〔有り難い〕有り難く思う kiitollinen 63 [形]
ありがためいわく〔有難迷惑〕epämieluisa suosio (epämieluisa 13 [形], suosio 3 [名])
ありがとう〔有り難う〕Kiitos!, Paljon kiitoksia!, Sydämelliset kiitokset!
ありきたり〔在り来たり〕在り来たりの tavallinen 63 [形], arki-
ありさま〔有様〕(状態) tila 10 [名], (光景) maisema 13 [名]
ありそう〔有りそう〕有りそうな todennäköinen 63 [形], luultava 13 [形]
ありのまま〔有りのまま〕有りのままの luonnollinen 63 [形], kaunistelematon* 57 [形] ／有りのままに luonnollisesti [副]
アリバイ alibi 6 [名]
ありふれた〔有り触れた〕(よくある) tavallinen 63 [形], arkipäiväinen 63 [形]
ある〔在る・有る〕olla 25 [動] ／～である olla 25 [動]
ある〔或る〕eräs 66 [形], muuan* 61 [不代] ／或る程度 jonkin verran ／或る時 kerran [副] ／或る日 eräänä päivänä
あるいは〔或いは〕tai [接], taikka [接], (疑問文で) vai [接]
アルカリ アルカリ液〈化〉lipeä 21 [名]
あるき〔歩き〕(大股の) harppaus 64 [名]
あるきかた〔歩き方〕askel 82 [名]
あるきまわる〔歩き回る〕vaeltaa* 5 [動], samoilla 29 [動], kulkea ristiin rastiin (kulkea* 13 [動])

あるく〔歩く〕kävellä 28 [動], kulkea* 13 [動]
アルコール alkoholi 4 [名]
あるじ〔主〕(主人) isäntä* 11 [名]
アルト〈楽〉altto* 1 [名]
アルバイト sivutoimi 35 [名]
アルバム albumi 5 [名]
アルピニスト alppikiipeilijä 14 [名]
アルファベット aakkonen 63 [名]
アルミニウム aluminium 7 [名], alumiini 4 [名]
あれ tuo (変化表参照) [指代]
あれくるう〔荒れ狂う〕raivota 38 [動], riehua 1 [動]
あれこれ puoleen ja toiseen
あれち〔荒れ地〕erämaa 28 [名], nummi 8 [名]
あれの〔荒れ野〕autiomaa 28 [名]
あれはてる〔荒れ果てる〕rappeutua* 44 [動], autioitua* 1 [動]
あれもよう〔荒れ模様〕(天候が) myrskyinen 63 [形]
あれる〔荒れる〕(気持ちが) riehua 1 [動], (天気が) pyryttää* 2 [動], (天気・気持ちが) myrskytä 39 [動]
アレルギー allergia 14 [名]
アレンジ〈楽〉sovitus 64 [名]
あわ〔泡〕vaahto* 1 [名], kuohu 1 [名], kupla 11 [名]
あわい〔淡い〕(色について) vaalea 21 [形]
あわせる〔合わせる〕soveltaa* 5 [動], sovittaa* 2 [動] ／合わせて (合計) kaikkiaan [副], yhteensä [副]
あわただしい〔慌ただしい〕äkkinäinen 63 [形]
あわだち〔泡立ち〕kuohunta* 15 [名]
あわだつ〔泡立つ〕vaahdota* 38 [動], kuohua 1 [動]
あわだてき〔泡立て器〕(卵・クリームなどの) vispilä 15 [名], vatkain 56 [名]
あわだてる〔泡立てる〕〈料〉vatkata 35 [動]
あわてもの〔慌て者〕huolimaton* 57 [名], välinpitämätön* 57 [名]
あわてる〔慌てる〕慌てた äkkinäinen 63 [形]
あわれ〔哀れ〕哀れな kurja 11 [形], raukka* 10 [形],

surkea 21 [形] ／哀れな人 raukka* 10 [名], parka* 10 [名]

あわれみ〔哀れみ〕armo 1 [名], armahdus 64 [名], sääli 4 [名] ／哀れみ深い armelias 66 [形], sääliväinen 63 [形]

あわれむ〔哀れむ〕armahtaa* 2 [動], sääliä 17 [動]

あん〔案〕(計画) suunnitelma 13 [名], (提案) ehdotus 64 [名]

あんい〔安易〕安易な helppo* 1 [形], vaivaton* 57 [形]

あんいつ〔安逸〕kiireettömyys* 65 [名], laiskuus* 65 [名]

あんか〔安価〕halpuus* 65 [名] ／安価な halpa* 10 [形]

アンカー (リレーの) ankkuri 5 [名]

あんがい〔案外〕案外な odottamaton* 57 [形], hämmästyttävä 13 [形]

あんかん〔安閑〕安閑と laiskasti [副], joutilaana [副]

あんき〔暗記〕暗記する oppia ulkoa (oppia* 17 [動])

あんきょ〔暗渠〕(地下水路) salaoja 11 [名]

アンケート kysely 2 [名] ／アンケート用紙 kyselylomake* 78 [名]

あんごう〔暗号〕tunnussana 10 [名]

あんこうしょく〔暗紅色〕暗紅色の tummanpunainen 63 [形]

アンコール ylimääräinen numero (ylimääräinen 63 [形], numero 2 [名])

あんこく〔暗黒〕暗黒の pimeä 21 [形]

あんさつ〔暗殺〕salamurha 11 [名] ／暗殺する murhata 35 [動]

あんざん〔安産〕helppo synnytys (helppo* 1 [形], synnytys 64 [名])

あんざん〔暗算〕päässälasku 1 [名] ／暗算する laskea päässä (laskea 13 [動])

アンサンブル〈楽〉yhtye 78 [名]

あんじ〔暗示〕vihjaus 64 [名] ／暗示する vihjaista 24 [動], vihjata 35 [動]

あんしゅつ〔案出〕案出する keksiä 17 [動], sepittää* 2 [動]

あんしょう〔暗唱〕暗唱する lausua ulkomuistista, lausua ulkoa (lausua 1 [動])

あんしょう〔暗礁〕kari 4 [名]

あんじる〔案じる〕olla huolissaan (olla 25 [動])

あんしん〔安心〕rauhoitus 64 [名] ／安心する rauhoittua* 1 [動] ／安心させる rauhoittaa* 2 [動], helpottaa* 2 [動]

あんせい〔安静〕安静治療 lepohoito* 1 [名]

あんぜん〔安全〕turva 11 [名], turvallisuus* 65 [名] ／安全な suojainen 63 [形] ／安全にする turvata 35 [動], vakauttaa* 2 [動]

アンソロジー antologia 15 [名]

アンダーシャツ（通常は複数形で）alusvaate* 78 [名]

アンダーライン アンダーラインを引く alleviivata 35 [動]

あんたい〔安泰〕rauha 10 [名], turva 11 [名]

あんち〔安置〕asennus 64 [名]

アンチテーゼ antiteesi 4 [名], vastakohta* 11 [名]

あんちゅうもさく〔暗中模索〕暗中模索する haparoida 30 [動]

あんちょく〔安直〕安直な veltto* 1 [形], helppo* 1 [形]

あんてい〔安定〕安定感のある tukeva 13 [形], vankka* 10 [形] ／安定する vakautua* 44 [動]

アンテナ antenni 6 [名]

あんど〔安堵〕安堵する（安心する）lieventyä* 1 [動], helpottua* 1 [動]

あんな（あのような）tuollainen 63 [形], tuommoinen 63 [形]

あんない〔案内〕neuvonta* 15 [名], ohje 78 [名] ／案内書 käsikirja 10 [名] ／案内する ohjata 35 [動], opastaa 2 [動]

あんに〔暗に〕（遠回しに）epäsuorasti [副]

あんのじょう〔案の定〕odotuksenmukaisesti [副]

あんば〔鞍馬〕〈ス〉hevonen 63 [名]

アンパイア〈ス〉tuomari 5 [名]

アンバランス tasapainottomuus* 65 [名]
あんぴ〔安否〕hyvinvointi* 4 [名]
アンプ〈電〉vahvistin 56 [名]
アンペア〈電〉ampeeri 6 [名]
あんみん〔安眠〕sikeä uni (sikeä 21 [形], uni 32 [名])
あんもく〔暗黙〕暗黙の äänetön* 57 [形], sanaton* 57 [形]
アンモニア〈化〉ammoniakki* 4 [名]
あんや〔暗夜〕pimeä yö (pimeä 21 [形], yö 30 [名])
あんよ（幼児語）taaperrus 64 [名] ／あんよする taapertaa* 6 [動]
あんらく〔安楽〕安楽椅子 lepotuoli 4 [名] ／安楽な hauska 10 [形], mukava 13 [形]

い

い〔胃〕〈解〉vatsalaukku* 1 [名], mahalaukku* 1 [名]
い〔意〕意に反した väkinäinen 63 [形] ／意のままに mieltä myöten
いあつ〔威圧〕威圧する vallata* 35 [動]
いあわせる〔居合わせる〕(いる) olla 25 [動], (たまたまいる) sattua* 1 [動]
いあん〔慰安〕lohdutus 64 [名]
いいあい〔言い合い〕sananvaihto* 1 [名]
いいあう〔言い合う〕väitellä* 28 [動]
いいあてる〔言い当てる〕arvata oikein (arvata 35 [動])
いいあやまる〔言い誤る〕sanoa väärin (sanoa 1 [動])
いいあらそい〔言い争い〕tora 11 [名]
いいあらわす〔言い表す〕esittää* 2 [動], ilmaista 24 [動]
いいおとす〔言い落とす〕olla sanomatta (olla 25 [動])

いいかえす〔言い返す〕vastata terävästi, (口答えする) vastata nenäkkäästi (vastata 35 [動])
いいかえる〔言い換える〕言い換えると toisin sanoen
いいがかり〔言い掛かり〕suora syytös (suora 11 [形], syytös 64 [名])
いいかげん〔いい加減〕いい加減な välinpitämätön* 57 [形], huolimaton* 57 [形]
いいかた〔言い方〕sanonta* 15 [名], sanontatapa* 10 [名]
いいき〔いい気〕いい気な (うぬぼれた) omahyväinen 63 [形]
いいきかせる〔言い聞かせる〕(説得する) suostuttaa* 2 [動], taivuttaa* 2 [動]
いいきる〔言い切る〕(断言する) väittää* 2 [動], vakuuttaa* 2 [動]
いいくるめる〔言いくるめる〕selittää olemattomaksi (selittää* 2 [動])
いいしぶる〔言い渋る〕sanoa empien (sanoa 1 [動])
いいしれない〔言い知れない〕sanoin kuvaamaton (kuvaamaton* 57 [形])
いいすぎる〔言い過ぎる〕(多く話す) sanoa liian paljon (sanoa 1 [動])
イースター pääsiäinen 63 [名]／イースターエッグ pääsiäismuna 11 [名]
イースト hiiva 10 [名]
いいだす〔言い出す〕(口を出す) panna sanomaan (panna 27 [動])
いいたてる〔言い立てる〕(述べる) väittää* 2 [動], vakuuttaa* 2 [動]
いいつくす〔言い尽くす〕言い尽くせない sanoin kuvaamaton (kuvaamaton* 57 [形])
いいつくろう〔言い繕う〕kaunistella 28 [動]
いいつけ〔言い付け〕(命令) käsky 1 [名], määräys 64 [名]
いいつける〔言い付ける〕(命令する) käskeä 13 [動], (告げ口する) kannella* 28 [動]
いいつたえ〔言い伝え〕(伝承) perinne* 78 [名], perimätieto* 1 [名]

いいなおす〔言い直す〕selostaa uudelleen, esittää uudelleen (selostaa 2 [動], esittää* 2 [動])
いいなずけ〔許嫁〕(婚約者) kihlattu* 2 [名]
いいのがれ〔言い逃れ〕tekosyy 29 [名]
いいのこす〔言い残す〕(言い落とす) jättää sanomatta, (遺言する) testamentata* 35 [動], määrätä testamentilla (jättää* 2 [動], määrätä 35 [動])
いいはる〔言い張る〕inttää* 2 [動], penätä 35 [動]
いいふくめる〔言い含める〕sanoa etukäteen (sanoa 1 [動])
いいふらす〔言い触らす〕levittää huhua (levittää* 2 [動])
いいぶん〔言い分〕(主張) vaatimus 64 [名]
いいまかす〔言い負かす〕voittaa väittelyssä (voittaa* 2 [動])
いいまわし〔言い回し〕sanonta* 15 [名], sanontatapa* 10 [名]
イーメール sähköposti 4 [名]
いいよる〔言い寄る〕kosia 17 [動]
いいわけ〔言い訳〕tekosyy 29 [名]
いいわたす〔言い渡す〕(宣告する) tuomita 31 [動]
いいん〔委員〕valtuutettu* 2 [名]／委員会 komitea 15 [名], lautakunta* 15 [名], valtuuskunta* 11 [名]
いう〔言う〕sanoa 1 [動], virkkaa* 11 [動], väittää* 2 [動]／言うまでもなく tietenkin [副], tietysti [副]／言うことをきく totella* 28 [動]
いえ〔家〕talo 1 [名], koti* 4 [名]／家に kotona [副]／家から kotoa [副]／家へ kotiin [副]／〜の家で (属格と共に) luo [後], (属格と共に) luona [後]
いえがら〔家柄〕syntyperä 11 [名]
いえき〔胃液〕mahaneste 78 [名]
いえで〔家出〕家出する lähteä kotoa (lähteä* 16 [動])
いえん〔胃炎〕vatsahäiriö 3 [名]
いおう〔硫黄〕rikki* 4 [名]
イオン〈理〉ioni 5 [名]

いか〔以下〕以下に tuonnempana［副］, myöhemmin［副］／以下に述べる allamainittu* 2［形］

いがい〔以外〕～以外（～を除いて）（分格と共に）lukuunottamatta, （分格と共に）paitsi［後］

いがい〔意外〕意外な arvaamaton* 57［形］, odottamaton* 57［形］

いかいよう〔胃潰瘍〕vatsahaava 10［名］, mahahaava 10［名］

いかが（どう）ご機嫌いかがですか Kuinka voit?, Mitä kuuluu?

いかがわしい（よくない）sopimaton* 57［形］,（怪しげな）kyseenalainen 63［形］

いかく〔威嚇〕pelotus 64［名］, uhka(*) 11［名］, uhkaus 64［名］／威嚇する puida 18［動］；uhkaava 13［形］

いがく〔医学〕lääketiede* 78［名］／医学的 lääketieteellinen 63［形］

いかす〔生かす〕（利用する）käyttää hyväkseen (käyttää* 2［動］)

いカタル〔胃カタル〕vatsakatarri 5［名］,〈医〉gastriitti* 6［名］

いかに〔如何に〕kuinka［副］

いかにも〔如何にも〕（本当に）todellakin［副］, tosiaankin［副］

いかめしい〔厳めしい〕ankara 12［形］, kova 11［形］

いからす〔怒らす〕kiihdyttää* 2［動］, pahoittaa* 2［動］, vihastuttaa* 2［動］

いかり〔怒り〕viha 10［名］, suuttumus 64［名］

いかり〔錨〕（船の）ankkuri 5［名］

いかる〔怒る〕suuttua* 1［動］, harmistua 1［動］, pahastua 1［動］／怒って suutuksissa［副］, suuttuneena／怒った vihainen 63［形］, kiukkuinen 63［形］

いかん〔遺憾〕遺憾に思う paheksua 1［動］

いき〔生き〕生きがいい tuore 79［形］, uusi* 40［形］

いき〔行き〕meno 1［名］

いき〔息〕henki* 8［名］, henkäys 64［名］／息をする hengittää* 2［動］

いき〔粋〕粋な aistikas* 66 [形]
いき〔意気〕henki* 8 [名], sielu 1 [名]
いぎ〔異議〕vastaväite* 78 [名], vastaväittely 2 [名]／異議を述べる esittää vastaväite (esittää* 2 [動])
いぎ〔意義〕merkitys 64 [名], tärkeys* 65 [名]
いきあたりばったり〔行き当たりばったり〕行き当たりばったりの umpimähkäinen 63 [形]／行き当たりばったりに umpimähkään [副]
いきいき〔生き生き〕生き生きした vilkas* 66 [形], pirteä 21 [形]／生き生きと vilkkaasti [副], tuoreesti [副]
いきうつし〔生き写し〕(そっくり) olla kuin peilikuva, olla aivan samanlainen (olla 25 [動], samanlainen 63 [形])
いきおい〔勢い〕勢いのある reipas* 66 [形], ripeä 21 [形]
いきがい〔生き甲斐〕生き甲斐を感じる olla elämänilon vallassa (olla 25 [動])
いきかう〔行き交う〕mennä ja tulla (mennä 27 [動], tulla 25 [動])
いきかえる〔生き返る〕生き返らせる virvoittaa henkiin (virvoittaa* 2 [動])
いきかた〔生き方〕elämäntapa* 10 [名]
いきき〔行き来〕(往来) liikenne* 78 [名]
いきぎれ〔息切れ〕息切れする hengästyä 1 [動]
いきぐるしい〔息苦しい〕息苦しさ hengenahdistus 64 [名]／息苦しくなる läkähtyä* 1 [動]
いきごみ〔意気込み〕päättäväisyys* 65 [名], lujuus* 65 [名]
いきさつ〔経緯〕(事情) olosuhteet* 78 [名]
いきしょうちん〔意気消沈〕意気消沈した epätoivoinen 63 [形], alakuloinen 63 [形]／意気消沈している olla apealla mielellä, olla pahoilla mielin (olla 25 [動])
いきすぎ〔行き過ぎ〕行き過ぎる päästä pitkälle (päästä 24 [動])
いきちがい〔行き違い〕(誤解) väärinkäsitys 64 [名]

いきづかい〔息遣い〕hengitys 64 [名], huounta* 15 [名]

いきつけ〔行きつけ〕行きつけの lempi-, mieli-

いきづまり〔行き詰まり〕seisahdus 64 [名], umpikuja 11 [名]

いきづまる〔行き詰まる〕joutua umpikujaan, olla umpikujassa (joutua* 1 [動], olla 25 [動])

いきづまる〔息詰まる〕tukahtua* 1 [動], tukehtua* 1 [動]

いきどまり〔行き止まり〕umpikuja 11 [名]

いきなり（突然）suotta [副], syyttä suotta

いきのこる〔生き残る〕jäädä eloon, jäädä jälkeen

いぎもうしたて〔異議申し立て〕valitus 64 [名] ／異議申し立てをする tehdä valitus (tehdä* 33 [動])

いきもの〔生き物〕olento* 2 [名], elävä 13 [名]

いきょう〔異教〕pakanuus* 65 [名] ／異教徒 pakana 17 [名] ／異教の pakanallinen 63 [形]

いぎょう〔偉業〕saavutus 64 [名]

いきる〔生きる〕elää 2 [動] ／生きている elävä 13 [形], elollinen 63 [形]

いきわたる〔行き渡る〕（普及する）yleistyä 1 [動], tulla yleiseksi (tulla 25 [動])

いくじ〔育児〕育児休暇 äitiysloma 11 [名], synnytysloma 11 [名]

いくじ〔意気地〕意気地がない heikko* 1 [形], arka* 10 [形]

いくせい〔育成〕（訓練）harjoitus 64 [名], （教育）koulutus 64 [名]

いくつ〔幾つ〕幾つかの joku (変化表参照) [不代], muutama 13 [不代]

いくどうおん〔異口同音〕異口同音に yhdestä suusta

いくにち〔幾日〕幾日も päivät pitkät

いくばん〔幾晩〕幾晩も yöt ympäri

いくぶん〔幾分〕（少し）vähän [副], jonkin verran

いくら〔幾ら〕（値段が）paljonko maksaa？／幾らか jonkin verran, hiukan [副] ／幾らかの joku (変化表参照) [不代]

いけ〔池〕lampi* 8 [名], lammikko* 2 [名]

いけがき〔生け垣〕pensasaita* 10〔名〕
いけない（悪い，ひどい）huono 1〔形〕，（間違った）väärä 11〔形〕／（〜しては）（不定詞と共に）ei saa (saada 19〔動〕)
いけん〔意見〕mielipide* 78〔名〕, mieli 32〔名〕, neuvo 1〔名〕／意見の違い mielipide-ero 1〔名〕, mielipide-eroavuus〔名〕／意見する（諭す）kehoittaa* 2〔動〕
いげん〔威厳〕majesteetti* 4〔名〕, arvokkuus* 65〔名〕／威厳を持った ylväs 66〔形〕／威厳を持って ylväästi〔副〕
いご〔以後〕〜以後（出格又は離格と共に）lähtien〔後〕／それ以後 siitä lähtien
いこい〔憩い〕rentous* 65〔名〕
いこう〔以降〕〜以降（出格又は離格と共に）lähtien〔後〕
いこう〔移行〕siirtyminen 63〔名〕, liikkuminen 63〔名〕
いこう〔意向〕aikomus 64〔名〕, tarkoitus 64〔名〕
いこう〔憩う〕rentoutua* 1〔動〕／憩わせる rentouttaa* 2〔動〕
いこく〔異国〕ulkomaa 28〔名〕／異国の ulkomaalainen 63〔形〕, vierasmaalainen 63〔形〕
いごこち〔居心地〕居心地がよい kodikas* 66〔形〕, viihtyisä 13〔形〕
いさぎよい〔潔い〕aulis 69〔形〕, ripeä 21〔形〕
いささか（やや）jonkin verran,（ちょっと）vähän〔副〕
いざない〔誘い〕houkutus 64〔名〕
いざなう〔誘う〕〜するように誘われる viehättää* 2〔動〕,（第３不定詞入格と共に）viehtyä* 1〔動〕
いさましい〔勇ましい〕uljas 66〔形〕, miehekäs* 66〔形〕
いさん〔胃酸〕mahahappo* 1〔名〕
いさん〔遺産〕perintö* 2〔名〕／遺産相続人 perillinen 63〔名〕
いし〔石〕kivi 8〔名〕／石造りの kivinen 63〔形〕
いし〔医師〕lääkäri 5〔名〕
いし〔意志〕tahto* 1〔名〕, tahtomus 64〔名〕／意志

いし〔意思〕(意図) aikomus 64 [名], (考え) ajatus 64 [名]

いじ〔意地〕(気骨) tuki* 8 [名], (誇り) ylpeys* 65 [名], ylimielisyys* 65 [名]／意地が悪い ilkeä 21 [形], pahaa tarkoittava (tarkoittava 13 [形])

いじ〔維持〕pito* 1 [名], ylläpito* 1 [名]／維持する pitää* 2 [動], ylläpitää* 2 [動]

いしがき〔石垣〕kivimuuri 4 [名]

いしき〔意識〕taju 1 [名], tajunta* 15 [名]／意識を失う huumautua* 44 [動], huumaantua* 1 [動]／意識不明 huuma 11 [名], huumaus 64 [名]／意識不明の tunnoton* 57 [形], tajuton* 57 [形]

いじきたない〔意地汚い〕ahnas 66 [形]

いしく〔石工〕kivenhakkaaja 16 [名], kivenveistäjä 16 [名], muurari 5 [名]

いしだたみ〔石畳〕石畳の石 nupukivi 8 [名]／石畳の通り nupukivikatu* 1 [名]

いしだん〔石段〕kiviporras* 66 [名]

いしつ〔遺失〕遺失物 löytötavara 15 [名]／遺失物取扱所 löytötavaratoimisto 2 [名]

いしばし〔石橋〕kivisilta* 10 [名]

いじめ kiusa 10 [名], harmi 4 [名]

いじめる kiusata 35 [動]

いしゃ〔医者〕lääkäri 5 [名], tohtori 5 [名]

いじゅう〔移住〕(外国からの) maahanmuutto* 1 [名], (外国への) maastamuutto* 1 [名], siirtolaisuus* 65 [名]／移住者 siirtolainen 63 [名]

いしゅく〔委縮〕(しり込み) kutistus 64 [名]

いしょ〔遺書〕〈法〉testamentti* 4 [名]

いしょう〔衣装〕(通常は複数形で) vaate* 78 [名], puku* 1 [名]

いじょう〔以上〕enemmän [副]

いじょう〔異状〕(故障) vika* 10 [名]

いじょう〔異常〕異常な kummallinen 63 [形], tavaton* 57 [形]／異常に tavattomasti [副]

いしょく〔移植〕uudelleenistutus 64 [名]

いしょくじゅう〔衣食住〕vaatteet, ruoka ja asunto

(vaatteet* 78 [名], ruoka* 11 [名], asunto* 2 [名])
いじらしい osanottavainen 63 [形], sääliväinen 63 [形]
いじる〔弄る〕(触る) hypistellä 28 [動], sormeillä 28 [動]
いじわる〔意地悪〕意地悪な ilkeä 21 [形], ilkeämielinen 63 [形] ／意地悪く ilkeästi [副], epäystävällisesti [副]
いじん〔偉人〕sankari 52 [名], urho 1 [名]
いす〔椅子〕tuoli 4 [名], istuin 56 [名], (教室の) penkki* 4 [名]
いずみ〔泉〕lähde* 78 [名]
いずれ (近いうち) lähipäivinä
いせい〔威勢〕威勢のいい vilkas* 66 [形], elävä 13 [形]
いせき〔遺跡〕(通常は複数形で) raunio 3 [名]
いぜん〔以前〕以前の entinen 63 [形], aikainen 63 [形] ／以前に aikaisemmin [副], ennen [副] ／〜より以前に (分格と共に) ennen [前] [後]
いぜん〔依然〕yhä [副], lakkaamatta [副]
いそ〔磯〕(波うちぎわ) ranta* 10 [名]
いそいそと iloisesti [副], onnellisesti [副]
いそがしい〔忙しい〕kiire 78 [形], touhuisa 13 [形]
いそがす〔急がす〕kiidättää* 2 [動], kiirehtiä* 17 [動]
いそぎ〔急ぎ〕kiire 78 [名], riento* 1 [名] ／急ぎの kiire 78 [形], kiireellinen 63 [形]
いそぎんちゃく〔磯巾着〕〈動〉merivuokko* 1 [名]
いそぐ〔急ぐ〕kiitää* 4 [動], kiirehtiä* 17 [動], rientää* 8 [動], pyyhältää* 5 [動], vilistää 2 [動] ／急いで kiireesti [副], nopeasti [副], kovallakiireellä
いそん〔依存〕〜に依存する (出格と共に) riippua* 1 [動]；(出格と共に) riippuvainen 63 [形] ／依存しない itsenäinen 63 [形], riippumaton* 57 [形]
いた〔板〕lauta* 10 [名], levy 1 [名] ／板を張る laudoittaa* 2 [動]
いたい〔遺体〕kuollut ruumis (kuollut 77 [形],

いたい

ruumis 68 [名])
- **いたい**〔痛い〕kipeä 21 [形] ／痛くする kivistää 2 [動], (3人称の形で) särkeä* 13 [動]
- **いだい**〔偉大〕偉大な suurenmoinen 63 [形], suuri 39 [形]
- **いたく**〔委託〕toimeksianto* 1 [名] ／委託販売人 toimitsija 14 [名]
- **いだく**〔抱く〕(心に) tuumailla 29 [動], hautoa* 1 [動]
- **いたけだか**〔居丈高〕居丈高な mahtaileva 13 [形], mahtipontinen 63 [形]
- **いたずら** いたずらに (無益に) tarpeettomasti [副]
- **いたずら**〔悪戯〕(ふざけた行い) kepponen 63 [名], kuje 78 [名] ／悪戯する kujeilla 28 [動]
- **いただき**〔頂〕(一番高いところ) huippu* 1 [名], latva 10 [名], (山の) vuorenhuippu* 1 [名]
- **いただく**〔頂く〕(貰う) saada 19 [動], (飲食する) syödä 21 [動], juoda 21 [動]
- **いたち**〔鼬〕〈動〉näätä* 11 [名]
- **いたばり**〔板張り〕板張りにする laudoittaa* 2 [動]
- **いたましい**〔痛ましい〕murheellinen 63 [形]
- **いたみ**〔痛み〕kipu* 1 [名], särky* 1 [名] ／痛み止めの薬 kipulääke* 78 [名]
- **いたむ**〔痛む・傷む〕kivistää 2 [動], kipeytyä* 44 [動] ／(腐る) pilaantua* 1 [動] ／傷んだ(腐った) pilaantunut 77 [形]
- **いためもの**〔炒め物〕käriste 78 [名]
- **いためる**〔炒める〕(油で) käristää 2 [動], ruskistaa 2 [動]
- **いためる**〔痛める・傷める〕(腐らせる) tärvellä 28 [動], tärvätä 35 [動]
- **イタリック** イタリック体文字 kursiivi 6 [名]
- **いたる**〔至る〕(達する) saavuttaa* 2 [動] ／～に至るまで kunnes [接], (分格と共に) myöten [後]
- **いたるところ**〔至る所〕kaikkialla [副] ／至る所へ kaikkialle [副]
- **いたわり**〔労わり〕rauhoitus 64 [名]
- **いたわる**〔労わる〕(親切にする) käyttäytyä ystä-

vällisesti (käyttäytyä* 44 [動])
いち〔一〕yksi* 51 [基数]
いち〔市〕markkinat 14 [複名] ／市を開く pitää markkinoita (pitää* 2 [動])
いち〔位置〕asema 13 [名], paikka* 10 [名], sija 10 [名] ／位置する asettua* 1 [動], sijaita 31 [動] ／位置させる sijoittaa* 2 [動], asettaa* 2 [動]
いちいん〔一員〕jäsen 55 [名] ／一員である kuulua 1 [動]
いちおう〔一応・一往〕(とにかく) joka tapauksessa
いちがい〔一概〕一概に (否定文で) ei ehdottomasti
いちがつ〔一月〕tammikuu 29 [名]
いちがん〔一眼〕一眼レフ〈写〉yksisilmäinen peilikamera
いちぐん〔一群〕joukko* 1 [名], ryhmä 11 [名],〈常〉porukka* 15 [名]
いちご〔苺〕mansikka* 15 [名]
いちじ〔一次〕一次の ensimmäinen 63 [形]
いちじ〔一時〕(かつて) kerran [副], (しばらく) jonkin aikaa ／一時的 tilapäinen 63 [形], ohimenevä 13 [形]
いちじかん〔一時間〕tunti* 4 [名], tuntikausi* 40 [名] ／一時間の tuntinen 63 [形] ／一時間ごとに joka tunti
いちじく〔無花果〕viikuna 17 [名]
いちじゅん〔一巡〕kiertokäynti* 4 [名]
いちじるしい〔著しい〕merkittävä 13 [形] ／著しく tavattomasti [副]
いちぞく〔一族〕heimo 1 [名]
いちぞん〔一存〕(一人の考え) oma mieli (oma 11 [形], mieli 32 [名])
いちだい〔一代〕miespolvi 8 [名] ／一代記 elämäkerta* 10 [名]
いちだいじ〔一大事〕vakava asia (vakava 13 [形], asia 14 [名])
いちだん〔一団〕joukko* 1 [名], miehistö 2 [名]
いちだん〔一段〕aste 78 [名] ／一段ごとに asteittain [副]

いちど〔一度〕kerran [副] ／一度に kerrassaan [副], yhdellä kertaa ／一度で yhdellä kertaa ／もう一度 uudelleen [副], uudestaan [副], vielä kerran

いちどう〔一同〕kaikki* 8 [不代], jokainen 63 [不代]

いちどきに〔一時に〕（一度に）kerrassaan [副], yhdellä kertaa

いちにち〔一日〕päivä 11 [名], vuorokausi* 40 [名] ／一日中 koko päivän, läpi vuorokauden

いちにんまえ〔一人前〕aikuinen 63 [名]

いちねん〔一年〕vuosi* 40 [名], vuosikausi* 40 [名] ／一年中 ympäri vuoden, koko vuoden ／一年間 vuoden ／一年で vuodessa

いちねんせい〔一年生〕ensiluokkalainen 63 [名], ekaluokkalainen 63 [名]

いちば〔市場〕markkinat 14 [複名], kauppahalli 4 [名]

いちばん〔一番〕ykkönen 63 [名] ／一番目 ensimmäinen 63 [序数]

いちぶ〔一部〕osa 11 [名], pala 10 [名]

いちぶぶん〔一部分〕osa 11 [名], pala 10 [名]

いちべつ〔一瞥〕（ちらっと見ること）katsahdus 64 [名]

いちほうこう〔一方向〕一方向の yhdensuuntainen 63 [形]

いちまい〔一枚〕（紙の）paperiarkki* 4 [名], paperiliuska 10 [名]

いちみ〔一味〕puolue 78 [名]

いちめん〔一面〕（物事の）asianhaara 10 [名] ／一面的 yksipuolinen 63 [形]

いちもく〔一目〕一目瞭然である selvä yhdellä silmäyksellä (selvä 11 [形])

いちもくさん〔一目散〕一目散に täyttä vauhtia

いちや〔一夜〕yksi yö (yksi* 51 [基数], yö 30 [名]), （一晩中）yli yön

いちやく〔一躍〕äkkiä [副], yht'äkkiä [副]

いちょう〔医長〕ylilääkäri 5 [名]

いちょう〔胃腸〕vatsa 10 [名], maha 10 [名] ／胃腸

薬 vatsalääke* 78 [名]
いちらんひょう〔一覧表〕luettelo 2 [名], taulukko* 2 [名]
いちり〔一理〕jokin totuus (jokin 変化表参照 [不代], totuus* 65 [名])
いちりつ〔一律〕一律に samaten [副], samoin [副]
いちりゅう〔一流〕一流の ensiarvoinen 63 [形], ensiluokkainen 63 [形]
いちれつ〔一列〕一列になって peräkkäin [副]
いつ〔何時〕milloin [副], koska [副] ／何時でも aina [副] ／何時の間にか huomaamatta [副], epähuomiossa
いっか〔一家〕perhe 78 [形]
いつか〔何時か〕(未来の) kerran [副]
いっかい〔一回〕kerran [副] ／一回で yhdellä kertaa ／もう一回 uudelleen [副], uudestaan [副], vielä kerran
いっかい〔一階〕alakerros 64 [名], alakerta* 10 [名]
いっかげつ〔一ヵ月〕kuukausi* 40 [名] ／一ヵ月後に kuukauden kuluttua
いっかしょ〔一か所〕一か所で yhdessä kohden, paikoillaan [副]
いっき〔一気〕一気に yhdellä kertaa, yhdellä iskulla
いっき〔一騎〕一騎打ち 〈ス〉 kaksintaistelu 2 [名]
いっきゅう〔一級〕一級の ensiarvoinen 63 [形], ensiluokkainen 63 [形]
いつくしむ〔慈しむ〕rakastaa 2 [動]
いっけん〔一見〕ensi näkemältä, yhdellä silmäyksellä
いっこ〔一個〕yksi kappale (yksi* 51 [基数], kappale 78 [名])
いっこう〔一行〕seurue 78 [名], seura 10 [名]
いっこう〔一向〕一向に ei ollenkaan, ei yhtään
いっこく〔一刻〕hetki 8 [名], tuokio 3 [名]
いっこだて〔一戸建て〕omakotitalo 1 [名]
いっさい〔一切〕kaikki 8 [不代]
いっさくじつ〔一昨日〕一昨日に toissapäivänä

いっさくねん〔一昨年〕一昨年に toissavuonna
いっさんかたんそ〔一酸化炭素〕häkä* 11 [名]
いっしゅ〔一種〕yksi laji (yksi* 51 [基数], laji 4 [名])
いっしゅう〔一周〕kierros 64 [名], kiertokäynti* 4 [名]
いっしゅうかん〔一週間〕viikko* 1 [名]／一週間後に viikon kuluttua
いっしゅん〔一瞬〕hetki 8 [名], tuokio 3 [名]
いっしょ〔一緒〕一緒に yhdessä [副], mukaan [副], keralla [副]／〜と一緒に yhdessä＋属格＋kanssa, (属格と共に) kanssa [後]／一緒になる yhdistyä 1 [動]
いっしょう〔一生〕elämä 13 [名], ihmisikä* 11 [名]／一生の elinkautinen 63 [形]
いっしょうけんめい〔一生懸命〕一生懸命に innokkaasti [副], hartaasti [副], parhaan kykynsä mukaan
いっしん〔一心〕totuus* 65 [名], vakavuus* 65 [名]／一心に tosissaan [副], vakavissaan [副]
いっしん〔一新〕uudistus 64 [名], uusinta* 15 [名]／一新する uudistua 1 [動]；uudistaa 2 [動]
いっせい〔一斉〕一斉に yhdestä suusta
いっせきにちょう〔一石二鳥〕kaksi kärpästä yhdellä iskulla
いっせん〔一線〕(区切り) rajaviiva 10 [名]
いっそう〔一層〕kauempana [副], kauemmas [副], (更に) lisää [副]
いったい〔一体〕一体になる yhdistyä 1 [動]
いったい〔一帯〕一帯に kauttaaltaan [副], joka kohdassa
いつだつ〔逸脱〕poikkeama 13 [名], poikkeus 64 [名]
いったん〔一旦〕(ひとまず) väliaikaisesti [副]
いっち〔一致〕sopu* 1 [名], (意見の) yksimielisyys* 65 [名]／一致する osua yhteen, käydä yhteen／一致した yksimielinen 63 [形]／〜と一致した (属格と共に) mukainen 63 [形]／〜と一致して (属格と共に) mukaisesti [副] (osua 1 [動], käydä 23 [動])
いっちゅうや〔一昼夜〕vuorokausi* 40 [名]／一昼夜

いつわる

の vuorokautinen 63 [形]

いっちょういったん 〔一長一短〕 hyvä ja huono puoli, etu ja haitta (hyvä 11 [形], huono 1 [形], puoli 32 [名], etu* 1 [名], haitta* 10 [名])

いっちょくせん 〔一直線〕 一直線の suoraviivainen 63 [形] ／一直線に suoraviivaisesti [副]

いつつ 〔五つ〕 viisi* 40 [基数] ／五つ目 viides* 75 [序数]

いつつご 〔五つ子〕 viitoset 63 [名]

いってい 〔一定〕 一定の tasainen 63 [形], määrätty* 2 [形]

いってき 〔一滴〕 tilkka* 10 [名], tippa* 10 [名]

いつでも 〔何時でも〕 (常に) aina [副]

いつになく 〔何時になく〕 epätavallisesti [副]

いつのまにか 〔何時の間にか〕 huomaamatta [副], epähuomiossa

いっぱい 〔一杯〕 一杯の täysi* 41 [形] ／〜で一杯である olla täynnä+分格 (olla 25 [動])

いっぱく 〔一泊〕 yöpyminen 63 [名] ／一泊する yöpyä* 1 [動]

いっぱん 〔一般〕 一般的 yleinen 63 [形] ／一般的に yleensä [副]

いっぷく 〔一服〕 (薬の) annos 64 [名]

いっぺん 〔一片〕 hiutale 78 [名]

いっぺん 〔一遍〕 (一度) kerran [副]

いっぽ 〔一歩〕 askel 82 [名] ／一歩ずつ askelittain [副]

いっぽう 〔一方〕 toinen 63 [不代] ／一方で yhdeltä puolen

いっぽん 〔一本〕 pala 10 [名]

いつまでも 〔何時までも〕 iäksi [副], ainiaaksi [副]

いつも 〔何時も〕 aina [副], koko ajan ／何時もの tavanomainen 63 [形], ainainen 63 [形]

いつわ 〔逸話〕 kasku 1 [名], anekdootti* 4 [名]

いつわり 〔偽り〕 valhe 78 [名], petos 64 [名] ／偽りの valheellinen 63 [形], petollinen 63 [形], väärä 11 [形]

いつわる 〔偽る〕 valehdella* 28 [動], teeskennellä*

28 [動]

イデオロギー ideologia 15 [名]

いてん〔移転〕muutto* 1 [名], siirto* 1 [名]／移転する siirtyä* 1 [動]／移転させる siirtää* 6 [動]

いでん〔遺伝〕perintö* 2 [名], perinnöllisyys* 65 [名]

いと〔糸〕lanka* 10 [名]

いと〔意図〕aie* 78 [名], aikomus 64 [名]

いど〔井戸〕kaivo 1 [名], vintti* 4 [名]

いど〔緯度〕〈地〉leveysaste 78 [名]

いどう〔異動〕muutos 64 [名]

いどう〔移動〕muutto* 1 [名], poismuutto* 1 [名]／移動する muuttaa* 2 [動], siirtyä* 1 [動]／移動させる muuttaa* 2 [動], siirtää* 6 [動]

いとこ〔従兄弟・従姉妹〕serkku* 1 [名]

いどころ〔居所〕(住所) osoite* 78 [名], (所在) oleskelupaikka* 10 [名]

いとしい armas 66 [形], rakas* 66 [形], kallis 69 [形]

いどむ〔挑む〕uhmata 35 [動]

いとめる〔射止める〕ampua* 1 [動], (獲得する) saada 19 [動], ottaa* 2 [動]

いない〔以内〕～以内に（時間について）属格＋kuluessa

いなおる〔居直る〕muuttua huolimattomaksi (muuttua* 1 [動])

いなか〔田舎〕maaseutu* 1 [名]／田舎の maalainen 63 [形]／田舎で maalla [副]

いなご〔稲子〕〈虫〉heinäsirkka* 10 [名]

いなずま〔稲妻〕salama 17 [名]／稲妻が光る salamoida 30 [動]

いななく〔嘶く〕(馬が) hirnua 1 [動]

いなびかり〔稲光〕salama 17 [名]／稲光がする salamoida 30 [動]

いなや〔否や〕～するや否や niin pian kuin

イニシアチブ aloite* 78 [名], aloitekyky* 1 [名]

イニシアル alkukirjain 56 [名]

いにん〔委任〕luovutus 64 [名]／委任する（権限を）

valtuuttaa* 2 [動]
いぬ〔犬〕〈動〉koira 11 [名], 〈幼〉hauva 10 [名]
いぬわし〔犬鷲〕〈鳥〉maakotka 11 [名]
いね〔稲〕〈植〉riisi 4 [名]
いねむり〔居眠り〕torkahdus 64 [名] ／居眠りする torkahtaa* 2 [動], olla torkuksissa (olla 25 [動])
いのち〔命〕elämä 13 [名], henki* 8 [名]
いのり〔祈り〕rukous 64 [名]
いのる〔祈る〕rukoilla 29 [動], toivottaa* 2 [動]
イノンド〈植〉tilli 4 [名]
いばる〔威張る〕mahtailla 29 [動], kerskua 1 [動]
いはん〔違反〕違反した（法や規則に）säännönvastainen 63 [形]
いびき〔鼾〕kuorsaus 64 [名] ／鼾をかく kuorsata 35 [動]
いびつ いびつの käyrä 11 [形]
いびょう〔胃病〕vatsatauti* 4 [名]
いぶき〔息吹〕puhallus 64 [名]
いふきょうだい〔異父兄弟〕velipuoli 32 [名], puoliveli 8 [名]
いふく〔衣服〕（通常は複数形で）vaate* 78 [名], puku* [名], asu 1 [名]
いぶくろ〔胃袋〕vatsalaukku* 1 [名], mahalaukku* 1 [名]
いぶす〔燻す〕（煙を出して燃やす）polttaa* 2 [動]
イベント tapaus 64 [名]
いぼ〔疣〕（皮膚の突起）kasvain 56 [名], nystyrä 18 [名]
いほう〔違法〕違法の lainvastainen 63 [形], laiton* 57 [形]
いぼきょうだい〔異母兄弟〕velipuoli 32 [名], puoliveli 8 [名]
いま〔今〕nyt [副], parhaillaan [副], tällä hetkellä ／今の nykyinen 63 [形] ／今では nykyisin [副] ／今でも edelleen [副]
いま〔居間〕olohuone 78 [名], pirtti* 4 [名], arkihuone 78 [名]
いまいましい〔忌忌しい〕inhottava 13 [形]

いまさら〔今更〕nyt [副]
いましがた〔今し方〕vasta [副], juuri [副], äsken [副]
いましめる〔戒める〕torua 1 [動], nuhdella* 28 [動]
いまだ〔未だ〕未だかつて～ない ei milloinkaan,（未だに）yhä edelleen
いみ〔意味〕merkitys 64 [名]／意味する merkitä 31 [動], tarkoittaa* 2 [動]
イミテーション mukailu 2 [名], matkiminen 63 [名]
いみょう〔異名〕lisänimi 8 [名]
いみん〔移民〕siirtolainen 63 [名]；(移り住むこと) siirtolaisuus* 65 [名]
イメージ kuva 11 [名], kuvitelma 13 [名]
いもうと〔妹〕pikkusisko 1 [名]
いもむし〔芋虫〕〈虫〉toukka* 11 [名]
いもり〔井守〕〈虫〉lisko 1 [名]
いや〔嫌〕嫌な ikävä 13 [形], epämiellyttävä 13 [形], vastenmielinen 63 [形]／嫌になる ikävystyä 1 [動], pitkästyä 1 [動]
いやいや〔嫌々〕vastenmielisesti [副], vastahakoisesti [副]
いやおうなしに〔否応無しに〕pakollisesti [副], väkivaltaisesti [副]
いやがらせ〔嫌がらせ〕kiusa 10 [名]
いやがらせる〔嫌がらせる〕kiusata 35 [動], harmittaa* 2 [動]
いやがる〔嫌がる〕haluton* 57 [形], vastahakoinen 63 [形]
いやく〔意訳〕vapaa käännös (vapaa 23 [形], käännös 64 [名])
いやくひん〔医薬品〕lääketarvike* 78 [名]
いやけ〔嫌気〕vastenmielisyys* 65 [名]
いやしい〔卑しい〕häpeällinen 63 [形], alhainen 63 [形]
いやす〔癒す〕(治す) parantaa* 42 [動]
イヤホーン korvakuuloke* 78 [名]
イヤリング korvarengas* 66 [名]
いよいよ (ますます) enemmän ja enemmän

いよう〔異様〕異様な kummallinen 63 [形], irvokas* 66 [形]
いよく〔意欲〕tahto* 1 [名] ／意欲的 halukas* 66 [形], innokas* 66 [形]
いらい〔以来〕〜以来 sitten kun ／それ以来 sen koommin
いらい〔依頼〕pyyntö* 1 [名] ／〜の依頼により 属格+pyynnöstä
いらいら いらいらする harmistua 1 [動], tuskastua 1 [動]
いらくさ〔刺草〕〈植〉nokkonen 63 [名]
いらだち〔苛立ち〕ärtymys 64 [名]
いらだつ〔苛立つ〕harmistua 1 [動], tuskastua 1 [動]
いらっしゃる（来る）tulla 25 [動], (行く) mennä 27 [動], (いる) olla 25 [動]
いりえ〔入り江〕lahti* 8 [名]
いりぐち〔入り口〕portti* 4 [名], sisäänkäynti* 4 [名]
いりくむ〔入り組む〕入り組んだ monimutkainen 63 [形], mutkitteleva 13 [形]
いりみだれる〔入り乱れる〕入り乱れて sekaisin [副]
いりょう〔衣料〕puvusto 2 [名] ／衣料品店 vaatekauppa* 10 [名]
いりょう〔医療〕lääkärinhoito* 1 [名]
いりよう〔入り用〕tarve* 78 [名]
いりょく〔威力〕voima 11 [名] ／威力がある voimakas* 66 [形]
いる〔要る〕(必要とする) tarvita 31 [動] ／要らない tarpeeton* 57 [形]
いる〔居る〕olla 25 [動], oleskella 28 [動]
いる〔射る〕ampua* 1 [動]
いるい〔衣類〕(通常は複数形で) vaate* 78 [名], vaatekappale [名]
いるす〔居留守〕居留守を使う olla olevinaan poissa (olla 25 [動])
いれい〔異例〕異例の poikkeuksellinen 63 [形], epätavallinen 63 [形]
いれかえる〔入れ替える〕vaihtaa* 9 [動]

いれかわる〔入れ代わる〕vaihtua* 1 [動]
いれずみ〔入れ墨〕tatuointi* 4 [名] ／入れ墨をする tatuoida 18 [動]
いれば〔入れ歯〕tekohammas* 66 [名]
いれもの〔入れ物〕astia 14 [名], kannu 1 [名]
いれる〔入れる〕pistää 2 [動], panna 27 [動]
いろ〔色〕väri 4 [名] ／色のある värillinen 63 [形], värinen 63 [形]
いろあせる〔色褪せる〕haalistua 1 [動], kauhtua* 1 [動] ／色褪せた haalistunut 77 [形], kauhtunut 77 [形]
いろいろ〔色々〕色々な monenlainen 63 [形], kaikenlainen 63 [形] ／色々と puoleen ja toiseen
いろけ〔色気〕sukupuolivetovoima 11 [名]
いろづけ〔色付け〕色付けする värittää* 2 [動]
いろどる〔彩る〕(色をつける) värittää* 2 [動], (飾る) koristaa 2 [動]
いろん〔異論〕vastalause 78 [名]
いわ〔岩〕kallio 3 [名], louhi 32 [名] ／岩の kallioinen 63 [形]
いわい〔祝〕juhla 11 [名] ／祝の juhlallinen 63 [形]
いわう〔祝う〕juhlia 17 [動], viettää* 2 [動]
いわかん〔違和感〕sopusoinnuton tunne (sopusoinnuton* 57 [形], tunne* 78 [名])
いわし〔鰯〕〈魚〉sardiini 6 [名]
いわば〔言わば〕niin sanoakseni
いわゆる niin sanottu
いん〔印〕(封印) sinetti* 6 [名]
いん〔韻〕〈詩学〉riimi 4 [名]
いんうつ〔陰鬱〕mustuus* 65 [名] ／陰鬱な pimeä 21 [形]
いんが〔因果〕karma 10 [名], kohtalo 2 [名]
いんかん〔印鑑〕leima 10 [名]
いんき〔陰気〕raskasmielisyys* 65 [名] ／陰気な raskasmielinen 63 [形], synkkämielinen 63 [形]
いんきょく〔陰極〕〈理〉katodi 6 [名]
いんぎん〔慇懃〕(礼儀正しいこと) kohteliaisuus* 65 [名] ／慇懃な kohtelias 66 [形]

インク muste 78 [名] ／インク瓶 mustepullo 1 [名]

いんけん 〔引見〕audienssi 4 [名]

いんけん 〔陰険〕陰険な salakavala 12 [形]

いんさつ 〔印刷〕paino 1 [名] ／印刷物 painos 64 [名], painotuote* 78 [名] ／印刷する painaa 9 [動], painattaa* 2 [動]

いんし 〔印紙〕karttamerkki* 4 [名], leimamerkki* 4 [名]

いんしょう 〔印象〕vaikutelma 13 [名] ／印象の強い mieleenpainuva 13 [形]

いんしょく 〔飲食〕飲食店 ruokala 14 [名]

インスタント 〔即席の〕pika-, hetkellinen 63 [形]

インスピレーション innoitus 64 [名]

いんせき 〔隕石〕〈天〉meteori 5 [名]

いんそつ 〔引率〕引率する (引き連れる) johtaa* 2 [動], ohjata 35 [動]

インターホーン sisäpuhelin 56 [名]

いんたい 〔引退〕virkaero 1 [名] ／引退する erota virasta (erota 38 [動])

インタビュー haastattelu 2 [名] ／インタビューする haastatella* 28 [動]

インチ tuuma 11 [名]

いんちき いんちきな petollinen 63 [形], vilpillinen 63 [形]

いんちょう 〔院長〕johtaja 16 [名]

インテリ sivistyneistö 2 [名]

インテルメッツォ 〈楽〉välikohtaus 64 [名]

いんとう 〔咽頭〕〈解〉nielu 1 [名]

いんねん 〔因縁〕(運命) kohtalo 2 [名], (関係) yhteys* 65 [名]

インフルエンザ 〈医〉influenssa 10 [名]

インフレ 〈経〉inflaatio 3 [名]

いんぶん 〔韻文〕runo 1 [名], runous* 65 [名]

いんぼう 〔陰謀〕juoni 38 [名], salaliitto* 1 [名]

いんよう 〔引用〕ote* 78 [名], sitaatti* 6 [名], lainaus 64 [名] ／引用する siteerata 35 [動]

いんりつ 〔韻律〕〈詩学〉runomitta* 10 [名], metrumi 5 [名] ／韻律学 metriikka* 10 [名]

いんりょう〔飲料〕juoma 11 [名]
いんりょく〔引力〕paino 1 [名], 〈理〉painovoima 11 [名]

う

ウィークデー arkipäivä 11 [名]
ういういしい〔初々しい〕reipas ja pirteä (reipas* 66 [形], pirteä 21 [形])
ウィスキー viski 4 [名]
ウイット vitsi 4 [名]
ウイルス virus 64 [名]
ウィンク silmänisku 1 [名] ／ウィンクする iskeä silmää (iskeä 13 [動])
ウィンタースポーツ talviurheilu 2 [名]
ウィンチ vintturi 5 [名]
ウィンドーショッピング ウィンドーショッピングをする kulkea katselemassa näyteikkunoita (kulkea* 13 [動])
ウィンドブレーカー〈服〉tuulitakki* 4 [名], tuulipusero 2 [名]
ウィンナソーセージ nakki* 4 [名]
ウール villa 10 [名] ／ウールの villainen 63 [形]
うえ〔上〕上の ylinen 63 [形] ／上に ylhäällä [副] ／上から ylhäältä [副] ／上へ ylös [副] ／～の上に (属格と共に) päällä [後] ／～の上へ (属格と共に) päälle [後], ／～の上を (属格と共に) yli [後] [前] ／上に述べた yllämainittu* 2 [形]
うえ〔飢え〕nälkä* 11 [名]
ウェーター tarjoilija 14 [名] ／ウェーター長 hovimestari 5 [名]
ウェートレス tarjoilijatar* 54 [名]
うえき〔植木〕植木鉢 kukkaruukku* 1 [名] ／植木職人 puutarhuri 5 [名]

うけうり

ウェスト vyötärö 2 [名], (複数形で) vyötäiset 63 [名]

うえる〔飢える〕nälkiintyä* 1 [動], nähdä nälkää (nähdä* 33 [動])

うえる〔植える〕istuttaa* 2 [動], asettaa* 2 [動]

うおうさおう〔右往左往〕右往左往する liikkua sinne ja tänne (liikkua* 1 [動])

ウォッカ votka 11 [名]

うおのめ〔魚の目〕liikavarvas* 66 [名]

うかい〔迂回〕迂回路 kiertotie 30 [名]／迂回する kaarrella* 28 [動]

うがい〔嗽〕huuhtelu 2 [名], kurlaus 64 [名]／嗽する huuhdella* 28 [動], kurlata 35 [動]

うかがう〔伺う〕(質問する) kysyä 1 [動], (聞く) kuulla 25 [動], (訪問する) (内格と共に) käydä 23 [動]

うかがう〔窺う〕(待ち伏せする) vaania 17 [動]

うかつ〔迂闊〕迂闊な huoleton* 57 [形], ajattelematon* 57 [形]

うかぶ〔浮かぶ〕liehua 1 [動], kellua 1 [動], (心に) tulla mieleen (tulla 25 [動])

うかべる〔浮かべる〕uittaa* 2 [動], laskea vesille (laskea 13 [動])

うかる〔受かる〕(合格する) suoriutua* 44 [動], tulla hyväksytyksi (tulla 25 [動])

うき〔浮き〕(釣りの) koho 1 [名]

うき〔雨季・雨期〕sadeaika* 10 [名], sadekausi* 40 [名]

うきうき〔浮き浮き〕浮き浮きした reipas* 66 [形], iloinen 63 [形]／浮き浮きと reippaasti [副], iloisesti [副]

うきぶくろ〔浮き袋〕uimarengas* 66 [名]

うきぼり〔浮き彫り〕kohokuva 11 [名]

うく〔浮く〕浮いている uiva 11 [形], kelluva 13 [形]

うけあう〔請け合う〕(保証する) vakuuttaa* 2 [動], taata* 35 [動]

うけいれる〔受け入れる〕vastaanottaa* 2 [動], ottaa vastaan, (考えを) myöntyä* 1 [動] (ottaa* 2 [動])

うけうり〔受け売り〕toistaminen 63 [名], kertaa-

うけおい〔請負〕請負仕事 urakka* 15 [名] ／請負人 urakoitsija 14 [名]

うけおう〔請け負う〕（契約する）sopia* 17 [動], (引き受ける) ottaa toimeksseen 又は toimeksensa (ottaa* 2 [動])

うけぐち〔受け口〕受け口の kämäleuka* 10 [形], kämäleukainen 63 [形]

うけつぐ〔受け継ぐ〕periä 17 [動]

うけつけ〔受け付け〕vastaanotto* 1 [名] ／受付時間 vastaanottoaika* 10 [名]

うけつける〔受け付ける〕ottaa vastaan (ottaa* 2 [動])

うけとめる〔受け止める〕ottaa kiinni, (理解する) ymmärtää* 6 [動] (ottaa* 2 [動])

うけとり〔受け取り〕受け取り証 kuitti* 4 [名] ／受け取り人 vastaanottaja 16 [名] ／受け取りを書く kuitata* 35 [動]

うけとる〔受け取る〕saada 19 [動], ottaa vastaan (ottaa* 2 [動])

うける〔受ける〕saada 19 [動]

うごかす〔動かす〕työntää* 8 [動], siirtää* 6 [動], liikuttaa* 2 [動]

うごき〔動き〕liike* 78 [名], liikunta* 15 [名]

うごきまわる〔動き回る〕kuljeksia 17 [動], mennä sinne tänne (mennä 27 [動])

うごく〔動く〕liikkua* 1 [動], liikahtaa* 2 [動] ／動かない liikkumaton* 57 [形] ／動いて（活動して）liikkeellä [副]

うさぎ〔兎〕〈動〉jänis 64 [名], kani 4 [名], kaniini 6 [名]

うし〔牛〕〈動〉nauta* 10 [名], raavas 66 [名], (牧畜としての) karja 10 [名] ／牛小屋 navetta* 15 [名] ／雄牛 härkä* 11 [名] ／雌牛 lehmä 11 [名]

うじ〔虫〕〈虫〉mato* 1 [名]

うしなう〔失う〕kadottaa* 2 [動], menettää* 2 [動], hukata* 35 [動]

うしろ〔後ろ〕～の後ろに（属格と共に）jäljessä [後] ／～の後ろから（属格と共に）jäljestä [後], (属格と

共に) takaa [後] ／～の後ろへ（属格と共に) perään [後]
うしろめたい 〔後ろめたい〕 joutua omantunnon vaivaan (joutua* 1 [動])
うす 〔臼〕（石の挽き臼) käsikivi 8 [名]
うず 〔渦〕 pyörre* 78 [名]
うすあかり 〔薄明かり〕（朝の) koi 27 [名] ／薄明かりの puolihämärä 12 [形]
うすい 〔薄い〕 ohut 73 [形] ／薄く ohuesti [副]
うすいた 〔薄板〕 päre 79 [名], säle 78 [名], lista 10 [名]
うすうす 〔薄々〕（漠然と) epäselvästi [副], vähän [副]
うずうず うずうずする haluta innokkaasti (haluta 39 [動])
うずき 〔痛み〕 polte* 78 [名]
うずく 〔痛む〕 kirvellä 28 [動], pakottaa* 2 [動]
うずくまる kyykkiä* 17 [動], kyyköttää* 2 [動], kyyristyä 1 [動] ／うずくまって kyykkysillään [副]
うすぐらい 〔薄暗い〕 hämärä 12 [形], synkkä* 11 [形], pimeä 21 [形]
うすくらがり 〔薄暗がり〕 puhde* 78 [名]
うすごおり 〔薄氷〕 jäähile 78 [名]
うずまき 〔渦巻き〕 pyörre* 78 [名], kurimus 64 [名]
うずまる 〔埋まる〕 hautautua* 44 [動], uppoutua* 44 [動]
うすめる 〔薄める〕 laimentaa* 8 [動]
うずめる 〔埋める〕 haudata* 35 [動], upottaa maahan (upottaa* 2 [動])
うすらぐ 〔薄らぐ〕 tulla heikoksi (tulla 25 [動])
うせつ 〔右折〕右折する kääntyä oikealle (kääntyä* 1 [動])
うそ 〔嘘〕（偽り) valhe 78 [名], vilppi* 4 [名] ／嘘の valheellinen 63 [形], vilpillinen 63 [形], väärä 11 [形] ／嘘つき valehtelija 14 [名], petkuttaja 16 [名] ／嘘をつく valehdella* 28 [動]
うた 〔歌〕 laulu 1 [名]
うたう 〔歌う〕 laulaa 9 [動]
うたがい 〔疑い〕 epäily 2 [名], epäilys 64 [名] ／疑い

深い人 epäilijä 14 ［名］／疑いもなく epäilemättä ［副］, kieltämättä ［副］
うたがう〔疑う〕epäillä 29 ［動］
うたがわしい〔疑わしい〕epäiltävä 13 ［形］, kyseenalainen 63 ［形］
うたたね〔うたた寝〕うたた寝する uinua 1 ［動］, uinailla 29 ［動］
うだる〔茹る〕茹るように暑い tavattoman kuuma (kuuma 11 ［形］)
うち〔内〕sisus 64 ［名］, sisäosa 11 ［名］, sisäpuoli 32 ［名］／内の sisäinen 63 ［形］
うちあけ〔打ち明け〕(愛の) rakkaudentunnustus 64 ［名］
うちあげ〔打ち上げ〕(ロケットなどの) ampuminen 63 ［名］, (終了) päättäjäiset 63 ［複名］
うちあける〔打ち明ける〕kertoa* 1 ［動］
うちあげる〔打ち上げる〕ampua* 1 ［動］, lennättää* 2 ［動］
うちあわせ〔打ち合わせ〕sopimus 64 ［名］, keskustelu 2 ［名］
うちおとす〔打ち落とす〕metsästää 2 ［動］
うちかつ〔打ち勝つ〕voittaa* 2 ［動］, päästä voitolle (päästä 24 ［動］)
うちがわ〔内側〕sisäosa 11 ［名］, sisäpuoli 32 ［名］／内側の sisäinen 63 ［形］
うちき〔内気〕ujous* 65 ［名］／内気の ujo 1 ［形］, arka* 10 ［形］
うちきる〔打ち切る〕lakata* 35 ［動］, lopettaa* 2 ［動］
うちきん〔内金〕talletus 64 ［名］
うちけす〔打ち消す〕kieltää* 5 ［動］
うちこむ〔打ち込む〕(没頭する) antautua* 44 ［動］, syventyä* 1 ［動］
うちころす〔打ち殺す〕kolkata* 35 ［動］
うちたおす〔打ち倒す〕nujertaa* 6 ［動］
うちつける〔打ち付ける〕iskeä 13 ［動］
うちとける〔打ち解ける〕打ち解けた sula 11 ［形］
うちのめす〔打ちのめす〕löylyttää* 2 ［動］
うちべんけい〔内弁慶〕kotihirmu 1 ［名］

うちポケット〔内ポケット〕povitasku 1［名］
うちみず〔打ち水〕kastelu 2［名］
うちゅう〔宇宙〕avaruus* 65［名］／宇宙ステーション avaruusasema 13［名］／宇宙船 avaruusalus 64［名］／宇宙飛行士 avaruuslentäjä 16［名］／宇宙服 avaruuspuku* 1［名］
うちょうてん〔有頂天〕有頂天になる joutua haltioihinsa（joutua* 1［動］）
うちわ〔団扇〕（風を送る道具）viuhka 10［名］
うちわ〔内輪〕perheenjäsen 55［名］
うつ〔打つ〕lyödä 21［動］, iskeä 13［動］,（発射する）ampua* 1［動］
うつ〔撃つ〕ampua* 1［動］, metsästää 2［動］
うっかり hajamielisyys* 65［名］／うっかりした hajamielinen 63［形］
うつくしい〔美しい〕kaunis 69［形］, komea 21［形］, korea 21［形］, ihana 12［形］／美しく kauniisti［副］, komeasti［副］, ihanasti［副］／美しさ kauneus* 65［名］, komeus* 65［名］／美しくなる kaunistua 1［動］／美しくする kaunistaa 2［動］
うつし〔写し〕jäljennös 64［名］, kopio 3［名］
うつす〔写す〕jäljentää* 8［動］, kopioida 30［動］
うつす〔映す〕kuvastaa 2［動］, peilailla 29［動］,〈常〉peilata 35［動］
うつす〔移す〕siirtää* 6［動］, muuttaa* 2［動］
うったえ〔訴え〕〈法〉kanne* 78［名］,（アピール）vetoomus 64［名］
うったえる〔訴える〕（アピールする）vedota* 38［動］／訴える人 vetooja 16［名］
うってつけ〔打って付け〕（ふさわしい）sopiva 13［形］
うっとうしい〔鬱陶しい〕（天候が）synkkä* 11［形］,（気分が）raskasmielinen 63［形］
うっとり うっとりする ihastua 1［動］／うっとりさせる ihastuttaa* 2［動］; ihastuttava 13［形］／うっとりして haltioissaan［副］
うつぶせ〔俯せ〕俯せになって vatsallaan［副］, mahallaan［副］
うつむく〔俯く〕olla painuksissa（olla 25［動］）

うつらうつら うつらうつらする uinahtaa* 2 [動], torkahtaa* 2 [動]
うつりかわり 〔移り変わり〕meno 1 [名]
うつりかわる 〔移り変わる〕mennä 27 [動]
うつりぎ 〔移り気〕oikku* 1 [名]
うつる 〔映る〕kuvastua 1 [動]
うつる 〔移る〕muuttua* 1 [動], muuttaa* 2 [動]
うつろ 〔虚ろ〕(から) tyhjyys* 65 [名]
うつわ 〔器〕astia 14 [名]
うで 〔腕〕käsivarsi* 42 [名], käsi* 40 [名] ／腕の中 syli 4 [名]
うでずく 〔腕ずく〕腕ずくで väkipakolla, pakosta
うでどけい 〔腕時計〕rannekello 1 [名]
うでまえ 〔腕前〕taito* 1 [名], taitavuus* 65 [名]
うてん 〔雨天〕sadeilma 10 [名]
うとい 〔疎い〕疎くなる vieraantua* 1 [動]
うとうと うとうとする torkkua* 1 [動], olla puolinukuksissa
うながす 〔促す〕ehdottaa* 2 [動], johdattaa* 2 [動]
うなぎ 〔鰻〕〈魚〉ankerias 66 [名]
うなずき 〔頷き〕nyökkäys 64 [名], päännyökkäys 64 [名]
うなずく 〔頷く〕nyökätä* 35 [動], nyökäyttää päätään
うなだれる 〔項垂れる〕nuokkua* 1 [動] ／項垂れて köykyssä [副]
うなばら 〔海原〕ulappa* 15 [名]
うなりごえ 〔唸り声〕ärinä 14 [名], murina 14 [名]
うなる 〔唸る〕murista 41 [動], voihkia 17 [動]
うぬぼれ 〔自惚れ〕自惚れの強い itserakas* 66 [形], omahyväinen 63 [形], mahtava 13 [形]
うぬぼれる 〔自惚れ〕pöyhkeillä 28 [動]
うねり (波の) maininki* 5 [名]
うねる luikerrella* 28 [動], (波が) aaltoilla 29 [動]
うのみ 〔鵜呑み〕(まるのみ) nielaisu 2 [名]
うは 〔右派〕oikeisto 2 [名]
うば 〔乳母〕imettäjä 16 [名], kasvattiäiti* 4 [名]
うばいとる 〔奪い取る〕riistää 2 [動]

うばう〔奪う〕varastaa 2 [動], ryöstää 2 [動], riistää 2 [動]

うばぐるま〔乳母車〕lastenvaunut 1 [複名]

うぶぎ〔産着〕kapalo 2 [名]

うま〔馬〕hevonen 63 [名], (乗馬用の) ratsu 1 [名] ／雄馬 uroshevonen 63 [名], ori 4 又は 80 [名] ／雌馬 tamma 10 [名] ／馬で行く ratsastaa 2 [動]

うまい〔旨い・美味・上手い〕(味がよい) maukas* 66 [形] ／上手く (具合よく) suotuisasti [副] ／上手くいく (第 3 不定詞入格と共に) 又は (不定詞と共に 3 人称単数形で) onnistua 1 [動], menestyä 1 [動]

うまごや〔馬小屋〕talli 4 [名]

うまる〔埋まる〕hautautua* 44 [動], uppoutua* 44 [動]

うまれ〔生まれ〕(誕生) syntymä 13 [名], syntyminen 63 [名], (家柄) syntyperä 11 [名]

うまれかわる〔生まれ変わる〕syntyä uudesti (syntyä* 1 [動])

うまれたて〔生まれ立て〕生まれ立ての vastasyntynyt 77 [形]

うまれつき〔生まれ付き〕生まれ付きの synnynnäinen 63 [形], syntyperäinen 63 [形]

うまれながら〔生まれながら〕生まれながらの syntyperäinen 63 [形]

うまれる〔生まれる〕syntyä* 1 [動]

うみ〔海〕meri 32 [名]

うみ〔膿〕〈医〉(傷から出る) märkä* 11 [名]

うみかぜ〔海風〕merituuli 32 [名]

うみだす〔生み出す・産み出す〕synnyttää* 2 [動], aikaansaada 19 [動]

うみべ〔海辺〕ranta* 10 [名], rannikko* 2 [名]

うむ〔有無〕有無を言わせず väkipakolla, pakosta

うむ〔生む・産む〕synnyttää* 2 [動], siittää* 2 [動]

うむ〔膿む〕(化膿する) märkiä* 17 [動] ／膿んだ märkäinen 63 [形]

うめあわせ〔埋め合わせ〕korvaus 64 [名]

うめき〔呻き〕(唸り声) uikutus 64 [名], voihkaus 64 [名]

うめく〔呻く〕(唸る) uikuttaa* 2 [動], voihkia 17 [動]
うめたて〔埋め立て〕埋め立て地 kuivattu maa (kuivattu* 2 [形], maa 28 [名])
うめる〔埋める〕(穴の中に) kuopata* 35 [動]
うもう〔羽毛〕höyhen 55 [名], sulka* 11 [名]
うもれる〔埋もれる〕hautautua* 44 [動], uppoutua* 44 [動]
うやうやしい〔恭しい〕nöyrä 11 [形], alistuvainen 63 [形] ／恭しく nöyrästi [副], alistuvaisesti [副]
うやまう〔敬う〕palvoa 1 [動] ／敬うべき kunniallinen 63 [形], kunnianarvoinen 63 [形]
うやむや〔有耶無耶〕有耶無耶の epävarma 10 [形], horjuva 13 [形]
うよく〔右翼〕oikeisto 2 [名]
うら〔裏〕kääntöpuoli 32 [名], (衣服の) vuori 4 [名], sisuste 78 [名]
うらがえし〔裏返し〕裏返しに nurin [副]
うらがえす〔裏返す〕kääntää* 42 [動], kääntää nurin
うらぎり〔裏切り〕petos 64 [名]
うらぎる〔裏切る〕petkuttaa* 2 [動], pettää* 2 [動]
うらぐち〔裏口〕takaportti* 4 [名]
うらごえ〔裏声〕falsetti* 5 [名]
うらじ〔裏地〕vuori 4 [名], sisuste 78 [名] ／裏地を付ける vuorata 35 [動]
うらづける〔裏付ける〕todistaa 2 [動], vahvistaa 2 [動]
うらて〔裏手〕takamaa 28 [名]
うらどおり〔裏通り〕syrjäkatu* 1 [名], sivukatu* 1 [名]
うらない〔占い〕arvonta* 15 [名]
うらなう〔占う〕arpoa* 1 [動]
うらびょうし〔裏表紙〕takakansi* 44 [名]
うらみ〔恨み〕viha 10 [名] ／恨み深い pitkävihainen 63 [形]
うらむ〔恨む〕kantaa kaunaa (kantaa* 9 [動])
うらやましい〔羨ましい〕kateellinen 63 [形] ／羨ましげに kateellisesti [副]

うらやむ〔羨む〕kadehtia* 17 [動], olla kateellinen; kateellinen 63 [形] (olla 25 [動])
うららか〔麗らか〕麗らかな raikas* 66 [形], raitis* 68 [形], viileä 21 [形]
ウラン〈化〉uraani 6 [名]
うり〔瓜〕〈植〉meloni 5 [名]
うり〔売り〕myynti* 4 [名]
うりあげ〔売り上げ〕liikevaihto* 1 [名]
うりきれ〔売り切れ〕loppuunmyynti* 4 [名]
うりきれる〔売り切れる〕myydä loppuun (myydä 20 [動])
うりこ〔売り子〕myyjä 11 [名], (女性の) myyjätär* 54 [名]
うりこむ〔売り込む〕(売る) myydä 20 [動], (宣伝する) levittää tietoa (levittää* 2 [動])
うりだし〔売り出し〕myynti* 4 [名], alennusmyynti* 4 [名]
うりだす〔売り出す〕myydä 20 [動], markkinoida 18 [動]
うりば〔売り場〕myyntipöytä* 11 [名]
うりはらう〔売り払う〕myydä loppuun (myydä 20 [動])
うりもの〔売り物〕(通常は複数形で) myyntitavara 15 [名]
うりや〔売り家〕myytävä talo (myytävä 13 [形], talo 1 [名])
うりょう〔雨量〕sademäärä 11 [名]
うる〔売る〕myydä 20 [動]
うる〔得る〕saada 19 [動]
うるうどし〔閏年〕karkausvuosi* 40 [名]
うるおい〔潤い〕kosteus* 65 [名]
うるおう〔潤う〕kostua 1 [動], tulla kosteaksi (tulla 25 [動])
うるさい〔煩い〕(騒音を出す) meluisa 13 [形], meluava 13 [形]
うるむ〔潤む〕kastua 1 [動], kastella itsensä (kastella 28 [動])
うれしい〔嬉しい〕iloinen 63 [形], riemuinen 63

うれゆき

[形], riemuisa 13 [形] ／嬉しそうに iloisesti [副], ilomielin [副]

うれゆき〔売れ行き〕liikevaihto* 1 [名]

うれる〔売れる〕myydä 20 [動], mennä kaupaksi (mennä 27 [動])

うろうろ うろうろする kävellä sinne tänne, harhailla 29 [動] (kävellä 28 [動])

うろこ〔鱗〕suomu 1 [名], suomus 64 [名]

うろたえる hämmentyä* 1 [動] ／うろたえて hämilläään [副], hämilleen [副]

うろつく kävellä sinne tänne, harhailla 29 [動], kierrellä* 28 [動] (kävellä 28 [動])

うわあご〔上顎〕〈解〉yläleuka* 10 [名]

うわき〔浮気〕liehittely 2 [名] ／浮気をする imarrella* 28 [動], liehitellä* 28 [動]

うわぎ〔上着〕takki* 4 [名], puku* 1 [名]

うわくちびる〔上唇〕ylähuuli 32 [名]

うわぐつ〔上靴〕tossu 1 [名]

うわさ〔噂〕maine 78 [名], juoru 1 [名] ／噂をする juoruta 39 [動]

うわさばなし〔噂話〕loru 1 [名]

うわっぱり〔上っ張り〕〈話〉haalari 5 [名], suojapuku* 1 [名]

うわぬり〔上塗り〕上塗りをする〈俗〉rapata* 35 [動]

うわのそら〔上の空〕上の空の hajamielinen 63 [形] ／上の空で hajamielisesti [副]

うわばき〔上履き〕(通常は複数形で) tohveli 5 [名]

うわべ〔上辺〕pinta* 10 [名] ／上辺の pinnallinen 63 [形]

うわまわる〔上回る〕mennä yli, nousta yli (mennä 27 [動], nousta 24 [動])

うん〔運〕onni 8 [名] ／運がいい onnekas* 66 [形] ／運が悪い onneton* 57 [形], kovaonninen 63 [形]

うんえい〔運営〕hallinto* 2 [名], johto* 1 [名] ／運営する hallita 31 [動], johtaa* 2 [動]

うんが〔運河〕kanava 16 [名], vesistö 2 [名]

うんきゅう〔運休〕運休する lykätä* 35 [動], keskeyttää* 2 [動]

うんざり うんざりする pitkästyä 1 [動] ／うんざりした kyllästynyt 77 [形]
うんそう 〔運送〕vienti* 4 [名], kuljetus 64 [名] ／運送業 kuljetusliike* 78 [名] ／運送料 rahtimaksu 1 [名] ／運送貨物 rahti* 4 [名], rahtitavara 15 [名] ／(貨物を) 運送する〈商〉rahdata* 35 [動]
うんちん 〔運賃〕taksa 10 [名], tariffi 6 [名], (貨物の) rahtimaksu 1 [名]
うんてん 〔運転〕ohjaus 64 [名], ajo 1 [名] ／運転手 ohjaaja 16 [名], kuljettaja 16 [名] ／運転する kuljettaa* 2 [動], ajaa 9 [動]
うんどう 〔運動〕urheilu 2 [名], liikunta* 15 [名] ／運動選手 urheilija 14 [名] ／運動場 urheilukenttä* 11 [名] ／運動競技 urheilukilpailu 2 [名] ／運動する urheilla 28 [動]
うんぱん 〔運搬〕kuljetus 64 [名], kantelu 2 [名]
うんめい 〔運命〕kohtalo 2 [名]
うんゆ 〔運輸〕kuljetus 64 [名], kantelu 2 [名]

え

え 〔柄〕(道具の) varsi* 42 [名]
え 〔絵〕kuva 11 [名], maalaus 64 [名] ／絵入りの kuvallinen 63 [形] ／絵を描く maalata 35 [動]
エアコン ilmastointilaite* 78 [名]
エアターミナル lentoterminaali 4 [名]
エアポケット ilmakuoppa* 11 [名]
エアロビクス jytäjumppa* 11 [名]
えいえん 〔永遠〕ikuisuus* 65 [名] ／永遠の ikuinen 63 [形] ／永遠に ikuisesti [副]
えいが 〔映画〕elokuva 11 [名] ／映画館 elokuvateatteri 5 [名] ／映画を見に行く käydä elokuvissa (käydä 23 [動])
えいきゅう 〔永久〕ikuisuus* 65 [名] ／永久歯 pysyvä

えいきょう 56

hammas (pysyvä 13 [形], hammas* 66 [名])／永久の ikuinen 63 [形]／永久に ikuisesti [副]
えいきょう〔影響〕vaikutus 64 [名]／〜の影響で 属格+vaikutuksesta ／〜から影響を受ける saada vaikutteita+出格 (saada 19 [動])
えいぎょう〔営業〕liike* 78 [名], toimi 35 [名]／営業許可 toimilupa* 11 [名]／営業時間 aukioloaika* 10 [名]
えいご〔英語〕englanti* 4 [名]
えいこう〔栄光〕kunnia 14 [名], maine 78 [名]
えいさい〔英才〕nero 1 [名]
えいしゃ〔泳者〕uimari 5 [名]
えいしゃ〔映写〕heijastus 64 [名]
えいじゅう〔永住〕永住する asua pysyvästi (asua 1 [動])
エイズ immuunikato* 1 [名], aids 7 [名]
えいせい〔衛生〕衛生学 terveysoppi* 4 [名]
えいせい〔衛星〕〈天〉satelliitti* 4 [名]
えいせん〔曳船〕(引き船) hinaaja 16 [名]
えいぞう〔映像〕kuva 11 [名]
えいぞく〔永続〕永続的 pysyvä 13 [形], ikuinen 63 [形], jatkuva 13 [形], alituinen 63 [形]／永続的に ikuisesti [副]／永続する pysyä 1 [動]
えいち〔英知〕viisaus* 65 [名]
えいびん〔鋭敏〕鋭敏な yliherkkä* 11 [形], pystyvä 13 [形]
えいゆう〔英雄〕sankari 52 [名]／英雄的 sankarillinen 63 [形]
えいよ〔栄誉〕kunnia 14 [名]／栄誉ある kunniakas* 66 [形]
えいよう〔栄養・営養〕ravinne* 78 [名]／栄養不足 aliravitsemus 64 [名]
えがお〔笑顔〕hymy 1 [名]
えがく〔描く〕kuvailla 29 [動], kuvata 35 [動], (絵を) maalata 35 [動]
えき〔益〕etu* 1 [名], hyöty* 1 [名]
えき〔液〕neste 78 [名]／液状の nestemäinen 63 [形]
えき〔駅〕(鉄道の) asema 13 [名], rautatieasema 13

[名]
えきか〔液化〕sulattaminen 63 [名]
えきしゃ〔駅舎〕asemarakennus 64 [名]
エキス〈化〉mehuste 78 [名]
エキスパート asiantuntija 14 [名], eksperti* 6 [名]
エキゾチック eksoottinen 63 [形]
えきたい〔液体〕neste 78 [名]
えきちょう〔駅長〕asemapäällikkö* 2 [名]
えくぼ〔笑窪〕hymykuoppa* 11 [名]
エゴ〔利己主義〕egoismi 4 [名]／(利己的な) egoistinen 63 [形]
エゴイスト egoisti 4 [名]
えこひいき えこひいきする olla suosiollinen, (出格と共に) pitää paljon (olla 25 [動], suosiollinen 63 [形], pitää* 2 [動])
えさ〔餌〕(動物の食べ物) rehu 1 [名], syötti* 4 [名]／餌を与える syöttää* 2 [動], ruokkia* 17 [動]
えじき〔餌食〕saalis 68 [名]／餌食にする saalistaa 2 [動]
えしゃく〔会釈〕nyökkäys 64 [名]／会釈する nyökytellä* 28 [動]
エスオーエス SOS (Pelastakaa sielumme.)
エスカレーター liukuportaat* 66 [複名]
エストニア Viro 1 [名], Eesti 4 [名]／エストニアの virolainen 63 [形], eestiläinen 63 [形]／エストニア人 virolainen 63 [名], eestiläinen 63 [名]
えだ〔枝〕oksa 11 [名], puunoksa 11 [名]
えたい〔得体〕得体が知れない käsittämätön* 57 [形], mystillinen 63 [形]
えだわかれ〔枝分かれ〕haara 10 [名], haarautuma 13 [名]
エチケット hyvä tapa, etiketti* 4 [名] (hyvä 11 [形], tapa* 10 [名])
エチルアルコール〈化〉väkiviina 10 [名]
エックスせん〔エックス線〕röntgensäde* 78 [名]
えっけん〔謁見〕audienssi 4 [名]
エッセンス ydin* 56 [名]
えっとう〔越冬〕越冬する talvehtia* 17 [動]

えつらん〔閲覧〕lukeminen 63 [名]
えとく〔会得〕会得する älytä 39 [動]
エナメル emali 5 [名], kiille* 78 [名]
エネルギー energia 15 [名], voima 11 [名]
エネルギッシュ エネルギッシュな vireä 21 [形], energinen 63 [形]
えのぐ〔絵の具〕maaliaine 78 [名], maaliväri 4 [名]
えはがき〔絵葉書〕kuvakortti* 4 [名], maisemakortti* 4 [名]
えび〔海老〕(食用の) rapu* 1 [名], (小さな) katkarapu* 1 [名]
エピソード episodi 6 [名], kasku 1 [名]
えふで〔絵筆〕〈常〉suti* 4 [名]
エプロン esiliina 10 [名]
えほん〔絵本〕kuvakirja 10 [名]
エメラルド smaragdi 6 [名]／エメラルド色の smaragdinvihreä 21 [形]
えもの〔獲物〕saalis 68 [名]／獲物を捕らえる saalistaa 2 [動]
えら〔鰓〕(魚の) kidukset 64 [複名]
えらい〔偉い〕偉そうに振る舞う viskata niskojaan (viskata 35 [動])
えらび〔選び〕valinta* 15 [名]
えらぶ〔選ぶ〕valita 31 [動], valikoida 30 [動]
えり〔襟〕niska 10 [名], (衣服の) kaulus 64 [名]
エリート valiojoukko* 1 [名], parhaimmisto 1 [名]
えりくび〔襟首〕niska 10 [名]
えりごのみ〔選り好み〕選り好みをする olla turhantarkka (olla 25 [動], turhantarkka* 10 [形])
えりぬき〔選り抜き〕選り抜きの valikoitu* 2 [形], valio-
えりまき〔襟巻き〕kaulahuivi 4 [名]
えりわけ〔選り分け〕lajittelu 2 [名]
えりわける〔選り分ける〕lajitella* 28 [動]
える〔得る〕saada 19 [動]
エレガント エレガントな tyylikäs* 66 [形], upea 21 [形]
エレキギター 〈楽〉sähkökitara 18 [名]

エレクトロニクス elektroniikka* 15 [名]
エレベーター hissi 4 [名]
えん〔円〕ympyrä 15 [名], kehä 11 [名]
えん〔縁〕suhde* 78 [名], yhteys* 65 [名]
えんかい〔宴会〕pidot* 1 [複名], kekkerit 5 [複名]
えんがい〔円がい〕〈建〉(ドーム) kupoli 5 [名]
えんかくそうさ〔遠隔操作〕kaukokäynnistys 64 [名]
えんかつ〔円滑〕円滑な tasainen 63 [形], esteetön* 57 [形]
えんがん〔沿岸〕ranta* 10 [名], rannikko* 2 [名]
えんき〔延期〕lykkäys 64 [名]／延期する lykätä* 35 [動]
えんぎ〔演技〕näytös 64 [名], esitys 64 [名]
えんぎ〔縁起〕縁起がいい onnekas* 66 [形]／縁起が悪い onneton* 57 [形]
えんきょく〔婉曲〕婉曲な eufemistinen 63 [形]
えんきょり〔遠距離〕遠距離で pitkälti [副]
えんきん〔遠近〕遠近法 perspektiivi 4 [名]
えんぐん〔援軍〕apuväki* 8 [名]
えんけい〔円形〕ympyrä 15 [名], piiri 4 [名]／円形の pyöreä 21 [形]
えんけい〔遠景〕perspektiivi 4 [名]
えんげい〔園芸〕puutarhanhoito* 1 [名]
えんげい〔演芸〕huvi 4 [名], huvitus 64 [名]
エンゲージリング kihlasormus 64 [名]
えんげき〔演劇〕näytelmä 13 [名], draama 10 [名]
えんこ〔縁故〕(親族関係) sukulaisuus* 65 [名], (コネ) yhteys* 65 [名]
えんし〔遠視〕pitkänäköisyys* 65 [名]／遠視の pitkänäköinen 63 [形]
エンジェル enkeli 5 [名]
エンジニア insinööri 4 [名]
えんしゅう〔円周〕ympyrän kehä, piiri 4 [名] (kehä 11 [名])
えんしゅう〔演習〕harjoitus 64 [名]
えんじゅく〔円熟〕kypsyys* 65 [名]／円熟した kypsä 11 [形]
えんしゅつ〔演出〕演出する lavastaa 2 [動], näytel-

えんじょ

lä* 28 [動] ／演出者 ohjaaja 16 [名]

えんじょ〔援助〕apu* 1 [名], avustus 64 [名] ／援助する puoltaa* 5 [動]

えんしょう〔炎症〕〈医〉tulehdus 64 [名] ／炎症をおこす tulehtua* 1 [動]

えんじる〔演じる〕näytellä* 28 [動]

エンジン moottori 5 [名], polttomoottori 5 [名]

えんしんりょく〔遠心力〕〈理〉keskipakovoima 11 [名]

えんすい〔円錐〕〈幾〉kartio 3 [名] ／円錐形の kartiomainen 63 [形]

エンスト moottorin pysähdys (pysähdys 64 [名])

えんずる〔演ずる〕näytellä* 28 [動]

えんせい〔遠征〕(軍隊の) sotaretki 8 [名]

えんぜつ〔演説〕esitelmä 13 [名], puhe 78 [名] ／演説者 esitelmöitsijä 14 [名]

えんそう〔演奏〕soitto* 1 [名], esitys 64 [名] ／演奏会 konsertti* 6 [名] ／演奏者 soittaja 16 [名] ／演奏する soittaa* 2 [動]

えんそく〔遠足〕retki 8 [名], retkeily 2 [名], kävelymatka 10 [名]

えんだん〔演壇〕koroke* 78 [名], saarnatuoli 4 [名]

えんだん〔縁談〕naimatarjous 64 [名]

えんちゅう〔円柱〕〈幾〉lieriö 3 [名]

えんちょう〔延長〕pidennys 64 [名] ／延長する pidentää* 8 [動], pitkittää* 2 [動]

えんちょう〔園長〕johtaja 16 [名], päällikkö* 2 [名]

えんてい〔園丁〕puutarhuri 5 [名]

えんてん〔炎天〕kuuma ilma (kuuma 11 [形], ilma 10 [名])

えんとう〔円筒〕〈幾〉lieriö 3 [名]

えんどう〔沿道〕tie 30 [名], piennar* 82 [名]

えんどう〔豌豆〕〈植〉papu* 1 [名]

えんとつ〔煙突〕piippu* 1 [名], savupiippu* 1 [名]

エンドライン〈ス〉päätyraja 10 [名]

えんばく〔燕麦〕kaura 10 [名]

えんばん〔円盤〕kiekko* 1 [名], kehrä 11 [名]

えんばんなげ〔円盤投げ〕〈ス〉kiekonheitto* 1 [名]

えんぴつ〔鉛筆〕lyijykynä 11 [名]

えんびふく〔燕尾服〕hännystakki* 4 [名]
えんぽう〔遠方〕遠方に pitkällä [副]
えんまん〔円満〕円満な rakastettava 13 [形], ystävällinen 63 [形]
エンメンタールチーズ tahkojuusto 1 [名]
えんよう〔遠洋〕meri 32 [名], valtameri 32 [名]
えんりょ〔遠慮〕kursailu 2 [名]／遠慮がちに arasti [副]／遠慮する kursailla 29 [動]

お

お〔尾〕häntä* 11 [名], (鳥や魚の) pyrstö 1 [名]
オアシス keidas* 66 [名], kosteikko* 2 [名]
おい〔甥〕(兄弟の息子) veljenpoika* 11 [名], (姉妹の息子) sisarenpoika* 11 [名]
おいかえす〔追い返す〕ajaa pakoon (ajaa 9 [動])
おいかける〔追い掛ける〕ajaa 9 [動], ajaa takaa
おいかぜ〔追い風〕myötätuuli 32 [名]
おいこし〔追い越し〕ohitus 64 [名]／追い越し禁止 ohituskielto* 1 [名]
おいこす〔追い越す〕ohittaa* 2 [動]
おいこみ〔追い込み〕rynnistys 64 [名], (loppu)kiri 4 [名]
おいこむ〔追い込む〕työntää* 8 [動], pakottaa* 2 [動]
おいしい herkullinen 63 [形], maukas* 66 [形], hyvänmakuinen 63 [形]
おいそれと (否定文で) hevin [副], helposti [副]
おいだし〔追い出し〕karkotus 64 [名]
おいだす〔追い出す〕karko(i)ttaa* 2 [動]
おいたち〔生い立ち〕kasvu 1 [名]
おいて〔追い立て〕ajo 1 [名]
おいつく〔追い付く〕tavoittaa* 2 [動]
おいつめる〔追い詰める〕hätyyttää* 2 [動]

おいぬく〔追い抜く〕sivuuttaa* 2 [動], ohittaa* 2 [動]
おいはらう〔追い払う〕poistaa 2 [動], karko(i)ttaa* 2 [動], ajaa pois (ajaa 9 [動])
おいやる〔追いやる〕ajattaa* 2 [動], ohjastaa 2 [動]
オイル öljy 1 [名]
おいる〔老いる〕vanhentua* 1 [動], vanheta 34 [動]
おう〔王〕kuningas* 66 [名], hallitsija 14 [名]
おう〔負う〕(背負う) kantaa selässään, kantaa olallaan, (責任を) olla vastuussa (kantaa* 9 [動], olla 25 [動])
おう〔追う〕ajaa 9 [動], (目で) tarkata silmillään (tarkata* 35 [動])
おうい〔王位〕kruunu 1 [名], valtaistuin 56 [名]
おうえん〔応援〕(声援) lohdutus 64 [名], viihdytys 64 [名], (助け) apu* 1 [名], tuki* 8 [名]
おうかっしょく〔黄褐色〕keltaisenruskea 21 [名]
おうかん〔王冠〕kruunu 1 [名]
おうぎ〔扇〕viuhka 10 [名]
おうきゅう〔応急〕応急手当 ensiapu* 1 [名]
おうけん〔王権〕kuninkuus* 65 [名]
おうこく〔王国〕valtakunta* 11 [名], kuningaskunta* 11 [名]
おうごん〔黄金〕kulta* 11 [名]／黄金の kultainen 63 [形]
おうざ〔王座〕valtaistuin 56 [名]
おうし〔雄牛〕härkä* 11 [名], (去勢されていない) sonni 4 [名]
おうじ〔王子〕prinssi 4 [名], ruhtinas 66 [名]
おうしゅう〔押収〕〈法〉takavarikko* 2 [名]／押収する〈法〉takavarikoida 18 [動]
おうしゅう〔欧州〕Eurooppa* 11 [名]／欧州の eurooppalainen 63 [形]
おうじょ〔王女〕prinsessa 15 [名]
おうじる〔応じる〕〜に応じて (属格と共に) myötä [後]
おうしん〔往診〕sairaskäynti* 4 [名], lääkärin käynti (käynti* 4 [名])
おうせい〔旺盛〕元気旺盛な hilpeä 21 [形], vilkas* 66 [形]

おおあめ

おうせつ〔応接〕vastaanotto* 1〔名〕／応接室 vastaanottosali 4〔名〕
おうぞく〔王族〕ruhtinas 66〔名〕
おうたい〔応対〕応対する ottaa vastaan（ottaa* 2〔動〕）
おうだん〔黄疸〕〈医〉keltatauti* 4〔名〕
おうだん〔横断〕risteys 64〔名〕,（道路の）kadunylitys 64〔名〕／横断歩道 suojatie 30〔名〕／横断して poikittain〔副〕,（属格と共に）halki〔後〕
おうちゃく〔横着〕横着な laiska 10〔形〕, joutilas 66〔形〕
おうと〔嘔吐〕（吐き出すこと）oksennus 64〔名〕
おうとう〔応答〕vastaus 64〔名〕／応答する vastata 35〔動〕
おうとつ〔凹凸〕epätasaisuus* 65〔名〕／凹凸のある epätasainen 63〔形〕
おうひ〔王妃〕kuningatar* 54〔名〕
おうふく〔往復〕meno ja paluu／往復切符 menopaluulippu* 1〔名〕(meno 1〔名〕, paluu 25〔名〕)
おうへい〔横柄〕横柄な uppiniskainen 63〔形〕, itsepäinen 63〔形〕
おうべい〔欧米〕（通常は複数形で）länsimaa 28〔名〕／欧米の länsimaalainen 63〔形〕
おうぼ〔応募〕paikanhaku* 1〔名〕／応募者 paikanhakija 14〔名〕
おうま〔雄馬〕uroshevonen 63〔名〕, ori 4又は80〔名〕
おうむ〈鳥〉papukaija 10〔名〕
おうよう〔応用〕sovitus 64〔名〕, sovellu(tu)s 64〔名〕
おうよう〔鷹揚〕鷹揚な antelias 66〔形〕
おうらい〔往来〕往来する liikennöidä 30〔動〕
おうりょう〔横領〕kavallus 64〔名〕／横領する anastaa 2〔動〕, varastaa 2〔動〕
おうろ〔往路〕menomatka 10〔名〕
おえる〔終える〕lopettaa* 2〔動〕, päättää* 2〔動〕
おおあたり〔大当たり〕（成功）suuri menestys（suuri 39〔形〕, menestys 64〔名〕）
おおあめ〔大雨〕rankkasade* 78〔名〕

おおあれ〔大荒れ〕kova myrsky, rajuilma 10 [名]（kova 11 [形], myrsky 1 [名]）
おおい〔覆い〕peite* 78 [名], peitto* 1 [名]
おおい〔多い〕runsas 66 [形], moni 38 [形], monilukuinen 63 [形]
おおいそぎ〔大急ぎ〕大急ぎで kovaa vauhtia, ripein ottein
おおいに〔大いに〕ylenmäärin [副]
おおう〔覆う〕peittää* 2 [動], kattaa* 9 [動]／覆われる kääriytyä* 1 [動], peittyä* 1 [動]
おおうなばら〔大海原〕ulappa* 15 [名]
おおうみ〔大海〕ulappa* 15 [名]
おおうりだし〔大売り出し〕alennusmyynti* 4 [名], loppuunmyynti* 4 [名]
オーエル naisvirkailija 14 [名]
おおおとこ〔大男〕〈常〉goljatti* 5 [名],〈常〉koljatti* 5 [名]
おおかた〔大方〕（大部分）valtaosa 11 [名],（多分）todennäköisesti [副], luultavasti [副]
おおがた〔大型〕大型の suurimittainen 63 [形]
おおかみ〔狼〕〈動〉susi* 40 [名], hukka* 11 [名]
おおがら〔大柄〕大柄な tukeva 13 [形]
おおかれすくなかれ〔多かれ少なかれ〕suunnilleen [副],（ある程度）jossakin määrin
おおきい〔大きい〕suuri 39 [形], iso 1 [形], kookas* 66 [形]／大きくする suurentaa* 8 [動], laajentaa* 8 [動]／大きくなる suureta 34 [動], laajentua* 1 [動]
おおく〔多く〕runsaasti [副], paljon [副]／多くの paljon [副]; moni 38 [形], runsas 66 [形]／一番多くても enintään [副]／多くの場合 usein [副], useimmiten [副]／多くの点で monessa suhteessa
おおぐい〔大食い〕（人）suursyömäri 5 [名], ahmatti* 6 [名]
おおくら〔大蔵〕大蔵省 valtiovarainministeriö 3 [名]／大蔵大臣 valtiovarainministeri 5 [名], raha-asiainministeri 5 [名]
おおげさ〔大袈裟〕大袈裟な suurisuinen 63 [形], mah-

taileva 13 [形]
オーケストラ orkesteri 5 [名], soittokunta* 11 [名]
おおごえ〔大声〕huuto* 1 [名], huudahdus 64 [名] ／大声で äänekkäästi [副], kovaäänisesti [副]
おおさじ〔大匙〕ruokalusikka* 15 [名]
おおざっぱ〔大雑把〕大雑把な karkea 2 [形], karkeahko 1 [形] ／大雑把に suunnilleen [副], suurin piirtein
おおざら〔大皿〕vati* 4 [名]
おおさわぎ〔大騒ぎ〕大騒ぎする pitää suurta suuta (pitää* 2 [動])
おおしい〔雄々しい〕miehekäs* 66 [形], urhoollinen 63 [形]
おおぜい〔大勢〕joukko* 1 [名], ryhmä 11 [名]
おおそうじ〔大掃除〕suursiivous 64 [名]
おおぞら〔大空〕taivas 66 [名], avaruus* 65 [名]
おおどおり〔大通り〕valtakatu* 1 [名], pääkatu* 1 [名]
オートバイ moottoripyörä 11 [名]
オードブル alkuruoka* 11 [名], alkupala 10 [名]
オートミール〈料〉puuro 1 [名], kaurapuuro 1 [名]
オートメーション automaatio 3 [名]
オーナー omistaja 16 [名]
オーバー（外套）takki* 4 [名], päällystakki* 4 [名], (誇張) liioittelu 2 [名] ／オーバーな liioitteleva 13 [形]
オーバーシューズ kalossi 6 [名]
おおはくちょう〔大白鳥〕〈鳥〉laulujoutsen 55 [名]
おおはば〔大幅〕大幅な（かなりの）melkoinen 63 [形], huomattava 13 [形]
オービー entinen oppilas (entinen 63 [形], oppilas 66 [名])
オーブン leivinuuni 4 [名]
オープン オープンの avonainen 63 [形]
オープンカー avoauto 1 [名]
オープンサンド voileipä* 11 [名]
オーボエ〈楽〉oboe 9 [名]
おおまか〔大まか〕大まかな ylimalkainen 63 [形] ／

大まかに suunnilleen [副], suurin piirtein
おおまた〔大股〕大股に歩く kulkea pitkin askelin (kulkea* 13 [動])
おおみそか〔大晦日〕uudenvuodenaatto* 1 [名]
おおむぎ〔大麦〕ohra 11 [名]
おおめ〔大目〕大目に見る suvaita 31 [動]
おおもじ〔大文字〕iso kirjain (iso 1 [形], kirjain 56 [名])
おおもの〔大物〕(実力者) huomattava henkilö (huomattava 13 [形], henkilö 2 [名])
おおやけ〔公〕公の virallinen 63 [形], julkinen 63 [形]／公にする antaa tiedoksi (antaa* 9 [動])
おおゆき〔大雪〕runsas lumi (runsas 66 [形], lumi 35 [名])
おおよそ〔大凡〕luonnos 64 [名]；noin [副], suunnilleen [副]
おおらか〔大らか〕大らかな aulis 69 [形]
オール (ボートの) airo 1 [名]
オールドミス naimaton nainen, neiti* 4 [名] (naimaton* 57 [形], nainen 63 [名])
オールナイト オールナイトの kokoöinen 63 [形]
オーロラ revontulet 32 [複名]
おおわらい〔大笑い〕大笑いする nauraa täyttä kurkkua (nauraa 9 [動])
おか〔丘〕mäki* 8 [名], kukkula 15 [名], vaara 10 [名]
おかあさん〔お母さん〕äiti* 4 [名]
おかえし〔お返し〕palautus 64 [名]
おがくず〔大鋸屑〕lastu 1 [名], (通常は複数形で) sahanpuru 1 [名]
おかげ〔お陰〕～のお陰で (属格と共に) ansiosta, (属格と共に) toimesta
おかしい naurettava 13 [形], (奇妙な) hullunkurinen 63 [形], (普通ではない) tavaton* 57 [形]
おかす〔犯す〕(罪を) tehdä syntiä, (法を) rikkoa lakia (tehdä* 33 [動], rikkoa* 1 [動])
おかす〔冒す〕(危険を) antautua vaaraan (antautua* 44 [動])

おかす〔侵す〕(国境を) hyökätä maahan (hyökätä* 35〔動〕)
おかず〔お数〕(副食物) lisäruoka* 11〔名〕
おがむ〔拝む〕palvoa 1〔動〕
おかゆ〔お粥〕お粥状の食べ物 jauhopuuro 1〔名〕, jauhovelli 4〔名〕
おがわ〔小川〕puro 1〔名〕, oja 11〔名〕
おかわり〔お代わり〕lisä 11〔名〕
おかん〔悪寒〕vilunpuistatus 64〔名〕, vilunväristys 64〔名〕
おき〔沖〕ulappa* 15〔名〕, aava meri (aava 10〔形〕, meri 32〔名〕)
おき〔置き〕一日置きに joka toinen päivä
おきあがる〔起き上がる〕nousta 24〔動〕
おきかえる〔置き換える〕korvata 35〔名〕
おきて〔掟〕(決まり) laki* 4〔名〕
おぎなう〔補う〕korvata 35〔名〕, lunastaa 2〔動〕
おきる〔起きる〕nousta 24〔動〕, (眠りから) herätä 40〔動〕, (事件などが) tapahtua* 1〔動〕
おきわすれる〔置き忘れる〕jättää* 2〔動〕, unohtaa* 2〔動〕
おく〔奥〕perä 11〔名〕, pohja 11〔名〕／一番奥の perimmäinen 63〔形〕, sisimmäinen 63〔形〕
おく〔億〕satamiljoonaa (miljoona 16〔基数〕)
おく〔置く〕panna 27〔動〕, asettaa* 2〔動〕, sijoittaa* 2〔動〕
おくがい〔屋外〕屋外で ulkona〔副〕／屋外へ ulos〔副〕, ulospäin〔副〕
おくさん〔奥さん〕rouva 11〔名〕
おくじょう〔屋上〕katto* 1〔名〕
オクターブ〈楽〉oktaavi 6〔名〕
おくち〔奥地〕erämaa 28〔名〕, korpi* 8〔名〕
おくない〔屋内〕屋内の sisä-／屋内で sisällä〔副〕, talossa〔副〕
おくば〔奥歯〕〈解〉poskihammas* 66〔名〕
おくびょう〔臆病〕臆病な ujo 1〔形〕, raukkamainen 63〔形〕
おくやみ〔お悔やみ〕surunvalittelu 2〔名〕

おくゆき〔奥行き〕pituus* 65 [名]
おくらせる〔遅らせる〕siirtää tuonnemmaksi, viivyttää* 2 [動] (siirtää* 6 [動])
おくりかえす〔送り返す〕lähettää takaisin (lähettää* 2 [動])
おくりさき〔送り先〕(届け先) määräpaikka* 10 [名], (宛て名) osoite* 78 [名]
おくりて〔送り手〕lähettäjä 16 [名], lahjoittaja 16 [名]
おくりもの〔贈り物〕lahja 10 [名]／贈り物をする lahjoittaa* 2 [動]
おくる〔送る・贈る〕lähettää* 2 [動], lahjoittaa* 2 [動]
おくれ〔後れ・遅れ〕viivytys 64 [名]
おくれる〔後れる・遅れる〕viipyä* 1 [動], viivästyä 1 [動], myöhästyä 1 [動]
おけ〔桶〕(容器) amme 78 [名], sanko* 1 [名]
おこす〔起こす〕(眠っている人を) herättää* 2 [動], (引き起こす) aiheuttaa* 2 [動]
おこす〔興す〕(設立する) perustaa 2 [動]
おごそか〔厳か〕厳かな juhlallinen 63 [形]／厳かに juhlallisesti [副]
おこたる〔怠る〕laiminlyödä 21 [動]
おこない〔行い〕käytöstapa* 10 [名]
おこなう〔行なう〕tehdä* 33 [動], harjoittaa* 2 [動], (式などを) pitää* 2 [動]
おこり〔起こり〕(始まり) alku* 1 [名]
おごり〔奢り〕(ご馳走すること) tarjous 64 [名]
おこりっぽい〔怒りっぽい〕ärtyinen 63 [形], äkäinen 63 [形]
おこる〔怒る〕suuttua* 1 [動], kiihtyä* 1 [動], pahastua 1 [動]
おこる〔起こる〕tapahtua* 1 [動], sattua* 1 [動]
おこる〔興る〕(生まれる) syntyä* 1 [動]
おごる〔奢る〕(ご馳走する) tarjota 38 [動]
おさえる〔押さえる〕(手で持つ) pitää* 2 [動], pitää kiinni+出格, (気持ちを) hillitä 31 [動]
おさがり〔お下がり〕käytetyt vaatteet (käytetty*

おしだす

2 [形], vaate* 78 [名])
おさない〔幼い〕(幼少の) lapsuuden-, (幼稚な) lapsellinen 63 [形]
おさなともだち〔幼友達〕lapsuudenystävä 13 [名]
おさななじみ〔幼馴染〕lapsuudenystävä 13 [名], lapsuudentoveri 5 [名]
おさまる〔納まる・収まる〕(入る) pistäytyä* 44 [動], asettua* 1 [動], (静まる) hiljetä 34 [動], rauhoittua* 1 [動], (解決する) ratkaista 24 [動]
おさめる〔治める〕(支配する) hallita 31 [動], vallita 31 [動]
おさめる〔納める・収める〕(入れる) pistää 2 [動], asettaa* 2 [動], (納品する) jakaa* 9 [動]
おさめる〔修める〕(学習する) opiskella 28 [動]
おさらい〔お浚い〕jälkikatsaus 64 [名]
おさん〔お産〕synnytys 64 [名]
おし〔押し〕työntö* 1 [名], sysäys 64 [名]
おじ〔伯父・叔父〕(父の兄弟) setä* 11 [名], (母の兄弟) eno 1 [名]
おしい〔惜しい〕(残念な) valitettava 13 [形], (貴重な) arvokas* 66 [形]
おじいさん〔お祖父さん・お爺さん〕ukko* 1 [名], vaari 4 [名]
おしいる〔押し入る〕tunkeutua* 44 [動]
おしいれ〔押し入れ〕komero 2 [名]
おしうり〔押し売り〕tehomyynti* 4 [名]
おしえ〔教え〕opetus 64 [名], oppi* 4 [名]
おしえご〔教え子〕oppilas 66 [名]
おしえる〔教える〕opettaa* 2 [動], opastaa 2 [動]
おじぎ〔お辞儀〕kumarrus 64 [名]／お辞儀する kumartaa* 6 [動], kumarrella* 28 [動]
おしくも〔惜しくも〕(残念ながら) valitettavasti [副]
おしこむ〔押し込む〕pistää 2 [動], sysätä 35 [動]
おしすすめる〔押し進める・推し進める〕työntää eteenpäin (työntää* 8 [動])
おしたおす〔押し倒す〕työntää ja kaataa (työntää* 8 [動], kaataa* 9 と 3 [動])
おしだす〔押し出す〕työntää* 8 [動]

おしつける〔押し付ける〕painaa 9〔動〕, painostaa 2〔動〕
おしつぶす〔押し潰す〕pusertaa* 6〔動〕, puristaa 2〔動〕
おしとおす〔押し通す〕(固執する) pitää kiinni itsepintaisesti (pitää* 2〔動〕)
おしのける〔押し退ける〕syrjäyttää* 2〔動〕
おしひらく〔押し開く〕murtaa* 6〔動〕
おしべ〔雄蕊〕〈植〉hede* 78〔名〕
おしボタン〔押しボタン〕nuppi* 4〔名〕
おしむ〔惜しむ〕(残念に思う) valittaa* 2〔動〕, (失いたくないと思う) tuntea ikävää (tuntea* 14〔動〕)
おしめ(赤ちゃんの) vaippa* 10〔名〕
おしゃぶり(赤ちゃんの) tutti* 4〔名〕
おしゃぶる〔押し破る〕puhkoa 1〔動〕
おしゃべり〔お喋り〕juttelu 2〔名〕／お喋りする jutella* 28〔動〕
おしやる〔押しやる〕sysätä syrjään, sysiä 17〔動〕(sysätä 35〔動〕)
おじょうさん〔お嬢さん〕neiti* 4〔名〕, tyttö* 1〔名〕
おしょく〔汚職〕lahjus 64〔名〕, lahjominen 63〔名〕
おしよせる〔押し寄せる〕tungeksia 17〔動〕, tunkeilla 28〔動〕
おしろい〔白粉〕(化粧用の) puuteri 5〔名〕, ihojauhe 78〔名〕
おす〔雄〕uros 70〔名〕, koiras 70〔名〕／雄馬 uroshevonen 63〔名〕, ori 4 又は 80〔名〕
おす〔押す〕työntää* 8〔動〕
おす〔推す〕(推薦する) suositella* 28〔動〕, (推量する) arvata 35〔動〕
おすい〔汚水〕likavesi* 40〔名〕
おずおず おずおずした pelokas* 66〔形〕／おずおずと arasti〔副〕
おせじ〔お世辞〕imartelu 2〔名〕, mairittelu 2〔名〕／お世辞を言う imarrella* 28〔動〕, mairitella* 28〔動〕
おせっかい〔お節介〕お節介な人 tungettelevainen 63〔名〕, tungettelema 13〔名〕

おせん〔汚染〕saaste 78 [名]
おそい〔遅い〕(時間が) myöhä 11 [形], myöhäinen 63 [形], (動きが) hidas* 66 [形], vitka(ll)inen 63 [形], (時間がかかる) aikaaviepä* 11 [形], hidas* 66 [形] ／遅くても viimeistään [副], myöhäisintään [副]
おそいかかる〔襲い掛かる〕yllättää* 2 [動], käydä kimppuun (käydä 23 [動])
おそう〔襲う〕yllättää* 2 [動], käydä kimppuun (käydä 23 [動])
おそかれはやかれ〔遅かれ早かれ〕ennemmin tai myöhemmin
おそらく〔恐らく〕ehkä [副], luultavasti [副], todennäköisesti [副], mahdollisesti [副]
おそるべき〔恐るべき〕(恐ろしい) pelokas* 66 [形], hirvittävä 13 [形], (驚くべき) ihmeellinen 63 [形]
おそれ〔恐れ〕kauhu 1 [名], pelko* 1 [名]
おそれいる〔恐れ入る〕(恐縮する) olla häpeissään, olla kiitollinen (olla 25 [動])
おそれる〔恐れる〕kauhistua 1 [動], pelätä* 35 [動], säikähtyä* 1 [動]
おそろしい〔恐ろしい〕kauhea 21 [形], pelottava 13 [形]
オゾン otsoni 6 [名]
おたく〔お宅〕(よその家) koti* 4 [名], perhe 78 [名], (あなた) te (変化表参照)
おだてる〔煽てる〕imarrella* 28 [動], mairitella* 28 [動]
おたふくかぜ〔お多福風〕sikotauti* 4 [名]
おたまじゃくし〔お玉杓子〕〈虫〉sammakonpoikanen 63 [名], (音符) nuotti* 4 [名], (杓子) kauha 10 [名]
おだやか〔穏やか〕穏やかな rauhallinen 63 [形], tyyni 38 [形], (天候について) lauha 10 [形], lauhkea 21 [形]
おちいる〔陥る〕(よくない状態に) joutua* 1 [動]
おちこむ〔落ち込む〕(落胆する) nääntyä* 1 [動], voipua* 1 [動]

おちつき〔落ち着き〕hengenrauha 10 [名], mielenmaltti* 4 [名]
おちつく〔落ち着く〕rauhoittua* 1 [動], tyyntyä* 1 [動], (住みつく)(入格と共に) asettua asumaan／落ち着いた tyyni 38 [形], levollinen 63 [形]
おちど〔落ち度〕virhe 78 [名], vika 10 [名]
おちば〔落ち葉〕karike* 78 [名]
おちぶれる〔落ちぶれる〕joutua huonoihin oloihin, mennä hunningolle (joutua* 1 [動], mennä 27 [動])
おちる〔落ちる〕pudota* 38 [動], langeta* 36 [動], (小さい物が) tipahtaa* 2 [動], (水滴が) tippua* 1 [動]
おっくう〔億劫〕億劫な kiusallinen 63 [形], raskas 66 [形]
おっしゃる sanoa 1 [動]
おっと〔夫〕mies 72 [名], aviomies 72 [名]
おっとせい〈動〉hylje* 78 [名]
おっとり おっとりした hidasluonteinen 63 [形]
おてあらい〔お手洗い〕WC 78 [名], vessa 10 [名]
おでき〈医〉kasvain 56 [名], paise 78 [名]
おでこ otsa 11 [名]
おてつだい〔お手伝い〕(お手伝いさん) taloudenhoitaja 16 [名], piikatyttö* 1 [名]
おてん〔汚点〕tahra 10 [名], saasta 10 [名]
おてんば〔お転婆〕お転婆な poikamainen 63 [形]
おと〔音〕ääni 32 [名], (鐘やベルの) soitto* 1 [名], (蜂・蚊・小川などの) sorina 14 [名]／音を立てる・音を出す ääntää* 8 [動]
おとうさん〔お父さん〕isä 11 [名]
おとうと〔弟〕pikkuveli 8 [名]
おどおど おどおどする arkailla 29 [動]
おどかし〔脅かし〕pelotus 64 [名], uhka(*) 11 [名]
おどかす〔脅かす〕pelottaa* 2 [動], uhata* 35 [動]
おとぎばなし〔お伽話〕satu* 1 [名]
おどけ ilveily 2 [名], kujeilu 2 [名]
おどけもの〔おどけ者〕veitikka* 15 [名], vekkuli 5 [名]

おどろく

おどける（ふざける）ilveillä 28 [動], kujeilla 28 [動]／おどけた humoristinen 63 [形], leikkisä 13 [形]

おとこ〔男〕mies 72 [名], herra 10 [名]／男らしい miehekäs* 66 [形]／男らしく miehekkäästi [副]／男の子 poika* 11 [名]

おとさた〔音沙汰〕uutinen 63 [名]

おとし〔落とし〕落とし穴 ansa 10 [名], pyydys 64 [名]

おどし〔脅し〕pelotus 64 [名], uhka(*) 11 [名]

おとしいれる〔陥れる〕asettaa ansa (asettaa* 2 [動])

おとしだま〔お年玉〕uudenvuodenlahja 10 [名]

おとしもの〔落とし物〕löytötavara 15 [名]

おとす〔落とす〕pudottaa* 2 [動]

おどす〔脅す〕uhata* 35 [動], uhitella* 28 [動]

おとずれ〔訪れ〕tulo 1 [名]

おとずれる〔訪れる〕（内格・所格と共に）käydä 23 [動], （内格・所格と共に）vierailla 29 [動]

おととい〔一昨日〕toissa päivänä／一昨日の toissapäiväinen 63 [形]

おととし〔一昨年〕toissa vuonna／一昨年の toissavuotinen 63 [形]

おとな〔大人〕aikuinen 63 [名]／大人の aikuinen 63 [形], täysi-ikäinen 63 [形]

おとなしい〔大人しい〕rauhallinen 63 [形], sävyisä 13 [形]／大人しくなる nöyrtyä* 1 [動], hiljetä 34 [動]

おとめ〔乙女〕neiti* 4 [名], tyttö* 1 [名]

おどり〔踊り〕tanssi 4 [名]

おとる〔劣る〕劣った ala-arvoinen 63 [形]

おどる〔踊る〕tanssia 17 [動]

おとろえ〔衰え〕laimeus* 65 [名], degeneraatio 3 [名]

おとろえる〔衰える〕laimentua*1 [動], degeneroitua* 1 [動]

おどろかす〔驚かす〕hämmästyttää* 2 [動], ällistyttää* 2 [動]

おどろき〔驚き〕hämmästys 64 [名], yllätys 64 [名], ihme 78 [名]

おどろく〔驚く〕hämmästyä 1 [動], ällistyä 1 [動], ihmetellä* 28 [動]／驚いて ihmeissään [副], ällis-

tyneenä
おなか vatsa 10［名］, maha 10［名］
おながざる〔尾長猿〕marakatti* 4［名］
おなじ〔同じ〕sama 10［形］, yhdenlainen 63［形］／同じような samanlainen 63［形］, yhtäläinen 63［形］／同じように samoin［副］, samaten［副］
おなら〈卑〉pieru 1［名］／おならをする pierrä 26［動］
おにごっこ〔鬼ごっこ〕hippa* 10［名］, hippaleikki* 4［名］
おね〔尾根〕harju 1［名］, maanselkä* 11［名］, selänne* 78［名］
おのおの〔各々〕joka（不変化）［不代］／各々の jonkinlainen 63［形］, kukin（変化表参照）（形容詞的に使う）［不代］
おのずから〔自ずから〕itsestään［副］
おののき〔戦き〕väristys 64［名］
おば〔伯母・叔母〕täti* 4［名］
おばあさん〔お祖母さん・お婆さん〕akka* 10［名］, eukko* 1［名］, mummo 1［名］
オパール opaali 5［名］
おばけ〔お化け〕kummitus 64［名］
おばさん〔伯母さん・叔母さん・小母さん〕akka* 10［名］, eukko* 1［名］
おはよう〔お早う〕Hyvää huomenta.
おびえ〔怯え〕säikähdys 64［名］
おびえる〔怯える〕säikähtyä* 1［動］, säikähtää* 2［動］
おびただしい〔夥しい〕runsas 66［形］, lukuisa 13［形］
おひとよし〔お人好し〕pöllö 1［名］, pölhö 1［名］
おびやかす〔脅かす〕uhata* 35［動］, uhitella* 28［動］
おびれ〔尾鰭〕peräevä 11［名］
おぶつ〔汚物〕lika* 10［名］, saasta 10［名］
おべっか mairittelu 2［名］／おべっかを使う mairitella* 28［動］
オペラ ooppera 15［名］
オペレッタ operetti* 4［名］
おぼえがき〔覚え書き〕muistiinpano 1［名］, nootti*

おもいがけない

4 [名]
おぼえる〔覚える〕muistaa 2 [動], muistella 28 [動]
おぼつかない〔覚束無い〕(不安定な) horjuva 13 [形], epävakainen 63 [形]
おぼれる〔溺れる〕hukkua* 1 [動]
おぼろげ〔朧気〕朧気な hämärä 12 [形], epäselvä 11 [形]
おまいり〔お参り〕käynti* 4 [名], vierailu 2 [名]
おまえ〔お前〕sinä (変化表参照) [人代]
おまけ (物を買った時ただで付けてくれるもの) kaupanpäällinen 63 [名]
おまわりさん〔お巡りさん〕poliisi 4 [名]
おみやげ〔お土産〕(通常は複数形で) tuominen 63 [名], (通常は複数形で) vieminen 63 [名]
おむつ vaippa* 10 [名]
オムレツ〈料〉munakas* 66 [名]
おめでとう〔お目出度う〕onneksi olkoon !, paljon onnea!／お目出度うを言う onnitella* 28 [動], toivottaa onnea (toivottaa* 2 [動])
おも〔主〕主な tärkeä 21 [形], pääasiallinen 63 [形], pää-／主に pääasiassa [副], etupäässä [副]
おもい〔思い〕ajatus 64 [名], sisin* 59 [名]／思いもよらない arvaamaton* 57 [形]
おもい〔重い〕painava 13 [形], raskas 66 [形]／重さ paino 1 [名], painavuus* 65 [名]／～の重さがある painaa 9 [動];(属格と共に) painoinen 63 [形]
おもいあがる〔思い上がる〕tulla ylpeäksi (tulla 25 [動])
おもいあたる〔思い当たる〕aavistaa 2 [動], huomata 35 [動]
おもいうかべる〔思い浮かべる〕muistaa 2 [動]
おもいおこす〔思い起こす〕muistaa 2 [動]／思い起こさせる muistuttaa* 2 [動]
おもいおもい〔思い思い〕思い思いに omasta aloitteestaan
おもいがけず〔思い掛けず〕思い掛けずに äkkiarvaamatta [副], odottamatta [副]
おもいがけない〔思い掛けない〕odottamaton* 57 [形]

おもいきり〔思い切り〕niin hyvin kuin mahdollista, mahdollisimman hyvin

おもいきる〔思い切る〕思い切って～する uskaltaa* 5 [動], rohjeta* 34 [動]

おもいこがれる〔思い焦がれる〕kaihota 38 [動]

おもいこむ〔思い込む〕uskoa 1 [動], luulla 25 [動]

おもいすごし〔思い過ごし〕aiheeton pelko (aiheeton* 57 [形], pelko* 1 [名])

おもいだす〔思い出す〕muistaa 2 [動] ／思い出させる muistuttaa* 2 [動]

おもいちがい〔思い違い〕väärinkäsitys 64 [名], hairahdus 64 [名]

おもいつき〔思い付き〕sattumanvarainen keksintö (sattumanvarainen 63 [形], keksintö* 2 [名])

おもいつく〔思い付く〕keksiä sattumalta (keksiä 17 [動])

おもいつめる〔思い詰める〕hautoa* 1 [動], miettiä liian vakavasti (miettiä* 17 [動])

おもいで〔思い出〕muisto 1 [名], muistelma 13 [名]

おもいとどまる〔思い止まる〕(出格と共に) lakata 35 [動]

おもいなやむ〔思い悩む〕riutua* 1 [動]

おもいめぐらす〔思い巡らす〕aavistaa 2 [動], arvata 35 [動]

おもいやり〔思い遣り〕／思い遣りのある myötätuntoinen 63 [形], myötämielinen 63 [形]

おもう〔思う〕ajatella* 28 [動], luulla 25 [動], (分格・様格と共に) pitää* 2 [動]

おもうぞんぶん〔思う存分〕niin hyvin kuin mahdollista, mahdollisimman hyvin

おもかげ〔面影〕jälki* 8 [名], muisto 1 [名]

おもくるしい〔重苦しい〕raskas 66 [形], raskassävyinen 63 [形]

おもし〔重し〕paine 78 [名]

おもしろい〔面白い〕mielenkiintoinen 63 [形], jännittävä 13 [形]

おもちゃ leikkikalu 1 [名], lelu 1 [名]

おもて〔表〕表玄関 pääsisäänkäytävä 13 [名]

おもに〔重荷〕kuorma 11 [名], taakka* 10 [名]
おもに〔主に〕pääasiassa, etupäässä [副]
おもねり〔阿り〕imartelu 2 [名], mairittelu 2 [名]
おもねる〔阿る〕imarrella* 28 [動], mairitella* 28 [動]
おもみ〔重み〕paino 1 [名], painavuus* 65 [名]
おもむき〔趣〕sävy 1 [名] ／趣のある sävyinen 63 [形], sävyisä 13 [形]
おもや〔母屋〕päärakennus 64 [名], tuparakennus 64 [名]
おもり〔重り〕(釣りの) paino 1 [名]
おもわしい〔思わしい〕(満足な) tyytyväinen 63 [形]
おもわず〔思わず〕huomaamatta [副], tietämättä [副]
おもんじる〔重んじる〕arvostaa 2 [動]
おや〔親〕(通常は複数形で) vanhempi* 22 [名]
おや（驚き・感嘆などの表現）kas [間]
おやおや（驚き・不満の表現）hyvänen aika
おやかた〔親方〕työmestari 5 [名]
おやこ〔親子〕vanhemmat ja lapset (vanhemmat* 22 [名], lapsi 45 [名])
おやしらず〔親知らず〕viisaudenhammas* 66 [名]
おやすみなさい〔お休みなさい〕Hyvää yötä.
おやつ〔お八つ〕välipala 10 [名]
おやゆずり〔親譲り〕親譲りの perinnöllinen 63 [形]
おやゆび〔親指〕peukalo 2 [名], (足の) peukalovarvas* 66 [名]
およぎ〔泳ぎ〕uinti* 4 [名], uintiurheilu 2 [名]
およぐ〔泳ぐ〕uida 18 [動], uiskennella* 28 [動]
およそ〔凡そ〕(大体) suunnilleen [副], suurin piirtein, noin [副]
および〔及び〕ja [接] ／(その上) lisäksi [副]
およぶ〔及ぶ〕(達する) saavuttaa* 2 [動], (広がる) ulottua* 1 [動]
およぼす〔及ぼす〕vaikuttaa* 2 [動]
おり〔折り〕(機会) tilaisuus* 65 [名]
おり〔澱〕(沈殿物) poro 1 [名], sakka* 10 [名]
おり〔檻〕(動物・鳥などの) häkki* 4 [名]
おりあう〔折り合う〕(妥協する) sopia* 17 [動], (合意に

オリーブ

達する) päästä yksimielisyyteen (päästä 24 [動])
オリーブ oliivi 5 [名] ／オリーブの木 öljypuu 29 [名]
おりかえし〔折り返し〕(封筒などの) läppä* 11 [名], 〈楽〉loppukerto* 1 [名]
おりかさなる〔折り重なる〕折り重なって päällekkäin [副]
おりたたみ〔折り畳み〕折り畳みの kääntö-, kokoon taitettava (taitettava 13 [形])
おりたたむ〔折り畳む〕taittaa* 11 [動]
おりまげる〔折り曲げる〕taittaa* 11 [動], koukistaa 2 [動]
おりめ〔折り目〕taite* 78 [名], taittuma 13 [名]
おりもの〔織物〕neule 78 [名], tekstiili 5 [名]
おりる〔下りる・降りる〕laskea 13 [動], kulkea alas (kulkea* 13 [動])
オリンピック オリンピック競技 olympiakisat 10 [複名], olympialaiset 63 [複名]
おる〔折る〕taittaa* 11 [動], repiä* 17 [動]
おる〔織る〕kutoa* 1 [動]
オルガン urut* 1 [複名], (足踏みの) urkuharmoni 6 [名], harmoni 6 [名]
オルゴール soittorasia 15 [名]
おれまがる〔折れ曲がる〕taittua* 1 [動]
おれる〔折れる〕taittua* 1 [動]
オレンジ appelsiini 4 [名]
おろおろ おろおろした nolo 1 [形] ／おろおろして hämillään [副]
おろか〔愚か〕愚かな tyhmä 11 [形], hullu 1 [形], typerä 12 [形]
おろし〔卸〕卸売り〈商〉tukku* 1 [名] ／卸売り店 tukkukauppa* 10 [名], tukkuliike* 78 [名]
おろす〔下ろす〕laskea 13 [動], vetää* 2 [動]
おろそか〔疎か〕疎かにする laiminlyödä 21 [動]
おわり〔終わり〕loppu* 1 [名], päätös 64 [名] ／終わりがない loputon* 57 [形], päättymätön* 57 [形]
おわる〔終わる〕loppua* 1 [動], päättyä* 1 [動] ／終わって ohi [副]
おん〔恩〕suosio 3 [名], ystävällisyys* 65 [名]

おんいん〔音韻〕〈声〉〈言〉äänne* 78 [名] ／音韻変化 äänteenmuutos 64 [名]
おんかい〔音階〕〈楽〉sävelasteikko* 2 [名]
おんがえし〔恩返し〕vastata ystävyyteen ystävyydellä (vastata 35 [動])
おんがく〔音楽〕musiikki* 6 [名] ／音楽家 muusikko* 2 [名]
おんきゅう〔恩給〕eläke* 78 [名]
おんきょう〔音響〕ääni 32 [名], kaiku* 1 [名]
おんけい〔恩恵〕armo 1 [名], hyöty* 1 [名] ／恩恵を受ける hyötyä* 1 [動]
おんけん〔穏健〕穏健な maltillinen 63 [形], hillitty* 2 [形]
おんこう〔温厚〕温厚な hiljainen 63 [形], lempeä 21 [形]
おんさ〔音叉〕äänirauta* 10 [名]
おんし〔恩師〕suosittu opettaja (suosittu* 2 [形], opettaja 16 [名])
おんしつ〔温室〕kasvihuone 78 [名]
おんしゃ〔恩赦〕armahdus 64 [名]
おんしょう〔温床〕taimilava 10 [名]
おんじょう〔温情〕温情がある lämminsydäminen 63 [形]
おんしらず〔恩知らず〕恩知らずの kiittämätön* 57 [形]
おんじん〔恩人〕hyväntekijä 14 [名]
おんせい〔音声〕ääni 32 [名], äänensävy 1 [名]
おんせつ〔音節〕〈言〉tavu 1 [名]
おんせん〔温泉〕kivennäislähde* 78 [名]
おんだん〔温暖〕温暖な lämmin* 58 [形], lauhkea 21 [形]
おんちょう〔音調〕äänensävy 1 [名]
おんてい〔音程〕〈楽〉välimatka 10 [名]
おんど〔温度〕lämpö* 1 [名], lämpöaste 78 [名] ／温度計 lämpömittari 5 [名]
おんとう〔穏当〕穏当な kohtuudenmukainen 63 [形], kohtuullinen 63 [形]
おんどく〔音読〕音読する lukea ääneen (lukea* 13 [動])

おんどり〔雄鳥〕kukko* 1 [名]
おんな〔女〕nainen 63 [名], eukko* 1 [名]／女の子 tyttö* 1 [名], tyttönen 63 [名]
おんぱ〔音波〕ääniaalto* 1 [名]
おんぷ〔音符〕〈楽〉nuotti* 4 [名]
おんりょう〔音量〕äänen voimakkuus (voimakkuus* 65 [名])
おんわ〔温和〕温和な mieto* 1 [形]

か

か〔蚊〕〈虫〉hyttynen 63 [名], sääski 8 [名]
か〔科〕(大学などの) osasto 2 [名]
か〔課〕(会社などの) jaosto 1 [名]
が〔我〕我が強い itsepäinen 63 [形], kovapäinen 63 [形]
が〔蛾〕〈虫〉yökkönen 63 [名], yöperhonen 63 [名]
があがあ (鳥・蛙などが鳴く) rääkyä* 1 [動]
カーキいろ〔カーキ色〕ruskeankellertävä 13 [名]
ガーゼ〔医〕kompressi 6 [名], harso 1 [名]
カーディガン kudottu villatakki, neule (takki) (kudottu* 2 [形], villatakki* 4 [名], neule 78 [名])
カーテン verho 1 [名], uudin* 56 [名]
カード kortti* 4 [名], kortisto 2 [名]
ガード ガードマン vartija 14 [名], henkivartija 14 [名]
カートリッジ patruuna 12 [名]
カーニバル laskiainen 63 [名]
カーネーション〈植〉neilikka* 15 [名]
カーブ mutka [名], koukero 2 [名], kaarre* 78 [名]／カーブした koukeroinen 63 [形]
カーボン カーボン紙 hiilipaperi 5 [名], läpilyöntipaperi 5 [名]
カール カールした髪 kihara 18 [名]

ガールスカウト partiotyttö* 1 [名]
ガールフレンド tyttöystävä 13 [名]
カーレンタル autonvuokraus 64 [名]
かい〔貝〕simpukka* 15 [名]
かい〔甲斐〕〜の甲斐がある kelvata* 35 [動]
かい〔櫂〕(オール) mela 10 [名]／櫂でこぐ meloa 1 [動]
かい〔会〕seura 10 [名], kerho 1 [名]
かい〔回〕kerta* 10 [名]／一回で yhdellä kertaa, tähän kertaan／もう一回 uudestaan [副], uudemman kerran／何回も monta kertaa, useita kertoja
かい〔階〕(建物の) kerros 64 [名]／一階 alakerros 64 [名], alakerta* 10
かい〔下位〕ala-arvoinen 63 [名]／下位の ala-arvoinen 63 [形]
がい〔害〕vahinko* 2 [名], vaurio 3 [名]／害する turmella 28 [動], (名誉・感情などを) vahingoittaa* 2 [動]
かいいぬ〔飼い犬〕kotikoira 11 [名]
かいいれ〔買い入れ〕osto 1 [名]
かいいん〔会員〕jäsen 55 [名]
かいうん〔海運〕laivaliikenne* 78 [名]
かいえん〔開演〕näytelmän alku (alku* 1 [名])
かいおうせい〔海王星〕〈天〉Neptunus 64 [名]
かいか〔開花〕kukinta* 15 [名]
かいか〔階下〕alakerta* 10 [名]／階下へ alas [副], alakertaan
かいが〔絵画〕piirustus 64 [名], taulu 1 [名]
がいか〔外貨〕〈経〉valuutta* 15 [名]
かいかい〔開会〕開会式 avajaiset 63 [複名], alkajaiset 63 [複名]
かいがい〔海外〕海外の merentakainen 63 [形]
かいかく〔改革〕uudistus 64 [名], uusinta* 15 [名]／改革者 uudistaja 16 [名]
かいかつ〔快活〕快活な rattoisa 13 [形]
かいかぶる〔買い被る〕(過大評価する) yliarvioida 30 [動]
かいがら〔貝殻〕simpukankuori 32 [名]

かいかん〔会館〕halli 4〔名〕, sali 4〔名〕
かいかん〔快感〕hauska tunne, ilottelu 2〔名〕(hauska 10〔形〕, tunne* 78〔名〕)
かいがん〔海岸〕ranta* 10〔名〕, rannikko* 2〔名〕／海岸線 rantaviiva 10〔名〕
がいかん〔外観〕ulkoasu 1〔名〕, ulkonäkö* 1〔名〕／外観上 ulkonaisesti〔副〕
がいかん〔概観〕yleiskatsaus 64〔名〕, katsaus 64〔名〕
かいき〔回帰〕回帰線〈地〉kääntöpiiri 4〔名〕
かいぎ〔会議〕kokous 64〔名〕, konferenssi 4〔名〕／会議録 pöytäkirja 10〔名〕／国際会議 kongressi 6〔名〕
がいき〔外気〕ulkoilma 10〔名〕
かいきゅう〔階級〕luokka* 11〔名〕, aste 78〔名〕
かいきょう〔海峡〕salmi 8〔名〕
かいぎょう〔開業〕開業する panna alulle, aloittaa* 2〔動〕(panna 27〔動〕)
かいきん〔皆勤〕皆勤である olla läsnä joka kerta (olla 25〔動〕)
かいきん〔解禁〕解禁する vapauttaa* 2〔動〕
かいぐん〔海軍〕海軍力 merivoimat 11〔複名〕
かいけい〔会計〕tili 4〔名〕／会計係 kassanhoitaja 16〔名〕, kamreeri 6〔名〕／会計簿 tilikirja 10〔名〕／会計年度 tilivuosi* 40〔名〕
がいけい〔外形〕ulkoasu 1〔名〕, kuvio 3〔名〕
かいけつ〔解決〕ratkaisu 2〔名〕, selvittely 2〔名〕／解決する（問題を）ratkaista 24〔動〕
かいけん〔会見〕記者会見 tiedotustilaisuus* 65〔名〕
がいけん〔外見〕ulkonäkö* 1〔名〕, hahmo 1〔名〕／外見がよい hauskannäköinen 63〔形〕／外見上 ulkonaisesti〔副〕, nähtävästi〔副〕
かいこ〔蚕〕〈虫〉silkkiäistoukka* 11〔名〕, silkkiäismato* 1〔名〕
かいこ〔回顧〕回顧録（通常は複数形で）muistelma 13〔名〕
かいこ〔解雇〕virkaero 1〔名〕
かいこう〔海溝〕hauta* 10〔名〕／日本海溝 Japanin hauta

かいこう〔開校〕koulun perustaminen (perustaminen 63〔名〕)
かいごう〔会合〕kokous 64〔名〕
がいこう〔外交〕ulkopolitiikka* 10〔名〕／外交官 diplomaatti* 4〔名〕／外交文書 nootti* 4〔名〕
かいこく〔戒告〕käsky 1〔名〕
がいこく〔外国〕ulkomaa 28〔名〕／外国産の ulkomainen 63〔形〕／外国人 ulkomaalainen 63〔名〕
がいこつ〔骸骨〕luuranko* 1〔名〕, luusto 1〔名〕
かいこん〔開墾〕viljelys 64〔名〕／開墾する raivata 35〔動〕
かいさい〔開催〕pito* 1〔名〕／開催する pitää* 2〔動〕
かいさつ〔改札〕lipputarkastus 64〔名〕
かいさん〔解散〕hajaantuminen 64〔名〕
がいさん〔概算〕kustannusarvio 3〔名〕／概算で osapuilleen arvioiden
かいさんぶつ〔海産物〕merestä otettu ruokatavara (otettu* 2〔形〕, ruokatavara 15〔名〕)
かいし〔開始〕alustus 64〔名〕／開始する alkaa* 9〔動〕, aloittaa* 2〔動〕
がいじ〔外耳〕〈解〉ulkokorva 11〔名〕
がいして〔概して〕yleensä〔副〕, ylipäänsä〔副〕, ylipäätään〔副〕
かいしめる〔買い占める〕ostaa kokonaan (ostaa 2〔動〕)
かいしゃ〔会社〕yhtiö 3〔名〕,〈常〉firma 10〔名〕
かいしゃく〔解釈〕tulkinta* 15〔名〕／解釈する tulkita 31〔動〕
かいしゅう〔回収〕keräys 64〔名〕／回収する kerätä 35〔動〕
かいじゅう〔怪獣〕hirviö 3〔名〕
かいじゅう〔海獣〕merieläin 56〔名〕
がいしゅつ〔外出〕外出する mennä ulos (mennä 27〔動〕)
かいじょ〔解除〕päättyminen 63〔名〕
かいしょう〔解消〕poisto 1〔名〕／解消する poistaa 2〔動〕, päästä irti
かいじょう〔海上〕海上保険 merivakuutus 64〔名〕

かいじょう〔開場〕ovenavaus 64 [名]
かいじょう〔階上〕yläkerta* 10 [名]
がいしょう〔外相〕ulkoasiainministeri 5 [名]
がいしょく〔外食〕外食する syödä ravintolassa (syödä 21 [動])
かいしん〔会心〕会心の tyytyväinen 63 [形]
かいしん〔改心〕mielenmuutos 64 [名], herätys 64 [名]
がいじん〔外人〕ulkomaalainen 63 [名], ulkolainen 63 [名]
かいすい〔海水〕merivesi* 40 [名]
かいすいよく〔海水浴〕uinti meressä (uinti* 4 [名])
かいすう〔回数〕frekvenssi 6 [名], taajuus* 65 [名]
かいすうけん〔回数券〕kertalippu* 1 [名]
がいする〔害する〕tärvellä 28 [動], tärvätä 35 [動]
かいせい〔快晴〕pouta* 11 [名]
かいせい〔改正〕uudistaminen 63 [名], korvaus 64 [名]
かいせつ〔解説〕selostus 64 [名]／解説者 selostaja 16 [名]
かいぜん〔改善〕parannus 64 [名]／改善する parantaa* 42 [動]
がいせん〔凱旋〕凱旋行進 riemusaatto* 1 [名]
かいそう〔回想〕muisto 1 [名]／回想録 (通常は複数形で) muistelma 13 [名]
かいそう〔海藻〕〈植〉levä 11 [名], merilevä 11 [名]
かいそう〔階層〕(建物の) kerros 64 [名]
かいぞう〔改造〕uudestijärjestäminen 63 [名]
かいそく〔快速〕kova vauhti (kova 11 [形], vauhti* 4 [名])
かいぞく〔海賊〕merirosvo 1 [名]
かいたい〔解体〕purku* 1 [名]／解体する purkaa* 2 [動]
かいたく〔開拓〕raivaus 64 [名]／開拓者 uranuurtaja 16 [名]／開拓する raivata 35 [動]
かいだん〔会談〕konferenssi 4 [名]
かいだん〔怪談〕kummitustarina 14 [名]
かいだん〔階段〕porras* 66 [名], porraskäytävä 13

[名]
ガイダンス opastus 64 [名], ohjaus 64 [名]
かいちく〔改築〕remontti* 6 [名]
かいちゅう〔懐中〕懐中電灯 taskulamppu* 1 [名]
がいちゅう〔害虫〕tuholainen 63 [名]
かいちょう〔会長〕presidentti* 4 [名]
がいちょう〔害鳥〕vahinkolintu* 1 [名]
かいつう〔開通〕avaus 64 [名]／開通する avata 40 [動]
かいて〔買手〕ostaja 16 [名], asiakas* 66 [名]
かいてい〔改訂〕uudistaminen 63 [名], korvaus 64 [名]
かいてい〔海底〕merenpohja 11 [名]
かいてき〔快適〕hauskuus* 65 [名], mukavuus* 65 [名]／快適な hauska 10 [形], mukava 13 [形]
かいてん〔回転〕kierto* 1 [名], kierros 64 [名]／回転する kiertää* 6 [動], pyöriä 17 [動]
かいてん〔開店〕開店する avata kauppa (avata 40 [動])
ガイド opas* 66 [名], (旅行の) matkaopas* 66 [名]
かいとう〔解凍〕sulatus 64 [名]
かいとう〔回答〕vastaus 64 [名]
かいどう〔街道〕maantie 30 [名]
がいとう〔外套〕(オーバーコート) vaippa* 10 [名]
がいとう〔街灯〕katulyhty* 1 [名]
がいとう〔街頭〕街頭で kadulla
がいとう〔該当〕asianomainen 63 [名]／該当する kyseessä oleva (oleva 13 [形])
がいどく〔害毒〕myrkky* 1 [名]
かいなん〔海難〕merihätä* 11 [名]／海難救助 meripelastus 64 [名]
かいぬし〔飼い主〕omistaja 16 [名]
がいねん〔概念〕käsite* 78 [名], mielikuva 11 [名]
かいばおけ〔飼い葉桶〕seimi 8 [名]
がいはく〔外泊〕外泊する yöpyä poissa kotoa (yöpyä* 1 [動])
かいはつ〔開発〕kehitys 64 [名]
かいばつ〔海抜〕korkeus merenpinnasta (korkeus*

かいひ〔会費〕jäsenmaksu 1 [名]
かいひ〔回避〕回避する välttää* 2 [動]
かいひょう〔開票〕ääntenlasku 1 [名]
がいぶ〔外部〕ulkopuoli 32 [名]／外部の ulkonainen 63 [形], ulkopuolinen 63 [形]
かいふく〔回復〕paraneminen 63 [名]／回復する parantua* 1 [動]
かいぶつ〔怪物〕hirviö 3 [名], kuvatus 64 [名]
かいほう〔介抱〕hoito* 1 [名]／介抱する hoitaa* 4 [動]
かいほう〔快方〕快方に向かう parantua* 1 [動], tulla paremmaksi (tulla 25 [動])
かいほう〔開放〕開放する vapauttaa* 2 [動], avata 40 [動]
かいほう〔解放〕vapautus 64 [名]／解放する päästää vapaaksi (päästää 2 [動])
かいぼう〔解剖〕(死体の)〈法〉〈医〉ruumiinavaus 64 [名]
かいまく〔開幕〕alku* 1 [名], avaus 64 [名]
がいむ〔外務〕外務省 ulkoasiainministeriö 3 [名]／外務大臣 ulkoasiainministeri 5 [名]
かいめい〔解明〕ratkonta* 15 [名]／解明する ratkoa 1 [動]
かいめつ〔壊滅〕turmio 3 [名]／壊滅的 turmiollinen 63 [形], tuhoisa 13 [形]
かいめん〔海面〕merenpinta* 10 [名]
がいめん〔外面〕ulkomuoto* 1 [名], pinta* 10 [名]
かいもの〔買い物〕ostos 64 [名]／買い物袋 kassi 4 [名]／買い物に行く mennä ostoksille (mennä 27 [動])
かいよう〔海洋〕meri 32 [名]／海洋国家 merivaltio 3 [名]
かいよう〔潰瘍〕〈医〉märkähaava 10 [名]
がいよう〔外用〕外用に ulkoisesti [副]
がいよう〔概要〕yhteenveto* 1 [名]
がいらい〔外来〕外来の vierasperäinen 63 [形]
かいらく〔快楽〕ilo 1 [名], nautinto* 2 [名]

がいりゃく〔概略〕luonnos 64〔名〕
かいりゅう〔海流〕virta* 10〔名〕, merivirta* 10〔名〕
かいりょう〔改良〕parannus 64〔名〕, uudistus 64〔名〕
かいろ〔海路〕meritie 30〔名〕
がいろ〔街路〕katu* 1〔名〕
かいろう〔回廊〕lehteri 5〔名〕
かいわ〔会話〕keskustelu 2〔名〕／会話する keskustella 28〔動〕
かう〔買う〕ostaa 2〔動〕, lunastaa 2〔動〕
かう〔飼う〕elättää* 2〔動〕, ravita 31〔動〕,（羊などを）paimentaa* 8〔動〕
ガウン kappa* 10〔名〕
カウンセラー neuvoja 16〔名〕
カウンター（バーの）tarjoilupöytä* 11〔名〕
かえし〔返し〕お返し（贈り物）vastalahja 10〔名〕
かえす〔返す〕palauttaa* 2〔動〕
かえす〔帰す〕lähettää takaisin (lähettää* 2〔動〕)
かえって〔却って〕（反対に）päinvastoin〔副〕
かえで〔楓〕〈植〉vaahtera 18〔名〕
かえり〔帰り〕paluu 25〔名〕, paluumatka 10〔名〕／帰り道 paluutie 30〔名〕
かえる〔蛙〕〈動〉sammakko* 2〔名〕
かえる〔変える〕muuttaa* 2〔動〕, vaihtaa* 9〔動〕,（向きを）kääntää* 42〔動〕
かえる〔帰る・返る〕palata 40〔動〕
かえる〔孵る〕（卵が雛に）kuoriutua (munasta) (kuoriutua* 1〔動〕)
かお〔顔〕kasvot 1〔複名〕, naama 10〔名〕
かおいろ〔顔色〕kasvojen väri, ulkonäkö* 1〔名〕(väri 4〔名〕)
かおかたち〔顔形〕piirre* 78〔名〕
かおだち〔顔立ち〕piirre* 78〔名〕
かおつき〔顔付き〕ulkomuoto* 1〔名〕
かおなじみ〔顔馴染〕tuttava 13〔名〕, ystävä 13〔名〕
かおみしり〔顔見知り〕tuttava 13〔名〕
かおり〔香り〕tuoksu 1〔名〕, haju 1〔名〕／よい香りの aromaattinen 63〔形〕
かおる〔香る〕tuoksua 1〔動〕

がか〔画家〕maalari 5［名］, taiteilija 14［名］
かがい〔課外〕erikoisoppitunti* 4［名］, lisäoppitunti* 4［名］
かがいしゃ〔加害者〕ahdistaja 16［名］
かかえる〔抱える〕pitää kainalossa (pitää* 2［動］)
かかく〔価格〕hinta* 10［名］
かがく〔化学〕kemia 14［名］／化学者 kemisti 6［名］
かがく〔科学〕科学者 tutkija 14［名］, tiedemies 72［名］
かかげる〔掲げる〕nostaa 2［動］, (旗を) liehuttaa* 2［動］
かかし〔案山子〕(鳥などを脅すための) linnunpelätin* 56［名］, linnunpelätti* 6［名］
かかす〔欠かす〕欠かさずに lakkaamatta［副］, jatkuvasti［副］
かかと〔踵〕(足の裏の) kantapää 28［名］, (靴の) korko* 1［名］
かがみ〔鏡〕peili 4［名］, kuvastin 56［名］
かがむ〔屈む〕kumartua* 1［動］, painautua* 44［動］
かがめる〔屈める〕kumartaa* 6［動］
かがやかしい〔輝かしい〕säteilevä 13［形］, loistava 13［形］
かがやかす〔輝かす〕目を輝かして säteilevin silmin, palavin silmin
かがやき〔輝き〕kirkkaus* 65［名］, paiste 78［名］
かがやく〔輝く〕paistaa 11［動］, loistaa 2［動］
かかり〔係り〕(係員) vastuunalainen 63［名］
ーがかり〔掛かり〕3人掛かりで kolme henkeä yhdessä, kolmestaan, kolmisin
かかりあう〔掛かり合う〕(関係する) suhtautua* 1［動］, olla suhteessa (olla 25［動］)
かがりび〔篝火〕kokko* 1［名］, kokkotuli 32［名］
かかる〔掛かる〕(時間が) viipyä* 1［動］, (費用が) maksaa 9［動］
かかる（病気になる）sairastua 1［動］
かかわらず〔拘らず〕〜にも拘らず (出格と共に) huolimatta［後］［前］, (出格と共に) välittämättä
かかわり〔係わり〕(関係) suhde* 78［名］, yhteys* 65

かかわる〔係わる〕(関係する)(悪い事に) rettelöidä 30〔動〕
かき〔牡蠣〕osteri 5〔名〕
かき〔下記〕下記の allamainittu* 2〔形〕
かき〔夏期・夏季〕kesä 11〔名〕, kesäkausi* 40〔名〕
かぎ〔鍵〕(ドアなどの) avain 56〔名〕
かぎ〔鉤〕(先端が曲がった物) koukku* 1〔名〕
がき〔餓鬼〕〈俗〉kakara 15〔名〕
かきあらわす〔書き表す〕kirjoittaa* 2〔動〕, kuvata 35〔動〕
かきいれる〔書き入れる〕(表などに) täyttää* 2〔動〕
かきかえる〔書き換える〕kirjoittaa uudelleen (kirjoittaa* 2〔動〕)
かきかた〔書き方〕kirjoitustapa* 10〔名〕
かきことば〔書き言葉〕kirjakieli 32〔名〕
かきこみ〔書き込み〕muistiinpano 1〔名〕, muistiinmerkintä* 15〔名〕
かきしるす〔書き記す〕merkitä 31〔動〕
かぎたばこ〔嗅ぎ煙草〕nuuska 11〔名〕
かぎつける〔嗅ぎ付ける〕vainuta 39〔動〕
かきとめ〔書留〕kirjattu kirje (kirjattu* 2〔形〕, kirje 78〔名〕)
かきとめる〔書き留める〕kirjoittaa muistiin (kirjoittaa* 2〔動〕)
かきとり〔書き取り〕sanelu 2〔名〕
かきとる〔書き取る〕kirjoittaa* 2〔動〕, jäljentää* 8〔動〕
かきなおし〔書き直し〕muokkaus 64〔名〕
かきなおす〔書き直す〕muokata* 35〔動〕
かきね〔垣根〕aita* 10〔名〕／垣根を作る aidata* 35〔動〕
かぎばな〔鉤鼻〕kotkannenä 11〔名〕
かきまぜる〔掻き混ぜる〕sekoittaa* 2〔動〕
かきまわす〔掻き回す〕〈料〉vatkata 35〔動〕
かきゅう〔下級〕より下級の alempi* 22〔形〕
かきょく〔歌曲〕laulu 1〔名〕／歌曲集 laulukirja 10〔名〕

かぎり〔限り〕～する限りでは mikäli [副]
かぎる〔限る〕rajoittaa* 2 [動], rajata 35 [動]
かぎわける〔嗅ぎ分ける〕vainuta 39 [動]
かく〔各〕各人 jokainen 63 [不代]
かく〔角〕kulma 11 [名]／直角 suora kulma (suora 11 [形], kulma 11 [名])
かく〔格〕arvo 1 [名], arvoaste 78 [名], (文法の) sija 10 [名]
かく〔核〕ydin* 56 [名]
かく〔欠く〕puuttua* 1 [動]
かく〔書く〕kirjoittaa* 2 [動]
かく〔掻く〕(痒い所を) raapia* 17 [動], raaputtaa* 2 [動]
かぐ〔家具〕huonekalu 1 [名], kalusto 2 [名]
かぐ〔嗅ぐ〕(においを) haistaa 10 [動], vainuta 39 [動]
がく〔額〕額縁 kehys 64 [名]／額に入れる kehystää 2 [動]
がくい〔学位〕oppiarvo 1 [名]／学位論文 väitöskirja 10 [名]
かくう〔架空〕架空の kuviteltu* 1 [形]
がくえん〔学園〕koulu 1 [名]
がくぎょう〔学業〕koulutehtävä 13 [名]
がくげい〔学芸〕taide ja tiede (taide* 78 [名], tiede* 78 [名])
かくげつ〔隔月〕joka toinen kuukausi (toinen 63 [形], kuukausi* 40 [名])
かくげん〔格言〕sananlasku 1 [名], mietelause 78 [名]
かくご〔覚悟〕覚悟する (決心する) päättää* 2 [動], (諦める) luopua* 1 [動]
かくざとう〔角砂糖〕sokeripala 10 [名]
かくじ〔各自〕jokainen 63 [不代], joka (不変化) [不代]
がくしいん〔学士院〕tiedeakatemia 15 [名], akatemia 15 [名]
かくしき〔格式〕格式張った säntillinen 63 [形]
がくしき〔学識〕tuntemus 64 [名]

かくじつ〔確実〕確実に totisesti [副] /確実にする vakuuttaa* 2 [動]

がくしゃ〔学者〕tiedemies 72 [名], tieteilijä 14 [名]

かくしゅ〔各種〕各種の kaikenlainen 63 [形]

かくしゅう〔隔週〕隔週に joka toinen viikko (toinen 63 [形], viikko* 1 [名])

がくしゅう〔学習〕opiskelu 2 [名] /学習する opiskella 28 [動]

がくじゅつ〔学術〕学術論文 tutkielma 13 [名], väitöskirja 10 [名]

かくしん〔革新〕uudistus 64 [名]

かくしん〔確信〕vakaumus 64 [名], itseluottamus 64 [名] /～について確信する olla varma siitä, että ... /確信している olla vakuuttunut＋出格 /確信するようになる tulla vakuuttuneeksi＋出格 (olla 25 [動], tulla 25 [動])

かくす〔隠す〕piilottaa* 2 [動], kätkeä 13 [動], peittää* 2 [動], (自分を) piiloutua* 44 [動], (自分を) lymyillä 29 [動], (秘密にする) salailla 29 [動], salata 35 [動] /隠されて peitossa, peittoon /隠されている piillä 25 [動] /隠さない avomielinen 63 [形], suorasukainen 63 [形]

がくせい〔学生〕opiskelija 14 [名], oppilas 66 [名] /学生帽 valkolakki* 4 [名] /学生自治会 osakunta* 11 [名]

がくせい〔学制〕学制改革 koulunuudistus 64 [名]

がくせつ〔学説〕teoria 15 [名]

がくぜん〔愕然〕愕然とする hämmästyä 1 [動], tyrmistyä 1 [動], kauhistua 1 [動]

かくだい〔拡大〕laajennus 64 [名], suurennus 64 [名], levennys 64 [名] /拡大鏡 suurennuslasi 4 [名] /拡大する laajentaa* 8 [動], suurentaa* 8 [動], ulottaa* 2 [動]

がくだん〔楽団〕soittokunta* 11 [名]

かくち〔各地〕joka paikka (paikka* 10 [名])

かくちゅう〔角柱〕〈数〉särmiö 3 [名], prisma 10 [名]

かくちょう〔拡張〕laajennus 64 [名], suurennus 64 [名] /拡張する laajentaa* 8 [動], suurentaa* 8

[動], pitkittää* 2 [動]
がくちょう〔学長〕rehtori 5 [名]
かくてい〔確定〕確定的 määrätty* 2 [形]
カクテル cocktail 7 [名]
かくど〔角度〕kulma 11 [名]
かくとう〔格闘〕paini 4 [名], temmellys 64 [名] ／格闘する temmeltää* 5 [動], otella* 28 [動]
がくどう〔学童〕koulunuoriso 2 [名]
かくとく〔獲得〕valtaus 64 [名], nappaus 64 [名] ／獲得する napata* 35 [動], siepata* 35 [動], kaapata* 35 [動]
かくにん〔確認〕varmennus 64 [名], vahvistus 64 [名], toteamus 64 [名], toteama 13 [名] ／確認する varmentaa* 8 [動], vahvistaa 2 [動] ／確認のため varmuuden vuoksi
がくねん〔学年〕lukuvuosi* 40 [名]
がくは〔学派〕koulu 1 [名], koulukunta* 11 [名]
かくばる〔角張る〕角張った suorakulmainen 63 [形]
がくひ〔学費〕opetuspalkkio 3 [名], lukukausimaksu 1 [名]
がくふ〔楽譜〕〈楽〉nuotti* 4 [名]
がくぶ〔学部〕osasto 2 [名], tiedekunta* 11 [名]
かくへいき〔核兵器〕〈軍〉(通常は複数形で) ydinase 78 [名]
かくべつ〔格別〕erikoisesti [副], erityisesti [副], varsinkin [副]
かくほ〔確保〕確保する pitää käsissään, pitää voimassa (pitää* 2 [動])
かくまう〔匿う〕piilottaa* 2 [動]
かくめい〔革命〕vallankumous 64 [名], kumous 64 [名] ／革命的 vallankumouksellinen 63 [形], kumouksellinen 63 [形]
がくめん〔額面〕額面価格〈商〉nimellisarvo 1 [名]
がくもん〔学問〕oppi* 4 [名], tiede* 78 [名] ／学問がある oppinut 77 [形] ／学問的 opillinen 63 [形], tieteellinen 63 [形], tietopuolinen 63 [形] ／学問的に tieteellisesti [副]
がくゆう〔学友〕koulutoveri 5 [名]

がくようひん〔学用品〕(通常は複数形で) koulutarvike* 78 [名]

かくり〔隔離〕eristys 64 [名], poisto 1 [名] ／隔離する eristää 2 [動], erottaa* 2 [動]

がくり〔学理〕学理的 akateeminen 63 [形]

かくりつ〔確立〕確立する vakiintua* 1 [動]

かくりつ〔確率〕todennäköisyys* 65 [名]

かくりょう〔閣僚〕kabinettiministeri 5 [名]

かくれが〔隠れ家〕piilopaikka* 10 [名]

がくれき〔学歴〕akateeminen ura (akateeminen 63 [形], ura 11 [名])

かくれば〔隠れ場〕piilo 1 [名], piilopaikka* 10 [名], kätkö 1 [名], suoja 11 [名]

かくれる〔隠れる〕piiloutua* 44 [動], kätkeytyä* 44 [動], piileksiä 17 [動], piileskellä 28 [動] ／隠れている olla piilossa, piileksiä 17 [動], piileskellä 28 [動], piillä 25 [動] ／隠れて salaa [副], salavihkaa [副] ／隠れた piilevä 13 [形] (olla 25 [動])

かくれんぼう〔隠れん坊〕隠れん坊をする olla piilosilla (olla 25 [動])

がくわり〔学割〕opiskelija-alennus 64 [名]

かけ〔賭〕(賭け事) veikkaus 64 [名], peli 4 [名]

かげ〔陰〕varjo 1 [名], siimes 64 [名] ／陰を作る varjostaa 2 [動]

がけ〔崖〕(絶壁) jyrkänne* 78 [名], seinämä 13 [名], törmä 11 [名]

かけあし〔駆け足〕juoksu 1 [名] ／駆け足で juosten

かけい〔家系〕suku* 1 [名]

かけい〔家計〕kotitalous* 65 [名], talous* 65 [名]

かけがね〔掛け金〕(ドア・窓などの) säppi* 4 [名], linkku* 1 [名]

かげき〔過激〕過激な äärimmäinen 63 [形], vallankumouksellinen 63 [形], radikaali 4 [形]

かげき〔歌劇〕ooppera 15 [名]

かげぐち〔陰口〕panettelu 2 [名] ／陰口をきく panetella* 28 [動]

かけごえ〔掛け声〕huuto* 1 [名], huudahdus 64 [名]

かけごと〔賭け事〕veikkaus 64 [名], peli 4 [名] ／賭

かけこむ

け事をする pelata 35 [動]
かけこむ〔駆け込む〕päästä juosten (päästä 24 [動])
かけざん〔掛算〕〈数〉kertolasku 1 [名]
かけつ〔可決〕hyväksyntä* 15 [名], hyväksyminen 63 [名] ／可決する hyväksyä 1 [動], antaa hyväksyntä (antaa* 9 [動])
かけつける〔駆け付ける〕kiiruhtaa* 2 [動], rientää* 8 [動]
かけひき〔駆け引き〕taktiikka* 15 [名] ／駆け引きの takti(lli)nen 63 [形]
かけぶとん〔掛け布団〕vällyt 1 [複名]
かけまわる〔駆け回る〕juoksennella* 28 [動]
かけら〔欠片〕pala 10 [名], palanen 63 [名]
かける〔欠ける〕欠けている puuttua* 1 [動]; puuttuva 13 [形] ／～が欠けて（分格と共に）vailla [後] [前], （分格と共に）vaille [後] [前]
かける〔掛ける〕（水滴などを）pirauttaa* 2 [動], antaa pirauksen, (眼鏡を) asettaa* 2 [動] (antaa* 9 [動], piraus 64 [名])
かける〔懸ける〕ripustaa 2 [動]
かける〔駆ける〕juosta 32 [動]
かける〔賭ける〕（賭け事をする）veikata* 35 [動]
かげろう〔蜉蝣〕〈虫〉päiväkorento* 2 [名]
かげん〔下弦〕alakuu 29 [名]
かこ〔過去〕menneisyys* 65 [名], entisyys* 65 [名] ／過去の mennyt 77 [形]
かご〔籠〕（入れ物）kori 4 [名], häkki* 4 [名], koppa* 11 [名]
かこい〔囲い〕aita* 10 [名]
かこう〔下降〕lasku 1 [名], alasmeno 1 [名]
かこう〔火口〕kraateri 5 [名], tulivuoren aukko (aukko* 1 [名])
かこう〔加工〕jalostus 64 [名] ／加工工場 jalostamo 2 [名], jalostuslaitos [名] ／加工する jalostaa 2 [動] ／加工してない muokkaamaton* 57 [形]
かこう〔河口〕joensuu 29 [名], suu 29 [名], joen suu
かこう〔囲う〕（塀で）aidata* 35 [動]
かごう〔化合〕化合物 yhdiste 78 [名]

かこうがん〔花崗岩〕graniitti* 6 [名], harmaakivi 8 [名]／花崗岩の graniittinen 63 [形]
かごうぶつ〔化合物〕〈化〉yhdiste 78 [名]
かこく〔過酷〕過酷な（厳しい）ankara 12 [形], kova 11 [形], (無慈悲な) armoton* 57 [形], säälimätön* 57 [形]
かこむ〔囲む〕piirittää* 2 [動], ympäröidä 30 [動], saartaa* 12 [動]
かごん〔過言〕liioittelu 2 [名]
かさ〔笠〕（ランプ・電球などの) varjostin 56 [名]
かさ〔傘〕（雨傘) sateenvarjo 1 [名]
かさ〔嵩〕（分量) määrä 11 [名], massa 10 [名]
かさい〔火災〕tulipalo 1 [名], tuli 32 [名], palo 1 [名]／火災保険 palovakuutus 64 [名]／火災報知器 palohälytyslaite* 78 [名], hälytyskello 1 [名]／火災警報 palohälytys 64 [名]／火災の危険 palovaara 10 [名]／火災による損害 palovahinko* 2 [名]
かざい〔家財〕家財道具 talousesine 78 [名]
かさかさ（音) kahahdus 64 [名], kahaus 64 [名], rapse 78 [名]／かさかさ音を立てる kahista 41 [動]
かざかみ〔風上〕tuulen puoli／風上に向かって tuulen puolelle (puoli 32 [名])
かささぎ〔鵲〕〈鳥〉harakka* 15 [名]
かざしも〔風下〕tuulen suojapuoli／風下に向かって tuulen suojapuolelle (suojapuoli 32 [名])
かさなる〔重なる〕kasaantua* 1 [動]／重なった moninkertainen 63 [形], kaksinkertainen 63 [形]／重なって kasoittain [副], läjittäin [副], kasassa, päällekkäin [副], toinen toisensa päällä
かさね〔重ね〕kasa 10 [名], kerros 64 [名]
かさねる〔重ねる〕kasata 35 [動]／重ねて limittäin [副]
かさばる〔嵩張る〕iso 1 [形], kookas* 66 [形], mittava 13 [形]
かさぶた〔瘡蓋〕rupi* 8 [名]
かざみ〔風見〕風見どり tuuliviiri 4 [名]
かさむ（多くなる) kasvaa 9 [動], lisääntyä* 1 [動]
かざむき〔風向き〕tuulen suunta (suunta* 11 [名])

かざり

かざり〔飾り〕koriste 78 [名], koristus 64 [名], (服の) rimpsu 1 [名], rimsu 1 [名] ／飾りのない askeettinen 63 [形], karu 1 [形], koruton* 57 [形] ／飾り気のない karu 1 [形], koruton* 57 [形], luonnollinen 63 [形], yksinkertainen 63 [形], (性格について) teeskentelemätön* 57 [形], vilpitön* 57 [形], välitön* 57 [形]

かざりつけ〔飾り付け〕koristaminen 63 [名]

かざりつける〔飾り付ける〕koristaa 2 [動]

かざる〔飾る〕koristaa 2 [動], kaunistaa 2 [動], kaunistella 28 [動], kirjoa 1 [動], somistaa 2 [動], somistella 28 [動], piristää 2 [動] ／飾らない kaunistelematon* 57 [形]

かさん〔加算〕〈数〉yhteenlasku 1 [名]

かざん〔火山〕tulivuori 32 [名]

かし〔貸し〕laina 10 [名]

かし〔樫〕〈植〉tammi 8 [名] ／樫でできた tamminen 63 [形]

かし〔華氏〕fahrenheit 7 [名], Fahrenheitaste 78 [名]

かし〔菓子〕makeinen 63 [名], leivos 64 [名], (油で揚げた) tippaleipä* 11 [名] ／菓子パン pulla 11 [名], vehnänen 63 [名], leivonnainen 63 [名], pikkuleipä* 11 [名] ／菓子屋 sokerileipuri 5 [名]

かし〔歌詞〕teksti 4 [名], laulun sanat (sana 10 [名])

かじ〔舵〕(船の)〈海〉ruori 4 [名], peräsin 56 [名]

かじ〔火事〕tulipalo 1 [名], tuli 32 [名], palo 1 [名], (森の) kulo 1 [名]

かじ〔家事〕talous* 65 [名]

がし〔餓死〕餓死する nääntyä nälkään, kuolla nälkään (nääntyä* 1 [動], kuolla 25 [動])

かじかむ kohmettua* 1 [動]

かしかり〔貸し借り〕laina 10 [名]

かしきり〔貸し切り〕貸し切りの tilaus-

かしこい〔賢い〕viisas 66 [形] ／賢く viisaasti [副] ／賢くなる viisastua 1 [動]

かしだし〔貸し出し〕lainaaminen 63 [名], (図書の) kotilainaus 64 [名]

かしだす〔貸し出す〕lainata 35 [動], antaa lainaksi (antaa* 9 [動])
かしつ〔過失〕virhe 78 [名], virheellisyys* 65 [名]
かじつ〔果実〕hedelmä 13 [名]
かしつけ〔貸し付け〕〈商〉lainoitus 64 [名], laina 10 [名]
かしつける〔貸し付ける〕〈商〉lainoittaa* 2 [動]
かじとり〔舵取り〕(人) perämies 72 [名]
かしぬし〔貸主〕velanantaja 16 [名], lainanantaja 16 [名]
かしゃ〔貨車〕tavaravaunu 1 [名]
かしや〔貸家〕vuokratalo 1 [名]
かじや〔鍛冶屋〕seppä* 11 [名], takoja 16 [名]
かしゃく〔呵責〕(良心の) tunnonvaiva 10 [名]
かしゅ〔歌手〕laulaja 16 [名], (女性の) laulajatar* 54 [名]
かじゅ〔果樹〕hedelmäpuu 29 [名] ／果樹園 hedelmäpuutarha 10 [名]
かしゅう〔歌集〕laulukirja 10 [名]
かじゅう〔果汁〕hedelmämehu 1 [名]
かじゅう〔過重〕ylipaino 1 [名]
かしょ〔箇所〕kohta* 11 [名]
かしょう〔過小〕過小評価する väheksyä 1 [動]
かじょう〔過剰〕liika* 10 [名], ylijäämä 11 [名]
かじょう〔箇条〕〈法〉artikkeli 5 [名], (条文の) pykälä 16 [名] ／箇条書きにする luetella* 28 [動]
かしょくしょう〔過食症〕bulimia 17 [名]
かしら〔頭〕(上長) päällikkö* 2 [名], päämies 72 [名]
かしらもじ〔頭文字〕nimikirjain 56 [名]
かじる〔齧る〕nakertaa* 6 [動], kaivertaa* 6 [動], puraista 24 [動]
かしん〔過信〕liian korkea arvio ／過信する yliarvioida 30 [動] (korkea 21 [形], arvio 3 [名])
かじん〔歌人〕runoilija 14 [名]
かす〔滓〕(コーヒーなどの) sakka* 10 [名], poro 1
かす〔貸す〕antaa lainaksi, lainata 35 [動], (家・部

かず 98

屋などを) vuokrata 35 [動] (antaa* 9 [動])
かず 〔数〕luku* 1 [名], lukumäärä 11 [名], määrä 11 [名]
ガス 〈理〉kaasu 1 [名], (石炭・木炭などの) häkä* 11 [名] ／ガス管 kaasujohto* 1 [名], johto* 1 [名] ／ガス工場 kaasulaitos 64 [名] ／ガスこんろ kaasukeitin* 56 [名] ／ガスメーター kaasumittari 5 [名], ガスレンジ kaasuhella 10 [名], kaasuliesi* 40 [名] ／ガス状の kaasumainen 63 [形] ／ガスにする kaasuttaa* 2 [動]
かすか 〔微か〕微かな lievä 11 [形], vähäinen 63 [形], heikko* 1 [形], vaisu 11 [形]
かずかず 〔数々〕数々の lukuisa 13 [形], runsaslukuinen 63 [形]
カスタネット kastanjetit* 4 [複名]
かずのこ 〔数の子〕sillinmäti* 4 [名]
かすみ 〔霞〕sumu 1 [名], usva 11 [名], utu* 1 [名] ／霞の sumuinen 63 [形]
かすむ 〔霞む〕霞んだ utuinen 63 [形] ／霞ませる (目を) pimittää* 2 [動]
かすりきず 〔掠り傷〕naarmu 1 [名]
かする 〔掠る〕pyyhkäistä 24 [動]
かする 〔科する〕(罰金を) sakottaa* 2 [動]
かする 〔課する〕(税金・義務などを) määrätä vero (määrätä 35 [動])
かすれる 〔掠れる〕掠れた (声について) käheä 21 [形] ／掠れた声で話す kähistä 41 [動]
かぜ 〔風・風邪〕tuuli 32 [名], viima 10 [名], henkäys 64 [名], (病気) nuha 11 [名], vilustuminen 63 [名] ／風の tuulinen 63 [形] ／風が吹く (3人称単数形で) tuulla 25 [動], (強く) tuivertaa* 6 [動] ／風が強く吹くこと tuiverrus 64 [名] ／風邪を引く vilustua 1 [動], kylmettyä* 1 [動]
かせい 〔火星〕Mars 7 [名]
かせい 〔家政〕kotitalous* 65 [名] ／家政婦 emännöitsijä 14 [名], piika* 10 [名]
かぜい 〔課税〕verotus 64 [名], taksoitus 64 [名] ／課税する verottaa* 2 [動], taksoittaa* 2 [動]

かせいソーダ〔苛性ソーダ〕〈化〉lipeäkivi 8［名］
かせき〔化石〕〈地質〉kivettymä 13［名］, fossiili 6［名］
かせぎ〔稼ぎ〕ansio 3［名］
かせぐ〔稼ぐ〕ansaita 31［動］
かせつ〔仮説〕hypoteesi 4［名］
カセット kasetti* 5［名］
かぜとおし〔風通し〕風通しのよい vetoinen 63［形］
かせん〔下線〕下線を引く alleviivata 35［動］
かそ〔過疎〕autioituminen 63［名］
かそう〔下層〕alaluokka* 11［名］
かそう〔火葬〕polttohautaus 64［名］
かそう〔仮装〕naamio 3［名］, valepuku* 1［名］／仮装する naamioida 30［動］
かぞえる〔数える〕laskea 13［動］, lukea* 13［動］／数え切れない lukematon* 57［形］, laskematon* 57［形］, määrätön* 57［形］／数える事 laskento* 2［名］／～から数えて（出格と共に）lukien
かそく〔加速〕kiihtyminen 63［名］／加速する kiihtyä* 1［動］
かぞく〔家族〕perhe 78［名］／家族の perheellinen 63［形］／家族で perheittäin［副］
ガソリン bensiini 6［名］／ガソリンスタンド bensiiniasema 13［名］／ガソリンタンク bensiinisäiliö 3
かた〔型〕muotti* 4［名］, tyyppi* 4［名］／～型の（属格と共に）mallinen 63［形］／型にはまった kaavamainen 63［形］／型通りの kaavamainen 63［形］
かた〔肩〕olka* 11［名］, olkapää 28［名］
かた〔過多〕liikamäärä 11［名］／過多な liiallinen 63［形］, liika* 10［形］／過多に liikaa［副］
かたあし〔片足〕jalkapuoli 32［名］
かたい〔堅い・固い・硬い〕kova 11［形］, kivikova 11［形］, vahva 10［形］, tiukka* 10［形］, jäykkä* 11［形］, sitkeä 21［形］／固く kiinni［副］, kovasti［副］, tiukasti［副］, vahvasti［副］,（しっかりと）tiiviisti［副］／固さ vahvuus* 65［名］, vakavuus*

かだい〔過大〕過大な liiallinen 63〔形〕／過大に liikaa〔副〕／過大評価する yliarvioida 30〔動〕

かだい〔課題〕(勉学の) oppimäärä 11〔名〕

かたおもい〔片思い〕yksipuolinen rakkaus (yksipuolinen 63〔形〕, rakkaus* 65〔名〕)

かたがき〔肩書き〕arvonimi 8〔名〕, titteli 5〔名〕

かたかた（音を立てる）helskyttää* 2〔動〕

がたがた（音を立てる）koluta 39〔動〕

かたがみ〔型紙〕kaava 10〔名〕, ompelukaava 10〔名〕

かたがわ〔片側〕yksi puoli (yksi* 51〔基数〕, puoli 32〔名〕)

かたき〔敵〕敵を打つ kostaa 2〔動〕

かたく〔家宅〕家宅侵入 murtovarkaus* 65〔名〕

かたくちいわし〔片口鰯〕〈魚〉sardelli 6〔名〕

かたくな〔頑〕頑なに (頑固に) itsepintaisesti〔副〕

かたくりこ〔片栗粉〕(通常は複数形で) perunajauho 1〔名〕

かたくるしい〔堅苦しい〕muodollinen 63〔形〕／堅苦しさ muodollisuus* 65〔名〕

かたこと〔片言〕片言を話す sopertaa* 6〔動〕, jokeltaa* 5〔動〕

かたすかし〔肩透かし〕肩透かしを食わせる väärentää* 8〔動〕

かたち〔形〕muoto* 1〔名〕／〜の形をした (属格と共に) muotoinen 63〔形〕／形のよい siro 1〔形〕

かたちづくる〔形作る〕muodostaa 2〔動〕, muovata 35〔動〕／形作られる muodostua 1〔動〕, muovautua* 44〔動〕

かたづく〔片付く〕(終わる) loppua* 1〔動〕

かたづける〔片付ける〕korjata pois (korjata 35〔動〕)

かたつむり〔蝸牛〕〈虫〉kotilo 2〔名〕

かたて〔片手〕käsipuoli 32〔名〕

かたどり〔象り〕(模倣) vertauskuva 11〔名〕

かたな〔刀〕miekka* 10〔名〕／刀を差す vyöttää* 2〔動〕／刀を抜く vetää esiin miekkansa, paljastaa

miekkansa (vetää* 2 [動], paljastaa 2 [動])
かたほう〔片方〕puoli 32 [名], (契約などの) asianosainen 63 [名]／片方の yksipuolinen 63 [形]
かたまり〔塊〕kimpale 78 [名], massa 10 [名], kasa 10 [名]
かたまる〔固まる〕hyytyä*1 [動], (液体が) jähmettyä* 1 [動]
かたみ〔形見〕muisto 1 [名]
かたみち〔片道〕片道の yhdensuuntainen 63 [形]／片道切符 menolippu* 1 [名]
かたむき〔傾き〕(傾向) taipumus 64 [名], kiintymys 64 [名]
かたむく〔傾く〕kallistua 1 [動]／傾いた kalteva 13 [形], vino 1 [形]／傾いて vinoon [副], vinossa [副]
かたむける〔傾ける〕kallistaa 2 [動], taivuttaa* 2 [動]／傾けて kenossa [副]
かため〔片目〕片目の silmäpuoli 32 [形]
かためる〔固める〕kovettaa* 2 [動], hyytää* 4 [動]
かたやぶり〔型破り〕型破りの tavaton* 57 [形], harvinainen 6 [形]
かたよる〔片寄る・偏る〕偏った puolueellinen 63 [形]／偏らない puolueeton* 57 [形], tasapuolinen 63 [形]
カタル〈医〉katarri 5 [名]
かたる〔語る〕kertoa* 1 [動], tarinoida 30 [動]／語る人 kertoja 16 [名]
カタログ luettelo 2 [名], lista 10 [名], esite* 78 [名]
かたわら〔傍ら〕vieri 32 [名], reuna 10 [名], sivu 1 [名]／～の傍らに (属格と共に) oheen [後], (属格と共に) ohessa [後], (属格と共に) ääressä [後]
かだん〔花壇〕kukkamaa 28 [名], kukkapenkki* 4 [名]
かち〔勝ち〕voitto* 1 [名]
かち〔価値〕arvo 1 [名], arvokkuus* 65 [名]／価値がある arvoisa 13 [形], arvokas* 66 [形]／価値がない mitätön* 57 [形], arvoton* 57 [形]
かちく〔家畜〕kotieläin 56 [名], karja 10 [名]
かちぬく〔勝ち抜く〕voittaa jatkuvasti (voittaa* 2

かちほこる〔勝ち誇る〕勝ち誇った voittoisa 13 [形]
かちめ〔勝ち目〕mahdollisuus voittaa (mahdollisuus* 65 [名])
かちょう〔課長〕osaston päällikkö (päällikkö* 2 [名])
カツ〈料〉kyljys 64 [名]
かつ〔勝つ〕voittaa* 2 [動], päästä voitolle (päästä 24 [動])
がっか〔学科〕oppiaine 78 [名], aine 78 [名]
がっかい〔学会〕kongressi 6 [名]
かっかざん〔活火山〕toimiva tulivuori (toimiva 13 [形], tulivuori 32 [名])
がつがつ がつがつ食べる vetää* 2 [動]
がっかり がっかりする masentua*1 [動], lannistua 1 [動] ／がっかりさせる masentaa* 8 [動]
かっき〔活気〕virkeys* 65 [名] ／活気がある virkeä 21 [形], eloisa 13 [形] ／活気がない laimea 21 [形], eloton* 57 [形]
がっき〔学期〕lukukausi* 40 [名]
がっき〔楽器〕soitin* 56 [名] ／楽器店 soitinkauppa* 10 [名]
かっきてき〔画期的〕käänteentekevä 13 [形]
がっきゅう〔学級〕luokka* 11 [名], koululuokka* 11 [名]
かつぐ〔担ぐ〕kantaa* 9 [動], kuljettaa* 2 [動]
かっくう〔滑空〕滑空する liitää* 4 [動]
かっけ〔脚気〕〈医〉beriberitauti* 4 [名]
かっこ〔括弧〕sulkeet* 78 [複名]
かっこ〔確固〕確固とした horjumaton* 57 [形]
かっこう〔恰好〕muoto* 1 [名], ulkonäkö* 1 [名] ／恰好がよい tyylikäs* 66 [形]
かっこう〔郭公〕〈鳥〉käki* 8 [名] ／郭公が鳴く kukkua* 1 [動]
かっこう〔滑降〕〈ス〉mäenlasku 1 [名]
がっこう〔学校〕koulu 1 [名], oppilaitos 64 [名] ／学校に通う käydä koulua (käydä 23 [動])
かっさい〔喝采〕(拍手) käsientaputus 64 [名]

かつじ〔活字〕kirjain 56 [名]
がっしゅく〔合宿〕合宿所 asuntola 14 [名]
がっしょう〔合唱〕〈楽〉yhtye 78 [名]／合唱団 laulukuoro 1 [名]
かっしょく〔褐色〕ruskea 21 [名], ruskeus* 65 [名]／褐色の ruskea 21 [形]
がっしり がっしりした tukeva 13 [形], vankka* 10 [形], tanakka* 15 [形]
かっそう〔滑走〕滑走する liukua* 1 [動]／滑走路 kiitorata* 10 [名]
がっそう〔合奏〕〈楽〉yhtye 78 [名]
カッター〈海〉kutteri 5 [名]
がっち〔合致〕合致させる sovelluttaa* 2 [動], soveltaa* 5 [動]
かって〔勝手〕mielivalta* 10 [名]／勝手な mielivaltainen 63 [形], omavaltainen 63 [形]
かつて〔曾て〕(以前) kerran [副], aikoinaan [副]
かっと かっとなる kiivastua 1 [動]；kiivas 66 [形]／かっとなって vimmoissaan
かつどう〔活動〕toimi 35 [名], toiminta* 15 [名]／活動的 toimekas* 66 [形], toimelias 66 [形], aktiivinen 63 [形]／活動する toimia 17 [動], liikehtiä* 17 [動]
かっぱつ〔活発〕vilkkaus* 65 [名]／活発な vilkas* 66 [形], pirteä 21 [形], reipas* 66 [形]／活発に vilkkaasti [副]／活発になる vilkastua 1 [動]／活発にする vilkastuttaa* 2 [動]
カップ kuppi* 4 [名], malja 10 [名]
カップル (新郎新婦) morsiuspari 4 [名]
がっぺい〔合併〕yhteenliittymä 13 [名]／合併する yhdistyä 1 [動]
かつぼう〔渇望〕渇望する ahnehtia* 17 [動], ikävöidä 30 [動]
かつやく〔活躍〕活躍する käyttäytyä aktiivisesti (käyttäytyä* 44 [動])
かつよう〔活用〕hyväksikäyttö* 1 [名], käyttö* 1 [名]／活用する ottaa käytäntöön
かつようじゅ〔闊葉樹〕lehtipuu 29 [名]／闊葉樹林

lehtimetsä 11 [名]
かつら〔鬘〕(頭に付ける) peruukki* 6 [名], tekotukka* 11 [名]
かつりょく〔活力〕virkeys* 65 [名]／活力がある virkeä 21 [形], eloisa 13 [形]
カツレツ kotletti* 5 [名], kyljys 64 [名]
かて〔糧〕ruoka* 11 [名]
かてい〔仮定〕仮定する edellyttää* 2 [動]
かてい〔家庭〕koti* 4 [名]／家庭的 kotoinen 63 [形], kodikas* 66 [形]／家庭的に kodikkaasti [副]
かてい〔過程〕prosessi 6 [名]
かてい〔課程〕linja 10 [名]
カテーテル〈医〉katetri 6 [名]
カテドラル tuomiokirkko* 1 [名]
かど〔過度〕liikamäärä 11 [名]／過度な liiallinen 63 [形], liika* 10 [形]／過度に liikaa [副]
かど〔角〕kulma 11 [名], nurkka* 11 [名], perukka* 15 [名]
かとう〔下等〕ala-arvoinen 63 [名]／下等の ala-arvoinen 63 [形]
かとう〔過当〕過当な liika-／過当に liian [副]
カトリック カトリックの〈宗〉katolinen 63 [形]
かなあみ〔金網〕metalliverkko* 1 [名]
かない〔家内〕家内工業 kotiteollisuus* 65 [名]
かなう〔叶う・適う・敵う〕(適する) sopia* 17 [動]／敵わない (抵抗できない) vastustamaton* 57 [形]
かなきりごえ〔金切り声〕金切り声を出す kirkua* 1 [動], kiekua* 1 [動]
かなぐ〔金具〕solki* 8 [名], raudoitus 64 [名]
かなしい〔悲しい〕surullinen 63 [形], surumielinen 63 [形]／悲しく surullisesti [副], kipeästi [副]
かなしみ〔悲しみ〕suru 1 [名], surullisuus* 65 [名]
かなしむ〔悲しむ〕surra 26 [動], valittaa* 2 [動]／悲しませる surettaa* 2 [動], pahoittaa* 2 [動]
かなた〔彼方〕～の彼方に (属格と共に) takana [後]
かなづち〔金槌〕vasara 15 [名]
かなもの〔金物〕金物屋 rautakauppa* 10 [名]
かならず〔必ず〕ehdottomasti [副], aivan varmasti

かび

(aivan [副], varmasti [副])
かなり〔可成〕aika [副], melko [副] ／可成の aika (不変化) [形], aikamoinen 63 [形]
カナリア〈鳥〉kanarialintu* 1 [名]
かに〔蟹〕〈動〉merirapu* 1 [名]
がにまた〔蟹股〕蟹股の vääräsäärinen 63 [形]
かにゅう〔加入〕加入する liittyä seuraan, liittyä jäseneksi (liittyä* 1 [動])
カヌー kanootti 6 [名]
かね〔金〕raha 10 [名] ／金の rahallinen 63 [形]
かね〔鐘〕kello 1 [名], (教会の) kirkonkello 1 [名]
かねつ〔加熱〕lämmitys 64 [名]
かねつ〔過熱〕過熱する kuumentua* 1 [動], kuumeta 34 [動]
かねて〔予て〕(以前に) ennen [副], (前もって) etukäteen [副]
かねもうけ〔金儲け〕raha-ansio 3 [名]
かねもち〔金持ち〕rikas* 66 [名] ／金持ちの rikas* 66 [形], varakas* 66 [形]
かねん〔可燃〕可燃性の syttyvä 13 [形]
かのう〔化膿〕(膿を持つこと) mätä* 11 [名] ／化膿する märkiä* 17 [動]
かのう〔可能〕可能な mahdollinen 63 [形] ／可能である (不定詞と共に) voida 18 [動], (不定詞と共に) saattaa* 11 [動], (入格と共に) kyetä* 34 [動] ／可能な限り minkä jaksaa (jaksaa 9 [動])
かのじょ〔彼女〕hän (変化表参照) [人代] ／彼女ら he (変化表参照) [人代]
かば〔河馬〕〈動〉virtahepo* 1 [名]
カバー päällys 64 [名], päällyste 78 [名], verho 1 [名] ／カバーする päällystää 2 [動], verhota 38 [動]
かばう〔庇う〕(守る) suojata 35 [動], piilottaa* 2 [動]
かばん〔鞄〕laukku* 1 [名], salkku* 1 [名]
かはんしん〔下半身〕perä 11 [名]
かはんすう〔過半数〕valtaenemmistö 1 [名]
かび〔黴〕home 78 [名] ／黴が生える homehtua* 1

[動]
かび〔華美〕ylellisyys* 65 [名] ／華美な ylellinen 63 [形], loistava 13 [形]
がひつ〔画筆〕sivellin* 56 [名]
がびょう〔画鋲〕piirustusnasta 10 [名]
かびん〔花瓶〕kukkamaljakko* 2 [名], maljakko* 2 [名]
かびん〔過敏〕過敏な yliherkkä* 11 [形]
かぶ〔株〕〈商〉osake* 78 [名]
かぶ〔蕪〕〈植〉lanttu* 1 [名], nauris 68 [名]
かぶ〔下部〕alapuoli 32 [名]
カフェテリア kafeteria 14 [名], kahvila 15 [名]
がぶがぶ がぶがぶ水を飲む juoda liikaa (juoda 21 [動])
かふくぶ〔下腹部〕vatsanpohja 11 [名]
かぶしきがいしゃ〔株式会社〕osakeyhtiö 3 [名]
カフスボタン kalvosinnappi* 4 [名]
かぶせる〔被せる〕〔覆う〕peittää* 2 [動]
カプセル kapseli 5 [名]
かぶと〔兜・冑〕(武具) kypärä 12 [名]
かぶとむし〔甲虫〕〈虫〉kovakuoriainen 63 [名], koppakuoriainen 63 [名]
かぶぬし〔株主〕〈商〉osakas* 66 [名] ／株主総会 yhtiökokous 64 [名]
かぶりもの〔被り物〕päähine 78 [名]
かぶる〔被る〕(帽子などを) panna hattu päähän, (所格と共に) olla päässä (panna 27 [動])
かぶれ〔皮膚の〕ihottuman esiintyminen (esiintyminen 63 [名])
かふん〔花粉〕〈植〉siitepöly 1 [名]
かべ〔壁〕seinä 11 [名], muuri 4 [名]
かへい〔貨幣〕raha 10 [名], lantti* 4 [名] ／貨幣価値 rahanarvo 1 [名]
かべかけ〔壁掛け〕kuvakudos 64 [名]
かべがみ〔壁紙〕tapetti* 6 [名], seinäpaperi 5 [名]
かべん〔花弁〕〈植〉terälehti* 8 [名]
かほう〔下方〕alapuoli 32 [名] ／下方へ alas [副]
かぼちゃ〔南瓜〕pumppu* 1 [名], kurpitsa 15 [名]

かま〔鎌〕(草を刈る農具) sirppi* 4〔名〕
かま〔釜〕(料理用の) rautapannu 1〔名〕
かまう〔構う〕(気に掛ける) kiinnittää huomiota (kiinnittää* 2〔動〕)
かまえ〔構え〕(外観) ulkomuoto*1〔名〕, (姿勢) asento* 2〔名〕
かまえる〔構える〕(弓や銃を) virittää* 2〔動〕
がまん〔我慢〕maltti* 4〔名〕, kärsivällisyys* 65〔名〕／我慢強い maltillinen 63〔形〕, kärsivällinen 63〔形〕／我慢する sietää* 2〔動〕, malttaa* 10〔動〕, kärsiä 17〔動〕
かみ〔神〕jumala 53〔名〕, (キリスト教の) Jumala 53〔名〕
かみ〔紙〕paperi 5〔名〕
かみ〔髪〕(複数形で) hiukset 64〔名〕, tukka* 11〔名〕
かみがた〔髪型・髪形〕hiuslaite* 78〔名〕, tukkalaite* 78〔名〕
がみがみ がみがみ言う kivahtaa* 2〔動〕, tiuskaista 24〔動〕
かみきりむし〔髪切り虫〕〈虫〉jäärä 11〔名〕
かみきれ〔紙切れ〕lappu* 1〔名〕, paperiliuska 10〔名〕
かみくだく〔嚙み砕く〕(食物を) pureksia 17〔動〕
かみそり〔剃刀〕partaveitsi 47〔名〕
かみつ〔過密〕(人口の) liika-asutus 64〔名〕
かみつく〔嚙み付く〕puraista 24〔動〕, pureksia 17〔動〕
かみづつみ〔紙包み〕paperikäärö 1〔名〕
かみなり〔雷〕ukkonen 63〔名〕／雷が鳴る jyristä 41〔動〕
かみぶくろ〔紙袋〕tötterö 2〔名〕
カミルレ〈植〉kamomilla 15〔名〕
かみん〔仮眠〕torkahdus 64〔名〕／仮眠する torkahtaa* 2〔動〕
かむ〔擤む〕(鼻を) niistää 2〔動〕, niistää nenä (nenä 11〔名〕)
かむ〔嚙む〕(食物を) puraista 24〔動〕, pureksia 17〔動〕

ガム purukumi 4 [名]
かめ 〔瓶〕(容器) maljakko* 2 [名], ruukku* 1 [名]
かめ 〔亀〕〈動〉 kilpikonna 11 [名]
かめい 〔加盟〕加盟する liittyä seuraan (liittyä* 1 [動])
かめい 〔仮名〕 salanimi 8 [名], valenimi 8 [名]
がめつい ahne 78 [形], ahnas 66 [形]
カメラ kamera 15 [名]
がめん 〔画面〕 kuvaruutu* 1 [名]
かも 〔鴨〕〈鳥〉 sorsa 11 [名]
かも 〜かもしれない (不定詞と共に) taitaa* 43 [動], mahtaa* 9 [動], saattaa* 11 [動], voida 18 [動]
かもい 〔鴨居〕〈建〉 orsi* 42 [名], kamana 17 [名]
かもく 〔科目〕 aine 78 [名], oppiaine 78 [名]
かもしか 〔羚羊〕〈動〉 antilooppi* 4 [名]
かもしれない 〔かも知れない〕 saattaa* 2 [動], voi olla (voida 18 [動])
かもつ 〔貨物〕 tavara 15 [名], kuorma 11 [名], (輸送する)〈商〉 rahti* 4 [名], rahtitavara 15 [名] ／貨物船〈海〉 rahtilaiva 10 [名]
かもめ 〔鷗〕〈鳥〉 lokki* 4 [名]
かやく 〔火薬〕 ruuti* 4 [名]
カヤック kajakki* 5 [名]
かやつりぐさ 〔蚊屋釣草〕〈植〉 kaisla 10 [名]
かゆ 〔粥〕〈料〉 riisipuuro 1 [名]
かゆい 〔痒い〕 痒いと感じる kutista 41 [動]
かよう 〔通う〕 mennä 27 [動], käydä 23 [動]
がようし 〔画用紙〕 piirustuspaperi 5 [名]
かようび 〔火曜日〕 tiistai 27 [名]
かよわい 〔か弱い〕 hento* 1 [形]
から 〔空〕 空の tyhjä 11 [形], avoin 56 [形]
から 〔殻〕(穀物の) akana 12 [名]
から 〔場所について〕〜から (属格と共に) luota [後]
がら 〔柄〕 kuvio 3 [名], kaava 10 [名]
カラー (襟) kaulus 64 [名]
カラー (色) väri 4 [名] ／カラー写真 värikuva 11 [名] ／カラーフィルム värifilmi 4 [名]
からい 〔辛い〕 (ぴりっとする) kirpeä 21 [形], (塩辛

かる

い) suolainen 63 [形]
からかい kepponen 63 [名], pila 10 [名]
からかう pilkata* 35 [動], pilailla 29 [動]
からから (乾いた) kuiva 11 [形]
がらがら がらがら音を立てる rämistä 41 [動], kolista 41 [動]
がらくた romu 1 [名], roska 11 [名]
からし 〔辛子〕〈料〉sinappi* 6 [名]
からす 〔烏〕〈鳥〉varis 64 [名], korppi* 8 [名]
ガラス lasi 4 [名] /ガラスの lasinen 63 [形]
からすむぎ 〔烏麦〕kaura 10 [名]
からだ 〔体〕ruumis 68 [名] /体の ruumillinen 63 [形]
カラット karaatti* 6 [名]
からっぽ 〔空っぽ〕空っぽの ontto* 1 [形]
カラフル カラフルな värikäs* 66 [形], kirjava 13 [形]
からまる 〔絡まる〕sotkeutua* 44 [動], kiertyä* 1 [動]
からむ 〔絡む〕köynnöstyä 1 [動]
からりと (晴れた) selkeä 21 [形], kirkas* 66 [形]
からんからん (鐘などが音を出す) kalkutella* 28 [動]
がらんと がらんとした tyhjä 11 [形]
かり 〔仮〕仮の tilapäinen 63 [形], väliaikainen 63 [形] /仮に tilapäisesti [副]
かり 〔狩り〕metsästys 64 [名], pyydystys 64 [名] /狩りをする metsästää 2 [動], pyydystää 2 [動]
かりいれ 〔刈り入れ〕elonkorjuu 25 [名], sadonkorjuu 25 [名]
カリキュラム opetussuunnitelma 13 [名]
かりこむ 〔刈り込む〕typistää 2 [動]
かりたてる 〔駆り立てる〕ajaa 9 [動], syöstä 32 [動]
かりとり 〔刈り取り〕leikkuu 25 [名], niitto* 1 [名]
かりとる 〔刈り取る〕leikata* 35 [動], niittää* 2 [動]
カリフラワー kukkakaali 4 [名]
かりゅう 〔下流〕alavirta* 10 [名], alajuoksu 1 [名]
かりゅうど 〔狩人〕(狩りをする人) metsästäjä 16 [名]
かりる 〔借りる〕saada lainaksi, (家・部屋などを) vuokrata 35 [動] (saada 19 [動])
かる 〔刈る〕hakata* 35 [動], leikata* 35 [動]

かるい〔軽い〕kevyt 73〔形〕, keveä 21〔形〕／軽く kevyesti〔副〕, keveästi〔副〕／軽くする keventää* 8〔動〕

カルシウム kalsium 7〔名〕

カルダモン〈植〉kardemumma 13〔名〕

カルテル〈経〉kartelli 6〔名〕,〈経〉rengas* 66〔名〕

かるはずみ〔軽はずみ〕軽はずみな harkitsematon* 57〔形〕

かるわざ〔軽業〕akrobatia 15〔名〕, sirkusvoimistelu 2〔名〕

かれ〔彼〕hän（変化表参照）〔人代〕／彼ら he（変化表参照）〔人代〕

かれい〔鰈〕〈魚〉kampela 18〔名〕

かれい〔華麗〕華麗な loistava 13〔形〕, komea 21〔形〕

カレー〈料〉curry-jauhe 78〔名〕

ガレージ talli 4〔名〕, autotalli 4〔名〕

かれえだ〔枯れ枝〕kuivunut oksa (kuivunut 77〔形〕, oksa 11〔名〕)

かれき〔枯れ木〕kelo 1〔名〕

かれくさ〔枯れ草〕kuivunut ruoho (kuivunut 77〔形〕, ruoho 1〔名〕)

かれは〔枯れ葉〕kuivunut lehti (kuivunut 77〔形〕, lehti* 8〔名〕)

かれら〔彼ら〕he（変化表参照）〔人代〕

カレリア（地方名）Karjala 12〔名〕／カレリア風パイ〈料〉karjalanpiirakka* 15〔名〕

かれる〔枯れる〕kuihtua* 1〔動〕／枯れた laho 1〔形〕

カレンダー kalenteri 5〔名〕, almanakka* 15〔名〕

かろう〔過労〕rasitus 64〔名〕

がろう〔画廊〕galleria 15〔名〕

かろうじて〔辛うじて〕tuskin〔副〕, töintuskin〔副〕

かろやか〔軽やか〕軽やかな sulava 13〔形〕

カロリー kalori 5〔名〕

かろんじる〔軽んじる〕halveksia 17〔動〕

かわ〔川〕joki* 8〔名〕, virta* 10〔名〕

かわ〔皮〕（人体の）iho 1〔名〕,（果物・樹木などの）kuori 32〔名〕／（果物の）皮を剝く kuoria 17〔動〕

かわ〔革〕nahka(*) 10〔名〕／革製の nahkainen 63

[形]
がわ〔側〕(側面) puoli 32 [名] /〜側の (属格と共に) puoleinen 63 [形]
かわいい〔可愛い〕sievä 11 [形], siro 1 [形]
かわいがる〔可愛いがる〕hellitellä* 28 [動], hyväillä 29 [動]
かわいそう〔可哀そう〕可哀そうな surkea 21 [形] /可哀そうに surkeasti [副] /可哀そうに思う surkutella* 28 [動], sääliä 17 [動]
かわいらしい〔可愛らしい〕viehättävä 13 [形]
かわかす〔乾かす〕kuivata 35 [動], kuivattaa* 2 [動]
かわかめ〈魚〉hauki* 8 [名]
かわかみ〔川上〕ylävirta* 10 [名]
かわき〔渇き〕(喉の) jano 1 [名]
かわく〔渇く〕(喉が) janottaa* 2 [動]
かわく〔乾く〕kuivua 1 [動] /乾いた kuiva 11 [形]
かわぐち〔川口〕joensuu 29 [名]
かわしも〔川下〕alavirta* 10 [名]
かわばた〔川端〕äyräs 66 [名]
かわひも〔革紐〕hihna 10 [名]
かわり〔代わり〕〜の代わりに (属格と共に) sijaan [後], (属格と共に) asemessa [後] /その代わりに sen sijaan
かわり〔変わり〕muutos 64 [名]
かわりめ〔変わり目〕vaihde* 78 [名] /世紀の変わり目に. vuosisadan vaihteessa.
かわりもの〔変わり者〕kummallinen 63 [名], outo 1 [名]
かわる〔変わる〕muuttua* 1 [動], vaihtua* 1 [動]
かわる〔代わる・替わる・換わる〕(交替する) vaihtua* 1 [動]
かわるがわる〔代わる代わる〕vuoroin [副] /代わる代わるに行う vuorotella* 28 [動]
かん〔缶〕purkki* 4 [名]
かん〔棺〕ruumisarkku* 1 [名]
かん〔管〕putki 8 [名]
がん〔癌〕(病気) syöpä* 11 [名]
がんえん〔岩塩〕vuorisuola 10 [名]

かんおけ〔棺桶〕ruumisarkku* 1 [名]
かんか〔感化〕vaikutus 64 [名]／感化する vaikuttaa* 2 [動]
がんか〔眼下〕眼下に alhaalla [副]
がんか〔眼科〕眼科医 silmälääkäri 5 [名]
かんがい〔感慨〕感慨無量である liikuttua* 1 [動], heltyä* 1 [動]
かんがえ〔考え〕ajatus 64 [名], mieli 32 [名]／考えのない（無思慮）ajattelematon* 57 [形], järjetön* 57 [形]
かんがえかた〔考え方〕ajatustapa* 10 [名]
かんがえこむ〔考え込む〕miettiä* 17 [動], harkita 31 [動]
かんがえだす〔考え出す〕keksiä 17 [動]
かんがえなおす〔考え直す〕harkita uudelleen (harkita 31 [動])
かんがえもの〔考え物〕考え物である kyseenalainen 63 [形]
かんがえる〔考える〕ajatella* 28 [動], miettiä* 17 [動], harkita 31 [動], luulla 25 [動]
かんかく〔間隔〕väli 4 [名], välimatka 10 [名]
かんかく〔感覚〕aisti 4 [名], aistin 56 [名]／感覚的な aistillinen 63 [形]
かんかつ〔管轄〕管轄区域 piirikunta* 11 [名]
かんがっき〔管楽器〕〈楽〉puhallinsoitin* 56 [名], puhallin* 56 [名]
カンガルー kenguru 2 [名]
かんき〔喚起〕（注意の）muistutus 64 [名]
かんき〔換気〕ilmanvaihto* 1 [名], tuuletus 64 [名]／換気する tuulettaa* 2 [動]
かんきゃく〔観客〕katsoja 16 [名]／観客席 katsomo 2 [名]
がんきゅう〔眼球〕〈解〉silmämuna 11 [名]
かんきょう〔環境〕ympäristö 1 [名],（複数形で）olosuhteet* 78 [名]
かんきり〔缶切り〕purkinavaaja 16 [名]
かんきん〔監禁〕vankeus* 65 [名]／監禁する vangita 31 [動]

がんぐ〔玩具〕leikkikalu 1 [名]
かんけい〔関係〕suhde* 78 [名], yhteys* 65 [名], osanotto* 1 [名] ／～と関係を持つ（入格と共に）suhtautua* 1 [動]
かんげい〔歓迎〕歓迎会 tervetuliaiset 63 [複名]
かんげき〔感激〕mielenliikutus 64 [名]
かんけつ〔完結〕päätelmä 13 [名], loppu* 1 [名]
かんけつ〔間欠〕間欠泉 suihkulähde* 78 [名], suihkukaivo 1 [名]
かんけつ〔簡潔〕suppeus* 65 [名] ／簡潔な suppea 21 [形], lyhennetty* 2 [形]
かんげん〔換言〕換言すると toisin sanoen, eli [接]
かんげんがく〔管弦楽〕orkesterimusiikki* 6 [名]
かんこ〔歓呼〕hyvähuuto* 1 [名], eläköönhuuto* 1 [名]
かんご〔看護〕hoito* 1 [名], sairaanhoito* 1 [名] ／看護師 sairaanhoitaja 16 [名], sairaanhoitajatar* 54 [名] ／看護する hoitaa* 4 [動]
がんこ〔頑固〕頑固な itsepintainen 63 [形]
かんこう〔刊行〕julkaisu 2 [名] ／刊行する julkaista 24 [動]
かんこう〔観光〕観光客 turisti 6 [名], vierailija 14 [名] ／観光案内所 turistineuvonta* 15 [名]
かんごく〔監獄〕vankila 14 [名]
かんこんそうさい〔冠婚葬祭〕juhlamenot 1 [複名]
かんさ〔監査〕valvonta* 15 [名]
かんざい〔管財〕管財人 taloudenhoitaja 16 [名], kirjanpitäjä 16 [名]
かんさつ〔観察〕tarkkailu 2 [名] ／観察する tarkata* 35 [動]
かんさん〔換算〕vaihto* 1 [名] ／換算する vaihtaa* 9 [動]
かんさん〔閑散〕閑散とした autio 3 [形], asumaton* 57 [形]
かんし〔冠詞〕〈言〉artikkeli 5 [名]
かんし〔監視〕tähtäys 64 [名] ／監視者 valvoja 16 [名]
かんじ〔感じ〕tunne* 78 [名], tunnelma 13 [名] ／

かんじ

〜の感じがする（離格と共に）tuntua* 1 [動]
かんじ〔幹事〕toimitusjohtaja 16 [名]
がんじつ〔元日〕uudenvuodenpäivä 11 [名], uusivuosi* 84 [名]
かんしゃ〔感謝〕kiitos 64 [名]／感謝する kiittää* 2 [動]
かんじゃ〔患者〕potilas 66 [名]
かんしゃく〔癇癪〕癇癪持ちの ärtyinen 63 [形]／癇癪を起こす raivostua 1 [動]
かんしゅ〔看守〕mestaaja 16 [名]／(刑務所の) vanginvartija 14 [名]
かんしゅう〔慣習〕tapa* 10 [名], tottumus 64 [名]
かんしゅう〔観衆〕katselijajoukko* 1 [名]
かんじゅせい〔感受性〕herkkätunteisuus* 65 [名]
がんしょ〔願書〕hakemus 64 [名], anomus 64 [名]
かんしょう〔干渉〕häiriö 3 [名]／干渉する häiritä 31 [動]
かんしょう〔感傷〕感傷的 tunteellinen 63 [形], tunteikas* 66 [形]
かんしょう〔鑑賞〕arvonanto* 1 [名]／鑑賞する katsella ja arvostaa (katsella 28 [動], arvostaa 2 [動])
かんじょう〔勘定〕tili 4 [名]
かんじょう〔感情〕tunne* 78 [名], tunnelma 13 [名]
かんじょう〔環状〕環状線（鉄道の）kiertorata* 10 [名]
がんしょう〔岩礁〕kari 4 [名]
がんじょう〔頑丈〕頑丈な luja 11 [形], pitävä 13 [形], kestävä 13 [形]
かんしょく〔感触〕tunto* 1 [名]
かんじる〔感じる〕tuntea* 14 [動], (離格と共に) tuntua* 1 [動], (自分が〜だと) tuntea itsensä＋変格
かんしん〔感心〕ihastus 64 [名], ihailu 2 [名]／感心する ihastella 28 [動], ihailla 29 [動]
かんしん〔関心〕kiinnostus 64 [名], mielenkiinto* 1 [名]／〜に関心がある olla kiinnostunut＋出格
かんじん〔肝心〕肝心な tärkeä 21 [形], olennainen 63 [形]

かんすい〔完遂〕suoritus 64［名］／完遂する suorittaa* 2［動］
かんする〔関する〕～に関して （属格と共に）johdosta［後］,（属格と共に）kohdalla［後］,（属格と共に）puolesta［後］,（属格と共に）suhteen［後］
かんせい〔完成〕täydennys 64［名］／完成する toteuttaa* 2［動］
かんせい〔歓声〕ilonhuuto* 1［名］
かんぜい〔関税〕tullimaksu 1［名］
がんせき〔岩石〕〈地質〉kivilaji 4［名］
かんせつ〔間接〕間接的 välillinen 63［形］
かんせつ〔関節〕〈解〉nivel 54［名］
かんせん〔幹線〕päälinja 10［名］
かんせん〔感染〕tartunta* 15［名］
かんせん〔観戦〕観戦する katsella kilpailua (katsella 28［動］)
かんぜん〔完全〕完全な täydellinen 63［形］, täysi* 41［形］／完全に täysin［副］, täydellisesti［副］
がんぜん〔眼前〕眼前の esilläoleva 13［形］／眼前で esillä［副］
かんそ〔簡素〕簡素な yksinkertainen 63［形］
かんそう〔乾燥〕kuivuus* 65［名］／乾燥した kuiva 11［形］
かんそう〔感想〕tunnelma 13［名］
かんぞう〔肝臓〕〈解〉maksa 10［名］
かんそく〔観測〕観測者 huomioitsija 14［名］
かんたい〔寒帯〕polaarinen vyöhyke (polaarinen 63［形］, vyöhyke* 78［名］)
かんたい〔歓待〕vieraanvaraisuus* 65［名］
かんたい〔艦隊〕laivasto 2［名］
かんだい〔寛大〕jalomielisyys* 65［名］／寛大な jalomielinen 63［形］
かんだかい〔甲高い〕kimeä 21［形］
かんたん〔感嘆〕ihastus 64［名］／感嘆符 huutomerkki* 4［名］／感嘆する ihastella 28［動］
かんたん〔簡単〕yksinkertaisuus* 65［名］／簡単な yksinkertainen 63［形］
かんだん〔歓談〕viihde* 78［名］

かんだん〔間断〕間断なく yhtämittaa［副］, jatkuvasti［副］
かんだんけい〔寒暖計〕lämpömittari 5［名］
かんちょう〔干潮〕laskuvesi* 40［名］
かんちょう〔官庁〕virasto 2［名］
かんちょう〔浣腸〕〈医〉peräruiske 78［名］
かんちょう〔艦長〕〈海〉kapteeni 6［名］
かんつう〔姦通〕（密通）aviorikos 64［名］
かんつう〔貫通〕貫通する käydä läpi (käydä 23［動])
かんづく〔感付く〕（気付く）huomata 35［動], tuntea* 14［動］
かんづめ〔缶詰め〕säilyke* 78［名］
かんてい〔鑑定〕鑑定する tunnistaa 2［動］
カンテレ kantele 82［名］, kannel* 82［名］
かんてん〔観点〕näkökohta* 11［名］
かんでん〔感電〕sähköisku 1［名］
かんでんち〔乾電池〕kuivaparisto 2［名］
かんどう〔間道〕sola 11［名］
かんどう〔感動〕liikutus 64［名], mielenliikutus 64［名］／感動させる liikuttaa* 2［動］
かんとく〔監督〕valvonta* 15［名],〈ス〉kapteeni 6［名］／監督する valvoa 1［動], tarkastaa 2［動］
かんな〔鉋〕（道具）höylä 11［名］／鉋をかける höylätä 35［動］
かんにん〔堪忍〕kärsivällisyys* 65［名］
カンニング カンニングする〈生徒〉luntata* 35［動］
かんぬき〔閂〕（門を閉めるための横木）salpa* 10［名], telki* 8［名］
かんねん〔観念〕miete* 78［名], mietelmä 13［名］／観念的な aatteellinen 63［形］
かんのう〔官能〕官能的 aistillinen 63［形］
かんぱ〔寒波〕pakkasaalto* 1［名］
カンパ（資金の）lahjoitus 64［名］
かんぱい〔乾杯〕kippis［間], skool［間］／乾杯をする〈話〉skoolata 35［動］
かんばつ〔旱魃〕（日照り）kuivuus* 65［名］
がんばる〔頑張る〕pitää puolensa, pitää puoliansa (pitää* 2［動])

かんばん〔看板〕kyltti* 4［名］, kilpi* 8［名］
がんばん〔岩盤〕kivikuori 32［名］
かんびょう〔看病〕sairaanhoito* 1［名］
かんぶ〔幹部〕toimihenkilö 2［名］
かんぺき〔完璧〕täydellisyys* 65［名］／完璧な täydellinen 63［形］
かんべん〔勘弁〕anteeksianto* 1［名］, armahdus 64［名］
かんぼう〔感冒〕vilustuminen 63［名］, vilustus 64［名］
がんぼう〔願望〕halu 1［名］, toive 78［名］
かんぼく〔灌木〕pensas 66［名］／灌木林 varvikko* 2［名］, varvisto 2［名］
かんまん〔干満〕(潮の) vuorovesi* 40［名］
かんむり〔冠〕kruunu 1［名］, (花の) seppele 82［名］
かんめい〔感銘〕liikutus 64［名］, mielenliikutus 64［名］
がんもく〔眼目〕pääasia 14［名］
がんもん〔関門〕portti* 4［名］
がんやく〔丸薬〕〈薬〉pilleri 5［名］
かんゆ〔肝油〕kalanmaksaöljy 1［名］
かんゆう〔勧誘〕勧誘する tyrkyttää* 2［動］
かんよう〔寛容〕jalomielisyys* 65［名］, pehmeys* 65［名］／寛容な jalomielinen 63［形］, pehmeä 21［形］
かんよう〔慣用〕käytäntö* 2［名］／慣用的 idiomaattinen 63［形］
がんらい〔元来〕alkuaan［副］, alunperin［副］
かんらん〔観覧〕観覧席 katsomo 2［名］／観覧料 pääsymaksu 1［名］
かんり〔官吏〕valtionvirkamies 72［名］
かんり〔管理〕(財産の) taloudenhoito* 1［名］, taloudenpito* 1［名］／管理人 vahtimestari 5［名］, (アパートの) talonmies 72［名］
かんりゅう〔寒流〕kylmä merivirta (kylmä 11［形］, merivirta* 10［名］)
かんりょう〔完了〕täydentäminen 63［名］／完了する täydentää* 8［動］
かんりょう〔官僚〕官僚の byrokraattinen 63［形］, vir-

kavaltainen 63 [形]
かんれい〔慣例〕tapa* 10 [名] ／慣例に従ってvanhan tavan mukaan
かんれん〔関連〕suhde* 78 [名], yhteys* 65 [名]
かんろく〔貫禄〕貫禄がある mahtava 13 [形]
かんわ〔緩和〕緩和する（規制などを）höllentää* 8 [動], helpottaa* 2 [動]

き

き〔木〕puu 29 [名]
き〔気〕気が利いた neuvokas* 66 [形], nokkela 12 [形] ／気に入る miellyä* 1 [動], viihtyä* 1 [動], (出格と共に) pitää* 2 [動] ／気にする（出格と共に）välittää* 2 [動] ／気に掛ける huolia 17 [動], huoltaa* 5 [動] ／気を配る（出格と共に）huolehtia* 17 [動]
ギア〈技〉vaihde* 78 [名], vaihteisto 2 [名]
きあつ〔気圧〕〈気〉ilmanpaine 78 [名]
ぎあん〔議案〕lakiehdotus 64 [名]
キー（鍵盤）〈楽〉kosketin* 56 [名]
きいちご〔木苺〕lakka* 10 [名], suomuurain 56 [名], hilla 10 [名]
キーボード näppäimistö 1 [名]
きいろ〔黄色〕keltainen 63 [名] ／黄色い keltainen 63 [形]
きいん〔起因〕〜に起因する（出格と共に）riippua* 1 [動]
ぎいん〔議員〕jäsen 55 [名]
きえる〔消える〕（無くなる）kadota* 38 [動], hävitä 37 [動], (火・明かりなどが) sammua 1 [動]
きおう〔既往〕entisyys* 65 [名]
きおく〔記憶〕muisto 1 [名] ／記憶する muistaa 2 [動]

きおち〔気落ち〕epätoivo 1 [名] ／気落ちした epätoivoinen 63 [形]
きおん〔気温〕lämpötila 10 [名]
きおん〔気音〕〈声〉aspiraatio 3 [名]
ぎおん〔擬音〕擬音の〈言〉onomatopoieettinen 63 [形]
きか〔気化〕気化する höyrystyä 1 [動], muuttua höyryksi (muuttua* 1 [動])
きか〔帰化〕naturalisaatio 3 [名]
きかい〔機会〕tila 10 [名]
きかい〔機械〕kone 78 [名], laite* 78 [名] ／機械化する koneistaa 2 [動] ／機械的 koneellinen 63 [形]
きがい〔危害〕vahinko* 2 [名] ／危害を加える vahingoittaa* 2 [動]
ぎかい〔議会〕eduskunta* 11 [名]
きかえる〔着替える〕vaihtaa vaatteita (vaihtaa* 9 [動])
きかがく〔幾何学〕geometria 15 [名] ／幾何学的 geometrinen 63 [形]
きがかり〔気掛かり〕levottomuus* 65 [名], huoli 32 [名]
きかく〔企画〕企画する kaavoittaa* 2 [動]
きかく〔規格〕規格化する yhdenmukaistaa 2 [動]
きがく〔器楽〕器楽曲 soittokappale 78 [名]
きかざる〔着飾る〕pukeutua juhlapukuun (pukeutua* 44 [動])
きかせる〔聞かせる〕(話を) kertoa tarina (kertoa* 1 [動])
きがね〔気兼ね〕kainostelu 2 [名] ／気兼ねする kainostella 28 [動]
きがる〔気軽〕気軽に huolettomasti [副], helposti [副]
きかん〔帰還〕paluu 25 [名]
きかん〔期間〕kausi* 40 [名], ajanjakso 1 [名]
きかん〔器官〕(複数形で) elimet 56 [名]
きかん〔機関〕elin 56 [名] ／機関車 veturi 5 [名] ／機関銃 konekivääri 6 [名]
きがん〔祈願〕rukous 64 [名] ／祈願する rukoilla 29 [動]

きき〔危機〕kriisi 4 [名], pula-aika* 10 [名]
ききいれる〔聞き入れる〕(受け入れる) suostua 1 [動], myöntyä* 1 [動]
ききだす〔聞き出す〕(秘密などを) udella* 28 [動]
ききちがい〔聞き違い〕聞き違いをする kuulla väärin (kuulla 25 [動])
ききて〔聞き手〕kuulija 14 [名]
ききとる〔聞き取る〕聞き取れる kuuluva 13 [形]
ききながす〔聞き流す〕(無視する) jättää huomioon-ottamatta (jättää 2 [動])
ききみみ〔聞き耳〕聞き耳を立てる heristää 2 [動]
ききめ〔効き目〕効き目のある tehokas* 66 [形]
ききもらす〔聞き漏らす〕ei kuulla (kuulla 25 [動])
ききゅう〔危急〕hätä* 11 [名]
ききゅう〔気球〕ilmapallo 1 [名]
きぎょう〔企業〕yritys 64 [名]
ぎきょく〔戯曲〕näytelmä 13 [名], draama 10 [名]
きぎれ〔木切れ〕palikka* 15 [名], pätkä 11 [名]
ききん〔飢饉〕nälänhätä* 11 [名]
ききん〔基金〕säätiö 3 [名]
ききんぞく〔貴金属〕jalometalli 6 [名]
きく〔菊〕krysanteemi 4 [名]
きく〔利く〕tehota 38 [動], vaikuttaa* 2 [動]
きく〔聞く〕kuulla 25 [動], kuunnella* 28 [動]
きぐ〔器具〕laite* 78 [名], työkalu 1 [名]
きぐらい〔気位〕気位が高い ylpeä 21 [形]
きぐろう〔気苦労〕levottomuus* 65 [名], huoli 32 [名]
きけい〔奇形〕epämuodostuma 13 [名]
ぎけい〔義兄〕lanko* 1 [名]
きげき〔喜劇〕komedia 15 [名]
ぎけつ〔議決〕議決書 ponsi* 44 [名]
きけん〔危険〕vaara 10 [名], ／危険な vaarallinen 63 [形]
きけん〔棄権〕(選挙の) pidättyminen äänestämästä (pidättyminen 63 [名])
きげん〔紀元〕ajanlasku 1 [名]
きげん〔起源〕alku* 1 [名], alkuperä 11 [名]
きげん〔期限〕määräaika* 10 [名]

きげん〔機嫌〕mieliala 10〔名〕, tuuli 32〔名〕／機嫌がよい ilomielinen 63〔形〕olla hyvällä tuulella
きこう〔気候〕ilma 10〔名〕, ilmanala 10〔名〕, ilmasto 2〔名〕
きこう〔寄港〕寄港する saapua satamaan (saapua* 1〔動〕)
きこう〔機構〕järjestely 2〔名〕, organisaatio 3〔名〕
きごう〔記号〕merkki* 4〔名〕
ぎこう〔技巧〕tekniikka* 15〔名〕, suoritustaito* 1〔名〕
きこえる〔聞こえる〕kuulua 1〔動〕
きこく〔帰国〕帰国する palata kotiin (palata 40〔動〕)
ぎこちない kömpelö 2〔形〕
きこん〔既婚〕既婚の nainut 77〔形〕, naimisissa oleva (oleva 13〔形〕)
きざ きざな hienosteleva 13〔形〕
きさい〔記載〕merkintä* 15〔名〕／記載する merkitä 31〔動〕
きさく〔気さく〕気さくな avoin 56〔形〕, vilpitön* 57〔形〕
きざし〔兆し〕oire 78〔名〕
きざむ〔刻む〕veistää 2〔動〕
きし〔岸〕ranta* 10〔名〕, rannikko* 2〔名〕
きじ〔雉子〕〈鳥〉fasaani 6〔名〕
きじ〔生地〕(布地) kangas* 66〔名〕
きじ〔記事〕artikkeli 5〔名〕, kirjoitus 64〔名〕
ぎし〔技師〕insinööri 4〔名〕, teknikko* 2〔名〕
ぎし〔義姉〕käly 1〔名〕
ぎし〔義歯〕tekohammas* 66〔名〕
ぎじ〔議事〕議事録 pöytäkirja 10〔名〕, raportti* 6〔名〕
ぎしき〔儀式〕rituaali 4〔名〕／儀式張った juhlallinen 63〔形〕
きしつ〔気質〕temperamentti* 4〔名〕
きじつ〔期日〕määräpäivä 11〔名〕, raja 10〔名〕
きしむ〔軋む〕(床などが) narskua 1〔動〕, kirskua 1〔動〕
きしゃ〔汽車〕juna 11〔名〕
きしゃ〔記者〕(新聞・雑誌などの) sanomalehtimies

72 [名], lehtimies 72 [名]
きしゅ〔旗手〕lipunkantaja 16 [名], 〈軍〉vänrikki* 5 [名]
ぎしゅ〔義手〕tekojäsen 55 [名]
きしゅく〔寄宿〕寄宿舎 asuntola 14 [名]
きじゅつ〔奇術〕taika* 10 [名], taikavoima 11 [名]
きじゅつ〔記述〕maininta* 15 [名]
ぎじゅつ〔技術〕taito* 1 [名], tekniikka* 15 [名] ／技術者 teknikko* 2 [名], insinööri 4 [名]
きじゅん〔基準〕peruste 78 [名], normi 4 [名]
きしょう〔気性〕temperamentti* 4 [名]
きしょう〔気象〕sääilmiö 3 [名] ／気象台 sääasema 13 [名] ／気象通報 säätiedotus 64 [名]
きしょう〔起床〕起床する nousta 24 [動], nousta vuoteesta
きじん〔貴人〕ylimys 64 [名]
キス suudelma 13 [名] ／キスする suudella* 28 [動]
きず〔傷〕haava 10 [名], (かき傷) naarmu 1 [名]
きずあと〔傷痕〕arpi* 8 [名], (家具などの) naarmu 1 [名]
きすう〔奇数〕奇数の pariton* 57 [形]
きずく〔築く〕rakentaa* 42 [動]
きずぐち〔傷口〕haava 10 [名]
きずつく〔傷付く〕haavoittua 1 [動], saada haavoja (saada 19 [動])
きずつける〔傷付ける〕haavoittaa* 2 [動], vahingoittaa* 2 [動]
きずな〔絆〕(結び付き) side* 78 [名]
きせい〔既製〕既製の valmiiksi tehty (tehty* 1 [形])
きせい〔帰省〕帰省する palata kotiin, kotiutua* 1 [動] (palata 40 [動])
きせい〔規制〕säännös 64 [名], määräys 64 [名]
ぎせい〔犠牲〕uhri 4 [名], uhraus 64 [名] ／犠牲になる uhrautua* 44 [動]
きせき〔奇跡〕ihmetyö 30 [名]
ぎせき〔議席〕istuinpaikka* 10 [名]
きせつ〔季節〕vuodenaika* 10 [名]
きぜつ〔気絶〕tajuttomuus* 65 [名] ／気絶する pyör-

tyä* 1 [動]
きせる〔着せる〕pukea* 13 [動], vaatettaa* 2 [動]
きせん〔汽船〕höyrylaiva 10 [名]
きぜん〔毅然〕毅然とした luja 11 [形], jyrkkä* 11 [形]
ぎぜん〔偽善〕teeskentely 2 [名]
きそ〔起訴〕syyte* 78 [名]／起訴する nostaa syyte, panna syytteeseen (nostaa 2 [動], panna 27 [動])
きそ〔基礎〕pohja 11 [名], kanta* 10 [名]／基礎を置く perustaa 2 [動]
きそう〔競う〕kilpailla 29 [動]／競って kilpaa [副], kilvan [副]
きぞう〔寄贈〕lahja 10 [名], lahjoitus 64 [名]／寄贈する lahjoittaa* 2 [動]
ぎぞう〔偽造〕väärennys 64 [名]／偽造する väärentää* 8 [動]
きそうてんがい〔奇想天外〕奇想天外な odottamaton* 57 [形], aavistamaton* 57 [形]
きそく〔規則〕sääntö* 1 [名], ohje 78 [名]／規則正しい säännöllinen 63 [形]
きぞく〔貴族〕aateli 5 [名], herrasväki* 8 [名]
ぎそく〔義足〕tekojäsen 55 [名]
きた〔北〕pohjoinen 63 [名], pohjoispuoli 32 [名]
ギター〈楽〉kitara 18 [名]
きたい〔気体〕kaasu 1 [名]
きたい〔期待〕odotus 64 [名], toivomus 64 [名]／期待する odottaa* 2 [動], odotella* 28 [動]
ぎだい〔議題〕aihe 78 [名], keskustelunaihe 78 [名]
きたえる〔鍛える〕karaista 24 [動], koulia 17 [動]
きたかぜ〔北風〕pohjoistuuli 32 [名]
きたく〔帰宅〕帰宅する palata kotiin, tulla kotiin, kotiutua* 1 [動] (palata 40 [動], tulla 25 [動])
きたぐに〔北国〕pohjoinen 63 [名], pohjola 14 [名]
きだて〔気立て〕気立てのよい hyväluontoinen 63 [形]
きたない〔汚い〕likainen 63 [形], saastainen 63 [形]
きたはんきゅう〔北半球〕pohjoinen pallonpuolisko (pohjoinen 63 [形], pallonpuolisko 2 [名])
きたる〔来る〕tuleva 13 [形]
きち〔機知〕vitsi 4 [名]／機知に富んだ nokkela 12

[形], kekseliäs 66 [形]
きちがい〔気違い〕hullu 1 [名]
きちょう〔貴重〕貴重な arvokas* 66 [形], kallis 69 [形]
きちょう〔機長〕lentokapteeni 6 [名]
ぎちょう〔議長〕puheenjohtaja 16 [名]
きちょうめん〔几帳面〕几帳面な tarkka* 10 [形], täsmällinen 63 [形]
きちんと（正確に）tarkalleen [副], tarkkaan [副]／きちんとした kunnollinen 63 [形]／きちんとする pitää kunnossa (pitää* 2 [動])
きつい（窮屈な）kireä 21 [形]／きつくする（締める）tiivistää 2 [動]
きつえん〔喫煙〕tupakanpoltto* 1 [名]／喫煙車両 tupakkavaunu 1 [名]／喫煙所 tupakkaosasto 2 [名]／喫煙する tupakoida 30 [動]
きづかう〔気遣う〕olla huolissaan (olla 25 [動])
きっかけ〔切っ掛け〕tilaisuus* 65 [名]
きっかり（正確に）tarkalleen [副], tarkkaan [副]
きづく〔気付く〕huomata 35 [動], havaita 31 [動]
きつけぐすり〔気付け薬〕hajusuola 10 [名]
きっさてん〔喫茶店〕kahvila 15 [名]
ぎっしり　ぎっしり詰まった täpötäysi* 41 [形]
きっすい〔生粋〕生粋の aito* 1 [形], oikea 21 [形], todellinen 63 [形]
きづち〔木槌〕nuija 11 [名]
きっちり　きっちりと（正確に）tarkalleen [副], tarkkaan [副]
キッチン keittiö 3 [名]／キッチン用品 keittiöastia 14 [名]
きつつき〔啄木鳥〕〈鳥〉tikka* 10 [名]
きって〔切手〕postimerkki* 4 [名]
きっと varmasti [副]
きつね〔狐〕〈動〉kettu* 1 [名], (主に民話で) repo* 1 [名]
きっぱり　きっぱりと ehdottomasti [副], selvästi [副]
きっぷ〔切符〕lippu* 1 [名], (乗車券) matkalippu* 1 [名]

きつもん〔詰問〕kuritus 64〔名〕,（通常は複数形で）nuhde* 78〔名〕
きてい〔規定〕〈法〉asetus 64〔名〕, säännös 64〔名〕／規定する säännöstellä 28〔動〕
きてき〔汽笛〕vihellyspilli 4〔名〕
きてん〔機転〕機転のきく nokkela 12〔形〕, kekseliäs 66〔形〕
きてん〔起点〕lähtöpaikka* 10〔名〕
きと〔帰途〕kotimatka 10〔名〕
きどあいらく〔喜怒哀楽〕tunne* 78〔名〕, mielenliikutus 64〔名〕
きどう〔軌道〕raide* 78〔名〕, rata* 10〔名〕
きどう〔起動〕起動力 kannustin 56〔名〕
きとく〔危篤〕危篤の kuolemansairas 66〔形〕／危篤の人 kuolemansairas 66〔名〕
きどり〔気取り〕teeskentely 2〔名〕
きどる〔気取る〕teeskennellä* 28〔動〕／気取った teeskenteleväinen 63〔形〕
きにいり〔気に入り〕気に入りの mieluinen 63〔形〕, mieluisa 13〔形〕
きにゅう〔記入〕merkintä* 15〔名〕／記入する merkitä 31〔動〕
きぬ〔絹〕silkki* 4〔名〕／絹製の silkkinen 63〔形〕
きねん〔記念〕muisto 1〔名〕／記念式典 muistotilaisuus* 65〔名〕／記念日 muistopäivä 11〔名〕, merkkipäivä 11〔名〕
きのう〔昨日〕eilen〔副〕／昨日の eilinen 63〔形〕
きのう〔機能〕käynti* 4〔名〕
ぎのう〔技能〕taito* 1〔名〕,（専門の）ammattitaito* 1〔名〕
きのこ〔茸〕〈菌〉sieni 32〔名〕
きのどく〔気の毒〕気の毒な onneton* 57〔形〕, raukka* 10〔形〕／気の毒に思う sääliä 17〔動〕, olla sääli＋分格
きば〔牙〕（動物の犬歯）torahammas* 66〔名〕
きはく〔気迫〕（熱意）into* 1〔名〕, eloisuus* 65〔名〕
きはく〔希薄〕希薄な harva 10〔形〕
きばこ〔木箱〕vakka* 10〔名〕

きばつ〔奇抜〕奇抜な eriskummallinen 63 [形], outo* 1 [形]
きばむ〔黄ばむ〕黄ばんだ kellertävä 13 [形]
きばらし〔気晴らし〕viihde* 78 [名], huvi 4 [名]
きはん〔規範〕kaava 10 [名], sääntö* 1 [名]
きばん〔基盤〕perustus 64 [名], peruste 78 [名]
きびきび きびきびした vikkelä 12 [形]
きびしい〔厳しい〕(厳格な) tiukka* 10 [形], ankara 12 [形] ／厳しく (厳格に) tiukasti [副], ankarasti [副]
きひん〔気品〕気品がある tahdikas* 66 [形], hienotunteinen 63 [形]
きびん〔機敏〕機敏な reipas* 66 [形], ripeä 21 [形] ／機敏に reippaasti [副]
きふ〔寄付〕lahja 10 [名], lahjoitus 64 [名]
きふう〔気風〕henki* 8 [名], luonne* 78 [名]
きふく〔起伏〕起伏が多い vaihteleva 13 [形]
ギプス kipsi 4 [名]
きぶん〔気分〕mielentila 10 [名], mieliala 10 [名]
きへい〔騎兵〕〈軍〉ratsuväki* 8 [名], ratsumies 72 [名]
きぼ〔規模〕mitta* 10 [名], mittakaava 10 [名]
きほう〔気泡〕kupla 11 [名]
きぼう〔希望〕toivo 1 [名], toivotus 64 [名] ／希望する toivoa 1 [動]
ぎほう〔技法〕tekniikka* 15 [名]
きほん〔基本〕perustus 64 [名], peruste 78 [名] ／基本的 perusteellinen 63 [形] ／基本的に periaatteessa
ぎまい〔義妹〕käly 1 [名]
きまえ〔気前〕気前がよい antelias 66 [形], aulis 69 [形]
きまぐれ〔気紛れ〕気紛れな oikullinen 63 [形]
きまずい〔気まずい〕epämiellyttävä 13 [形]
きまつ〔期末〕lukukauden loppu (loppu* 1 [名])
きまま〔気儘〕気儘な vallaton* 57 [形], mielivaltainen 63 [形]
きまり〔決まり〕laki* 4 [名], sääntö* 1 [名]

きまる〔決まる〕vakiintua* 1 [動]

きみ〔君〕sinä (変化表参照) [人代] ／君達 te (変化表参照) [人代]

きみ〔黄身〕(卵の) munanruskuainen 63 [名]

きみ〔気味〕気味が悪い kummallinen 63 [形], kauhea 21 [形]

きみつ〔機密〕salaisuus* 65 [名] ／機密の salainen 63 [形]

きみょう〔奇妙〕奇妙な kumma 11 [形], kummallinen 63 [形] ／奇妙に思う kummeksua 1 [動], kummastella 28 [動]

ぎむ〔義務〕pakko* 1 [名], pakollisuus* 65 [名] ／義務的 pakollinen 63 [形]

ぎむきょういく〔義務教育〕koulupakko* 1 [名]

きむずかしい〔気難しい〕äkäinen 63 [形], pikavihainen 63 [形]

きめい〔記名〕記名する allekirjoittaa* 2 [動]

ぎめい〔偽名〕valenimi 8 [名]

きめる〔決める〕päättää* 2 [動], määrätä 35 [動]

きも〔肝〕(肝臓) maksa 10 [名]

きもち〔気持〕mieli 32 [名], tunne* 78 [名] ／気持ちよい mukava 13 [形], mieluinen 63 [形]

きもの〔着物〕vaatetus 64 [名]

ぎもん〔疑問〕kysymys 64 [名] ／疑問符 kysymysmerkki* 4 [名] ／疑問に思う epäillä 29 [動]

きゃく〔客〕vieras 66 [名], (店の) asiakas* 66 [名]

きやく〔規約〕sääntö* 1 [名], ohje 78 [名]

ぎゃく〔逆〕逆の päinvastainen 63 [形] ／逆に päinvastoin [副]

きゃくしつ〔客室〕vierashuone 78 [名]

きゃくしゃ〔客車〕〈鉄〉vaunu 1 [名], henkilövaunu 1 [名]

ぎゃくじょう〔逆上〕kuohunta* 13 [名] ／逆上する kuohua 1 [動]

きゃくしょく〔脚色〕dramatisointi* 4 [名] ／脚色する dramatisoida 18 [動]

ぎゃくせつ〔逆説〕paradoksi 4 [名] ／逆説的 paradoksaalinen 63 [形]

ぎゃくたい〔虐待〕pahoinpitely 2 [名]／虐待する pahoinpidellä* 28 [動], kiusata 35 [動]

ぎゃくてん〔逆転〕mullistaminen 63 [名]／逆転する mullistaa 2 [動]

ぎゃくふう〔逆風〕vastatuuli 32 [名]

きゃくほん〔脚本〕käsikirjoitus 64 [名], elokuvakäsikirjoitus 64 [名]

きゃくま〔客間〕vierashuone 78 [名], salonki* 6 [名]

きゃしゃ〔華奢〕華奢な hoikka* 11 [名]

きゃっか〔却下〕却下する（訴訟を）hylätä syyte (hylätä* 40 [動], syyte* 78 [名])

きゃっかん〔客観〕客観的 objektiivinen 63 [形], puolueeton* 57 [形]

ぎゃっきょう〔逆境〕vastoinkäyminen 63 [名]

きゃっこう〔脚光〕parrasvalo 1 [名], ramppivalo 1 [名]

ぎゃっこう〔逆行〕逆行させる peruuttaa* 2 [動]

キャッチフレーズ iskusana 10 [名], iskulause 78 [名]

ギャップ kuilu 1 [名], ero 1 [名]

キャプテン kapteeni 6 [名], esimies 72 [名], johtaja 16 [名]

キャブレター kaasutin* 56 [名]

キャベツ kupukaali 4 [名], kaali 4 [名]

キャラメル（飴）makeinen 63 [名]

ギャラリー taidekokoelma 13 [名], taidegalleria 15 [名]

キャンセル peruutus 64 [名]／キャンセルする peruuttaa* 2 [動], 〈常〉perua 1 [動]

キャンデー makeinen 63 [名]

キャンパス yliopiston alue (alue 78 [名])

キャンピングカー matkailuauto 1 [名]

キャンプ leiri 4 [名]／キャンプ場 leirintäalue 78 [名]

ギャンブル uhkapeli 4 [名]

キャンペーン kampanja 15 [名]

きゅう〔九〕yhdeksän 16 [基数]／九番目 yhdeksäs* 75 [序数]

きゅう〔急〕急な kiireellinen 63 [形], lyhytaikainen 63 [形] ／急に äkkiä [副], yhtäkkiä [副]

きゅう〔級〕（階級）luokka* 11 [名]

きゅう〔球〕pallo 1 [名], 〈数〉pallo 1 [名]

きゅういん〔吸引〕imu 1 [名]

きゅうえん〔救援〕avustus 64 [名], apu* 1 [名]

きゅうか〔休暇〕loma 11 [名]

きゅうかく〔嗅覚〕（においの感覚）hajuaisti 4 [名]

きゅうぎ〔球技〕pallopeli 4 [名]

きゅうきゅう〔救急〕hätä* 11 [名], hätätila 10 [名] ／救急車 ambulanssi 4 [名]

きゅうくつ〔窮屈〕窮屈な ahdas* 66 [形], kireä 21 [形]

きゅうけい〔休憩〕tauko* 1 [名] ／休憩する tauota* 38 [動]

きゅうげき〔急激〕急激な äkillinen 63 [形] ／急激に äkkiä [副], yhtäkkiä [副]

きゅうこう〔急行〕急行列車 pikajuna 11 [名]

きゅうこうばい〔急勾配〕急勾配の äkkijyrkkä* 11 [形]

きゅうこん〔求婚〕求婚者 kosija 14 [名] ／求婚する kosia 17 [動]

きゅうこん〔球根〕mukula 14 [名], sipuli 5 [名]

きゅうし〔休止〕pysähdys 64 [名], seisaus 64 [名]

きゅうし〔急死〕äkkikuolema 13 [名]

きゅうじ〔給仕〕給仕する tarjoilla 29 [動]

きゅうしき〔旧式〕旧式の vanhanaikainen 63 [形]

きゅうじつ〔休日〕vapaapäivä 11 [名], lomapäivä 11 [名]

きゅうしゅう〔吸収〕吸収する imeä itseensä, absorboida 18 [動]（imeä 13 [動]）

きゅうしゅつ〔救出〕pelastus 64 [名] ／救出する pelastaa 2 [動]

きゅうしょ〔急所〕（要点）ydin* 56 [名], ydinkohta* 11 [名]

きゅうじょ〔救助〕pelastus 64 [名] ／救助する pelastaa 2 [動]

きゅうじょう〔休場〕poissaolo 1 [名] ／休場する pysyä

poissa (pysyä 1 [動])

きゅうじょう〔球状〕球状の pallomainen 63 [形]

きゅうじょう〔球場〕stadion 7 [名]

きゅうしょく〔求職〕työpaikanhaku* 1 [名]

きゅうしょく〔給食〕kouluateria 15 [名]

きゅうしん〔急進〕急進的 mullistava 13 [形], radikaali 4 [形]

きゅうせい〔旧姓〕omaa sukua (o.s. と省略), tyttönimi 8 [名]

きゅうせい〔急性〕急性の〈医〉akuutti* 6 [形], akuuttinen 63 [形]

きゅうせいしゅ〔救世主〕〈宗〉pelastaja 16 [名]

きゅうせん〔休戦〕välirauha 10 [名], 〈軍〉aselepo* 1 [名]

きゅうぞう〔急増〕nopea lisäys／急増する lisääntyä nopeasti (nopea 21 [形], lisäys 64 [名], lisääntyä* 1 [動])

きゅうそく〔休息〕lepo* 1 [名]／休息する levätä* 40 [動]

きゅうそく〔急速〕急速な nopea 21 [形], pika-／急速に nopeasti [副]

きゅうたい〔球体〕pallo 1 [名]／球体の pallomainen 63 [形]

きゅうてい〔宮廷〕hovi 4 [名]

きゅうでん〔宮殿〕palatsi 6 [名]

ぎゅうにく〔牛肉〕naudanliha 10 [名]

ぎゅうにゅう〔牛乳〕maito* 1 [名]

きゅうば〔急場〕(危機) pula 11 [名], ahdinkotila 11 [名]

きゅうびょう〔急病〕äkillinen taudinpuuska (äkillinen 63 [形], taudinpuuska 11 [名])

きゅうへん〔急変〕murros 64 [名]

きゅうぼう〔窮乏〕窮乏する kurjistua 1 [動]

きゅうめい〔救命〕救命胴衣 pelastusliivi 4 [名]

きゅうゆ〔給油〕給油所 bensiiniasema 13 [名]／給油する〈話〉tankata* 35 [動]

きゅうゆう〔旧友〕vanha ystävä (vanha 10 [形], ystävä 13 [名])

きゅうゆう〔級友〕luokkatoveri 5〔名〕
きゅうよ〔給与〕palkka* 10〔名〕
きゅうよう〔休養〕lepo* 1〔名〕／休養する levätä* 40〔動〕
きゅうよう〔急用〕kiire 78〔名〕
きゅうり〔胡瓜〕〈植〉kurkku* 1〔名〕
きゅうりゅう〔急流〕koski 8〔名〕
きゅうりょう〔丘陵〕mäki* 8〔名〕, kohoama 13〔名〕
きゅうりょう〔給料〕palkka* 10〔名〕, työpalkka* 10〔名〕
きよ〔寄与〕寄与する avustaa 2〔動〕, antaa avustukseksi (antaa* 9〔動〕)
きよい〔清い〕puhdas* 66〔形〕
きょう〔今日〕tänään〔副〕／今日の tämänpäiväinen 63〔形〕
きよう〔起用〕起用する nimittää* 2〔動〕, määrätä 35〔動〕
きよう〔器用〕器用な taitava 13〔形〕, kätevä 13〔形〕
ぎょう〔行〕(本などの) rivi 4〔名〕, (詩の) säe* 78〔名〕
きょうい〔脅威〕uhka(*) 11〔名〕
きょうい〔驚異〕驚異的 ihmeellinen 63〔形〕
きょういく〔教育〕koulutus 64〔名〕, kasvatus 64〔名〕／教育する kouluttaa* 2〔動〕, kasvattaa* 2〔動〕
きょういん〔教員〕opettaja 16〔名〕, (女性の) opettajatar* 54〔名〕
きょうえい〔競泳〕kilpauinti* 4〔名〕
きょうか〔強化〕vahvistus 64〔名〕／強化する vahvistaa 2〔動〕
きょうか〔教科〕kouluaine 78〔名〕, oppiaine 78〔名〕／教科書 oppikirja 10〔名〕
きょうかい〔協会〕seura 10〔名〕, yhdistys 64〔名〕
きょうかい〔教会〕kirkko* 1〔名〕
きょうかい〔境界〕raja 10〔名〕, rajoitus 64〔名〕／境界線 raja 10〔名〕
きょうがく〔共学〕共学学校 yhteiskoulu 1〔名〕
きょうかん〔共感〕myötätunto* 1〔名〕, osanotto* 1

きょうき 〔名〕／共感する tuntea myötätuntoa, ottaa osaa (tuntea* 14 〔動〕, ottaa* 2 〔動〕

きょうき〔狂気〕狂気じみた mieletön* 57 〔形〕, hullu 1 〔形〕

きょうき〔狂喜〕狂喜して haltioissaan 〔副〕

きょうぎ〔協議〕neuvottelu 2 〔名〕／協議会 neuvosto 2 〔名〕

きょうぎ〔狭義〕狭義では ahtaammassa merkityksessä

きょうぎ〔競技〕kisa 10 〔名〕, ottelu 2 〔名〕, taistelu 2 〔名〕／競技場 areena 14 〔名〕, stadion 7 〔名〕

ぎょうぎ〔行儀〕行儀が悪い〈幼〉tuhma 11 〔形〕

きょうきゃく〔橋脚〕〈建〉arkku* 1 〔名〕

きょうきゅう〔供給〕saanti* 4 〔名〕

きょうぐう〔境遇〕(複数形で) olot 1 〔名〕, olosuhteet* 78 〔名〕

きょうくん〔教訓〕教訓的 opettava 13 〔形〕, opettavainen 63 〔形〕

ぎょうけつ〔凝結〕(血液などの) hyytyminen 63 〔名〕

きょうけんびょう〔狂犬病〕〈動医〉raivotauti* 4 〔名〕, vesikauhu 1 〔名〕

きょうこ〔強固〕vakavuus* 65 〔名〕／強固な vankka* 10 〔形〕／強固にする lujentaa* 8 〔動〕, lujittaa* 2 〔動〕

ぎょうこ〔凝固〕jähmetys 64 〔名〕／凝固する jähmettyä* 1 〔動〕, saostua 1 〔動〕

きょうこう〔恐慌〕rahapula 11 〔名〕, pakokauhu 1 〔名〕

きょうこう〔強行〕強行の pakollinen 63 〔形〕

きょうこう〔強硬〕強硬な vahva 10 〔形〕, voimakas* 66 〔形〕

きょうこく〔峡谷〕rotko 1 〔名〕, kuilu 〔名〕

きょうこく〔強国〕suurvalta* 10 〔名〕

きょうざい〔教材〕aine 78 〔名〕

きょうさく〔凶作〕kato* 1 〔名〕

きょうさんしゅぎ〔共産主義〕kommunismi 4 〔名〕／共産主義者 kommunisti 4 〔名〕

きょうし〔教師〕opettaja 16 〔名〕, (女性の) opetta-

きょうちょう

jatar* 54 [名]
ぎょうじ〔行事〕tapahtuma 13 [名]
きょうしつ〔教室〕luentosali 4 [名], luokkahuone 78 [名]
ぎょうしゃ〔業者〕kauppias 66 [名]
ぎょうじゃ〔行者〕erakko* 2 [名]
きょうじゅ〔享受〕享受する（出格と共に）nauttia* 17 [動]
きょうじゅ〔教授〕professori 5 [名]
きょうしゅく〔恐縮〕恐縮する（感謝する）kiittää* 2 [動]
きょうじゅつ〔供述〕〈法〉väite* 78 [名]
ぎょうしょう〔行商〕kulkukauppa* 10 [名] ／行商人 kaupustelija 14 [名]
きょうしん〔狂信〕狂信者 intoilija 14 [名]
きょうじん〔狂人〕hullu 1 [名]
きょうせい〔強制〕pakko* 1 [名], pakollisuus* 65 [名] ／強制的 väkivaltainen 63 [形], pakollinen 63 [形] ／強制する pakottaa* 2 [動]
きょうせい〔矯正〕矯正する kohdentaa* 8 [動]
ぎょうせい〔行政〕hallitus 64 [名] ／行政の hallinnollinen 63 [形]
ぎょうせき〔業績〕saavutus 64 [名]
きょうそう〔競争〕kilpa* 10 [名], kilpailu 2 [名] ／競争して kilpaa [副]
きょうそう〔競走〕kilpajuoksu 1 [名] ／競走する juosta kilpaa (juosta 32 [動])
きょうそうきょく〔協奏曲〕konsertto* 2 [名]
きょうそん〔共存〕rinnakkaiselo 1 [名] ／共存する elää rinnakkain (elää 2 [動])
きょうだい〔兄弟〕veli 8 [名], veljes 64 [名]
きょうだい〔強大〕強大な mahdikas* 66 [形], suuri 39 [形], iso 1 [形]
きょうだい〔鏡台〕peilipöytä* 11 [名]
きょうたく〔供託〕供託者 tallettaja 16 [名]
きょうたん〔驚嘆〕kummastus 64 [名]
きょうだん〔教壇〕koroke* 78 [名]
きょうちょう〔協調〕yhteistyö 30 [名], sopusointu*

1 [名]
きょうちょう〔強調〕korostus 64 [名], pontevuus* 65 [名] ／強調する korostaa 2 [動], korottaa* 2 [動] ／強調して pontevasti [副]
きょうつう〔共通〕共通の yhteinen 63 [形], solidaarinen 63 [形]
きょうてい〔協定〕sopimus 64 [名]
きょうてき〔強敵〕voimakas vihollinen (voimakas* 66 [形], vihollinen 63 [名])
ぎょうてん〔仰天〕仰天する typertyä* 1 [動]
きょうど〔郷土〕kotiseutu* 1 [名], kotipaikka* 10 [名]
きょうどう〔共同〕共同の yhteinen 63 [形], yhteiskunnallinen 63 [形] ／共同で yhteisesti [副], joukolla [副]
きょうどう〔協同〕協同組合 osuustoiminta* 15 [名] ／協同組合組織 osuuskunta* 11 [名]
ぎょうにゅう〔凝乳〕〈料〉viili 4 [名], piimä 11 [名]
きょうねん〔凶年〕katovuosi* 40 [名], nälkävuosi* 40 [名]
きょうばい〔競売〕huutokauppa* 10 [名]
きょうはく〔脅迫〕uhka(*) 11 [名], uhkaus 64 [名] ／脅迫する uhata* 35 [動]
きょうはん〔共犯〕共犯者 rikoskumppani 5 [名]
きょうふ〔恐怖〕pelko* 1 [名], kauhu 1 [名]
きょうぶ〔胸部〕rinta* 10 [名]
きょうふう〔強風〕myrsky 1 [名] ／強風が吹く myrskytä 39 [動]
きょうぼう〔凶暴〕凶暴な raju 1 [形], hurja 11 [形]
きょうぼう〔共謀〕salahanke* 78 [名]
きょうみ〔興味〕mielenkiinto* 1 [名], harrastus 64 [名] ／興味深い mielenkiintoinen 63 [形], jännittävä 13 [形] ／～に興味を示す osoittaa mielenkiintoa＋入格, (入格と共に) innostua 1 [動] ／～に興味がある olla kiinnostunut＋出格 (osoittaa* 2 [動], olla 25 [動], kiinnostunut 77 [形])
ぎょうむ〔業務〕tehtävä 13 [名]
きょうめい〔共鳴〕vastakaiku* 1 [名]

きょうゆう〔共有〕共有の yhteinen 63〔形〕
きょうよう〔強要〕強要する pakottaa* 2〔動〕
きょうよう〔教養〕教養のある sivistynyt 77〔形〕
きょうらく〔享楽〕nautinto* 2〔名〕
きょうらん〔狂乱〕myllerrys 64〔名〕
きょうり〔郷里〕kotiseutu* 1〔名〕, kotipaikka* 10〔名〕
きょうりゅう〔恐竜〕dinosaurus 64〔名〕, jättiläislisko 1〔名〕
きょうりょう〔狭量〕狭量な pikkumainen 63〔形〕
きょうりょく〔協力〕yhteistoiminta* 15〔名〕, yhteistyö 30〔名〕／協力して yhteisesti〔副〕, yhteisvoimin〔副〕
きょうりょく〔強力〕tehokkuus* 65〔名〕／強力な voimakas* 66〔形〕, mahtava 13〔形〕
きょうれつ〔強烈〕intensiteetti*4〔名〕／強烈な huikea 21〔形〕, voimaperäinen 63〔形〕／強烈に huikeasti〔副〕
ぎょうれつ〔行列〕saatto* 1〔名〕, kulkue 78〔名〕
きょうわこく〔共和国〕tasavalta* 10〔名〕
きょえい〔虚栄〕虚栄心 turhamaisuus* 65〔名〕／虚栄心の強い turhamainen 63〔形〕
きょか〔許可〕lupa* 11〔名〕, luvananto* 1〔名〕／許可する sallia 17〔動〕
きょぎ〔虚偽〕valhe 78〔名〕／虚偽の valheellinen 63〔形〕
ぎょぎょう〔漁業〕kalastus 64〔名〕, kalanpyynti* 4〔名〕
きょく〔曲〕〈楽〉sävel 54〔名〕
きょく〔局〕(官庁の) toimisto 2〔名〕, (行政の) osasto 2〔名〕
きょくげい〔曲芸〕akrobatia 15〔名〕／曲芸師 akrobaatti* 4〔名〕
きょくげん〔極限〕raja 10〔名〕
きょくせん〔曲線〕kaari 32〔名〕, kaariviiva 10〔名〕
きょくたん〔極端〕äärimmäisyys* 65〔名〕／極端な äärimmäinen 63〔形〕
きょくち〔極地〕napamaa 28〔名〕

きょくど〔極度〕äärimmäisyys* 65 [名] ／極度の äärimmäinen 63 [形]
きょくめん〔局面〕vaihe 78 [名]
きょくよう〔極洋〕jäämeri 32 [名]
きょこう〔挙行〕挙行する（式などを）pitää* 2 [動]
ぎょこう〔漁港〕kalastussatama 13 [名]
きょしつ〔居室〕olohuone 78 [名], asuinhuone 78 [名]
ぎょしゃ〔御者〕ajuri 5 [名], ajaja 16 [名]
きょじゃく〔虚弱〕虚弱な heikko* 1 [形], hento* 1 [形]
きょじゅう〔居住〕asutus 64 [名], oleskelu 2 [名] ／居住者 asukas* 66 [名], olija 14 [名] ／居住地 asuinalue [名], asuma-alue 78 [名] ／居住する asua 1 [動], asustaa 2 [動]
きょしょ〔居所〕asuinpaikka* 10 [名], asunto* 2 [名]
きょしょう〔巨匠〕mestari 5 [名], taitaja 16 [名]
きょしょくしょう〔拒食症〕anoreksia 15 [名]
きょじん〔巨人〕jättiläinen 63 [名]
きょせい〔去勢〕去勢する kuohita 31 [動]
きょぜつ〔拒絶〕kieltäytyminen 63 [名], kielto* 1 [名] ／拒絶する kieltää* 5 [動]
ぎょせん〔漁船〕kalastusvene 78 [名], kalastusalus 64 [名]
ぎょそん〔漁村〕kalastajakylä 11 [名]
きょだい〔巨大〕巨大な jättimäinen 63 [形], kookas* 66 [形]
ぎょっと　ぎょっとする säikähtyä* 1 [動], säikähtää* 2 [動]
きょねん〔去年〕viime vuosi, (副詞的に) viime vuonna (vuosi* 40 [名])
きょひ〔拒否〕拒否する kieltää* 5 [動], torjua 1 [動]
ぎょふ〔漁夫〕kalamies 72 [名], kalastaja 16 [名]
きよめる〔清める〕puhdistaa 2 [動]
きょよう〔許容〕許容する suoda 21 [動]
きよらか〔清らか〕清らかな kirkas* 66 [形], puhdas* 66 [形]
ぎょらん〔魚卵〕〈魚〉mäti* 4 [名]

きょり〔距離〕etäisyys* 65 [名], välimatka 10 [名]
ぎょるい〔魚類〕kalakanta* 10 [名], kalasto 2 [名]
きょろきょろ きょろきょろと levottomasti [副], rauhattomasti [副]
きらい〔嫌い〕嫌いな inhottava 13 [形]
きらう〔嫌う〕vihata 35 [動]
きらきら きらきらと kirkkaasti [副], (眩しく) häikäisevästi [副] ／きらきら光る kipinöidä 30 [動], kimaltaa* 5 [動]
ぎらぎら ぎらぎらと (目が眩むように) häikäisevästi [副]
きらく〔気楽〕気楽な kodikas* 66 [形] ／気楽である viihtyä* 1 [動]
きらびやか きらびやかな hienosteleva 13 [形]
きらめく〔煌く〕välkkyä* 1 [動], tuikkia* 17 [動]
きり〔切り〕(終わり, 限度) loppu* 1 [名], ääri 32 [名]
きり〔錐〕(穴をあける道具) kaira 10 [名], pora 11 [名] ／錐で穴をあける porata 35 [動]
きり〔霧〕sumu 1 [名], usva 11 [名]
ぎり〔義理〕義理の父 appi* 8 [名] ／義理の母 anoppi* 6 [名]
きりあげる〔切り上げる〕(やめる) lopettaa* 2 [動], lakata* 35 [動]
きりおとし〔切り落とし〕karsinta* 15 [名]
きりおとす〔切り落とす〕karsia 17 [動], listiä 17 [動]
きりかぶ〔切り株〕kanto* 1 [名]
ぎりぎり ぎりぎりの (時間について) täpärä 12 [形]
きりぎりす 〈虫〉heinäsirkka* 10 [名]
きりさめ〔霧雨〕tihkusade* 78 [名] ／霧雨が降る tihkua 1 [動]
ギリシアせいきょう〔ギリシア正教〕ortodoksia 15 [名]
きりすてる〔切り捨てる〕(端数を) pyöristää 2 [動]
キリスト Kristus 64 [名] ／キリスト教 kristikunta* 11 [名]
きりたおす〔切り倒す〕hakata* 35 [動]
きりたつ〔切り立つ〕切り立った äkkijyrkkä* 11 [形]
きりつ〔規律〕kuri 4 [名] ／規律正しい kurinpidollinen 63 [形]

きりつ〔起立〕起立して seisoallaan [副], seisoaltaan [副]
きりつめる〔切り詰める〕typistää 2 [動]
きりどおし〔切り通し〕sola 11 [名]
きりぬき〔切り抜き〕(新聞の) lehtileike* 78 [名], leike* 78 [名]
きりぬく〔切り抜く〕leikata* 35 [動], katkaista 24 [動]
きりぬける〔切り抜ける〕(出格と共に) selviytyä* 44 [動], (出格と共に) suoriutua* 44 [動]
きりばな〔切り花〕leikkokukka* 11 [名]
きりはなす〔切り離す〕ratkoa 1 [動]
きりひらく〔切り開く〕(道などを) raivata 35 [動]
きりふだ〔切り札〕valtti* 4 [名]
きりょく〔気力〕tarmo 1 [名], tarmokkuus* 65 [名] ／気力のある vauhdikas* 66 [形]
きりん〔麒麟〕〈動〉kirahvi 6 [名]
きる〔切る〕hakata* 35 [動], leikata* 35 [動]
きる〔着る〕pukeutua* 44 [動], pukea* 13 [動], (所格と共に) olla päällä, pukea päälleen, pukea ylleen, vetää päälleen, pitää* 2 [動], panna 27 [動], (所格と共に) olla 25 [動] ／着たままで pukimissa (vetää* 2 [動])
ギルド〈史〉kilta* 10 [名], ammattikunta* 11 [名]
きれ〔切れ〕(断片) pala 10 [名], palanen 63 [名], kappale 78 [名]
きれあじ〔切れ味〕切れ味がよい terävä 13 [形]
きれい〔奇麗〕奇麗な (清潔な) puhdas* 66 [形], siisti 4 [形] ／奇麗にする (清潔にする) puhdistaa 2 [動], siistiä 17 [動] ／奇麗になる (美しくなる) somistua 1 [動], kaunistua 1 [動]
きれぎれ〔切れ切れ〕切れ切れに hajallaan [副], hajalleen [副]
きれつ〔亀裂〕rako* 1 [名], railo 1 [名]
きれはし〔切れ端〕pätkä 1 [名], tilkku* 1 [名]
きれる〔切れる〕(頭がよい) teräväpäinen 63 [形]
きろ〔岐路〕tienhaara 10 [名]
きろ〔帰路〕kotimatka 10 [名]

きろく〔記録〕muistiinpano 1 [名], muistiinmerkintä* 15 [名], 〈ス〉ennätys 64 [名]／記録する panna paperille (panna 27 [動])
キログラム kilo 1 [名], kilogramma 10 [名]
ギロチン giljotiini 4 [名], teloitin* 56 [名]
キロメートル kilometri 4 [名]
ぎろん〔議論〕väittely 2 [名], kinastelu 2 [名]／議論する väitellä* 28 [動]
ぎわく〔疑惑〕疑惑を起こさせる arveluttaa* 2 [動]
きわだつ〔際立つ〕piirtyä*1 [動]／際立った silmiinpistävä 13 [形]
きわめて〔極めて〕äärimmäisen, erittäin [副]
きん〔金〕kulta* 11 [名]／金の kultainen 63 [形]
ぎん〔銀〕hopea 21 [名]／銀の hopeinen 63 [形]
きんいつ〔均一〕均一化 tasoitus 64 [名]
きんいろ〔金色〕kulta* 11 [名]／金色の kultainen 63 [形]
ぎんいろ〔銀色〕hopea 21 [名]／銀色の hopeinen 63 [形]
きんえん〔禁煙〕tupakanpoltto kielletty (tupakanpoltto* 1 [名], kielletty* 2 [形])
きんか〔金貨〕kultakolikko* 2 [名]
ぎんか〔銀貨〕hopeakolikko* 2 [名]
ぎんが〔銀河〕〈天〉linnunrata* 10 [名]
きんがく〔金額〕rahasumma 11 [名]
ぎんがみ〔銀紙〕tinapaperi 5 [名]
きんかん〔金冠〕kultakruunu 1 [名]
きんかん〔金管〕金管楽器〈楽〉vaskisoitin* 56 [名]
きんがん〔近眼〕likinäköisyys* 65 [名]
ぎんき〔銀器〕hopea 21 [名], hopea-astia 14 [名]
きんきゅう〔緊急〕緊急事態 hätätila 10 [名], hätätilanne* 78 [名]／緊急電話 hätäpuhelin 56 [名]
きんぎょ〔金魚〕〈魚〉kultakala 10 [名]
きんきょり〔近距離〕kivenheiton matka (matka 10 [名])
きんげん〔金言〕mietelause 78 [名], lauselma 13 [名]
きんげん〔謹厳〕謹厳な vakava 13 [形], totinen 63

きんこ〔金庫〕raha-arkku* 1〔名〕, kassakaappi* 4〔名〕
きんこ〔禁固〕vankeus* 65〔名〕
きんこう〔近郊〕esikaupunki* 5〔名〕, lähiö 3〔名〕
ぎんこう〔銀行〕pankki* 4〔名〕／銀行カード pankkikortti* 4〔名〕
きんこんしき〔金婚式〕kultahäät 28〔複名〕
ぎんこんしき〔銀婚式〕hopeahäät 28〔複名〕
きんし〔近視〕likinäköisyys* 65〔名〕
きんし〔禁止〕kielto* 1〔名〕／禁止する kieltää* 5〔動〕
きんじ〔近似〕läheisyys* 65〔名〕
きんじつ〔近日〕lähipäivä 11〔名〕／近日中に lähipäivinä
きんしゅ〔禁酒〕raittius* 65〔名〕
きんじょ〔近所〕läheisyys* 65〔名〕／近所の人 naapuri 5〔名〕
きんしょう〔僅少〕(少し) lievyys* 65〔名〕
ぎんしょっき〔銀食器〕hopea 21〔名〕, hopea-astia 14〔名〕
きんじる〔禁じる〕(出格と共に) kieltää* 5〔動〕
きんせい〔均整〕tasasuhtaisuus* 65〔名〕／均整のとれた sopusuhtainen 63〔形〕
きんせい〔金星〕Venus 64〔名〕
きんせい〔禁制〕kielto* 1〔名〕
きんせん〔金銭〕raha 10〔名〕
きんぞく〔金属〕metalli 6〔名〕
きんだい〔近代〕近代的 nykyaikainen 63〔形〕, uudenaikainen 63〔形〕
きんちょう〔緊張〕jännitys 64〔名〕, kiristys 64〔名〕／緊張する jännittyä* 1〔動〕
きんとう〔均等〕tasa-arvo 1〔名〕／均等な tasa 10〔形〕, tasa-arvoinen 63〔形〕
きんにく〔筋肉〕lihas 64〔名〕
きんねん〔近年〕近年の viimeaikainen 63〔形〕／近年まで viime vuosiin saakka
きんぱく〔緊迫〕緊迫した jännitetty* 2〔形〕

きんぱつ〔金髪〕vaalea tukka／金髪の vaaleatukkainen 63 [形] (vaalea 21 [形], tukka* 11 [名])
きんべん〔勤勉〕ahkeruus* 65 [名]／勤勉な ahkera 12 [形], uuttera 12 [形]
きんぺん〔近辺〕lähistö 2 [名]
きんぽうげ〔金鳳花〕〈植〉keltavuokko* 1 [名]
ぎんみ〔吟味〕吟味する tarkastaa 2 [動], tarkistaa 2 [動]
きんみつ〔緊密〕緊密な läheinen 63 [形], likeinen 63 [形]
きんむ〔勤務〕勤務中の virkaatekevä 13 [形]／勤務時間 virka-aika* 10 [名]
きんめっき〔金鍍金〕kultaus 64 [名]／金鍍金する kullata* 35 [動]
きんゆう〔金融〕金融機関 rahalaitos 64 [名]／金融の rahallinen 63 [形]
きんようび〔金曜日〕perjantai 27 [名]
きんりょう〔禁漁〕禁漁期 rauhoitusaika* 10 [名]
きんろう〔勤労〕työ 30 [名]／勤労者 työläinen 63 [名], työmies 72 [名]

く

く〔九〕yhdeksän 16 [基数]／九番目 yhdeksäs* 75 [序数]
く〔苦〕tuska 11 [名], kipu* 1 [名]
ぐあい〔具合〕具合がよい sovelias 66 [形]／具合よく soveliaasti [副]
くい〔杭〕(地面に打ち込む棒) paalu 1 [名]／杭を打つ〈建〉juntata* 35 [動]
くいあらため〔悔い改め〕parannus 64 [名]
くいあらためる〔悔い改める〕parantua* 1 [動]
くいき〔区域〕alue 78 [名], ala 10 [名]
クイズ tietokilpailu 2 [名]

くいちがい 〔食い違い〕 erimielisyys* 65 [名]
くいちがう 〔食い違う〕 olla toista mieltä (olla 25 [動])
くいちぎる 〔食い千切る〕 haukata* 35 [動]
くいつく 〔食い付く〕 purra 26 [動]
くいとめる 〔食い止める〕 pysähdyttää* 2 [動], keskeyttää* 2 [動]
くうかん 〔空間〕 aukko* 1 [名]
くうき 〔空気〕 ilma 10 [名], (雰囲気) tunnelma 13 [名]
くうきょ 〔空虚〕 turhuus* 65 [名] ／空虚な turha 11 [形]
ぐうぐう (おなかが鳴る) kurista 41 [動], murista 41 [動]
くうぐん 〔空軍〕〈軍〉ilmavoimat 11 [複名],〈軍〉lentojoukot* 1 [複名]
くうこう 〔空港〕 lentokenttä* 11 [名], lentoasema 13 [名]
くうしゅう 〔空襲〕 ilmahyökkäys 64 [名]
ぐうすう 〔偶数〕 parillinen luku ／偶数の parillinen 63 [形]
グーズベリー karviaismarja 10 [名]
ぐうぜん 〔偶然〕 sattuma 16 [名]／偶然に sattumalta, vahingossa
くうそう 〔空想〕 haave 78 [名], haihattelu 2 [名] ／空想する haaveilla 28 [動], haihatella* 28 [動]
ぐうぞう 〔偶像〕 偶像礼拝 pakanuus* 65 [名]
くうちゅう 〔空中〕 空中に ilmassa
くうちょう 〔空調〕 空調設備 ilmastointilaite* 78 [名]
クーデター vallankaappaus 64 [名]
くうどう 〔空洞〕 ontelo 2 [名], tyhjyys* 65 [名]
ぐうはつ 〔偶発〕 yhteensattuma 16 [名]
くうふく 〔空腹〕 nälkä* 11 [名]
クーペ (自動車) coupé [kupee] 26 [名]
クーポン kuponki* 5 [名]
くうらん 〔空欄〕 tyhjä paikka (tyhjä 11 [形], paikka* 10 [名])
くうろ 〔空路〕 空路で lentokoneella
くうろん 〔空論〕 epäkäytännöllinen teoria (epä-

ぐうわ〔寓話〕寓話的 allegorinen 63〔形〕
くがつ〔九月〕syyskuu 29〔名〕
くき〔茎〕runko* 1〔名〕, varsi* 42〔名〕
くぎ〔釘〕naula 10〔名〕／釘で打ちつける naulata 35〔動〕
くきょう〔苦境〕pula 11〔名〕, ahdinko* 2〔名〕／苦境に陥る joutua pulaan
くぎり〔区切り〕pysähdys 64〔名〕
くぎる〔区切る〕jakaa* 9〔動〕
くぐる〔潜る〕（下を通る）kulkea＋属格＋alla（kulkea* 13〔動〕）
くけい〔矩形〕（長方形）〈数〉suorakaide* 78〔名〕, rektangeli 5〔名〕
くさ〔草〕ruoho 1〔名〕, vihanta* 12〔名〕
くさかり〔草刈り〕niitto* 1〔名〕
くさき〔草木〕kasvillisuus* 65〔名〕
くさち〔草地〕nurmikko* 2〔名〕
くさばな〔草花〕kukka* 11〔名〕
くさはら〔草原〕nurmi 8〔名〕, ruohokenttä* 11〔名〕
くさび〔楔〕kiila 10〔名〕
くさむら〔草むら〕heinikko* 2〔名〕
くさり〔鎖〕ketju 1〔名〕, (通常は複数形で) vitja 10〔名〕
くさる〔腐る〕mädätä* 34〔動〕, muuttua mädäksi, (食べ物が) pahentua* 1〔動〕(muuttua* 1〔動〕)
くし〔串〕（細い棒）varras* 66〔名〕
くし〔櫛〕（髪の毛のための）kampa* 10〔名〕／櫛を入れる kammata* 35〔動〕
くじ〔籤〕（物事を決めるための）arpa* 10〔名〕／籤を引く heittää arpaa (heittää* 2〔動〕)
くじく〔挫く〕（手・足などを）venäyttää* 2〔動〕
くじける〔挫ける〕（挫折する）mennä myttyyn
くじゃく〔孔雀〕〈鳥〉（雄）riikinkukko* 1〔名〕
くしゃみ aivastus 64〔名〕／くしゃみする aivastaa 2〔動〕
くじょ〔駆除〕tuho 1〔名〕／駆除する tuhota 38〔動〕
くじょう〔苦情〕valitus 64〔名〕／苦情を言う mukista

24 [動]
くじら 〔鯨〕valas 66 [名]
くしん 〔苦心〕vaiva 10 [名] ／苦心する nähdä vaivaa (nähdä* 33 [動])
くず 〔屑〕(ごみ) roska 11 [名], rottelo 2 [名]
くすくす くすくす笑う hihittää* 2 [動]
ぐずぐず 〔愚図愚図〕愚図愚図する empiä* 17 [動], viivytellä* 28 [動]
くすぐる 〔擽る〕kutittaa* 2 [動]
くず 〔崩す〕(お金を) särkeä* 13 [動]
くずてつ 〔屑鉄〕romu 1 [名]
くすねる näpistellä 28 [動], näpistää 2 [動]
くすぶる 〔燻る〕kytaä* 13 [動], savuttaa* 2 [動]
くすり 〔薬〕lääke* 78 [名] ／薬屋 apteekki* 6 [名]
クズリ 〈動〉ahma 10 [名]
くすりゆび 〔薬指〕nimetön* 57 [名], nimetön sormi (sormi 8 [名])
くずれ 〔崩れ〕romahdus 64 [名]
くずれる 〔崩れる〕sortua* 1 [動], kaatua* 1 [動]
くせ 〔癖〕tapa* 10 [名], tottumus 64 [名]
くだ 〔管〕putki 8 [名], pilli 4 [名]
ぐたい 〔具体〕具体的に havainnollisesti [副] ／具体的にする havainnollistaa 2 [動]
くだく 〔砕く〕musertaa* 6 [動], rikkoa* 1 [動]
くたくた くたくたに疲れる olla kuolemanväsynyt (olla 25 [動], kuolemanväsynyt 77)
くだける 〔砕ける〕murtua* 1 [動], rikkoutua* 44 [動]
くたびれる 〔草臥れる〕(疲れる) väsyä 1 [動]
くだもの 〔果物〕hedelmä 13 [名]
くだらない 〔下らない〕下らない事 pikkuasia 14 [名]
くだりざか 〔下り坂〕alamäki* 8 [名], myötämäki* 8 [名]
くだる 〔下る〕laskea 13 [動] ／下って alaspäin [副]
くち 〔口〕suu 29 [名], (動物の) kita* 10 [名], turpa* 11 [名]
ぐち 〔愚痴〕valitus 64 [名], kanne* 78 [名] ／愚痴を言う valittaa* 2 [動]

くちあらそい〔口争い〕口争いする väitellä* 28 [動]
くちえ〔口絵〕kansikuva 11 [名]
くちかず〔口数〕口数が少ない vähäpuheinen 63 [形]／口数が多い monisanainen 63 [形]
くちげんか〔口喧嘩〕kina 10 [名], kinastelu 2 [名]／口喧嘩をする kinastella 28 [動]
くちごもる〔口籠る〕murahtaa* 2 [動], murista 41 [動]
くちずさむ〔口ずさむ〕hyräillä 29 [動]
くちだし〔口出し〕口出ししたがる tunkeileva [形], tunkeilevainen 63 [形]
くちづけ〔口付け〕suudelma 13 [名]／口付けする suudella* 28 [動]
くちづたえ〔口伝え〕口伝えで suullisesti [副]
くちばし nokka* 11 [名]
くちはてる〔朽ち果てる〕rappeutua* 44 [動]
くちび〔口火〕口火を切る（始める）aloittaa* 2 [動]
くちひげ〔口髭〕parta* 10 [名]
くちびる〔唇〕huuli 32 [名]／上唇 ylähuuli 32 [名]／下唇 alahuuli 32 [名]
くちぶえ〔口笛〕vihellys 64 [名]／口笛を吹く viheltää* 5 [動]
くちべに〔口紅〕huulipuna 11 [名]
くちまね〔口真似〕matkiminen 63 [名], jäljittely 2 [名]
くちもと〔口元〕suupieli 32 [名]
くちょう〔口調〕äänensävy 1 [名]
くちる〔朽ちる〕lahota 38 [動], ränsistyä 1 [動]
くつ〔靴〕kenkä* 11 [名]
くつう〔苦痛〕ahdistus 64 [名], tuska 11 [名]／苦痛の中で tuskissaan [副]
くつがえす〔覆す〕mullistaa 2 [動]
クッキー leivonnainen 63 [名], pikkuleipä* 11 [名]
くっきょく〔屈曲〕kaari 32 [名], mutka 11 [名]／屈曲する mutkitella* 28 [動]
くっきり くっきりと kirkkaasti [副], selvästi [副]
くつした〔靴下〕sukka* 11 [名]
くつじょく〔屈辱〕nöyryys* 65 [名]／屈辱を与える

nöyryyttää* 2 [動]

クッション pielus 64 [名], (ソファーの) tyyny 1 [名]

くずみ 〔靴墨〕voide* 78 [名]／靴墨を塗る voidella* 28 [動]

ぐっすり ぐっすり眠って umpiunessa [副], sikeässä unessa

くっする 〔屈する〕menehtyä* 1 [動]

くっせつ 〔屈折〕taittuminen 63 [名]／屈折する taittua* 1 [動]

ぐったり ぐったりする lamaantua* 1 [動]

くっつく (入格と共に) kiinnittyä* 1 [動], tarttua* 1 [動]

くっつける liimata 35 [動], kiinnittää* 2 [動]

くつひも 〔靴紐〕kengännauha 10 [名]

くっぷく 〔屈伏〕屈伏する taipua* 1 [動]

くつみがき 〔靴磨き〕(人) kengänkiillottaja 16 [名]

くつや 〔靴屋〕(靴作り) suutari 5 [名], (店) kenkäkauppa* 10 [名]

くつろぎ 〔寛ぎ〕rentous* 65 [名]

くつろぐ 〔寛ぐ〕rentoutua* 1 [動]

くつわ 〔轡〕kuonokoppa* 11 [名]

くどい pitkäveteinen 63 [形]

くとう 〔苦闘〕kamppailu 2 [名]／苦闘する kamppailla 29 [動]

くとうてん 〔句読点〕välimerkki* 4 [名]

くどくど くどくどと(何度も) kerran toisensa jälkeen

くなん 〔苦難〕kärsimys 64 [名], vaikeus 65 [名]

くに 〔国〕maa 28 [名], valtio 3 [名]

ぐにゃぐにゃ ぐにゃぐにゃした vetelä 12 [形]

くのう 〔苦悩〕kärsimys 64 [名], tuska 11 [名]

くばる 〔配る〕jakaa* 9 [動], (気を) (出格と共に) huolehtia* 17 [動]

くび 〔首〕kaula 10 [名], (解雇) virkaero 1 [名]

くびかざり 〔首飾り〕kaulakoru 1 [名]

くびすじ 〔首筋〕niska 10 [名]

くびわ 〔首輪〕kaulanauha 10 [名]

くふう 〔工夫〕keino 1 [名], juoni 38 [名]／工夫する keksiä 17 [動]

くぶん 〔区分〕jako* 1 [名] ／区分する jakaa* 9 [動]
くべつ 〔区別〕erotus 64 [名] ／区別する（出格と共に）erottaa* 2 [動]
くぼち 〔窪地〕syvennys 64 [名], kuoppa* 11 [名]
くぼみ 〔窪み〕uoma 11 [名], kolo 1 [名] ／窪みを作る kovertaa* 6 [動]
くぼむ 〔窪む〕kovertua* 1 [動]
くま 〔熊〕〈動〉karhu 1 [名] ／熊狩り karhunajo 1 [名]
くまげら 〈鳥〉palokärki* 8 [名]
くまで 〔熊手〕harava 12 [名]
くまなく 〔隈無く〕läpi [副]
くままつり 〔熊祭り〕peijaiset 63 [複名]
くみあい 〔組合〕(同業者の) ammattikunta* 11 [名]
くみあげる 〔汲み上げる〕ammentaa* 8 [動]
くみあわせ 〔組み合わせ〕yhdistelmä 13 [名], kombinaatio 3 [名]
くみあわせる 〔組み合わせる〕yhdistää 2 [動]
くみたて 〔組み立て〕kokoonpano 1 [名], rakenne* 78 [名]
くみたてる 〔組み立てる〕rakentaa* 42 [動]
くむ 〔汲む〕(水などを) ammentaa* 8 [動]
くむ 〔組む〕(ペアを) järjestyä pareiksi ／腕を組んで käsikoukussa (järjestyä 1 [動])
くも 〔雲〕pilvi 8 [名]
くも 〔蜘蛛〕〈虫〉hämähäkki* 4 [名] ／蜘蛛の巣 seitti* 4 [名]
くもらす 〔曇らす〕pimittää* 2 [動], himmentää* 8 [動]
くもり 〔曇り〕pilvinen sää (pilvinen 63 [形], sää 28 [名])
くもる 〔曇る〕pimetä 34 [動], (光沢がなくなる) mustua 1 [動] ／曇っている pilvinen 63 [形]
くもん 〔苦悶〕kärsimys 64 [名], tuska 11 [名]
くやみ 〔悔やみ〕(弔辞) surunvalittelu 2 [名]
くやむ 〔悔やむ〕pahoitella* 28 [動], päivitellä* 28 [動]
くよくよ くよくよする huolestua 1 [動]

くら〔倉・蔵〕kammio 3〔名〕
くら〔鞍〕(馬・牛などの背に付ける) satula 15〔名〕
くらい ~くらい(数量について, 後置詞のように使われる名詞) paikkeilla, paikkeilta, paikkeille
くらい〔位〕最高の位 huippu* 1〔名〕
くらい〔暗い〕pimeä 21〔形〕, synkkä* 11〔形〕／暗くなる pimetä 34〔動〕
グライダー liitolentokone 78〔名〕, purjelentokone 78〔名〕
クライマックス huippukohta* 11〔名〕
グラインダー tahko 1〔名〕
グラウンド kenttä* 11〔名〕, urheilukenttä* 11〔名〕
くらがり〔暗がり〕pimeys* 65〔名〕, hämärä 12〔名〕
クラクション autontorvi 8〔名〕, äänitorvi 8〔名〕／クラクションを鳴らす torvella tuutata (tuutata* 35〔動〕)
くらくら くらくらさせる huimata 35〔動〕／頭がくらくらする päätä huimaa
ぐらぐら ぐらぐらする horjua 1〔動〕, häilyä 1〔動〕
くらげ〔水母〕〈動〉maneetti* 6〔名〕
くらし〔暮らし〕elanto* 2〔名〕, toimeentulo 1〔名〕
くらしぶり〔暮らしぶり〕elintapa* 10〔名〕
くらす〔暮らす〕elää 2〔動〕
グラス lasi 4〔名〕, malja 10〔名〕
グラスウール vuorivilla 10〔名〕, mineraalivilla 10〔名〕
グラスファイバー lasivilla 10〔名〕
クラスメート luokkatoveri 5〔名〕, koulutoveri 5〔名〕
グラタン〈料〉gratiini 6〔名〕
クラッカー (ohut hauras) keksi 4〔名〕
ぐらつく huojua 1〔動〕, järistä 24〔動〕, tärähtää* 2〔動〕
クラッチ〈技〉kytkin 56〔名〕
クラブ〔団体〕kerho 1〔名〕, seura 10〔名〕
グラフ diagrammi 4〔名〕
グラフィックアート grafiikka* 15〔名〕
くらべもの〔比べ物〕比べ物がない verraton* 57〔形〕,

erinomainen 63 [形], ainutlaatuinen 63 [形], korvaamaton* 57 [形]／比べ物がないほど verrattomasti [副], vertaansa vailla
くらべる〔比べる〕verrata* 35 [動]／～と比べて 入格+verrattuna
くらます〔眩ます〕(目を) häikäistä 24 [動]
くらむ〔眩む〕(目が) häikäistyä 1 [動]
グラム (重さ) gramma 10 [名]
くらやみ〔暗闇〕暗闇の pilkkopimeä 21 [形]
クラリネット 〈楽〉klarinetti* 4 [名]
グランドピアノ 〈楽〉flyygeli 5 [名]
グランプリ grand prix [grand prii] 27 [名]
くり〔栗〕〈植〉kastanja 15 [名]
くりあげる〔繰り上げる〕siirtää* 6 [動]
クリーニング クリーニング屋 pesula 14 [名], pesulaitos 64 [名]
クリーム 生クリーム kerma 10 [名]
グリーンピース herne 78 [名]
くりかえし〔繰り返し〕kertaus 64 [名], toisto 1 [名]
くりかえす〔繰り返す〕toistaa 2 [動], kerrata* 35 [動]
くりこす〔繰り越す〕〈商〉siirtää* 6 [動]
グリス voide* 78 [名]
クリスマス joulu 1 [名]／クリスマスイブ jouluaatto* 1 [名]
クリップ 〈常〉klemmari 5 [名]
くりぬく〔くり抜く〕porata 35 [動]
グリル grilli 4 [名]
グリンピース herne 78 [名]
くる〔来る〕tulla 25 [動], olla tulossa (olla 25 [動])
くるう〔狂う〕(発狂する) tulla hulluksi (tulla 25 [動])
グループ ryhmä 11 [名], joukko* 1 [名]／グループに分ける ryhmittää* 2 [動]
ぐるぐる ぐるぐると ympäri [副]
くるしい〔苦しい〕tuskainen 63 [形], rasittava 13 [形]
くるしみ〔苦しみ〕kärsimys 64 [名], tuska 11 [名], vaiva 10 [名]

くるしむ〔苦しむ〕kärsiä 17 [動]
くるしめる〔苦しめる〕ahdistaa 2 [動], kiusata 35 [動], vaivata 35 [動]
くるひ〔来る日〕来る日も来る日も päivät päästään
くるびょう〔くる病〕riisitauti* 4 [名], riisi 4 [名]
くるぶし〔踝〕〈解〉nilkka* 10 [名], nilkkanivel 54 [名]
くるま〔車〕(自動車) auto 1 [名], (車輪) pyörä 11 [名], ratas* 66 [名]
くるまいす〔車椅子〕rullatuoli 4 [名]
くるまる kääriytyä* 1 [動]
くるみ〔胡桃〕〈植〉pähkinä 15 [名]
くるみわり〔胡桃割り〕pähkinänsärkijä 14 [名]
くるむ peitellä* 28 [動]
グルメ(美食家) herkuttelija 14 [名]
くれ〔暮れ〕(夕方) ilta* 10 [名], (年末) vuodenvaihde* 78 [名]
クレープ(食べ物) kreppi* 4 [名], (織物) kreppi* 4 [名]
グレープ グレープジュース rypälemehu 1 [名], グレープフルーツ greippi* 4 [名]
クレーム valitus 64 [名], kanne* 78 [名]
クレーン nosturi 5 [名], nostokurki* 8 [名]
クレジットカード luottokortti* 4 [名]
くれる〔呉れる〕(与える) antaa* 9 [動], (〜して呉れる) uskaltaa* 5 [動]
くれる〔暮れる〕pimentyä* 1 [動], pimetä 34 [動]
クレンザー puhdistusaine 78 [名]
くろ〔黒〕musta 11 [名], tummuus* 65 [名]
くろい〔黒い〕musta 11 [形]／黒くなる mustua 1 [動]
くろう〔苦労〕vaiva 10 [名], harmi 4 [名]／苦労する vaivautua* 44 [動]
くろうと〔玄人〕asiantuntija 14 [名]
クローズアップ クローズアップ像 lähikuva 11 [名]
クローバー〈植〉apila 14 [名], apilas 66 [名]
クロール〈ス〉krooli 4 [名], krooliuinti* 4 [名]
グログ(飲み物) grogi 4 [名]
くろじ〔黒字〕ylijäämä 11 [名], jäämä 11 [名]

クロスカントリー murtomaajuoksu 1 [名], maastojuoksu 1 [名]
くろずむ 〔黒ずむ〕黒ずんで tummasti [副]
クロスワードパズル ristisanatehtävä 13 [名], sanaristikko* 2 [名]
くろっぽい 〔黒っぽい〕tumma 11 [形], mustanpuhuva 13 [形]
グロテスク グロテスクな irvokas* 66 [形]
くろらいちょう 〔黒雷鳥〕〈鳥〉teeri 32 [名]
くわ 〔桑〕〈植〉silkkiäispuu 29 [名]
くわ 〔鍬〕(農具) kuokka* 11 [名]
くわえる 〔加える〕lisätä 35 [動] ／〜に加えて（属格と共に）lisäksi [後]
くわしい 〔詳しい〕seikkaperäinen 63 [形], yksityiskohtainen 63 [形]
くわだて 〔企て〕yritys 64 [名]
くわだてる 〔企てる〕suunnitella* 28 [動], aikoa* 1 [動]
くわわる 〔加わる〕osallistua 1 [動], asettua* 1 [動]
ぐんい 〔軍医〕haavuri [名]
くんかい 〔訓戒〕ojennus 64 [名] ／訓戒する ojentaa* 42 [動]
ぐんかん 〔軍艦〕sotalaiva [名]
ぐんき 〔軍旗〕viiri 4 [名]
ぐんぐん ぐんぐん上達する edistyä nopeasti (edistyä 1 [動])
ぐんこくしゅぎ 〔軍国主義〕militarismi 4 [名], sotilasvalta* 10 [名]
くんしゅ 〔君主〕hallitsija 14 [名], monarkki* 6 [名]
ぐんしゅう 〔群集〕väkijoukko*1[名], kansanjoukko* 1 [名]
ぐんしゅく 〔軍縮〕aseidenriisunta* 15 [名]
くんしょう 〔勲章〕kunniamerkki* 4 [名], mitali 5 [名]
ぐんじん 〔軍人〕sotilas 66 [名], sotamies 72 [名]
くんせい 〔燻製〕燻製にする savustaa 2 [動], palvata 35 [動]
ぐんぜい 〔軍勢〕sotajoukko* 1 [名]

ぐんそう〔軍曹〕〈軍〉kersantti* 6 [名]
ぐんたい〔軍隊〕sotajoukko* 1 [名]
ぐんとう〔群島〕saaristo 2 [名]
ぐんば〔軍馬〕ratsu 1 [名]
ぐんぷく〔軍服〕sotilaspuku* 1 [名], asepuku* 1 [名]
くんれん〔訓練〕harjoitus 64 [名], valmennus 64 [名]／訓練する harjoittaa* 2 [動]

け

け〔毛〕(動物の) karva 10 [名]
けい〔計〕(合計) summa 11 [名], loppusumma 11 [名]
けい〔刑〕刑を宣告する langettaa tuomio (langettaa* 2 [動], tuomio 3 [名])
げい〔芸〕taito* 1 [名], taitavuus* 65 [名]
けいい〔敬意〕arvonanto* 1 [名], kunnioitus 64 [名]
けいいぎ〔経緯儀〕tähtikiikari 5 [名], teodoliitti* 4 [名]
けいえい〔経営〕taloudenpito* 1 [名], (商店の) kaupanpito* 1 [名]／経営者 teollisuusmies* 72 [名]
けいおんがく〔軽音楽〕viihdemusiikki* 6 [名]
けいか〔経過〕prosessi 6 [名], (時間の) kulu 1 [名]／経過する (時間が) kulua 1 [動], sujua 1 [動]／～の経過と共に (属格と共に) mittaan [後]／～の経過した後に (属格と共に) perästä [後]
けいかい〔軽快〕軽快な sukkela 12 [形], reipas* 66 [形], kevyt 73 [形]
けいかい〔警戒〕(用心) varovaisuus* 65 [名]／警戒する vartioida 30 [動]
けいかく〔計画〕ohjelma 13 [名], suunnitelma 13 [名]／計画的 suunnitelmallinen 63 [形]／計画する suunnitella* 28 [動]
けいかん〔警官〕poliisi 6 [名]
けいぐ〔敬具〕(手紙の終わりに) sydämellisin terveisin

けいけん〔経験〕kokemus 64［名］／経験のある kokenut 77［形］／経験する kokea* 13［動］
けいけん〔敬虔〕(信心深さ) hurskaus* 65［名］／敬虔な hurskas 66［形］
けいげん〔軽減〕lievennys 64［名］／軽減する lieventää* 8［動］
けいこ〔稽古〕(練習) harjoitus 64［名］／稽古する harjoitella* 28［動］
けいこう〔傾向〕taipumus 64［名］, tendenssi 6［名］／〜の傾向の (属格と共に) suuntainen 63［形］
けいこく〔渓谷〕rotko 1［名］, kuilu 1［名］
けいこく〔警告〕varoitus 64［名］
けいこつ〔脛骨〕〈解〉sääriluu 29［名］
けいさい〔掲載〕ilmaisu 2［名］／掲載される ilmaantua* 1［動］
けいざい〔経済〕talous* 65［名］／経済学 taloustiede* 78［名］／経済的 taloudellinen 63［形］, edullinen 63［形］65［名］, edullisuus* 65［名］
けいさつ〔警察〕poliisi 6［名］／警察官 poliisi 6［名］
けいさん〔計算〕laskelma 13［名］, laskento* 2［名］
けいし〔軽視〕halveksinta* 15［名］／軽視する halveksia 17［動］
けいし〔警視〕komisario 3［名］
けいじ〔刑事〕刑事事件 rikosasia 14［名］
けいじ〔掲示〕掲示板 ilmoitustaulu 1［名］
けいしき〔形式〕tyyppi* 4［名］／形式的 muodollinen 63［形］
けいしゃ〔傾斜〕kaltevuus* 65［名］／傾斜した kalteva 13［形］
けいしゃ〔鶏舎〕kanala 14［名］
げいじゅつ〔芸術〕taide* 78［名］／芸術家 taiteilija 14［名］
けいしょう〔形象〕mielikuva 11［名］, kuvitelma 13［名］
けいしょう〔敬称〕kunnia-arvonimi 8［名］
けいしょう〔継承〕〈法〉perimys 64［名］／継承者 jatkaja 16［名］
けいしょう〔警鐘〕(出火の) palokello 1［名］

けいじょう 〔形状〕 kuvio 3 [名]
けいしょく 〔軽食〕 välipala 10 [名]
けいず 〔系図〕 sukuluettelo [名], sukupuu 29 [名]
けいすう 〔係数〕〈数〉 kerroin* 56 [名]
けいせい 〔形成〕 muodostus 64 [名] ／形成する muodostaa 2 [動]
けいせい 〔形勢〕 (様子) tilanne* 78 [名], olosuhde* 78 [名]
けいせき 〔形跡〕 (痕跡) jälki* 8 [名], (証拠) silminnähtävyys* 65 [名]
けいせん 〔経線〕〈地〉〈天〉 puolipäiväpiiri 4 [名]
けいぞく 〔継続〕 jatko 1 [名], kesto 1 [名] ／継続する jatkua 1 [動], kestää 2 [動]
けいそつ 〔軽率〕 huolettomuus* 65 [名], ajattelemattomuus* 65 [名] ／軽率な huoleton* 57 [形], ajattelematon* 57 [形]
けいたい 〔形態〕 muodostus 64 [名]
けいたい 〔携帯〕 携帯電話 kännykkä* 15 [名] ／携帯する kantaa* 9 [動]
けいだい 〔境内〕 (教会の) alue 78 [名]
けいちょう 〔傾聴〕 傾聴者 kuuntelija 14 [名]
けいてき 〔警笛〕 vihellyspilli 4 [名], autontorvi 8 [名]
けいと 〔毛糸〕 villa 10 [名], villalanka* 10 [名]
けいど 〔経度〕〈地〉 pituusaste 78 [名]
けいど 〔軽度〕 軽度の kevyä 21 [形]
けいとう 〔系統〕 系統的 järjestelmällinen 63 [形] ／系統立てる järjestää 2 [動]
げいとう 〔芸当〕 taitotemppu* 1 [名], temppu* 1 [名]
けいにく 〔鶏肉〕 kananliha 10 [名]
けいば 〔競馬〕 hevoskilpailu 2 [名], kilparatsastus 64 [名]
けいはく 〔軽薄〕 軽薄な kevytmielinen 63 [形], ajattelematon* 57 [形]
けいばつ 〔刑罰〕 rangaistus 64 [名]
けいひ 〔経費〕 meno 1 [名], kulu 1 [名]
けいび 〔軽微〕 lievyys* 65 [名]
けいび 〔警備〕 vartiointi* 4 [名] ／警備する vartioida 30 [動]

けいひん〔景品〕kaupanpäällinen 63 [名]
けいぶ〔警部〕komisario 3 [名]
けいべつ〔軽蔑〕halveksinta* 15 [名], halveksunta* 10 [名]／軽蔑する halveksia 17 [動], halveksua 1 [動]
けいぼ〔継母〕äitipuoli 32 [名]
けいほう〔刑法〕rikoslaki* 4 [名], rikosoikeus* 65 [名]
けいほう〔警報〕hälytys 64 [名]／警報ベル hälytyskello 1 [名]
けいむしょ〔刑務所〕vankila 14 [名], vankityrmä 11 [名]
けいもう〔啓蒙〕valistus 64 [名]／啓蒙する valistaa 2 [動]
けいやく〔契約〕〈法〉sopimus 64 [名]／契約する sopia* 17 [動]
けいゆ〔経由〕～経由で (属格と共に) kautta [後][前]
げいゆ〔鯨油〕valaanrasva 10 [名], traani 4 [名]
けいよう〔掲揚〕掲揚する (旗を) vetää* 2 [動]
けいようし〔形容詞〕〈言〉adjektiivi 4 [名]
けいらん〔鶏卵〕kananmuna 11 [名], muna 11 [名]
けいり〔経理〕taloudenhoito* 1 [名], taloudenpito* 1 [名]
けいりゃく〔計略〕juoni 38 [名]
けいりょう〔計量〕計量カップ mittakannu 1 [名]
けいりょう〔軽量〕軽量の kevyt 73 [形], köykäinen 63 [形]
けいれい〔敬礼〕敬礼する tehdä kunniaa
けいれき〔経歴〕elämänkulku* 1 [名], elämä 13 [名]
けいれん〔痙攣〕〈医〉kouristus 64 [名], 〈医〉suonenveto* 1 [名]／痙攣する vapista 41 [動]
ケーキ kakku* 1 [名], leivonnainen 63 [名]
ゲージ mittari 5 [名]
ケース (容器) kotelo 2 [名]
ケープ〈服〉viitta* 10 [名]
ケーブル〈技〉kaapeli 5 [名]／ケーブルカー vuoristojuna 11 [名]
ゲーム peli 4 [名], kisa 10 [名]／ゲームをする pe-

lata 35 [動]
けおりもの〔毛織物〕villa 10 [名], villatavara 15 [名]
けが〔怪我〕haava 10 [名]
げか〔外科〕外科医 kirurgi 6 [名]
けがす〔汚す〕liata* 35 [動], tahrata 35 [動]
けがらわしい〔汚らわしい〕saastainen 63 [形]
けがれる〔汚れる〕likaantua* 1 [動], tahraantua* 1 [動]
けがわ〔毛皮〕turkki* 4 [名], nahka(*) 10 [名], talja 10 [名]
げき〔劇〕näytelmä 13 [名], draama 10 [名]
げきじょう〔劇場〕teatteri 5 [名]
げきじょう〔激情〕kiihko 1 [名], kiihkeys* 65 [名]
げきど〔激怒〕kiihtymys 64 [名]／激怒する kiihtyä* 1 [動]
げきどう〔激動〕myrsky 1 [名]
げきりゅう〔激流〕koski 8 [名]
げきれい〔激励〕rohkaisu 2 [名]／激励する rohkaista 24 [動]
げきれつ〔激烈〕voimakkuus* 65 [名], teho 1 [名]
けげん〔怪訝〕怪訝な hämmentynyt 77 [形]
けさ〔今朝〕tänä aamuna
げざい〔下剤〕ulostuslääke* 78 [名]
けし〔罌粟〕〈植〉unikko* 2 [名], unikukka* 11 [名]
げし〔夏至〕kesäpäivänseisaus 64 [名]
けしいん〔消印〕(郵便の) postileima 10 [名]
けしき〔景色〕maisema 13 [名], näköala 10 [名]
けしゴム〔消しゴム〕kumi 4 [名]
けじめ〔区別〕erotus 64 [名], erottaminen 63 [名]
げしゃ〔下車〕下車する laskeutua* 44 [動], (出格と共に) nousta 24 [動]
げしゅく〔下宿〕下宿する majoittua* 1 [動]
けしょう〔化粧〕meikki* 4 [名], meikkaus 64 [名]／化粧する meikata* 35 [動]
けしょうばん〔化粧板〕〈建〉vaneriviilu 1 [名], viilu 1 [名]
けす〔消す〕(火・明かりなどを) sammuttaa* 2 [動]
げすい〔下水〕jätevesi* 40 [名]

ゲスト〔客〕vierailija 14 [名]
けずる〔削る〕kaapia* 17 [動], teroittaa* 2 [動]
けた〔桁〕桁違いの verraton* 57 [形]
けだかい〔気高い〕jalo 1 [形], jalomielinen 63 [形]
けたたましい（音・声など）äänekäs* 66 [形], meluisa 13 [形]
けだもの〔獣〕（動物）eläin 56 [名]
けち けちな itara 12 [形], saita* 10 [形]
ケチャップ ketsuppi* 4 [名], tomaattikastike* 78 [名]
けちんぼう〔けちん坊〕saituri 5 [名]
けつあつ〔血圧〕verenpaine 78 [名]
けつい〔決意〕päätös 64 [名]／決意する päättää* 2 [動]
けついん〔欠員〕avoin virka (avoin 56 [形], virka* 10 [名])
けつえき〔血液〕veri 32 [名]／血液型 veriryhmä 11 [名]
けつえん〔血縁〕血縁関係がある omainen 63 [形]
けっか〔結果〕tulos 64 [名], saannos 64 [名], seuraus 64 [名]／〜の結果として seurauksena＋出格
けっかく〔結核〕tuberkuloosi 4 [名]
けっかん〔欠陥〕vika* 10 [名]／欠陥のある viallinen 63 [形]
けっかん〔血管〕verisuoni 32 [名], suoni 32 [名]
げっかん〔月刊〕月刊の kuukausi-／月刊誌 kuukausilehti* 8 [名]
けつぎ〔決議〕ratkaisu 2 [名]
けっきゅう〔血球〕verisolu 1 [名]
げっきゅう〔月給〕kuukausipalkka* 10 [名]
けっきょく〔結局〕kaikesta huolimatta,（最終的に）lopuksi [副]
けっきん〔欠勤〕欠勤する poistua työstä (poistua 1 [動])
げっけい〔月経〕（複数形で）kuukautiset 63 [名]
げっけいかん〔月桂冠〕laakeriseppele 82 [名]
げっけいじゅ〔月桂樹〕laakeripuu 29 [名]
けっこう〔結構〕（よい）hyvä 11 [形],（かなり）todella

[副]

けつごう〔結合〕liittymä 13 [名], yhtymä 13 [名]／結合する liittyä* 1 [動], yhtyä* 1 [動]

げっこう〔月光〕kuutamo 2 [名]

けっこん〔結婚〕avioliitto* 1 [名]／結婚式 häät 28 [複名]／結婚する mennä naimisiin (mennä 27 [動])

けっさい〔決済〕tilinteko* 1 [名], tilitys 64 [名]

けっさく〔傑作〕mestariteos 64 [名]

けっさん〔決算〕suoritus 64 [名]

けっして〔決して〕(否定文で) koskaan [副], milloinkaan [副], mitenkään [副], lainkaan [副]

げっしゃ〔月謝〕kuukausimaksu 1 [名]

げっしゅう〔月収〕(通常は複数形で) kuukausitulo 1 [名]

けっしゅつ〔傑出〕傑出する kunnostautua* 44 [動]

けっしょう〔決勝〕〈ス〉loppukilpailu 2 [名], loppuerä 11 [名]

けっしょう〔結晶〕kide* 78 [名],〈化〉kristalli 6 [名]

けっしょく〔血色〕血色がよい verevä 13 [形]

げっしょく〔月食〕kuunpimennys 64 [名]

げっしるい〔齧歯類〕〈動〉jyrsijä 14 [名], nakertaja 16 [名]

けっしん〔決心〕päätös 64 [名]／決心する päättää* 2 [動]

けっせい〔結成〕järjestely 2 [名]／結成する järjestellä 28 [動]

けっせき〔欠席〕poisjäänti* 4 [名]／欠席している olla poissa (olla 25 [動])

けっそく〔結束〕jakamattomuus* 65 [名]／結束して kaikki yhdessä

けっそん〔欠損〕〈商〉vajaus 64 [名]

けつだん〔決断〕päätös 64 [名], päätöksenteko* 1 [名]

けっちゃく〔決着〕loppu* 1 [名]／決着をつける ratkaista riita (ratkaista 24 [動])

けってい〔決定〕päätös 64 [名], päätelmä 13 [名]／決定する päättää* 2 [動]

けってん〔欠点〕vika* 10 [名]
けっとう〔決闘〕kaksintaistelu 2 [名]
けっとう〔血統〕rotu* 1 [名], suku* 1 [名]
けっぱく〔潔白〕潔白な synnitön* 57 [形]
げっぷ röyhtäys 64 [名] ／げっぷをする röyhtäistä 24 [動]
げっぷ〔月賦〕osamaksu 1 [名]
けつぼう〔欠乏〕pula 11 [名], puutos 64 [名]
けつまつ〔結末〕tulos 64 [名]
げつようび〔月曜日〕maanantai 27 [名]
けつれつ〔決裂〕(不和になること) riitaantuminen 63 [名] ／決裂する riitaantua* 1 [動]
けつろん〔結論〕päätöslauselma 13 [名], päätelmä 13 [名] ／結論を出す päätellä* 28 [動]
けとばす〔蹴飛ばす〕potkaista 24 [動]
けなす〔悪く言う〕alentaa* 8 [動], väittää vastaan (väittää* 2 [動])
けねん〔懸念〕pelko* 1 [名]
けはい〔気配〕enne* 78 [名], merkki* 4 [名]
けばけばしい turhamainen 63 [形]
げひん〔下品〕halpamaisuus* 65 [名] ／下品な halpamainen 63 [形]
けむい〔煙い〕savuinen 63 [形], savuttunut 77 [形]
けむくじゃら〔毛むくじゃら〕毛むくじゃらの pörröinen 63 [形]
けむし〔毛虫〕〈虫〉toukka* 11 [名]
けむり〔煙〕savu 1 [名], sauhu 1 [名]
けむる〔煙る〕savuta 39 [動], savuttaa* 2 [動]
けもの〔獣〕peto* 1 [名], petoeläin 56 [名]
けらい〔家来〕alamainen 63 [名]
げらく〔下落〕(価値や地位の) romahdus 64 [名] ／下落する romahtaa* 2 [動]
げらげら げらげら笑う nauraa kovalla äänellä (nauraa 9 [動])
けり〔蹴り〕(蹴る事) potku 1 [名]
げり〔下痢〕〈医〉ripuli 5 [名]
ゲリラ〈軍〉sissi 4 [名]
ける〔蹴る〕(足で) potkaista 24 [動]

げれつ〔下劣〕下劣な katala 12 [形]
けれども mutta [接], kuitenkin [副] ／～だけれども vaikka [接], joskin [接]
ゲレンデ hiihtomaa 28 [名]
けわしい〔険しい〕jyrkkä* 11 [形], äkkijyrkkä* 11 [形]
けん〔件〕asia 14 [名], tapaus 64 [名]
けん〔券〕lippu* 1 [名], 〈話〉piletti* 5 [名]
けん〔剣〕miekka* 10 [名], tikari 5 [名]
けん〔圏〕piiri 4 [名], kehä 11 [名]
げん〔弦〕(弦楽器の)〈楽〉jouhi 32 [名], kieli 32 [名]
けんあく〔険悪〕険悪な huono 1 [形], epäystävällinen 63 [形]
けんあん〔懸案〕ratkaisematon asia (ratkaisematon* 57 [形], asia 14 [名])
けんい〔権威〕arvovalta* 10 [名], arvokkuus* 65 [名] ／権威ある arvovaltainen 63 [形]
けんいん〔牽引〕(自動車の) autonhinaus 64 [名]
けんいん〔検印〕tunnus 64 [名]
げんいん〔原因〕syy 29 [名], aihe 78 [名]
けんえき〔検疫〕karanteeni 4 [名]
けんえつ〔検閲〕sensuuri 6 [名]
けんお〔嫌悪〕viha 10 [名], vihamielisyys* 65 [名] ／嫌悪する vihata 35 [動]
けんか〔喧嘩〕riita* 10 [名], tappelu 2 [名] ／喧嘩する riidellä* 28 [動], tapella* 28 [動]
げんか〔原価〕tehtaanhinta* 10 [名]
げんか〔減価〕alennus 64 [名]
けんかい〔見解〕näkökulma 11 [名], katsomus 64 [名], mielipide* 78 [名]
げんかい〔限界〕raja 10 [名], (通常は複数形で) puite* 78 [名]
けんがく〔見学〕見学者 katselija 14 [名]
げんかく〔幻覚〕hallusinaatio 3 [名], aistiharha 10 [名]
げんかく〔厳格〕ankaruus* 65 [名] ／厳格な ankara 12 [形], tiukka* 10 [形]
げんがっき〔弦楽器〕〈楽〉jousisoitin* 56 [名], kieli-

soitin* 56 [名]
げんき〔元気〕virkeys* 65 [名], vilkkaus* 65 [名] ／元気な pirteä 21 [形], eloisa 13 [形], virkeä 21 [形], vilkas* 66 [形]
けんきゅう〔研究〕tutkimus 64 [名]／研究する tutkia 17 [動]
げんきゅう〔言及〕言及する（入格と共に）kajota 38 [動]
けんきょ〔検挙〕pidätys 64 [名]／検挙する pidättää* 2 [動]
けんきょ〔謙虚〕nöyryys* 65 [名]／謙虚な nöyrä 11 [形], vaatimaton* 57 [形]
げんきん〔現金〕käteinen 63 [名], käteisraha 10 [名]／現金払い käteismaksu 1 [名]
げんけい〔原型〕perikuva 11 [名], kaavio 3 [名]
けんけつ〔献血〕verenluovutus 64 [名]／献血する luovuttaa verta (luovuttaa* 2 [動])
けんげん〔権限〕toimivalta* 10 [名], valtuus* 65 [名]
けんご〔堅固〕堅固な luja 11 [形], murtumaton* 57 [形]／堅固にする lujentaa* 8 [動]／堅固になる lujeta 34 [動]
げんご〔言語〕kieli 32 [名]／言語学 kielitiede* 78 [名]
げんご〔原語〕alkukieli 32 [名]
けんこう〔健康〕terveys* 65 [名], hyvinvointi* 4 [名]／健康な terve 79 [形]／健康である olla hyvissä voimissa (olla 25 [動])
げんこう〔原稿〕käsikirjoitus 64 [名]
げんこう〔現行〕現行の oleva 13 [形]
けんこうこつ〔肩甲骨〕〈解〉lapa* 10 [名], lapaluu 29 [名]
げんこく〔原告〕〈法〉asianomistaja 16 [名]
げんこつ〔拳骨〕拳骨を振り回す（威嚇のため）puida nyrkkiä (puida 18 [動])
げんこん〔現今〕nykyisyys* 65 [名]
けんさ〔検査〕tutkimus 64 [名], tutkinto* 2 [名]／検査する tutkia 17 [動]

けんざい〔健在〕健在である olla hyvässä kunnossa (olla 25 [動])
げんざい〔原罪〕〈宗〉perisynti* 4 [名]
げんざい〔現在〕nykyaika* 10 [名]／現在の nykyinen 63 [形]／現在では nykyisin [副]
げんさく〔原作〕alkuteos 64 [名]
けんさつ〔検札〕lipuntarkastus 64 [名]
けんさつ〔検察〕syyte* 78 [名]
けんざん〔剣山〕siili 4 [名]
げんさん〔原産〕〜原産である(出格と共に) olla kotoisin (olla 25 [動])
けんし〔犬歯〕torahammas* 66 [名], kulmahammas* 66 [名]
けんし〔検死〕〈法〉〈医〉ruumiinavaus 64 [名]
げんし〔原子〕〈化〉〈理〉atomi 6 [名]／原子爆弾 atomipommi 4 [名]
げんし〔原始〕原始的 alkukantainen 63 [形], villi 4 [形]
けんじつ〔堅実〕lujuus* 65 [名]
げんじつ〔現実〕現実の ajankohtainen 63 [形], aito* 1 [形]
げんしゅ〔元首〕(国家の) valtionpäämies 72 [名]
げんしゅ〔厳守〕厳守する noudattaa täsmällisesti (noudattaa* 2 [動])
けんしゅう〔研修〕tutkimus 64 [名], harjoitus 64 [名]
けんじゅう〔拳銃〕pistooli 6 [名], revolveri 5 [名]
げんじゅう〔厳重〕厳重な ankara 12 [形], tarkka* 10 [形]
げんじゅうしょ〔現住所〕nykyosoite* 78 [名]
げんじゅうみん〔原住民〕alkuasukas* 66 [名]
げんしゅく〔厳粛〕厳粛に juhlallisesti [副], mahtavasti [副]
けんじゅつ〔剣術〕miekkailu 2 [名]
げんしょ〔原初〕原初の alkeellinen 63 [形]
げんしょ〔原書〕alkuteksti 4 [名]
けんしょう〔懸賞〕懸賞問題 kilpakysymys 64 [名]
げんしょう〔現象〕ilmiö 3 [名], seikka* 10 [名]
げんしょう〔減少〕vähennys 64 [名]／減少する vä-

hentyä* 1 [動]
げんじょう〔原状〕原状を回復する saattaa entiselleen (saattaa* 11 [動])
げんじょう〔現状〕laita* 10 [名], tila 10 [名], laatu* 1 [名]
けんしん〔献身〕献身的 uhrautuvainen 63 [形], epäitsekäs* 66 [形]
けんじん〔賢人〕viisas 66 [名], filosofi 4 [名]
げんせ〔現世〕現世の〈宗〉ajallinen 63 [形]
けんせい〔牽制〕牽制する keskeyttää* 2 [動], pysähdyttää* 2 [動]
げんせい〔原生〕原生林 aarniometsä 11 [名]
げんぜい〔減税〕veronvähennys 64 [名]
けんせき〔譴責〕(咎める事) moite* 78 [名]
けんせつ〔建設〕rakennus 64 [名] ／建設する panna pystyyn (panna 27 [動])
けんぜん〔健全〕terveys* 65 [名] ／健全な terve 79 [形]
げんそ〔元素〕〈化〉alkuaine 78 [名]
けんそう〔喧騒〕(騒がしい事) hälinä 15 [名]
けんぞう〔建造〕rakennus 64 [名] ／建造者 rakentaja 16 [名]
げんそう〔幻想〕kuvittelu 2 [名], mielikuvitus 64 [名]
げんぞう〔現像〕〈写〉kehitys 64 [名] ／現像する〈写〉kehittää* 2 [動]
げんそく〔原則〕periaate* 78 [名] ／原則的に periaatteessa
けんそん〔謙遜〕(謙虚) nöyryys* 65 [名] ／謙遜な nöyrä 11 [形], vaatimaton* 57 [形]
げんぞん〔現存〕現存する oleva 13 [形] ／現存しない olematon* 57 [形]
げんたい〔減退〕vähennys 64 [名], vähentyminen 63 [名]
げんだい〔現代〕nykyaika* 10 [名] ／現代の nykyinen 63 [形]
けんち〔見地〕kanta* 10 [名], mielipide* 78 [名] ／〜の見地から（属格と共に）kannalta
げんち〔現地〕現地時間 paikallisaika* 10 [名]

けんちく〔建築〕rakennus 64〔名〕/建築家 arkkitehti* 4〔名〕/建築する rakentaa* 42〔動〕

けんちょ〔顕著〕顕著な näkyvä 13〔形〕, huomattu* 2〔形〕/顕著に huomattavassa määrin

けんてい〔献呈〕献呈の言葉 omistuskirjoitus 64〔名〕

げんてい〔限定〕rajoitus 64〔名〕/限定する rajoittaa* 2〔動〕

げんてん〔原典〕kantakirja 10〔名〕

げんてん〔原点〕lähtöpaikka* 10〔名〕, lähtökohta* 11〔名〕

げんてん〔減点〕vähennyslasku 1〔名〕

げんど〔限度〕rajapiste 78〔名〕, määrä 11〔名〕

けんとう〔見当〕arvelu 2〔名〕, arvaus 64〔名〕/見当をつける arvata 35〔動〕

けんとう〔拳闘〕〈ス〉nyrkkeily 2〔名〕/拳闘をする nyrkkeillä 28〔動〕

けんとう〔検討〕tutkimus 64〔名〕, tarkastus 64〔名〕/検討する tutkia 17〔動〕, tarkastaa 2〔動〕

けんどう〔剣道〕miekkailu 2〔名〕

げんどう〔原動〕原動力 kannustin 56〔名〕

げんに〔現に〕(本当に) todella〔副〕, todellakin〔副〕, (今) tällä hetkellä

けんのう〔権能〕toimivalta* 10〔名〕/権能を与える oikeuttaa* 2〔動〕

げんば〔現場〕paikkakunta* 11〔名〕, (事故などの) tapahtumapaikka* 10〔名〕

げんばく〔原爆〕atomipommi 4〔名〕

けんばん〔鍵盤〕(キー) kosketin* 56〔名〕, näppäimistö 1〔名〕

けんびきょう〔顕微鏡〕mikroskooppi* 4〔名〕

けんぶつ〔見物〕käynti* 4〔名〕/見物する katsella nähtävyyksiä (katsella 28〔動〕)

げんぶつ〔現物〕kappale 78〔名〕

けんぶん〔見聞〕elämys 64〔名〕

げんぶん〔原文〕teksti 4〔名〕

けんぺい〔憲兵〕santarmi 6〔名〕

けんぽう〔憲法〕〈政〉perustuslaki* 4〔名〕, valtiosääntö* 1〔名〕

げんぽう〔減法〕(引き算) vähennys 64 [名]
げんぼく〔原木〕pyöreä puu (pyöreä 21 [形], puu 29 [名])
けんま〔研磨〕研磨機〈技〉hiomakone 78 [名]
げんみつ〔厳密〕厳密な tarkka* 10 [形], täsmällinen 63 [形] ／厳密にする tarkentaa* 8 [動]
けんめい〔賢明〕賢明な viisas 66 [形], älykäs* 66 [形], järkevä 13 [形]
げんめつ〔幻滅〕(失望) pettymys 64 [名]
げんや〔原野〕tasanko* 2 [名]
けんやく〔倹約〕säästäväisyys* 65 [名] ／倹約する säästää 2 [動]
げんゆ〔原油〕raakaöljy 83 [名]
けんり〔権利〕oikeus* 65 [名] ／権利を与える oikeuttaa* 2 [動]
げんり〔原理〕periaate* 78 [名]
げんりょう〔原料〕aine 78 [名], raaka-aine 83 [名]
げんりょう〔減量〕(ダイエット) dieetti* 6 [名], ruokavalio 3 [名]
けんりょく〔権力〕valta* 10 [名], arvovalta* 10 [名] ／権力者 vallanpitäjä 16 [名] ／権力がある mahtava 13 [形]
げんろん〔言論〕言論の自由 sananvapaus* 65 [名]

こ

こ〔子〕lapsi 45 [名], (男の) poika* 11 [名], (女の) tyttö* 1 [名]
こ〔弧〕(曲線) kaari 32 [名]
こ〔故〕(亡くなった) edesmennyt 77 [形]
こ〔個〕(1個) kappale 78 [名]
ご〔五〕viisi* 40 [基数] ／五番目 viides* 75 [序数]
ご〔後〕～後に　属格+kuluttua ／一週間後に viikon kuluttua

ご〔語〕sana 10 [名] ／一語一語 sanasta sanaan
こい〔恋〕rakkaus* 65 [名] ／恋をする rakastua 1 [動]
こい〔鯉〕〈魚〉karppi* 4 [名]
こい〔故意〕故意の tahallinen 63 [形], tarkoituksellinen 63 [形]
こい〔濃い〕(霧・森・煙などが) sankka* 10 [形], (色について) tumma 11 [形], (液体について) sakea 21 [形]
ごい〔語彙〕(単語全体) sanasto 2 [名], sanavarasto 2 [名]
こいし〔小石〕nupu* 1 [名], kivimuru 1 [名]
こいしい〔恋しい〕恋しく思う kaivata* 40 [動], ikävöidä 30 [動]
コイル silmukka* 15 [名]
コイン kolikko* 2 [名] ／コインロッカー säilytyslokero 2 [名]
こう〔香〕suitsuke* 78 [名] ／香をたく suitsuttaa* 2 [動]
こう〔項〕(条文の) pykälä 16 [名]
こう〔請う〕anoa 1 [動]
こうあつ〔高圧〕〈電〉korkeajännite* 78 [名] ／高圧的 painostava 13 [形]
こうあん〔考案〕考案者 luoja 11 [名]
こうい〔好意〕suopeus* 65 [名], hyväntahtoisuus* 65 [名] ／好意的 suopea 21 [形], hyväntahtoinen 63 [形]
こうい〔行為〕teko* 1 [名], menettely 2 [名]
ごうい〔合意〕yhteisymmärrys 64 [名] ／合意する sovittaa* 2 [動]
こういしつ〔更衣室〕pukeutumissuoja 11 [名]
こういしょう〔後遺症〕jälkivaikutus 64 [名]
こういん〔拘引〕pidätys 64 [名] ／拘引する pidättää* 2 [動]
ごういん〔強引〕強引な voimakas* 66 [形], tehokas* 66 [形]
こうう〔降雨〕sade* 78 [名] ／降雨量 sademäärä 11 [名]

ごうう〔豪雨〕kaatosade* 78 [名], rankkasade* 78 [名]
こううん〔幸運〕onni 8 [名]／幸運な onnekas* 66 [形]
こうえい〔公営〕公営の yleinen 63 [形], julkinen 63 [形]
こうえい〔光栄〕kunnia 14 [名]
こうえき〔公益〕yhteishyvä 11 [名]／公益のための yleishyödyllinen 63 [形]
こうえん〔公園〕puisto 1 [名], (小さい) puistikko* 2 [名]
こうえん〔公演〕esitys 64 [名], näytäntö* 2 [名]／公演する näytellä* 28 [動]
こうえん〔後援〕tuki* 8 [名]／後援する tukea* 13 [動], puoltaa* 5 [動]
こうえん〔講演〕esitelmä 13 [名], luento* 2 [名]／講演する esitelmöidä 30 [動], luennoida 30 [動]
こうおん〔高音〕korkea ääni (korkea 21 [形], ääni 32 [名])
こうおん〔高温〕korkea lämpötila (korkea 21 [形], lämpötila 10 [名])
ごうおん〔轟音〕(大きな音) jyrinä 1 [名]／轟音を立てる tärähtää* 2 [動]
こうか〔効果〕teho 1 [名]／効果的 tehoisa 13 [形], tehokas* 66 [形]
こうか〔降下〕lasku 1 [名], putous 64 [名]
こうか〔高価〕kalleus* 65 [名]／高価な kallis 69 [形], kallisarvoinen 63 [形]
こうか〔高架〕高架橋 maasilta* 10 [名]
こうか〔硬貨〕kolikko* 2 [名]
ごうか〔豪華〕豪華な komea 21 [形], loistava 13 [形]
こうかい〔後悔〕katumus 64 [名]／後悔する katua* 1 [動], pahoitella* 28 [動]
こうかい〔航海〕merenkulku* 1 [名], meriliikenne* 78 [名]
こうがい〔公害〕saaste 78 [名]
こうがい〔郊外〕esikaupunki* 5 [名]
ごうがい〔号外〕lisälehti* 8 [名]

こうがく〔工学〕insinööritiede* 78 [名]
こうがく〔光学〕optiikka* 15 [名]
こうがく〔向学〕向学心 opiskeluinto* 1 [名]
こうがく〔好学〕好学の tiedonhaluinen 63 [形]
ごうかく〔合格〕menestys 64 [名]／合格する menestyä 1 [動]
こうかくるい〔甲殻類〕甲殻類の動物 äyriäinen 63 [名]
こうかつ〔狡猾〕(悪賢い様子) viekkaus* 65 [名], oveluus* 65 [名]／狡猾な viekas* 66 [形], ovela 12 [形]
こうかん〔交換〕vaihto* 1 [名]／交換する vaihtaa* 9 [動]
こうかん〔好感〕hyvä tuntu (hyvä 11 [形], tuntu* 1 [名])
こうがん〔睾丸〕〈解〉kives 64 [名]
ごうかん〔強姦〕強姦する raiskata 35 [動]
こうき〔光輝〕paiste 78 [名]
こうき〔好機〕sopiva tilaisuus (sopiva 13 [形], tilaisuus* 65 [名])
こうき〔高貴〕ylhäisyys* 65 [名]／高貴な ylhäinen 63 [形], aatelinen 63 [形], jalo 1 [形]
こうぎ〔広義〕広義では laajimmassa merkityksessä
こうぎ〔抗議〕vastaanpano 1 [名]
こうぎ〔講義〕luento* 2 [名], opetus 64 [名]／講義する luennoida 30 [動]
こうきあつ〔高気圧〕〈気〉korkeapaine 83 [名]
こうきしん〔好奇心〕uteliaisuus* 65 [名]／好奇心の強い utelias 66 [形]
こうきゅう〔高級〕高級の korkealuokkainen 63 [形], korkeatasoinen 63 [形]
こうきょう〔公共〕公共のための yleishyödyllinen 63 [形]
こうぎょう〔工業〕teollisuus* 65 [名]／工業化する teollistaa 2 [動]；teollistua 1 [動]／工業都市 tehdaskaupunki* 5 [名], teollisuuskaupunki* 5 [名]
こうぎょう〔鉱業〕kaivosteollisuus* 65 [名], vuoriteollisuus* 65 [名]

こうぎょう〔興行〕esitys 64 [名], näytös 64 [名]
こうきょうきょく〔交響曲〕〈楽〉sinfonia 15 [名]
ごうきん〔合金〕〈金〉lejeerinki* 4 [名], seos 64 [名]
こうぐ〔工具〕työkalu 1 [名], työväline 78 [名]
こうくう〔航空〕航空券 lentolippu* 1 [名]／航空便 lentoposti 4 [名]
こうぐう〔厚遇〕vieraanvaraisuus* 65 [名]／厚遇する vieraanvarainen 63 [形]
こうけい〔口径〕(鉄砲の) putki 8 [名]
こうけい〔光景〕maisema 13 [名], nähtävyys* 65 [名]
こうけい〔後継〕後継者 seuraaja 16 [名], jälkeläinen 63 [名]
こうげい〔工芸〕工芸家 teknikko* 2 [名]
ごうけい〔合計〕summa 11 [名], yhteenlasku 1 [名]／合計で kaikkiaan [副], yhteensä [副]
こうげき〔攻撃〕hyökkäys 64 [名]／攻撃する hyökätä* 35 [動]
こうけつ〔高潔〕高潔な jalosyntyinen 63 [形], ylhäinen 63 [形]
ごうけつ〔豪傑〕rohkea mies, voimakas mies (rohkea 21 [形], mies 72 [名], voimakas* 66 [形])
こうけん〔後見〕後見人 holhooja 16 [名]
こうけん〔貢献〕貢献する tehdä palvelus (tehdä* 33 [動])
こうげん〔公言〕julistus 64 [名], ilmoitus 64 [名]／公言する julistaa 2 [動], ilmoittaa* 2 [動]
こうげん〔高原〕ylänkö* 2 [名]
こうこ〔公庫〕rahasto 2 [名]
こうご〔口語〕puhekieli 32 [名]
こうご〔交互〕交互に vuorotellen [副], vuoroin [副]
こうこう〔皓皓〕皓皓と (明るく) kirkkaasti [副], valoisasti [副]
こうこう〔航行〕merenkulku* 1 [名], meriliikenne* 78 [名]／航行する purjehtia* 17 [動], liikennöidä 30 [動]
こうこう〔鉱坑〕kaivos 64 [名]
こうごう〔皇后〕keisarinna 10 [名]

こうごうしい〔神々しい〕pyhä 11［形］
こうこがく〔考古学〕muinaistiede* 78［名］, arkeologia 15［名］
こうこく〔広告〕mainos 64［名］, ilmoitus 64［名］／広告を出す mainostaa 2［動］
こうこつ〔恍惚〕（うっとり）hurma 11［名］, hurmio 3［名］
こうさ〔交差〕交差点 risteys 64［名］, kadunristeys 64［名］
こうざ〔口座〕tili 4［名］／口座振込 tilillemaksu 1［名］
こうざ〔講座〕kurssi 4［名］, oppikurssi 4［名］
こうさい〔交際〕seurustelu 2［名］, kanssakäyminen 63［名］／交際する olla tekemisissä＋属格＋kanssa (olla 25［動］)
こうさく〔工作〕工作機械 työstökone 78［名］
こうさく〔耕作〕kyntö* 1［名］, maanviljelys 64［名］／耕作する viljellä 28［動］, kyntää* 2［動］
こうさつ〔考察〕harkinta* 15［名］／考察する harkita 31［動］
こうさん〔降参〕luovutus 64［名］／降参する luovuttaa* 2［動］
こうざん〔高山〕korkea vuori (korkea 21［形］, vuori 32［名］)
こうざん〔鉱山〕kaivoslaitos 64［名］
こうし〔子牛〕vasikka* 15［名］／子牛の肉 vasikanliha 10［名］
こうし〔公使〕lähettiläs 66［名］, ministeri 5［名］
こうし〔行使〕harjoitus 64［名］／行使する harjoittaa* 2［動］
こうし〔格子〕ristikko* 2［名］
こうし〔講師〕lehtori 5［名］,（大学の）dosentti* 6［名］
こうじ〔工事〕（道路の）tietyö 30［名］／工事現場 työmaa 28［名］
こうじ〔公示〕kuulutus 64［名］, julkipano 1［名］／公示する kuuluttaa* 2［動］
こうしき〔公式〕公式の virallinen 63［形］／公式に

virallisesti〔副〕
こうしじま〔格子縞〕ruutu* 1〔名〕
こうじつ〔口実〕tekosyy 29〔名〕, veruke* 78〔名〕
こうしゃ〔後者〕tämä〔指代〕／後者の jälkimmäinen 63〔形〕
こうしゃ〔校舎〕koulutalo 1〔名〕
こうしゃく〔公爵〕herttua 20〔名〕
こうしゃく〔侯爵〕markiisi 6〔名〕
こうしゅ〔絞首〕絞首刑 hirtto* 1〔名〕
こうしゅう〔公衆〕yleisö 2〔名〕／公衆電話 yleisöpuhelin 56〔名〕
こうしゅう〔講習〕kurssi 4〔名〕
こうじゅつ〔口述〕sanelu 2〔名〕／口述で suullisesti〔副〕／口述する sanella 28〔動〕
こうしょう〔交渉〕neuvottelu 2〔名〕, yhteys* 65〔名〕
こうしょう〔高尚〕高尚な ylevä 13〔形〕, ylhäinen 63〔形〕
こうじょう〔工場〕tehdas* 66〔名〕
こうじょう〔向上〕kasvu 1〔名〕
こうじょう〔恒常〕恒常的 säännöllinen 63〔形〕／恒常的に säännöllisesti〔副〕
ごうじょう〔強情〕強情な myöntymätön* 57〔形〕, itsepäinen 63〔形〕
こうしん〔行進〕行進曲 marssi 4〔名〕／行進する marssia 17〔動〕
こうしん〔更新〕uudistus 64〔名〕／更新する uudistaa 2〔動〕
こうしん〔後進〕nuori 39〔名〕, nuoriso 2〔名〕
こうしんりょう〔香辛料〕mauste 78〔名〕
こうず〔構図〕sommittelu 2〔名〕, kompositio 3〔名〕
こうすい〔香水〕hajuvesi* 40〔名〕
こうずい〔洪水〕tulva 11〔名〕, vyöry 1〔名〕／洪水になる tulvia 17〔動〕
こうせい〔公正〕oikeus* 65〔名〕
こうせい〔厚生〕厚生省 sosiaali- ja terveysministeriö 3〔名〕
こうせい〔後世〕jälkimaailma 15〔名〕, jälkipolvi 8〔名〕

こうせい〔恒星〕kiintotähti* 8 [名]
こうせい〔校正〕viimeistely 2 [名]／校正する oikaista 24 [動]
こうせい〔構成〕muodostelma 13 [名], kokoonpano 1 [名]／構成する muodostaa 2 [動]
ごうせい〔合成〕yhdistäminen 63 [名], synteesi 6 [名]
ごうせい〔豪勢〕ylellisyys* 65 [名]／豪勢な ylellinen 63 [形]
こうせいぶっしつ〔抗生物質〕〈医〉antibiootti* 4 [名]
こうせき〔功績〕ansio 3 [名], avu 1 [名]／〜の功績により 属格＋ansiosta
こうせき〔航跡〕vana 10 [名], vanavesi* 40 [名]
こうせき〔鉱石〕鉱石の層〈地質〉malmio 3 [名], malmiesiintymä 13 [名]
こうせつ〔降雪〕lumisade* 78 [名]
こうせん〔交戦〕sodankäynti* 4 [名]
こうせん〔光線〕säde* 78 [名], valonsäde* 78 [名]
こうせん〔好戦〕好戦的 sotainen 63 [形]
こうぜん〔公然〕公然の julkinen 63 [形]／公然と julki [副], julkisesti [副]
こうそ〔控訴〕vetoaminen 63 [名], valitus 64 [名]／控訴する vedota* 38 [動]
こうそう〔高層〕高層ビル pilvenpiirtäjä 16 [名]
こうそう〔構想〕suunnitelma 13 [名]／構想を立てる suunnitella* 28 [動]
こうぞう〔構造〕rakenne* 78 [名]／構造上の rakenteellinen 63 [形]
こうそく〔拘束〕sitoumus 64 [名]／拘束する sitoa* 1 [動]
こうそく〔高速〕高速道路 moottoritie 30 [名]
こうぞく〔後続〕後続者 seuraaja 16 [名]
こうたい〔交替・交代〕／交替して vuorotellen [副], vuoroin [副]／交替して行う vuorotella* 28 [動]
こうたい〔後退〕perääntyminen 63 [名]／後退する perääntyä* 1 [動], taantua* 1 [動]
こうだい〔広大〕広大な aava 10 [形], avara 12 [形], laaja 10 [形]

こうだい〔後代〕jälkimaailma 15 [名]
こうたいし〔皇太子〕kruununprinssi 4 [名] ／皇太子妃 kruununprinsessa 15 [名]
こうたく〔光沢〕光沢のある sileä 21 [形], siloinen 63 [形]
ごうだつ〔強奪〕ryöstö 1 [名], riisto 1 [名] ／強奪する ryöstää 2 [動]
こうち〔耕地〕viljelmä 13 [名]
こうち〔高地〕ylänkö* 2 [名], ylänne* 78 [名]
こうちゃ〔紅茶〕tee 26 [名]
こうちょう〔好調〕好調である olla hyvässä kunnossa (olla 25 [動])
こうちょう〔校長〕rehtori 5 [名]
こうちょく〔硬直〕硬直する jäykistyä 1 [動]
こうつう〔交通〕liikenne* 78 [名] ／交通機関 kulkuneuvo 1 [名], ajoneuvo 1 [名] ／交通規則 liikennesääntö* 1 [名] ／交通事故 liikenneonnettomuus* 65 [名] ／交通信号 liikennevalo 1 [名]
こうつごう〔好都合〕好都合な edullinen 63 [形], suotuinen 63 [形]
こうてい〔公定〕公定歩合 virallinen vaihtokurssi (vaihtokurssi 4 [名])
こうてい〔行程〕matka 10 [名], kyyti* 4 [名]
こうてい〔肯定〕肯定的 myönteinen 63 [形]
こうてい〔皇帝〕keisari 5 [名]
こうてい〔校庭〕koulunpiha 10 [名]
こうてつ〔鋼鉄〕teräs 64 [名] ／鋼鉄製の teräksinen 63 [形]
こうてん〔好転〕paraneminen 63 [名] ／好転する parantua* 1 [動]
こうてん〔後天〕後天的 hankittu* 2 [形]
こうど〔高度〕(高さ) korkeus* 65 [名] ／高度な korkea 21 [形]
こうとう〔口頭〕口頭の suullinen 63 [形] ／口頭で suullisesti [副]
こうとう〔高等〕高等学校 lukio 3 [名] ／高等学校生 lukiolainen 63 [形]
こうどう〔公道〕maantie 30 [名]

こうどう〔行動〕(通常は複数形で)toimenpide* 78[名], käytös 64[名]／行動する ryhtyä toimenpiteisiin, menetellä* 28[動] (ryhtyä* 1[動])
こうどう〔講堂〕kokoussali 4[名], luentosali 4[名]
ごうとう〔強盗〕(奪う人) ryöväri 5[名], rosvo 1[名]／強盗をする rosvota 38[動]
ごうどう〔合同〕合同で yhdessä[副]
こうどく〔購読〕購読する(新聞などを定期的に) tilata 35[動]
こうない〔構内〕piha 10[名], pihamaa 28[名]
こうにゅう〔購入〕osto 1[名], lunastus 64[名]／購入する ostaa 2[動]
こうにん〔公認〕公認する laillistaa 2[動]
こうにん〔後任〕seuraaja 16[名], jälkeläinen 63[名]
こうねん〔光年〕〈天〉valovuosi* 40[名]
こうのとり〔鸛〕〈鳥〉haikara 15[名], kattohaikara 15[名]
こうはい〔後輩〕nuorempi* 22[名], alempi* 22[名]
こうはい〔荒廃〕荒廃する autioitua* 1[動]
こうばい〔勾配〕(傾斜) kaltevuus* 65[名], (斜面) rinne* 78[名]
こうばい〔購買〕osto 1[名], hankinta* 15[名]
こうはいち〔後背地〕takamaa 28[名]
こうはん〔公判〕kuulustelu 2[名], oikeudenkäynti* 4[名]
こうはん〔広範〕広範な lavea 21[形]／広範にわたって laajalti[副]
こうはん〔後半〕loppupuolisko 2[名]／後半の jälkimmäinen 63[形]
こうばん〔交番〕poliisiasema 13[名]
ごうはん〔合板〕lastulevy 1[名], vaneri 5[名]
こうび〔後尾〕häntäpää 28[名], peräpää 28[名]
こうひょう〔公表〕julistus 64[名], ilmoitus 64[名]／公表する ilmoittaa* 2[動]
こうひょう〔好評〕maine 78[名]
こうふ〔公布〕julistus 64[名]
こうふ〔坑夫〕kaivosmies 72[名]

こうよう

こうぶ〔後部〕takapuoli 32〔名〕, takapää 28〔名〕
こうふく〔幸福〕onni 8〔名〕／幸福な onnellinen 63〔形〕
こうふく〔降伏〕alistus 64〔名〕／降伏する antautua* 44〔動〕
こうぶつ〔好物〕lempiruoka* 11〔名〕, mieliruoka* 11〔名〕
こうぶつ〔鉱物〕malmi 4〔名〕, kivennäinen 63〔名〕
こうふん〔興奮〕kiihtymys 64〔名〕, kuohunta* 13〔名〕／興奮する kiihtyä* 1〔動〕, kuohua 1〔動〕
こうぶん〔構文〕lauserakenne* 78〔名〕
こうぶんしょ〔公文書〕kirjelmä 13〔名〕
こうへい〔公平〕公平な puolueeton* 57〔形〕
こうぼ〔酵母〕hiiva 10〔名〕
こうほう〔後方〕後方へ taakse〔副〕, taaksepäin〔副〕, takaperin〔副〕
ごうほう〔合法〕合法的 laillinen 63〔形〕, oikeudenmukainen 63〔形〕, luvallinen 63〔形〕
こうほしゃ〔候補者〕hakija 14〔名〕
こうま〔子馬〕varsa 10〔名〕
ごうまん〔傲慢〕傲慢な röyhkeä 21〔形〕, mahtava 13〔形〕, ylimielinen 63〔形〕
こうみょう〔功名〕功名心 kunniahimo 1〔名〕／功名心のある kunniahimoinen 63〔形〕
こうみょう〔巧妙〕taitavuus* 65〔名〕／巧妙な taitava 13〔形〕／巧妙に taitavasti〔副〕
こうみん〔公民〕公民権 kansalaisoikeus* 65〔名〕, kansalaisluottamus 64〔名〕
こうむ〔公務〕virka* 10〔名〕／公務員 virkailija 14〔名〕
こうむる〔被る〕(損害などを) kärsiä 17〔動〕
こうめい〔高名〕kuuluisuus* 65〔名〕
こうもり〈動〉lepakko* 2〔名〕
こうもん〔肛門〕〈解〉peräaukko* 1〔名〕
ごうもん〔拷問〕kidutus 64〔名〕／拷問にかける kiduttaa* 2〔動〕
こうよう〔紅葉〕ruska 11〔名〕／紅葉の時期 ruska-aika* 10〔名〕

こうよう〔高揚〕(気持ちの) hurma 11 [名], hurmio 3 [名]／高揚する (気持ちが) haltioitua* 1 [動]
こうようじゅ〔広葉樹〕lehtipuu 29 [名]
こうり〔小売り〕小売り値段 vähittäishinta* 10 [名]／小売り店 vähittäiskauppa* 10 [名]
ごうり〔合理〕合理的 järkiperäinen 63 [形], tarkoituksenmukainen 63 [形]
こうりつ〔公立〕公立の yleinen 63 [形], julkinen 63 [形]
こうりつ〔効率〕効率のよい suorituskykyinen 63 [形], tehokas* 66 [形]
こうりゃく〔攻略〕攻略する rynnätä 35 [動]
こうりゅう〔交流〕〈電〉vaihtovirta* 10 [名]
こうりゅう〔拘留〕pidätys 64 [名],〈法〉tutkintavankeus* 65 [名]／拘留する pidättää* 2 [動]
ごうりゅう〔合流〕合流する liittyä yhteen, yhtyä 1 [動] (liittyä 1 [動])
こうりょ〔考慮〕考慮する ottaa lukuun／～を考慮して 入格+nähden [副] (ottaa* 2 [動])
こうりょう〔香料〕mauste 78 [名]
こうりょう〔荒涼〕荒涼とした jylhä 11 [形]
こうりょく〔効力〕teho 1 [名], vaikutus 64 [名]／効力のある pätevä 13 [形], tehokas* 66 [形]／効力がある pitää paikkansa (pitää* 2 [動], paikka* 10 [名])
こうれい〔高齢〕高齢の iäkäs* 66 [形], vanha 10 [形]
ごうれい〔号令〕komento* 2 [名], käsky 1 [名]／号令する komentaa* 8 [動]
こうろ〔行路〕taipale 82 [名], taival* 82 [名]
こうろ〔航路〕väylä 11 [名], reitti* 4 [名]
こうろん〔口論〕riita* 10 [名], kinastelu 2 [名]／口論する riidellä* 28 [動], kinastella 28 [動]
こうわ〔講和〕rauhansopimus 64 [名]
こうわ〔講話〕puhe 78 [名]
こえ〔声〕ääni 32 [名]／声が高い äänekäs* 66 [形]／声を出す äännähtää* 2 [動]
ごえい〔護衛〕護衛者 henkivartija 14 [名]／護衛隊 vartiosto 1 [名]

こえだ〔小枝〕vitsa 10 [名]
こえる〔越える〕ylittää* 2 [動], mennä+属格+yli／〜を越えて (属格と共に) yli [後] [前], (属格と共に) ylitse [後] [前]
コークス koksi 4 [名]
ゴーグル suojalasit 4 [複名]
コース (競技場・プールなどの) rata* 10 [名], reitti* 4 [名]
コーチ〈ス〉valmentaja 16 [名]
コート〈ス〉(テニスの) tenniskenttä* 11 [名]
コート (外套) takki* 4 [名], päällystakki* 4 [名]
コード〈電〉johto* 1 [名], johtolanka* 10 [名], (符号・暗号) koodi 4 [名]
コーナー nurkka* 11 [名]／コーナーキック〈ス〉kulmapotku 1 [名]
コーヒー〔珈琲〕kahvi 4 [名]／コーヒーカップ kahvikuppi* 4 [名]
コーラス kuoro 1 [名]／コーラス曲 kuorolaulu 1 [名]
こおり〔氷〕jää 28 [名]
こおる〔凍る〕jäätyä* 1 [動]
ゴール〈ス〉maali 4 [名]／ゴールキーパー maalivahti* 4 [名]
コールテン sametti* 6 [名]
コールドミート〈料〉leikkele 78 [名]
こおろぎ〔蟋蟀〕〈虫〉sirkka* 10 [名]
コーンビーフ〈料〉suolattu naudanliha (suolattu* 2 [形], naudanliha 10 [名])
コーンフレーク maissihiutale 78 [名]
こがい〔戸外〕戸外で taivasalla [副], ulkona [副]
ごかい〔誤解〕väärinkäsitys 64 [名], harhakuva 11 [名]
ごがく〔語学〕語学者 kielimies 72 [名]／語学力のある kielitaitoinen 63 [形]
こかげ〔木陰〕siimes 64 [名], varjo 1 [名]
こがす〔焦がす〕kärventää* 8 [動], (肉などを) ruskistaa 2 [動]
こがた〔小型〕小型の pienoinen 63 [形], pieni 38 [形],

mini-, mikro-
こがたな〔小刀〕veitsi 47 [名], kynäveitsi 47 [名]
ごがつ〔五月〕toukokuu 29 [名]
ごかっけい〔五角形〕〈数〉viisikulmio 3 [名]
こがねむし〔黄金虫〕〈虫〉kovakuoriainen 63 [名]
こがら〔小柄〕小柄な lyhyt 73 [形], pieni 38 [形]
こがらし〔木枯らし〕kylmä tuuli (kylmä 11 [形], tuuli 32 [名])
こがれる〔焦がれる〕(熱望する) ikävöidä 30 [動], kaivata* 40 [動]
ごかん〔語幹〕〈言〉vartalo 2 [名]
ごき〔語気〕sävy 1 [名]
こぎって〔小切手〕〈商〉sekki* 4 [名], šekki* 4 [名]
ごきぶり〈虫〉torakka* 15 [名]
こきゃく〔顧客〕asiakas* 66 [名]
こきゅう〔呼吸〕hengenveto* 1 [名], hengitys 64 [名]／呼吸する hengittää* 2 [動]
こきょう〔故郷〕kotipaikka* 10 [名], kotiseutu* 1 [名]
こぎれいな〔小奇麗な〕soma 11 [形]
こぐ〔漕ぐ〕(オールで) meloa 1 [動], soutaa* 4 [動]
こくえい〔国営〕国営の valtiollinen 63 [形]
こくおう〔国王〕kuningas* 66 [名]
こくがい〔国外〕ulkomailla
こくご〔国語〕(日本語) japani 6 [名], japaninkieli 32 [名]
こくさい〔国際〕国際的 kansainvälinen 63 [形]／国際連合 YK (Yhdistyneet Kansakunnat) (yhdistynyt 77 [形], kansakunta* 11 [名])
こくさん〔国産〕国産の kotimainen 63 [形]
こくじ〔告示〕tiedoksianto* 1 [名], 〈法〉tiedoksipano 1 [名], julkipano 1 [名]
こくせい〔国勢〕国勢調査 väestönlaskenta* 15 [名]
こくせき〔国籍〕kansalaisuus* 65 [名]
こくそ〔告訴〕〈法〉kanne* 78 [名], syytös 64 [名]／告訴する syyttää* 2 [動]
こくたい〔国体〕(国家の政治形態) valtiomuoto* 1 [名]

こくち〔告知〕kuulutus 64〔名〕／告知する kuuluttaa* 2〔動〕
こくど〔国土〕maa 28〔名〕, alue 78〔名〕
こくない〔国内〕国内の kotimainen 63〔形〕
こくはく〔告白〕tunnustus 64〔名〕／告白する tunnustaa 2〔動〕
こくはつ〔告発〕〈法〉kanne* 78〔名〕, syyte* 78〔名〕, syytös 64〔名〕
こくばん〔黒板〕taulu 1〔名〕
こくふく〔克服〕克服する valloittaa* 2〔動〕, voittaa* 2〔動〕
こくぶん〔国文〕(日本文学) japanilainen kirjallisuus (japanilainen 63〔形〕, kirjallisuus* 65〔名〕)
こくべつ〔告別〕告別式 hautajaiset 63〔複名〕
こくぼう〔国防〕maanpuolustus 64〔名〕, puolustus 64〔名〕
こぐま〔子熊〕〈動〉karhunpentu* 1〔名〕
こくみん〔国民〕kansa 10〔名〕, kansakunta* 11〔名〕／国民の kansallinen 63〔形〕／国民性 kansallisuus* 65〔名〕, kansallishenki 8〔名〕
こくむ〔国務〕国務省 sisäasiainministeriö 3〔名〕
こくめい〔克明〕克明な yksityiskohtainen 63〔形〕, seikkaperäinen 63〔形〕
こくもつ〔穀物〕vilja 10〔名〕, ryyni 4〔名〕
こくゆう〔国有〕国有の valtiollinen 63〔形〕／国有にする valtiollistaa 2〔動〕
ごくらく〔極楽〕paratiisi 4〔名〕
こくりつ〔国立〕国立の valtiollinen 63〔形〕／国立公園 kansallispuisto 1〔名〕／国立大学 valtionyliopisto 2〔名〕
こくれん〔国連〕YK (Yhdistyneet Kansakunnat) (yhdistynyt 77〔形〕, kansakunta* 11〔名〕)
こけ〔苔〕〈植〉sammal 82〔名〕／苔が生える sammaloitua* 1〔動〕, sammaltua* 1〔動〕
こけい〔固形〕jähmeä kappale (jähmeä 21〔形〕, kappale 78〔名〕)
ごけい〔語形〕語形変化〈言〉taivutus 64〔名〕／語形変化する〈言〉taivuttaa* 2〔動〕

こけもも〔苔桃〕〈植〉puolukka* 15 [名]
こげる〔焦げる〕käristyä 1 [動], kärventyä* 1 [動], palaa 9 [動]
ごげん〔語源〕etymologi 4 [名]
ここ〔個々〕個々の yksilöllinen 63 [形]
ここ ここに tässä [副], täällä [副]
ごご〔午後〕iltapäivä 11 [名]
ココア kaakao 3 [名]
こごえ〔小声〕sipinä 14 [名], supina 14 [名]／小声で話す sipistä 41 [動], supista 41 [動]
こごえる〔凍える〕paleltua* 1 [動], puutua* 1 [動]
ここち〔心地〕心地よい hauska 10 [形]
こごと〔小言〕kuritus [名], (通常は複数形で) nuhde* 78 [名]／小言を言う torua 1 [動]
ここのつ〔九つ〕yhdeksän 16 [基数]／九つ目 yhdeksäs* 75 [序数]
こころ〔心〕sydän 56 [名], sielu 1 [名]／心からの sydämellinen 63 [形], herttainen 63 [形]／心から sydämellisesti [副]／心に残る jäädä mieleen (jäädä 19 [動])
こころあたり〔心当たり〕aate* 78 [名], idea 15 [名]
こころえ〔心得〕(規則) säännös 64 [名], määräys 64 [名]
こころえる〔心得る〕(知っている) osata 35 [動]
こころがけ〔心掛け〕(態度) asenne* 78 [名], suhtautumistapa* 10 [名]
こころがける〔心掛ける〕(心に留める) pitää mielessään (pitää* 2 [動])
こころざし〔志〕tahto* 1 [名], aikomus 64 [名]
こころざす〔志す〕tarkoittaa* 2 [動]
こころづかい〔心遣い〕(思いやり) huolellisuus* 65 [名]
こころづよい〔心強い〕rohkaiseva 13 [形], tukeva 13 [形]
こころぼそい〔心細い〕(壊れ易い) hento* 1 [形]
こころみ〔試み〕yritys 64 [名], koetus 64 [名]
こころみる〔試みる〕yrittää* 2 [動], koettaa* 2 [動]
こころもち〔心持ち〕mielentila 10 [名]

こころよい〔快い〕miellyttävä 13 [形], ihana 12 [形]
ごさ〔誤差〕virhe 78 [名], erehdys 64 [名]
こさく〔小作〕小作人 pienviljelijä 14 [名]
こさめ〔小雨〕tihku 1 [名], tihkusade* 78 [名]
こし〔腰〕kuve* 78 [名], vyötärö 2 [名]
こじ〔孤児〕orpo* 1 [名], orpolapsi 45 [名]
こじ〔誇示〕誇示する mahtailla 29 [動]
こしかけ〔腰掛け〕istuin 56 [名], tuoli 4 [名]
こしかける〔腰掛ける〕istua 1 [動], istahtaa* 2 [動]
ごしごし ごしごしこする hangata puhtaaksi (hangata* 35 [動])
ごじつ〔後日〕myöhemmin [副], sitten [副]
こじつけ viisastelu 2 [名]
ゴシップ juoru 1 [名], pakina 14 [名]
こしぬけ〔腰抜け〕(臆病な人) pelkuri 5 [名]
こしゅう〔固執〕固執する pysyä 1 [動]
ごじゅん〔語順〕〈言〉sanajärjestys 64 [名]
こしょう〔故障〕vika* 10 [名]
こしょう〔胡椒〕(ペッパー) pippuri 5 [名]
こしょう〔湖沼〕湖沼地帯 järvialue 78 [名]
ごしょく〔誤植〕painovirhe 78 [名]
こしらえる〔拵える〕(作る) tehdä* 33 [動], valmistaa 2 [動]
こじれる〔拗れる〕(複雑になる) mutkistua 1 [動], sotkeutua* 44 [動]
こじん〔故人〕vainaja 16 [名]
こじん〔個人〕yksilö 2 [名], henkilö 2 [名]／個人的 yksilöllinen 63 [形], henkilökohtainen 63 [形], yksityinen 63 [形]
こす〔越す〕(乗り越える) ylittää* 2 [動]
こす〔濾す〕(濾過する) siivilöidä 30 [動]
こずえ〔梢〕(木の先端) latva 10 [名]
コスト hinta* 10 [名], kustannus 64 [名]
コスモス〈植〉kosmoskukka* 11 [名], kaunokukka* 11 [名]
こすりつける〔擦り付ける〕hioa 1 [動]
こする〔擦る〕hangata* 35 [動], hieroa 1 [動]
こせい〔個性〕henkilöllisyys* 65 [名], yksilöllisyys*

65 [名]
こせき〔戸籍〕戸籍簿 henkikirja 10 [名]
こせこせ こせこせした turhantarkka* 10 [形], pikkumainen 63 [形]
こぜに〔小銭〕pikkuraha 10 [名], ropo* 1 [名]
こぜりあい〔小競り合い〕kahakka* 15 [名]
ごぜん〔午前〕午前中ずっと koko aamupuolen ／午前に aamupäivällä
こそこそ こそこそ話す kuiskata 35 [動]
こたい〔固体〕jähmeä kappale ／固体になる kiteytyä* 44 [動] (jähmeä 21 [形], kappale 78 [名])
こだい〔古代〕muinaisaika* 10 [名], antiikki* 6 [名]
こだいもうそう〔誇大妄想〕誇大妄想狂〈医〉suuruudenhulluus* 65 [名]
こたえ〔答え〕vastaus 64 [名]
こたえる〔答える〕vastata 35 [動]
ごたごた sotku 1 [名]
こだち〔木立〕metsikkö* 2 [名]
こだま〔木霊〕(山彦) kaiku* 1 [名], vastakaiku* 1 [名]／木霊する kaikua* 1 [動]
こちこち こちこちになる (緊張する) olla hermostunut (olla 25 [動], hermostunut 77 [形])
ごちそう〔御馳走〕(おいしい食事) herkku* 1 [名], herkkuruoka* 11 [名]／御馳走を食べる herkutella* 28 [動]
ごちゃごちゃ sekoitus 64 [名]／ごちゃごちゃになる sekoittua* 1 [動]
こちょう〔誇張〕liioittelu 2 [名]／誇張する liioitella* 28 [動]
ごちょう〔語調〕sävy 1 [名]／語調を強めて pontevasti [副]
こちら こちらへ tänne [副], tännepäin [副]
こぢんまり こぢんまりした tiivis 69 [形], suppea 21 [形]
こつ〔骨〕(要領) taito* 1 [名], näppäryys* 65 [名]
こっか〔国家〕valtio 3 [名], esivalta* 10 [名]
こっか〔国歌〕kansallislaulu 1 [名], kansallishymni 4 [名]

こっかい〔国会〕〈政〉eduskunta* 11 [名], valtiopäivät 11 [複名]／国会議員 kansanedustaja 16 [名]／国会議事堂 eduskuntatalo 1 [名]
こづかい〔小遣い〕taskuraha 10 [名]
こっかく〔骨格〕runko* 1 [名]
こっき〔克己〕maltti* 4 [名]
こっき〔国旗〕kansallislippu* 1 [名]
こっきょう〔国境〕raja 10 [名], maanraja 10 [名]
コック keittäjä 16 [名], kokki* 4 [名]
こっくり こっくりする（居眠りする）torkahtaa* 2 [動], torkkua* 1 [動]
こっけい〔滑稽〕komiikka* 10 [名]／滑稽な koomillinen 63 [形], naurettava 13 [形]
こっこ〔国庫〕rahasto 2 [名], valtionrahasto 2 [名]
こつこつ（音を立てる）kopistaa 2 [動], kolista 41 [動]／（叩く）koputtaa* 2 [動], koputella* 28 [動]
こっせつ〔骨折〕〈医〉luunmurtuma 13 [名], katkeama 13 [名]
こっそり こっそりと salaa [副], salavihkaa [副]
ごったがえす〔ごった返す〕tungeksia 17 [動], parveilla 28 [動]
こっち（こちら）tässä [副]
こつつぼ〔骨壺〕uurna 11 [名]
こづつみ〔小包み〕paketti* 5 [名]
こっとう〔骨董〕骨董品（古道具など）muinaisesine 78 [名]
こつばん〔骨盤〕lantio 3 [名]
コップ lasi 4 [名], juomalasi 4 [名]
こてい〔固定〕固定的 kiintonainen 63 [形]／固定する vakaantua* 1 [動]
コテージ maja 10 [名]
こてん〔古典〕古典的 klassinen 63 [形], klassillinen 63 [形]
ごてん〔御殿〕palatsi 6 [名]
こと〔事〕seikka* 10 [名]
こどう〔鼓動〕鼓動する（心臓が）sykkiä* 17 [動]
ことがら〔事柄〕asia 14 [名]
こどく〔孤独〕yksinäisyys* 65 [名]／孤独な yksi-

ことごとく

näinen 63 [形]
ことごとく（総ての）joka 不変化 [不代], jokainen 63 [不代], kaikki* 8 [不代],（すっかり）kokonaan [副], täysin [副]
ことし〔今年〕tänä vuonna
ことづけ〔言付け〕viesti 4 [名], sana 10 [名]
ことづける〔言付ける〕lähettää viesti (lähettää* 2 [動], viesti 4 [名])
ことづて〔言伝〕言伝の依頼 viestittäminen 63 [名]
ことなる〔異なる〕〜と異なる（出格と共に）erota 38 [動]／異なった eri (不変化) [形], erilainen 63 [形]
ことに〔殊に〕varsinkin [副], etenkin [副], ennen kaikkea
ことば〔言葉〕kieli 32 [名], sana 10 [名]
こども〔子供〕lapsi 45 [名], lapsukainen 63 [名]／子供っぽい lapsellinen 63 [形]
ことり〔小鳥〕lintu* 1 [名], lintunen 63 [名]
ことわざ〔諺〕（格言）sananlasku 1 [名]
ことわり〔断り〕（陳謝）anteeksipyyntö* 1 [名]
ことわる〔断わる〕（拒絶する）kieltää* 5 [動]（許可を得る）pyytää lupa (pyytää* 3 と 45 [動], lupa* 11 [名])
こな〔粉〕jauhe 78 [名]／粉にする jauhaa 9 [動]
こなぐすり〔粉薬〕〈医〉pulveri 5 [名]
こなごな〔粉々〕粉々に murskaksi [副]／粉々にする murskata 35 [動]／粉々になる murskaantua* 1 [動]
こなす（処理する）käsitellä* 28 [動], pidellä* 28 [動]
こなせっけん〔粉石鹸〕pesujauhe 78 [名]
こにもつ〔小荷物〕paketti* 5 [名]
コニャック konjakki* 5 [名]
コネ（縁故）sukulaisuussuhde* 78 [名], sukulainen 63 [名]
こねこ〔子猫・小猫〕kissanpentu* 1 [名], kissanpoikanen 63 [名]
こねこ〔こね粉〕taikina 15 [名]
こねる〔捏ねる〕（水などを加えてねる）alustaa 2 [動]
この tämä (変化表参照) [指代]／この点で tässä suh-

teessa

このあいだ〔この間〕(先日) äskettäin [副], jokin aika sitten

このうえ〔この上〕この上ない verraton* 57 [形], erinomainen 63 [形]

このえへい〔近衛兵〕(君主の身辺を守る兵) kaarti 4 [名]

このごろ〔この頃〕nykyään [副], viime aikoina

このは〔木の葉〕lehti* 8 [名]

このへん〔この辺〕この辺に näillä tienoilla, näillä seuduilla

このまえ〔この前〕(先日) äskettäin [副], jokin aika sitten

このましい〔好ましい〕mieleinen 63 [形], suotava 13 [形], toivottava 13 [形]／好ましく思う viihtyä* 1 [動]

このみ〔好み〕makuasia 14 [名], taipumus 64 [名]

このむ〔好む〕(出格と共に) pitää* 2 [動], (入格と共に) mielistyä 1 [動]／好んで mieluiten [副]

このよ〔この世〕tämä maailma, maailma 10 [名] (tämä 変化表参照 [指代])

このよう〔この様〕この様な tällainen 63 [形], tämmöinen 63 [形]／この様に näin [副], tällä tavoin

こはく〔琥珀〕(装飾品) meripihka 10 [名]

こばこ〔小箱〕lipas* 66 [名]

こばむ〔拒む〕(出格と共に) kieltäytyä* 44 [動]

こはん〔湖畔〕järvenranta* 10 [名]

ごはん〔御飯〕riisi 4 [名]

ごび〔語尾〕〈言〉pääte* 78 [名]

コピー kopio 3 [名], moniste 78 [名]／コピーを取る monistaa 2 [動]

こびと〔小人〕tonttu* 1 [名], kääpiö 3 [名]

こびりつく tarttua kiinni (tarttua* 1 [動])

こびる〔媚びる〕(へつらう) imarrella* 28 [動], mairitella* 28 [動]

ごぶ〔五分〕五分の (互角の) yhtäläinen 63 [形], tasapuolinen 63 [形]

こふう〔古風〕古風な vanhahtava 13 [形], vanhanai-

こぶし 〔拳〕(げんこつ) nyrkki* 4 [名], koura 11 [名]
こぶね 〔小舟〕 vene 78 [名], alus 64 [名]
ごほう 〔語法〕 puhetapa* 10 [名], kielenparsi* 42 [名]
こぼす 〔零す〕(液体を) tiputtaa* 2 [動], (不平を言う) valittaa* 2 [動]
こぼれおちる 〔零れ落ちる〕 pursuta 39 [動], pursua 1 [動]
こぼれる 〔零れる〕 pursuta 39 [動], pursua 1 [動]
こま 〔独楽〕(回るおもちゃ) hyrrä 11 [名]
ごま 〔胡麻〕〈植〉 seesami 6 [名]
コマーシャル (テレビの) mainos 64 [名]
こまかい 〔細かい〕(詳しい) seikkaperäinen 63 [形], yksityiskohtainen 63 [形] ／細かくする murentaa* 8 [動], paloittaa* 2 [動]
ごまかし 〔誤魔化し〕 temppu* 1 [名], petos 64 [名]
ごまかす 〔誤魔化す〕 petkuttaa* 2 [動], pettää* 2 [動]
こまぎれ 〔細切れ〕 細切れにする paloittaa* 2 [動]
こまく 〔鼓膜〕〈解〉 rumpukalvo 1 [名], 〈解〉tärykalvo 1 [名]
こまどり 〔駒鳥〕〈鳥〉 punarinta* 10 [名]
こまもの 〔小間物〕 pikkutavara 15 [名], sekatavara 15 [名]
こまやか 〔細やか〕 細やかな (感情が) hienotunteinen 63 [形]
こまらせる 〔困らせる〕 ahdistaa 2 [動], harmittaa* 2 [動]
こまりはてる 〔困り果てる〕 hätääntyä* 1 [動], hämmentyä* 1 [動]
こまる 〔困る〕 vaivautua* 44 [動] ／困っている olla hädissään (olla 25 [動])
ごみ roska 11 [名], pöly 1 [名]
こみあう 〔込み合う〕 tungeksia 17 [動], parveilla 28 [動]
こみあげる 〔込み上げる〕(涙が) kyynelehtiä* 17 [動]
こみいる 〔込み入る〕 込み入った monimutkainen 63 [形]

コミカル コミカルな koomillinen 63 [形], koominen 63 [形]

ごみごみ ごみごみした epäjärjestyksessä oleva (oleva 13 [形])

こみだし 〔小見出し〕väliotsikko* 2 [名], väliotsake* [名]

こみち 〔小道〕polku* 1 [名], kuja 11 [名], latu* 1 [名]

コミュニケ tiedonanto* 1 [名]

コミュニケーション kommunikaatio 3 [名], tiedotus 64 [名]

こむ 〔込む〕tungeksia 17 [動], parveilla 28 [動]

ゴム kumi 4 [名] ／ゴム紐 kuminauha 10 [名], hihna 10 [名]

こむぎ 〔小麦〕vehnä 11 [名] ／小麦粉 jauho 1 [名]

こめ 〔米〕riisi 4 [名] ／米粒 riisiryyni 4 [名]

こめかみ 〔顳顬〕〈解〉ohimo 2 [名]

コメディアン koomikko* 2 [名]

ごめん 〔御免〕御免なさい Anteeksi!, Pyydän anteeksi! (pyytää* 3 と 45 [動])

こもの 〔小物〕pikkutavara 15 [名], sekatavara 15 [名]

こもり 〔子守〕子守歌 kehtolaulu 1 [名]

こもん 〔顧問〕neuvos 64 [名]

こや 〔小屋〕maja 10 [名], mökki* 4 [名], tupa* 11 [名]

ごやく 〔誤訳〕käännösvirhe 78 [名]

こやし 〔肥やし〕lanta* 10 [名]

こやす 〔肥やす〕lannoittaa* 2 [動]

こゆう 〔固有〕固有の varsinainen 63 [形], oma 11 [形]

こゆび 〔小指〕(手の) pikkusormi 8 [名], (足の) pikkuvarvas* 66 [名]

こよう 〔雇用〕työllisyys* 65 [名] ／雇用者 työnantaja 16 [名]

ごよう 〔誤用〕väärinkäytös 64 [名]

こよみ 〔暦〕almanakka* 15 [名], kalenteri 5 [名]

こらえる 〔堪える〕(我慢する) sietää* 2 [動], kärsiä

ごらく

17 [動]
ごらく 〔娯楽〕huvi 4 [名], viihde* 78 [名]
こらしめる 〔懲らしめる〕（罰する）kurittaa* 2 [動], rangaista* 24 [動]
こらす 〔凝らす〕息を凝らす pidättää henkeään (pidättää* 2 [動])
コラム （新聞の）palsta 10 [名], kolumni 6 [名]
こりごり 〔懲り懲り〕懲り懲りする kyllästyä 1 [動], tuskastua 1 [動]
こりつ 〔孤立〕孤立した erillinen 63 [形], yksinäinen 63 [形]
ゴリラ 〈動〉gorilla 15 [名]
こりる 〔懲りる〕kyllästyä 1 [動], tuskastua 1 [動]
コルク korkki* 4 [名], tulppa* 11 [名]
コルセット korsetti* 5 [名], kureliivi 4 [名]
ゴルフ 〈ス〉golf 7 [名]
これ tämä (変化表参照) [指代]
コレクション kokoelma 13 [名]
コレクトコール vastapuhelu 2 [名]
コレラ 〈医〉kolera 15 [名]
ころ 〔頃〕その頃 siihen aikaan
ころがす 〔転がす〕kierittää* 2 [動], pyörittää* 2 [動]
ころがる 〔転がる〕kieriä 17 [動], pyöriä 17 [動]
ころげおちる 〔転げ落ちる〕vieriä 17 [動], vierähtää* 2 [動]
ごろごろ （音を立てる）jyristä 41 [動] ／（猫が喉を鳴らす）kehrätä 35 [動]
ころす 〔殺す〕tappaa* 9 [動], surmata 35 [動]
ごろつき heittiö 3 [名]
コロッケ 〈料〉kuorukka* 15 [名], kroketti* 5 [名]
ころぶ 〔転ぶ〕kompastua 1 [動], kaatua* 1 [動]
こわい 〔怖い〕（視線・声などが）tuikea 21 [形], tuima 11 [形] ／怖い目つきで tuimin silmin
こわがる 〔怖がる〕pelätä* 35 [動], pelästyä 1 [動] ／怖がって huolissaan [副] ／怖がっている olla peloissaan ／怖がらせる pelottaa* 2 [動]
こわごわ こわごわと（おずおずと）ujosti [副]

ごわごわ ごわごわした sitkeä 21 [形]
こわす 〔壊す〕rikkoa*1[動], särkeä*13[動], murtaa* 6[動]
こわばる 〔強張る〕kangistua 1 [動], jäykistyä 1 [動]／強張った kankea 21 [形]
こわれる 〔壊れる〕mennä rikki, rikkoutua* 44 [動], särkyä* 1 [動]（mennä 27 [動]）
こん 〔紺〕紺色の tummansininen 63 [形]
こんい 〔懇意〕ystävyys* 65 [名]／懇意になる ystävystyä+属格+kanssa (ystävystyä 1 [動])
こんいん 〔婚姻〕avioliitto* 1 [名], vihkitoimitus 64 [名]／婚姻を結ぶ solmia 17 [動], solmia avioliitto
こんかい 〔今回〕tällä haavaa／今回限り kerta kaikkiaan
こんがらかる sotkeentua* 1 [動], sotkeutua* 44 [動]
こんき 〔根気〕根気強い uuttera 12 [形], kestävä 13 [形]
こんきょ 〔根拠〕perustus 64 [名], kanta* 10 [名], perä 11 [名]
コンクール kilpailu 2 [名]
コンクリート betoni 6 [名]
こんげつ 〔今月〕今月に tässä kuussa
こんげん 〔根源〕juuri 39 [名]
こんご 〔今後〕tästä lähtien, tästedes [副]
こんごう 〔混合〕sekoitus 64 [名]／混合物 seos 64 [名]
こんこうりん 〔混交林〕sekametsä 11 [名]
コンサート konsertti* 6 [名]／コンサートホール konserttisali 4 [名]
こんさい 〔根菜〕juurikasvi 4 [名]
こんざい 〔混在〕混在して seassa [副]
こんざつ 〔混雑〕tungos 64 [名], ruuhka 11 [名]／混雑する tungeksia 17 [動], parveilla 28 [動]
こんしゅう 〔今週〕今週に tällä viikolla
こんじょう 〔根性〕tarmo 1 [名], sisu 1 [名], rohkeus* 65 [名]
こんすい 〔昏睡〕昏睡状態〈医〉kooma 11 [名], tajuttomuus* 65 [名]

コンスタント コンスタントな yhtämittainen 63 [形], yhtäjaksoinen 63 [形], alituinen 63 [形]
こんせい 〔混声〕混声合唱 yhteislaulu 1 [名]
こんぜつ 〔根絶〕根絶する tuhota 38 [動]
コンセント 〈電〉pistokytkin 56 [名], pistorasia 15 [名]
コンソメスープ 〈料〉lihaliemi 35 [名]
コンタクトレンズ piilolasi 4 [名], piilolinssi 4 [名]
こんだて 〔献立〕ruokalista 10 [名]
こんたん 〔魂胆〕juoni 38 [名], (通常は複数形で) vehje* 78 [名]
こんちゅう 〔昆虫〕hyönteinen 63 [名]
こんてい 〔根底〕pohja 11 [名], perusta 15 [名]
コンテスト kilpailu 2 [名]
コンテナ 〈鉄〉kontti* 4 [名], konteineri 7 [名]
コンデンサー 〈技〉lauhdutin* 56 [名]
こんど 〔今度〕tällä kertaa, tällä haavaa
こんどう 〔混同〕sekaannus 64 [名] ／混同する sekoittaa* 2 [動]
コントラバス 〈楽〉bassoviulu 1 [名], kontrabasso 1 [名]
コントロール hallinta* 15 [名] ／コントロールする hallita 31 [動]
こんとん 〔混沌〕sekamelska 10 [名], epäjärjestys 64 [名]
こんなん 〔困難〕vaikeus* 65 [名] ／困難な vaikea 21 [形], ahdas* 66 [形]
こんにち 〔今日〕tänään [副] ／今日は (挨拶) Hyvää päivää!, Päivää!
コンパ yhdessäolo 1 [名], kokoontuminen 63 [名]
コンパートメント (客車の) vaunu(n)osasto 2 [名], hytti* 4 [名]
コンバイン 〈農〉leikkuupuimuri 5 [名]
コンパクト コンパクトな kiinteä 21 [形], tiivis 69 [形]
コンパス (円を描く道具) harppi* 4 [名], (羅針盤) kompassi 6 [名]
こんばん 〔今晩〕tänä iltana ／今晩は (挨拶) Hyvää

iltaa !, Iltaa !
コンビ pari 4 [名]
コンピューター 〈技〉tietokone 78 [名]
コンプレックス alemmuuskompleksi 6 [名]
コンプレッサー puristin 56 [名]
コンベヤー コンベヤーベルト〈技〉liukuhihna 10 [名], kuljetushihna 10 [名]
こんぼう〔棍棒〕nuija 11 [名], keppi* 4 [名]
こんぽう〔梱包〕梱包する pakata* 35 [動]
こんぽん〔根本〕根本的 perinpohjainen 63 [形], oleellinen 63 [形], olennainen 63 [形]
コンマ pilkku* 1 [名]
こんや〔今夜〕tänä yönä
こんやく〔婚約〕kihlaus 64 [名]／婚約者 (男性の) sulhanen 63 [名], (女性の) morsian 56 [名]／婚約する kihlautua* 44 [動], mennä kihloihin (mennä 27 [動])
こんらん〔混乱〕sekasorto* 1 [名], sotku 1 [名], epäjärjestys 64 [名]／混乱する sekaantua* 1 [動], sekoittua* 1 [動]
こんれい〔婚礼〕häät 28 [複名]
こんろ〔焜炉〕(炊事をする) keitin* 56 [名], 〈常〉hella 10 [名]
こんわ〔混和〕sekoitus 64 [名]
こんわく〔困惑〕hämmennys 64 [名], epäjärjestys 64 [名], sekaannus 64 [名]／困惑する hämmentyä* 1 [動], hätääntyä* 1 [動]

さ

さ〔差〕ero 1 [名], erilaisuus* 65 [名]
ざ〔座〕istumapaikka* 10 [名], istuin 56 [名]
サーカス sirkus 64 [名]
サークル (周囲) kierros 64 [名], (仲間) piiri 4 [名]

サーチライト valonheitin* 56 [名]
サーバー 〈ス〉syöttäjä 16 [名]
サービス palvelu 2 [名] ／サービスステーション（自動車の）huoltoasema 13 [名]
サーブ 〈ス〉syöttö* 1 [名] ／サーブする syöttää* 2 [動]
サーフィン lainelauta* 10 [名], surffaus 64 [名] ／サーフィンをする lainelautailla 28 [動], surffata 40 [動]
サーベル sapeli 5 [名]
さい〔才〕(才能) luonnonlahja 10 [名], kyky* 1 [名], (年齢について) 〜才の〜 vuotta vanha, -vuotias 66 [形] (vanha 10 [形])
さい〔犀〕〈動〉sarvikuono 1 [名]
さい〔差異〕eroavuus* 65 [名]
さいあい〔最愛〕最愛の rakkain* 59 [形], kallein* 59 [形]
さいあく〔最悪〕最悪の huonoin* 59 [形], pahin* 59 [形]
ざいあく〔罪悪〕synti* 4 [名], rikos 64 [名], rikkomus 64 [名]
さいかい〔再会〕jälleennäkeminen 63 [名]
さいかい〔再開〕uudelleen aloitus ／再開する aloittaa uudelleen (aloitus 64 [名], aloittaa* 2 [動])
さいがい〔災害〕tuho 1 [名] ／災害保険 tapaturmavakuutus 64 [名]
さいき〔才気〕才気ある nopeaälyinen 63 [形], nokkela 12 [形]
さいき〔再起〕(復帰) paluu 25 [名]
さいきん〔細菌〕bakteeri 6 [名]
さいきん〔最近〕nykyään [副], viime aikoina, äskettäin [副] ／最近の viimeaikainen 63 [形], viimeinen 63 [形]
さいく〔細工〕細工人 (金の) kultaseppä* 11 [名], (銀の) hopeaseppä* 11 [名]
さいくつ〔採掘〕採掘人 (金の) kullankaivaja 16 [名]
サイクリング pyöräily 2 [名]
さいけいこく〔最恵国〕最恵国待遇〈経〉suosituim-

さいじょう

muus* 65 [名]
さいけつ〔採決〕äänestys 64 [名]／採決する äänestää 2 [動]
さいげつ〔歳月〕（複数形で）vuodet* 40 [名]
さいけん〔再建〕jälleenrakennustyö 30 [名], uudistus 64 [名]／再建する uudistaa 2 [動]
さいけん〔債権〕saatava 13 [名], hyvitys 64 [名]／債権者 saamamies 72 [名]
さいげん〔再現〕toistuminen 63 [名]／再現する toistua 1 [動]
さいげん〔際限〕際限のない rajoittamaton* 57 [形]
ざいげん〔財源〕rahavarat 10 [複名]
さいこ〔最古〕最古の vanhin* 59 [形]
さいご〔最後〕最後の lopullinen 63 [形], viime (不変化) [形], viimeinen 63 [形]／最後に lopuksi [副], lopulta [副], viimein [副]
さいこう〔再興〕jälleenrakennustyö 30 [名], uudistus 64 [名]／再興する uudistaa 2 [動]
さいこう〔採鉱〕vuoriteollisuus* 65 [名]
さいこう〔最高〕最高の päällimmäinen 63 [形]
さいこうちょう〔最高潮〕huippukohta* 11 [名]
さいころ noppa* 11 [名], arpakuutio 3 [名]
さいさき〔幸先〕幸先のよい onnellinen 63 [形]
さいさん〔再三〕monta kertaa, usein [副]
さいさん〔採算〕ansio 3 [名], voitto* 1 [名]
ざいさん〔財産〕omaisuus* 65 [名]
さいし〔妻子〕vaimo ja lapset (vaimo 1 [名], lapsi 45 [名])
さいじつ〔祭日〕pyhä 11 [名], pyhäpäivä 83 [名]
ざいしつ〔材質〕aine 78 [名]
さいしゅう〔採集〕keräys 64 [名]
さいしゅう〔最終〕最終的 lopullinen 63 [形], peruuttamaton* 57 [形]
さいしょ〔最初〕最初の alkuperäinen 63 [形], ensi (不変化) [形], ensimmäinen 63 [形]／最初に alussa, alun perin, alkuaan [副]
さいしょう〔最小〕pienin* 59 [形], vähin* 59 [形]
さいじょう〔最上〕etusija 10 [名]

さいしょく〔菜食〕kasvisravinto* 2 [名] ／菜食主義者 vegetariaani 4 [名], kasvissyöjä 11 [名]
ざいしょく〔在職〕在職中の virkaatekevä 13 [形]
さいしん〔細心〕細心の（注意深い）huolellinen 63 [形], varovainen 63 [形]
さいしん〔最新〕最新の viimeinen 63 [形]
サイズ koko* 1 [名]
さいせい〔再生〕再生紙 uusiopaperi 5 [名]
ざいせい〔財政〕財政の rahallinen 63 [形]
さいせき〔砕石〕sepeli 6 [名]
さいせき〔採石〕採石場 kivilouhos 64 [名]
さいぜん〔最善〕最善を尽くす yrittää parhaansa, tehdä parhaansa (yrittää* 2 [動], tehdä* 33 [動])
さいそく〔催促〕催促する（債務の支払いを）velkoa* 1 [動]
さいだい〔最大〕最大の suurin* 59 [形], isoin* 59 [形]
ざいたく〔在宅〕在宅である olla kotona (olla 25 [動])
さいだん〔祭壇〕alttari 5 [名]
さいだん〔裁断〕leikkaaminen 63 [名] ／裁断する leikata* 35 [動]
さいちゅう〔最中〕〜の最中に（属格と共に）keskellä [後],（属格と共に）puolivälissä [後]
さいてい〔最低〕（少なくとも）edes [副], ainakin [副], vähintään [副]
さいてい〔裁定〕〈法〉tuomio 3 [名]
さいてき〔最適〕最適な sopivin* 59 [形]
さいてん〔採点〕採点する arvostella kokeet (arvostella 28 [動], koe* 78 [名])
サイド（脇）sivu 1 [名], sivupuoli 32 [名]
サイドライン〈ス〉sivuraja 10 [名]
さいなん〔災難〕onnettomuus* 65 [名], onnettomuustapaus 64 [名]
ざいにん〔在任〕在任期間 toimikausi* 40 [名]
ざいにん〔罪人〕rikosvanki* 4 [名], rangaistusvanki* 4 [名]
さいのう〔才能〕／才能豊かな lahjakas* 66 [形],

hyvälahjainen 63 [形]
さいばい〔栽培〕栽培する kasvattaa* 2 [動]
さいばん〔裁判〕〈法〉tuomio 3 [名]／裁判する tuomita 31 [動]
さいひょう〔砕氷〕砕氷船〈海〉jäänmurtaja 16 [名]
さいふ〔財布〕lompakko* 2 [名], kukkaro 2 [名]
さいぶ〔細部〕yksityiskohta* 11 [名], detalji 6 [名]
さいぶん〔細分〕細分する pilkkoa* 1 [動]
さいへん〔再編〕uudelleenjärjestäminen 63 [名]
さいへん〔砕片〕katkelma 13 [名], pirstale 78 [名]
さいほう〔裁縫〕ompelu 2 [名]
さいぼう〔細胞〕〈生物〉solu 1 [名]
さいみん〔催眠〕催眠術 hypnotismi 4 [名]
さいむ〔債務〕velka* 10 [名]
さいもく〔細目〕yksityiskohta* 11 [名], detalji 6 [名]
ざいもく〔材木〕puu 29 [名], puutavara 15 [名]
さいよう〔採用〕採用する ottaa käytäntöön (ottaa* 2 [動])
さいりょう〔最良〕最良の paras 66 [形]
ざいりょう〔材料〕aine 78 [名], materiaali 4 [名]
ざいりょく〔財力〕vara 10 [名]
サイレン sireeni 5 [名], merkkitorvi 8 [名]
サイロ siilo 1 [名]
さいわい〔幸い〕onni 8 [名]
サイン allekirjoitus 64 [名]／サインする allekirjoittaa* 2 [動]
サウナ sauna 10 [名]／サウナに入る käydä saunassa (käydä 23 [動])
さえ 〜さえも jopa [副], ei edes
さえぎる〔遮る〕(光を) peittää* 2 [動], varjostaa 2 [動]
さえずり〔囀り〕(鳥の) linnunlaulu 1 [名], piipitys 64 [名]
さえずる〔囀る〕(鳥が) laulaa 9 [動], piipittää* 2 [動]
さえる〔冴える〕冴えた (はっきりした) selvä 11 [形], selkeä 21 [形]
さお〔竿〕(長い棒) tanko* 1 [名], salko* 1 [名]
さか〔坂〕mäki* 8 [名], rinne* 78 [名]

さかい〔境〕(境界線) raja 10 [名], rajaviiva 10 [名]
さかえ〔栄え〕kukoistus 64 [名]
さかえる〔栄える〕kukoistaa 2 [動], kukkia* 17 [動]
さかさま〔逆さま〕逆さまに ylösalaisin [副], nurin [副]
さがす〔探す〕etsiä 17 [動], hakea* 13 [動], (手探りで) tapailla 29 [動]
さかずき〔杯〕malja 10 [名]
さかだち〔逆立ち〕käsinseisonta* 15 [名]
さかな〔魚〕kala 10 [名]／魚屋（人）kalakauppias 66 [名]／魚を取る kalastaa 2 [動]
さかば〔酒場〕kapakka* 15 [名]
さかや〔酒屋〕alkoholimyymälä 15 [名]
さからう〔逆らう〕vastustaa 2 [動]
さかり〔盛り〕(隆盛) kukoistus 64 [名], (発情) kiima 10 [名]
さがる〔下がる〕laskea 13 [動], laskeutua* 44 [動]
さかん〔盛ん〕盛んにする kiihdyttää* 2 [動]
さき〔先〕(先端) nipukka* 15 [名]／〜より先に（場所・時間について, 属格と共に）edelle [後], edellä [後]
さぎ〔鷺〕〈鳥〉haikara 15 [名]
さぎ〔詐欺〕petos 64 [名], kavallus 64 [名]
さきおととい〔一昨昨日〕kolme päivää sitten
さきおととし〔一昨昨年〕kolme vuotta sitten
サキソホン〈楽〉saksofoni 4 [名]
さきだつ〔先立つ〕(前に来る) edeltää* 5 [動]
さきほど〔先程〕äsken [副], äskettäin [副], juuri [副]
さきゅう〔砂丘〕hiekkakinos [名]
さぎょう〔作業〕puuha 11 [名]
さきんじる〔先んじる〕先んじて（分格と共に）ennen [後] [前]
さく〔柵〕(垣根) aita* 10 [名], puomi 4 [名]
さく〔策〕keino 1 [名], neuvo 1 [名]
さく〔咲く〕kukkia* 17 [動]
さく〔裂く〕halkaista 24 [動], repiä* 17 [動]
さくい〔作為〕作為的 keinotekoinen 63 [形]
さくいん〔索引〕hakemisto 1 [名], nimistö 2 [名]

さくご〔錯誤〕virhe 78 [名], erehdys 64 [名]
さくじつ〔昨日〕eilen [副]
さくしゃ〔作者〕tekijä 14 [名], laatija 14 [名]
さくしゅ〔搾取〕搾取する kiskoa 1 [動]
さくじょ〔削除〕poistaminen 63 [名]／削除する poistaa 2 [動]
さくせい〔作成〕sommitelma 13 [名], muodostelma 13 [名]／作成する sommitella* 28 [動]
さくせん〔作戦〕(戦争の) sotatoimi 35 [名]
さくにゅう〔搾乳〕lypsy 1 [名]
さくねん〔昨年〕viime vuonna
さくばん〔昨晩〕eilen illalla
さくひん〔作品〕(文学・芸術などの) teos 64 [名], (音楽の) sävellys 64 [名]
さくぶん〔作文〕ainekirjoitus 64 [名]
さくもつ〔作物〕sato* 1 [名], laiho 1 [名]
さくや〔昨夜〕eilen illalla
さくら〔桜〕kirsikka* 15 [名]
さくらんぼう〔桜ん坊〕kirsikka* 15 [名]
さくりゃく〔策略〕juoni 38 [名], salahanke* 78 [名]
さぐる〔探る〕tutkia 17 [動], (手で) tunnustella 28 [動]
ざくろ〔柘榴〕(果物) granaattiomena 12 [名]
さけ〔鮭〕〈魚〉lohi 33 [名], lohikala 10 [名]
さけ〔酒〕ryyppy* 1 [名], väkijuoma 11 [名]／酒を飲む ottaa ryyppy (ottaa* 2 [動])
さげすむ〔蔑む〕(軽蔑する) halveksia 17 [動], väheksyä 1 [動]
さけび〔叫び〕huuto* 1 [名], huudahdus 64 [名]
さけぶ〔叫ぶ〕huutaa* 3 [動]
さけめ〔裂け目〕reikä* 11 [名], halkeama 13 [名]
さける〔裂ける〕haljeta* 36 [動]
さける〔避ける〕karttaa* 10 [動], välttää* 2 [動]
さげる〔下げる〕alentaa* 8 [動], pudottaa* 2 [動], (吊り下げる) ripustaa 2 [動], (値段を) halventaa* 8 [動], alentaa* 8 [動]
ささい〔些細〕些細な事 pikkuasia 14 [名], pikkuseikka* 10 [名]

ささえ〔支え〕tuki* 8 [名], vara 10 [名], kannatus 64 [名]
ささえる〔支える〕tukea* 13 [動], kannattaa* 2 [動]／〜に支えられて（属格と共に）varassa [後]
ささげる〔捧げる〕(神に) pyhittää* 2 [動]
さざなみ〔細波〕細波が立つ läikkyä* 1 [動], väreillä 28 [動]
ささやか ささやかな vaatimaton* 57 [形]
ささやき〔囁き〕kuiskaus 64 [名], sipinä 14 [名]
ささやく〔囁く〕kuiskata 35 [動], sipistä 41 [動]
さじ〔匙〕(スプーン) lusikka* 15 [名]
さしあげる〔差し上げる〕antaa* 9 [動]
さしあたり〔差し当たり〕toistaiseksi [副]
さしいれる〔差し入れる〕pistää 2 [動]
さしえ〔挿し絵〕kuva 11 [名]／挿し絵を入れる kuvittaa* 2 [動]
さしおさえ〔差し押さえ〕ulosotto* 1 [名], 〈法〉takavarikko* 2 [名]
さしおさえる〔差し押さえる〕ulosottaa* 2 [動], 〈法〉takavarikoida 18 [動]
さしこみ〔差し込み〕〈電〉pistokytkin 56 [名], pistorasia 15 [名]
さしころす〔刺し殺す〕pistää hengiltä, pistää kuoliaaksi (pistää 2 [動])
さししめす〔指し示す〕viitata* 35 [動], viittoilla 29 [動]
さしず〔指図〕ohje 78 [名], määräys 64 [名]
さしせまる〔差し迫る〕差し迫った kiireinen 63 [形]
さしだしにん〔差出人〕lähettäjä 16 [名]
さしだす〔差し出す〕ojentaa* 42 [動]
さしつかえる〔差し支える〕(妨げる) häiritä 31 [動], ehkäistä 24 [動]
さしとおす〔刺し通す〕lävistää 2 [動]
さしのべる〔差し伸べる〕手を差し伸べる (助ける) avustaa 2 [動], auttaa* 10 [動]
さしひき〔差し引き〕〈商〉bilanssi 6 [名], tase 78 [名]
さしひく〔差し引く〕vähentää* 8 [動], alentaa* 8 [動]
さしょう〔些少〕(少し) pienuus* 65 [名]

さしょう〔査証〕viisumi 5 [名]
ざしょう〔座礁〕座礁する joutua karille (joutua* 1 [動])
さす〔砂州〕hiekkasärkkä* 11 [名], särkkä* 11 [名]
さす〔刺す〕pistää 2 [動], pistellä 28 [動], (蚊などが) purra 26 [動]
さす〔指す〕osoittaa* 2 [動], osoittaa sormella
さす〔差す〕(光が) valo virtaa (virrata* 35 [動])
さずける〔授ける〕antaa* 9 [動]
サスペンダー olkaimet 56 [複名], housunkannattimet* 56 [複名]
さする〔摩る〕sivellä 28 [動], hivellä 28 [動], sipaista 24 [動]
ざせき〔座席〕paikka* 10 [名], (乗物の) istumapaikka* 10 [名]
させつ〔左折〕左折する kääntyä vasemmalle (kääntyä* 1 [動])
ざせつ〔挫折〕epäonnistuminen 63 [名], sortuminen 63 [名]／挫折する sortua* 1 [動], kukistua 1 [動]
させる teettää* 2 [動], (属格＋不定詞と共に) antaa* 9 [動], (第3不定詞入格と共に) panna 27 [動]
さそい〔誘い〕kutsu 1 [名], houkuttelu 2 [名]
さそう〔誘う〕kutsua 1 [動], houkutella* 28 [動]
さそり〔蠍〕〈動〉skorpioni 4 [名]
さだまる〔定まる〕järjestyä 1 [動]
さだめ〔定め〕(規則) sääntö* 1 [名], (運命) kohtalo 2 [名]
さだめる〔定める〕säätää* 4 [動]
サタン paholainen 63 [名], piru 1 [名], saatana 15 [名]
ざだんかい〔座談会〕keskustelu 2 [名], väittely 2 [名]
さち〔幸〕海の幸山の幸 anti* 4 [名], luonnontuote* [名]
ざちょう〔座長〕puheenjohtaja 16 [名]
さつ〔札〕seteli 5 [名]
ざつ〔雑〕雑な (粗雑な) särmikäs* 66 [形]
さつえい〔撮影〕撮影する valokuvata 35 [動], filmata 35 [動]

ざつおん〔雑音〕melu 1 [名], häly 1 [名]

さっか〔作家〕kirjoittaja 16 [名], kaunokirjailija 14 [名]

ざっか〔雑貨〕〈商〉sekatavara 15 [名]

サッカー〈ス〉jalkapallo 1 [名]

さつがい〔殺害〕murha 11 [名], tappo* 1 [名]／殺害する murhata 35 [動], tappaa* 9 [動]

さっかく〔錯覚〕harhakuva 11 [名], illuusio 3 [名]

サッカリン sakariini 4 [名]

さっき äsken [副], hetki sitten, juuri [副], vasta [副]

さっきょく〔作曲〕sävellys 64 [名]／作曲する säveltää* 5 [動]

さっきん〔殺菌〕desinfiointi* 4 [名], sterilointi* 4 [名]／殺菌する sterilisoida 18 [動]

ざっくばらん ざっくばらんな vilpitön* 57 [形], avoin 56 [形]

ざっこく〔雑穀〕hirssi 4 [名]

さっさと nopeasti [副], viipymättä [副]

サッシ〈建〉liukukehys 64 [名]

ざっし〔雑誌〕aikakauslehti* 8 [名], lehti* 8 [名]

ざっしゅ〔雑種〕雑種の sekarotuinen 63 [形]

さっしん〔刷新〕刷新する korjata entiselleen (korjata 35 [動])

さつじん〔殺人〕murha 11 [名], tappo* 1 [名]／殺人をする murhata 35 [動], tappaa* 9 [動]

さっする〔察する〕otaksua 1 [動], olettaa* 2 [動], arvella 28 [動]

ざつぜん〔雑然〕雑然とした sotkuinen 63 [形]

さっそう〔颯爽〕颯爽とした ripeä 21 [形], reipas* 66 [形], vilkas* 66 [形]

ざっそう〔雑草〕rikkaruoho 1 [名]

さっそく〔早速〕heti [副], heti paikalla

ざった〔雑多〕雑多な moninainen 63 [形], vaihteleva 13 [形]

ざつだん〔雑談〕pakina 14 [名]／雑談する pakinoida 30 [動]

ざっと (手短に) lyhyesti [副], (大雑把に) karkeasti

［副］
さっとう〔殺到〕ryntäys 64［名］, syöksy 1［名］／殺到する rynnätä* 35［動］, syöksyä 1［動］
ざっとう〔雑踏〕ruuhka 11［名］
さつばつ〔殺伐〕殺伐とした verenhimoinen 63［形］
さっぱり（少しも）ei ollenkaan ／さっぱりする virkistäytyä* 44［動］
ざっぴ〔雑費〕kulu 1［名］
さっぷうけい〔殺風景〕殺風景な koristeeton* 57［形］
さてい〔査定〕arvio 3［名］, taksoitus 64［名］／査定する taksoittaa* 2［動］
サテン satiini 6［名］
さとう〔砂糖〕sokeri 5［名］
さどう〔作動〕作動させる（機械などを）käynnistää 2［動］, panna käyntiin（panna 27［動］）
さとご〔里子〕kasvattilapsi 45［名］
さとす〔諭す〕neuvoa 1［動］
さとる〔悟る〕tiedostaa 2［動］
サドル（自転車の）satula 15［名］
さなぎ〔蛹〕〈虫〉kotelo 2［名］／蛹になる koteloitua* 1［動］
サナトリウム parantola 15［名］
さば〔鯖〕〈魚〉makrilli 6［名］
さばき〔裁き〕tuomio 3［名］
さばく〔砂漠〕aavikko* 2［名］, hiekka-aavikko* 2［名］
さばく〔裁く〕tuomita 31［動］
サバンナ aro 1［名］
さび〔錆〕（金属の）ruoste 78［名］
さびしい〔寂しい〕yksinäinen 63［形］, autio 3［形］
さびる〔錆びる〕（金属が）ruostua 1［動］
さびれる〔寂れる〕rappeutua* 44［動］
サファイア safiiri 5［名］
さべつ〔差別〕syrjintä* 15［名］
さほう〔作法〕käyttäytyminen 63［名］, tapa* 10［名］
サボタージュ sabotaasi 4［名］
さぼてん〔仙人掌〕〈植〉kaktus 64［名］

サボる 〈俗〉 pinnata koulusta (pinnata 35 [動])
サマースクール kesäyliopisto 2 [名], kesälukio 3 [名]
サマータイム kesäaika* 10 [名]
サマーハウス kesämökki* 4 [名]
さまざま 〔様々〕 様々な erilainen 63 [形]
さます 〔冷ます〕 jäähdyttää* 2 [動], viilentää* 8 [動]
さます 〔覚ます〕 (目を) herätä 40 [動]
さまたげ 〔妨げ〕 este 78 [名], häiriö 3 [名]
さまたげる 〔妨げる〕 estää 2 [動]
さまよう 〔さ迷う〕 harhailla 29 [動], vaeltaa* 5 [動]
サマリー yhteenveto* 1 [名]
さむい 〔寒い〕 kylmä 11 [形] ／寒さ kylmyys* 65 [名], kylmä 11 [名], (氷点下の) pakkanen 63 [名] ／寒くなる pakastaa 2 [動]
さむがり 〔寒がり〕 寒がりの viluinen 63 [形]
さむがる 〔寒がる〕 vilustua 1 [動] ／寒がらせる viluttaa* 2 [動]
さむけ 〔寒気〕 vilunpuistatus 64 [名]
さめ 〔鮫〕〈魚〉 hai 27 [名], haikala 10 [名]
さめる 〔冷める〕 jäähtyä* 1 [動], viilentyä* 1 [動]
さめる 〔覚める〕 (眠りから) herätä 40 [動], havahtua* 1 [動]
さもなければ muuten [副], muutoin [副]
さや 〔莢〕 (豆の) herneenpalko* 1 [名], palko* 1 [名]
さや 〔鞘〕 (刀の) tuppi* 8 [名]
さやえんどう 〔莢豌豆〕 silpoherne 78 [名]
ざやく 〔座薬〕〈医〉 peräpuikko* 1 [名]
さよう 〔作用〕 käynti* 4 [名] ／作用する tehota 38 [動]
さようなら näkemiin, (電話やラジオで) kuulemiin
さよく 〔左翼〕 vasemmisto 1 [名] ／左翼の vasemmistolainen 63 [形]
さら 〔皿〕 astia 14 [名], lautanen 63 [名]
さらいげつ 〔再来月〕 kahden kuukauden kuluttua
さらいしゅう 〔再来週〕 kahden viikon kuluttua
さらいねん 〔再来年〕 kahden vuoden kuluttua

ざらざら ざらざらした kalsea 21 [形], karhea 21 [形]
さらす 〔晒す〕(日光に当てる) valkaista 24 [動]
サラダ salaatti* 6 [名]
さらに 〔更に〕yhä [副], edelleen [副], vielä [副]
サラブレッド (純血種の) täysiverinen 63 [形], puhdasrotuinen 63 [形]
ざりがに 〈甲殻〉rapu* 1 [名], krapu* 1 [名]
さりげない 〔さり気無い〕vaatimaton* 57 [形]
さる 〔猿〕〈動〉apina 14 [名]
さる 〔去る〕poistua 1 [動]
ざる 〔笊〕(網目の容器) siivilä 15 [名]
サロン salonki* 6 [名]
さわがしい 〔騒がしい〕äänekäs* 66 [形], meluisa 13 [形]
さわがせる 〔騒がせる〕herättää suurta huomiota (herättää* 2 [動])
さわぎ 〔騒ぎ〕melu 1 [名], meteli 5 [名]
さわぎたてる 〔騒ぎ立てる〕reuhata 35 [動]
さわぐ 〔騒ぐ〕meluta 39 [動], riehua 1 [動]
ざわつく kahista 41 [動], rahistaa 2 [動]
さわやか 〔爽やか〕爽やかな raikas* 66 [形], viileä 21 [形]
さわる 〔触る〕koskea 13 [動], koskettaa* 2 [動]
さん 〔三〕kolme 9 (複数は 8) [基数] ／三番目 kolmas* 75 [序数]
さん 〔酸〕happo* 1 [名]
さんいん 〔産院〕synnytyslaitos 64 [名]
さんか 〔参加〕osanotto* 1 [名], osallistuminen 63 [名] ／参加する ottaa osaa＋入格, osallistua 1 [動] (ottaa* 2 [動])
さんか 〔酸化〕酸化する〈化〉hapettua* 1 [動], oksidoitua* 1 [動]
さんかい 〔三回〕kolme kertaa, kolmasti [副]
さんかく 〔三角〕三角形〈幾〉kolmio 3 [名]
さんがく 〔山岳〕vuori 32 [名]
さんかくす 〔三角州〕suisto 1 [名]
さんがつ 〔三月〕maaliskuu 29 [名]
さんきゃく 〔三脚〕kolmijalka* 10 [名]

ざんぎゃく〔残虐〕väkivallanteko* 1 [名], ilkityö 30 [名]
さんきょう〔山峡〕vuorenrotko 1 [名]
さんぎょう〔産業〕teollisuus* 65 [名]
ざんぎょう〔残業〕ylityö 30 [名]／残業する tehdä ylitöitä (tehdä* 33 [動])
ざんきん〔残金〕loppusumma 11 [名]
サングラス aurinkolasit [複名] 4 [名]
さんご〔珊瑚〕(装飾品) koralli 6 [名]／珊瑚礁 koralliriutta* 10 [名]
さんこう〔参考〕参考書 hakuteos 64 [名]
ざんこく〔残酷〕julmuus* 65 [名]／残酷な julma 11 [形], tunteeton* 57 [形]
さんざん〔散々〕(ひどく) ankarasti [副], vakavasti [副]
さんじ〔惨事〕onnettomuus* 65 [名], tuho 1 [名]
ざんじ〔暫時〕暫時の väliaikainen 63 [形]
さんじげん〔三次元〕三次元の kolmiulotteinen 63 [形]
さんじゅう〔三重〕三重の kolminkertainen 63 [形]
さんしゅつ〔産出〕tuotanto* 2 [名]／産出する tuottaa* 2 [動]
さんしょう〔参照〕vetoaminen 63 [名]／参照する vedota* 38 [動]
さんじょく〔産褥〕lapsivuode* 78 [名]
さんすう〔算数〕aritmetiikka* 10 [名], laskuoppi* 4 [名]
さんする〔産する〕tuottaa* 2 [動], valmistaa 2 [動]
さんせい〔酸性〕酸性雨 happosade* 78 [名]
さんせい〔賛成〕myöntymys 64 [名], suostumus 64 [名]／賛成する myönnellä* 28 [動], suostua 1 [動]
さんせいけん〔参政権〕äänioikeus* 65 [名]
さんそ〔酸素〕happi* 8 [名]
ざんだか〔残高〕loppusumma 11 [名]
サンタクロース joulupukki* 4 [名], joulu-ukko* 1 [名]
サンダル sandaali 6 [名], sannikas* 66 [名]
さんだんとび〔三段跳び〕〈ス〉kolmiloikka* 11 [名]

さんちょう〔山頂〕vuorenhuippu* 1 [名]
ざんてい〔暫定〕暫定的 väliaikainen 63 [形]
さんど〔三度〕kolme kertaa
サンドイッチ kaksoisvoileipä* 11 [名], kerrosvoileipä* 11 [名]
さんにゅう〔酸乳〕piimä 11 [名]
さんにん〔三人〕三人で kolmisin [副]
ざんにん〔残忍〕残忍な verenhimoinen 63 [形]
ざんねん〔残念〕残念ながら valitettavasti [副], ikävästi [副] ／残念に思う valittaa* 2 [動], pahoitella* 28 [動]
サンバ samba 10 [名]
さんばい〔三倍〕三倍の kolminkertainen 63 [形]
さんぱい〔参拝〕hartaudenharjoitus 64 [名] ／参拝する harjoittaa hartautta (harjoittaa* 2 [動])
さんばし〔桟橋〕laituri 5 [名]
さんぱつ〔散髪〕tukanleikkuu 25 [名]
ざんぱん〔残飯〕tähde* 78 [名], ruoantähde* 78 [名]
さんび〔賛美〕ylistys 64 [名], ihailu 2 [名] ／賛美する ylistää 2 [動], ihailla 29 [動]
さんぴ〔賛否〕(副詞的に) puolesta ja vastaan
さんぷ〔産婦〕synnyttäjä 16 [名]
さんぷ〔散布〕散布する ripotella* 28 [動], sirotella* 28 [動]
さんぷく〔山腹〕mäenrinne* 78 [名], mäentöyräs 66 [名]
さんぶつ〔産物〕tuote* 78 [名], luonnontuote* 78 [名]
サンプル näyte* 78 [名]
さんぶん〔三分〕三分の一 kolmannes 64 [名], kolmasosa 85 [名]
さんぶん〔散文〕proosa 11 [名]
さんぽ〔散歩〕kävely 2 [名], ulkoilu 2 [名] ／散歩する kävellä 28 [動], ulkoilla 29 [動]
さんぼう〔参謀〕〈軍〉esikunta* 11 [名]
さんまん〔散漫〕(注意の) tarkkaamattomuus* 65 [名]
さんみ〔酸味〕酸味をつける hapattaa* 2 [動]
さんみゃく〔山脈〕vuoristo 2 [名], vuorijono 1 [名]
さんよ〔参与〕osanotto* 1 [名]

さんらん〔産卵〕kutu* 1 [名]／産卵する kutea* 13 [動]
さんらん〔散乱〕散乱する hajaantua* 1 [動]
さんりゅう〔三流〕三流の kolmannen luokan
さんりん〔山林〕metsä 11 [名]
さんりんしゃ〔三輪車〕kolmipyörä 11 [名]
さんれつ〔参列〕osanotto* 1 [名]／参列する osallistua 1 [動]
さんろく〔山麓〕(ふもと) vuorenjuuri 39 [名]

し

し〔氏〕(男性の人名の前で) herra 10 [名]
し〔四〕neljä 11 [基数]
し〔市〕kaupunki* 5 [名]
し〔死〕kuolema 13 [名], surma 11 [名]
し〔師〕opettaja 16 [名], neuvonantaja 16 [名]
し〔詩〕runo 1 [名], laulelma 13 [名]／詩を作る runoilla 29 [動]
じ〔字〕kirjain 56 [名]
しあい〔試合〕ottelu 2 [名], peli 4 [名]
じあい〔慈愛〕rakkaus* 65 [名]
しあがる〔仕上がる〕valmistua 1 [動]
しあげ〔仕上げ〕käsittely 2 [名], viimeistely 2 [名]
しあげる〔仕上げる〕käsitellä* 28 [動], viimeistellä 28 [動]
しあさって〔明明後日〕kolmen päivän kuluttua, kolmen päivän perästä
しあわせ〔幸せ〕onni 8 [名], onnellisuus* 65 [名]／幸せな onnellinen 63 [形]
しあん〔思案〕思案する aprikoida 30 [動]
じい〔示威〕示威的 mielenosoituksellinen 63 [形]
しいか〔詩歌〕runous* 65 [名]
しいく〔飼育〕飼育者 kasvattaja 16 [名]

しおみず

シーソー keinu 1 [名]
しいたげる〔虐げる〕puristaa 2 [動]
シーツ lakana 18 [名]
しいて〔強いて〕(無理矢理) väkipakolla [副]
シーディー CD-levy 1 [名], laserlevy 1 [名]
シート (座席) istuin 56 [名], istumapaikka* 10 [名]
シートベルト turvavyö 30 [名], istuinvyö 30 [名]
ジーパン farmarihousut 1 [複名], farkut* 1 [複名]
ジープ jeep 7 [名], maastoauto 1 [名]
しいる〔強いる〕強いられた väkinäinen 63 [形]
しいれ〔仕入れ〕〈商〉hankinta* 15 [名]
しいれる〔仕入れる〕ostaa 2 [動], hankkia* 17 [動]
しいん〔子音〕〈声〉konsonantti* 4 [名], kerake* 78 [名]
じいん〔寺院〕temppeli 5 [名]
ジーンズ farmarihousut 1 [複名], farkut* 1 [複名]
しうち〔仕打ち〕käsittely 2 [名]
しうんてん〔試運転〕koeajo 1 [名]
じえい〔自営〕自営業者 itsenäinen yrittäjä (itsenäinen 63 [形], yrittäjä 16 [名])
じえい〔自衛〕itsepuolustus 64 [名], itsesuojelu 2 [名]
シェーブローション partavesi* 40 [名]
しえき〔使役〕使役する teettää* 2 [動], antaa tehdä (antaa* 9 [動])
ジェスチャー käden liike, ele 78 [名] (liike* 78 [名])
ジェット suihku 1 [名]／ジェット機 suihkukone 78 [名]
ジェットコースター vuoristorata* 10 [名]
ジェネレーション sukupolvi 8 [名], miespolvi 8 [名]
しえん〔支援〕tuki* 8 [名]／支援する tukea* 13 [動]
しお〔塩〕suola 10 [名], keittosuola 10 [名]／塩をかける suolata 35 [動]
しお〔潮〕vuorovesi* 40 [名]
しおからい〔塩辛い〕suolainen 63 [形]
しおどき〔潮時〕(好機) otollinen aika (otollinen 63 [形], aika* 10 [名])
しおみず〔塩水〕suolainen vesi (suolainen 63 [形],

vesi* 40 [名])
しおらしい vaatimaton* 57 [形], ujo 1 [形]
しおり〔枝折り〕(本にはさむ) kirjanmerkki* 4 [名]
しおれる〔萎れる〕(草花などが) lakastua 1 [動]
しおん〔子音〕〈声〉konsonantti* 4 [名], kerake* 78 [名]
しか〔鹿〕〈動〉hirvieläin 56 [名]
しか〔市価〕markkinahinta* 10 [名]
しか〔歯科〕歯科医 hammaslääkäri 5 [名]
じか〔直〕直に (直接に) suoraan [副], välittömästi [副]
じか〔時価〕markkinahinta* 10 [名]
じが〔自我〕oma itse (oma 11 [形], itse 9 [不代])
しかい〔司会〕puheenjohto* 1 [名] / 司会者 puheenjohtaja 16 [名]
しかい〔市会〕kaupunginvaltuusto 2 [名], kunnanvaltuusto 2 [名]
しかい〔視界〕näköala 10 [名]
しがい〔市外〕市外で kaupungin laitamilla
しがい〔市街〕市街地 keskikaupunki* 5 [名], kantakaupunki* 5 [名]
しがい〔死骸〕ruumis 68 [名], ruho 1 [名]
しがいせん〔紫外線〕ultraviolettisäteily 2 [名]
しかえし〔仕返し〕kosto 1 [名] / 仕返しする kostaa 2 [動]
しかく〔四角〕四角形 ruutu* 1 [名],〈幾〉nelikulmio 3 [名]
しかく〔視覚〕näkö* 1 [名], näköaisti 4 [名]
しかく〔資格〕oikeutus 64 [名], pätevyys* 65 [名]
じかく〔自覚〕tietoisuus* 65 [名], taju 1 [名]
じがく〔自学〕自学自習の itseoppinut 77 [形]
しかけ〔仕掛け〕keino 1 [名], laite* 78 [名]
しかける〔仕掛ける〕(罠などを) panna 27 [動], asettaa* 2 [動]
しかし mutta [接]; kuitenkin [副], kumminkin [副]
じかせい〔自家製〕自家製の kotitekoinen 63 [形]
しがつ〔四月〕huhtikuu 29 [名]
じかつ〔自活〕riippumattomuus* 65 [名] / 自活する

elää riippumattomasti (elää 2 [動])
しかばね〔屍〕(死骸) ruumis 68 [名], ruho 1 [名]
しかめっつら〔しかめっ面〕しかめっ面をする irvistää 2 [動]
しかめる (顔を) nyrpistää 2 [動], muikistaa 2 [動]
しかも (更に) sitäpaitsi [副], lisäksi [副]
じかようしゃ〔自家用車〕yksityisauto 1 [名]
しかる〔叱る〕torua 1 [動], kurittaa* 2 [動]
しかん〔士官〕upseeri 5 [名]
しがん〔志願〕志願者 ehdokas* 66 [名], kokelas 66 [名]
じかん〔時間〕aika* 10 [名], tunti* [名]
しき〔式〕〈数〉yhtälö 2 [名] ／式場 juhlasali 4 [名]
しき〔四季〕vuodenaika* 10 [名]
しき〔指揮〕指揮官〈軍〉komentaja 16 [名], sotapäällikkö* 2 [名] ／指揮者〈楽〉kapellimestari 5 [名]
しぎ〔鴫〕〈鳥〉viklo 1 [名]
じき〔直〕(間もなく) pian [副], heti [副], kohta [副]
じき〔時期〕aika* 10 [名], aikakausi 40 [名], ajanjakso 1 [名]
じき〔時機〕tilaisuus* 65 [名], mahdollisuus* 65 [名]
じき〔磁気〕vetovoima 11 [名] ／磁気の magneettinen 63 [形]
じき〔磁器〕posliini 6 [名], porsliini 6 [名]
しきい〔敷居〕kynnys 64 [名]
しきいし〔敷石〕katukivi 8 [名], kiveys 64 [名]
しきがわ〔敷皮〕(靴の) irtopohja 11 [名]
しきさい〔色彩〕väri 4 [名]
しきじょう〔式場〕juhlasali 4 [名]
しきじょう〔色情〕aistillisuus* 65 [名]
しきそ〔色素〕väriaine 78 [名], pigmentti* 6 [名]
しきたり〔仕来たり〕(慣例) tapa* 10 [名], tottumus 64 [名]
しきち〔敷地〕tontti* 4 [名]
しきぶとん〔敷き布団〕patja 10 [名]
しきべつ〔識別〕huomio 2 [名], havainto* 2 [名] ／

識別する huomata 35 [動], havaita 31 [動]
しきもう〔色盲〕色盲の värisokea 21 [形]
しきもの〔敷物〕matto* 1 [名], ryijy 1 [名]
しきゅう〔子宮〕〈解〉kohtu* 1 [名]
しきゅう〔支給〕tarjonta* 15 [名]／支給する tarjota 38 [動]
しきゅう〔至急〕至急の kiireinen 63 [形]
じきゅう〔自給〕自給自足の omavarainen 63 [形], riippumaton* 57 [形]
じきゅう〔持久〕持久力 kestävyys* 65 [名]
しぎょう〔始業〕始業式 avajaiset 63 [複名]
じきょう〔自供〕tunnustus 64 [名]／自供する tunnustaa 2 [動]
じぎょう〔事業〕liike* 78 [名], yritys 64 [名]
しきり〔仕切り〕(分けられた場所) lokero 2 [名]
しきりに〔頻りに〕(度々) usein [副], (熱心に) innokkaasti [副], ahkerasti [副]
しきる〔仕切る〕(分ける) jakaa* 9 [動]
しきわら〔敷き藁〕pehku 1 [名]
しきん〔資金〕資金調達〈商〉rahoitus 64 [名]
しく〔詩句〕säe* 78 [名]
しく〔敷く〕(床などに) pinnoittaa* 2 [動]
じく〔軸〕〈数〉akseli 5 [名]
しぐさ〔仕草〕käytös 64 [名], esiintymistapa* 10 [名]
ジグザグ ジグザグに sikinsokin [副]
しくしく しくしく泣く nyyhkyttää* 2 [動]
しくじる epäonnistua 1 [動]
ジグソーパズル palapeli 4 [名]
しくみ〔仕組み〕rakenne* 78 [名], mekanismi 4 [名]
シクラメン〈植〉syklaami 6 [名]
しけ〔時化〕(荒れた天気) rajuilma 10 [名], myrsky 1 [名]
しけい〔死刑〕teloitus 64 [名], kuolemanrangaistus 64 [名]
しげき〔刺激〕virike* 78 [名], kiihoke* 78 [名]／刺激する kiihottaa* 2 [動]
しげみ〔茂み〕pensas 66 [名], pensaikko* 2 [名]

しける〔湿気る〕(湿気を帯びる) kostua 1 [動]
しげる〔茂る〕viihtyä* 1 [動]
しけん〔試験〕koe* 78 [名], tentti* 4 [名]／試験をする tenttiä* 17 [動]
しげん〔資源〕地下資源 kaivannainen 63 [名]
じけん〔事件〕asia 14 [名], (突発的) välikohtaus 64 [名]
じげん〔次元〕ulottuvuus* 65 [名]
しご〔死後〕死後の tuonpuoleinen 63 [形]
じこ〔自己〕自己中心 itsekkyys* 65 [名], egoismi [名]／自己本位の itsekäs* 66 [形], egoistinen 63 [形]
じこ〔事故〕onnettomuus* 65 [名], tapaturma 11 [名]
しこう〔思考〕ajatus 64 [名], miete* 78 [名]
しこう〔施行〕(法の) voimaansaattaminen 63 [名]／施行する (法を) saattaa voimaan (saattaa* 11 [動])
しこう〔嗜好〕(好み) taipumus 64 [名]
じこう〔事項〕asia 14 [名], aihe 78 [名]
じこう〔時候〕vuodenajan sää (sää 28 [名])
じこく〔自国〕kotimaa 28 [名]
じこく〔時刻〕kello 1 [名], kellonaika* 10 [名]／時刻表 aikataulu 1 [名]
じごく〔地獄〕helvetti* 5 [名]
しごせん〔子午線〕〈地〉〈天〉puolipäiväpiiri 4 [名]
しごと〔仕事〕työ 30 [名], toimi 35 [名], tehtävä 13 [名]／仕事をする tehdä työtä, työskennellä* 28 [動], toimia 17 [動] (tehdä* 33 [動])
じこまんぞく〔自己満足〕自己満足の omahyväinen 63 [形]
しこむ〔仕込む〕(教える) opettaa* 2 [動]
しさ〔示唆〕示唆する luoda 21 [動]
じさ〔時差〕aikaero 1 [名]
じざい〔自在〕自在に vapaasti [副], taitavasti [副]
しさく〔施策〕politiikka* 10 [名]
じさく〔自作〕自作の omatekoinen 63 [形]
しさつ〔視察〕katselmus 64 [名]

じさつ〔自殺〕itsemurha 11〔名〕
しさん〔資産〕rahavarat 10〔複名〕, varallisuus* 65〔名〕
じさん〔持参〕持参する varustaa mukaan, ottaa mukaan (varustaa 2〔動〕, ottaa* 2〔動〕)
しし〔四肢〕raaja 10〔名〕
しじ〔支持〕kannatus 64〔名〕, tuki* 8〔名〕／支持する tukea* 13〔動〕
しじ〔私事〕yksityisasia 14〔名〕
しじ〔指示〕määräys 64〔名〕, ohje 78〔名〕／指示する osoittaa mieltään (osoittaa* 2〔動〕)
じじつ〔事実〕asianhaara 10〔名〕, asianlaita* 10〔名〕
ししゃ〔死者〕vainaja 16〔名〕, kuollut 77〔名〕
ししゃ〔使者〕sanansaattaja 16〔名〕
じしゃく〔磁石〕magneetti* 6〔名〕
じしゅ〔自主〕自主的 itsehallinnollinen 63〔形〕, omalupainen 63〔形〕
ししゅう〔刺繡〕kirjonta* 15〔名〕, koruompelu 2〔名〕／刺繡をする virkata* 35〔動〕
ししゅう〔詩集〕runovalikoima 11〔名〕
しじゅう〔始終〕koko ajan, alinomaa〔副〕
しじゅうから〔四十雀〕〈鳥〉talitiainen 63〔名〕,〈鳥〉tiainen 63〔名〕
しじゅうそう〔四重奏〕〈楽〉kvartetti* 6〔名〕
ししゅつ〔支出〕meno 1〔名〕／支出する mennä 27〔動〕
ししゅんき〔思春期〕murrosikä* 11〔名〕
ししょ〔司書〕(図書館の) kirjastonhoitaja 16〔名〕
じしょ〔地所〕maatila 10〔名〕, tontti* 4〔名〕
じしょ〔辞書〕sanakirja 10〔名〕
ししょう〔支障〕este 78〔名〕, vaikeus* 65〔名〕
ししょう〔死傷〕死傷者 mieshukka 11〔名〕, (複数形で) tappiot 3〔名〕
ししょう〔師匠〕opettaja 16〔名〕
しじょう〔市場〕markkinat 14〔複名〕
じしょう〔自称〕自称する kutsua itseään (kutsua 1〔動〕)
じじょう〔事情〕asianlaita* 10〔名〕, (複数形で) olot

しせん

1 [名]
ししょく〔試食〕試食する maistaa 10 [動]
じしょく〔辞職〕virasta eroaminen ／辞職する erota virasta (eroaminen 63 [名], erota 38 [動])
ししょばこ〔私書箱〕(郵便の) postilokero 2 [名]
しじん〔詩人〕runoilija 14 [名]
じしん〔地震〕maanjäristys 64 [名]
じしん〔自身〕 itse 9 [不代]
じしん〔自信〕itseluottamus 64 [名]
しすう〔指数〕suhdeluku* 1 [名], indeksi 6 [名]
しずか〔静か〕静かな hiljainen 63 [形], äänetön* 57 [形], rauhallinen 63 [形] ／静かになる hiljentyä* 1 [動], hiljetä 34 [動]
しずく〔滴〕tippa* 10 [名], pisara 17 [名]
しずけさ〔静けさ〕hiljaisuus* 65 [名], rauhallisuus* 65 [名]
システム järjestelmä 13 [名]
じすべり〔地滑り〕maanvajoama 13 [名]
しずまる〔静まる〕hiljentyä* 1 [動], hiljetä 34 [動]
しずむ〔沈む〕upota* 38 [動], vaipua* 1 [動], (気持ちが) masentua* 1 [動]
しずめる〔沈める〕upottaa* 2 [動]
しずめる〔静める・鎮める〕hillitä 31 [動], rauhoittaa* 2 [動]
しせい〔姿勢〕asento* 2 [名], ryhti* 4 [名]
じせい〔自制〕itsehillintä* 15 [名], maltti* 4 [名] ／自制する säilyttää malttinsa (säilyttää* 2 [動], maltti* 4 [名])
じせい〔時世〕aikakausi* 40 [名], aika* 10 [名]
しせいかつ〔私生活〕yksityiselämä 13 [名]
しせいじ〔私生児〕avioton lapsi, avioliiton ulkopuolinen lapsi (avioton* 57 [形], lapsi 45 [名], ulkopuolinen 63 [形])
しせき〔史跡〕historiallinen nähtävyys (historiallinen 63 [形], nähtävyys* 65 [名])
しせつ〔使節〕lähettiläs 66 [名]
しせん〔視線〕katse 78 [名] ／視線を送る (入格又は向格と共に) katsoa 1 [動]

しぜん〔自然〕luonto* 1 [名], villeys* 65 [名]
じぜん〔事前〕事前に etukäteen [副]
じぜん〔慈善〕慈善事業 rakkaudentyö 30 [名]
しそう〔思想〕ajatus 64 [名], aate* 78 [名], miete* 78 [名]
じそく〔時速〕tuntinopeus* 65 [名]
じぞく〔持続〕kesto 1 [名]／持続する jatkaa 9 [動]
しそん〔子孫〕jälkeläinen 63 [名], jälkikasvu 1 [名]
じそんしん〔自尊心〕omanarvontunto* 1 [名]
した〔下〕下に alhaalla [副]／～の下に (属格と共に) alla [後], (属格と共に) alapuolella [後]
した〔舌〕kieli 32 [名]
しだ〔羊歯〕〈植〉saniainen 63 [名]
したあご〔下顎〕〈解〉alaleuka* 10 [名]
したい〔死体〕ruumis 68 [名], (動物の) raato* 1 [名]
しだい〔次第〕(すぐに) niin pian kuin, heti kun／次第に asteittain [副], vähitellen [副]
じたい〔自体〕(それ自身) itse 9 [不代]
じたい〔事態〕(事情) (複数形で) olosuhteet* 78 [名], asiaintila 10 [名]
じたい〔辞退〕kielto* 1 [名]／辞退する kieltää* 5 [動], evätä* 35 [動]
じだい〔時代〕aika* 10 [名], aikakausi* 40 [名], kausi* 40 [名]
したう〔慕う〕ikävöidä 30 [動]
したがう〔従う〕noudattaa* 2 [動], totella* 28 [動], taipua* 1 [動]
したがき〔下書き〕luonnos 64 [名]
したがって〔従って〕(その結果) siis [副], joten [関副], niin että
したぎ〔下着〕alusvaate* 78 [名], ihopaita* 10 [名]
したく〔支度〕varustus 64 [名], laadinta* 15 [名]／支度をする valmistautua* 44 [動]
したく〔私宅〕yksityisasunto* 2 [名]
じたく〔自宅〕yksityisasunto* 2 [名]
したくちびる〔下唇〕alahuuli 32 [名]
したしい〔親しい〕läheinen 63 [形], tuttavallinen 63 [形]／～に親しくなる (入格と共に) perehtyä* 1

しつぎ

[動], (入格と共に) tutustua 1 [動]
したじき〔下敷き〕(ベッドの) patja 10 [名]
したしみ〔親しみ〕ystävällisyys* 65 [名]
したしむ〔親しむ〕seurustella 28 [動], veljeillä 28 [動]
したしらべ〔下調べ〕ennakkovalmistus 64 [名]
したず〔下図〕下図を描く piirtää* 6 [動]
したたる〔滴る〕pisaroida 30 [動], tippua* 1 [動]
じたばた じたばたする sätkiä 17 [動], sätkytellä* 28 [動]
したはら〔下腹〕vatsanpohja 11 [名]
したまち〔下町〕kantakaupunki* 5 [名]
したまわる〔下回る〕(一定の数量を) alittaa* 2 [動]
したむき〔下向き〕下向きに alas [副]
したやく〔下役〕alainen 63 [名]
じだらく〔自堕落〕自堕落な irstas 66 [形]
しち〔七〕seitsemän 62 [基数]
しち〔質〕質屋 panttilainaamo 2 [名]
じち〔自治〕itsehallinto* 2 [名], autonomia 15 [名]
しちがつ〔七月〕heinäkuu 29 [名]
しちめんちょう〔七面鳥〕〈鳥〉kalkkuna 17 [名]
しちゅう〔支柱〕pylväs 66 [名], pilari 5 [名]
シチュー〈料〉muhennos 64 [名], sose 78 [名]
しちょう〔市庁〕kaupungintalo 1 [名]
しちょう〔市長〕pormestari 5 [名]
しちょう〔視聴〕視聴覚の audiovisuaalinen 63 [形]／視聴者 (テレビの) katselija 14 [名]
じちょう〔自重〕自重する olla järkevä, olla harkitseva (olla 25 [動], järkevä 13 [形], harkitseva 13 [形])
しつ〔質〕laatu* 1 [名]
じつ〔実〕実を言うと oikeastaan [副]
しっかく〔失格〕〈ス〉diskvalifiointi* 4 [名]
しっかり しっかりした (強固な) vankka* 10 [形], vakava 13 [形]／しっかりと (堅く, 強く) kovasti [副], kiinni [副]
じっかん〔実感〕tunto* 1 [名], tunne* 78 [名]
しつぎ〔質疑〕質疑応答 kysymys ja vastaus

しつぎょう　〔失業〕työttömyys* 65 [名], toimettomuus* 65 [名]
じっきょう　〔実況〕実況中継 suora lähetys (suora 11 [形], lähetys 64 [名])
じつぎょう　〔実業〕実業家 liikemies 72 [名], teollisuusmies 72 [名]
シック　シックな upea 21 [形], komea 21 [形]
しっくい　〔漆喰〕〈建〉laasti 4 [名]
しっくり　(仲がよい) läheinen 63 [形], likeinen 63 [形]
じっくり　(考えて) miettivästi [副], tuumivasti [副]
しっけ　〔湿気〕kosteus* 65 [名]／湿気の多い kostea 21 [形]
しつけ　〔仕付け〕kuri 4 [名], opetus 64 [名]
しつける　〔仕付ける〕opettaa* 2 [動]
しつげん　〔失言〕sopimaton puhe (sopimaton* 57 [形], puhe 78 [名])
しつげん　〔湿原〕suo 30 [名]
じっけん　〔実験〕koe* 78 [名], kokeilu 2 [名]
じつげん　〔実現〕saavutus 64 [名], täytäntö* 2 [名], aikaansaannos 64 [名]／実現する suorittaa* 2 [動], toteuttaa* 2 [動], saada aikaan (saada 19 [動])
しつこい　jatkuva 13 [形], yhtämittainen 63 [形]
しっこう　〔執行〕toimeenpano 1 [名], täytäntöönpano 1 [名]／執行する panna toimeen, panna täytäntöön (panna 27 [動])
じっこう　〔実行〕toimeenpano 1 [名], toimitus 64 [名]／実行する toimeenpanna 27 [動], toimittaa* 2 [動]
じっさい　〔実際〕tosiasia 14 [名], tosiseikka* 10 [名]／実際に oikeastaan [副], itse asiassa
じつざい　〔実在〕olemus 64 [名], olemassaolo 1 [名]／実在する olla 25 [動]
しっさく　〔失策〕erehdys 64 [名], virhe 78 [名]
じっし　〔実施〕toimitus 64 [名]
じっしつ　〔実質〕実質賃金 reaalipalkka* 10 [名]
じっしょう　〔実証〕実証する vahvistaa 2 [動], osoittaa

mieltään (osoittaa* 2 [動])
じつじょう〔実情〕todelliset olosuhteet (todellinen 63 [形], olosuhde* 78 [名])
しっしん〔失心・失神〕pyörtymys 64 [名]／失心する pyörtyä* 1 [動]
しっしん〔湿疹〕〈医〉ekseema 13 [名], rohtuma 13 [名]
じっしんほう〔十進法〕kymmenjärjestelmä 13 [名]
しっせき〔叱責〕nuhde* 78 [名], kuritus 64 [名]
じっせき〔実績〕saavutus 64 [名], suoritus 64 [名]
じっせん〔実践〕käytäntö* 2 [名], harjoitus 64 [名]／実践する toteuttaa käytännössä (toteuttaa* 2 [動])
しっそ〔質素〕質素な koruton* 57 [形], vilpitön* 57 [形]
しっそう〔疾走〕疾走する laukata* 35 [動], laukkailla 29 [動]
じったい〔実体〕olemus 64 [名]
じっち〔実地〕実地に käytännössä
じっちょく〔実直〕実直な välitön* 57 [形]
しっと〔嫉妬〕kateus* 65 [名]／嫉妬する kadehtia* 17 [動], olla kateellinen (olla 25 [動])
しつど〔湿度〕kosteus* 65 [名]
じっと じっとしている seisoa 1 [動], seistä 24 [動]
しっとり しっとりした tahmea 21 [形]／しっとりさせる kostuttaa* 2 [動]
しつない〔室内〕室内楽 kamarimusiikki* 6 [名]／室内装飾 sisustus 64 [名]
じつに〔実に〕todella [副], hyvin [副], oikein [副]
じつは〔実は〕oikeastaan [副], totta puhuakseni
しっぱい〔失敗〕epäonni 8 [名], vastoinkäyminen 63 [名]／失敗する epäonnistua 1 [動], mennä myttyyn (mennä 27 [動])
じっぴ〔実費〕hinta* 10 [名], kustannus 64 [名]
しっぴつ〔執筆〕執筆する kirjoittaa kirja (kirjoittaa* 2 [動])
しっぷ〔湿布〕kääre 78 [名]
じつぶつ〔実物〕tosiasia 14 [名]

しっぺい〔疾病〕tauti* 4〔名〕
しっぽ〔尻尾〕(鳥や魚の) pyrstö 1〔名〕
しつぼう〔失望〕pettymys 64〔名〕, epätoivo 1〔名〕／失望する pettyä* 1〔動〕
じつむ〔実務〕liikeasia 14〔名〕, liike* 78〔名〕
しつめい〔失明〕失明する sokaistua 1〔動〕, sokeutua* 44〔動〕
しつもん〔質問〕kysymys 64〔名〕, kysely 2〔名〕／質問する (離格と共に) kysyä 1〔動〕, kysellä 28〔動〕
じつよう〔実用〕käytäntö* 2〔名〕／実用的 käytännöllinen 63〔形〕／実用化する ottaa käytäntöön (ottaa* 2〔動〕)
しつりょう〔質量〕ainemäärä 11〔名〕, massa 10〔名〕
じつりょく〔実力〕kyky* 1〔名〕, kelpoisuus* 65〔名〕
しつれい〔失礼〕anteeksi〔副〕／失礼な epäkohtelias 66〔形〕
じつわ〔実話〕tositarina 14〔名〕, tosikertomus 64〔名〕
してい〔指定〕ohje 78〔名〕
してき〔私的〕yksityinen 63〔形〕, epävirallinen 63〔形〕
してき〔指摘〕osoitus 64〔名〕, viite* 78〔名〕／指摘する osoittaa* 2〔動〕
してき〔詩的〕runollinen 63〔形〕
してん〔支店〕haaraliike* 78〔名〕
してん〔視点〕näkökulma 11〔名〕, katsontakanta* 10〔名〕
じてん〔自転〕pyöriminen 63〔名〕／自転する pyöriä 17〔動〕
じてん〔事典〕百科事典 ensyklopedia 15〔名〕, tietosanakirja 10〔名〕
じてん〔辞典〕sanakirja 10〔名〕
じでん〔自伝〕(通常は複数形で) muistelma 13〔名〕
じてんしゃ〔自転車〕polkupyörä 11〔名〕／自転車で行く ajaa polkupyörällä (ajaa 9〔動〕)
しどう〔始動〕käyntiinpano 1〔名〕／始動する käynnistyä 1〔動〕
しどう〔指導〕johdatus 64〔名〕, johto* 1〔名〕, ohje

78 [名] ／指導する johtaa* 2 [動], ohjata 35 [動]
じどう〔自動〕自動的 automaattinen 63 [形]
じどう〔児童〕lapsi 45 [名] ／児童手当て lapsilisä 11 [名]
じどうしゃ〔自動車〕auto 1 [名] ／自動車運転手 autoilija 14 [名], autonkuljettaja 16 [名]
しとげる〔し遂げる〕suorittaa* 2 [動], saavuttaa* 2 [動]
しとしと しとしと雨が降る tihkua 1 [動]
しとやか しとやかな hieno 1 [形], hento* 1 [形], vaatimaton* 57 [形]
しな〔品〕（品物）kappale 78 [名]
しな〔科〕科を作る keimailla 29 [動]
しない〔市内〕市内通話 lähipuhelu 2 [名] ／市内電車 raitiovaunu 1 [名]
しなぎれ〔品切れ〕loppuunmyynti* 4 [名]
しなびる〔萎びる〕näivettyä* 1 [動], kuihtua* 1 [動]
しなもの〔品物〕tavara 15 [名], esine 78 [名]
シナモン kaneli 6 [名]
しなやか しなやかな notkea 21 [形], taipuisa 13 [形]
シナリオ käsikirjoitus 64 [名]
しなる notkua 1 [動], taipua* 1 [動]
じなん〔次男〕toinen poika (toinen 63 [形], poika* 11 [名])
しにん〔死人〕vainaja 16 [名]
しぬ〔死ぬ〕kuolla 25 [動], tuhoutua* 44 [動], (殺されて) saada surmansa (saada 19 [動], surma 11 [名])
じぬし〔地主〕maanomistaja 16 [名]
しのぐ〔凌ぐ〕(超える) ylittää raja (ylittää* 2 [動], raja 10 [名])
しのびあし〔忍び足〕忍び足で急ぐ livahtaa* 2 [動]
しのびこむ〔忍び込む〕hiipiä* 17 [動], hiiviskellä 28 [動]
しのぶ〔忍ぶ〕(耐える) kestää 2 [動], sietää* 2 [動]
しはい〔支配〕hallinta* 15 [名], valta* 10 [名] ／支配者 hallitsija 14 [名] ／支配する hallita 31 [動], vallata* 35 [動]

しばい〔芝居〕teatteri 5 [名]
じはく〔自白〕rippi* 4 [名]／自白する ripittäytyä* 44 [動]
しばしば〔屢々〕usein [副], monta kertaa
しはつ〔始発〕(列車の) ensimmäinen juna (ensimmäinen 63 [形], juna 11 [名])
じはつてき〔自発的〕vapaaehtoinen 63 [形]
しばふ〔芝生〕nurmi 8 [名], nurmikko* 2 [名]
しはらい〔支払い〕maksu 1 [名], (報酬の) palkkaus 64 [名]
しはらう〔支払う〕maksaa 9 [動], kustantaa* 8 [動]
しばらく〔暫く〕toistaiseksi [副], jonkin aikaa
しばりつける〔縛り付ける〕kahlehtia* 17 [動]
しばる〔縛る〕sitoa* 1 [動]
じばん〔地盤〕pohja 11 [名]
じひ〔慈悲〕armo 1 [名], 〈宗〉laupeus* 65 [名]／慈悲深い armollinen 63 [形], laupias 66 [形]
じびき〔字引〕sanakirja 10 [名]
じひつ〔自筆〕自筆の omakätinen 63 [形]
じひびき〔地響き〕地響きする tömistä 41 [動]
じびょう〔持病〕krooninen tauti (krooninen 63 [形], tauti* 4 [名])
しびれる〔痺れる〕puutua* 1 [動]
しびん〔尿瓶〕virtsapullo 1 [名], yöastia 14 [名]
じふ〔自負〕vaade* 78 [名]
しぶい〔渋い〕(味について) karvas 66 [形]
しぶき〔飛沫〕roiske 78 [名]
しぶしぶ〔渋々〕vastahakoisesti [副], vastenmielisesti [副]
じぶつ〔事物〕asia 14 [名], seikka* 10 [名]
ジフテリア〈医〉difteria 15 [名], kurkkumätä* 11 [名]
しぶる〔渋る〕(気が進まない) olla vastahakoinen (olla 25 [動], vastahakoinen 63 [形])
じぶん〔自分〕自分の oma 11 [形]／自分で omin päin
しへい〔紙幣〕seteli 6 [名]
しへん〔四辺〕四辺形 〈幾〉nelikulmio 3 [名]
しへん〔紙片〕lappu* 1 [名]

しへん〔詩編〕〈宗〉psalmi 4 [名]
しほう〔司法〕oikeudenhoito* 1 [名] ／司法官 oikeusviranomainen 63 [名]
しほう〔四方〕四方に joka puolella, ympärillä [副]
しぼう〔子房〕〈植〉sikiäin 56 [名]
しぼう〔死亡〕kuolema 13 [名], kuolemantapaus 64 [名]
しぼう〔志望〕志望者 ehdokas* 66 [名], pyrkijä 14 [名]
しぼう〔脂肪〕rasva 10 [名], (豚肉の) läski 4 [名]
じほう〔時報〕aikamerkki* 4 [名]
しぼむ〔萎む〕kuihtua* 1 [動], lakastua 1 [動]
しぼり〔絞り〕(カメラの) himmennin* 56 [名]
しぼる〔絞る・搾る〕puristaa 2 [動], pusertaa* 6 [動]
しほん〔資本〕pääoma 11 [名] ／資本主義 kapitalismi 4 [名]
しま〔島〕saari 32 [名], (小さな) luoto* 1 [名]
しま〔縞〕(筋) juova 11 [名]
しまい〔姉妹〕sisar 54 [名], 〈話〉sisko 1 [名]
しまい〔仕舞い〕(終わり) loppu* 1 [名]
しまう〔仕舞う〕(片づける) järjestää 2 [動], sulloa 1 [動]
しまうま〔縞馬〕〈動〉seepra 10 [名]
しまぐに〔島国〕saarimaa 28 [名], saarivaltakunta* 11 [名]
しまつ〔始末〕始末する (処分する) järjestää 2 [動], järjestellä 28 [動]
しまり〔締まり〕締まりがない höllä 11 [形], löysä 11 [形]
しまる〔締まる〕tiivistyä 1 [動], (綱などが) kiristyä 1 [動], (門などが) sulkeutua* 44 [動]
じまん〔自慢〕ylpeys* 65 [名] ／自慢する kehua 1 [動], mahtailla 29 [動]
しみ〔染み〕tahra 10 [名], pilkku* 1 [名] ／染みをつける tahrata 35 [動]
じみ〔地味〕地味な hillitty* 2 [形]
しみこむ〔染み込む〕läpäistä 24 [動]
しみじみ しみじみ感じる tuntea syvällä sydämes-

しみず 〔清水〕lähdevesi 40 [名]
しみったれ saituri 5 [名]
しみる 〔染みる〕染み出る kihota 38 [動] ／染み通る läpäistä 24 [動], kihota 38 [動]
しみん 〔市民〕kansalainen 63 [名], kaupunkilainen 63 [名]
じむ 〔事務〕事務所 toimisto 2 [名], konttori 5 [名]
しめい 〔氏名〕nimi 8 [名], sukunimi 8 [名]
しめい 〔使命〕tehtävä 13 [名], kutsumus 64 [名]
しめい 〔指名〕指名する nimittää* 2 [動]
じめい 〔自明〕自明の luontainen 63 [形] ／自明のこと selviö 3 [名]
しめきり 〔締め切り〕viimeinen määräaika (viimeinen 63 [形], määräaika* 10 [名])
しめきる 〔締め切る〕(打ち切る) lopettaa* 2 [動], päättää* 2 [動], (閉じる) sulkea* 13 [動], ummistaa 2 [動]
じめじめ じめじめした kostea 21 [形], märkä* 11 [形]
しめす 〔示す〕osoittaa* 2 [動], viitata* 35 [動], näyttää* 2 [動]
しめだす 〔締め出す〕sulkea* 13 [動], erottaa pois (erottaa* 2 [動])
しめつけ 〔締め付け〕kiristys 64 [名]
しめつける 〔締め付ける〕kiristää 2 [動], pusertaa* 6 [動]
しめっぽい 〔湿っぽい〕kostea 21 [形], märkä* 11 [形]
しめる 〔占める〕(占有する) omistaa 2 [動], pitää hallussaan (pitää* 2 [動])
しめる 〔湿る〕kostua 1 [動] ／湿った kostea 21 [形], märkä* 11 [形]
しめる 〔締める〕tiivistää 2 [動], (閉じる) sulkea* 13 [動], (戸を) panna kiinni, (紐を) sitaista 24 [動], (ベルトなどを) kiinnittää* 2 [動], (ねじを) kiristää 2 [動], (ねじで) ruuvata 35 [動] (panna 27 [動])
じめん 〔地面〕maanpinta* 10 [名], maaperä 11 [名]
しも 〔霜〕halla 10 [名], huurre* 78 [名]

しもべ〔僕〕palvelija 14 [名]
しもやけ〔霜焼け〕paleltuma 13 [名]
しもん〔指紋〕sormenjälki* 8 [名]
じもん〔自問〕自問する miettiä (mielessään) (miettiä* 17 [動])
しや〔視野〕näköala 10 [名] ／視野が狭い ahdasmielinen 63 [形] ／視野が広い avarakatseinen 63 [形]
じゃあく〔邪悪〕pahuus* 65 [名] ／邪悪な paha 10 [形], kavala 12 [形]
シャーシー（自動車の）autonalusta 15 [名]
ジャージー〈服〉jerseypuku* 1 [名]
ジャーナリスト lehtimies 72 [名]
シャープ シャープな terävä 13 [形]
シャーベット〈料〉mehujäätelö 2 [名]
しゃいん〔社員〕kumppani 5 [名], liiketoveri 5 [名]
しゃかい〔社会〕yhteiskunta* 11 [名] ／社会主義 sosialismi 4 [名] ／社会福祉 sosiaalihuolto* 1 [名] ／社会保険 sosiaalivakuutus 64 [名]
じゃがいも〔じゃが芋〕peruna 17 [名]
しゃがむ kyykkiä* 17 [動], kyykistyä 1 [動]
しゃがれる〔嗄れる〕嗄れた（声について）karhea 21 [形]
しゃく〔癪〕癪にさわる ärtyä* 1 [動], kiihtyä* 1 [動]
じゃくし〔弱視〕弱視の heikkonäköinen 63 [形]
しやくしょ〔市役所〕kaupungintalo 1 [名]
じゃぐち〔蛇口〕vesihana 10 [名], hana 10 [名]
じゃくてん〔弱点〕heikko kohta (heikko* 1 [形], kohta* 11 [名])
しゃくど〔尺度〕mitta* 10 [名], pituusmitta* 10 [名]
しゃくねつ〔灼熱〕hehku 1 [名], paahde* 78 [名]
しゃくほう〔釈放〕vapautus 64 [名] ／釈放する päästää vapaaksi (päästää 2 [動])
しゃくめい〔釈明〕selonteko* 1 [名], selostus 64 [名] ／釈明する selostaa 2 [動]
しゃくや〔借家〕vuokratalo 1 [名]
しゃくよう〔借用〕借用証書 velkakirja 10 [名]
しゃげき〔射撃〕ammunta* 15 [名] ／射撃する am-

pua* 1 [動]
ジャケット 〈服〉nuttu* 1 [名], takki* 4 [名]
しゃこ 〔車庫〕autotalli 4 [名]
しゃこう 〔社交〕社交生活 seuraelämä 13 [名]
しゃざい 〔謝罪〕anteeksipyyntö* 1 [名]
しゃじく 〔車軸〕akseli 5 [名]
しゃじつ 〔写実〕写実的 realistinen 63 [形]
しゃしゅ 〔射手〕ampuja 16 [名]
しゃしょう 〔車掌〕rahastaja 16 [名], 〈鉄〉konduktööri 4 [名]
しゃしん 〔写真〕valokuva 11 [名] ／写真を撮る valokuvata 35 [動]
ジャズ ジャズバンド〈楽〉jazzyhtye 78 [名]
しゃせい 〔写生〕luonnos 64 [名] ／写生する luonnostella 28 [動]
しゃせつ 〔社説〕(新聞の) pääkirjoitus 64 [名]
しゃせん 〔車線〕kaista 10 [名], ajokaista 10 [名]
しゃせん 〔斜線〕vinoviiva 10 [名]
しゃたい 〔車体〕(自動車の) autokori 4 [名]
しゃだい 〔車台〕(自動車の) autonalusta 15 [名]
しゃだん 〔遮断〕katkaisu 2 [名]
しゃちょう 〔社長〕johtaja 16 [名], (女性の) johtajatar* 54 [名]
シャツ paita* 10 [名]
じゃっかん 〔若干〕(少し) jonkin verran
ジャッキ 〈技〉väkiruuvi 4 [名], nosturi 5 [名]
しゃっきん 〔借金〕velka* 10 [名] ／借金する velkaantua* 1 [動], lainata 35 [動]
ジャックナイフ linkkuveitsi 47 [名]
しゃっくり hikka* 10 [名], nikotus 64 [名] ／しゃっくりをする nikotella* 28 [動]
シャッター 〈写〉suljin* 56 [名]
しゃどう 〔車道〕ajotie 30 [名], ajorata 10 [名]
しゃにくさい 〔謝肉祭〕laskiainen 63 [名]
しゃぶる imeä 13 [動], imeskellä 28 [動]
シャベル lapio 3 [名] ／シャベルを使う lapioida 30 [動]
しゃべる 〔喋る〕(話す) rupatella* 28 [動], jutella* [動]

28 [動]
シャボンだま〔シャボン玉〕saippuakupla 11 [名]
じゃま〔邪魔〕este 78 [名], ehkäisy 2 [名]／邪魔する estää 2 [動], häiritä 31 [動]
ジャム〈料〉hillo 1 [名]
しゃめん〔斜面〕rinne* 78 [名]
じゃり〔砂利〕hiekka* 10 [名], sora 11 [名]
しゃりょう〔車両〕vaunu 1 [名]
しゃりん〔車輪〕pyörä 11 [名], ratas* 66 [名]
しゃれ〔洒落〕〈機知〉sutkaus 64 [名]
しゃれい〔謝礼〕korvaus 64 [名], palkka* 10 [名]
しゃれる〔洒落る〕洒落た nokkela 12 [形], älykäs* 66 [形], etevä 13 [形]
シャワー suihku 1 [名]
ジャングル viidakko* 2 [名], sademetsä 11 [名]
シャンデリア kynttelikkö* 2 [名], kattokruunu 1 [名]
ジャンパー〈服〉neulepusero 2 [名], jumpperi 5 [名]
ジャンプ hyppy* 1 [名]／ジャンプする hypätä* 35 [動]
シャンプー sampoo 24 [名], šampoo 24 [名], shampoo 24 [名]
ジャンボ ジャンボ機 jumbojetti* 4 [名]
ジャンル laatu* 1 [名], laji 4 [名]
しゅ〔主〕主として pääasiassa
しゅう〔週〕viikko* 1 [名]／週末 viikonloppu* 1 [名]
しゆう〔私有〕私有の yksityinen 63 [形], yksityis-
じゅう〔十〕kymmenen 55 [基数]／十番目 kymmenes* 75 [序数]
じゅう〔銃〕pyssy 1 [名]
じゆう〔自由〕vapaus* 65 [名]／自由な vapaa 23 [形]／自由になる vapautua* 44 [動]
しゅうい〔周囲〕ympäristö 1 [名], lähistö 2 [名]
じゅうい〔獣医〕eläinlääkäri 5 [名]
じゅういちがつ〔十一月〕marraskuu 29 [名]
しゅうえき〔収益〕〈商〉〈経〉voitto* 1 [名]
じゅうおう〔縦横〕縦横に pitkin ja poikin
しゅうかい〔集会〕kokous 64 [名]

しゅうかく〔収穫〕sato* 1 [名], korjuu 25 [名]
しゅうかく〔臭覚〕hajuaisti 4 [名]
じゅうがつ〔十月〕lokakuu 29 [名]
しゅうかん〔習慣〕tapa* 10 [名], tottumus 64 [名]
しゅうかんし〔週刊誌〕viikkolehti* 8 [名]
しゅうき〔臭気〕paha haju (paha 10 [形], haju 1 [名])
しゅうぎいん〔衆議院〕edustajainhuone 78 [名]
じゅうきょ〔住居〕asunto* 2 [名]
しゅうきょう〔宗教〕uskonto* 2 [名]
じゅうぎょういん〔従業員〕henkilökunta* 11 [名]
しゅうきん〔集金〕集金する rahastaa 2 [動]
しゅうけい〔集計〕loppusumma 11 [名]／集計する laskea yhteen (laskea 13 [動])
しゅうげき〔襲撃〕rynnäkkö* 2 [名]
しゅうけつ〔終結〕loppu* 1 [名]／終結する loppua* 1 [動], päättyä* 1 [動]
しゅうけつ〔集結〕集結する kerääntyä* 1 [動]
じゅうけつ〔充血〕充血した（目などが）verestävä 13 [形]
じゅうけん〔銃剣〕pistin 56 [名]
しゅうごう〔集合〕yhdistelmä 13 [名]
じゅうこう〔重厚〕重厚な vankka* 10 [形], tanakka* 15 [形]
じゅうごや〔十五夜〕täydenkuun yö (yö 30 [名])
しゅうさい〔秀才〕nero 1 [名]
しゅうさく〔習作〕〈絵〉harjoitelma 13 [名]
しゅうし〔収支〕〈商〉tase 78 [名]
しゅうし〔修士〕maisteri 5 [名]
しゅうし〔終始〕alusta loppuun
しゅうじ〔習字〕kaunokirjoitus 64 [名]
じゅうし〔重視〕重視する pitää tärkeänä (pitää* 2 [動])
じゅうじ〔十字〕十字路 tienristeys 64 [名]
じゅうじ〔従事〕従事する olla palveluksessa (olla 25 [動])
しゅうじつ〔週日〕arkipäivä 11 [名]／週日に arkisin [副]
じゅうじつ〔充実〕充実した tyytyväinen 63 [形],

hedelmällinen 63 [形]
しゅうしふ〔終止符〕piste 78 [名]
じゅうしゃ〔従者〕seuralainen 63 [名]
しゅうしゅう〔収集〕keräys 64 [名], kokoelma 13 [名]／収集する keräillä 29 [動], kokoilla 29 [動]
しゅうしゅく〔収縮〕kutistuminen 63 [名]／収縮する kutistua 1 [動]
しゅうじゅく〔習熟〕習熟する perehtyä* 1 [動]
じゅうじゅん〔従順〕kuuliaisuus* 65 [名], tottelevaisuus* 65 [名]／従順な kuuliainen 63 [形], tottelevainen 63 [形]
じゅうしょ〔住所〕asuinpaikka* 10 [名], osoite* 78 [名]
じゅうしょう〔重症〕vaarallinen sairaus
じゅうしょう〔重傷〕syvä haava (syvä 11 [形], haava 10 [名])
しゅうしょく〔就職〕työn hankinta／就職する saada työpaikka (hankinta* 15 [名], saada 19 [動])
しゅうしん〔終身〕終身の elinikäinen 63 [形]
しゅうしん〔就寝〕就寝する mennä nukkumaan (mennä 27 [動])
しゅうじん〔囚人〕vanki* 4 [名]
じゅうしん〔重心〕painopiste 78 [名]
じゅうしん〔銃身〕kiväärinpiippu* 1 [名]
ジュース mehu 1 [名]
しゅうせい〔修正〕korjaus 64 [名], oikaisu 2 [名]／修正する korjata 35 [動]
しゅうせい〔終生〕elinaika* 10 [名], elinikä* 11 [名]
しゅうせい〔習性〕tapa* 10 [名], tottumus 64 [名]
じゅうせい〔銃声〕laukaus 64 [名], pamaus 64 [名]
しゅうぜん〔修繕〕korjaus 64 [名], paikkaus 64 [名]／修繕する korjata 35 [動], paikata* 35 [動]
じゅうそく〔充足〕tyydytys 64 [名], tyydyttäminen 63 [名]
じゅうぞく〔従属〕riippuv(ais)uus* 65 [名]／従属させる alistaa 2 [動]
じゅうたい〔渋滞〕ruuhka 11 [名], (交通の) liikenneruuhka 11 [名]

じゅうだい〔十代〕teini-ikä* 11［名］／十代の teini-ikäinen 63［形］
じゅうだい〔重大〕重大な painava 13［形］, painokas* 66［形］
しゅうたいせい〔集大成〕sommitelma 13［名］, muodostelma 13［名］
じゅうたく〔住宅〕huoneisto 2［名］
しゅうだん〔集団〕joukko* 1［名］, massa 10［名］
じゅうたん〔絨毯〕（カーペット）matto* 1［名］
しゅうち〔周知〕周知の如く tiettävästi［副］
しゅうちゃく〔執着〕kiintymys 64［名］, vetovoima 11［名］
しゅうちゃく〔終着〕終着駅 pääteasema 13［名］
しゅうちゅう〔集中〕keskitys 64［名］／集中する keskittyä* 1［動］
しゅうてん〔終点〕pääteasema 13［名］, päätepysäkki* 5［名］
じゅうてん〔充填〕täydennys 64［名］, täydentäminen 63［名］
じゅうてん〔重点〕重点的 intensiivinen 63［形］
じゅうでん〔充電〕〈電〉lataus 64［名］／充電する ladata* 35［動］
しゅうと〔舅〕（夫又は妻の母）anoppi* 6［名］,（夫又は妻の父）appi* 8［名］
シュート〈ス〉heitto* 1［名］, lyönti* 4［名］
しゅうとう〔周到〕周到な huolellinen 63［形］, varovainen 63［形］
しゅうどう〔修道〕修道院 luostari 5［名］
じゅうどう〔柔道〕judo 1［名］
しゅうとく〔拾得〕拾得する löytää* 3［動］, hankkia* 17［動］
しゅうとく〔修得〕修得が早い oppivainen 63［形］
しゅうとく〔習得〕hallinta* 15［名］／習得する hallita 31［動］
しゅうとめ〔姑〕anoppi* 6［名］
じゅうなん〔柔軟〕柔軟な taipuisa 13［形］, notkea 21［形］
じゅうにがつ〔十二月〕joulukuu 29［名］

しゅうにゅう〔収入〕(複数形で) tulot 1 [名], toimeentulo 1 [名] ／収入を得る ansaita 31 [動], tulla toimeen (tulla 25 [動])
しゅうにん〔就任〕virkaanastuminen 63 [名]
じゅうにん〔住人〕asuja 16 [名], asukas* 66 [名]
しゅうねん〔執念〕執念深い pitkävihainen 63 [形]
しゅうは〔周波〕värähdys 64 [名]
しゅうは〔宗派〕lahko 1 [名]
じゅうびょう〔重病〕vaarallinen sairaus (vaarallinen 63 [形], sairaus* 65 [名])
しゅうふく〔修復〕korjaus 64 [名] ／修復する korjata 35 [動]
しゅうぶん〔秋分〕syyspäiväntasaus 64 [名]
じゅうぶん〔十分・充分〕十分な riittävä 13 [形], kunnollinen 63 [形] ／十分である riittää* 2 [動]
じゅうほう〔銃砲〕ampuma-ase 78 [名]
じゆうほんぽう〔自由奔放〕自由奔放に villisti [副]
しゅうまつ〔週末〕viikonloppu* 1 [名]
じゅうまん〔充満〕täydennys 64 [名], täydentäminen 63 [名]
じゅうみん〔住民〕asukas* 66 [名], asutus 64 [名]
じゅうもんじ〔十文字〕十文字に ristiin [副], ristikkäin [副]
しゅうや〔終夜〕koko yön
じゅうやく〔重役〕toimitsija 14 [名]
じゅうゆ〔重油〕raskasöljy 85 [名]
しゅうゆう〔周遊〕周遊券 kiertolippu* 1 [名], matkailulippu* 1 [名] ／周遊する olla kiertomatkalla (olla 25 [動])
しゅうよう〔収用〕(土地の) 〈法〉pakkolunastus 64 [名]
しゅうよう〔収容〕収容所 keskitysleiri 4 [名]
しゅうよう〔修養〕sivistys 64 [名], kulttuuri 6 [名]
じゅうよう〔重要〕重要な tärkeä 21 [形], merkittävä 13 [形]
しゅうらい〔襲来〕maahanhyökkäys 64 [名]
じゅうらい〔従来〕従来の perinteellinen 63 [形], tavanmukainen 63 [形]

しゅうり〔修理〕korjaus 64 [名], paikkaus 64 [名] ／修理する korjata 35 [動], paikata* 35 [動]
しゅうりょう〔終了〕päättyminen 63 [名] ／終了する päättyä* 1 [動]
じゅうりょう〔重量〕punnus 64 [名], nettopaino 1 [名]
じゅうりょく〔重力〕〈理〉vetovoima 11 [名]
しゅうれん〔修練〕harjaannus 64 [名] ／修練を積む harjaantua* 1 [動]
じゅうろうどう〔重労働〕rasitus 64 [名], vaiva 10 [名]
しゅうろく〔収録〕(録画・録音) levytys 64 [名], äänitys 64 [名]
しゅえい〔守衛〕vahtimestari 5 [名], ovenvartija 14 [名]
じゅえき〔樹液〕mahla 10 [名]
しゅえん〔主演〕主演する esiintyä pääosassa (esiintyä* 1 [動])
しゅかん〔主観〕subjektiivisuus* 65 [名] ／主観的 subjektiivinen 63 [形], omakohtainen 63 [形]
しゅぎ〔主義〕periaate* 78 [名]
じゅきゅう〔受給〕受給者 palkkalainen 63 [名]
しゅぎょう〔修業〕itsekuri 4 [名], oma kuri (oma 11 [形], kuri 4 [名])
じゅぎょう〔授業〕opetus 64 [名], kurssi 4 [名] ／授業時間 oppitunti* 4 [名]
しゅくえん〔祝宴〕(通常は複数形で) kekkeri 5 [名], kemut 1 [複名]
しゅくが〔祝賀〕祝賀会 juhla 11 [名]
しゅくさい〔祝祭〕juhla 11 [名], juhlatilaisuus* 65 [名]
しゅくさつ〔縮刷〕lyhennelmä 13 [名]
しゅくじ〔祝辞〕onnittelu 2 [名] ／祝辞を述べる onnitella* 28 [動]
しゅくじつ〔祝日〕juhlapäivä 11 [名], lomapäivä 11 [名]
しゅくしゃく〔縮尺〕(地図などの) mittakaava 10 [名]
しゅくじょ〔淑女〕nainen 63 [名], hieno nainen (hieno 1 [形])

しゅくしょう〔縮小〕supistus 64 [名] ／縮小する supistua 1 [動]
じゅくす〔熟す〕kypsyä 1 [動] ／熟した kypsä 11 [形]
じゅくすい〔熟睡〕sikeä uni ／熟睡する nukkua sikeästi (sikeä 21 [形], uni 32 [名], nukkua* 1 [動])
しゅくだい〔宿題〕läksy 1 [名]
じゅくたつ〔熟達〕pätevyys* 65 [名] ／熟達する osata täysin (osata 35 [動])
しゅくちょく〔宿直〕宿直人 yövartija 14 [名]
しゅくてん〔祝典〕juhlatilaisuus* 65 [名], riemujuhla 11 [名]
しゅくでん〔祝電〕onnittelusähke 78 [名]
じゅくどく〔熟読〕熟読する lukea perinpohjaisesti (lukea* 13 [動])
しゅくはく〔宿泊〕majoitus 64 [名] ／宿泊する yöpyä* 1 [動], majoittua* 1 [動]
しゅくめい〔宿命〕宿命的 kohtalokas* 66 [形]
じゅくりょ〔熟慮〕mietiskely 2 [名] ／熟慮する mietiskellä 28 [動]
じゅくれん〔熟練〕taitavuus* 65 [名] ／熟練した kokenut 77 [形]
しゅげい〔手芸〕käsityö 30 [名]
しゅけん〔主権〕korkein valta (korkein* 59 [形], valta* 10 [名])
じゅけん〔受験〕受験者 pyrkijä 14 [名]
しゅご〔主語〕〈言〉subjekti 6 [名]
しゅご〔守護〕suojelus 64 [名] ／守護する suojella 28 [動]
しゅこうぎょう〔手工業〕käsityö 30 [名], pienteollisuus* 65 [名]
しゅざい〔取材〕haastattelu 2 [名] ／取材する haastatella* 28 [動]
しゅし〔主旨〕asian ydin, ydinkohta* 11 [名] (ydin* 56 [名])
しゅし〔趣旨〕aikomus 64 [名], tarkoitus 64 [名]
じゅし〔樹脂〕pihka 10 [名]
しゅじゅ〔種々〕種々の erilainen 63 [形], moninainen 63 [形]

しゅじゅつ〔手術〕〈医〉leikkaus 64 [名]
じゅじゅつ〔呪術〕呪術師 (呪い師) loitsija 14 [名]
しゅしょう〔主将〕johtaja 16 [名], esimies 72 [名]
しゅしょう〔首相〕pääministeri 5 [名]
じゅしょう〔受賞〕受賞する saada palkinto (saada 19 [動])
じゅしょう〔授賞〕授賞する antaa palkinto (antaa* 9 [動])
しゅしょく〔主食〕pääravintoaine 78 [名]
しゅじん〔主人〕isäntä* 11 [名], herra 10 [名]
じゅしん〔受信〕受信機 vastaanotin* 56 [名]
しゅす〔繻子〕(サテン) satiini 6 [名]
しゅぞう〔酒造〕酒造場 panimo 2 [名]
しゅぞく〔種族〕heimo 1 [名], rotu* 1 [名], suku* 1 [名]
しゅたい〔主体〕〈哲〉subjekti 6 [名]
じゅたい〔受胎〕raskaus* 65 [名] ／受胎している olla raskaana (olla 25 [動])
しゅだん〔手段〕keino 1 [名], (通常は複数形で) toimenpide* 78 [名]
しゅちゅう〔手中〕～の手中に (属格と共に) hallussa [後]
しゅちょう〔主張〕vaade* 78 [名] ／主張する väittää* 2 [動]
じゅつ〔術〕taito* 1 [名], taitavuus* 65 [名]
しゅつえん〔出演〕出演する näytellä* 28 [動]
しゅっか〔出火〕tulipalo 1 [名]
しゅっきん〔出勤〕出勤する mennä työhön (mennä 27 [動])
しゅっけつ〔出欠〕出欠を取る pitää nimenhuuto (pitää* 2 [動])
しゅっけつ〔出血〕verenvuoto* 1 [名], verenhukka* 11 [名]
しゅつげん〔出現〕esiintyminen 63 [名] ／出現する esiintyä* 1 [動]
じゅつご〔術語〕termi 4 [名]
しゅっこう〔出航〕laivan lähtö ／出航する lähteä satamasta (lähtö* 1 [名], lähteä* 16 [動])

しゅっこう〔出港〕出港する lähteä satamasta (lähteä* 16 [動])
じゅっこう〔熟考〕pohdinta* 15 [名], mietiskely 2 [名］／熟考する mietiskellä 28 [動]
しゅっさつ〔出札〕出札口 lippuluukku* 1 [名]
しゅっさん〔出産〕synnytys 64 [名］／出産する synnyttää* 2 [動]
しゅっし〔出資〕investointi* 4 [名]
しゅっしょう〔出生〕synty* 1 [名], syntymä 13 [名］／出生地 syntymäpaikka* 10 [名]
しゅつじょう〔出場〕出場する ottaa osaa (ottaa* 2 [動])
しゅっしん〔出身〕出身地 kotipaikka* 10 [名］／〜の出身である olla kotoisin＋出格 (olla 25 [動])
しゅっせ〔出世〕menestys 64 [名], onni 8 [名]
しゅっせい〔出生〕synty* 1 [名], syntymä 13 [名］／出生地 synnyinseutu* 1 [名]
しゅっせき〔出席〕läsnäolo 1 [名］／出席している olla läsnä (olla 25 [動])
しゅっちょう〔出張〕出張所 haaraliike* 78 [名]
しゅつど〔出土〕出土品〈考〉löydös 64 [名]
しゅつどう〔出動〕出動する ryhtyä toimenpiteisiin (ryhtyä* 1 [動])
しゅっぱつ〔出発〕lähtö* 1 [名］／出発する lähteä* 16 [動]
しゅっぱん〔出版〕kustannus 64 [名], julkaisu 2 [名］／出版社 kustantaja 16 [名］／出版する kustantaa* 8 [動]
しゅっぴ〔出費〕kustannus 64 [名], kulu 1 [名]
しゅと〔首都〕pääkaupunki* 5 [名]
しゅとう〔種痘〕〈医〉rokotus 64 [名］／種痘する rokottaa* 2 [動]
じゅどう〔受動〕受動的 passiivinen 63 [形], alistuva 13 [形]
しゅどうけん〔主導権〕johtajan asema, johto* 1 [名] (asema 13 [名])
しゅとく〔取得〕haku* 1 [名], hankinta* 15 [名]
しゅにん〔主任〕päällikkö* 2 [名]

しゅのう〔首脳〕johtaja 16〔名〕
シュノーケル〈ス〉snorkkeli 5〔名〕
しゅび〔守備〕puolustus 64〔名〕
しゅび〔首尾〕首尾一貫して alusta loppuun
じゅひ〔樹皮〕kuori 32〔名〕／樹皮を剥ぐ kuoria 17〔動〕
しゅひん〔主賓〕kunniavieras 66〔名〕
しゅふ〔主婦〕emäntä* 13〔名〕, kotirouva 11〔名〕
じゅふん〔受粉〕〈植〉pölytys 64〔名〕／受粉する pölyttyä* 1〔動〕
しゅみ〔趣味〕harrastus 64〔名〕, huvitus 64〔名〕
じゅみょう〔寿命〕elämä 13〔名〕, elämänkulku* 1〔名〕
しゅもく〔種目〕〈ス〉laji 4〔名〕
じゅもく〔樹木〕puu 29〔名〕, puusto 1〔名〕
じゅもん〔呪文〕(呪いの言葉) loitsu 1〔名〕
しゅやく〔主役〕〈劇〉pääosa 11〔名〕, (人) pääosan esittäjä (esittäjä 16〔名〕)
じゅよ〔授与〕lahjoittaminen 63〔名〕／授与する lahjoittaa* 2〔動〕
しゅよう〔主要〕主要な pääasiallinen 63〔形〕
しゅよう〔腫瘍〕(はれ物) turvotus 64〔名〕, turpoama 13〔名〕
じゅよう〔需要〕(商品に対する) kysyntä* 15〔名〕
しゅりゅう〔主流〕päälinja 10〔名〕
しゅりょう〔狩猟〕metsästys 64〔名〕, pyynti* 4〔名〕／狩猟する metsästää 2〔動〕
しゅりょう〔首領〕johtaja 16〔名〕, yllyttäjä 16〔名〕
じゅりょう〔受領〕受領証 kuitti* 4〔名〕, maksukuitti* 4〔名〕
しゅるい〔種類〕laji 4〔名〕, laatu* 1〔名〕
しゅろ〔棕櫚〕〈植〉palmu 1〔名〕
しゅわ〔手話〕viittomakieli 32〔名〕
じゅわき〔受話器〕kuuloke* 78〔名〕, (電話の) puhelin 56〔名〕
しゅわん〔手腕〕taitavuus* 65〔名〕, taito* 1〔名〕
じゅん〔順〕järjestys 64〔名〕, peräkkäisyys* 65〔名〕
じゅんい〔順位〕arvoaste 78〔名〕

じゅんえん〔順延〕lykkäys 64［名］／順延する lykätä* 35［動］

じゅんかい〔巡回〕kiertokäynti* 4［名］／巡回する suorittaa kierroksensa (suorittaa* 2［動］)

じゅんかつ〔潤滑〕潤滑油 voiteluöljy 1［名］

しゅんかん〔瞬間〕silmänräpäys 64［名］, hetki 8［名］／瞬間ごとに joka hetki

じゅんかん〔循環〕kiertokulku* 1［名］／循環する pyöriä 17［動］

じゅんかんごし〔准看護師〕apuhoitaja 16［名］

じゅんきょ〔準拠〕準拠した（法や規則に）säännönmukainen 63［形］

じゅんけつ〔純潔〕viattomuus* 65［名］, siveys* 65［名］

じゅんさ〔巡査〕poliisi 6［名］, partio 3［名］

じゅんし〔巡視〕tarkastus 64［名］／巡視する partioida 30［動］

じゅんじ〔順次〕toinen toisensa jälkeen

じゅんじゅん〔順々〕順々に päällekkäin［副］

じゅんじょ〔順序〕järjestys 64［名］, peräkkäisyys* 65［名］

じゅんじょう〔純情〕純情な naiivi 6［形］, luonnollinen 63［形］

じゅんしん〔純真〕純真な seesteinen 63［形］, vilpitön* 57［形］

じゅんすい〔純粋〕純粋な puhdas* 66［形］, pelkkä* 11［形］

じゅんちょう〔順調〕順調な suotuisa 13［形］, edullinen 63［形］

じゅんのう〔順応〕順応する（入格と共に）sopeutua* 44［動］

じゅんぱく〔純白〕純白の lumivalkoinen 63［形］, lumivalkea 21［形］

じゅんばん〔順番〕vuoro 1［名］,（発言の）sananvuoro 1［名］

じゅんび〔準備〕valmistelu 2［名］／準備する valmistautua* 44［動］

じゅんぷう〔順風〕myötätuuli 32［名］

しゅんぶん〔春分〕kevätpäiväntasaus 64〔名〕
じゅんれい〔巡礼〕pyhiinvaellus 64〔名〕
じょい〔女医〕naislääkäri 5〔名〕
ジョイント liite* 78〔名〕, liitos 64〔名〕
しょう〔省〕(外務省などの) ministeriö 3〔名〕
しょう〔賞〕palkinto* 2〔名〕
しよう〔仕様〕どう仕様もない Sille ei mahda mitään.
しよう〔私用〕yksityisasia 14〔名〕
しよう〔使用〕käyttö* 1〔名〕／使用する käyttää* 2〔動〕
しよう〔試用〕試用期間 koeaika* 10〔名〕, koetusaika* 10〔名〕
じょう〔情〕情が深い hellä 11〔形〕, rakastava 13〔形〕
じょう〔錠〕lukko* 1〔名〕／錠をかける lukita 31〔動〕, panna lukkoon (panna 27〔動〕)
じょう〔滋養〕ravinne* 78〔名〕
じょういん〔乗員〕(船の) meriväki* 8〔名〕
じょうえい〔上映〕elokuvan näytäntö (näytäntö* 2〔名〕)
しょうえん〔荘園〕kartano 2〔名〕, maatila 10〔名〕
じょうえん〔上演〕esitys 64〔名〕, näytäntö* 2〔名〕／上演する näytellä* 28〔動〕
しょうか〔消化〕ruoansulatus 64〔名〕／消化不良 ruoansulatushäiriö 3〔名〕
しょうか〔消火〕消火装置 palokalusto 2〔名〕
しょうか〔商科〕商科大学 kauppakorkeakoulu 83〔名〕
しょうが〔生姜〕〈植〉inkivääri 4〔名〕
じょうか〔浄化〕puhdistus 64〔名〕
しょうかい〔紹介〕紹介する esittää* 2〔動〕, esitellä* 28〔動〕
しょうかい〔照会〕kysely 2〔名〕／照会する kysellä 28〔動〕
しょうがい〔生涯〕elinaika* 10〔名〕, elinikä* 11〔名〕
しょうがい〔傷害〕vahingonteko* 1〔名〕
しょうがい〔障害〕(身体の) vamma 10〔名〕／障害物 este 78〔名〕
しょうかく〔昇格〕ylennys 64〔名〕

しょうがくきん〔奨学金〕apuraha 10 [名], stipendi 6 [名]
しょうがくせい〔小学生〕(男) koulupoika* 11 [名], (女) koulutyttö* 1 [名]
しょうがくせい〔奨学生〕stipendiaatti* 4 [名]
しょうがつ〔正月〕(元日) uudenvuodenpäivä 11 [名]
しょうがっこう〔小学校〕alkeiskoulu 1 [名], kansakoulu 1 [名]
しょうかん〔召喚〕召喚する (法廷に) haastaa oikeuteen (haastaa 10 [動])
じょうき〔上記〕上記の edellämainittu* 2 [形], yllämainittu* 2 [形]
じょうき〔蒸気〕höyry 1 [名]
じょうぎ〔定規〕viivoitin* 56 [名] ／定規で線を引く viivoittaa* 2 [動]
しょうきぎょう〔小企業〕pienteollisuus* 65 [名]
じょうきげん〔上機嫌〕hilpeys* 65 [名] ／上機嫌な hilpeä 21 [形]
しょうきゃく〔焼却〕焼却する polttaa* 2 [動]
じょうきゃく〔乗客〕matkustaja 16 [名]
しょうきゅう〔昇級〕ylennys 64 [名]
しょうきゅう〔昇給〕palkankorotus 64 [名]
じょうきゅう〔上級〕上級の pitkälle kehittynyt (kehittynyt 77 [形])
しょうぎょう〔商業〕商業の kaupallinen 63 [形]
じょうきょう〔状況〕tilanne* 78 [名], tila 10 [名]
しょうきょく〔小曲〕laulelma 13 [名]
しょうきょく〔消極〕消極的 haluton* 57 [形], vastahakoinen 63 [形]
しょうきん〔賞金〕palkinto* 2 [名]
じょうくう〔上空〕yläilma 10 [名]
しょうぐん〔将軍〕〈軍〉kenraali 6 [名]
じょうげ〔上下〕上下に pystyssä [副]
じょうけい〔情景〕näkymä 13 [名], maisema 13 [名]
しょうげき〔衝撃〕virike* 78 [名]
しょうけん〔証券〕証券取引所 pörssi 4 [名]
しょうげん〔証言〕todistus 64 [名], lausunto* 2 [名] ／証言する todistaa 2 [動]

じょうけん〔条件〕edellytys 64 [名], ehto* 1 [名]
しょうこ〔証拠〕todistus 64 [名], todiste 78 [名] /証拠品 todistuskappale 78 [名] /証拠を示す näyttää toteen (näyttää* 2 [動])
しょうご〔正午〕puolipäivä 85 [名]
じょうご〔漏斗〕suppilo 2 [名]
しょうこう〔将校〕〈軍〉upseeri 5 [名]
しょうごう〔称号〕arvonimi 8 [名], arvo 1 [名]
しょうごう〔照合〕tarkistus 64 [名] /照合する tarkistaa 2 [動]
じょうこう〔条項〕〈法〉artikkeli 5 [名]
しょうこうねつ〔猩紅熱〕〈医〉tulirokko* 1 [名]
しょうさい〔詳細〕yksityiskohta* 11 [名], detalji 6 [名]
じょうさい〔城塞〕(とりで) linna 10 [名]
じょうざい〔錠剤〕tabletti* 6 [名]
しょうさっし〔小冊子〕vihkonen 63 [名]
しょうさん〔賞賛〕ylistys 64 [名] /賞賛する ylistää 2 [動]
じょうし〔上司〕johtaja 16 [名], päällikkö* 2 [名]
じょうじ〔常時〕常時の alinomainen 63 [形], iäinen 63 [形]
しょうじき〔正直〕rehellisyys* 65 [名], suoruus* 65 [名] /正直な rehellinen 63 [形]
じょうしき〔常識〕terve järki, käytännöllinen järki (terve 79 [形], järki* 8 [名], käytännöllinen 63 [形])
しょうしつ〔消失〕消失する hävitä 37 [動]
しょうしつ〔焼失〕焼失する palaa poroksi (palaa 9 [動])
しょうしゃ〔商社〕toiminimi 8 [名] /商社員 liikkeenharjoittaja 16 [名]
しょうしゃ〔勝者〕voittaja 16 [名]
じょうしゃ〔乗車〕乗車券 matkalippu* 1 [名]
じょうじゅ〔成就〕saavutus 64 [名] /成就する saavuttaa* 2 [動]
しょうしゅう〔召集〕kokoonkutsuminen 63 [名], koollekutsuminen 63 [名]

しょうじゅう〔小銃〕kivääri 6［名］
じょうしゅう〔常習〕常習の tavallinen 63［形］
しょうじゅつ〔詳述〕täsmennys 64［名］／詳述する täsmentää* 8［動］
じょうじゅつ〔上述〕上述の edellä mainittu (mainittu* 2［形］)
しょうじゅん〔照準〕tähtäin 56［名］, tähtäys 64［名］
しょうしょ〔証書〕kirjallinen todistus (kirjallinen 63［形］, todistus 64［名］)
しょうじょ〔少女〕tyttö* 1［名］
しょうしょう〔少々〕hiukan［副］, vähän［副］
しょうじょう〔症状〕oire 78［名］
しょうじょう〔賞状〕kunniakirja 10［名］
じょうしょう〔上昇〕nousu 1［名］, korotus 64［名］／上昇する nousta 24［動］
しょうじる〔生じる〕syntyä* 1［動］
しょうしん〔小心〕小心な pelokas* 66［形］
しょうしん〔昇進〕virkaylennys 64［名］
じょうず〔上手〕taitavuus* 65［名］／上手な taitava 13［形］, kätevä 13［形］
しょうすい〔小水〕virtsa 10［名］
しょうすう〔小数〕〈数〉kymmenys 64［名］, desimaali 4［名］
しょうすう〔少数〕vähemmistö 1［名］／少数派 vähemmistö 1［名］
しょうずる〔生ずる〕syntyä* 1［動］, muodostua 1［動］
じょうせい〔情勢〕tilanne* 78［名］,（複数形で）olosuhde* 78［名］
しょうせつ〔小説〕romaani 5［名］
しょうせん〔商船〕kauppa-alus 64［名］, kauppalaiva 10［名］
じょうせん〔乗船〕laivaan nousu (nousu 1［名］)
じょうそ〔上訴〕vetoaminen 63［名］／上訴する vedota* 38［動］
しょうぞう〔肖像〕肖像画 muotokuva 11［名］
じょうそう〔上層〕上層部 toimihenkilö 2［名］
じょうぞう〔醸造〕醸造する（ビールを）panna olutta

しょうたい

(panna 27 [動])
しょうたい〔招待〕kutsu 1 [名] ／招待する kutsua 1 [動]
じょうたい〔上体〕yläruumis 68 [名]
じょうたい〔状態〕olo 1 [名], olotila 10 [名], tila 10 [名]
しょうたく〔沼沢〕räme 78 [名], neva 10 [名]
しょうだく〔承諾〕suostumus 64 [名] ／承諾する suostua 1 [動]
じょうたつ〔上達〕edistys 64 [名], kehitys 64 [名] ／上達する edistyä 1 [動], kehittyä* 1 [動]
しょうだん〔商談〕neuvottelu 2 [名]
じょうだん〔冗談〕leikinlasku 1 [名], leikinteko* 1 [名]
しょうち〔承知〕承知する（同意する）suostua 1 [動], olla samaa mieltä (olla 25 [動])
じょうちょ〔情緒〕tunne* 78 [名]
しょうちょう〔小腸〕〈解〉ohutsuoli 85 [名]
しょうちょう〔象徴〕vertauskuva 11 [名]
じょうちょう〔上長〕päällikkö* 2 [名], päämies 72 [名]
じょうでき〔上出来〕oivallisuus* 65 [名] ／上出来の tuloksellinen 63 [形]
しょうてん〔商店〕kauppa* 10 [名], liike* 78 [名]
しょうてん〔焦点〕〈理〉polttopiste 78 [名]
じょうと〔譲渡〕luovutus 64 [名], 〈法〉pakkoluovutus 64 [名] ／譲渡する（財産を）siirtää* 6 [動]
しょうどう〔衝動〕virike* 78 [名] ／衝動的 impulsiivinen 63 [形]
じょうとう〔上等〕上等な hieno 1 [形]
しょうどく〔消毒〕sterilointi* 4 [名] ／消毒する sterilisoida 18 [動]
しょうとつ〔衝突〕(yhteen) törmäys 64 [名] ／衝突する törmätä 35 [動]
しょうに〔小児〕lapsi 45 [名] ／小児麻痺〈医〉lapsihalvaus 64 [名], polio 3 [名]
しょうにん〔承認〕tunnustus 64 [名]
しょうにん〔商人〕kauppias 66 [名], kauppamies 72

じょうほ

[名]

しょうにん 〔証人〕todistaja 16 [名]

じょうねつ 〔情熱〕intohimo 1 [名], kiihkeys* 65 [名] /情熱的 intohimoinen 63 [形], kiihkeä 21 [形]

しょうねん 〔少年〕poika* 11 [名]

しょうのう 〔樟脳〕(匂いのある結晶) kamferi 5 [名]

じょうば 〔乗馬〕ratsastus 64 [名]

しょうはい 〔勝敗〕voitto tai tappio (voitto* 1 [名], tappio 3 [名])

しょうばい 〔商売〕kauppa* 10 [名], kaupanteko* 1 [名] /商売する harjoittaa kauppaa (harjoittaa* 2 [動])

じょうはく 〔上膊〕〈解〉olkavarsi* 42 [名]

じょうはつ 〔蒸発〕蒸発する haihtua* 1 [動]

しょうひ 〔消費〕kulutus 64 [名], menekki* 5 [名] /消費する kuluttaa* 2 [動], uhrata 35 [動]

しょうひょう 〔商標〕(製作所の) tehtaanmerkki* 4 [名]

しょうびょう 〔傷病〕傷病者 invalidi 4 [名]

しょうひん 〔商品〕tavara 15 [名], menekki* 5 [名]

しょうひん 〔賞品〕palkinto* 2 [名]

じょうひん 〔上品〕上品な hieno 1 [形], hienotunteinen 63 [形]

しょうぶ 〔勝負〕(試合) peli 4 [名], ottelu 2 [名]

しょうぶ 〔菖蒲〕〈植〉kurjenmiekka* 10 [名]

じょうぶ 〔丈夫〕丈夫な vahva 10 [形], luja 11 [形], kestävä 13 [形] /丈夫にする vahvistaa 2 [動], voimistaa 2 [動]

じょうぶ 〔上部〕yläpuoli 32 [名]

しょうふだ 〔正札〕hintalappu* 1 [名]

しょうぶん 〔性分〕luonne* 78 [名], luonto* 1 [名]

じょうぶん 〔条文〕kohta* 11 [名]

しょうへき 〔障壁〕muuri 4 [名]

じょうへき 〔城壁〕muuri 4 [名]

しょうへん 〔小片〕pala 10 [名], palanen 63 [名]

しょうべん 〔小便〕virtsa 10 [名], 〈常〉〈幼〉pissa 10 [名]

じょうほ 〔譲歩〕myöntymys 64 [名] /譲歩する

しょうぼう

myöntyä* 1 [動]
しょうぼう〔消防〕消防車 paloauto 1 [名] ／消防署 paloasema 13 [名]
じょうほう〔上方〕上方に yllä [副], ylhäällä [副] ／～の上方に（属格と共に）yläpuolella [後] [前], （属格と共に）yli [後] [前]
じょうほう〔乗法〕〈数〉kertolasku 1 [名]
じょうほう〔情報〕uutinen 63 [名], (個人の) henkilötieto* 1 [名]
じょうまえ〔錠前〕lukko* 1 [名]
しょうみ〔正味〕〈商〉netto* 1 [名] ／正味重量 nettopaino 1 [名]
じょうみゃく〔静脈〕〈解〉laskimo 2 [名]
じょうむいん〔乗務員〕miehistö 2 [名]
しょうめい〔証明〕証明書 todistus 64 [名], todistuskappale 78 [名] ／証明する todistaa 2 [動], todeta* 36 [動]
しょうめい〔照明〕valaistus 64 [名]
しょうめつ〔消滅〕hävitys 64 [名], tuho 1 [名] ／消滅する hävitä 37 [動], tuhoutua* 44 [動]
しょうめん〔正面〕(建物の) julkisivu 1 [名], fasadi 6 [名]
しょうもう〔消耗〕kulutus 64 [名] ／消耗する heikontua* 1 [動]
じょうやく〔条約〕sopimus 64 [名]
しょうよ〔賞与〕lahjapalkkio 3 [名]
しょうよう〔商用〕liikeasia 14 [名]
じょうよう〔乗用〕乗用車 henkilöauto 1 [名]
じょうよく〔情欲〕intohimo 1 [名] ／情欲的 intohimoinen 63 [形]
しょうらい〔将来〕tulevaisuus* 65 [名] ／将来の tuleva 13 [形], vastainen 63 [形]
しょうり〔勝利〕voitto* 1 [名] ／勝利をおさめる voittaa* 2 [動]
じょうりく〔上陸〕maahanlasku 1 [名] ／上陸する laskea maihin (laskea 13 [動])
しょうりゃく〔省略〕lyhennys 64 [名] ／省略する lyhentää* 42 [動]

しょくいん

じょうりゅう〔上流〕yläjuoksu 1〔名〕／上流へ ylöspäin〔副〕, jokea ylös
じょうりゅう〔蒸留〕蒸留酒 paloviina 10〔名〕／蒸留する tislata 35〔動〕
しょうりょう〔少量〕vähyys* 65〔名〕
じょうりょくじゅ〔常緑樹〕ikivihreä puu (ikivihreä 21〔形〕, puu 29〔名〕)
しょうれい〔奨励〕kehoitus 64〔名〕, rohkaisu 2〔名〕
じょうれい〔条例〕määräys 64〔名〕, säädös 64〔名〕
じょうろ〔如雨露〕(水を掛ける用具) vesikannu 1〔名〕
しょうろう〔鐘楼〕kellotapuli 5〔名〕, kellotorni 4〔名〕
しょえん〔初演〕ensi-ilta* 10〔名〕, kantaesitys 64〔名〕
じょおう〔女王〕kuningatar* 54〔名〕
ショーウィンドー näyteikkuna 17〔名〕
ジョーカー (トランプの) jokeri 5〔名〕
ショート〈電〉lyhytsulku* 1〔名〕,〈電〉oikosulku* 1〔名〕
ショートケーキ leivos 64〔名〕
ショール〈服〉hartiahuivi 4〔名〕, saali 4〔名〕
しょか〔初夏〕alkukesä 11〔名〕, kevätkesä 11〔名〕
じょがい〔除外〕poisjättö* 1〔名〕
しょがく〔初学〕初学者 aloittelija 14〔名〕
しょかん〔所感〕(印象) vaikutus 64〔名〕, vaikutelma 13〔名〕
しょかん〔書簡〕kirjelmä 13〔名〕
しょき〔初期〕初期に aikaisin〔副〕, varhemmin〔副〕
しょき〔所期〕所期の odotuksenmukainen 63〔形〕
しょき〔書記〕sihteeri 5〔名〕, kirjuri 5〔名〕
しょき〔暑気〕kuumuus* 65〔名〕
しょきゅう〔初級〕初級読本 aapinen 63〔名〕
じょきょ〔除去〕poisto 1〔名〕, riisunta* 15〔名〕
じょきょく〔序曲〕〈楽〉alkusoitto* 1〔名〕
しょく〔職〕työ 30〔名〕
しよく〔私欲〕voitonhimo 1〔名〕／私欲的 voitonhimoinen 63〔形〕
しょくいん〔職員〕(個人) virkailija 14〔名〕, (全員) henkilökunta* 11〔名〕

しょくえん〔食塩〕keittosuola 10 [名]
しょくぎょう〔職業〕ammatti* 6 [名], elinkeino 1 [名]
しょくじ〔食事〕ateria 15 [名], ruoka* 11 [名] ／食事をする ruokailla 28 [動]
しょくじゅ〔植樹〕istutus 64 [名] ／植樹する istuttaa* 2 [動]
しょくだい〔燭台〕(蠟燭を立てる台) kynttilänjalka* 10 [名]
しょくたく〔食卓〕ruokapöytä* 11 [名] ／食卓につく alkaa syödä (alkaa* 9 [動])
しょくちゅうどく〔食中毒〕ruokamyrkytys 64 [名]
しょくどう〔食堂〕ravintola 14 [名], ruokasali 4 [名]
しょくどう〔食道〕〈解〉ruokatorvi 8 [名]
しょくにん〔職人〕ammattimies 72 [名], ammattityöläinen 63 [名]
しょくば〔職場〕työpaikka* 10 [名], toimipaikka* 10 [名]
しょくひん〔食品〕(通常は複数形で) elintarvike* 78 [名], (通常は複数形で) ruokatavara 15 [名]
しょくぶつ〔植物〕kasvi 4 [名] ／植物学 kasvitiede* 78 [名]
しょくみん〔植民〕植民地 siirtomaa 28 [名], kolonia 15 [名]
しょくむ〔職務〕virka* 10 [名], palvelus 64 [名]
しょくもう〔触毛〕tuntokarva 10 [名]
しょくもつ〔食物〕ruoka* 11 [名], (通常は複数形で) elintarvike* 78 [名]
しょくよう〔食用〕食用の syötävä 13 [形]
しょくよく〔食欲〕ruokahalu 1 [名]
しょくりょう〔食料〕ruoka* 11 [名], (通常は複数形で) elintarvike* 78 [名]
しょくりん〔植林〕istutus 64 [名] ／植林する istuttaa* 2 [動]
しょけい〔処刑〕teloitus 64 [名] ／処刑する teloittaa* 2 [動]
しょけん〔所見〕luulo 1 [名]
じょげん〔助言〕neuvo 1 [名] ／助言する neuvoa 1

しょこ〔書庫〕kirjakaappi* 4 [名]
じょこう〔徐行〕徐行する hidastua 1 [動]
しょさい〔書斎〕lukuhuone 78 [名]
しょざい〔所在〕sijainti* 4 [名] ／所在地 olinpaikka* 10 [名]
じょさい〔如才〕如才がない seurallinen 63 [形], seuraa rakastava (rakastava 13 [形])
じょさんぷ〔助産婦〕kätilö 2 [名]
しょし〔庶子〕avioton lapsi, avioliiton ulkopuolinen lapsi (avioton* 57 [形], lapsi 45 [名], ulkopuolinen 63 [形])
じょし〔女子〕tyttö* 1 [名]
じょじ〔叙事〕叙事詩 kertomaruno 1 [名], eepos 64 [名]
じょしゅ〔助手〕apulainen 63 [名], avustaja 16 [名]
しょしゅう〔初秋〕alkusyksy 1 [名]
じょじゅつ〔叙述〕kuvaus 64 [名]
しょしゅん〔初春〕alkukevät 74 [名]
しょじょ〔処女〕neitsyt 73, 77 [名] ／処女航海 neitsytmatka 10 [名]
じょじょに〔徐々〕徐々に vähitellen [副]
じょじょう〔叙情〕叙情的 lyyrinen 63 [形] ／叙情詩 lyriikka* 15 [名]
しょしん〔初心〕初心者 aloittelija 14 [名], alokas* 66 [名]
じょせい〔女性〕nainen 63 [名], naissukupuoli 32 [名] ／女性の naispuolinen 63 [形]
じょせい〔助成〕助成金 stipendi 6 [名], apuraha 10 [名]
じょせいと〔女生徒〕koulutyttö* 1 [名]
しょせき〔書籍〕kirja 10 [名]
じょせつ〔除雪〕auraus 64 [名] ／除雪する aurata 35 [動]
じょそう〔助走〕助走する ottaa vauhtia (ottaa* 2 [動])
しょぞく〔所属〕所属する kuulua 1 [動]
しょたい〔所帯〕(家族) perhe 78 [名]

しょだい〔初代〕初代の ensimmäinen 63 [形]
しょち〔処置〕käsittely 2 [名], menettely 2 [名]
しょちゅう〔暑中〕kesä 11 [名] ／暑中見舞い kesätervehdys 64 [名]
しょっかく〔触角〕tuntosarvi 8 [名]
しょっかく〔触覚〕tuntoaisti 4 [名]
しょっき〔食器〕astia 14 [名], (食べ終わった後の) tiski 4 [名]
しょっき〔織機〕kangaspuut 29 [複名]
ジョッキ kolpakko* 2 [名], (木製の) haarikka* 15 [名]
しょっちゅう vähän väliä [副], usein [副]
ショッピング ostos 64 [名] ／ショッピングセンター ostoskeskus 64 [名]
じょてい〔女帝〕keisarinna 10 [名]
しょてん〔書店〕kirjakauppa* 10 [名]
しょとう〔初冬〕syystalvi 8 [名], alkutalvi 8 [名]
しょとう〔初等〕初等学校 peruskoulu 1 [名]
しょとう〔初頭〕alku* 1 [名]
しょとう〔諸島〕saaristo 2 [名]
じょどうし〔助動詞〕〈言〉apuverbi 4 [名]
しょとく〔所得〕ansio 3 [名], ansiotulo 1 [名]
しょにち〔初日〕(初演) ensi-ilta* 10 [名]
しょばつ〔処罰〕rangaistus 64 [名]
しょはん〔初版〕ensimmäinen laitos (ensimmäinen 63 [形], laitos 64 [名])
しょひょう〔書評〕kirjan arvostelu (arvostelu 2 [名])
しょぶん〔処分〕hävitys 64 [名] ／処分する hävittää* 2 [動]
じょぶん〔序文〕alkulause 78 [名], johdanto* 2 [名], esipuhe 78 [名]
しょほ〔初歩〕alkeet* 78 [複名]
しょほう〔処方〕処方箋 lääkemääräys 64 [名], resepti 6 [名]
じょまく〔除幕〕paljastus 64 [名]
しょみん〔庶民〕rahvas 66 [名]
しょめい〔書名〕otsikko* 2 [名]
しょめい〔署名〕allekirjoitus 64 [名], nimikirjoitus

64 [名]
じょめい〔除名〕karkotus 64 [名]／除名する karkottaa* 2 [動]
しょもつ〔書物〕kirja 10 [名], nide* 78 [名]
しょゆう〔所有〕omistus 64 [名], nautinta* 15 [名]／所有者 omistaja 16 [名], haltija 14 [名]／所有する omistaa 2 [動]
じょゆう〔女優〕näyttelijätär* 54 [名]
しょり〔処理〕käsittely 2 [名]
じょりゅう〔女流〕女流の naispuolinen 63 [形], nais-
じょりょく〔助力〕avunanto* 1 [名]
しょるい〔書類〕asiakirja 10 [名], paperi 5 [名]
じょろん〔序論〕johdatus 64 [名]
しょんぼり しょんぼりした alakuloinen 63 [形], masentunut 77 [形]
しらが〔白髪〕harmaatukka* 11 [名]／白髪の harmaatukkainen 63 [形]
しらかば〔白樺〕〈植〉koivu 1 [名]
しらける〔白ける〕viilentyä* 1 [動]
じらす〔焦らす〕(いらいらさせる) ärsyttää* 2 [動]
しらずしらず〔知らず知らず〕(知らないうちに) tietämättä [副]
しらせ〔知らせ〕ilmoitus 64 [名]
しらせる〔知らせる〕ilmoittaa* 2 [動], antaa tietoa (antaa* 9 [動])
しらふ〔素面〕(酒に酔っていない状態) raittius* 65 [名]
しらべ〔調べ〕(調査) tarkastus 64 [名], tutkimus 64 [名]
しらべる〔調べる〕tarkastaa 2 [動], tutkiskella 28 [動]
しらみ〔虱〕〈虫〉täi 27 [名]
しらむ〔白む〕koittaa* 2 [動], sarastaa 2 [動]
しらんかお〔知らん顔〕sivuutus 64 [名]／知らん顔をする sivuuttaa* 2 [動]
しり〔尻〕〈解〉perä 11 [名], (通常は複数形で) takapuoli 32 [名]
しり〔私利〕voitonhimo 1 [名]
しりあい〔知り合い〕tuttava 13 [名], tuttu* 1 [名]／

〜と知り合いになる（入格と共に）tutustua 1 [動]
しりあう〔知り合う〕（入格と共に）tutustua 1 [動]
シリーズ sarja 10 [名]
じりき〔自力〕自力で oma-aloitteisesti [副], oma-ehtoisesti [副]
しりごみ〔尻込み〕尻込みする arastella 28 [動], arkailla 29 [動]
しりぞく〔退く〕vetäytyä taaksepäin (vetäytyä* 44 [動])
しりぞける〔退ける〕syrjäyttää* 2 [動], torjua 1 [動]
しりつ〔市立〕市立の kaupungin
しりつ〔私立〕私立の yksityinen 63 [形]／私立学校 yksityiskoulu 1 [名]
じりつ〔自立〕itsenäisyys* 65 [名], riippumattomuus* 65 [名]／自立した riippumaton* 57 [形]
しりめつれつ〔支離滅裂〕支離滅裂な hajanainen 63 [形], sekava 13 [形]
しりゅう〔支流〕sivujoki* 8 [名]
しりょ〔思慮〕harkinta* 15 [名], tarkasteleminen 63 [名]／思慮深い maltillinen 63 [形], malttavainen 63 [形]
しりょう〔資料〕aineisto 2 [名], lähdekirjallisuus* 65 [名]
しりょう〔飼料〕väkirehu 1 [名]
しりょく〔視力〕näkö* 1 [名]
しりょく〔資力〕rahavarat 10 [複名]
じりょく〔磁力〕〈理〉magneettivoima 11 [名]
シリンダー〈技〉sylinteri 5 [名]
しる〔汁〕（ジュース）mehu 1 [名], (スープ) keitto* 1 [名]
しる〔知る〕tietää* 43 [動], havaita 31 [動], huomata 35 [動]／知らずに epähuomiossa, huomaamatta／知られた（有名な）tunnettu* 2 [形], maineikas* 66 [形]
シルエット（輪郭）siluetti* 6 [名], ääriviiva 10 [名]
しるし〔印〕leima 10 [名], merkki* 4 [名]／印を付ける merkitä 31 [動]
しるす〔記す〕（書く）kirjoittaa* 2 [動], merkitä 31

[動]
シルバー〔銀食器〕pöytähopea 21 [名]
しれい〔指令〕määräys 64 [名]
じれったい〔焦れったい〕hermostuttava 13 [形], ärsyttävä 13 [形]
じれる〔焦れる〕(いらいらする) harmistua 1 [動]
しれん〔試練〕koetus 64 [名], koettelemus 64 [名]
ジレンマ pulma 11 [名]／ジレンマに陥る joutua umpikujaan (joutua* 1 [動])
しろ〔城〕linna 10 [名]
しろい〔白い〕valkoinen 63 [形], valkea 21 [形]／白くなる valjeta* 34 [動]／白くする valkaista 24 [動]
しろうと〔素人〕amatööri 4 [名], harrastelija 14 [名]
しろくま〔白熊〕〈動〉jääkarhu 1 [名]
じろじろ じろじろ見る tuijottaa* 2 [動]
シロップ siirappi* 6 [名]
しろひげ〔白髭〕valkoparta* 10 [名]
しろみ〔白身〕(卵の) munanvalkuainen 63 [名]
しろめ〔白目〕valkuainen 63 [名]
じろり じろりと見る tuijottaa vihaisesti (tuijottaa* 2 [動])
しわ〔皺〕ryppy* 1 [名], poimu 1 [名]／皺だらけの ryppyinen 63 [形]／皺になる rypistyä 1 [動]
しわがれる〔嗄れる〕嗄れた (声について) kaheä 21 [形]
しわくちゃ〔皺くちゃ〕皺くちゃになる rypistyä 1 [動]／皺くちゃにする rypistää 2 [動]
しわざ〔仕業〕teko* 1 [名], toimi 35 [名]
じわじわ（ゆっくりと）hitaasti [副], asteittain [副]
しん〔芯〕(果物の) sydän 56 [名], (蠟燭の) sydän 56 [名]
しん〔真〕真の aito* 1 [形]
しんあい〔親愛〕親愛な rakas* 66 [形], armas 66 [形], kallis 69 [形]
じんい〔人為〕人為的 keinotekoinen 63 [形]
しんえん〔深遠〕深遠な syvä 11 [形], syvällinen 63 [形]
しんか〔臣下〕alamainen 63 [名]

しんか〔進化〕進化論 kehitysoppi* 4 [名]
しんがい〔侵害〕rikkomus 64 [名]
じんかく〔人格〕henkilöllisyys* 65 [名], persoonallisuus* 65 [名]
しんがた〔新型〕uusi malli (uusi* 40 [形], malli 4 [名])
しんかん〔新刊〕uusi julkaisu (uusi* 40 [形], julkaisu 2 [名])
しんぎ〔信義〕信義のない uskoton* 57 [形]
しんぎ〔審議〕keskustelu 2 [名], väittely 2 [名] ／審議する keskustella 28 [動], pohtia* 17 [動]
しんきゅう〔進級〕ylennys 64 [名]
しんきょう〔心境〕mielentila 10 [名], mieliala 10 [名]
しんきろう〔蜃気楼〕kangastus 64 [名]
しんきろく〔新記録〕ennätys 64 [名]
しんぎん〔呻吟〕呻吟する（呻く）vaikeroida 30 [動], vaikertaa* 6 [動]
しんきんかん〔親近感〕ystävällisyys* 65 [名]
しんぐ〔寝具〕makuuvaatteet* 78 [複名], sänkyvaatteet* 78 [複名]
しんくう〔真空〕真空の ilmaton* 57 [形]
しんぐん〔進軍〕sotaretki 8 [名]
しんけい〔神経〕〈解〉hermo 1 [名] ／神経質な hermostollinen 63 [形], arkaluonteinen 63 [形]
しんげつ〔新月〕uusikuu 84 [名]
しんけん〔真剣〕真剣に vakavasti [副]
しんご〔新語〕〈言〉uudissana 10 [名]
しんこう〔信仰〕usko 1 [名], uskonto* 2 [名]
しんこう〔振興〕edistäminen 63 [名]
しんこう〔進行〕meno 1 [名]
しんごう〔信号〕merkki* 4 [名], (交通信号) liikennevalo 1 [名]
じんこう〔人口〕asukasluku* 1 [名], väestö 2 [名] ／人口密度 väentiheys* 65 [名]
じんこう〔人工〕人工の keinotekoinen 63 [形]
しんこく〔申告〕申告期間 hakuaika* 10 [名]
シンコペーション〈楽〉synkooppi* 6 [名]
しんこん〔新婚〕新婚旅行 häämatka 10 [名]
しんさ〔審査〕tarkastus 64 [名]

しんせい

しんさい〔震災〕maanjäristysonnettomuus* 65 [名]
じんざい〔人材〕lahjakas henkilö (lahjakas* 66 [形], henkilö 2 [名])
しんさつ〔診察〕lääkärintutkimus 64 [名]
しんざん〔新参〕新参者 tulokas* 66 [名]
しんし〔紳士〕herra 10 [名], herrasmies 72 [名]
じんじ〔人事〕人事不省の valekuollut 77 [形]
しんしき〔新式〕uusi malli (uusi* 40 [形], malli 4 [名])
しんしつ〔寝室〕makuuhuone 78 [名], kamari 5 [名]
しんじつ〔真実〕totuus* 65 [名], tosi* 41 [名]／真実の todellinen 63 [形]
しんじゃ〔信者〕(教会の) kirkkokansa 10 [名], kirkkoväki* 8 [名]
しんじゅ〔真珠〕helmi 8 [名]
じんしゅ〔人種〕rotu* 1 [名]／人種の rodullinen 63 [形]
しんしゅく〔伸縮〕kimmo 1 [名]／伸縮自在の kimmoinen 63 [形], kimmoisa 13 [形]
しんしゅん〔新春〕(元日) uudenvuodenpäivä 11 [名]
しんしょう〔心象〕mielikuva 11 [名], kuvitelma 13 [名]
しんじょう〔信条〕periaate* 78 [名], prinsiippi* 6 [名]
しんしょく〔侵食〕〈地〉eroosio 3 [名]／侵食する syövyttää* 2 [動]
しんじる〔信じる〕uskoa 1 [動], luulla 25 [動]
しんしん〔新進〕新進気鋭の lupaava 13 [形], yritteliäs 66 [形]
しんじん〔信心〕信心深い hurskas 66 [形], uskovainen 63 [形]
しんじん〔新人〕uusi tulokas (uusi* 40 [形], tulokas* 66 [名])
しんすい〔浸水〕upotus 64 [名]
しんすい〔進水〕(船の) vesillelasku 1 [名]
しんせい〔申請〕hakemus 64 [名]／申請用紙 hakemuskaavake* 78 [名], hakemuslomake* 78 [名]
しんせい〔神聖〕神聖な pyhä 11 [形], jumalallinen

63 [形])

じんせい〔人生〕elämä 13 [名], elämänkaari 32 [名]

しんせき〔親戚〕(親類) sukulainen 63 [名], heimolainen 63 [名]／〜と親戚である olla sukua+向格 (olla 25 [動])

じんせき〔人跡〕人跡未踏の raivaamaton* 57 [形]／人跡未踏の地 erämaa 28 [名]

シンセサイザー〈楽〉syntetisaattori 5 [名]

しんせつ〔新雪〕uusi lumi (uusi* 40 [形], lumi 35 [名])

しんせつ〔親切〕ystävällisyys* 65 [名], avuliaisuus* 65 [名]／親切な ystävällinen 63 [形], avulias 66 [形]／〜に親切である olla ystävällinen+分格+kohtaan (olla 25 [動])

しんせん〔新鮮〕新鮮な tuore 79 [形], raikas* 66 [形]

しんぜん〔親善〕ystävyys* 65 [名], hyväntahtoisuus* 65 [名]

しんそう〔真相〕totuus* 65 [名], totuudenmukaisuus* 65 [名]

しんぞう〔心臓〕〈解〉sydän 56 [名]

じんぞう〔人造〕人造の keinotekoinen 63 [形]

じんぞう〔腎臓〕(通常は複数形で)〈解〉munuainen 63 [名]

しんぞく〔親族〕sukulainen 63 [名], kotiväki* 8 [名]

じんそく〔迅速〕迅速な pikainen 63 [形], nopea 21 [形]

しんたい〔身体〕ruumis 68 [名]／身体の ruumiillinen 63 [形]

しんだい〔寝台〕vuode* 78 [名], sänky* 1 [名]／寝台車 makuuvaunu 1 [名]

じんたい〔人体〕ruumis 68 [名], vartalo 2 [名]

しんたいそう〔新体操〕rytminen kilpavoimistelu (rytminen 63 [形], kilpavoimistelu 2 [名])

しんだん〔診断〕診断書 lääkärintodistus 64 [名]／診断する diagnosoida 18 [動]

しんちゅう〔真鍮〕〈金〉messinki* 5 [名]

しんちょう〔身長〕pituus* 65 [名]

しんちょう〔慎重〕慎重な varovainen 63 [形], varo-

しんぴょう

va 13 [形]
しんちょう〔新調〕新調の uusi* 40 [形], upouusi* 40 [形]
じんちょうげ〔沈丁花〕〈植〉 näsiä 14 [名]
しんちん〔新陳〕新陳代謝 aineenvaihdunta* 15 [名]
しんつう〔心痛〕 murhe 78 [名]
じんつう〔陣痛〕 supistus 64 [名]
しんてい〔進呈〕 lahjoitus 64 [名] ／進呈する lahjoittaa* 2 [動]
しんてん〔進展〕 kehitys 64 [名] ／進展する kehittyä* 1 [動]
しんでん〔神殿〕 temppeli 5 [名]
しんと〔信徒〕 uskovainen 63 [名]
しんとう〔浸透〕 läpäisy 2 [名] ／浸透する läpäistä 24 [動]
しんどう〔振動〕 heilahtelu 2 [名], 〈理〉heilahdus 64 [名] ／振動する heilua 1 [動], heilahtaa* 2 [動]
しんどう〔震動〕 järistys 64 [名] ／震動する järistä 24 [動]
じんどう〔人道〕 inhimillisyys* 65 [名] ／人道的 inhimillinen 63 [形]
しんにゅう〔侵入〕 sisääntulo 1 [名] ／侵入する rynnätä* 35 [動]
しんにゅう〔進入〕 pääsy 1 [名], sisääntulo 1 [名] ／進入する päästä 24 [動]
しんにゅうせい〔新入生〕 uusi opiskelija (uusi* 40 [形], opiskelija 14 [名])
しんにん〔信任〕 luottamus 64 [名]
しんねん〔信念〕 vakaumus 64 [名]
しんねん〔新年〕 uusivuosi* 84 [名]
しんぱい〔心配〕 huoli 32 [名], huolenpito* 1 [名] ／心配する huolehtia* 17 [動] ／心配である olla huolissaan＋出格 (olla 25 [動])
シンバル 〈楽〉 symbaali 6 [名]
しんぱん〔審判〕審判員〈ス〉 tuomari 5 [名]
しんぴ〔神秘〕神秘的 mysti(lli)nen 63 [形], salainen 63 [形]
しんぴょう〔信憑〕信憑性 perä 11 [名]

しんぴん〔新品〕uusi tavara (uusi* 40［形］, tavara 15［名］)

しんぷ〔新婦〕morsian 56［名］

シンフォニー〈楽〉sinfonia 15［名］

じんぶつ〔人物〕henkilö 2［名］

しんぶん〔新聞〕sanomalehti* 8［名］,（日刊の）päivälehti* 8［名］

しんぽ〔進歩〕edistys 64［名］, kehitys 64［名］／進歩的 edistyksellinen 63［形］／進歩する edistyä 1［動］, kehittyä* 1［動］

しんぼう〔心棒〕akseli 5［名］

しんぼう〔辛抱〕kärsivällisyys* 65［名］／辛抱強い kärsivällinen 63［形］, maltillinen 63［形］／辛抱する kärsiä 17［動］

じんぼう〔人望〕luotettavuus* 65［名］, usko 1［名］

しんぼく〔親睦〕（親しい事）ystävyys* 65［名］

シンポジウム symposiumi 4［名］

シンボル symboli 5［名］

しんまい〔新米〕（今年収穫した米）uusi riisi,（初心者）vasta-alkaja 16［名］(uusi* 40［形］, riisi 4［名］)

しんみつ〔親密〕親密な toverillinen 63［形］

じんみん〔人民〕人民の kansanomistama 13［形］

しんめ〔新芽〕itu* 1［名］, oras 66［名］, taimi 35［名］

じんめい〔人命〕人命救助 hengenpelastus 64［名］

しんもん〔審問〕kuulustelu 2［名］

じんもん〔尋問〕kuulustelu 2［名］／尋問する kuulustella 28［動］, tutkia 17［動］

しんや〔深夜〕puoliyö 30［名］／深夜に puoliyön aikaan

しんゆう〔親友〕ystävä 13［名］,（女性の）ystävätär* 54［名］

しんよう〔信用〕luottamus 64［名］／信用する luottaa* 2［動］

しんようじゅ〔針葉樹〕havupuu 29［名］

しんらい〔信頼〕luottamus 64［名］／信頼する luottaa* 2［動］

しんらつ〔辛辣〕辛辣な pureva 13［形］, teräväkär-

kinen 63 [形]
しんり〔心理〕心理学 sielutiede* 78 [名], psykologia 15 [名]
しんり〔真理〕totuus* 65 [名]／真理の todellinen 63 [形]
しんり〔審理〕(裁判所の) oikeudenistunto* 2 [名]
しんりゃく〔侵略〕侵略者 hyökkääjä 16 [名]
しんりょう〔診療〕lääkärintarkastus 64 [名]／診療所 klinikka* 15 [名]
しんりょく〔新緑〕新緑の kevätvihreä 21 [形]
じんりょく〔尽力〕voimanponnistus 64 [名]／尽力する ponnistaa voimansa (ponnistaa 2 [動])
しんりん〔森林〕metsä 11 [名], salo 1 [名]
しんるい〔親類〕(通常は複数形で) omainen 63 [名]
じんるい〔人類〕ihmiskunta* 11 [名]
しんれい〔心霊〕心霊的 hengellinen 63 [形]
しんろ〔進路〕reitti* 4 [名], kurssi 4 [名]
しんろう〔新郎〕sulhanen 63 [名]
しんわ〔神話〕myytti* 4 [名]／神話の myytillinen 63 [形]

す

す〔州〕särkkä* 11 [名]
す〔巣〕pesä 11 [名], (クモの) seitti* 4 [名]
す〔酢〕etikka* 15 [名]
すあし〔素足〕素足で avojaloin [副]
ずあん〔図案〕piirros 64 [名]
ずい〔髄〕ydin* 56 [名]
すいあげる〔吸い上げる〕(ポンプで) pumpata* 35 [動]
すいい〔推移〕prosessi 6 [名]
ずいい〔随意〕随意に mieltä myöten
スイートピー〈植〉hajuherne 78 [名]

すいえい〔水泳〕uinti* 4 [名]
すいか〔西瓜〕(果物) vesimeloni 5 [名]
すいがい〔水害〕tulvaonnettomuus* 65 [名]
すいがら〔吸い殻〕natsa 10 [名], tupakanpätkä 11 [名]
すいきゅう〔水球〕〈ス〉vesipallo 1 [名]
すいぎゅう〔水牛〕〈動〉puhveli 5 [名]
すいぎん〔水銀〕elohopea 21 [名]
すいこう〔遂行〕suoritus 64 [名], aikaansaannos 64 [名]／遂行する suorittaa* 2 [動], toteuttaa* 2 [動]
すいこむ〔吸い込む〕(息を) vetää henkeä, hengittää* 2 [動] (vetää* 2 [動])
すいさつ〔推察〕arvelu 2 [名]／推察する arvella 28 [動]
すいし〔水死〕水死する hukkua* 1 [動]
すいじ〔炊事〕炊事婦 keittäjätär* 54 [名]
すいしゃ〔水車〕mylly 1 [名]
すいじゃく〔衰弱〕kuihtuminen 63 [名]／衰弱する heikontua* 1 [動]
すいじゅん〔水準〕taso 1 [名], keskitaso 1 [名]
すいしょう〔水晶〕kide* 78 [名], kristalli 6 [名]
すいしょう〔推奨〕推奨する tyrkyttää* 2 [動]
すいじょう〔水上〕水上飛行機 vesilentokone 78 [名]
すいじょうき〔水蒸気〕höyry 1 [名]
すいしん〔推進〕推進力 työntövoima 11 [名]
すいせい〔水生〕水生動物 vesieläin 56 [名]
すいせい〔水星〕Merkurius 64 [名]
すいせい〔彗星〕〈天〉komeetta* 15 [名], pyrstötähti* 8 [名]
すいせん〔水仙〕〈植〉narsissi 6 [名]
すいせん〔推薦〕suositus 64 [名]／推薦する suosittaa* 2 [動]
すいそ〔水素〕〈化〉vety* 1 [名]
すいそう〔水槽〕allas* 66 [名], vesisäiliö 3 [名]
すいぞう〔膵臓〕〈解〉maharauhanen 63 [名]
すいそうがく〔吹奏楽〕吹奏楽団 torvisoittokunta* 11 [名]
すいそく〔推測〕arvelu 2 [名], otaksuma 13 [名]／

推測する arvella 28 [動], otaksua 1 [動]
すいぞくかん〔水族館〕akvaario 3 [名]
すいたい〔衰退〕rappio 3 [名], rappeutuminen 63 [名］／衰退する rappeutua* 44 [動]
すいちゅう〔水中〕水中翼船 kantosiipialus 64 [名]
すいちょく〔垂直〕垂直の kohtisuora 11 [形], pysty 1 [形]
すいつく〔吸い付く〕takertua* 1 [動]
すいつける〔吸い付ける〕vetää puoleensa (vetää* 2 [動])
スイッチ〈電〉katkaisin 56 [名], kytkin 56 [名]
すいてい〔推定〕olettamus 64 [名]
すいてき〔水滴〕pisara 17 [名]
すいとう〔水筒〕leili 4 [名]
すいとう〔出納〕出納係 kassanhoitaja 16 [名]
すいどう〔水道〕水道管 johto* 1 [名], vesijohto* 1 [名]
すいばく〔水爆〕vetypommi 4 [名]
すいび〔衰微〕rappeutuminen 63 [名］／衰微する rappeutua* 44 [動]
ずいひつ〔随筆〕essee 26 [名], kirjoitelma 13 [名]
すいふ〔水夫〕merimies 72 [名], matruusi 6 [名]
すいぶん〔水分〕水分が多い vetinen 63 [形]
ずいぶん〔随分〕aikailailla [副], koko lailla
すいへい〔水平〕水平の vaakasuora 11 [形］／水平線 taivaanranta* 10 [名]
すいへい〔水兵〕merimies 72 [名]
すいほう〔水泡〕〈解〉rakko* 1 [名]
すいみん〔睡眠〕uni 32 [名］／睡眠薬 unilääke* 78 [名]
すいめん〔水面〕vedenpinta* 10 [名]
すいもん〔水門〕sulku* 1 [名]
すいようび〔水曜日〕keskiviikko* 1 [名]
すいよく〔水浴〕kylpy* 1 [名］／水浴する mennä kylpyyn (mennä 27 [動])
すいり〔推理〕arvelu 2 [名］／推理する arvella 28 [動]
すいりく〔水陸〕水陸両生の〈生物〉amfibinen 63 [形]

すいりょう〔推量〕arvelu 2［名］, olettamus 64［名］／推量する arvella 28［動］
すいりょく〔水力〕vesivoima 11［名］
すいりょく〔推力〕työntövoima 11［名］
すいれん〔睡蓮〕〈植〉lumme* 78［名］／睡蓮の花 lumpeenkukka* 11［名］
すいろ〔水路〕vesistö 2［名］, väylä 11［名］, kanava 16［名］
すう〔吸う〕imeä 13［動］, imaista 24［動］
スウェーデン Ruotsi 4［名］／スウェーデン語 ruotsi 4［名］／スウェーデン人 ruotsalainen 63［名］
すうかい〔数回〕useaan otteeseen
すうがく〔数学〕matematiikka* 10［名］
すうこ〔数個〕muutama 13［不代］
すうこう〔崇高〕崇高な jalo 1［形］, ylhäinen 63［形］
すうし〔数詞〕〈言〉lukusana 10［名］
すうじ〔数字〕numero 2［名］
すうじつ〔数日〕数日間 päiväkausittain［副］／数日後 muutamaa päivää myöhemmin
ずうずうしい〔図々しい〕häpeämätön* 57［形］, hävytön* 57［形］
スーツ puku* 1［名］／スーツケース matkalaukku* 1［名］
すうにん〔数人〕muutama 13［不代］
すうねん〔数年〕数年すると vuosien mittaan
スーパーマーケット valintamyymälä 15［名］
すうはい〔崇拝〕崇拝者 ihailija 14［名］／崇拝する palvella 28［動］
すうばい〔数倍〕数倍の moninkertainen 63［形］
スープ keitto* 1［名］, liemi 35［名］
すうりょう〔数量〕määrä 11［名］
すえ〔末〕(終わり) loppu* 1［名］, päätekohta* 11［名］
すえつけ〔据え付け〕(機械の)〈技〉asennus 64［名］
すえつける〔据え付ける〕(機械を)〈技〉asentaa* 8［動］
すえっこ〔末っ子〕kuopus 64［名］
すえる〔据える〕〈常〉pistää 2［動］

ずが〔図画〕piirros 64 [名], piirustus 64 [名]
スカート hame 78 [名]
スカーフ huivi 4 [名], (pää)liina 10 [名]
ずかい〔図解〕kaaviokuva 11 [名], kaaviopiirros 64 [名]
ずがい〔頭蓋〕〈解〉kallo 1 [名], päälaki* 8 [名]
スカイダイビング ilmasukellus 64 [名]
すかさず〔透かさず〕(直ちに) heti paikalla, viipymättä [副]
すがすがしい〔清々しい〕raikas* 66 [形], raitis* 68 [形]
すがた〔姿〕hahmo 1 [名], haamu 1 [名]
スカル〈ス〉mela 10 [名]
すがる〔縋る〕(しがみつく) pitää kiinni, takertua kiinni (pitää* 2 [動], takertua* 1 [動])
スカンク〈動〉skunkki* 4 [名], haisunäätä* 11 [名]
スカンジナビア Skandinavia 14 [名]
すき〔好き〕好きな mieluinen 63 [形], mieluisa 13 [形]／好きになる mielistyä 1 [動], kiintyä* 1 [動]／好きである (出格と共に) pitää* 2 [動]
すき〔透き〕(物と物の間) väli 4 [名], (油断) varomattomuus* 65 [名]
すき〔鋤〕(農具) aura 10 [名]
スキー hiihto* 1 [名]／スキー板 suksi 49 [名]／スキーをする hiihtää* 2 [動]
スキーヤー hiihtäjä 16 [名]
すぎさる〔過ぎ去る〕過ぎ去った mennyt 77 [形]
すきとおる〔透き通る〕透き通った läpikuultava 13 [形], läpinäkyvä 13 [形]
すぎな〔杉菜〕〈植〉peltokorte* 78 [名]
すきま〔透き間〕loma 11 [名], välys 64 [名]
スキャンダル häväistysjuttu* 1 [名], skandaali 6 [名]
スキューバ〈ス〉hengityslaite* 78 [名]
すぎる〔過ぎる〕mennä 27 [動], (時が) kulua 1 [動]
ずきん〔頭巾〕(頭を被う布) hilkka* 10 [名]
すく〔好く〕(出格と共に) pitää* 2 [動]
すく〔鋤く〕(耕す) kyntää* 2 (8) [動]

すく〔梳く〕(髪の毛をくしでとかす) kammata* 35 [動]
すぐ〔直ぐ〕直ぐに heti [副], pian [副], viipymättä [副] ／〜すると直ぐに niin pian kuin
すくい〔救い〕apu* 1 [名], avustus 64 [名]
すくいだす〔救い出す〕pelastaa 2 [動] ／救い出される pelastua 1 [動]
すくう〔掬う〕(取り上げる) ammentaa* 8 [動]
すくう〔救う〕pelastaa 2 [動] ／救われる pelastua 1 [動]
スクーター skooteri 5 [名]
スクープ jymyuutinen 63 [名]
すぐさま〔すぐ様〕heti paikalla
すくない〔少ない〕vähäinen 63 [形], (数について) harvalukuinen 63 [形] ／少なくする vähentää* 8 [動] ／少なくなる vähetä 34 [動]
すくなくとも〔少なくとも〕edes [副], ainakin [副], vähintään [副]
すぐに〔直ぐに〕heti [副], ennen pitkää, kohta [副], pian [副]
すくむ〔竦む〕(恐れで体が) kyyristyä peloissaan (kyyristyä 1 [動])
スクリーン(映画の) valkokangas* 66 [名]
すぐれる〔優れる〕優れた erinomainen 63 [形], huomattava 13 [形]
ずけい〔図形〕kuvio 3 [名]
スケーター luistelija 14 [名]
スケート luistelu 2 [名] ／スケートをする luistella 28 [動]
スケジュール aikataulu 1 [名], ohjelma 13 [名]
ずけずけ ずけずけ言う sanoa suoraan (sanoa 1 [動])
スケッチ piirustus 64 [名], hahmotelma 13 [名] ／スケッチする hahmotella* 28 [動]
すごい〔凄い〕kamala 12 [形], kammottava 13 [形], (恐ろしい) hirmuinen 63 [形]
すこし〔少し〕hieman [副], vähän [副], hiukan [副] ／少ししてから hetken kuluttua, vähän ajan kuluttua ／少しの間 hetken, hetken aikaa
すごす〔過ごす〕(時間を) viettää* 2 [動]

スコップ lapio 3 [名]

すさまじい raju 1 [形]

すさむ 〔荒む〕(野性化する) villiintyä* 1 [動]

ずさん 〔杜撰〕杜撰な hatara 12 [形]

すじ 〔筋〕juomu 1 [名], juova 11 [名], (体内の) jänne* 78 [名]

ずしき 〔図式〕kaavio 3 [名], kaaviokuva 11 [名]

すじちがい 〔筋違い〕(捻挫) venähdys 64 [名]

すしづめ 〔鮨詰め〕鮨詰めで ääriään myöten täynnä

すじみち 〔筋道〕(道理) johdonmukaisuus* 65 [名]

すじょう 〔素性〕syntyperä 11 [名], alkuperä 11 [名]

ずじょう 〔頭上〕頭上に pään päällä, yläpuolella [副]

すす 〔煤〕(煤煙) noki*8 [名]／煤で黒くなる nokeutua* 44 [動]

すず 〔鈴〕kello 1 [名], tiuku* 1 [名]

すず 〔錫〕〈鉱〉tina 10 [名]

すすぎ 〔濯ぎ〕(洗濯の後の) huuhtelu 2 [名]

すずき 〔鱸〕〈魚〉kuha 11 [名]

すすぐ 〔濯ぐ〕(洗濯物を) huuhdella* 28 [動], huuhtoa* 1 [動]

すすける 〔煤ける〕(黒くなる) nokeutua* 44 [動] ／煤けた nokinen 63 [形]

すずしい 〔涼しい〕viileä 21 [形], vilpoinen 63 [形] ／涼しくなる viilentyä* 1 [動]

すすむ 〔進む〕astua 1 [動], kulkea* 13 [動], edetä* 34 [動]

すずむし 〔鈴虫〕〈虫〉sirkka* 10 [名]

すすめ 〔勧め〕kehoitus 64 [名], suosittelu 2 [名]

すずめ 〔雀〕〈鳥〉varpunen 63 [名]

すすめる 〔進める〕(動かす) liikuttaa*2 [動], siirtää* 6 [動]

すすめる 〔勧める〕kehoittaa*2 [動], suosittaa*2 [動]

すずらん 〔鈴蘭〕〈植〉kielo 1 [名]

すすりなく 〔啜り泣く〕nyyhkiä 17 [動], nyyhkyttää* 2 [動]

すする 〔啜る〕(吸い込む) hörppiä* 17 [動], ryystää 2 [動]

すすんで 〔進んで〕(喜んで) halusta [副], mielellään

すそ〔裾〕(ズボンの) lahje* 78 [名]
スター (映画などの) tähti* 8 [名]
スターター〈技〉käynnistin 56 [名], käynnistys-moottori 5 [名]
スタート lähtö* 1 [名], startti* 4 [名] ／スタートする käynnistyä 1 [動], startata* 35 [動]
スタイル tyyli 4 [名]
スタジアム stadion 7 [名]
スタッフ henkilökunta* 11 [名], henkilöstö 1 [名]
スタミナ kestävyys* 65 [名], luonteenlujuus* 65 [名]
すたれる〔廃れる〕vanhentua* 1 [動], vanheta 34 [動]
スタンザ〈詩〉säejakso 1 [名]
スタンド (観客席) katsomo 2 [名], (売店) kioski 6 [名]
スタンプ leimasin 56 [名] ／スタンプを押す leimata 35 [動]
スチームバス höyrykylpy* 1 [名]
スチール teräs 64 [名] ／スチール製の teräksinen 63 [形]
スチュワーデス lentoemäntä* 13 [名]
ずつう〔頭痛〕päänsärky* 1 [名]
すっかり kokonaan [副], täydellisesti [副]
ずつき〔頭突き〕頭突きをする puskea 13 [動], pökkiä* 17 [動]
すっきり すっきりした selvä 11 [形], selkeä 21 [形] ／すっきりする (気分が) virkistäytyä* 44 [動]
ずっと (続いて) koko ajan, koko matkan, alinomaa [副]
すっぱい〔酸っぱい〕hapan* 56 [形] ／酸っぱくする hapattaa* 2 [動]
すっぽかす (約束を破る) rikkoa lupaus (rikkoa* 1 [動], lupaus 64 [名])
ステーキ〈料〉pihvi 4 [名]
ステージ lava 10 [名], näyttämö 2 [名]
ステーションワゴン (自動車) farmariauto 1 [名]
すてき〔素敵〕素敵な hieno 1 [形], komea 21 [形], sievä 13 [形]

すてさる〔捨て去る〕sysätä syrjään (sysätä 35 [動])
ステッキ kävelykeppi* 4 [名]
ステップ（草原）aro 1 [名]
すでに〔既に〕jo [副]
すてる〔捨てる〕jättää* 2 [動], heittää* 2 [動], karttaa* 10 [動]
ステレオ ステレオの stereo- ／ステレオ装置〈常〉stereot 3 [名]
ストッキング sukkahousut 1 [複名]
ストック（スキーの）sauva 10 [名], suksisauva 10 [名]
ストップウォッチ sekuntikello 1 [名]
ストライキ lakko* 1 [名]
ストレート ストレートな（真っ直ぐな）suora 11 [形]
ストレス〈医〉stressi 4 [名]
ストロー pilli 4 [名], mehupilli 4 [名]
すな〔砂〕hiekka* 10 [名] ／砂浜 hiekkaranta* 10 [名]
すなお〔素直〕素直な kuuliainen 63 [形], tottelevainen 63 [形]
スナップショット näppäys 64 [名]
すなわち〔即ち〕eli [接]; nimittäin [副]
スニーカー kumitossu 1 [名]
すね〔脛〕〈解〉sääri 32 [名]
すねる〔拗ねる〕（我を張る）mukista 24 [動]
ずのう〔頭脳〕aivot 1 [複名]
スノーモービル moottorikelkka* 10 [名]
スパイ vakoilija 14 [名], urkkija 14 [名]
スパイク スパイクシューズ〈ス〉piikkikenkä* 11 [名]
スパイス〈料〉mauste 78 [名]
スパゲッティ〈料〉spagetti* 4 [名]
すばこ〔巣箱〕（鳥の）pönttö* 1 [名]
すばしこい ketterä 12 [形], nopea 21 [形]
ずばぬける〔ずば抜ける〕ずば抜けた merkittävä 13 [形], huomattava 13 [形], erinomainen 63 [形]
すばやい〔素早い〕vikkelä 12 [形], ketterä 12 [形], sukkela 12 [形]
すばらしい〔素晴らしい〕erinomainen 63 [形], ihana

12 [形], ihmeellinen 63 [形]
ずばり（率直に）suoraan [副]
スパン〈技〉jänniteväli 4 [名]
スピーカー kovaääninen 63 [名], kaiutin* 56 [名]
スピーチ puhe 78 [名], esitelmä 13 [名]／スピーチをする puhua 1 [動]
スピーディー スピーディーな pikainen 63 [形], nopea 21 [形]
スピード vauhti* 4 [名]／スピードを上げる kiristää vauhtia（kiristää 2 [動]）
スピードメーター（自動車の）nopeusmittari 5 [名]
ずひょう〔図表〕taulukko* 2 [名]
スピリット（強い酒）viina 10 [名]
スプーン lusikka* 15 [名],（銀の）hopealusikka* 15 [名]
ずぶとい〔図太い〕rohkea 21 [形], peloton* 57 [形]
スプリング〈技〉jousi 32 [名]
スペア（予備品）varaosa 11 [名]
スペアタイヤ vararengas* 66 [名]
スペース tila 10 [名]
スペースシャトル avaruussukkula 15 [名]
スペード（トランプの）pata* 10 [名]
スペクトル〈理〉kirjo 32 [名]
スペシャリスト spesialisti 4 [名]
すべすべ すべすべした sileä 21 [形], siloinen 63 [形]
すべて〔総て〕総ての kaikki* 8 [形]／総ての点で kaikin puolin
すべりおちる〔滑り落ちる〕suistua 1 [動], pudota* 38 [動]
すべる〔滑る〕luisua 1 [動], luiskahtaa* 2 [動]／滑りやすい liukas* 66 [形]
スポーツ urheilu 2 [名]／スポーツマン urheilija 14 [名]
ずぼら ずぼらな irstas 66 [形]
ズボン housut 1 [複名]
スポンサー sponsori 5 [名], tukija 14 [名]
スポンジ sieni 32 [名], pesusieni 32 [名]
スマート スマートな solakka* 15 [形], hoikka* 11

すりぬける

[形]
すまい〔住まい〕asunto* 2 [名], asumus 64 [名]
すます〔済ます〕(終える) lopettaa* 2 [動], päättää* 2 [動]
スマッシュ〈ス〉(テニスで) iskulyönti* 4 [名]
すみ〔炭〕hiili 32 [名], puuhiili 32 [名]
すみ〔隅〕kulma 11 [名], nurkka* 11 [名]
すみ〔墨〕muste 78 [名]
すみか〔住家〕kotipaikka* 10 [名]
すみません〔済みません〕anteeksi [副]
すみやか〔速やか〕速やかな nopea 21 [形], ripeä 21 [形]
すみれ〔菫〕〈植〉orvokki* 5 [名]
すむ〔住む〕asua 1 [動], oleskella 28 [動]
すむ〔済む〕(終わる) loppua* 1 [動], päättyä* 1 [動]
すむ〔澄む〕(空・空気・水が) kirkastua 1 [動], selkeytyä* 44 [動]
スムーズ スムーズな sulava 13 [形]
ずめん〔図面〕piirros 64 [名]
スモッグ savusumu 1 [名], smog 7 [名]
すもも〔李〕(木とその実) luumu 1 [名]
すやすや すやすやと眠る nukkua rauhassa (nukkua* 1 [動])
スライス〈料〉viipale 78 [名]
スライド(映像) dia 10 [名], diakuva 11 [名]
ずらす(動かす) siirtää* 6 [動], liikuttaa* 2 [動]
すらすら すらすらと sujuvasti [副], sujakasti [副]
スラローム〈ス〉pujottelu 2 [名], pujotteluhiihto* 1 [名]
すり〔掏摸〕(盗む人) taskuvaras* 66 [名]
すりきず〔擦り傷〕lyöttymä 13 [名]
すりきれる〔擦り切れる〕kulua loppuun, hankautua* 44 [動] (kulua 1 [動])
スリッパ tossu 1 [名], tohveli 5 [名], töppönen 63 [名]
スリップ〈服〉alushame 78 [名] ／スリップする (滑る) luisua 1 [動]
すりぬける〔擦り抜ける〕luiskahtaa* 2 [動]

すりへる〔磨り減る〕syöpyä* 1〔動〕/磨り減らす syövyttää* 2〔動〕
スリラー スリラー小説 jännitysromaani 5〔名〕
する tehdä* 33〔動〕, suorittaa* 2〔動〕
する〔掏る〕〔盗む〕varastaa taskusta (varastaa 2〔動〕)
する〔刷る〕(印刷する) painaa 9〔動〕
ずるい〔狡い〕(悪賢い) viekas* 66〔形〕, ovela 12〔形〕
するどい〔鋭い〕terävä 13〔形〕, neulanterävä 13〔形〕, (視線・声などが) tuikea 21〔形〕, tuima 11〔形〕/鋭くなる teroittua* 1〔動〕
ずるやすみ〔ずる休み〕ずる休みする 〈生徒〉 pinnata 35〔動〕
ずれ(違い) ero 1〔名〕, erilaisuus* 65〔名〕
スレート liuskakivi 8〔名〕
スローガン iskulause 78〔名〕
スロープ rinne* 78〔名〕
すわる〔座る〕istua 1〔動〕, istahtaa* 2〔動〕, istuutua* 1〔動〕
ずんぐり ずんぐりした tanakka* 15〔形〕, tukeva 13〔形〕
すんぜん〔寸前〕〜の寸前に juuri ennen kuin
すんなり helposti〔副〕, sujuvasti〔副〕, esteettömästi〔副〕
すんぽう〔寸法〕mitta* 10〔名〕, ulottuvuus* 65〔名〕

せ

せ〔背〕selkä* 11〔名〕, (山の) selänne* 78〔名〕, (椅子などの) selusta 15〔名〕
せい〔姓〕sukunimi 8〔名〕
せい〔性〕sukupuoli 32〔名〕, seksi 4〔名〕
せい〔聖〕聖なる pyhä 11〔形〕
せい〔精〕(森や水の) 〈神〉 hiisi* 40〔名〕

せい〔所為〕～の所為で（属格と共に）takia [後], (属格と共に) vuoksi [後]

ぜい〔税〕vero 1 [名]

せいい〔誠意〕誠意のある tunnollinen 63 [形]

せいいく〔生育〕kasvu 1 [名], lisäys 64 [名]

せいいっぱい〔精一杯〕kaikin voimin, voimiensa takaa

セイウチ〔海象〕〈動〉mursu 1 [名]

せいうん〔星雲〕〈天〉tähtisumu 1 [名]

せいえん〔声援〕声援を送る yllyttää huudoin (yllyttää* 2 [動])

せいおう〔西欧〕länsimaat 28 [名]

せいおん〔声音〕〈声〉äänne* 78 [名]

せいか〔正価〕〈商〉nettohinta* 10 [名]

せいか〔生家〕syntymäkoti* 4 [名]

せいか〔成果〕saavutus 64 [名], tulos 64 [名]

せいか〔青果〕hedelmät ja vihannekset (hedelmä 13 [名], vihannes 64 [名])

せいか〔聖歌〕virsi* 42 [名], koraali 6 [名]

せいかい〔正解〕oikea vastaus (oikea 21 [形], vastaus 64 [名])

せいかく〔正確〕正確な tarkka* 10 [形], täsmällinen 63 [形]／正確に tarkkaan [副], tarkasti [副], tarkoin [副]

せいかく〔性格〕luonne* 78 [名], laatu* 1 [名]

せいがく〔声楽〕〈楽〉laulumusiikki* 6 [名]

せいかつ〔生活〕elämä 13 [名], (複数形で) olot 1 [名]／生活する elää 2 [動], tulla toimeen (tulla 25 [動])

せいがん〔請願〕請願者 anoja 16 [名]

ぜいかん〔税関〕tulli 4 [名]

せいき〔世紀〕vuosisata* 10 [名]

せいき〔正規〕正規の varsinainen 63 [形]

せいき〔生気〕virkeys* 65 [名]／生気がある virkeä 21 [形], eloisa 13 [形]

せいぎ〔正義〕oikeus* 65 [名], oikeudenmukaisuus* 65 [名]

せいきゅう〔性急〕性急な äkkipikainen 63 [形]

せいきゅう〔請求〕saatava 13 [名] ／請求する（支払いを）periä 17 [動], velkoa* 1 [動]
せいぎょ〔制御〕ohjaus 64 [名]
ぜいきん〔税金〕vero 1 [名]
せいけい〔生計〕elatus 64 [名], toimeentulo 1 [名] ／生計を立てる tulla toimeen (tulla 25 [動])
せいけつ〔清潔〕清潔な puhdas* 66 [形], siisti 4 [形] ／清潔にする puhdistaa 2 [動]
せいげん〔制限〕rajoitus 64 [名] ／制限する rajoittaa* 2 [動]
せいこう〔成功〕menestys 64 [名] ／成功する menestyä 1 [動], onnistua 1 [動]
せいこう〔精巧〕精巧な hieno 1 [形], tarkka* 10 [形]
せいざ〔星座〕〈天〉tähtikuvio 3 [名]
せいさい〔制裁〕rangaistus 64 [名]
せいざい〔製材〕puunjalostus 64 [名]
せいさく〔政策〕politiikka* 10 [名]
せいさく〔製作〕valmistus 64 [名], muokkaus 64 [名] ／製作する valmistaa 2 [動], muokata* 35 [動]
せいさん〔生産〕tuotanto* 2 [名] ／生産する tuottaa* 2 [動]
せいさん〔青酸〕〈化〉sinihappo* 1 [名]
せいさん〔清算〕tilinteko* 1 [名], suoritus 64 [名]
せいし〔生死〕elämä ja kuolema (elämä 13 [名], kuolema 13 [名])
せいし〔制止〕hillintä* 15 [名]
せいし〔製紙〕製紙工場 paperitehdas* 66 [名]
せいし〔静止〕pysähdys 64 [名]
せいじ〔政治〕politiikka* 10 [名], hallinto* 2 [名]
せいしき〔正式〕正式な varsinainen 63 [形], kunnollinen 63 [形]
せいしつ〔性質〕luonto* 1 [名], laatu* 1 [名]
せいじつ〔誠実〕rehellisyys* 65 [名], uskollisuus* 65 [名] ／誠実な rehellinen 63 [形], uskollinen 63 [形]
せいじゃ〔聖者〕pyhimys 64 [名]
せいしゅく〔静粛〕hiljaisuus* 65 [名], äänettö-

myys* 65 [名]
せいじゅく〔成熟〕kypsyys* 65 [名] ／成熟する kypsyä 1 [動]
せいしゅん〔青春〕nuoruus* 65 [名]
せいしょ〔清書〕puhtaaksikirjoitus 64 [名]
せいしょ〔聖書〕Raamattu* 2 [名], testamentti* 4 [名]
せいしょう〔斉唱〕〈楽〉yksiääninen laulu (yksiääninen 63 [形], laulu 1 [名])
せいじょう〔正常〕正常の säännöllinen 63 [形], normaali 6 [形]
せいじょう〔清浄〕清浄な puhdas* 66 [形], pyhä 11 [形]
せいしょうねん〔青少年〕nuorukainen 63 [名]
せいしょく〔生殖〕生殖の〈生物〉suvullinen 63 [形]
せいしょほう〔正書法〕oikeinkirjoitus 64 [名]
せいしん〔精神〕mieli 32 [名], henki* 8 [名] ／精神的な henkinen 63 [形]
せいじん〔成人〕aikuinen 63 [名] ／成人する miehistyä 1 [動]
せいじん〔聖人〕pyhimys 64 [名]
せいしんせいい〔誠心誠意〕sydämellisesti [副]
せいず〔製図〕piirustus 64 [名]
せいずい〔精髄〕ydin* 56 [名]
せいせい〔清々〕清々する virkistyä 1 [動], reipastua 1 [動]
せいせい〔精製〕精製する hienontaa* 8 [動]
せいぜい〔精々〕(多くても) enintään [副]
せいせいどうどう〔正々堂々〕正々堂々と vilpittömästi [副], teeskentelemättömästi [副]
せいせき〔成績〕(評価) arvosana 10 [名] ／成績表 (学校の) koulutodistus 64 [名]
せいせん〔生鮮〕生鮮食料品 tuoreet elintarvikkeet (tuore 79 [形], elintarvike* 78 [名])
せいせん〔精選〕精選する valita huolellisesti (valita 31 [動])
せいぜん〔整然〕整然とする siistiä 17 [動]
せいそう〔清掃〕puhtaanapito* 1 [名]

せいそう〔盛装〕盛装する pukeutua juhlapukuun (pukeutua* 44 [動])
せいぞう〔製造〕valmistus 64 [名] ／製造する valmistaa 2 [動]
せいぞん〔生存〕生存する olla olemassa, olla elossa (olla 25 [動])
せいたい〔生態〕生態学〈生物〉ekologia 15 [名]
せいたい〔声帯〕〈解〉äänihuuli 32 [名]
せいたい〔政体〕valtiomuoto* 1 [名]
せいだい〔盛大〕盛大な suurenmoinen 63 [形]
ぜいたく〔贅沢〕ylellisyys* 65 [名] ／贅沢な ylellinen 63 [形]
せいちょう〔成長〕kasvu 1 [名] ／成長する kasvaa 9 [動], varttua* 1 [動]
せいつう〔精通〕asiantuntemus 64 [名] ／～に精通する（入格と共に）perehtyä* 1 [動]
せいてい〔制定〕（法の）säädäntä* 15 [名] ／制定する säätää* 4 [動]
せいてつ〔製鉄〕製鉄所 rautatehdas* 66 [名], terässulatto* 2 [名]
せいてん〔晴天〕pouta* 11 [名], kirkkaus* 65 [名]
せいでんき〔静電気〕sähköisku 1 [名]
せいと〔生徒〕koululainen 63 [名], oppilas 66 [名]
せいど〔制度〕järjestelmä 13 [名], systeemi 6 [名]
せいとう〔正当〕oikeus* 65 [名] ／正当な laillinen 63 [形]
せいとう〔正統〕正統な oikeutettu* 2 [形], oikea 21 [形]
せいとう〔政党〕puolue 78 [名]
せいどう〔青銅〕pronssi 4 [名]
せいとん〔整頓〕整頓する järjestää 2 [動]
せいねん〔青年〕nuorukainen 63 [名] ／青年期 nuoruus* 65 [名]
せいのう〔性能〕laatu* 1 [名]
せいはつ〔整髪〕tukkalaite* 78 [名]
せいび〔整備〕huolto* 1 [名], korjaus 64 [名]
せいひん〔製品〕valmiste 78 [名], tuotanto* 2 [名]
せいふ〔政府〕hallitus 64 [名], hallinto* 2 [名]

せいふく〔制服〕virkapuku* 1 [名], univormu 1 [名]
せいふく〔征服〕valtaus 64 [名] ／征服する vallata* 35 [動]
せいぶつ〔生物〕olio 3 [名], elimistö 1 [名] ／生物学 biologia 15 [名]
せいふん〔製粉〕製粉所 mylly 1 [名] ／製粉する hienontaa* 8 [動]
せいぶん〔成分〕aines 64 [名], alkuaine 78 [名]
せいべつ〔性別〕sukupuoli 32 [名]
せいほう〔西方〕länsi* 44 [名] ／西方の läntinen 63 [形]
せいほう〔製法〕tekotapa* 10 [名]
せいぼう〔制帽〕(大学生の) ylioppilaslakki* 4 [名]
せいほうけい〔正方形〕〈数〉neliö 3 [名], ruutu* 1 [名]
せいほん〔製本〕製本屋 kirjansitoja 16 [名]
せいみつ〔精密〕精密な tarkka* 10 [形] ／精密にする tarkentaa* 8 [動]
せいめい〔生命〕elämä 13 [名], elo 1 [名], henki* 8 [名]
せいめい〔声明〕lausunto* 2 [名]
せいやく〔制約〕rajoitus 64 [名]
せいやく〔誓約〕kunniasana 10 [名], valanteko* 1 [名]
せいよう〔西洋〕länsi* 44 [名] ／西洋の länsimaalainen 63 [形]
せいよう〔静養〕lepo* 1 [名], levähdys 64 [名] ／静養する levätä* 40 [動]
せいらい〔生来〕生来の synnynnäinen 63 [形], syntyperäinen 63 [形]
せいり〔生理〕生理学 fysiologia 15 [名]
せいり〔整理〕järjestely 2 [名] ／整理する järjestää 2 [動], siistiä 17 [動]
せいりゃく〔政略〕valtiotaito* 1 [名]
せいりょう〔清涼〕清涼飲料 virkistysjuoma 11 [名]
せいりょく〔勢力〕勢力が強い valtava 13 [形], vaikutusvaltainen 63 [形]
せいりょく〔精力〕tarmokkuus* 65 [名] ／精力的 tarmokas* 66 [形]

せいれつ〔整列〕järjestely 2 [名]
せいれん〔製錬〕製錬所 sulatto* 2 [名], sulattamo 2 [名]
セーター villapaita* 10 [名], neulepaita* 10 [名]
セールスマン myyjä 16 [名], myyntimies 72 [名]
せおう〔背負う〕kantaa selässään (kantaa* 9 [動])
セオドライト tähtikiikari 5 [名], teodoliitti* 4 [名]
せおよぎ〔背泳ぎ〕〈ス〉selkäuinti* 4 [名]
せかい〔世界〕maailma 15 [名], maailmankaikkeus* 65 [名]
せかす〔急かす〕(急がせる) kiirehtiä* 17 [動], hoputtaa* 2 [動]
せかせか せかせかと touhukkaasti [副], suurella touhulla
せがむ tiukata* 35 [動], kovistaa 2 [動]
せき〔咳〕(喉から出る) yskä 11 [名] ／咳をする yskiä 17 [動], rykiä* 17 [動]
せき〔堰〕(水を止めて作る) pato* 1 [名], sulku* 1 [名]
せき〔席〕sija 10 [名], istuinpaikka* 10 [名]
せき〔籍〕rekisteri 5 [名]
せきがいせん〔赤外線〕infrapuna 11 [名], infrapunasäteily 2 [名]
せきさい〔積載〕kuormitus 64 [名] ／積載能力 kantokyky* 1 [名]
せきじゅうじ〔赤十字〕Punainen Risti (punainen 63 [形], risti 4 [名])
せきずい〔脊髄〕〈解〉selkäydin* 56 [名]
せきせつ〔積雪〕lumipeite* 78 [名]
せきたてる〔急き立てる〕jouduttaa* 2 [動], hoputtaa* 2 [動]
せきたん〔石炭〕hiili 32 [名], kivihiili 32 [名]
せきどう〔赤道〕päiväntasaaja 16 [名], ekvaattori 5 [名]
せきとめる〔塞き止める〕(堰を作る) padota* 38 [動], padottaa* 2 [動]
せきにん〔責任〕vastuu 25 [名] ／責任を持つ vastata 35 [動]
せきばらい〔咳払い〕咳払いをする rykiä* 17 [動],

kakistella 28 [動]
せきむ〔責務〕velvollisuus* 65 [名]
せきめん〔赤面〕赤面する punastua 1 [動]
せきゆ〔石油〕petroli 5 [名], paloöljy 1 [名]
せきり〔赤痢〕〈医〉punatauti* 4 [名]
せきれい〔鶺鴒〕〈鳥〉västäräkki* 4 [名]
セクシー セクシーな eroottinen 63 [形], seksikäs* 66 [形]
せけん〔世間〕maailma 15 [名]
せじ〔世辞〕お世辞 imartelu 2 [名]／お世辞を言う imarrella* 28 [動]
せすじ〔背筋〕selkä* 11 [名], selkäranka* 10 [名]
せぞく〔世俗〕世俗の maallinen 63 [形]
せたい〔世帯〕talonväki* 8 [名], perhe 78 [名]
せだい〔世代〕sukupolvi 8 [名], miespolvi 8 [名], polvi 8 [名]
セダン〔自動車〕sedan 7 [名]
せつ〔節〕〈詩〉säkeistö 2 [名], (条文の) pykälä 16 [名]
せつ〔説〕mielipide* 78 [名], käsitys 64 [名]
せつえい〔設営〕設営する leiriytyä* 1 [動]
ぜつえん〔絶縁〕絶縁体〈技〉eriste 78 [名], eristin 56 [名]
せっかい〔切開〕切開する viiltää* 5 [動], 〈医〉puhkaista 24 [動]
せっかい〔石灰〕kalkki* 4 [名]
せっかち せっかちな kärsimätön* 57 [形], malttamaton* 57 [形]
せっき〔石器〕石器時代 kivikausi* 40 [名]
せっきょう〔説教〕saarna 10 [名]／説教する saarnata 35 [動]
せっきょく〔積極〕積極的 aktiivinen 63 [形]
せっきん〔接近〕läheisyys* 65 [名], luoksepääsy 1 [名]
せっけい〔設計〕suunnitelma 13 [名]／設計する suunnitella* 28 [動]
せっけっきゅう〔赤血球〕punainen verisolu (punainen 63 [形], verisolu 1 [名])

せっけん 〔石鹸〕 saippua 14 [名]
せっこう 〔石膏〕 kipsi 4 [名]
せつごう 〔接合〕 yhteys* 65 [名]
ぜっこう 〔絶好〕 絶好の erinomainen 63 [形], oivallinen 63 [形]
ぜっさん 〔絶賛〕 suuri ylistys (suuri 39 [形], ylistys 64 [名])
せっし 〔摂氏〕 摂氏寒暖計 celsiuslämpömittari 5 [名]
せつじつ 〔切実〕 切実な kiireinen 63 [形], vakava 13 [形]
せっしょう 〔折衝〕 (交渉) neuvottelu 2 [名] ／折衝する neuvotella* 28 [動]
せっしょく 〔接触〕 kosketus 64 [名], yhteys* 65 [名] ／〜と接触する (関係を持つ) joutua kosketuksiin ＋属格＋kanssa (joutua* 1 [動])
ぜっしょく 〔絶食〕 paasto 1 [名] ／絶食する paastota 38 [動]
せっする 〔接する〕 (交渉を持つ) päästä yhteyteen＋属格＋kanssa (päästä 24 [動])
せっせと ahkerasti [副], uutterasti [副]
せつぞく 〔接続〕 yhteys* 65 [名] ／接続詞〈言〉konjunktio 3 [名]
せったい 〔接待〕 vastaanotto* 1 [名] ／接待する ottaa vastaan (ottaa* 2 [動])
ぜったい 〔絶対〕 絶対に ehdottomasti [副]
ぜったいぜつめい 〔絶体絶命〕 絶体絶命の hätäinen 63 [形]
せつだん 〔切断〕 hakkaus 64 [名], hakkuu 25 [名] ／切断する raadella* 28 [動]
せっち 〔設置〕 設置する perustaa 2 [動], laatia* 17 [動]
せっちゃく 〔接着〕 接着剤 sideaine 78 [名], liima 10 [名]
ぜっちょう 〔絶頂〕 kukoistus 64 [名]
セット (髪の) kampaus 64 [名]
せつど 〔節度〕 kohtuullisuus* 65 [名], maltillisuus* 65 [名]
せっとう 〔窃盗〕 taskuvaras* 66 [名]

せっとく〔説得〕taivuttelu 2 [名], suostuttelu 2 [名]
せつない〔切ない〕(悲しい) surullinen 63 [形], murheellinen 63 [形]
せっぱく〔切迫〕切迫した kiireinen 63 [形], vakava 13 [形], tärkeä 21 [形]
せっぱつまる〔切羽詰まる〕切羽詰まって hätätilassa, vaikeassa tilanteessa
ぜっぱん〔絶版〕loppuunmyyty painos (loppuunmyyty* 1 [形], painos 64 [名])
せつび〔設備〕varustus 64 [名]
せっぷん〔接吻〕(口づけ) suudelma 13 [名] ／接吻する suudella* 28 [動]
ぜっぺき〔絶壁〕törmä 11 [名], töyräs 66 [名]
せつぼう〔切望〕kaiho 1 [名] ／切望する kaihota 38 [動]
せっぽう〔説法〕saarna 10 [名]
ぜつぼう〔絶望〕epätoivo 1 [名] ／絶望的 toivoton* 57 [形], epätoivoinen 63 [形]
せつめい〔説明〕selitys 64 [名], selostus [名] ／説明する selittää* 2 [動], selostaa 2 [動]
ぜつめつ〔絶滅〕(種族の) sukupuutto* 1 [名]
せつやく〔節約〕säästäväisyys* 65 [名] ／節約する säästyä 1 [動]
せつり〔摂理〕sallimus 64 [名]
せつりつ〔設立〕設立する perustaa 2 [動]
せともの〔瀬戸物〕posliini 6 [名]
せなか〔背中〕selkä* 11 [名]
ぜにん〔是認〕是認する myöntää* 8 [動], hyväksyä 1 [動]
ゼネスト yleislakko* 1 [名]
せのび〔背伸び〕背伸びする kurkottaa* 2 [動], kurottaa* 2 [動]
せばまる〔狭まる〕käydä ahtaammaksi, kaveta* 34 [動] (käydä 23 [動])
せばめる〔狭める〕tehdä antaammaksi, kaventaa* 8 [動] (tehdä* 33 [動])
ぜひ〔是非〕(どうしても) kaikin mokomin, ehdottomasti [副]

せびれ〔背鰭〕selkäevä 11〔名〕
せびろ〔背広〕puku* 1〔名〕
せぼね〔背骨〕selkäranka* 10〔名〕
せまい〔狭い〕ahdas* 66〔形〕, kapea 21〔形〕／狭くする ahdistaa 2〔動〕／狭くなる ahdistua 1〔動〕
せみ〔蟬〕〈虫〉kaskas 66〔名〕
セミコロン puolipiste 78〔名〕
セミナー（大学の）seminaari 4〔名〕
せめく〔責め苦〕kidutus 64〔名〕
せめて（少なくとも）vähintään〔副〕, ainakin〔副〕
せめる〔攻める〕hyökätä* 35〔動〕
せめる〔責める〕piinata 35〔動〕, soimata 35〔動〕
セメント sementti* 6〔名〕
ゼラチン liivate* 78〔名〕
せり〔競り〕（競売）huutokauppa* 10〔名〕
ゼリー〈料〉hyytelö 2〔名〕
せりょう〔施療〕ruumiinhoito* 1〔名〕
セルフサービス itsepalvelu 2〔名〕
セルフタイマー〈写〉itselaukaisin 56〔名〕
セルロイド selluloidi 4〔名〕
セレニウム seleeni 6〔名〕
セレン seleeni 6〔名〕
ゼロ nolla 11〔基数〕
セロテープ teippi* 4〔名〕／セロテープで止める teipata* 35〔動〕
セロハン sellofaani 4〔名〕
セロリー〈植〉selleri 5〔名〕
せろん〔世論〕yleinen mielipide (yleinen 63〔形〕, mielipide* 78〔名〕)
せわ〔世話〕hoito* 1〔名〕, huoli 32〔名〕／世話する hoitaa* 4〔動〕, pitää huolta＋出格 (pitää* 2〔動〕)
せわしい〔忙しい〕kiireinen 63〔形〕
せん〔千〕tuhat* 76〔基数〕
せん〔栓〕tappi* 4〔名〕, tulppa* 11〔名〕,（水道の）hana 10〔名〕
せん〔線〕viiva 10〔名〕, linja 10〔名〕／線を引く viivoittaa* 2〔動〕
ぜん〔善〕hyvä 11〔名〕

せんい〔繊維〕kuitu* 1 [名]
ぜんい〔善意〕suopeus* 65 [名], suosio 3 [名], hyväntahtoisuus* 65 [名]
せんいん〔船員〕merimies 72 [名], matruusi 6 [名]
ぜんいん〔全員〕kaikki* 8 [不代], jokainen 63 [不代]
せんえい〔先鋭〕先鋭的 kärkevä 13 [形] ／先鋭化する kärjistyä 1 [動]
ぜんえい〔前衛〕〈ス〉hyökkääjä 16 [名]
せんかい〔旋回〕kaarto* 1 [名], pyörre* 78 [名] ／旋回する kaartaa* 12 [動]
ぜんかい〔全快〕全快する parantua* 1 [動], tulla terveeksi (tulla 25 [動]
せんかん〔戦艦〕sotalaiva 10 [名]
ぜんき〔前記〕前記の yllämainittu* 2 [形]
せんきゃく〔船客〕matkustaja 16 [名]
せんきょ〔占拠〕valtaus 64 [名] ／占拠する vallata* 35 [動]
せんきょ〔選挙〕vaali 4 [名] ／選挙する valita 31 [動]
せんきょう〔宣教〕宣教師 lähetyssaarnaaja 16 [名]
せんく〔先駆〕先駆者 uranuurtaja 16 [名], uranaukaisija 14 [名]
せんげつ〔先月〕先月に viime kuussa
せんけん〔先見〕先見の明がある kaukonäköinen 63 [形], pitkänäköinen 63 [形]
せんげん〔宣言〕juliste 78 [名] ／宣言する julistaa 2 [動]
ぜんけん〔全権〕全権の täysivaltainen 63 [形]
せんご〔戦後〕戦後の sodanjälkeinen 63 [形]
ぜんご〔前後〕前後に edestakaisin [副]
せんこう〔先行〕先行者 edeltäjä 16 [名], edelläkulkija 14 [名]
せんこう〔専攻〕(学問の) opinala 10 [名], oppiala 10 [名]
せんこう〔選考〕valinta* 15 [名] ／選考する valita 31 [動]
ぜんこう〔善行〕hyve 78 [名]
せんこく〔宣告〕tuomio 3 [名] ／宣告する tuomita

31 [動]
ぜんこく〔全国〕koko maa (koko 不変化 [形], maa 28 [名])
せんさい〔繊細〕繊細な vieno 1 [形], hellävarainen 63 [形]
せんざい〔洗剤〕pesuaine 78 [名], pesujauhe 78 [名]
せんざい〔潜在〕潜在意識〈心〉alitajunta* 15 [名]
ぜんさい〔前菜〕alkuruoka* 11 [名]
せんさく〔詮索〕詮索する tarkastella 28 [動]
せんし〔先史〕esihistoria 15 [名]
せんし〔戦士〕taistelija 14 [名]
せんしつ〔船室〕hytti* 4 [名]
せんじつ〔先日〕äskettäin [副]
ぜんじつ〔前日〕前日に edellisenä päivänä
せんしゃ〔戦車〕panssarivaunu 1 [名]
ぜんしゃ〔前者〕edellinen 63 [名]
せんしゅ〔船主〕laivanisäntä* 11 [名]
せんしゅ〔船首〕kokka* 11 [名]
せんしゅ〔選手〕pelaaja 16 [名]
せんしゅう〔先週〕先週に viime viikolla
せんしゅう〔選集〕valikoima 11 [名]
ぜんしゅう〔全集〕kokoelma 13 [名]
せんしゅつ〔選出〕valinta* 15 [名]
せんじゅつ〔戦術〕sotajuoni 38 [名], taktiikka* 15 [名]
ぜんじゅつ〔前述〕前述の edellämainittu* 2 [形]
ぜんしゅるい〔全種類〕全種類の kaikenlainen 63 [形]
せんしょう〔戦勝〕戦勝の voitollinen 63 [形]
せんじょう〔洗浄〕huuhtelu 2 [名]／洗浄する huuhdella* 28 [動]
せんじょう〔戦場〕taistelukenttä* 11 [名]
ぜんしょう〔全焼〕全焼する palaa poroksi (palaa 9 [動])
ぜんしょうとう〔前照灯〕(自動車・自転車の) etuvalo 1 [名]
せんしょく〔染色〕värjäys 64 [名]
せんしん〔先進〕先進的 kehittynyt 77 [形], edistynyt 77 [形]

せんしん〔専心〕専心する antautua* 44〔動〕
ぜんしん〔前進〕edistys 64〔名〕／前進する astua esiin (astua 1〔動〕)
せんす〔扇子〕viuhka 10〔名〕
センス aisti 4〔名〕, taju 1〔名〕
せんすい〔潜水〕sukellus 64〔名〕
せんせい〔先生〕opettaja 16〔名〕
せんせい〔宣誓〕vala 10〔名〕
せんせい〔専制〕専制君主 hirmuvaltias 66〔名〕, tyranni 6〔名〕
ぜんせい〔全盛〕kukoistus 64〔名〕
センセーショナル センセーショナルな sensaatiomainen 63〔形〕
センセーション sensaatio 3〔名〕
ぜんせかい〔全世界〕koko maailma (koko 不変化〔形〕, maailma 15〔名〕)
せんせん〔宣戦〕宣戦布告 sodanjulistus 64〔名〕
せんぜん〔戦前〕戦前に ennen sotaa
ぜんせん〔前線〕〈軍〉rintama 13〔名〕
ぜんぜん〔全然〕全然～ない ei ollenkaan
せんぞ〔先祖〕esi-isä 11〔名〕
せんそう〔船倉〕lastiruuma 11〔名〕
せんそう〔戦争〕sota* 11〔名〕／戦争をする sotia* 17〔動〕
ぜんそう〔前奏〕〈楽〉johdanto* 2〔名〕, alkusoitto* 1〔名〕
ぜんそく〔喘息〕〈医〉astma 10〔名〕
ぜんそくりょく〔全速力〕全速力で täyttä vauhtia, täyttä päätä
せんたい〔船隊〕laivasto 2〔名〕
ぜんたい〔全体〕全体の kokonainen 63〔形〕, koko (不変化)〔形〕
ぜんだいみもん〔前代未聞〕前代未聞の ennenkuulumaton* 57〔形〕
せんたく〔洗濯〕pesu 1〔名〕／洗濯する pestä 24〔動〕
せんたく〔選択〕valinta* 15〔名〕／選択する valita 31〔動〕
せんたん〔先端〕kärki* 8〔名〕

せんだん〔船団〕laivasto 2〔名〕
ぜんち〔全知〕全知の kaikkitietävä 13〔形〕
ぜんち〔全治〕全治する parantua* 1〔動〕
ぜんちし〔前置詞〕〈言〉prepositio 3〔名〕
センチメートル senttimetri 4〔名〕
センチメンタル センチメンタルな tunteellinen 63〔形〕
せんちょう〔船長〕〈海〉kapteeni 6〔名〕, merikapteeni 6〔名〕
ぜんちょう〔全長〕koko pituus (koko 不変化〔形〕, pituus* 65〔名〕)
ぜんちょう〔前兆〕oire 78〔名〕
ぜんてい〔前提〕edellytys 64〔名〕
せんてん〔先天〕先天的 synnynnäinen 63〔形〕
せんでん〔宣伝〕mainonta* 15〔名〕／宣伝する mainostaa 2〔動〕
ぜんと〔前途〕(未来) tulevaisuus* 65〔名〕
ぜんど〔全土〕koko maa (koko 不変化〔形〕, maa 28〔名〕)
せんとう〔先頭〕先頭に edellä〔副〕, etupäässä〔副〕
せんとう〔戦闘〕taistelu 2〔名〕
せんどう〔船頭〕(渡し舟の) lauttamies 72〔名〕
せんどう〔扇動〕扇動する ärsyttää* 2〔動〕
セントラルヒーティング keskuslämmitys 64〔名〕
せんにゅう〔先入〕先入観 ennakkoluulo 1〔名〕, aavistus 64〔名〕
せんにゅう〔潜入〕潜入する tunkeutua* 44〔動〕
せんにん〔仙人〕erakko* 2〔名〕
ぜんにん〔善人〕hyvä mies (hyvä 11〔形〕, mies 72〔名〕)
せんぬき〔栓抜き〕pullonavaaja 16〔名〕
せんねん〔専念〕専念する keskittyä* 1〔動〕
ぜんねん〔前年〕edellisenä vuonna
ぜんのう〔全能〕全能の kaikkivaltias 66〔形〕
せんばい〔専売〕monopoli 4〔名〕
せんぱく〔浅薄〕浅薄な matala 12〔形〕
せんぱく〔船舶〕船舶業 laivanvarustamo 2〔名〕
せんばつ〔選抜〕valinta* 15〔名〕／選抜する valita 31〔動〕

せんぱつ〔洗髪〕hiustenpesu 1 [名], tukanpesu 1 [名]
せんばん〔旋盤〕sorvi 4 [名]／旋盤にかける sorvata 35 [動]
ぜんぱん〔全般〕全般的 kaikinpuolinen 63 [形], laajuinen 63 [形]
せんび〔船尾〕peräkeula 10 [名]
ぜんぶ〔全部〕全部の koko（不変化）[形], kokonainen 63 [形]／全部で kaikkiaan [副], yhteensä [副]
せんぷく〔潜伏〕潜伏する piiloutua* 44 [動], piileksiä 17 [動]
ぜんぶん〔前文〕johdanto* 2 [名], esipuhe 78 [名]
せんべつ〔選別〕lajittelu 2 [名]／選別する lajitella* 28 [動]
せんぼう〔羨望〕（羨ましがること）kateus* 65 [名]
ぜんぽう〔前方〕前方へ eteenpäin [副]
ぜんまい〔発条〕（鋼鉄製のばね）jousi 32 [名], joustin 56 [名]
ぜんまい〔薇〕〈植〉saniainen 63 [名]
せんめい〔鮮明〕鮮明な（光や色について）heleä 21 [形], kirkas* 66 [形]
ぜんめつ〔全滅〕hävitys 64 [名], tuho 1 [名]
せんめん〔洗面〕洗面所 käymälä 15 [名]
ぜんめん〔全面〕全面的 kokonainen 63 [形], täydellinen 63 [形]
せんもん〔専門〕専門家 asiantuntija 14 [名]／専門分野 erikoisala 10 [名]
ぜんや〔前夜〕aatto* 1 [名], aattoilta* 10 [名]
せんゆう〔占有〕nautinta* 15 [名]
せんりつ〔旋律〕sävel 54 [名], melodia 15 [名]
せんりつ〔戦慄〕（恐れで震える事）puistatus 64 [名]
せんりひん〔戦利品〕saalis 68 [名]
せんりゃく〔戦略〕sotajuoni 38 [名]
せんりょう〔占領〕valtaus 64 [名]／占領する vallata* 35 [動]
せんりょう〔染料〕väriaine 78 [名]
ぜんりょう〔善良〕善良な hyvä 11 [形], hyväluon-

せんりょく

toinen 63 [形]
せんりょく〔戦力〕sotavoima 11 [名]
ぜんりょく〔全力〕全力を尽くす ahdistua 1 [動]
せんれい〔先例〕ennakkotapaus 64 [名]
せんれい〔洗礼〕洗礼式 ristiäiset 63 [複名] ／洗礼を受ける ristiä 17 [動]
ぜんれつ〔前列〕eturivi 4 [名], etusija 10 [名]
せんれん〔洗練〕hienostuneisuus* 65 [名] ／洗練された hienostunut 77 [形]
せんろ〔線路〕rata* 10 [名], rautatie 30 [名]
ぜんわん〔前腕〕kyynärvarsi* 42 [名]

そ

そう〔僧〕buddhalainen pappi (buddhalainen 63 [形], pappi* 4 [名])
そう〔層〕(土の) savikerros 64 [名]
そう〔沿う〕～に沿って (分格と共に) pitkin [前][後]
そう そうでなくても ilmankin [副], muutenkin [副]
ぞう〔象〕〈動〉norsu 1 [名], elefantti* 4 [名]
ぞう〔像〕kuvapatsas 66 [名], veistos 64 [名]
そうあん〔草案〕konsepti 6 [名]
そうい〔相違〕(意見・考え方などの) erimielisyys* 65 [名], epäsopu* 1 [名]
そうい〔創意〕omaperäisyys* 65 [名]
ぞうお〔憎悪〕viha 10 [名], inho 1 [名] ／憎悪する vihastua 1 [動]
そうおう〔相応〕相応の (向格と共に) sopiva 13 [形]
そうおん〔騒音〕melu 1 [名], meteli 5 [名]
ぞうか〔造花〕tekokukka* 11 [名]
ぞうか〔増加〕lisä 11 [名] ／増加する lisätä 35 [動], enentää* 8 [動]
そうかい〔爽快〕爽快な (爽やかな) reipas* 66 [形], pirteä 21 [形]

そうがく〔総額〕rahasumma 11 [名]
そうかん〔壮観〕komea maisema (komea 21 [形], maisema 13 [名])
そうかん〔送還〕送還する (本国へ) palauttaa kotimaahan (palauttaa* 2 [動])
そうがんきょう〔双眼鏡〕kiikari 5 [名]
そうき〔早期〕varhainen vaihe (varhainen 63 [形], vaihe 78 [名])
そうぎ〔争議〕(ストライキ) lakko* 1 [名]
そうぎ〔葬儀〕hautajaiset 63 [複名]
ぞうき〔雑木〕雑木林 tiheikkö* 2 [名]
そうぎょう〔操業〕操業中止 työnsulku* 1 [名], työnseisaus 64 [名]
ぞうきょう〔増強〕vahvistus 64 [名]／増強する vahvistaa 2 [動]
そうきん〔送金〕rahalähetys 64 [名]
ぞうきん〔雑巾〕(布) riepu* 1 [名]
そうぐう〔遭遇〕kohtaus 64 [名]／遭遇する kohdata* 35 [動]
ぞうげ〔象牙〕(象の牙) norsunluu 29 [名]
そうけい〔総計〕〈商〉brutto* 1 [名]
ぞうけい〔造形〕造形芸術 kuvaamataide* 78 [名], plastiikka* 15 [名]
そうげん〔草原〕大草原 aro 1 [名]
ぞうげん〔増減〕vaihtelu 2 [名], epävakaisuus* 65 [名]
そうこ〔倉庫〕varasto 2 [名], aitta* 10 [名]
そうご〔相互〕相互の keskinäinen 63 [形]／相互に keskenään [副]
そうこう〔草稿〕konsepti 6 [名]
そうこう そうこうするうちに sillä välin
そうごう〔総合〕yhdistymä 13 [名], yhtymä 13 [名]
そうごん〔荘厳〕荘厳な juhlallinen 63 [形], uhkea 21 [形]
そうさ〔捜査〕tutkimus 64 [名]／捜査する tutkia 17 [動]
そうさ〔操作〕käsittely 2 [名]／操作する käsitellä* 28 [動]

そうさい〔総裁〕presidentti* 4 [名]
そうさく〔捜索〕etsintä* 15 [名]
そうさく〔創作〕創作者 luoja 11 [名]
そうざん〔早産〕〈医〉abortti* 6 [名]
ぞうさん〔増産〕tuotantomäärien kasvu (kasvu 1 [名])
そうし〔創始〕創始者 alkuunpanija 14 [名]
そうじ〔掃除〕siivous 64 [名]／掃除する siivota 38 [動]
そうしき〔葬式〕hautajaiset 63 [複名]
そうしゃ〔走者〕juoksija 14 [名]
そうじゅう〔操縦〕ohjaus 64 [名]／操縦する ohjata 35 [動]
そうじゅうりょう〔総重量〕kokopaino 1 [名]
そうじゅく〔早熟〕varhaiskypsyys* 65 [名]／早熟の varhaiskypsä 11 [形]
そうしゅん〔早春〕varhaiskevät 74 [名], alkukevät 74 [名]
ぞうしょ〔蔵書〕kirjakokoelma 13 [名], nidos 64 [名]
ぞうしょう〔蔵相〕valtiovarainministeri 5 [名]
そうしょく〔装飾〕装飾品 koriste 78 [名]／装飾する koristaa 2 [動]
ぞうしょく〔増殖〕増殖本能 lisääntymisvietti* 4 [名]
そうしん〔送信〕送信機 lähetin* 56 [名]
ぞうしん〔増進〕lisäys 64 [名]／増進する lisääntyä* 1 [動]
そうしんぐ〔装身具〕(複数形で) korutavarat 15 [名]
そうすい〔送水〕送水管〈技〉vesijohto* 1 [名]
ぞうすい〔増水〕tulva 11 [名], tulvavesi* 40 [名]
そうすう〔総数〕lukumäärä 11 [名]
そうせいじ〔双生児〕(通常は複数形で) kaksonen 63 [名]
そうせつ〔創設〕perustus 64 [名]／創設する perustaa 2 [動]
ぞうせん〔造船〕造船所 laivanveistämö 2 [名]
そうせんきょ〔総選挙〕(通常は複数形で) yleinen vaali (yleinen 63 [形], vaali 4 [名])
そうそう〔早々〕(直ぐに) heti paikalla, viipymättä

[副]

そうそう〔葬送〕葬送行進曲 surumarssi 4［名］

そうぞう〔創造〕創造的 kekseliäs 66［形］／創造する luoda 21［動］

そうぞう〔想像〕kuvitelma 13［名］／想像する kuvitella* 28［動］

そうぞうしい〔騒々しい〕meluisa 13［形］／騒々しい音を立てる meluta 39［動］

そうぞく〔相続〕〈法〉perimys 64［名］／相続する periä 17［動］

そうたい〔相対〕相対的 suhteellinen 63［形］

そうだい〔壮大〕壮大な suurenmoinen 63［形］, loistava 13［形］

ぞうだい〔増大〕lisäys 64［名］／増大する paisua 1［動］

そうだん〔相談〕neuvottelu 2［名］／相談する neuvotella* 28［動］

そうち〔装置〕välineistö 1［名］, väline 78［名］

そうちょう〔早朝〕早朝の aikainen 63［形］

そうちょう〔曹長〕〈軍〉vääpeli 5［名］

そうちょう〔総長〕presidentti* 4［名］

そうてい〔装丁〕kirjan kannet (kansi* 44［名］)

そうてい〔想定〕想定する edellyttää* 2［動］

そうてい〔漕艇〕(ボートをこぐこと) melonta* 15［名］, soutu* 1［名］

ぞうてい〔贈呈〕贈呈の言葉 omistuskirjoitus 64［名］

そうてん〔争点〕riitakysymys 64［名］

そうでん〔送電〕送電する sähköistää 2［動］

そうとう〔相当〕～に相当する（属格と共に）vertainen 63［形］

そうどう〔騒動〕mellakka* 15［名］

ぞうとう〔贈答〕贈答品 lahja 10［名］

そうとく〔総督〕maaherra 10［名］, kenraalikuvernööri 4［名］

そうなん〔遭難〕haaksirikko* 1［名］／遭難する haaksirikkoutua* 44［動］

そうにゅう〔挿入〕sisäänpano 1［名］／挿入する panna sisään (panna 27［動］)

そうねん〔壮年〕keski-ikä* 11 [名] ／壮年期 miehuus* 65 [名]

そうば〔相場〕〈商〉noteeraus 64 [名] ／相場をつける noteerata 35 [動]

そうばん〔早晩〕ennemmin tai myöhemmin

そうび〔装備〕varustus 64 [名]

ぞうふく〔増幅〕増幅器〈電〉〈ラ〉vahvistin 56 [名]

ぞうへいきょく〔造幣局〕rahapaja 10 [名]

そうべつ〔送別〕送別会 läksiäiset 63 [複名]

そうほう〔双方〕双方の molemminpuolinen 63 [形] ／双方で kahtaalla [副]

そうめい〔聡明〕聡明な viisas 66 [形], järkevä 13 [形]

ぞうよ〔贈与〕〈法〉lahjus 64 [名]

そうらん〔騒乱〕kiihotus 64 [名]

そうりだいじん〔総理大臣〕pääministeri 5 [名]

そうりつ〔創立〕perustus 64 [名] ／創立する perustaa 2 [動]

そうりょ〔僧侶〕buddhalainen pappi (buddhalainen 63 [形], pappi* 4 [名])

そうりょう〔送料〕postimaksu 1 [名], kuljetusmaksu 1 [名]

そうりょうじ〔総領事〕pääkonsuli 5 [名]

ぞうりん〔造林〕metsänistutus 64 [名]

そうれい〔壮麗〕壮麗な suurenmoinen 63 [形], loistava 13 [形]

そうれつ〔葬列〕hautaussaatto* 1 [名], hautauskulkue 78 [名]

そうろ〔走路〕kilparata* 10 [名]

そうわ〔挿話〕kasku 1 [名], anekdootti* 4 [名]

そえぎ〔添え木〕添え木を当てる lastoittaa* 2 [動]

そえもの〔添え物〕lisäke* 78 [名]

そえる〔添える〕添えられた oheinen 63 [形]

そえん〔疎遠〕疎遠になる vieraantua* 1 [動]

ソース〈料〉kastike* 78 [名], 〈常〉soosi 4 [名]

ソーセージ〈料〉makkara 15 [名]

ソーダ〈化〉sooda 11 [名] ／ソーダ水 soodavesi* 40 [名]

そがい〔疎外〕poisjättö* 1 [名] ／疎外する jättää pois (jättää* 2 [動])

ぞく〔俗〕俗な rahvaanomainen 63 [形], arkipäiväinen 63 [形]

ぞく〔賊〕varas* 66 [名], ryöväri 5 [名]

ぞくあく〔俗悪〕俗悪な paha 10 [形], ilkeä 21 [形], katala 12 [形]

そくい〔即位〕即位する nousta valtaistuimelle (nousta 24 [動])

ぞくご〔俗語〕slangi 4 [名]

そくざ〔即座〕即座に heti paikalla

そくじ〔即時〕即時に heti [副], viipymättä [副], silmänräpäyksessä [副]

ぞくしゅつ〔続出〕peräkkäisyys* 65 [名] ／続出する tapahtua peräkkäin (tapahtua* 1 [動])

そくしん〔促進〕edistäminen 63 [名] ／促進する edistää 2 [動]

ぞくじん〔俗人〕maallikko* 2 [名]

ぞくする〔属する〕～に属する kuulua 1 [動]

そくせき〔即席〕即席の pika- ／即席に valmistelematta [副]

そくせき〔足跡〕jälki* 8 [名] ／足跡を残す jättää jälkiä (jättää* 2 [動])

ぞくせけん〔俗世間〕俗世間の maallinen 63 [形]

ぞくぞく〔続々〕続々と toinen toisensa jälkeen, peräkkäin [副]

そくたつ〔速達〕pikakirje 78 [名]

ぞくっぽい〔俗っぽい〕arkipäiväinen 63 [形], yleinen 63 [形]

そくてい〔測定〕mittaus 64 [名] ／測定する mitata* 35 [動]

そくど〔速度〕nopeus* 65 [名] ／速度を増す nopeuttaa* 2 [動]

そくとう〔即答〕nopea vastaus (nopea 21 [形], vastaus 64 [名])

そくばく〔束縛〕束縛する kahlehtia* 17 [動]

そくめん〔側面〕kylki* 8 [名], laita* 10 [名]

そくりょう〔測量〕mittaus 64 [名]

そくりょく 〔速力〕 nopeus* 65 [名], vauhti* 4 [名]
そげき 〔狙撃〕 (狙い撃つこと) ammunta* 15 [名]
ソケット 〈電〉 pistorasia 15 [名]
そこ 〔底〕 pohja 11 [名]
そこ そこに siinä [副], siellä [副] ／そこへ sinne [副]
そこく 〔祖国〕 kotimaa 28 [名], isänmaa 28 [名]
そこそこ そこそこの (まあまあの) hyväksyttävä 13 [形], siedettävä 13 [形]
そこなう 〔損なう〕 pilata 35 [動], vahingoittaa* 2 [動]
そざい 〔素材〕 aines 64 [名], materiaali 4 [名]
そざつ 〔粗雑〕 karkeus* 65 [名] ／粗雑な karkea 2 [形]
そし 〔阻止〕 hillintä* 15 [名] ／阻止する hillitä 31 [動], asettaa* 2 [動]
そしき 〔組織〕 järjestelmä 13 [名] ／組織する järjestää 2 [動]
そしつ 〔素質〕 taipumus 64 [名], kyky* 1 [名]
そして ja [接], sekä [接]
そしな 〔粗品〕 pikkulahja 10 [名]
そしゃく 〔咀嚼〕 咀嚼する (食べ物を噛む) pureksia 17 [動], pureskella 28 [動]
そしょう 〔訴訟〕 syyte* 78 [名], oikeudenkäynti* 4 [名]
そしる 〔謗る〕 (非難する) panetella* 28 [動], parjata 35 [動]
そせき 〔礎石〕 kivijalka* 10 [名], peruskivi 8 [名]
そせん 〔祖先〕 esivanhemmat* 22 [複名]
そそぐ 〔注ぐ〕 kaataa* 9と3 [動], vuodattaa* 2 [動]
そそっかしい huolimaton* 57 [形], välinpitämätön* 57 [形]
そそのかし 〔唆し〕 viettely 2 [名], houkuttelu 2 [名]
そそのかす 〔唆す〕 vietellä* 28 [動], houkutella* 28 [動]
そだち 〔育ち〕 kasvu 1 [名] ／育ちがいい hyvin kasvatettu (kasvatettu* 2 [形])
そだつ 〔育つ〕 kasvaa 9 [動], kehittyä* 1 [動]

そだてる〔育てる〕kasvattaa* 2 [動]
そち〔措置〕toimenpide* 78 [名]
そちら そちらに tuolla [副], siellä [副]
そっきょう〔即興〕improvisointi* 4 [名] ／即興で作る improvisoida 18 [動]
そつぎょう〔卒業〕päästö 1 [名] ／卒業する valmistua 1 [動]
そっきん〔即金〕即金で (現金で) käteisellä
ソックス sukka* 11 [名]
そっくり (似ている) samannäköinen 63 [形], samankaltainen 63 [形]
ぞっこう〔続行〕jatko 1 [名] ／続行する jatkua 1 [動], kestää 2 [動]
そっこうじょ〔測候所〕sääasema 13 [名]
そっせん〔率先〕率先して (自発的に) vapaaehtoisesti [副], omaehtoisesti [副]
そっちゅう〔卒中〕〈医〉aivohalvaus 64 [名]
そっちょく〔率直〕率直な avomielinen 63 [形] ／率直に avomielisesti [副]
そっと (優しく) lempeästi [副], (静かに) hiljaa [副]
ぞっと ぞっとする väristä 41 [動] ／ぞっとさせる pöyristyttää* 2 [動]
そっとう〔卒倒〕pyörtymys 64 [名] ／卒倒する pyörtyä* 1 [動]
そっぽ そっぽを向く kääntää katseensa pois＋出格 (kääntää* 42 [動])
そで〔袖〕(衣服の) hiha 10 [名] ／袖無しの hihaton* 57 [形]
そと〔外〕外で ulkona [副] ／外へ ulos [副]
そとうみ〔外海〕ulappa* 15 [名]
そとがわ〔外側〕〜の外側に (属格と共に) ulkopuolella [後] ／〜の外側へ (属格と共に) ulkopuolelle [後]
そなえ〔備え〕valmistaminen 63 [名], valmistuminen 63 [名]
そなえつける〔備え付ける〕varustaa 2 [動]
そなえる〔供える〕tarjota 38 [動]
そなえる〔備える〕pitää varansa, varautua* 44 [動] (pitää* 2 [動])

ソナタ〈楽〉sonaatti* 6 [名]
そなわる〔備わる〕(持っている) omistaa 2 [動]
そねみ〔嫉み〕(嫉妬) kateus* 65 [名]
そねむ〔嫉む〕(嫉妬する) kadehtia* 17 [動]
その〔園〕puutarha 10 [名]
その se (変化表参照) [指代] /そのような sellainen 63 [形], semmoinen 63 [形] /そのように niin [副]
そのう〔嗉生〕(鳥の) kupu* 1 [名]
そのうえ〔その上〕(更に) sen lisäksi, sitä paitsi, lisää [副]
そのうち〔その内〕(いつか) joskus [副], jonakin päivänä
そのかわり〔その代わり〕sen sijaan
そのご〔その後〕sen jälkeen, perään [副]
そのころ〔その頃〕その頃の senhetkinen 63 [形], senaikainen 63 [形]
そのすじ〔その筋〕viranomainen 63 [名]
そのた〔その他〕その他の muu 29 [形] /その他の人 muu 29 [名]
そのため〔その為〕(理由) sen takia, sen tähden, sen vuoksi
そのとおり〔その通り〕Se on oikein. Se pitää paikkansa.
そのとき〔その時〕silloin [副], samaan aikaan, samassa [副]
そのば〔その場〕その場で paikalla [副], paikoillaan [副]
そのまま そのままで sinänsä [副], sellaisenaan
そば〔側〕/〜の側の (属格と共に) viereinen 63 [形] /〜の側で (属格と共に) vieressä [後], (属格と共に) vierellä [後], (属格と共に) ääressä [後]
そばかす〔雀斑〕〈医〉teerenpilkku* 1 [名], kesakko* 2 [名], pisama 13 [名]
ソビエト ソビエト連邦共和国 Neuvostoliitto* 1 [名]
そびえる〔聳える〕kohota 38 [動]
そふ〔祖父〕isoisä 83 [名]
ソファー sohva 11 [名]

ソフトウエア（コンピューターの）ohjelmisto 1 [名]
そふぼ〔祖父母〕isovanhemmat* 83 [複名]
ソプラノ〈楽〉sopraano 2 [名]
そぶり〔素振り〕käytös 64 [名], käyttäytyminen 63 [名]
そぼ〔祖母〕isoäiti* 83 [名], mummo 1 [名]
そぼう〔粗暴〕粗暴な raakamainen 63 [形]
そぼく〔素朴〕素朴な koruton* 57 [形], vaatimaton* 57 [形]
そまつ〔粗末〕粗末な kehno 1 [形]
そまる〔染まる〕värjäytyä* 44 [動],（影響を受ける）saada vaikutusvaltaa (saada 19 [動])
そむく〔背く〕（裏切る）pettää* 2 [動], kavaltaa* 5 [動]
そむける〔背ける〕（顔を）nyrpistää 2 [動]
そめ〔染め〕värjäys 64 [名]
そめものや〔染物屋〕värjäri 5 [名]
そめる〔染める〕värjätä 35 [動], värittää* 2 [動]
そや〔粗野〕karkeus* 65 [名]／粗野な hiomaton* 57 [形], raakamainen 63 [形]
そよう〔素養〕tieto* 1 [名], sivistys 64 [名]
そよかぜ〔微風〕tuulahdus 64 [名], tuulenhenki* 8 [名]
そよぎ〔戦ぎ〕（風の）tuulahdus 64 [名], tuulenhenki* 8 [名]
そよぐ〔戦ぐ〕（揺れる）huojua 1 [動], horjua 1 [動]
そら〔空〕taivas 66 [名]
そり〔橇〕（雪の上の乗り物）reki* 8 [名], pulkka* 11 [名], kelkka* 10 [名]
ソリスト〈楽〉solisti 6 [名]
そる〔反る〕ravistua 1 [動]／（後ろに）taipua taakse (taipua* 1 [動])
そる〔剃る〕（髭を）ajaa partaa (ajaa 9 [動])
それ se (変化表参照) [指代]／それにもかかわらず silti [副], siitä huolimatta
それから sitten [副], sittemmin [副], myöhemmin [副]
それくらい〔それ位〕（同じ位）sen verran

それぞれ それぞれの kukin（形容詞的に使う）[不代]
それで（その結果）joten [関副], （理由を表す）siis [副], siksi [副]
それでは entä [副], entäs [副]
それでも sentään [副], sittenkin [副], kuitenkin [副]
それどころか（それと反対に）päinvastoin [副]
それとなく〔それと無く〕（遠回しに）epäsuorasti [副]
それとも tai [接]
それなら（その場合には）siinä tapauksessa
それに（その上）sitä paitsi, sen lisäksi
それにしても siinäkin tapauksessa, mutta sittenkin
それほど〔それ程〕（程度を表す）siksi [副], siinä määrin
それゆえ〔それ故〕siis [副], siksi [副], sen vuoksi
それる〔逸れる〕（はずれる）poiketa* 36 [動]
ソロ〈楽〉soolo 1 [名]
そろい〔揃い〕揃いの yhteenkuuluva 13 [形]
そろう〔揃う〕（集まる）kokoontua* 1 [動], （同じになる）tasoittua* 1 [動]
そろえる〔揃える〕（集める）koota* 38 [動], （同じにする）tasoittaa* 2 [動]
そろそろ（間もなく）pian [副], kohta [副]
ぞろぞろ（行列して）jonossa, kulkueessa
そわそわ そわそわした levoton* 57 [形], rauhaton* 57 [形]
そん〔損〕vahinko* 2 [名]／損する vahingoittua* 1 [動]
そんがい〔損害〕vahinko* 2 [名]／損害を与える vahingoittaa* 2 [動]／損害を受ける vahingoittua* 1 [動]
そんけい〔尊敬〕kunnioitus 64 [名], arvonanto* 1 [名]／尊敬する kunnioittaa* 2 [動], palvoa 1 [動]／尊敬を得る kunnostautua* 44 [動]
そんげん〔尊厳〕pyhyys* 65 [名], majesteetti* 4 [名]
そんざい〔存在〕olo 1 [名], olemassaolo 1 [名]／存在する olla olemassa (olla 25 [動])
ぞんざい ぞんざいな välinpitämätön* 57 [形], huoli-

そんしつ〔損失〕menetys 64 [名]
そんじる〔損じる〕(失敗する) epäonnistua 1 [動]
そんだい〔尊大〕尊大な röyhkeä 21 [形]
そんちょう〔尊重〕kunnioitus 64 [名] /尊重する arvostaa 2 [動], kunnioittaa* 2 [動]
そんちょう〔村長〕kylän päämies (päämies 72 [名])
ゾンデ〈医〉koetin* 56 [名]
そんな(そのような) sellainen 63 [形]
そんみん〔村民〕kyläläinen 63 [名], kylän asukas (asukas* 66 [名])

た

た〔田〕riisipelto* 1 [名]
た〔他〕他の toisenlainen 63 [形]
ダース tusina 14 [名]
ターミナル terminaali 5 [名]
たい〔隊〕seurue 78 [名],〈軍〉joukkue 78 [名]
たい〔他意〕muu tarkoitus (muu 29 [形], tarkoitus 64 [名])
タイ〈ス〉tasapeli 4 [名];(ネクタイ) solmio 3 [名]
だい〔代〕(世代) sukupolvi 8 [名]
だい〔台〕teline 78 [名], jalusta 15 [名]
だい〔題〕otsikko* 2 [名] /題を付ける otsikoida 18 [動]
たいい〔大尉〕〈軍〉kapteeni 6 [名]
たいい〔大意〕yhteenveto* 1 [名], tiivistelmä 13 [名]
たいい〔退位〕退位する luopua kruunusta (luopua* 1 [動])
たいいく〔体育〕voimistelu 2 [名] /体育館 voimistelusali 4 [名]

だいいち〔第一〕第一の ensimmäinen 63 [形]
ダイエット〈医〉dieetti* 6 [名]
たいおう〔対応〕対応する vastaava 13 [形]
たいおん〔体温〕ruumiinlämpö* 1 [名] ／体温計 kuumemittari 5 [名]
たいか〔大家〕mestari 5 [名]
たいか〔大過〕大過なく ilman suurta virhettä (suuri 39 [形], virhe 78 [名])
たいか〔耐火〕耐火の tulenkestävä 13 [形]
たいか〔退化〕taantumus 64 [名]
たいかい〔大会〕kokous 64 [名]
たいかい〔大海〕valtameri 32 [名], ulappa* 15 [名]
たいがい〔大概〕(大抵) tavallisesti [副], yleensä [副]
たいがい〔対外〕対外の ulkomainen 63 [形]
だいがえ〔代替え〕代替え品 vastike* 78 [名]
たいかく〔体格〕ruumiinrakenne* 78 [名]
だいがく〔大学〕yliopisto 2 [名] ／大学生 ylioppilas 66 [名]
たいかん〔戴冠〕戴冠式 kruunajaiset 63 [複名], kruunaus 64 [名]
たいがん〔対岸〕vastaranta* 10 [名]
たいき〔大気〕ilma 10 [名], ilmakehä 11 [名]
たいき〔待機〕待機する olla valmiina (olla 25 [動])
だいきぎょう〔大企業〕suuryritys 64 [名]
だいぎし〔代議士〕kansanedustaja 16 [名]
たいきゃく〔退却〕退却する peräytyä* 44 [動]
たいきゅう〔耐久〕耐久力のある pysyväinen 63 [形]
たいきょ〔大挙〕大挙して joukkoina, joukoin [副]
たいきょ〔退去〕lähtö* 1 [名] ／退去する lähteä* 16 [動]
たいきょく〔大局〕大局的に suur(i)piirteisesti [副]
だいきらい〔大嫌い〕(ひどく嫌う) inhota 38 [動], vihata 35 [動]
たいきん〔大金〕suuri rahamäärä (suuri 39 [形], rahamäärä 11 [名])
だいきん〔代金〕hinta* 10 [名]
だいく〔大工〕puuseppä* 11 [名]

たいぐう〔待遇〕kohtelu 2 [名]
たいくつ〔退屈〕退屈して ikävästi [副] ／退屈する pitkästyä 1 [動]
たいぐん〔大軍〕suuri sotajoukko (suuri 39 [形], sotajoukko* 1 [名])
たいぐん〔大群〕lauma 10 [名], parvi 8 [名]
たいけい〔体系〕järjestö 2 [名]
たいけい〔体型・体形〕ruumiinrakenne* 78 [名], ulkomuoto* 1 [名]
だいけい〔台形〕〈数〉trapetsi 6 [名]
たいけつ〔対決〕välienselvitys 64 [名] ／対決する taistella 28 [動]
たいけん〔体験〕elämys 64 [名]
たいこ〔太古〕alkuaika* 10 [名] ／太古の iänikuinen 63 [形]
たいこ〔太鼓〕rumpu* 1 [名] ／太鼓を打つ rummuttaa* 2 [動]
たいこう〔大公〕〈史〉suuriruhtinas 83 [名]
たいこう〔対抗〕対抗する kilpailla 29 [動]
だいこう〔代行〕代行者 toimitsija 14 [名], asiamies 72 [名]
たいこく〔大国〕suurvalta* 10 [名]
だいこくばしら〔大黒柱〕pylväs 66 [名]
たいさ〔大佐〕〈軍〉eversti 6 [名]
たいさ〔大差〕suuri ero (suuri 39 [形], ero 1 [名])
たいざい〔滞在〕oleskelu 2 [名] ／滞在する viipyä* 1 [動], pysyä 1 [動]
だいざい〔題材〕aines 64 [名], aineisto 2 [名]
たいさく〔大作〕laaja teos (laaja 10 [形], teos 64 [名])
たいさく〔対策〕toimenpide* 78 [名], teko* 1 [名]
たいし〔大志〕kaipuu 25 [名], kunnianhimo 1 [名]
たいし〔大使〕suurlähettiläs 66 [名] ／大使館 suurlähetystö 1 [名]
たいじ〔胎児〕sikiö 3 [名]
たいじ〔退治〕退治する pyydystää 2 [動]
だいじ〔大事〕大事にする vaalia 17 [動]
たいした〔大した〕merkityksellinen 63 [形], mer-

kittävä 13 [形]
たいして 〔大して〕大して〜ない ei kovinkaan
たいして 〔対して〕〜に対して（分格と共に）vastaan [後]
たいしゃく 〔貸借〕laina 10 [名]
たいしゅう 〔大衆〕yleisö 2 [名], kansanjoukko* 1 [名]
たいじゅう 〔体重〕paino 1 [名] ／体重計 henkilövaaka* 10 [名]
たいしゅつ 〔退出〕退出する poistua 1 [動]
たいしょう 〔大将〕kenraali 6 [名],（海軍の）amiraali 4 [名]
たいしょう 〔対称〕対称の tasasuhtainen 63 [形]
たいしょう 〔対象〕kohde* 78 [名], päämäärä 11 [名]
たいしょう 〔対照〕vastakohta* 11 [名] ／対照的 vastakohtainen 63 [形]
たいじょう 〔退場〕poistuminen 63 [名] ／退場する poistua 1 [動]
だいしょう 〔大小〕iso ja pieni (iso 1 [名], pieni 38 [名])
だいしょう 〔代償〕hyvitys 64 [名], korvaus 64 [名]
だいじょうぶ 〔大丈夫〕（問題ない）ei ole ongelmaa, ei ole probleemaa
たいしょく 〔退職〕virkaero 1 [名]
たいしょくかん 〔大食漢〕ahmatti* 6 [名], suursyömäri 5 [名]
だいじん 〔大臣〕ministeri 5 [名]
だいず 〔大豆〕soijapapu* 1 [名]
たいすい 〔耐水〕耐水の vedenpitävä 13 [形]
だいすう 〔代数〕〈数〉algebra 12 [名]
たいする 〔対する〕〜に対して（分格と共に）kohtaan [後]
たいせい 〔大成〕menestys 64 [名] ／大成する menestyä 1 [動]
たいせい 〔体制〕yhteiskuntajärjestelmä 13 [名]
だいせいどう 〔大聖堂〕tuomiokirkko* 1 [名]
たいせいよう 〔大西洋〕Atlantin valtameri (valta-

たいせき〔体積〕tilavuus* 65 [名], kuutiomäärä 11 [名]

たいせき〔堆積〕(積み重ね) kasa 10 [名], pino 1 [名]

たいせつ〔大切〕大切な kallis 69 [形], kultainen 63 [形] /大切にする vaalia 17 [動]

たいせん〔大戦〕世界大戦 maailmansota* 11 [名]

たいそう〔大層〕(とても) hyvin [副], oikein [副]

たいそう〔体操〕voimistelu 2 [名] /体操する voimistella 28 [動]

たいだ〔怠惰〕怠惰な laiska 10 [形], joutilas 66 [形]

だいたい〔大体〕noin [副], suunnilleen [副], suurin piirtein

だいたい〔大隊〕〈軍〉pataljoona 11 [名]

だいたい〔大腿〕大腿部 (太股) reisi* 40 [名]

だいだい〔代々〕(世代から世代へ) sukupolvesta sukupolveen

だいだいてき〔大々的〕suurellinen 63 [形], mahtaileva 13 [形]

だいたすう〔大多数〕enemmistö 1 [名]

たいだん〔対談〕keskustelu 2 [名]

だいたん〔大胆〕大胆な rohkea 21 [形], peloton* 57 [形]

だいち〔大地〕maa 28 [名]

だいち〔台地〕ylätasanko* 2 [名]

たいちょう〔退潮〕pakovesi* 40 [名]

たいちょう〔隊長〕komentajakapteeni 6 [名], komentaja 16 [名]

だいちょう〔大腸〕paksusuoli 85 [名]

タイツ〈服〉sukkahousut 1 [名]

たいてい〔大抵〕tavallisesti [副], yleensä [副]

たいど〔態度〕käytös 64 [名], asenne* 78 [名]

たいとう〔対等〕対等の samanarvoinen 63 [形] /対等に yhtäläisesti [副]

だいとうりょう〔大統領〕presidentti* 4 [名]

だいどころ〔台所〕keittiö 3 [名]

タイトル otsikko* 2 [名], titteli 5 [名]

だいなし〔台無し〕台無しにする tuhota 38 [動],

hävittää* 2 [動]
ダイナマイト dynamiitti* 4 [名]
たいねつ〔耐熱〕耐熱の tulenkestävä 13 [形], kuumankestävä 13 [形]
たいはい〔退廃〕退廃的 irstas 66 [形]
たいばつ〔体罰〕kuritus 64 [名], kuri 4 [名]
たいはん〔大半〕(大多数) enemmistö 1 [名]
たいひ〔対比〕vastakohta* 11 [名], vertailu 2 [名]
たいびょう〔大病〕vakava sairaus (vakava 13 [形], sairaus* 65 [名])
だいひょう〔代表〕代表的 ominainen 63 [形] ／代表者 edustaja 16 [名] ／代表する edustaa 2 [動]
タイプ malli 4 [名] ／〜タイプの (属格と共に) mallinen 63 [形]
たいふう〔台風〕pyörremyrsky 1 [名]
たいぶつ〔対物〕対物レンズ objektiivi 4 [名]
だいぶぶん〔大部分〕pääosa 11 [名]；suurimmakasi osaksi, suurelta osalta
たいへいよう〔太平洋〕Tyyni valtameri (tyyni 38 [形], valtameri 32 [名])
たいへん〔大変〕(非常に) oikein [副], ihan [副], kovin [副], hyvin [副]
だいべん〔大便〕ulostus 64 [名], uloste 78 [名]
だいべん〔代弁〕代弁者 puolestapuhuja 16 [名], puolustaja 16 [名]
たいほ〔退歩〕taantumus 64 [名] ／退歩する taantua* 1 [動]
たいほ〔逮捕〕pidätys 64 [名] ／逮捕する pidättää* 2 [動]
たいほう〔大砲〕〈軍〉tykki* 4 [名], kanuuna 18 [名]
たいぼう〔待望〕odotus 64 [名]
だいほん〔台本〕teksti 4 [名]
たいま〔大麻〕〈薬〉hasis 64 [名]
たいまつ〔松明〕soihtu* 1 [名], tulisoihtu* 1 [名]
たいまん〔怠慢〕laiminlyönti* 4 [名]
タイミング タイミングのよい oikeaan aikaan tapahtuva (tapahtuva 13 [形])

タイムリー タイムリーに ajoissa [副], hyvissä ajoin
だいめい〔題名〕otsikko* 2 [名], titteli 5 [名]
だいめいし〔代名詞〕pronomini 6 [名]
たいめん〔体面〕(名誉) kunnia 14 [名], (外見) ulkonäkö* 1 [名]
だいもく〔題目〕teema 10 [名]
タイヤ rengas* 66 [名], ilmarengas* 66 [名]
ダイヤ (列車などの) aikataulu 1 [名], (トランプの) ruutu* 1 [名]
だいやく〔代役〕〈劇〉sijainen 63 [名], varamies 72 [名]
ダイヤモンド〈鉱〉timantti* 6 [名]
ダイヤル numerotaulu 1 [名] ／ダイヤルを回す valita numero (valita 31 [動])
たいよ〔貸与〕貸与者 lainanantaja 16 [名]
たいよう〔大洋〕meri 32 [名], valtameri 32 [名]
たいよう〔太陽〕aurinko* 2 [名]
だいよう〔代用〕korvike* 78 [名] ／代用品 korvike* 78 [名]
たいら〔平ら〕平らな tasainen 63 [形] ／平らにする tasoittaa* 2 [動]
だいり〔代理〕代理人 sijainen 63 [名] ／代理店 agentti* 6 [名]
たいりく〔大陸〕manner* 82 [名], mannermaa 28 [名]
だいりせき〔大理石〕marmori 5 [名]
たいりつ〔対立〕vastakkaisuus* 65 [名]
たいりょう〔大漁〕hyvä kalaonni (hyvä 11 [形], kalaonni 8 [名])
たいりょう〔大量〕valtava määrä (valtava 13 [形], määrä 11 [名])
たいりょく〔体力〕voima 11 [名], väkevyys* 65 [名]
タイル tiili 32 [名] ／タイルを張る kattaa tiilillä (kattaa* 9 [動])
たいわ〔対話〕keskustelu 2 [名] ／対話する keskustella 28 [動]
ダウンヒル〈ス〉mäenlasku 1 [名]
たえず〔絶えず〕aina [副], lakkaamatta [副], alin-

たえま 〔絶え間〕絶え間ない ainainen 63 [形], jatkuva 13 [形]

たえる 〔耐える〕malttaa* 10 [動], kärsiä 17 [動], sietää* 2 [動]

たえる 〔絶える〕(種族が) kuolla sukupuuttoon, (習慣などが) kuihtua* 1 [動]

だえん 〔楕円〕楕円形の soikea 21 [形]

たおす 〔倒す〕kaataa* 9 と 3 [動], sortaa* 7 [動], kukistaa 2 [動]

タオル pyyhe* 78 [名], pyyheliina 10 [名]

たおれる 〔倒れる〕kaatua* 1 [動], sortua* 1 [動], kukistua 1 [動]

たか 〔鷹〕〈鳥〉haukka* 10 [名]

たが 〔箍〕(おけの回りの輪) vanne* 78 [名]

だが mutta [接], kuitenkin [副]

たかい 〔高い〕(山などが) korkea 21 [形], (値段が) kallis 69 [形], (背が) pitkä 11 [形]

たがい 〔互い〕互いの keskinäinen 63 [形]／互いに keskenään [副]

だかい 〔打開〕läpimurto* 1 [名]／打開する (出格と共に) suoriutua* 44 [動]

たかく 〔多角〕多角形 monikulmio 3 [名]

たがく 〔多額〕suuri rahasumma (suuri 39 [形], rahasumma 11 [名])

たかしお 〔高潮〕tulva-aalto* 1 [名]

たかだい 〔高台〕mäki* 8 [名], kukkula 15 [名]

たかだか 〔高々〕(多くても) enintään [副]

だがっき 〔打楽器〕〈楽〉lyömäsoitin* 56 [名]

たかとび 〔高飛び〕高飛びする (逃亡する) karata* 35 [動], paeta* 34 [動]

たかとび 〔高跳び〕〈ス〉korkeushyppy* 1 [名]

たかね 〔高値〕nylkyhinta* 10 [名]

たかぶる 〔高ぶる〕(気持ちが) kiivastua 1 [動], haltioitua* 1 [動]

たかまる 〔高まる〕korostua 1 [動]

たかめる 〔高める〕kohauttaa* 2 [動], (自分を) kohentautua* 44 [動]

たがやす〔耕す〕kyntää* 2 (8) [動], viljellä 28 [動]
たから〔宝〕aarre* 78 [名]
だから silti [副], sen vuoksi
たからか〔高らか〕高らかに äänekkäästi [副], ääneen [副]
たからくじ〔宝籤〕arpajaiset 63 [複名]
たかる kuhista 41 [動]
たき〔滝〕vesiputous 64 [名]
だきあげる〔抱き上げる〕nostaa korkealle (nostaa 2 [動])
たきぎ〔薪〕polttopuu 29 [名]
タキシード smokki* 4 [名]
だきしめる〔抱き締める〕syleillä 28 [動], halata 35 [動]
たきつけ〔焚き付け〕sytyke* 78 [名]
たきつける〔焚き付ける〕(唆す) yllyttää* 2 [動], kiihottaa* 2 [動]
たきび〔焚き火〕nuotio 3 [名]
だきょう〔妥協〕妥協する tinkiä* 17 [動], antaa periksi (antaa* 9 [動])
たく〔炊く〕(ご飯を) keittää* 2 [動]
たく〔焚く〕(燃やす) polttaa* 2 [動]
だく〔抱く〕syleillä 28 [動], halata 35 [動], (鳥が卵を) hautoa* 1 [動]
たくいつ〔択一〕vaihtoehto* 1 [名]
たくえつ〔卓越〕卓越した huomattu* 2 [形]
たくさん〔沢山〕paljon [副], runsaasti [副]／沢山の moni 38 [形], runsas 66 [形]
タクシー taksi 4 [名]
たくじしょ〔託児所〕lastenseimi 8 [名]
たくち〔宅地〕asuntotontti* 4 [名]
たくはい〔宅配〕kotiinlähetys 64 [名]
たくましい〔逞しい〕roteva 13 [形]
たくみ〔巧み〕巧みな taitava 13 [形]／巧みに taitavasti [副]
たくらみ〔企み〕salajuoni 38 [名], juoni 38 [名]
たくらむ〔企む〕juonitella* 28 [動], hautoa* 1 [動]
たくわえ〔蓄え〕vara 10 [名], ropo* 1 [名]

たくわえる〔蓄える〕säästää 2 [動], varastoida 18 [動]
たけ〔丈〕(長さ) pituus* 65 [名]
たけ〔竹〕〈植〉bambu 1 [名]
だけ 〜だけ vain [副], pelkästään [副], ainoastaan [副]
たけい〔多形〕monimuotoisuus* 65 [名]
たげい〔多芸〕多芸な monitaitoinen 63 [形], taidokas* 66 [形]
たけうま〔竹馬〕(複数形で) puujalat* 10 [名]
だげき〔打撃〕isku 1 [名] ／打撃の大きい tuhoisa 13 [形]
だけつ〔妥結〕suostumus 64 [名] ／妥結する suostua 1 [動]
たけなわ〔酣〕酣である (属格と共に) olla keskellä (olla 25 [動])
たこ〔凧〕(空に上げる) leija 10 [名]
たこ〔蛸〕(八本足の軟体動物) mustekala 10 [名]
たこ〔胼胝〕(皮膚が堅くなったもの)〈医〉känsä 11 [名]
たこう〔多幸〕多幸な autuas 66 [形]
だこう〔蛇行〕(川や道などの) polvi 8 [名] ／蛇行する polveilla 28 [動]
だこう〔惰行〕〈技〉vapaarumpu* 83 [名], vapaanapa* 83 [名]
たこく〔他国〕他国人 muukalainen 63 [名]
たさい〔多才〕多才な monitaitoinen 63 [形], taidokas* 66 [形]
たさく〔多作〕多作の tuottelias 66 [形], runsastuotantoinen 63 [形]
たさつ〔他殺〕murha 11 [名]
ださん〔打算〕打算的 laskevainen 63 [形]
たし〔足し〕lisäys 64 [名], lisääminen 63 [名]
たしか〔確か〕確かな varma 10 [形] ／確かに varmaan [副], varmasti [副] ／確かにする varmistaa 2 [動] ／確かになる varmistua 1 [動]
たしかめ〔確かめ〕toteamus 64 [名], toteama 13 [名]
たしかめる〔確かめる〕varmentaa* 8 [動], vahvistaa

2 [動]
たしざん〔足し算〕yhteenlasku 1 [名]
たしなみ〔嗜み〕(作法) käytös 64 [名], esiintymistapa* 10 [名]
だしぬけ〔出し抜け〕出し抜けに äkkiä [副], yht'äkkiä [副]
たしゅ〔他種〕他種の muunlainen 63 [形]
たしゅ〔多種〕多種多様の monenlainen 63 [形], sekalainen 63 [形]
たしょう〔多少〕jonkin verran
たしょく〔多色〕多色の kirjava 13 [形], monivärinen 63 [形]
たす〔足す〕足し合わせた yhteenlaskettu* 1 [形]
だす〔出す〕(食事などを) tarjota 38 [動], (叫び声を) päästää 2 [動]
たすう〔多数〕多数の runsas 66 [形], lukuisa 13 [形], lukuinen 63 [形]
たすかる〔助かる〕pelastua 1 [動], suoriutua* 44 [動]
たすけ〔助け〕apu* 1 [名] ／〜の助けを借りる (入格と共に) turvautua* 44 [動]
たすける〔助ける〕auttaa* 10 [動], avustaa 2 [動]
たずさえる〔携える〕ottaa mukaan, kantaa* 9 [動] (ottaa* 2 [動])
たずねる〔訪ねる〕〜を訪ねる mennä käymään+属格+luona (mennä 27 [動])
たずねる〔尋ねる〕(離格と共に) kysyä 1 [動], tiedustaa 2 [動]
だせい〔惰性〕〈理〉inertia 15 [名]
たそがれ〔黄昏〕(夕暮れ) illansuu 29 [名] ／黄昏時に illansuussa
ただ〔只〕只 (無料) の ilmainen 63 [形] ／只 (無料) で ilmaiseksi [副]
ただ〔唯〕ただ (それだけ) の pelkkä* 11 [形] ／ただ〜だけ vain [副]
ただい〔多大〕多大の moni 38 [形], usea 21 [形]
ただいま〔只今〕(今) nyt [副], tällä hetkellä
たたえる〔讃える〕(称賛する) ylistää 2 [動], kiittää* 2 [動]

たたかい〔戦い〕taistelu 2 [名]
たたかう〔戦う〕taistella 28 [動]
たたく〔叩く〕lyödä 21 [動], iskeä 13 [動],（軽く）koputtaa* 2 [動]
ただし〔但し〕mutta [接], kuitenkin [副]
ただしい〔正しい〕oikea 21 [形], oikeamielinen 63 [形]／正しく oikein [副]
ただす〔正す〕（間違いを）oikaista 24 [動], oikoa* 1 [動]
たたずまい〔佇まい〕（外観）ulkonäkö* 1 [名], ulkomuoto* 1 [名]
たたせる〔立たせる〕seisottaa* 2 [動]
ただちに〔直ちに〕heti [副], kohta [副], välittömästi [副]
たたむ〔畳む〕taittaa* 11 [動]
ただよう〔漂う〕kellua 1 [動],（空中を）leijailla 29 [動]
たち〔質〕質が悪い pahanilkinen 63 [形], pahansuopa* 11 [形]
たちあがる〔立ち上がる〕nousta 24 [動], nousta seisomaan
たちいり〔立ち入り〕sisäänpääsy 1 [名], pääsy 1 [名]
たちいる〔立ち入る〕päästä sisään, tunkeutua* 44 [動]（päästä 24 [動]）
たちおうじょう〔立ち往生〕pysähdys 64 [名], seisahdus 64 [名]
たちがれる〔立ち枯れる〕kelottua* 1 [動], keloutua* 44 [動]
たちぎき〔立ち聞き〕kuunnella salaa (kuunnella* 28 [動])
たちさる〔立ち去る〕lähteä* 16 [動]
たちすくむ〔立ち竦む〕（恐れで）jähmettyä kauhusta (jähmettyä* 1 [動])
たちどまる〔立ち止まる〕pysähtyä* 1 [動], seisahtua* 1 [動]
たちなおる〔立ち直る〕toipua* 1 [動], tointua* 1 [動]
たちのぼる〔立ち上る〕nousta 24 [動], kohota 38 [動]

たちば〔立場〕asenne* 78 [名], kanta*[名], jalansija 10 [名]
たちまち〔忽ち〕(すぐに) heti [副], silmänräpäyksessä
たちみ〔立ち見〕立ち見席 seisomapaikka* 10 [名]
だちょう〔駝鳥〕〈鳥〉strutsi 4 [名]
たちよる〔立ち寄る〕poiketa* 36 [動]
たつ〔竜〕竜の落とし子 merihevonen 63 [名]
たつ〔立つ〕seisoa 1 [動], nousta 24 [動], kohota 38 [動]
たつ〔経つ〕(時間が) kulua 1 [動], mennä 27 [動]
たつ〔絶つ〕katkoa 1 [動]
たつ〔裁つ〕leikata* 35 [動]
だつい〔脱衣〕riisuminen 63 [名] ／脱衣する riisuutua* 1 [動]
たっきゅう〔卓球〕〈ス〉pöytätennis 64 [名]
だっきゅう〔脱臼〕〈医〉nyrjähdys 64 [名]
タックル〈ス〉taklaus 64 [名]
だっこ〔抱っこ〕抱っこする ottaa syliinsä (ottaa* 2 [動])
だっこく〔脱穀〕puinti* 4 [名] ／脱穀する puida 18 [動]
だっしめん〔脱脂綿〕pumpuli 5 [名]
たっしゃ〔達者〕達者な (元気な) terve 79 [形], hyväkuntoinen 63 [形]
だっしゅ〔奪取〕ryöstö 1 [名], riisto 1 [名]
ダッシュ syöksy 1 [名] ／ダッシュする syöksyä 1 [動]
だっしゅつ〔脱出〕pako* 1 [名], (国外への) maanpako* 1 [名]
たつじん〔達人〕mestari 5 [名], niekka* 10 [名]
たっする〔達する〕saapua* 1 [動], ulottua* 1 [動]
だっする〔脱する〕(苦境から) (出格と共に) suoriutua* 44 [動], selviytyä* 44 [動]
たっせい〔達成〕saavutus 64 [名], täytäntö* 2 [名]
だっせん〔脱線〕脱線する suistua raiteilta (suistua 1 [動])
だっそう〔脱走〕脱走者 karkuri 5 [名], karkulainen

63 [名]
たった たった今 äsken [副], vasta [副], hetki sitten, juuri [副]
だったい 〔脱退〕脱退する vetäistä pois, vetäistä irti (vetäistä 24 [動])
だっちょう 〔脱腸〕〈医〉kohju 1 [名]
たっとぶ 〔尊ぶ〕arvostaa 2 [動]
たづな 〔手綱〕(通常は複数形で) ohjas 64 [名], riimunvarsi* 42 [名]
だっぴ 〔脱皮〕脱皮する luoda nahka, luoda kuori (luoda 21 [動])
たっぷり kylliksi [副], kyllin [副], runsaasti [副]
たつまき 〔竜巻〕pyörretuuli 32 [名]
だつもう 〔脱毛〕hiustenlähtö* 1 [名]
だつらく 〔脱落〕脱落する pudota* 38 [動]／脱落させる pudottaa* 2 [動]
たて 〔盾〕vaakuna 15 [名]
たて 〔縦〕縦の kohtisuora 11 [形]
たてがみ 〔鬣〕(馬の) harja 10 [名]
たてごと 〔竪琴〕〈楽〉harppu* 1 [名]
たてなおす 〔建て直す〕uudistaa 2 [動]
たてふだ 〔立て札〕ilmoitustaulu 1 [名]
たてまえ 〔建前〕(原則) perusaate* 78 [名], periaate* 78 [名]
たてもの 〔建物〕rakennus 64 [名], talo 1 [名]
たてる 〔立てる〕pystyttää* 2 [動], (建物を) rakentaa* 42 [動]
たとい たとい〜でも jopa [副], vaikkakin [接]
だとう 〔打倒〕kaato* 1 [名], kumous 64 [名]／打倒する kaataa* 9 と 3 [動]
だとう 〔妥当〕soveliaisuus* 65 [名]
たとえ 〔喩え〕esimerkki* 4 [名], vertaus 64 [名]
たとえば 〔例えば〕esimerkiksi (esim. と省略)
たとえる 〔喩える〕verrata* 35 [動], vertailla 29 [動]
たどたどしい たどたどしく話す sopertaa* 6 [動], jokeltaa* 5 [動]
たどる 〔辿る〕道を辿る kulkea tietä pitkin (kulkea* 13 [動])

タフ

たな〔棚〕hylly 1 [名]
たなびく〔棚引く〕(風に) heilua 1 [動], liehua 1 [動]
たに〔谷〕laakso 1 [名], rotko 1 [名]
たにま〔谷間〕vuorenrotko 1 [名], notko 1 [名]
たにん〔他人〕vieras 66 [名]
たぬき〔狸〕〈動〉supi 4 [名]
たね〔種〕siemen 55 [名] ／種を蒔く kylvää 2 [動]
たねまき〔種蒔き〕kylvö 1 [名]
たのしい〔楽しい〕hauska 10 [形], mukava 13 [形], miellyttävä 13 [形]
たのしみ〔楽しみ〕hauskuus* 65 [名], huvitus 64 [名], mielihyvä 11 [名]
たのしむ〔楽しむ〕(出格と共に) nauttia* 17 [動], viehättää* 2 [動]
たのみ〔頼み〕anomus 64 [名], pyyntö* 1 [名], luvanpyyntö* 1 [名]
たのむ〔頼む〕anoa 1 [動], pyytää* 3 と 45 [動], pyydellä* 28 [動]
たのもしい〔頼もしい〕(頼りになる) luotettava 13 [形]
たば〔束〕kimppu* 1 [名], mytty* 1 [名], nippu* 1 [名]
たばこ〔煙草〕tupakka* 15 [名], savuke* 78 [名] ／煙草を吸う polttaa* 2 [動]
たばねる〔束ねる〕kääriä kokoon, kääriä mytyksi (kääriä 17 [動])
たび〔旅〕matka 10 [名] ／旅をする matkailla 29 [動]
たびだつ〔旅立つ〕lähteä matkalle (lähteä* 16 [動])
たびたび〔度々〕usein [副], vähän väliä, tuon tuostakin
たびなかま〔旅仲間〕matkue 78 [名], retkikunta* 11 [名]
たびびと〔旅人〕matkustaja 16 [名]
ダビング jälkiäänitys 64 [名] ／ダビングする äänittää jälkeenpäin (äänittää* 2 [動])
タフ タフな luja 11 [形], kova 11 [形]

タブー tabu 1 [名]
ダブル ダブルの kaksinkertainen 63 [形], kaksois-
たぶん 〔多分〕ehkä [副], kai [副], luultavasti [副]
たべすぎる 〔食べ過ぎる〕syödä liikaa (syödä 21 [動])
たべのこし 〔食べ残し〕(通常は複数形で) tähde* 78 [名], jäte* 78 [名]
たべもの 〔食べ物〕ruoka* 11 [名], syötävä 13 [名]
たべる 〔食べる〕syödä 21 [動], maistaa 10 [動], nauttia* 17 [動]
たべん 〔多弁〕多弁の puhelias 66 [形], suulas 66 [形]
たほう 〔他方〕taas [副], kun taas, toisaalta [副]
たぼう 〔多忙〕kiire 78 [名] ／多忙である uurastaa 2 [動]
だぼくしょう 〔打撲傷〕ruhjevamma 10 [名]
たま 〔弾〕(弾丸) luoti* 4 [名], kuula 11 [名]
たま 〔球〕pallo 1 [名]
たまご 〔卵〕muna 11 [名], kananmuna 11 [名] ／卵を生む munia 17 [動]
だまし 〔騙し〕petos 64 [名], metku 1 [名]
たましい 〔魂〕sielu 1 [名]
だます 〔騙す〕pettää* 2 [動], petkuttaa* 2 [動] ／騙される pettyä* 1 [動]
たまたま 〔偶々〕ohimennen [副] ／偶々～する (第3不定詞入格と共に) sattua* 1 [動]
たまに 〔偶に〕harvoin [副]
たまねぎ 〔玉葱〕〈植〉sipuli 5 [名]
たまもの 〔賜物〕(結果) tulos 64 [名], seuraus 64 [名]
たまらない 〔堪らない〕(耐えられない) sietämätön* 57 [形]
たまる 〔溜まる〕(集まる・積もる) kasaantua* 1 [動], kokoontua* 1 [動]
だまる 〔黙る〕vaieta* 34 [動] ／黙って ääneti [副], vaiti [副]
ダム pato* 1 [名], maapato* 1 [名]
ため 〔為〕～の為に (分格と共に) varten [後], (属格と共に) hyväksi
だめ 〔駄目〕駄目にする pilata 35 [動], vahingoittaa*

たりる

2 [動] ／駄目になる mennä piloille (mennä 27 [動])

ためいき [溜息] huokaus 64 [名] ／溜息をつく huoata* 35 [動]

ダメージ vahinko* 2 [名], vaurio 3 [名]

ためし [験し] (先例) ennakkotapaus 64 [名]

ためし [試し] yritys 64 [名], kokeilu 2 [名]

ためす [試す] kokeilla 28 [動], koettaa* 2 [動]

ためらい [躊躇い] ujous* 65 [名], epäily 2 [名]

ためらう [躊躇う] ujostella 28 [動], epäillä 29 [動]

ためる [貯める] (集める) rohmuta 39 [動]

ためん [多面] 多面的 monipuolinen 63 [形], monitahoinen 63 [形]

たもつ [保つ] pitää* 2 [動], säilyttää* 2 [動]

たやすい helppo* 1 [形], vaivaton* 57 [形]

たよう [多様] 多様にする vaihdella* 28 [動]

たより [便り] sanoma 13 [名]

たよる [頼る] 〜に頼る (入格と共に) nojautua* 44 [動], (入格と共に) tukeutua* 44 [動], (入格と共に) varautua* 44 [動], (入格と共に) turvautua* 44 [動] ／〜に頼って (属格と共に) nojalla [後], (属格と共に) varassa [後]

たら [鱈] 〈魚〉 turska 11 [名]

たらい [盥] (洗濯などをする) amme 78 [名], pytty* 1 [名]

だらく [堕落] lankeemus 64 [名], turmelus 64 [名] ／堕落する turmeltua* 1 [動]

だらけ 〜だらけである (分格と共に) olla täynnä (olla 25 [動])

だらしない [だらし無い] löysä 11 [形], huolimaton* 57 [形]

たらす [垂らす] (液体を) pudottaa* 2 [動], tiputtaa* 2 [動]

だらり だらりと下がって lerpallaan [副]

ダリア 〈植〉 daalia 15 [名]

たりょう [多量] paljous* 65 [名], valtava määrä (valtava 13 [形], määrä 11 [名])

たりる [足りる] riittää* 2 [動] ／足りない vajaa 23

たる 〔樽〕(木製の容器) tynnyri 5 [名]
だるい raukea 21 [形]
タルタルソース tartar(i)kastike* 78 [名]
タルト 〈料〉torttu* 1 [名]
たるむ 〔弛む〕löyhtyä* 1 [動], (気力を無くす) lamaantua* 1 [動]
だれ 〔誰〕kuka (変化表参照) [疑代] / 誰か joku (変化表参照) [不代]
たれさがる 〔垂れ下がる〕riippua* 1 [動], roikkua* 1 [動]
タレント (有名人) kuuluisa henkilö (kuuluisa 13 [形], henkilö 2 [名])
たわむれ 〔戯れ〕leikinlasku 1 [名], leikinteko* 1 [名]
たわむれる 〔戯れる〕pelata 35 [動]
たん 〔痰〕(分泌物) lima 10 [名], sylki* 8 [名]
だん 〔団〕ryhmä 11 [名], joukko* 1 [名]
だん 〔段〕(新聞の) palsta 10 [名], (条文の) pykälä 16 [名]
だんあつ 〔弾圧〕sorto* 1 [名] / 弾圧する sortaa* 7 [動]
たんい 〔単位〕mitta* 10 [名], (長さの) pituusmitta* 10 [名], (数量などの) yksikkö* 2 [名]
たんいつ 〔単一〕単一性 ykseys* 65 [名]
たんか 〔担架〕paarit 4 [複名], kantopaarit 4 [複名]
たんか 〔炭化〕炭化する hiiltyä* 1 [動]
タンカー tankkialus 64 [名], säiliöalus 64 [名]
だんかい 〔段階〕aste 78 [名], vaihe 78 [名] / 段階的 asteittainen 63 [形]
だんがい 〔断崖〕(絶壁) penger* 82 [名], penkere 82 [名]
たんがん 〔嘆願〕嘆願する pyytää hartaasti (pyytää* 3 と 45 [動])
だんがん 〔弾丸〕kuula 11 [名], luoti* 4 [名]
たんき 〔短気〕短気の pikavihainen 63 [形], ärtyinen 63 [形]
たんき 〔短期〕短期の lyhytaikainen 63 [形]

たんきかん〔短期間〕短期間の lyhytaikainen 63 [形]
たんきゅう〔探求〕tutkimus 64 [名] ／探求する tutkia 17 [動]
たんきょり〔短距離〕短距離走〈ス〉pikajuoksu 1 [名]
タンク（水・ガソリンなどの）säiliö 3 [名], tankki* 4 [名]
たんぐつ〔短靴〕（紐で結ぶ）varsikenkä* 11 [名]
だんけつ〔団結〕solidaarisuus* 65 [名]
たんけん〔探検〕seikkailu 2 [名] ／探検する seikkailla 29 [動]
たんけん〔短剣〕tikari 5 [名]
たんげん〔単元〕yksikkö* 2 [名]
だんげん〔断言〕断言する vakuuttaa* 2 [動], uskotella* 28 [動]
たんご〔単語〕sana 10 [名] ／単語集 sanasto 2 [名]
タンゴ tango 1 [名]
だんこ〔断固〕断固として varmasti [副], päättäväisesti [副]
たんこう〔炭鉱〕kaivos 64 [名], hiilikaivos 64 [名]
ダンサー tanssija 14 [名]
たんさく〔探索〕tutkimusretki 8 [名] ／探索する vakoilla 29 [動]
たんさん〔炭酸〕hiilihappo* 1 [名]
だんし〔男子〕poika* 11 [名], mies 72 [名]
たんじかん〔短時間〕hetki 8 [名], tuokio 3 [名] ／短時間の lyhytaikainen 63 [形]
だんじき〔断食〕paasto 1 [名] ／断食する paastota 38 [動]
だんじて〔断じて〕ehdottomasti [副], absoluuttisesti [副]
たんじゅう〔胆汁〕sappi* 8 [名]
たんしゅく〔短縮〕lyhennys 64 [名] ／短縮する lyhentää* 42 [名], supistaa 2 [動]
たんじゅん〔単純〕単純な yksinkertainen 63 [形] ／単純にする yksinkertaistaa 2 [動]
たんしょ〔短所〕heikko kohta (heikko* 1 [形], kohta* 11 [名])
たんじょう〔誕生〕synty* 1 [名], syntymä 13 [名] ／

誕生日 syntymäpäivä 11 [名]
だんしょう〔談笑〕談笑する ilakoida 30 [動], rupattaa* 2 [動]
たんしょうとう〔探照灯〕valonheittäjä 16 [名]
たんしん〔単身〕単身で yksin [副], yksinään [副]
たんしん〔短針〕(時計の) tuntiviisari 5 [名]
ダンス tanssi 4 [名]／ダンスする tanssia 17 [動]
たんすい〔淡水〕makeavesi* 40 [名]
たんすいかぶつ〔炭水化物〕hiilihydraatti* 4 [名]
たんすう〔単数〕〈言〉yksikkö* 2 [名]
だんせい〔男性〕miehenpuoli 32 [名]／男性的 miehinen 63 [形]
たんせき〔胆石〕〈医〉sappikivi 8 [名]
だんぜつ〔断絶〕välirikko* 1 [名]
だんぜん〔断然〕(非常に) paljon [副], verrattomasti [副]
たんそ〔炭素〕hiili 32 [名]
たんたい〔単体〕irtokappale 78 [名]
だんたい〔団体〕osuuskunta* 11 [名]
だんだん〔段々〕(階段) askelma 13 [名]
たんち〔探知〕探知機 ilmaisin 56 [名], detektori 5 [名]
だんちがい〔段違い〕段違いに (非常に) paljon [副], verrattomasti [副]
たんちょう〔単調〕ikävyys* 65 [名]／単調な yksitoikkoinen 63 [形]
だんちょう〔団長〕johtaja 16 [名], päällikkö* 2 [名]
たんてい〔探偵〕salapoliisi 6 [名], urkkija 14 [名]
だんてい〔断定〕päätelmä 13 [名]／断定する päättää* 2 [動]
タンデム (二人乗り自転車) tandempyörä 11 [名]
たんでん〔炭田〕kaivoskenttä* 11 [名]
たんとう〔担当〕huolenpito* 1 [名]／担当する olla vastuussa (olla 25 [動])
たんとう〔短刀〕tikari 5 [名]
たんとうちょくにゅう〔単刀直入〕単刀直入に suoraan [副], vilpittömästi [副]
たんどく〔単独〕単独の yksittäinen 63 [形]

たんなる〔単なる〕pelkkä* 11 [形], sula 11 [形]
たんに〔単に〕ainoastaan [副], vain [副]
だんねつ〔断熱〕lämpöeristys 64 [名], eristys 64 [名]
たんねん〔丹念〕丹念に huolellisesti [副], varovaisesti [副]
だんねん〔断念〕luopuminen 63 [名] /断念する (出格と共に) luopua* 1 [動]
たんのう〔堪能〕堪能させる kyllästää 2 [動]
たんぱ〔短波〕〈ラ〉lyhytaalto* 83 [名]
たんぱく〔淡白〕淡白な (味について) mieto* 1 [形], laimea 21 [形]
たんぱくしつ〔蛋白質〕proteiini 4 [名], valkuaisaine 78 [名]
タンバリン〈楽〉tamburiini 4 [名], käsirumpu* 1 [名]
だんぱん〔談判〕neuvottelu 2 [名] /談判する neuvotella* 28 [動]
たんぴん〔単品〕irtokappale 78 [名]
ダンピング dumping 7 [名] /ダンピングする dumpata* 35 [動]
たんぺん〔短編〕短編小説 novelli 6 [名]
だんぺん〔断片〕katkelma 13 [名] /断片的 katkonainen 63 [形]
たんぼ〔田圃〕riisipelto* 1 [名]
たんぽ〔担保〕担保品 pantti* 4 [名]
だんぼう〔暖房〕lämmitys 64 [名] /暖房装置 lämpöjohto* 1 [名]
だんボール〔段ボール〕段ボール紙 pahvi 4 [名]
たんぽぽ〔蒲公英〕〈植〉voikukka* 11 [名]
たんめい〔短命〕lyhytikäisyys* 65 [名] /短命の lyhytikäinen 63 [形]
だんめん〔断面〕断面図〈建〉läpileikkaus 64 [名], leikkaus 64 [名]
だんやく〔弾薬〕(複数形で) ammus 64 [名], (通常は複数形で) ampumatarvike* 78 [名]
だんゆう〔男優〕näyttelijä 14 [名]
だんらん〔団欒〕rupattelu 2 [名], juttelu 2 [名]

だんりゅう〔暖流〕lämmin merivirta (lämmin* 58 〔形〕, merivirta* 10 〔名〕)
だんりょく〔弾力〕kimmo 1 〔名〕／弾力がある kimmoinen 63 〔形〕
たんれん〔鍛練〕valmennus 64 〔名〕／鍛練する valmentautua* 44 〔動〕
だんろ〔暖炉〕takka* 10 〔名〕, uuni 4 〔名〕, tulipesä 11 〔名〕
だんわ〔談話〕puhe 78 〔名〕

ち

ち〔血〕veri 32 〔名〕／血だらけの verinen 63 〔形〕
ちい〔地位〕arvo 1 〔名〕, jalansija 10 〔名〕／地位を占める pesiytyä* 1 〔動〕
ちいき〔地域〕alue 78 〔名〕, ala 10 〔名〕, seutu* 1 〔名〕
ちいさい〔小さい〕pieni 38 〔形〕, pikku (不変化) 〔形〕／小さくなる pienentyä* 1 〔動〕／小さくする pienentää* 8 〔動〕
チーズ juusto 1 〔名〕
チーフ yliasiamies 72 〔名〕
チーム 〈ス〉joukkue 78 〔名〕
ちえ〔知恵〕äly 1 〔名〕, viisaus* 65 〔名〕
チェーン ketju 1 〔名〕, (ドアの) varmuusketju 1 〔名〕
チェス shakki* 4 〔名〕
チェック (格子縞) ruutu* 1 〔名〕
チェックイン チェックインする kirjoittautua* 44 〔動〕
チェロ 〈楽〉sello 1 〔名〕
ちえん〔遅延〕viivytys 64 〔名〕, vitkastelu 2 〔名〕
ちかい〔誓い〕vala 10 〔名〕
ちかい〔地階〕pohjakerros 64 〔名〕, kellarikerros 64 〔名〕
ちかい〔近い〕läheinen 63 〔形〕, (親族・隣人などにつ

いて) likeinen 63 [形]
ちがい 〔違い〕eroavuus* 65 [名], erilaisuus* 65 [名]
ちかう 〔誓う〕vannoa 1 [動]
ちがう 〔違う〕erota 38 [動] ／～とは違って（分格と共に）vastoin [前] [後]
ちかく 〔近く〕近くに lähellä [副] ／～の近くに（属格と共に）lähellä [後] ／～の近くへ（属格と共に）lähelle [後]
ちかく 〔地殻〕maankuori 32 [名], kivikuori 32 [名]
ちかく 〔知覚〕havainto* 2 [名], tunto* 1 [名] ／知覚する havaita 31 [動]
ちかごろ 〔近頃〕äskettäin [副], vähän aikaisemmin
ちかしつ 〔地下室〕kellari 5 [名]
ちかそしき 〔地下組織〕solu 1 [名]
ちかちか 目がちかちかする häikäistyä 1 [動], sokaistua 1 [動]
ちかぢか 〔近々〕ennen pitkää, pian [副]
ちかづく 〔近付く〕lähestyä 1 [動] ／～に近付く（分格と共に）lähestyä 1 [動]
ちかづける 〔近付ける〕lähentää* 8 [動]
ちかてつ 〔地下鉄〕metro 1 [名]
ちかみち 〔近道〕oikotie 30 [名], oikopolku* 1 [名]
ちかよる 〔近寄る〕lähestyä 1 [動] ／近寄せる lähentää* 8 [動]
ちから 〔力〕voima 11 [名] ／力一杯 kaikin voimin ／力づける rohkaista 24 [動]
ちからづよい 〔力強い〕voimakas* 66 [形], mahtava 13 [形]
ちきゅう 〔地球〕maapallo 1 [名], maa 28 [名]
ちきょう 〔地峡〕kannas 64 [名]
ちぎる 〔千切る〕repiä* 17 [動]
ちぎれる 〔千切れる〕千切れた repaleinen 63 [形], rikkinäinen 63 [形]
チキン kananpoika* 11 [名]
ちく 〔地区〕alue 78 [名], vyöhyke* 78 [名]
ちくさん 〔畜産〕畜産業 karjanhoito* 1 [名]
ちぐはぐ ちぐはぐな yhteensopimaton* 57 [形], ris-

tiriitainen 63 [形]
ちくび〔乳首〕(哺乳瓶の) tutti* 4 [名]
ちけい〔地形〕maasto 1 [名]
チケット lippu* 1 [名]
ちこく〔遅刻〕myöhästyminen 63 [名], myöhästys 64 [名]
ちし〔致死〕致死の kuolettava 13 [形]
ちじ〔知事〕maaherra 10 [名]
ちしき〔知識〕tieto* 1 [名], tietous* 65 [名], tuntemus 64 [名]
ちしつ〔地質〕地質学 geologia 15 [名]
ちじょう〔地上〕地上の maanpäällinen 63 [名] ／地上で maalla [副]
ちじん〔知人〕tuttava 13 [名]
ちず〔地図〕kartta* 10 [名] ／地図帳 kartasto 2 [名]
ちすじ〔血筋〕rotu* 1 [名]
ちせい〔知性〕älykkyys* 65 [名]
ちせい〔治世〕hallitusaika* 10 [名]
ちそう〔地層〕〈地〉kerrostuma 13 [名]
ちそう〔馳走〕ご馳走 kestitys 64 [名] ／ご馳走する kestitä 31 [動]
ちたい〔地帯〕vyöhyke* 78 [名]
ちたい〔遅滞〕myöhästys 64 [名], myöhäisyys* 65 [名]
ちち〔父〕isä 11 [名]
ちち〔乳〕乳搾り lypsy 1 [名] ／乳を飲ませる imettää* 2 [動]
ちちおや〔父親〕isä 11 [名]
ちぢむ〔縮む〕kutistua 1 [動], supistua 1 [動], pienentyä* 1 [動]
ちぢめる〔縮める〕kutistaa 2 [動], supistaa 2 [動]
ちちゅう〔地中〕地中に maan alla
ちぢらす〔縮らす〕(髪の毛を) kihartaa* 6 [動]
ちぢれ〔縮れ〕縮れ毛 kihara 18 [名]
ちぢれる〔縮れる〕käpristyä 1 [動] ／縮れた (髪について) kihara 18 [形]
ちつ〔膣〕〈解〉emätin* 56 [名]
ちつじょ〔秩序〕järjestys 64 [名], kunto* 1 [名]

ちっそ〔窒素〕typpi* 8 [名]
ちっそく〔窒息〕窒息させる tukahduttaa* 2 [動] ／ 窒息する tukahtua* 1 [動]
チップ juomaraha 10 [名], palveluraha 10 [名]
ちっぽけ ちっぽけな pikkumainen 63 [形]
ちてき〔知的〕älykäs* 66 [形], älyllinen 63 [形]
ちてん〔地点〕kohta* 11 [名], paikkakunta* 11 [名]
ちどりあし〔千鳥足〕千鳥足で歩く horjua 1 [動], hoiperrella* 28 [動]
ちなまぐさい〔血腥い〕verenhimoinen 63 [形]
ちなみに〔因みに〕(ところで) muuten [副], ohimennen sanoen
ちのう〔知能〕äly 1 [名]
ちのけ〔血の気〕血の気のない veretön* 57 [形], väritön* 57 [形]
ちひょう〔地表〕maanpinta* 10 [名], maaperä 11 [名]
ちぶさ〔乳房〕rinta* 10 [名]
チフス 腸チフス〈医〉lavantauti* 4 [名]
ちへいせん〔地平線〕taivaanranta* 10 [名], horisontti* 4 [名]
ちほう〔地方〕maa 28 [名], maaseutu* 1 [名] ／地方で maalla [副]
ちまなこ〔血眼〕血眼の verestävä 13 [形]
ちみつ〔緻密〕緻密な tarkka* 10 [形], täsmällinen 63 [形]
ちめい〔地名〕paikannimi 8 [名]
ちめい〔知名〕知名な kuuluisa 13 [形], maineikas* 66 [形]
ちめい〔致命〕致命的 kuolettava 13 [形]
ちゃ〔茶〕tee 26 [名]
チャーター チャーター機 charterlento* 1 [名]
チャーミング チャーミングな suloinen 63 [形]
ちゃいろ〔茶色〕茶色の ruskea 21 [形]
ちゃがし〔茶菓子〕virvoke* 78 [名]
ちゃかす〔茶化す〕茶化した leikillinen 63 [形]
ちゃくい〔着衣〕vaatekerta* 10 [名]
ちゃくがん〔着眼〕(見方) näkökulma 11 [名]

ちゃくじつ〔着実〕着実な tasainen 63〔形〕, jatkuva 13〔形〕

ちゃくしゅ〔着手〕着手する aloittaa* 2〔動〕,（主に入格と共に）ruveta* 36〔動〕,（主に入格と共に）ryhtyä* 1〔動〕

ちゃくしょく〔着色〕väritys 64〔名〕／着色する värittää* 2〔動〕

ちゃくせき〔着席〕着席する istua 1〔動〕, asettua* 1〔動〕

ちゃくそう〔着想〕aate* 78〔名〕, idea 15〔名〕

ちゃくちゃく〔着々〕着々と tasaisesti〔副〕, jatkuvasti〔副〕

ちゃくふく〔着服〕着服する kavaltaa rahoja (kavaltaa* 5〔動〕)

ちゃくりく〔着陸〕laskeutuminen 63〔名〕

ちゃこし〔茶漉し〕teesihti* 4〔名〕, teesiivilä 15〔名〕

ちゃさじ〔茶匙〕teelusikka* 15〔名〕

ちゃたく〔茶托〕teevati* 4〔名〕

ちゃだんす〔茶簞笥〕astiakaappi* 4〔名〕

ちゃっかり ちゃっかりしている ovela 12〔形〕, nokkela 12〔形〕

チャック vetoketju 1〔名〕

ちゃのま〔茶の間〕arkihuone 78〔名〕

チャペル kappeli 5〔名〕, rukoushuone 78〔名〕

ちやほや ちやほやする hemmotella* 28〔動〕

ちゃわん〔茶碗〕kuppi* 4〔名〕, teekuppi* 4〔名〕

チャンス tilaisuus* 65〔名〕

ちゃんと ちゃんとした kelvollinen 63〔形〕

チャンネル （テレビの）kanava 16〔名〕

チャンピオン mestari 5〔名〕

ちゆ〔治癒〕parannus 64〔名〕

ちゅう〔中〕中くらいの keskimääräinen 63〔形〕／中型の keskikokoinen 63〔形〕

ちゅうい〔注意〕注意深い huolellinen 63〔形〕, varovainen 63〔形〕／～に注意を向ける kiinnittää huomiota＋入格 (kiinnittää* 2〔動〕)

チューインガム purukumi 4〔名〕

ちゅうおう〔中央〕keskus 64〔名〕／～の中央に（属格

ちゅうかい〔仲介〕～の仲介で（属格と共に）välityksellä
ちゅうがえり〔宙返り〕kuperkeikka* 10 [名]
ちゅうがっこう〔中学校〕keskikoulu 1 [名]
ちゅうかん〔中間〕puoliväli 4 [名], keskiväli 4 [名]
ちゅうき〔中期〕keskikohta 11 [名], keskiosa 11 [名]
ちゅうくらい〔中位〕中位の keskinkertainen 63 [形]
ちゅうけい〔中継〕中継する välittää* 2 [動]
ちゅうこ〔中古〕中古の käytetty* 2 [形], vanha 10 [形]
ちゅうこく〔忠告〕varoitus 64 [名] ／忠告する neuvoa 1 [動]
ちゅうさい〔仲裁〕sovittelu 2 [名]
ちゅうさんかいきゅう〔中産階級〕porvari 5 [名]
ちゅうし〔中止〕keskeytys 64 [名] ／中止する keskeyttää* 2 [動]
ちゅうし〔注視〕注視する pitää silmällä, tarkata* 35 [動] (pitää* 2 [動])
ちゅうじ〔中耳〕中耳炎〈医〉korvatulehdus 64 [名]
ちゅうじつ〔忠実〕忠実な uskollinen 63 [形]
ちゅうしゃ〔注射〕〈医〉injektio 3 [名], 〈医〉ruiske 78 [名]
ちゅうしゃ〔駐車〕駐車場 pysäköintipaikka* 10 [名], parkkipaikka* 10 [名] ／駐車させる pysäköidä 18 [動], parkkeerata 35 [動]
ちゅうしゃく〔注釈〕huomautus 64 [名]
ちゅうしゅつ〔抽出〕抽出物〈化〉mehuste 78 [名]
ちゅうじゅん〔中旬〕中旬に kuukauden puolivälissä
ちゅうしょう〔中傷〕panettelu 2 [名] ／中傷する panetella* 28 [動]
ちゅうしょう〔抽象〕抽象的 abstraktinen 63 [形], käsitteellinen 63 [形]
ちゅうしょく〔昼食〕lounas 66 [名]
ちゅうしん〔中心〕keskus 64 [名] ／～の中心に（属格と共に）keskellä [後]
ちゅうすい〔虫垂〕虫垂炎 umpisuolen tulehdus

(tulehdus 64 [名])
ちゅうすう〔中枢〕sydän 56 [名], keskus 64 [名]
ちゅうせい〔中世〕keskiaika* 10 [名]
ちゅうせい〔中性〕中性の puolueeton* 57 [形], neutraali 6 [形]
ちゅうせい〔忠誠〕uskollisuus* 65 [名], lojaalisuus* 65 [名]
ちゅうせいし〔中性子〕〈理〉neutroni 5 [名]／中性子爆弾 neutronipommi 4 [名]
ちゅうせき〔沖積〕沖積土 liete* 78 [名]
ちゅうぞう〔鋳造〕鋳造工場 valimo 2 [名]／鋳造する valaa 9 [動]
ちゅうだん〔中断〕keskeytys 64 [名]／中断する keskeytyä* 44 [動]
ちゅうちょ〔躊躇〕ujous* 65 [名]／躊躇する ujostella 28 [動]
ちゅうと〔中途〕keskivaihe 78 [名]／中途で puolitiehen [副]
ちゅうとう〔中等〕中等学校 lyseo 3 [名]
ちゅうどう〔中道〕中道派 keskusta 15 [名]
ちゅうどく〔中毒〕myrkytys 64 [名]
ちゅうとはんぱ〔中途半端〕中途半端な epätäydellinen 63 [形]
チューナー〈ラ〉viritin* 56 [名]
ちゅうねん〔中年〕keski-ikä* 11 [名]／中年の keski-ikäinen 63 [形]
チューバ〈楽〉tuuba 11 [名]
ちゅうぶ〔中部〕keskiosa 11 [名], keskipiste 78 [名]
チューブ〈技〉sisärengas* 66 [名]
ちゅうぶう〔中風〕halvaus 64 [名]
ちゅうもく〔注目〕huomio 3 [名]／注目する pitää silmällä (pitää* 2 [動])
ちゅうもん〔注文〕tilaus 64 [名]／注文する tilata 35 [動]
ちゅうや〔昼夜〕päivä ja yö, vuorokausi* 40 [名]
ちゅうよう〔中庸〕中庸の kohtalainen 63 [形], tyydyttävä 13 [形]
ちゅうりつ〔中立〕puolueettomuus* 65 [名]／中立

の puolueeton* 57 [形]
チューリップ tulppaani 6 [名]
ちゅうりゅう〔中流〕(社会の) keskiluokka* 11 [名]
ちゅうわ〔中和〕neutralisointi* 4 [名]／中和する neutralisoida 18 [動]
ちょう〔兆〕1 兆 biljoona 13 [名]
ちょう〔町〕町会 kunnanvaltuusto 2 [名]
ちょう〔長〕(上長) päällikkö* 2 [名], päämies 72 [名]
ちょう〔腸〕suoli 32 [名]／腸詰め makkara 15 [名]
ちょう〔蝶〕〈虫〉perhonen 63 [名]
ちょうあい〔寵愛〕suosituimmuus* 65 [名]
ちょういん〔調印〕調印する allekirjoittaa* 2 [動]
ちょうえき〔懲役〕vankeus* 65 [名]
ちょうえつ〔超越〕超越する ylittää* 2 [動]
ちょうおんかい〔長音階〕〈楽〉duuri 4 [名]
ちょうおんそく〔超音速〕超音速の äänen nopeuden ylittävä (ylittävä 13 [形])
ちょうか〔超過〕liiallisuus* 65 [名], liikamäärä 11 [名]
ちょうかい〔朝会〕päivänavaus 64 [名]
ちょうかく〔聴覚〕kuulo 1 [名], kuuloaisti 4 [名]
ちょうかん〔朝刊〕aamulehti* 8 [名]
ちょうき〔長期〕長期の pitkäaikainen 63 [形]
ちょうきかん〔長期間〕kauan 13 [副], pitkään [副]
ちょうきょり〔長距離〕長距離電話 kaukopuhelu 2 [名]／長距離列車 kaukojuna 11 [名]
ちょうこう〔徴候〕oire 78 [名]
ちょうこう〔聴講〕聴講する käydä luennoilla (käydä 23 [動])
ちょうごう〔調合〕laadinta* 15 [名]
ちょうこく〔彫刻〕kuvanveisto 1 [名]／彫刻する veistää 2 [動]
ちょうさ〔調査〕tutkimus 64 [名], tiedustelu 2 [名]
ちょうし〔長子〕esikoinen 63 [名]
ちょうし〔調子〕sävy 1 [名], (声の) äänensävy 1 [名]
ちょうじ〔弔辞〕surunvalittelu 2 [名]
ちょうじかん〔長時間〕kauan [副]

ちょうしぜん〔超自然〕超自然的 yliluonnollinen 63 [形]
ちょうじゃ〔長者〕miljonääri 4 [名]
ちょうしゅ〔聴取〕kuuntelu 2 [名]
ちょうしゅう〔徴収〕徴収する（お金を）periä 17 [動]
ちょうしゅう〔聴衆〕kuulijat 14 [名]
ちょうしょ〔長所〕etu* 1 [名]
ちょうしょう〔嘲笑〕pilkka* 10 [名]／嘲笑する pilkata* 35 [動]
ちょうじょう〔頂上〕huippu* 1 [名]
ちょうしょく〔朝食〕aamiainen 63 [名]
ちょうしん〔長身〕長身の pitkä 11 [形]
ちょうしん〔長針〕(時計の) minuuttiviisari 5 [名]
ちょうじん〔超人〕yli-ihminen 63 [名]
ちょうしんき〔聴診器〕〈医〉stetoskooppi* 4 [名], kuulotorvi 8 [名]
ちょうせつ〔調節〕säätely 2 [名], (機械の) säätö* 1 [名]／調節する sovitella* 28 [動], (機械を) säätää* 4 [動]
ちょうせん〔挑戦〕挑戦する uhmata 35 [動]
ちょうぞう〔彫像〕patsas 66 [名], veistos 64 [名]
ちょうだ〔長蛇〕長蛇の列 pitkä jono (pitkä 11 [形], jono 1 [名])
ちょうたつ〔調達〕hankinta* 15 [名]
ちょうちょう〔町長〕pormestari 5 [名]
ちょうちょう〔長調〕〈楽〉duuri 4 [名]
ちょうつがい〔蝶番〕〈技〉polvinivel 54 [名], sarana 15 [名]
ちょうてい〔調停〕調停者 sovintotuomari 5 [名]／調停する sovittaa* 2 [動]
ちょうてん〔頂点〕kohokohta* 11 [名], 〈数〉kärki* 8 [名]
ちょうど〔丁度〕juuri [副], parhaiksi [副]／丁度その時 juuri kun
ちょうなん〔長男〕esikoispoika* 11 [名]
ちょうば〔跳馬〕〈ス〉hyppy* 1 [名]
ちょうはつ〔長髪〕長髪の pitkätukkainen 63 [形]
ちょうはつ〔挑発〕yllytys 64 [名]／挑発する yllyt-

ちょくめん

tää* 2 [動]
ちょうはつ〔調髪〕kampaus 64 [名], hiustenleikkuu 25 [名]
ちょうふく〔重複〕päällekkäisyys* 65 [名]
ちょうへい〔徴兵〕〈軍〉kutsunta* 15 [名], sotaväenotto* 1 [名]
ちょうへん〔長編〕長編小説 romaani 5 [名]
ちょうぼ〔帳簿〕tilikirja 10 [名]
ちょうほう〔重宝〕重宝な hyödyllinen 63 [形], käytännöllinen 63 [形]
ちょうほうけい〔長方形〕〈数〉suorakulmio 83 [名], rektangeli 5 [名]
ちょうみ〔調味〕調味料 mauste 78 [名]
ちょうみん〔町民〕kaupunkilaiset 63 [名]
ちょうめい〔長命〕長命の pitkäikäinen 63 [形]
ちょうめん〔帳面〕kirjoitusvihko(*) 1 [名]
ちょうやく〔跳躍〕loikkaus 64 [名], ponnahdus 64 [名]
ちょうり〔調理〕ruoanlaitto* 1 [名] ／調理する laittaa ruokaa (laittaa* 10 [動])
ちょうりつ〔調律〕調律する virittää* 2 [動]
ちょうりょく〔聴力〕kuulo 1 [名]
ちょうるい〔鳥類〕鳥類学 lintutiede* 78 [名]
ちょうれい〔朝礼〕päivänavaus 64 [名]
ちょうわ〔調和〕sopusointu* 1 [名] ／調和する sointua* 1 [動]
チョーク liitu* 1 [名]
ちょきん〔貯金〕säästö 1 [名] ／貯金する panna säästöön (panna 27 [動])
ちょくご〔直後〕直後に vasta sen jälkeen
ちょくせつ〔直接〕直接の suora 11 [形], välitön* 57 [形]
ちょくせん〔直線〕viivasuora 11 [名]
ちょくぜん〔直前〕juuri äsken
ちょくつう〔直通〕直通の suoraan menevä, läpikulku- (menevä 13 [形])
ちょくめん〔直面〕直面する seisoa vastatusten (seisoa 1 [動])

ちょくやく

ちょくやく〔直訳〕直訳の sananmukainen 63 [形]
ちょくりつ〔直立〕直立の pysty 1 [形] ／直立して pystyssä [副], pystyyn [副]
ちょくりゅう〔直流〕〈電〉tasavirta* 10 [名]
チョコレート suklaa 23 [名]
ちょさく〔著作〕kirjoitus 64 [名]
ちょしゃ〔著者〕kirjailija 14 [名], kirjantekijä 14 [名]
ちょじゅつ〔著述〕著述する kirjailla 29 [動]
ちょすい〔貯水〕貯水槽 vesisäiliö 3 [名] ／貯水する säiliöidä 18 [動]
ちょぞう〔貯蔵〕貯蔵所 varasto 2 [名] ／貯蔵する varastoida 18 [動]
ちょちく〔貯蓄〕säästö 1 [名] ／貯蓄する panna säästöön (panna 27 [動])
ちょっかん〔直観〕näkemys 64 [名]
チョッキ liivi 4 [名]
ちょっけい〔直径〕halkaisija 14 [名], läpimitta* 10 [名]
ちょっこう〔直行〕直行便 suora lento (suora 11 [形], lento* 1 [名])
ちょっと（少し）vähän [副], hiukkasen [副]
ちょめい〔著名〕著名な kuuluisa 13 [形], maineikas* 66 [形]
ちょろまかす näpistellä 28 [動]
ちらかす〔散らかす〕sotkea 13 [動], sekoittaa* 2 [動]
ちらかる〔散らかる〕散らかって sekaisin [副]
ちらす〔散らす〕kylvää 2 [動], sirotella* 28 [動]
ちらちら ちらちらする（光が）vilkkua* 1 [動]
ちらっと ちらっと見る（入格と共に）vilkaista 24 [動]
ちらばる〔散らばる〕hajaantua* 1 [動]
ちり〔塵〕（ほこり）tomu 1 [名], pöly 1 [名]
ちり〔地理〕地理学 maantiede* 78 [名], geografia 15 [名]
ちりがみ〔塵紙〕paperinenäliina 10 [名]
ちりぢり〔散り散り〕散り散りに hajallaan [副] ／散り散りになる hajaantua* 1 [動]

ちりとり〔塵取り〕rikkalapio 3〔名〕
ちりょう〔治療〕sairaanhoito* 1〔名〕／治療する parantaa* 42〔動〕
ちりょく〔知力〕äly 1〔名〕
ちる〔散る〕(ばらばらになる) hajaantua* 1〔動〕, hajota 38〔動〕
ちんあげ〔賃上げ〕palkankorotus 64〔名〕
ちんあつ〔鎮圧〕鎮圧する tukahduttaa* 2〔動〕, asettaa* 2〔動〕
ちんか〔沈下〕沈下する laskeutua* 44〔動〕, aleta 34〔動〕
ちんか〔鎮火〕sammutus 64〔名〕／鎮火する sammua 1〔動〕
ちんがし〔賃貸し〕賃貸しする antaa vuokralle (antaa* 9〔動〕)
ちんがり〔賃借り〕賃借りする ottaa vuokralle (ottaa* 2〔動〕)
ちんぎん〔賃金〕(työ)palkka* 10〔名〕
ちんしゃ〔陳謝〕anteeksipyyntö* 1〔名〕
ちんしゃく〔賃借〕賃借人 vuokraaja 16〔名〕, vuokralainen 63〔名〕
ちんじゅつ〔陳述〕lausunto* 2〔名〕, selostus 64〔名〕
ちんじょう〔陳情〕anomus 64〔名〕／陳情する anoa 1〔動〕
ちんたい〔沈滞〕lamakausi* 40〔名〕
ちんたい〔賃貸〕vuokra 11〔名〕／賃貸契約 vuokrasopimus 64〔名〕
ちんちゃく〔沈着〕mielenmaltti* 4〔名〕
ちんちょう〔珍重〕珍重する pitää arvossa (pitää* 2〔動〕)
チンチラ〈動〉chinchilla 10〔名〕
ちんつう〔鎮痛〕鎮痛剤 kipulääke* 78〔名〕
ちんでん〔沈殿〕沈殿物 poro 1〔名〕／沈澱する painua 1〔動〕
チンパンジー〈動〉simpanssi 6〔名〕
ちんぼつ〔沈没〕upotus 64〔名〕／沈没する upota* 38〔動〕
ちんもく〔沈黙〕vaitiolo 1〔名〕／沈黙する vaieta*

34 [動]
ちんれつ〔陳列〕näyte* 78 [名] ／陳列する panna näytteille (panna 27 [動])

つ

つい〔対〕対の yhteenkuuluva 13 [形]
ついか〔追加〕lisä 11 [名], liite* 78 [名] ／追加料金 lisämaksu 1 [名]
ついきゅう〔追求〕追求する ajaa takaa (ajaa 9 [動])
ついしん〔追伸〕jälkikirjoitus 64 [名]
ついせき〔追跡〕takaa-ajo 1 [名] ／追跡する ajaa takaa (ajaa 9 [動])
ついたち〔一日〕kuukauden ensimmäinen päivä (ensimmäinen 63 [形], päivä 11 [名])
ついて〔就いて〕〜に就いて 属格＋suhteen
ついで〔序で〕序でに sivumennen [副], ohimennen [副]
ついで〔次いで〕sen jälkeen, sitten [副]
ついてくる〔付いて来る〕seurata 35 [動], tulla mukaan (tulla 25 [動])
ついてゆく〔付いて行く〕päästä perässä (päästä 24 [動])
ついに〔遂に〕vihdoinkin [副], lopulta [副]
ついほう〔追放〕karkotus 64 [名] ／追放する karkoittaa* 2 [動]
ついやす〔費やす〕uhrata 35 [動], kuluttaa* 2 [動]
ついらく〔墜落〕rysähdys 64 [名] ／墜落する (飛行機が) rysähtää* 2 [動]
つうか〔通貨〕〈経〉valuutta* 15 [名]
つうか〔通過〕sivuutus 64 [名], kauttakulku* 1 [名]
つうかい〔痛快〕痛快な ihastuttava 13 [形], jännittävä 13 [形]
つうがく〔通学〕koulunkäynti* 4 [名]

つうかん〔通関〕通関料 tullimaksu 1 [名]
つうこう〔通行〕ajo 1 [名], läpikulku* 1 [名]／通行する ajaa 9 [動], kulkea* 13 [動]
つうこく〔通告〕tiedoksianto* 1 [名], tiedo(i)tus 64 [名]
つうしょう〔通商〕kauppa* 10 [名], kaupanteko* 1 [名]
つうじょう〔通常〕通常の tavallinen 63 [形], yleinen 63 [形]／通常は tavallisesti [副], yleensä [副]
つうじる〔通じる〕(道が) johtaa* 2 [動]
つうしん〔通信〕raportti* 6 [名], mietintö* 2 [名]
つうせつ〔痛切〕痛切な vakava 13 [形], kiihkeä 21 [形]
つうぞく〔通俗〕通俗的 kansan-, kansanomainen 63 [形]
つうち〔通知〕ilmoitus 64 [名]／通知する ilmoittaa* 2 [動]
つうちょう〔通帳〕(銀行の) pankkikirja 10 [名]
つうどく〔通読〕通読する lukea kirja läpi (lukea* 13 [動])
ツーピース〈服〉kaksiosainen puku (kaksiosainen 63 [形], puku* 1 [名])
つうふう〔通風〕ilmanvaihto* 1 [名]
つうふう〔痛風〕〈医〉kihti* 4 [名], luuvalo 1 [名]
つうほう〔通報〕viesti 4 [名]
つうやく〔通訳〕tulkki* 4 [名]／通訳する tulkita 31 [動]
ツーリスト turisti 6 [名]
つうれい〔通例〕通例の totunnainen 63 [形], tavanomainen 63 [形]
つうろ〔通路〕väylä 11 [名], käytävä 13 [名]
つうわ〔通話〕puhelu 2 [名]
つえ〔杖〕(歩く時の支えの棒) sauva 10 [名], keppi* 4 [名]
つかい〔使い〕(人) lähetti* 6 [名]
つかいきる〔使い切る〕käyttää loppuun, kuluttaa* 2 [動] (käyttää* 2 [動])
つかいこむ〔使い込む〕(金銭を) kavaltaa* 5 [動]

つかいはたす〔使い果たす〕käyttää loppuun, kuluttaa* 2 [動] (käyttää* 2 [動])

つかいふるす〔使い古す〕kuluttaa* 2 [動] ／使い古した kulunut 77 [形]

つかいみち〔使い道〕käyttö* 1 [名]

つかう〔使う〕käyttää* 2 [動] ／使われている olla käytössä (olla 25 [動])

つかえる〔仕える〕palvella 28 [動]

つかのま〔束の間〕hetki 8 [名] ／束の間の hetkellinen 63 [形]

つかまえる〔捕まえる〕pitää* 2 [動], tavoittaa* 2 [動]

つかむ〔摑む〕ottaa* 2 [動], ottaa kiinni, saada kiinni (saada 19 [動])

つかる〔漬かる〕liota* 38 [動]

つかれ〔疲れ〕väsymys 64 [名], väsyneisyys* 65 [名], uupumus 64 [名]

つかれる〔疲れる〕väsyä 1 [動], voipua* 1 [動] ／疲れさせる väsyttää* 2 [動] ／疲れて väsyksissä [副], väsyneenä

つかわす〔遣わす〕lähettää* 2 [動], toimittaa* 2 [動]

つき〔月〕(天体) kuu 29 [名], (12か月) kuu 29 [名] ／月の光 kuutamo 2 [名]

つき〔突き〕työntö* 1 [名], sysäys 64 [名]

つぎ〔次〕次の seuraava 13 [形], ensi (不変化) [形] ／次に sitten [副]

つぎ〔継ぎ・接ぎ〕paikka* 10 [名] ／継ぎを当てる paikata* 35 [動]

つきあい〔付き合い〕seurustelu 2 [名]

つきあう〔付き合う〕seurustella 28 [動]

つきあたり〔突き当たり〕perä 11 [名], loppupää 28 [名]

つきあたる〔突き当たる〕kohdata* 35 [動]

つきあわせる〔突き合わせる〕ottaa yhteen (ottaa* 2 [動])

つぎあわせる〔継ぎ合わせる〕saumata 35 [動]

つきかえす〔突き返す〕(拒否する) hylätä* 40 [動]

つぎき〔接ぎ木〕接ぎ木する oksastaa 2 [動]

つきさす〔突き刺す〕puhkaista 24 [動]
つきしたがう〔付き従う〕属格＋vanavedessä
つきすすむ〔突き進む〕puskea 13 [動], syöksyä 1 [動]
つきそい〔付き添い〕(人) palvelija 14 [名], seuralainen 63 [名]
つきそう〔付き添う〕(病人の世話をする) hoitaa potilasta (hoitaa* 4 [動])
つきだす〔突き出す〕突き出して (前に) ojolla [副]
つぎつぎ〔次々〕次々と peräkkäin [副], toinen toisensa perässä
つきでる〔突き出る〕ulota* 34 [動], työntyä esiin (työntyä* 1 [動])
つきとばす〔突き飛ばす〕työntää* 8 [動], sysätä 35 [動]
つきなみ〔月並み〕月並みな arkipäiväinen 63 [形], kulunut 77 [形]
つきひ〔月日〕kuukausi ja päivä (kuukausi* 40 [名], päivä 11 [名])
つきまとう〔付き纏う〕hyöriä 17 [動]
つぎめ〔継ぎ目〕sauma 10 [名]
つきやぶる〔突き破る〕puhkoa 1 [動], purkautua* 44 [動]
つきよ〔月夜〕kuutamoyö 30 [名]
つきる〔尽きる〕loppua* 1 [動], päättyä* 1 [動]
つく〔付く〕付いている (幸運である) onnistaa 2 [動], potkaista onni (potkaista 24 [動])
つく〔突く〕työntää* 8 [動], pistää 2 [動]
つく〔着く〕(火・明かりが) syttyä* 1 [動], (目的地に) saapua* 1 [動], tulla perille (tulla 25「動])
つぐ〔注ぐ〕(水などを入れる) kaataa* 9 と 3 [動]
つぐ〔継ぐ〕periä 17 [動], seurata 35 [動]
つくえ〔机〕pöytä* 11 [名], (教室の) pulpetti* 5 [名]
つくす〔尽くす〕(全力を出す) antautua* 44 [動], omistautua* 44 [動], (他者に仕える) palvella 28 [動]
つくづく〔熟〕(全く) aivan [副], kokonaan [副], oikein [副]

つぐない 〔償い〕 hyvitys 64 [名]
つぐなう 〔償う〕 korvata 35 [名], korvautua* 44 [動]
つぐみ 〔鶫〕〈鳥〉rastas 66 [名]
つくり 〔作り〕（構造）rakenne* 78 [名]
つくりあげる 〔作り上げる〕valmistaa 2 [動], sommitella* 28 [動]
つくりかた 〔作り方〕tekotapa* 10 [名]
つくりだす 〔作り出す〕tuottaa* 2 [動], aiheuttaa* 2 [動], synnyttää* 2 [動]
つくりばなし 〔作り話〕taru 1 [名], satu* 1 [名]
つくる 〔作る〕valmistaa 2 [動], tehdä* 33 [動]
つくろう 〔繕う〕（衣服を）parsia 17 [動]
つげぐち 〔告げ口〕告げ口をする kannella* 28 [動]
つけくわえる 〔付け加える〕lisätä 35 [動], laajentaa* 8 [動]
つけこむ 〔付け込む〕（利用する）hyötyä* 1 [動]
つけたし 〔付け足し〕lisäke* 78 [名]
つける 〔点ける〕（火・電気などを）sytyttää* 2 [動]
つける 〔着ける〕（身に）pitää* 2 [動], pukeutua* 44 [動]
つける 〔漬ける〕liottaa* 2 [動]
つげる 〔告げる〕ilmoittaa* 2 [動]
つごう 〔都合〕都合がよい sovelias 66 [形]
つじつま 〔辻褄〕辻褄のあった johdonmukainen 63 [形], yhdenmukainen 63 [形]
つた 〔蔦〕〈植〉muratti* 6 [名]
づたい 〔伝い〕〜伝いに（分格と共に）pitkin [前][後]
つたえる 〔伝える〕kertoa* 1 [動], ilmoittaa* 2 [動]
つたわる 〔伝わる〕juontua* 1 [動], olla peräisin (olla 25 [動])
つち 〔土〕multa* 11 [名]
つち 〔槌〕（物を叩く道具）vasara 15 [名]
つつ 〔筒〕putki 8 [名]
つっかいぼう 〔突っ支い棒〕突っ支い棒をする pönkittää* 2 [動], pönkitä 12 [動]
つづき 〔続き〕jatko 1 [名], pidennys 64 [名]
つつく 〔突く〕työntää* 8 [動], sysätä 35 [動]
つづく 〔続く〕jatkua 1 [動], kestää 2 [動], seurata

35 [動] ／続いて peräkkäin [副], toinen toisensa perässä
つづけざまに〔続け様に〕jatkuvasti [副]
つづける〔続ける〕jatkaa 9 [動]
つっこむ〔突っ込む〕pistää 2 [動]
つつじ〔躑躅〕〈植〉atsalea 15 [名]
つつしみ〔慎み〕vaatimattomuus* 65 [名], säädyllisyys* 65 [名]
つつしむ〔慎む〕pidättyä* 1 [動], pidättäytyä* 44 [動]
つっぱり〔突っ張り〕(支え) kannatin* 56 [名]
つつましい〔慎ましい〕vaatimaton* 57 [形], säädyllinen 63 [形]
つつみ〔包み〕paketti* 5 [名], pakkaus 64 [名]／包み紙 kääre 78 [名]
つつみ〔堤〕äyräs 66 [名]
つつみかくす〔包み隠す〕kätkeä 13 [動], piilottaa* 2 [動]
つつみこむ〔包み込む〕verhota 38 [動]
つつむ〔包む〕pakata* 35 [動], kääriä 17 [動]
つづり〔綴り〕(書き方) kirjoitustapa* 10 [名]
つづる〔綴る〕(書く) kirjoittaa* 2 [動]
つど〔都度〕その都度 kulloinkin [副]
つどい〔集い〕kerho 1 [名]
つとめ〔務め〕(義務) velvollisuus* 65 [名]
つとめ〔勤め〕勤め先 palveluspaikka* 10 [名]
つとめる〔努める〕yrittää* 2 [動], tavoitella* 28 [動], pyrkiä* 17 [動]
つとめる〔勤める〕työskennellä* 28 [動], tehdä työtä (tehdä* 33 [動])
つな〔綱〕köysi* 40 [名], nuora 11 [名]／綱引き köydenveto* 1 [名]
つながり〔繋がり〕(関係) suhde* 78 [名], yhteys* 65 [名]
つながる〔繋がる〕(関係する) liittyä* 1 [動], olla yhteydessä (olla 25 [動])
つなぎ〔繋ぎ〕繋ぎ目 liite* 78 [名], liitos 64 [名]
つなぐ〔繋ぐ〕kiinnittää* 2 [動], (長くする) jatkaa

9 [動]

つなみ〔津波〕tulva-aalto* 1 [名]
つね〔常〕常の alinomainen 63 [形]／常に aina [副]
つねる〔抓る〕nipistää 2 [動]
つの〔角〕sarvi 8 [名]
つのる〔募る〕(人を) hankkia jäseniä (hankkia* 17 [動])
つば〔唾〕sylki* 8 [名]／唾を吐く sylkeä* 13 [動]
つば〔鍔〕(帽子の) lippa* 10 [名]／鍔付き帽子 lippalakki* 4 [名]
つばき〔椿〕〈植〉kamelia 15 [名]
つばさ〔翼〕siipi* 8 [名]
つばめ〔燕〕〈鳥〉pääskynen 63 [名]
つぶ〔粒〕hiven(*) 82 [名], muru 1 [名]
つぶす〔潰す〕押し潰す litistää 2 [動]／押し潰される litistyä 1 [動]
つぶやく〔呟く〕mumista 24 [動], mutista 24 [動]
つぶる〔瞑る〕目を瞑る sulkea silmänsä (sulkea* 13 [動])
ツベルクリン ツベルクリン検査 tuberkkelikoe* 78 [名]
つぼ〔壺〕(丸い容器) maljakko* 2 [名], ruukku* 1 [名]
つぼみ〔蕾〕(植物の) nuppu* 1 [名]
つま〔妻〕vaimo 1 [名], aviovaimo 1 [名]
つまさき〔爪先〕varvas* 66 [名], (動物の) käpälä 12 [名]
つまずき〔躓き〕(失敗) lankeemus 64 [名], kömmähdys 64 [名]
つまずく〔躓く〕(よろける) horjahtaa* 2 [動], kompastua 1 [動]
つまみ〔摘み〕(器具の) nuppi* 4 [名]
つまらない (値打ちのない) arvoton* 57 [形]
つまり (手短に言えば) lyhyesti [副], (結局) kaikesta huolimatta
つまる〔詰まる〕tukkeutua* 44 [動], puristua 1 [動], (息が) kuristua 1 [動]
つみ〔罪〕paha 10 [名], (法律上の) rikos 64 [名], (宗

教上の) synti* 4 [名]
つみあげる〔積み上げる〕kasata 35 [動], nostaa 2 [動]
つみかさなる〔積み重なる〕kasaantua* 1 [動]
つみかさね〔積み重ね〕kasa 10 [名], kerros 64 [名]
つみかさねる〔積み重ねる〕kasata 35 [動], pinota 38 [動]
つみこみ〔積み込み〕kuormitus 64 [名]
つみこむ〔積み込む〕(無理に) kuormittaa liikaa (kuormittaa* 2 [動])
つみとる〔摘み取る〕poimia 17 [動], karsia 17 [動]
つみに〔積み荷〕lasti 4 [名], kuorma 11 [名]
つむ〔積む〕(荷物を) lastata 35 [動], kuormata 35 [動]
つむ〔摘む〕poimia 17 [動], noukkia* 17 [動]
つむぎぐるま〔紡ぎ車〕rukki* 4 [名]
つめ〔爪〕kynsi* 44 [名]
つめこむ〔詰め込む〕sulloa 1 [動], ahtaa* 9 [動]
つめたい〔冷たい〕kylmä 11 [形], jäinen 63 [形]／冷たくなる jäähtyä* 1 [動]
つめもの〔詰め物〕täyte* 78 [名]
つめる〔詰める〕(物を) sulloa 1 [動], ahtaa* 9 [動]
つもり〔積もり〕(意向) aie* 78 [名], aikomus 64 [名]／～する積もりである aikoa* 1 [動]
つもる〔積もる〕(重なる) kasaantua* 1 [動]
つや〔艶〕(光沢) kiilto* 1 [名]
つゆ〔梅雨〕sadeaika* 10 [名], sadekausi* 40 [名]
つゆ〔露〕kaste 78 [名]
つよい〔強い〕voimakas* 66 [形], vahva 10 [形]
つよき〔強気〕強気な hyökkäävä 13 [形]
つよまる〔強まる〕voimistua 1 [動], vahvistua 1 [動]
つよめる〔強める〕voimistaa 2 [動], vahvistaa 2 [動]
つらい〔辛い〕raskas 66 [形], rasittava 13 [形]／辛くなる tuskastua 1 [動]
つらなり〔連なり〕jono 11 [名]
つらなる〔連なる〕olla rivissä, olla jonossa (olla 25

つらぬく〔貫く〕lävistää 2〔動〕, puhkaista 24〔動〕
つらねる〔連ねる〕asettaa riviin (asettaa* 2〔動〕)
つらら〔氷柱〕jääpuikko* 8〔名〕
つり〔釣り〕onki* 8〔名〕, kalastus 64〔名〕
つりあい〔釣り合い〕tasapaino 1〔名〕
つりあう〔釣り合う〕olla tasapainossa, olla tasan (olla 25〔動〕)
つりいと〔釣糸〕ongensiima 10〔名〕
つりざお〔釣竿〕vapa* 10〔名〕, onkivapa* 10〔名〕
つりさがる〔釣り下がる〕riippua* 1〔動〕
つりさげる〔釣り下げる〕ripustaa 2〔動〕
つりし〔釣師〕onkija 14〔名〕, kalamies 72〔名〕
つりせん〔釣銭〕vaihtoraha 10〔名〕
つりばり〔釣針〕ongenkoukku* 1〔名〕, koukku* 1〔名〕
つりびと〔釣人〕onkija 14〔名〕, kalamies 72〔名〕
つりぶね〔釣舟〕kalastusvene 78〔名〕, kalastusalus 64〔名〕
つりようひん〔釣り用品〕(通常は複数形で) kalastustarvike* 78〔名〕
つりわ〔吊り輪〕〈ス〉(通常は複数形で) rengas* 66〔名〕
つる〔弦〕(弓の) jänne* 78〔名〕
つる〔釣る〕onkia* 17〔動〕
つる〔鶴〕〈鳥〉kurki* 8〔名〕
つる〔蔓〕蔓植物 köynnös 64〔名〕, köynnöskasvi 4〔名〕
つるす〔吊るす〕ripustaa 2〔動〕
つるつる (凍って) つるつるの iljanteinen 63〔形〕
つれ〔連れ〕toveri 5〔名〕, kumppani 5〔名〕, seuralainen 63〔名〕
つれだつ〔連れ立つ〕連れ立って peräkanaa〔副〕, peräkkäin〔副〕
つれる〔連れる〕連れて行く kuljettaa* 2〔動〕, saattaa* 11〔動〕

て

て〔手〕käsi* 40 [名], (手段・方法) keino 1 [名] ／手で käsin
であい〔出会い〕kohtaus 64 [名], tapaaminen 63 [名]
であう〔出会う〕kohdata* 35 [動], tavata* 35 [動]
てあし〔手足〕jäsen 55 [名], raaja 10 [名]
であし〔出足〕alku* 1 [名], lähtö* 1 [名]
てあたり〔手当たり〕手当たり次第に umpimähkäään [副]
てあて〔手当て〕(病気の) sairaanhoito* 1 [名]
てあらい〔手洗い〕toaletti* 4 [名], klosetti* 5 [名]
ていあん〔提案〕ehdotus 64 [名] ／提案する ehdottaa* 2 [動]
ていい〔帝位〕valtaistuin 56 [名]
ティーシャツ T-paita* 10 [名]
ていいん〔定員〕kiinteä lukumäärä (kiinteä 21 [形], lukumäärä 11 [名])
ていえん〔庭園〕puisto 1 [名], puutarha 10 [名]
ていおん〔低音〕〈楽〉basso 1 [名]
ていか〔低下〕alennus 64 [名]
ていか〔定価〕ohjehinta* 10 [名]
ていき〔定期〕定期的に säännöllisesti [副]
ていぎ〔定義〕määritelmä 13 [名] ／定義する määritellä* 28 [動]
ていぎ〔提議〕ehdotus 64 [名]
ていきあつ〔低気圧〕〈気〉matalapaine 78 [名]
ていきびん〔定期便〕vuoro 1 [名], vuoroliikenne* 78 [名]
ていきゅう〔低級〕低級の alhainen 63 [形]
ていきゅう〔庭球〕tennis 64 [名], verkkopallo 1 [名]
ていきゅうび〔定休日〕vapaapäivä 83 [名]

ていきょう〔提供〕tarjous 64 [名]／提供する tarjota 38 [動]

ていけい〔梯形〕〈数〉trapetsi 6 [名]

ていけい〔提携〕yhteistyö 30 [名]／提携する toimia yhdessä (toimia 17 [動])

ていけつ〔締結〕締結する tehdä sopimus (tehdä* 33 [動], sopimus 64 [名])

ていけん〔定見〕定見のない ryhditön* 57 [形]

ていこう〔抵抗〕vastarinta* 10 [名]／抵抗する vastustaa 2 [動]

ていこく〔定刻〕定刻に ajoissa

ていこく〔帝国〕keisarikunta* 11 [名]／帝国主義 imperialismi 4 [名]

ていさい〔体裁〕(外見) ulkonäkö* 1 [名]

ていさつ〔偵察〕vakoilu 2 [名]／偵察する vakoilla 29 [動]

ていし〔停止〕pysähdys 64 [名], seisaus 64 [名]／停止する seisahtaa* 2 [動]

ていじ〔定時〕定時に ajoissa

ていじ〔提示〕esitys 64 [名], näyttö* 1 [名]／提示する esittää* 2 [動]

ていしゃ〔停車〕pysähdys 64 [名], seisaus 64 [名]

ていじゅう〔定住〕asutus 64 [名]

ていしゅつ〔提出〕sisäänjättö* 1 [名]

ていしょく〔定職〕tavallinen työ (tavallinen 63 [形], työ 30 [名])

ていしん〔廷臣〕hoviherra 10 [名]

でいすい〔泥酔〕泥酔する päihtyä* 1 [動], humaltua* 1 [動]

ていすう〔定数〕kiinteä lukumäärä (kiinteä 21 [形], lukumäärä 11 [名])

ディスカウント alennus 64 [名]

ディスコ 〈常〉disko 1 [名]

ていせい〔訂正〕oikaisu 2 [名]／訂正する oikaista 24 [動]

ていせつ〔貞節〕siveys* 65 [名]／貞節な siveä 21 [形]

ていそう〔貞操〕siveys* 65 [名]

ていぞく〔低俗〕halpamaisuus* 65〔名〕／低俗な halpamainen 63〔形〕
ていたい〔停滞〕停滞する polkea paikallaan (paikoillaan) (polkea* 13〔動〕)
ていたい〔手痛い〕vakava 13〔形〕, merkityksellinen 63〔形〕
ていたく〔邸宅〕kartano 2〔名〕
でいたん〔泥炭〕turve* 78〔名〕
ていち〔低地〕alanko* 2〔名〕, alanne* 78〔名〕
ていちゃく〔定着〕定着する voittaa alaa (voittaa* 2〔動〕)
ていちょう〔丁重〕kohteliaisuus* 65〔名〕／丁重な kohtelias 66〔形〕
ていちょう〔低調〕低調な toimeton* 57〔形〕, joutilas 66〔形〕
ティッシュペーパー paperinenäliina 10〔名〕
ていてつ〔蹄鉄〕(ひづめの金具) hevosenkenkä 11〔名〕
ていど〔程度〕ある程度 tavallaan〔副〕, jossakin määrin
でいど〔泥土〕kura 11〔名〕
ていとう〔抵当〕抵当とする pantata* 35〔動〕
ていねい〔丁寧〕kohteliaisuus* 65〔名〕／丁寧な kohtelias 66〔形〕
ていねん〔定年〕eläkevuosi* 40〔名〕
ていのう〔低能〕低能な huonopäinen 63〔形〕
ていはく〔停泊〕pysähdys 64〔名〕／停泊する laskea satamaan (laskea 13〔動〕)
ていひょう〔定評〕hyvä maine (hyvä 11〔形〕, maine 78〔名〕)
ていぼう〔堤防〕äyräs 66〔名〕, valli 4〔名〕, pato* 1〔名〕
ていよく〔体よく〕(丁寧に) kohteliaasti〔副〕
ていり〔定理〕〈幾〉teoreema 10〔名〕
でいりぐち〔出入り口〕portti* 4〔名〕, veräjä 13〔名〕
ていりゅうじょ〔停留所〕pysäkki* 5〔名〕
ていれ〔手入れ〕huolenpito* 1〔名〕, hoito* 1〔名〕／手入れする pitää huolta, huolehtia* 17〔動〕

(pitää* 2 [動])
ディレクター ohjaaja 16 [名]
ディレンマ ディレンマに陥る joutua umpikujaan (joutua* 1 [動])
ティンパニー 〈楽〉patarummut* 1 [複名]
データ data 10 [名], tieto* 1 [名]
デート デートする kuherrella* 28 [動]
テープ nauha 10 [名], (録音用の) ääninauha 10 [名]
テーブル pöytä* 11 [名]
テーマ teema 10 [名]
テールライト (自動車の) takavalo 1 [名], perävalo 1 [名]
ておくれ 〔手遅れ〕手遅れである olla myöhässä (olla 25 [動])
ておけ 〔手桶〕ämpäri 5 [名], sanko* 1 [名]
ておし 〔手押し〕手押し車 (通常は複数形で) työntökärry 1 [名]
ておち 〔手落ち〕virhe 78 [名], vika* 10 [名]
ており 〔手織り〕手織りの kotikutoinen 63 [形]
てがかり 〔手掛かり〕kiinnekohta* 11 [名]
てがき 〔手書き〕käsikirjoitus 64 [名]
てがける 〔手掛ける〕käsitellä* 28 [動], pidellä* 28 [動]
でかける 〔出掛ける〕lähteä* 16 [動], painua 1 [動]
てかせ 〔手械〕(刑具) kahle 78 [名]
でかせぎ 〔出稼ぎ〕maastamuutto* 1 [名]
てがみ 〔手紙〕kirje 78 [名]
てがら 〔手柄〕ansio 3 [名], urotyö 30 [名]
てがる 〔手軽〕手軽な kepeä 21 [形]
てき 〔敵〕vihollinen 63 [名], vihamies 72 [名]
できあがり 〔出来上がり〕valmistuminen 63 [名]
できあがる 〔出来上がる〕valmistua 1 [動], saada valmiiksi (saada 19 [動])
てきい 〔敵意〕vihollisuus* 65 [名], pahuus* 65 [名]
てきおう 〔適応〕sovinto* 2 [名], sopu* 1 [名]／適応する (入格と共に) sopeutua* 44 [動], (入格と共に) sopia* 17 [動]／適応させる soveltaa* 5 [動]
てきかく 〔的確〕的確な ytimekäs* 66 [形]

てきかく〔適格〕適格の pätevä 13 [形]
てきごう〔適合〕sovinto* 2 [名], sopu* 1 [名] ／適合する（入格と共に）sopeutua* 44 [動], （入格と共に）sopia* 17 [動] ／適合させる soveltaa* 5 [動]
できごころ〔出来心〕päähänpisto 1 [名], oikku* 1 [名]
できごと〔出来事〕tapahtuma 13 [名], ilmiö 3 [名]
できし〔溺死〕溺死する hukkua* 1 [動]
テキスト teksti 4 [名]
てきする〔適する〕～に適する（入格と共に）soveltua* 1 [動]
てきせい〔適正〕適正な kohtuullinen 63 [形] ／適正に kohtuullisesti [副]
てきせい〔適性〕kelpoisuus* 65 [名]
てきせつ〔適切〕適切な sopiva 13 [形], tyydyttävä 13 [形]
てきたい〔敵対〕vihollisuus* 65 [名] ／敵対する vihata 35 [動]
てきちゅう〔的中〕osuma 13 [名] ／的中する osua 1 [動]
てきど〔適度〕適度な kohtuullinen 63 [形] ／適度に kohtuullisesti [副]
てきとう〔適当〕適当な kohtuullinen 63 [形] ／適当である sopia* 17 [動]
てきにん〔適任〕適任の pätevä 13 [形]
できばえ〔出来栄え〕työn suoritus (suoritus 64 [名])
てきぱき てきぱきと vikkelästi [副] ／てきぱき行動する sujauttaa* 2 [動]
てきほう〔適法〕適法の laillinen 63 [形], lainalainen 63 [形]
できもの〔出来物〕〈医〉kasvain 56 [名]
てきよう〔適用〕sovitus 64 [名], sovellutus 64 [名]
できる〔出来る〕voida 18 [動], osata 35 [動], （入格と共に）kyetä* 34 [動] ／出来るだけすぐに mahdollisimman pian
てぎわ〔手際〕手際よく taitavasti [副], ammattitaitoisesti [副]

でぐち〔出口〕uloskäynti* 4〔名〕, uloskäytävä 13〔名〕

テクニック tekniikka* 15〔名〕, suoritustaito* 1〔名〕

テクノロジー teknologia 15〔名〕

てくび〔手首〕ranne* 78〔名〕

てこ〔梃子〕vääntökanki* 8〔名〕

てごたえ〔手答え〕(反応) vastavaikutus 64〔名〕, reaktio 3〔名〕

でこぼこ〔凸凹〕凸凹の epätasainen 63〔形〕, rosoinen 63〔形〕

デコレーションケーキ sokerileivos 64〔名〕

てごろ〔手頃〕手頃な kepeä 21〔形〕

デザート jälkiruoka* 11〔名〕

デザイナー piirtäjä 16〔名〕

デザイン piirros 64〔名〕

てさぐり〔手探り〕手探りで探す haparoida 30〔動〕, hapuilla 29〔動〕

てさげ〔手提げ〕手提げ袋 kassi 4〔名〕

てざわり〔手触り〕(感触) tunto* 1〔名〕, tuntoaisti 4〔名〕

でし〔弟子〕opetuslapsi 45〔名〕, oppilas 66〔名〕

てしごと〔手仕事〕käsityö 30〔名〕

てした〔手下〕alamainen 63〔名〕, palvelija 14〔名〕

デジタル デジタルの digitaalinen 63〔形〕／デジタル化する digitalisoida 18〔動〕

てじな〔手品〕手品師 taikuri 5〔名〕

でしゃばる〔出しゃばる〕pistää nenänsä (pistää 2〔動〕)

てじゅん〔手順〕järjestys 64〔名〕, säännönmukaisuus* 65〔名〕

てじょう〔手錠〕käsiraudat* 10〔複名〕

デシリットル desilitra 10〔名〕

デスク kirjoituspöytä* 11〔名〕

テスト（試験）tentti* 4〔名〕, (実験) testaus 64〔名〕／テストをする (試験をする) tenttiä* 17〔動〕, (実験をする) testata 35〔動〕

てすり〔手摺り〕(階段などの) käsipuu 29〔名〕, kaide* 78〔名〕

てせい〔手製〕手製の omatekoinen 63〔形〕, käsintehty* 1〔形〕
てだし〔手出し〕手出しする（干渉する）sekaantua toisten asioihin (sekaantua* 1〔動〕)
てだすけ〔手助け〕手助けする avustaa 2〔動〕
でたらめ〔出鱈目〕出鱈目の umpimähkäinen 63〔形〕／出鱈目 umpimähkään〔副〕
てぢか〔手近〕手近な läheinen 63〔形〕／手近に lähellä〔副〕
てちがい〔手違い〕（間違い）virhe 78〔名〕, erehdys 64〔名〕
てつ〔鉄〕rauta* 10〔名〕
てっかい〔撤回〕peruutus 64〔名〕／撤回する peruuttaa* 2〔動〕
てっかく〔的確〕的確な ytimekäs* 66〔形〕
てつがく〔哲学〕filosofia 15〔名〕／哲学者 filosofi 4〔名〕
てつかず〔手付かず〕手付かずの koskematon* 57〔形〕
てっき〔鉄器〕rauta* 10〔名〕／鉄器時代〈史〉rautakausi* 40〔名〕
デッキ（船の）laivan kansi (kansi* 44〔名〕)
デッキチェア lepotuoli 4〔名〕
てっきょう〔鉄橋〕rautatiesilta* 10〔名〕
てっきり（確かに）varmasti〔副〕, selvästi〔副〕
てづくり〔手作り〕手作りの käsintehty* 1〔形〕
てっけん〔鉄拳〕（握りしめたこぶし）nyrkki* 4〔名〕
てっこう〔鉄工〕鉄工所 rautatehdas* 66〔名〕
てっこう〔鉄鋼〕teräs 64〔名〕
デッサン luonnos 64〔名〕, hahmotelma 13〔名〕
てっする〔徹する〕haluta kiihkeästi (haluta 39〔動〕)
てつせい〔鉄製〕鉄製の rautainen 63〔形〕
てったい〔撤退〕撤退する vetäytyä pois (vetäytyä* 44〔動〕)
てつだい〔手伝い〕apu* 1〔名〕,（手伝う人）apulainen 63〔名〕
てつだう〔手伝う〕auttaa* 10〔動〕

てつづき〔手続き〕järjestys 64 [名], toimitus 64 [名]
てってい〔徹底〕徹底的 perinpohjainen 63 [形] /徹底的に perinpohjaisesti [副]
てっとう〔鉄塔〕masto 1 [名]
てつどう〔鉄道〕rautatie 30 [名]
てっとりばやい〔手っ取り早い〕nopea 21 [形], ripeä 21 [形]
てつなべ〔鉄鍋〕rautapata* 10 [名]
てっぱい〔撤廃〕撤廃する lakkauttaa* 2 [動], kumota 38 [動]
でっぱる〔出っ張る〕ulota* 34 [動], työntyä esiin (työntyä* 1 [動])
てっぺん〔天辺〕latva 10 [名], (山の) vuorenhuippu* 1 [名]
てつぼう〔鉄棒〕〈ス〉rekki* 4 [名], voimistelutanko* [名]
てっぽう〔鉄砲〕pyssy 1 [名], ampuma-ase 78 [名]
てつや〔徹夜〕徹夜する valvoa 1 [動], olla valveilla (olla 25 [動])
でなおす〔出直す〕tulla uudelleen (tulla 25 [動])
てなずける〔手懐ける〕kesyttää* 2 [動], taltuttaa* 2 [動]
てにいれる〔手に入れる〕saada 19 [動], saada käsiinsä
テニス tennis 64 [名] /テニスコート tenniskenttä 11 [名]
てにもつ〔手荷物〕matkatavara 15 [名] /手荷物預かり所 matkatavarasäilö 1 [名]
てぬぐい〔手拭い〕käsipyyhe* 78 [名], käsipyyheliina 10 [名]
てぬるい〔手緩い〕lempeä 21 [形]
テノール〈楽〉tenori 5 [名]
てのひら〔掌〕kämmen 55 [名], koura 11 [名]
では（それなら）sitten [副], siis [副] [接]
デパート tavaratalo 1 [名]
てはい〔手配〕(通常は複数形で) toimenpide* 78 [名]
てばこ〔手箱〕lipasto 2 [名]
てはじめ〔手始め〕手始めに ensiksi [副], ensim-

mäisenä
てはず〔手筈〕(段取り)(通常は複数形で) toimenpide* 78 [名]
てばなす〔手放す〕jättää* 2 [動], luovuttaa* 2 [動]
てばやい〔手早い〕手早く lyhyeen [副]
てびき〔手引き〕(案内書) käsikirja 10 [名] ／手引きする opastaa 2 [動]
デビュー debyytti* 6 [名] ／デビューする debytoida 18 [動]
てぶくろ〔手袋〕(通常は複数形で) käsine 78 [名], hansikas* 66 [名]
デフレ deflaatio 3 [名]
てほん〔手本〕esikuva 11 [名], esimerkki* 4 [名], ihanne* 78 [名]
てま〔手間〕(労力) ponnistus 64 [名], vaiva 10 [名]
デマ valheellinen huhu (valheellinen 63 [形], huhu 1 [名])
てまどる〔手間取る〕kestää kauan, viipyä* 1 [動] (kestää 2 [動])
てまね〔手真似〕käden liike, ele 78 [名] (liike* 78 [名])
てまねき〔手招き〕手招きする kutsua viittoen (kutsua 1 [動])
てまわし〔手回し〕(準備) valmistelu 2 [名], valmistuminen 63 [名]
てみじか〔手短〕手短に lyhyeen [副]
てみやげ〔手土産〕tuliaiset 63 [複名]
でむかえ〔出迎え〕出迎えに行く mennä vastaan (mennä 27 [動])
でむかえる〔出迎える〕olla vastassa (olla 25 [動])
デメリット epäedullisuus* 65 [名], haitta* 10 [名]
でも いつ〜でも milloin ... tahansa ／たとい〜でも vaikkakin [接]
デモ mielenosoitus 64 [名] ／デモをする osoittaa mieltään (osoittaa* 2 [動])
てもち〔手持ち〕手持ちの käsissä pitävä (pitävä 13 [形])
てもと〔手元〕手元に (手近に) lähellä [副]

デュエット 〈楽〉duetto* 2 [名]
てら〔寺〕buddhalainen temppeli (buddhalainen 63 [形], temppeli 5 [名])
てらう〔衒う〕saivarrella* 28 [動]
テラス penger* 82 [名], penkere 82 [名]
てらす〔照らす〕valaista 24 [動], antaa valoa (antaa* 9 [動])
デラックス デラックスな loistava 13 [形], komea 21 [形], upea 21 [形]
てりかがやく〔照り輝く〕säihkyä 1 [動], sädehtiä* 17 [動]
デリケート デリケートな arka* 10 [形]
てりつける〔照り付ける〕(太陽が) paahtaa* 11 [動]
てる〔照る〕paistaa 11 [動], helottaa* 2 [動]
でる〔出る〕(外に) astua ulos (astua 1 [動])
てれくさい〔照れ臭い〕olla hämillään (olla 25 [動])
テレックス teleksi 7 [名]
テレビ televisio 3 [名]
テレピンゆ〔テレピン油〕tärpätti* 6 [名], tärpättiöljy 1 [名]
テレホンカード puhelinkortti* 4 [名]
てれる〔照れる〕olla hämillään (olla 25 [動])
テロ terrori 5 [名], terrorismi 4 [名] ／テロ活動をする terrorisoida 18 [動]
てわたす〔手渡す〕antaa* 9 [動], ojentaa* 42 [動]
てん〔天〕taivas 66 [名]
てん〔点〕piste 78 [名]
でんあつ〔電圧〕〈電〉jännite* 78 [名]
てんい〔転移〕siirto* 1 [名]
てんいん〔店員〕myyjä 11 [名], (女性の) myyjätär* 54 [名]
でんえん〔田園〕田園の maalainen 63 [形], maalais- ／田園地帯 maaseutu* 1 [名]
てんか〔天下〕(世界) maailma 10 [名]
てんか〔点火〕sytytys 64 [名]
てんか〔添加〕lisäys 64 [名] ／添加する lisätä 35 [動]
でんか〔電化〕電化する sähköistää 2 [動]
てんかい〔展開〕(進展) kehitys 64 [名]

てんかい〔転回〕kierto* 1 [名], väänne* 78 [名]
てんかん〔転換〕転換期 käänne* 78 [名], käännekohta* 11 [名]
てんかん〔癲癇〕〈医〉kaatumatauti* 4 [名]
てんき〔天気〕sää 28 [名], ilma 10 [名]／天気予報 säätiedotus 64 [名]
てんき〔転機〕käänne* 78 [名], käännekohta* 11 [名]
でんき〔伝記〕elämäkerta* 10 [名]
でんき〔電気〕sähkö 1 [名]／電気の sähköinen 63 [形]
でんきゅう〔電球〕sähkölamppu* 1 [名]
てんきょ〔転居〕転居する muuttaa* 2 [動]
てんけい〔典型〕tyyppi* 4 [名], esikuva 11 [名]／典型的 tyypillinen 63 [形]
てんけん〔点検〕tarkastus 64 [名]／点検する tarkastaa 2 [動]
てんこう〔天候〕sää 28 [名], ilmasto 2 [名]
てんこう〔転向〕muuttuminen 63 [名]／転向する muuttua* 1 [動]
てんごく〔天国〕paratiisi 4 [名], taivas 66 [名]
でんごん〔伝言〕sanoma 13 [名], viesti 4 [名]
てんさい〔天才〕nero 1 [名]／天才的 nerokas* 66 [形]
てんさい〔天災〕suuronnettomuus* 65 [名], tuho 1 [名]
てんさい〔甜菜〕sokerijuurikas* 66 [名]
てんさく〔添削〕korjaus 64 [名], oikaisu 2 [名]／添削する korjata 35 [動]
てんし〔天使〕enkeli 5 [名]
てんじ〔点字〕sokeainkirjoitus 64 [名]
てんじ〔展示〕esitys 64 [名], näyte* 78 [名]
でんし〔電子〕〈理〉elektroni 4 [名]／電子レンジ mikrouuni 4 [名]
でんしゃ〔電車〕sähköjuna 11 [名]
てんしゅ〔店主〕kauppias 66 [名]
てんじょう〔天井〕katto* 1 [名], laki* 8 [名]
でんしん〔電信〕lennätin* 56 [名]

てんしんらんまん〔天真爛漫〕天真爛漫な viaton* 57 [形]
てんすう〔点数〕piste 78 [名], (評点) arvosana 10 [名]
てんせい〔天性〕luonne* 78 [名], laatu* 1 [名]
でんせつ〔伝説〕taru 1 [名], traditio 3 [名]
てんせん〔点線〕pisteviiva 10 [名]
でんせん〔伝染〕伝染病 kulkutauti* 4 [名]／伝染させる tartuttaa* 2 [動]
でんせん〔電線〕johto* 1 [名], sähköjohto* 1 [名]
てんそう〔転送〕転送する (郵便物を) lähettää edelleen (lähettää* 2 [動])
てんたい〔天体〕taivaankappale 78 [名]
でんたく〔電卓〕taskulaskin 56 [名]
でんたつ〔伝達〕lähetys 64 [名]／伝達する lähettää* 2 [動]
てんち〔天地〕天地万物 maailmankaikkeus* 65 [名]
でんち〔電池〕〈電〉paristo 2 [名], patteri 5 [名]
てんてき〔点滴〕〈医〉tiputus 64 [名], 〈医〉tippainfuusio 3 [名]
てんてんと〔点々と〕(あちこちに) siellä täällä, sinne tänne
テント teltta* 10 [名]
てんとう〔点灯〕点灯する (火をつける) virittää* 2 [動]
てんとう〔転倒〕転倒する kaatua* 1 [動], langeta* 36 [動]
でんとう〔伝統〕perinne* 78 [名], traditio 3 [名]
でんとう〔電灯〕sähkövalo 1 [名], 〈話〉sähkö 1 [名]
でんどう〔電動〕電動鋸 sähkösaha 10 [名]
てんとうむし〔天道虫〕〈虫〉leppäkerttu* 1 [名]
てんねん〔天然〕天然ガス maakaasu 1 [名]／天然痘 〈医〉rokko* 1 [名]
てんのう〔天王〕天王星 Uranus 64 [名]
てんのう〔天皇〕keisari 5 [名]
でんぱ〔電波〕radioaalto* 1 [名]
てんぴ〔天火〕(料理用の) paistinuuni 4 [名], leivin-

uuni 4 [名]
でんぴょう〔伝票〕lasku 1 [名]
でんぶ〔臀部〕(お尻)〈解〉lonkka* 11 [名]
てんぷく〔転覆〕kumous 64 [名]
てんぶん〔天分〕luonnonlahja 10 [名], kyky* 1 [名]
でんぷん〔澱粉〕tärkkelys 64 [名], (通常は複数形で) perunajauho 1 [名]
てんぽ〔店舗〕toimipaikka* 10 [名]
テンポ〈楽〉tempo 1 [名]
てんぼう〔展望〕perspektiivi 4 [名] /展望台 näkötorni 4 [名]
デンマーク Tanska 10 [名] /デンマーク語 tanska 10 [名] /デンマーク人 tanskalainen 63 [名]
てんめつ〔点滅〕点滅する tuikkia* 17 [動]
てんもん〔天文〕天文学 tähtitiede* 78 [名] /天文台 tähtitorni 4 [名]
てんらく〔転落〕lankeemus 64 [名] /転落する romahtaa* 2 [動]
てんらん〔展覧〕展覧会 näyttely 2 [名]
でんりゅう〔電流〕sähkövirta* 10 [名], virtaus 64 [名]
でんりょく〔電力〕sähkövoima 11 [名]
でんわ〔電話〕puhelin 56 [名] /電話する soittaa* 2 [動]

と

と〔戸〕ovi 8 [名], portti* 4 [名]
と ja [接], sekä [接]
ど〔度〕(回数) kerta* 10 [名], verta* 10 [名], (温度) aste 78 [名]
ドア ovi 8 [名], (外側の) ulko-ovi 8 [名]
どあい〔度合い〕aste 78 [名]
とい〔問い〕kysymys 64 [名]

とい〔樋〕(屋根の) räystäskouru 1 [名], ränni 4 [名]
といあわせ〔問い合わせ〕kysely 2 [名], tiedustelu 2 [名]
といあわせる〔問い合わせる〕kysellä 28 [動], tiedustella 28 [動]
といし〔砥石〕(刃物を研ぐための) kovasin 56 [名]
トイレ käymälä 15 [名], toaletti* 4 [名]
とう〔党〕puolue 78 [名] ／党大会 puoluepäivät 11 [複名]
とう〔塔〕torni 4 [名]
とう〔籐〕〈植〉rottinki* 5 [名]
とう〔問う〕kysyä 1 [動]
どう〔胴〕vartalo 2 [名]
どう〔銅〕kupari 5 [名]
どうい〔同意〕suostumus 64 [名] ／同意する suostua 1 [動]
とういつ〔統一〕統一する yhdenmukaistaa 2 [動]
どういつ〔同一〕同一の yhtenäinen 63 [形] ／同一視する samastaa 2 [動]
どうおん〔同音〕同音異義語〈言〉homonyymi 4 [名]
とうか〔灯火〕lyhty* 1 [名]
とうか〔等価〕等価の tasa-arvoinen 63 [形], yhdenarvoinen 63 [形]
どうか〔同化〕〈言〉assimilaatio 3 [名] ／同化する〈生理〉yhteyttää* 2 [動]
とうかい〔倒壊〕倒壊する sortua* 1 [動], kaatua* 1 [動]
とうがい〔当該〕当該の asianomainen 63 [形], kyseessä oleva (oleva 13 [形])
とうかん〔投函〕投函する (郵便物を) postittaa* 2 [動]
どうかん〔同感〕myötätunto* 1 [名], osanotto* 1 [名]
とうき〔冬季〕冬季オリンピック talviolympialaiset 63 [複名]
とうき〔冬期〕talvikausi* 40 [名] ／冬期の talvinen 63 [形]
とうき〔投機〕〈商〉keinottelu 2 [名] ／投機をする〈商〉keinotella* 28 [動]

とうき〔陶器〕keramiikka* 10 [名], posliini 6 [名]
とうき〔登記〕登記する rekisteröidä 18 [動]
とうぎ〔討議〕討議中である olla keskustelun alaisena (olla 25 [動])
どうき〔同期〕(同じ時期) sama aika (sama 10 [形], aika* 10 [名])
どうき〔動悸〕(心臓の鼓動) sydämentykytys 64 [名], suonensykintä* 15 [名]
どうき〔動機〕aihe 78 [名] /動機づけ motivointi* 4 [名]
どうぎ〔同義〕同義語 synonyymi 4 [名]
どうぎ〔道義〕siveellisyys* 65 [名], moraali 6 [名]
とうきゅう〔等級〕arvoaste 78 [名]
とうぎゅう〔闘牛〕härkätaistelu 2 [名]
どうきゅう〔同級〕同級生 luokkatoveri 5 [名]
どうきょう〔同郷〕同郷人 maanmies 72 [名]
とうきょく〔当局〕viranomainen 63 [名]
どうぐ〔道具〕työkalu 1 [名], työväline 78 [名]
どうくつ〔洞窟〕luola 11 [名]
とうげ〔峠〕sola 11 [名], solatie 30 [名]
どうけ〔道化〕(ふざけ) ilveily 2 [名], kujeilu 2 [名]
とうけい〔東経〕itäinen pituus (itäinen 63 [形], pituus* 65 [名])
とうけい〔統計〕tilasto 1 [名], tilastotieto* 1 [名]
とうげい〔陶芸〕陶芸家 savenvalaja 16 [名]
どうけつ〔洞穴〕luola 11 [名]
とうこう〔投光〕投光機 valonheitin* 56 [名]
とうこう〔投稿〕投稿する kirjoittaa sanomalehteen (kirjoittaa* 2 [動])
とうこう〔登校〕登校する mennä kouluun (mennä 27 [動])
どうこう〔同行〕同行する saattaa* 11 [動] /同行者 saattaja 16 [名]
どうこう〔動向〕suunta* 11 [名], suuntaus 64 [名]
どうこう〔瞳孔〕〈解〉silmäterä 11 [名]
どうこく〔同国〕同国人 maanmies 72 [名], oma 11 [名]
どうさ〔動作〕liike* 78 [名], liikunta* 15 [名]

どうさつ〔洞察〕洞察力のある terävänäköinen 63 [形]
とうさん〔倒産〕vararikko* 1 [名], romahdus 64 [名]
どうさん〔動産〕irtaimisto 2 [名]
とうし〔投資〕sijoitus 64 [名], investointi* 4 [名]
とうし〔闘士〕taistelija 14 [名]
とうし〔闘志〕tarmo 1 [名], sisu 1 [名]
とうじ〔冬至〕talvipäivänseisaus 64 [名]
とうじ〔当事〕当事者 osapuoli 32 [名]
とうじ〔当時〕tuolloin [副], tuona aikana
どうし〔同志〕toveri 5 [名]
どうし〔動詞〕〈言〉verbi 4 [名], 〈言〉teonsana 10 [名]
どうじ〔同時〕～と同時に samaan aikaan kuin, samalla kun
とうじき〔陶磁器〕keramiikka* 10 [名], savitavara 15 [名]
どうじき〔同時期〕同時期の samanaikainen 63 [形], samanikäinen 63 [形]
とうじしゃ〔当事者〕asianomainen 63 [名]
どうじだい〔同時代〕同時代の samanaikainen 63 [形], samanikäinen 63 [形]
とうしつ〔等質〕等質の yhtenäinen 63 [形]
とうじつ〔当日〕(指定の日) sovittu päivä (sovittu* 2 [形], päivä 11 [名])
どうしつ〔同室〕同室者 huonetoveri 5 [名]
どうしつ〔同質〕同質の samanlainen 63 [形], samankaltainen 63 [形]
どうして (なぜ) miksi [疑副], minkä takia
どうしても (ぜひ) kaikin mokomin, ehdottomasti [副]
どうしゅるい〔同種類〕同種類の samanlainen 63 [形], samankaltainen 63 [形]
とうしょ〔当初〕alun perin, aikaisemmin [副]
とうしょう〔凍傷〕paleltuma 13 [名]
とうじょう〔登場〕ilmaantuminen 63 [名] ／登場する ilmaantua* 1 [動]

とうじょう〔搭乗〕搭乗口 lähtöportti* 4 [名]
どうじょう〔同情〕osanotto* 1 [名]／同情する sääliä 17 [動], ottaa osaa＋入格 (ottaa* 2 [動])
どうしようもない neuvoton* 57 [形], auttamaton* 57 [形]
とうしん〔答申〕mietintö* 2 [名]
とうすい〔陶酔〕陶酔して haltioissaan [副]
どうせ (つまり) joten kuten, joka tapauksessa
とうせい〔統制〕valvonta* 15 [名]／統制する valvoa 1 [動], säännellä* 28 [動]
とうぜん〔当然〕tietysti [副], luonnollisesti [副]
どうぜん〔同然〕melkein sama (sama 10 [形])
どうぞ ole hyvä, olkaa hyvä
とうそう〔逃走〕karku* 1 [名], pako* 1 [名]／逃走する karata* 35 [動]
とうそう〔闘争〕闘争心 sisu 1 [名]／闘争心がある sisukas* 66 [形]
どうそう〔同窓〕同窓生 luokkatoveri 5 [名]
どうぞう〔銅像〕muistopatsas 66 [名]
どうぞく〔同族〕heimolainen 63 [名], suku* 1 [名]
とうだい〔灯台〕majakka* 15 [名]
どうたい〔胴体〕vartalo 2 [名]
とうたつ〔到達〕saavutus 64 [名]／到達する saavuttaa* 2 [動]
とうち〔当地〕当地の täkäläinen 63 [形]
とうち〔統治〕hallitus 64 [名]／統治者 hallitsija 14 [名]
とうちゃく〔到着〕到着する saapua* 1 [動]
とうてい〔到底〕到底～ない ei suinkaan
どうていど〔同程度〕同程度の samanvertainen 63 [形]
とうてき〔投擲〕(投げる事) heitto* 1 [名]
どうでも どうでもよい yhdentekevä 13 [形], samantekevä 13 [形]
とうとい〔尊い・貴い〕jalo 1 [形], ylhäinen 63 [形]
とうとう〔到頭〕(最後に) vihdoin [副], lopuksi [副]
どうとう〔同等〕同等の tasa-arvoinen 63 [形]
どうどう〔堂々〕堂々とした mahtava 13 [形], upea

21 [形]
どうとく〔道徳〕moraali 6 [名], siveellisyys* 65 [名]
とうとぶ〔尊ぶ・貴ぶ〕kunnioittaa* 2 [動], pitää arvossa (pitää* 2 [動])
とうなん〔盗難〕varkaus* 65 [名]
どうにか どうにかして jotenkin [副], tavalla tai toisella
どうにゅう〔導入〕導入する ottaa käytäntöön (ottaa* 2 [動])
とにょう〔糖尿〕糖尿病〈医〉sokeritauti* 4 [名]
どうねんぱい〔同年輩〕同年輩の samanikäinen 63 [形]
どうねんれい〔同年令〕同年令の samanikäinen 63 [形]
とうは〔党派〕puolue 78 [名], ryhmä 11 [名]
どうはい〔同輩〕kumppani 5 [名]
とうはつ〔頭髪〕(複数形で) hiukset 64 [名]
とうばん〔当番〕vuoro 1 [名], kerta* 10 [名]
どうはん〔同伴〕同伴者 saattaja 16 [名]
とうひ〔逃避〕逃避する (現実から) välttyä* 1 [動]
とうひ〈植〉kuusi 32 [名]
とうひょう〔投票〕äänestys 64 [名] /投票する äänestää 2 [動]
とうぶ〔東部〕itäinen alue (itäinen 63 [形], alue 78 [名])
どうふう〔同封〕同封の oheinen 63 [形] /同封して oheisena
どうぶつ〔動物〕eläin 56 [名] /動物園 eläintarha 10 [名]
とうぶん〔当分〕toistaiseksi [副]
とうぶん〔等分〕等分する puolittaa* 2 [動]
とうぶん〔糖分〕糖分のある sokeripitoinen 63 [形]
とうべん〔答弁〕selonteko* 1 [名] /答弁する selostaa 2 [動]
とうほう〔東方〕itä* 11 [名]
とうぼう〔逃亡〕pako* 1 [名] /逃亡する karata* 35 [動], paeta* 34 [動]
とうぼく〔倒木〕murros 64 [名], rytö* 1 [名]

どうみゃく〔動脈〕〈解〉valtimo 2 [名]
とうみん〔冬眠〕horros 64 [名], talvihorros 64 [名] ／冬眠する horrostaa 2 [動]
とうみん〔島民〕saarelainen 63 [名]
とうめい〔透明〕透明な kuulas 66 [形], läpikuultava 13 [形]
どうめい〔同盟〕liitto* 1 [名], liiga 10 [名]
どうめいし〔動名詞〕〈言〉gerundi 6 [名]
どうもう〔獰猛〕獰猛な raivoisa 13 [形], raju 1 [形]
とうもろこし〔玉蜀黍〕〈植〉maissi 4 [名]
どうやら〔辛うじて〕töin tuskin, niukasti [副]
とうゆ〔灯油〕kerosiini 4 [名], paloöljy 1 [名]
とうよう〔東洋〕(通常は複数形で) itämaa 28 [名], orientti* 4 [名]
どうよう〔同様〕同様の sama 10 [形], samanlainen 63 [形] ／同様に niin ikään
どうよう〔動揺〕levottomuus* 65 [名], rauhattomuus* 65 [名]
どうよう〔童謡〕lastenlaulu 1 [名]
どうらく〔道楽〕道楽者 irstailija 14 [名]
どうらん〔動乱〕mellakka* 15 [名]
どうり〔道理〕järki* 8 [名] ／道理にかなった järkevä 13 [形]
どうりょう〔同僚〕kumppani 5 [名], kollega 15 [名]
どうりょく〔動力〕käyttövoima 11 [名]
どうれつ〔同列〕同列の (同じ価値の) samanarvoinen 63 [形]
どうろ〔道路〕tie 30 [名], ajotie 30 [名], katu* 1 [名]
とうろく〔登録〕登録商標 tavaraleima 10 [名], tavaramerkki* 4 [名] ／登録する rekisteröidä 18 [動]
とうろん〔討論〕väittely 2 [名] ／討論する väitellä* 28 [動]
どうわ〔童話〕satu* 1 [名]
とうわく〔当惑〕hämmennys 64 [名] ／当惑する hämmentyä* 1 [動]
とお〔十〕kymmenen 55 [基数]
とおい〔遠い〕kaukainen 63 [形], etäinen 63 [形] ／

とおざかる 354

遠くに kaukana [副]
とおざかる〔遠ざかる〕etääntyä* 1 [動], erkaantua* 1 [動]
とおざける〔遠ざける〕karkottaa* 2 [動], poistaa 2 [動]
とおす〔通す〕(糸を針に) pujottaa* 2 [動]
トースター leivänpaahdin* 56 [名]
トースト トーストパン paahtoleipä* 11 [名]／トーストする paahtaa* 11 [動]
ドーナツ 〈料〉donitsi 4 [名], 〈料〉munkki* 4 [名]
トーナメント turnaus 64 [名]
とおのく〔遠退く〕mennä kauemmaksi (mennä 27 [動])
ドーベルマン 〈動〉dobermanni 4 [名]
とおぼえ〔遠吠え〕(犬などの) ulvonta* 15 [名]／遠吠えする ulvoa 1 [動]
とおまわし〔遠回し〕遠回しに epäsuorasti [副], kautta rantain
とおまわり〔遠回り〕(回り道) kiertotie 30 [名]／遠回りして epäsuorasti [副]
とおり〔通り〕katu* 1 [名]
とおりすぎる〔通り過ぎる〕mennä ohi (mennä 27 [動])
とおりぬけ〔通り抜け〕läpikulku* 1 [名], kauttakulku* 1 [名]
とおりぬける〔通り抜ける〕～を通り抜けて (属格と共に) läpi [後][前]
とおる〔通る〕kulkea* 13 [動]／～を通って (属格と共に) poikki [後][前]
とかい〔都会〕kaupunki* 5 [名]
とかげ〔蜥蜴〕〈虫〉lisko 1 [名], sisilisko 1 [名]
とかす〔溶かす〕sulattaa* 2 [動]
どかす〔退かす〕(移す) liikuttaa* 2 [動], siirtää* 6 [動]
とがめ〔咎め〕nuhde* 78 [名]
とがめる〔咎める〕soimata 35 [動], nuhdella* 28 [動]
とがらす〔尖らす〕kärjistää 2 [動]

とがる〔尖る〕kärjistyä 1 [動] /尖った terävä 13 [形]
とき〔時〕aika* 10 [名] /～する時 kun [接] /時として silloin tällöin
どき〔土器〕土器製作者 savenvalaja 16 [名]
どきっと どきっとする hämmästyä 1 [動], säikähtää* 2 [動]
ときどき〔時々〕joskus [副], silloin tällöin, tuon tuostakin
どきどき どきどきする（胸が）tykyttää* 2 [動]
ときふせる〔説き伏せる〕suostuttaa* 2 [動], taivuttaa* 2 [動]
どぎまぎ どぎまぎして hämillään [副], hämilleen [副]
ドキュメンタリー ドキュメンタリー映画 dokumenttielokuva 11 [名]
どきょう〔度胸〕度胸がある rohkea 21 [形]
とぎれとぎれ〔途切れ途切れ〕途切れ途切れに katkonaisesti [副]
とぎれる〔途切れる〕katketa 36 [動], jäädä kesken (jäädä 19 [動])
とく〔得〕ansio 3 [名], hyöty* 1 [名] /得をする saada hyötyä (saada 19 [動])
とく〔徳〕hyve 78 [名] /徳が高い hyveellinen 63 [形]
とく〔梳く〕（髪を）harjata 35 [動]
とく〔解く〕（結び目などをほどく）avata 40 [動], aukaista 24 [動]
とく〔説く〕（説明する）selittää* 2 [動]
とぐ〔研ぐ〕（刃物を）teroittaa* 2 [動], hioa 1 [動]
どく〔毒〕myrkky* 1 [名]
どく〔退く〕siirtyä* 1 [動], vetäytyä* 44 [動], väistyä 1 [動]
とくい〔特異〕特異な omituinen 63 [形]
とくい〔得意〕～を得意がる（出格と共に）ylpeä 21 [形]
とくぎ〔特技〕erikoistaito* 1 [名], erikoisala 10 [名]

どくさい〔独裁〕独裁政治 hirmuvalta* 10 [名], despotismi 4 [名]
どくさつ〔毒殺〕myrkytys 64 [名]／毒殺する myrkyttää* 2 [動]
とくさんぶつ〔特産物〕erikoistuote* 78 [名]
どくじ〔独自〕独自の omaperäinen 63 [形], itsenäinen 63 [形]
とくしつ〔特質〕ominaisuus* 65 [名], pääpiirre* 78 [名]
どくしゃ〔読者〕lukija 14 [名]
とくしゅ〔特殊〕特殊な erikoinen 63 [形], omituinen 63 [形]
とくしゅう〔特集〕erikoisartikkeli 5 [名]
どくしょ〔読書〕lukeminen 63 [名]
どくしょう〔独唱〕〈楽〉yksinlaulu 1 [名]
とくしょく〔特色〕piirre* 78 [名], pääpiirre* 78 [名]
どくしん〔独身〕独身者(男性) poikamies 72 [名]／独身の naimaton* 57 [形]
とくせい〔特性〕luonne* 78 [名], sävy 1 [名]
どくせん〔独占〕monopoli 4 [名]／独占販売 yksinmyynti* 4 [名]
どくそう〔独奏〕独奏者 solisti 6 [名]
どくそう〔独創〕独創的 omintakeinen 63 [形], kekseliäs 66 [形]
ドクター (博士) tohtori 5 [名], (医者) lääkäri 5 [名]
とぐち〔戸口〕ovi 8 [名], portti* 4 [名]
とくちょう〔特徴〕erikoispiirre* 78 [名]／特徴づける luonnehtia* 17 [動]
とくてい〔特定〕特定の tietty* 1 [形], tunnettu* 2 [形]
とくてん〔特典〕etuoikeus* 65 [名]
とくとう〔禿頭〕kalju 1 [名]
どくとく〔独特〕独特な eriskummallinen 63 [形], luonteenomainen 63 [形]
とくに〔特に〕varsinkin [副], varsin [副], ennen kaikkea, erittäin [副]
とくばい〔特売〕alennusmyynti* 4 [名]
とくはいん〔特派員〕kirjeenvaihtaja 16 [名]

どくはく〔独白〕yksinpuhelu 2 [名]
とくひつ〔特筆〕特筆すべき huomattava 13 [形], mainittava 13 [形]
とくべつ〔特別〕特別な erikoinen 63 [形]／特別に varsinkin [副]
とくほん〔読本〕lukemisto 1 [名], lukukirja 10 [名]
とくめい〔匿名〕salanimi 8 [名]／匿名の nimetön* 57 [形]
とくゆう〔特有〕特有の omalaatuinen 63 [形], omintakeinen 63 [形]
どくりつ〔独立〕itsenäisyys* 65 [名]／独立記念日 itsenäisyyspäivä 11 [名]
とぐろ　とぐろを巻く（蛇が）kiemuroida 30 [動]
とげ〔刺・棘〕piikki* 4 [名], tikku* 1 [名]
とけあう〔溶け合う〕sulautua* 44 [動]
とけい〔時計〕kello 1 [名]
とける〔解ける〕（結び目などが）aueta* 34 [動],（緊張が）laueta* 36 [動]
とける〔溶ける〕sulaa 2 [動], sulautua* 44 [動]
とげる〔遂げる〕（やり遂げる）saada aikaan (saada 19 [動])
どこ〔何処〕何処に missä [副]／何処へ minne [副]／何処でも kaikkialla [副]
どごう〔怒号〕怒号する pauhata 35 [動]
とこずれ〔床擦れ〕makuuhaava 10 [名]
とことん　とことん迄 viimeiseen asti
とこや〔床屋〕parturi 5 [名]
ところ〔所〕〜の所で（属格と共に）luo [後]／所々 paikoitellen [副]
ところで　muuten [副], ohimennen sanoen
とさか〔鶏冠〕heltta* 10 [名]
とざす〔閉ざす〕salvata* 35 [動]
とさつ〔屠殺〕teurastus 64 [名]／屠殺する teurastaa 2 [動]
とざん〔登山〕vuorikiipeily 2 [名]
とし〔年〕vuosi* 40 [名]／年を取った vanha 10 [形], iäkäs* 66 [形]
とし〔都市〕kaupunki* 5 [名],（首都）pääkaupun-

ki* 5 [名]
としうえ〔年上〕年上の vanhempi* 22 [形]
とじこめる〔閉じ込める〕sulkea* 13 [動], teljetä* 36 [動]
としごろ〔年頃〕年頃の naimaikäinen 63 [形]
としした〔年下〕年下の nuorempi* 22 [形], alempi* 22 [形]
としても 〜だとしても jos [接], joskin [接]／〜でないとしても joskaan [接]
としとる〔年取る〕vanhentua* 1 [動]／年取った vanha 10 [形]
とじまり〔戸締まり〕戸締まりをする lukita 31 [動], sulkea* 13 [動]
どしゃ〔土砂〕multahiukkanen 63 [名], multahiven(*) 82 [名]
どしゃぶり〔土砂降り〕rankkasade* 78 [名], kaatosade* 78 [名]
としょ〔図書〕kirja 10 [名]／図書館 kirjasto 2 [名]
としょう〔徒渉〕徒渉する kahlata 35 [動]
どじょう〔泥鰌〕〈魚〉kivennuoliainen 63 [名]
どじょう〔土壌〕multa* 11 [名], maanlaatu* 1 [名]
としより〔年寄り〕vanhus 64 [名]
とじる〔閉じる〕sulkea* 13 [動], supistaa 2 [動]
とじる〔綴じる〕(重ね合わせる) sitoa* 1 [動]
どせい〔土星〕Saturnus 64 [名]
とそう〔塗装〕maali 4 [名]／塗装する maalata 35 [動]
どだい〔土台〕pohja 11 [名], alus 64 [名]／土台を築く perustaa 2 [動]
とだえる〔途絶える〕(途切れる) tuhoutua* 44 [動], katketa 36 [動]
とだな〔戸棚〕kaappi* 4 [名], (食器用) astiakaappi* 4 [名]
とたん〔途端〕(〜するとすぐに) niin pian kun, heti kun
どたんば〔土壇場〕土壇場で lopuksi [副], loppujen lopuksi
とち〔土地〕maa 28 [名], tontti* 4 [名]

とちゅう〔途中〕keskivaihe 78 [名] ／途中で kesken [副]
どちら kumpi* 22 [疑代]
とつ〔凸〕凸面の kupera 12 [形]
とっか〔特価〕erikoishinta* 10 [名]
とっき〔突起〕突起物 nystyrä 18 [名]
とっき〔特記〕特記する panna merkille
とっきょ〔特許〕lisenssi 6 [名] ／特許権 patentti* 6 [名]
ドック telakka* 15 [名], laivatelakka* 15 [名]
とっくに（ずっと前に）kauan sitten
とっけん〔特権〕etuoikeus* 65 [名], patentti* 6 [名]
とっさ とっさに silmänräpäyksessä
とっしゅつ〔突出〕突出する ulota* 34 [動], työntyä esiin (työntyä* 1 [動])
どっしり どっしりした tanakka* 15 [形], vankka* 10 [形]
とっしん〔突進〕突進する syöksyä 1 [動], rynnätä* 35 [動]
とつぜん〔突然〕yhtäkkiä [副], äkkiä [副] ／突然の äkillinen 63 [形]
どっちみち（いずれにせよ）joka tapauksessa
とって〔取っ手〕(つまみ、え) ripa* 10 [名], kädensija 10 [名]
とって 〜にとって（属格と共に）puolesta [後]
とっておく〔取って置く〕varata 40 [動], säästää 2 [動]
とってかわる〔取って代わる〕astua sijaan (astua 1 [動])
とってくる〔取って来る〕noutaa* 2 [動], hakea* 13 [動]
どっと どっと笑う purskahtaa nauruun (purskahtaa* 2 [動])
とっぱつ〔突発〕突発的に äkkiä [副], yht'äkkiä [副]
とっぴ〔突飛〕突飛な tavaton* 57 [形]
とっぷう〔突風〕puuska 11 [名], tuulenpuuska 11 [名]
どて〔土手〕äyräs 66 [名]

とても (非常に) ihan [副], varsin [副]
とど 〔海馬〕〈動〉merileijona 16 [名]
ととう 〔徒党〕kopla 11 [名], joukko* 1 [名]
とどく 〔届く〕kantaa* 9 [動], ulottua* 1 [動] /〜に届く yletä* 2 [動]
とどけ 〔届け〕ilmoitus 64 [名], tiedonanto* 1 [名]
とどける 〔届ける〕ilmoittaa* 2 [動]
ととのう 〔整う〕saattaa loppuun, saada valmiiksi /整った valmis 69 [形] /整って valmiina, valmiiksi (saattaa* 11 [動], saada 19 [動])
ととのえる 〔整える〕järjestää 2 [動] /整えられる järjestyä 1 [動]
とどまる 〔留まる〕jäädä 19 [動], pysyä 1 [動] /留まらせる pysyttää* 2 [動]
とどめる 〔留める〕(限定する) rajoittaa* 2 [動]
とどろき 〔轟き〕jyrähdys 64 [名], räjähdys 64 [名]
とどろく 〔轟く〕jymistä 41 [動], kumista 41 [動] /轟かせる jymistää 2 [動]
となかい 〔馴鹿〕〈動〉poro 1 [名]
どなた (誰) kuka (変化表参照) [疑代]
どなべ 〔土鍋〕saviruukku* 1 [名]
となり 〔隣〕(人) naapuri 5 [名]
となりあわせ 〔隣り合わせ〕隣り合わせに vierekkäin [副], rinta rinnan
どなる 〔怒鳴る〕kiljua 1 [動], pauhata 35 [動]
とにかく joka tapauksessa, ainakin [副]
どの mikä (変化表参照) [疑代] /どのような millainen 63 [形] /どのように miten [副], kuinka [副]
とばく 〔賭博〕(かけ) uhkapeli 4 [名] /賭博をする pelata 35 [動]
とばす 〔飛ばす〕(粉末を) pöllyttää* 2 [動]
とび 〔鳶〕〈鳥〉haarahaukka* 10 [名]
とびあがる 〔飛び上がる〕(跳ね上がる) hypätä* 35 [動], hyppiä* 17 [動]
とびおきる 〔飛び起きる〕ponnahtaa* 2 [動], kavahtaa* 2 [動]
とびおりる 〔飛び降りる〕hypätä alas (hypätä* 35

とびかかる〔飛び掛かる〕töytäistä 24 [動], karata* 35 [動]
とびこす〔跳び越す〕hypätä* 35 [動], loikata* 35 [動]
とびこみ〔飛び込み〕飛び込み台 ponnahduslauta* 10 [名]
とびこむ〔飛び込む〕syöksyä 1 [動],（水に）pulahtaa* 2 [動]
とびさる〔飛び去る〕lentää näkymättömiin (lentää* 8 [動])
とびだし〔飛び出し〕syöksy 1 [名]
とびだす〔飛び出す〕syöksyä 1 [動], rynnätä* 35 [動]
とびたつ〔飛び立つ〕nousta lentoon, lähteä* 16 [動] (nousta 24 [動])
とびちる〔飛び散る〕roiskua 1 [動], räiskyä 1 [動]
とびつく〔飛び付く〕kapsahtaa* 2 [動]
とびとび〔飛び飛び〕飛び飛びに（時間について）ajoittain [副],（場所について）paikoin [副]
とびはねる〔飛び跳ねる〕pompata pystyyn, hypähtää* 2 [動] (pompata* 35 [動])
とびまわる〔飛び回る〕liihotella* 28 [動]
とびら〔扉〕ovi 8 [名],（外側の）ulko-ovi 8 [名]
とふ〔塗布〕（油などの）voitelu 2 [名]
とぶ〔飛ぶ〕lentää* 8 [動], lennellä* 28 [動]
とぶ〔跳ぶ〕hypätä* 35 [動], hypähtää* 2 [動]
どぶ〔溝〕katuoja 11 [名]
どぶねずみ〔溝鼠〕〈動〉rotta* 11 [名]
とほ〔徒歩〕徒歩で jalan [副], jalkaisin [副]
とほう〔途方〕途方に暮れた avuton* 57 [形]／途方も無く mahdottomasti [副]
どぼく〔土木〕土木技師 siviili-insinööri 4 [名]
とぼしい〔乏しい〕niukka* 10 [形], vähäinen 63 [形]
とぼとぼ とぼとぼ歩く kulkea raskain askelin (kulkea* 13 [動])
トマト tomaatti* 6 [名]

とまどう〔戸惑う〕olla ymmällään (olla 25 [動])
とまる〔止まる〕pysähtyä* 1 [動], seisahtaa* 2 [動]
とまる〔泊まる〕yöpyä* 1 [動], majoittua* 1 [動]
とみ〔富〕rikkaus* 65 [名]
とむ〔富む〕rikastua 1 [動]／富ませる rikastuttaa* 2 [動]
とむらう〔弔う〕(葬式に出席する) olla hautajaisissa (olla 25 [動])
とめがね〔留め金〕haka* 10 [名], side* 78 [名]
とめばり〔留め針〕neula 10 [名], nuppineula 10 [名]
とめる〔止める〕pysäyttää* 2 [動], seisauttaa* 2 [動]
とめる〔泊める〕valmistaa yösija (valmistaa 2 [動])
とめる〔留める〕kiinnittää* 2 [動], (テープで) teipata* 35 [動]
とも〔供〕(従者) seuralainen 63 [名]
ともかくも toki [副], sentään [副], kuitenkin [副]
ともしび〔灯火〕valo 1 [名], valkeus* 65 [名]
ともす〔灯す〕(火をつける) sytyttää* 2 [動], valaista 24 [動]
ともだち〔友達〕ystävä 13 [名], ystävykset 64 [複名]
ともなう〔伴う〕～に伴って (属格と共に) myötä [後]
ともに〔共に〕mukana [副]／～と共に (属格と共に) kanssa [後]
どもる〔吃る〕(口ごもる) änkyttää* 2 [動], sammaltaa* 5 [動]
どようび〔土曜日〕lauantai 27 [名]
どよめく kajahtaa* 2 [動], jylistä 41 [動]
とら〔虎〕〈動〉tiikeri 5 [名]
とらい〔渡来〕渡来する tulla 25 [動]
トライアングル〈楽〉triangeli 5 [名], kolmikulma 11 [名]
ドライバー(工具) ruuvimeisseli 5 [名], (運転者) kuljettaja 16 [名]
ドライブ(運転) ajo 1 [名]
ドライヤー kuivain 56 [名], kuivuri 5 [名]

とらえる〔捕らえる〕ottaa* 2 [動], tavoittaa* 2 [動]
トラクター traktori 5 [名]
トラック〈ス〉juoksurata* 10 [名], kilparata* 10 [名]
トラック（自動車）kuorma-auto 1 [名]
ドラッグストア kemikaalikauppa* 10 [名]
とらねこ〔虎猫〕juovikas kissa (juovikas* 66 [形], kissa 10 [名])
トラベラーズチェック matkasekki* 4 [名], matka-šekki 4 [名]
ドラマ draama 10 [名]
ドラム〈楽〉rumpu* 1 [名]／ドラムを打つ rummuttaa* 2 [動]
トランク（旅行鞄）matkalaukku* 1 [名], (自動車の) tavaratila 10 [名]
トランジスター transistori 5 [名]
トランジット（旅行の）kauttakulku* 1 [名]
トランプ kortti* 4 [名], pelikortti* 4 [名]
トランペット〈楽〉trumpetti* 6 [名]
トランポリン trampoliini 4 [名]
とり〔鳥〕lintu* 1 [名], siivekäs* 66 [名]
とりあげる〔取り上げる〕riistää 2 [動]
とりあつかい〔取り扱い〕取り扱い説明書 käyttöopas* 66 [名]
とりあつかう〔取り扱う〕käsitellä* 28 [動], pidellä* 28 [動]
とりいれ〔取り入れ〕(収穫) sato* 1 [名], korjuu 25 [名]
とりいれる〔取り入れる〕(受け入れる) ottaa käyttöön (ottaa* 2 [動])
とりえ〔取り柄〕etu* 1 [名]
とりおさえる〔取り押さえる〕(逮捕する) pidättää* 2 [動], vangita 31 [動]
とりかえ〔取り替え〕vaihto* 1 [名]
とりかえす〔取り返す〕ottaa takaisin (ottaa* 2 [動])
とりかえる〔取り替える〕vaihtaa* 9 [動]
とりかかる〔取り掛かる〕(第3不定詞入格と共に)

とりかこむ

ruveta* 36 [動]
とりかこむ 〔取り囲む〕 ympäröidä 30 [動], saartaa* 12 [動]
とりきめ 〔取り決め〕 sopimus 64 [名], ratkaisu 2 [名]
とりきめる 〔取り決める〕 päättää* 2 [動], ratkaista 24 [動]
とりけし 〔取り消し〕 peruutus 64 [名]
とりけす 〔取り消す〕 peruuttaa* 2 [動], (出格と共に) peräytyä* 44 [動]
とりこ 〔虜〕 (捕虜) vanki* 4 [名], sotavanki* 4 [名]
とりこわす 〔取り壊す〕 hajottaa maahan, repiä* 17 [動] (hajottaa* 2 [動])
とりさる 〔取り去る〕 riisua 1 [動]
とりしまり 〔取り締まり〕 valvonta* 15 [名], kontrolli 6 [名]
とりしまる 〔取り締まる〕 valvoa 1 [動], kontrolloida 18 [動]
とりしらべ 〔取り調べ〕 tiedustelu 2 [名], tutkiskelu 2 [名]
とりしらべる 〔取り調べる〕 tutkiskella 28 [動]
とりそろえ 〔取り揃え〕 valikoima 11 [名]
とりだす 〔取り出す〕 ottaa esiin (ottaa* 2 [動])
とりたて 〔取り立て〕 取り立ての tuore 79 [形], uusi* 40 [形]
とりたてて 〔取り立てて〕 (特に) erikoisesti [副], varsinkin [副]
とりたてる 〔取り立てる〕 (集める) koota* 38 [動], kerätä 35 [動]
とりちがえる 〔取り違える〕 (誤解する) käsittää väärin (käsittää* 2 [動])
とりつぎ 〔取り次ぎ〕 取り次ぎ業 välitysliike* 78 [名]
トリック metku 1 [名]
とりつぐ 〔取り次ぐ〕 välittää* 2 [動]
とりつける 〔取り付ける〕 (機械などを) asentaa* 8 [動]
とりで 〔砦〕 (城砦) linna 10 [名]
とりにく 〔鳥肉〕〈料〉 linnunpaisti 4 [名]

とりのぞく〔取り除く〕poistaa 2〔動〕, raivata 35〔動〕
とりはずす〔取り外す〕riisua 1〔動〕
とりはだ〔鳥肌〕kananliha 10〔名〕／鳥肌立って kananlihalla
とりはらう〔取り払う〕nujertaa* 6〔動〕, nitistää 2〔動〕
とりひき〔取り引き〕〈経〉kauppavaihto* 1〔名〕, kaupankäynti* 4〔名〕
ドリブル〈ス〉pujottelu 2〔名〕／ドリブルする pujotella* 28〔動〕
とりぶん〔取り分〕saaminen 63〔名〕, saatava 13〔名〕
とりまく〔取り巻く〕ympäröidä 30〔動〕, saartaa* 12〔動〕
とりみだす〔取り乱す〕（慌てる）joutua ymmälleen (joutua* 1〔動〕)
とりもどす〔取り戻す〕saada takaisin (saada 19〔動〕)
とりやめ〔取り止め〕peruutus 64〔名〕
とりやめる〔取り止める〕peruuttaa* 2〔動〕
とりょう〔塗料〕maali 4〔名〕, väri 4〔名〕
どりょう〔度量〕度量が大きい avarakatseinen 63〔形〕, antelias 66〔形〕
どりょく〔努力〕pyrkimys 64〔名〕, ponnistus 64〔名〕／努力する pyrkiä* 17〔動〕, ponnistaa 2〔動〕
とりよせる〔取り寄せる〕saada 19〔動〕, hankkia* 17〔動〕
ドリル（錐）sähköpora 11〔名〕
とりわけ〔取り分け〕（ことに）muun muassa, varsinkin〔副〕
とる〔取る〕ottaa* 2〔動〕, siepata* 35〔動〕,（手に入れる）hakea* 13〔動〕／取って来る noutaa* 2〔動〕, hakea* 13〔動〕
とる〔採る〕（雇う）pitää työssä (pitää* 2〔動〕)
とる〔撮る〕写真を撮る ottaa valokuva (ottaa* 2〔動〕)
どれ kumpi* 22〔代〕

どれい〔奴隷〕orja 11 [名]
トレードマーク tavaramerkki* 4 [名], tavaraleima 10 [名]
トレーニング koulutus 64 [名],〈ス〉valmennus 64 [名]
ドレス puku* 1 [名], juhlapuku* 1 [名]
ドレッシング kastike* 78 [名]
とれる〔取れる〕(取り除かれる) poistua 1 [動]
どろ〔泥〕lieju 1 [名], muta* 11 [名]
ドロップ karamelli 4 [名], makeinen 63 [名]
どろどろ どろどろの(液体について) sakea 21 [形]
どろぬま〔泥沼〕rapakko* 2 [名]
トロフィー voitonmerkki* 4 [名]
どろぼう〔泥棒〕rosvo 1 [名], varas* 66 [名]
どろよけ〔泥除け〕(自転車・自動車の) lokasuoja 11 [名]
トロンボーン〈楽〉pasuuna 18 [名]
トン(重さ) tonni 4 [名]
とんカツ〔豚カツ〕porsaankyljys 64 [名]
どんかん〔鈍感〕鈍感な tylsä 11 [形]
どんぐり〈植〉terho 1 [名]
どんぞこ〔どん底〕syvyys* 65 [名], pohja 11 [名]
とんち〔頓知〕vitsi 4 [名]
とんでもない(ひどい) kauhea 21 [形], hirveä 21 [形]
とんとんびょうし〔とんとん拍子〕とんとん拍子に sujuvasti [副]
どんな mikä [疑代] /どんな種類の millainen 63 [形]
どんなに どんなに〜でも kuinka... tahansa
トンネル tunneli 5 [名]
とんぼ〔蜻蛉〕〈虫〉sudenkorento* 2 [名], korento* 2 [名]
とんや〔問屋〕välitysliike* 78 [名]
どんよく〔貪欲〕貪欲な ahne 78 [形], saita* 10 [形]

な

な〔名〕nimi 8 [名]
な〔菜〕vihannes 64 [名]
ない〔無い〕~無しに（分格と共に）vailla [後] [前], （分格と共に）ilman [前]
ないか〔内科〕内科の病気 sisätauti* 4 [名]
ないかい〔内海〕〈地〉välimeri 32 [名]
ないがい〔内外〕kotimaa ja ulkomaa (kotimaa 28 [名], ulkomaa 28 [名])
ないかく〔内格〕〈言〉inessiivi 4 [名]
ないかく〔内閣〕valtioneuvosto 2 [名], hallitus 64 [名]
ないこう〔内向〕内向的 umpimielinen 63 [形]
ないし（又は）tai [接], eli [接]
ないじ〔内耳〕〈解〉korvasokkelo 2 [名], 〈解〉sisäkorva 11 [名]
ないしゅっけつ〔内出血〕verenpurkauma 13 [名]
ないしょばなし〔内緒話〕salaisuus* 65 [名]
ないせん〔内戦〕kansalaissota* 11 [名], sisällissota* 11 [名]
ないせん〔内線〕内線番号 alanumero 2 [名]
ないそう〔内装〕sisustus 64 [名]／内装をする sisustaa 2 [動]
ナイチンゲール〈鳥〉（さよなきどり）satakieli 32 [名]
ナイト（騎士）ritari 5 [名]
ナイフ veitsi 47 [名], puukko* 1 [名]
ないぶ〔内部〕~の内部に（属格と共に）sisäpuolella [後], （属格と共に）sisällä [後], （属格と共に）sisässä [後]
ないふく〔内服〕内服用に sisäisesti [副]
ないみつ〔内密〕salaisuus* 65 [名]
ないめん〔内面〕sisäpuoli 32 [名], sisus 64 [名]
ないよう〔内容〕sisältö* 1 [名], sisällys 64 [名]

ないらん〔内乱〕kapina 14 [名]
ないりく〔内陸〕sisämaa 28 [名], sydänmaa 28 [名]
ナイロン nailon 7 [名], nylon 7 [名]
なえ〔苗〕〈農〉taimi 35 [名], istukas* 66 [名]
なお〔尚〕vielä [副], yhä [副]
なおざり なおざりにする laiminlyödä 21 [動], jättää tekemättä (jättää* 2 [動])
なおす〔治す〕(病気を) parantaa* 42 [動], hoitaa* 4 [動]
なおす〔直す〕korjata 35 [動], (間違いを) oikaista 24 [動], oikoa* 1 [動]
なおる〔治る〕(病気が) parantua* 1 [動], tulla terveeksi (tulla 25 [動])
なおる〔直る〕(故障などが) korjautua* 44 [動], parantua* 1 [動]
なか〔中〕〜の中で (属格と共に) parissa [後], (属格と共に) keskuudessa [後], (属格と共に) joukossa [後], (属格と共に) sisässä [後], (属格と共に) sisällä [後], (属格と共に) sisäpuolella [後]
なか〔仲〕仲が悪い eripurainen 63 [形], epäsopuinen 63 [形]
ながい〔長い〕pitkä 11 [形] (比較級 pitempi* 22 [形], 最上級 pisin* 59 [形]) ／長い間 kauan [副] ／長くなる pidentyä* 1 [動]
ながいき〔長生き〕長生きの pitkäikäinen 63 [形]
ながいす〔長椅子〕penkki* 4 [名], divaani 6 [名]
なかがい〔仲買〕välitysliike* 78 [名] ／仲買人〈商〉välittäjä 16 [名]
ながぐつ〔長靴〕saapas* 66 [名]
なかごろ〔中頃〕〜の中頃に (属格と共に) puolivälissä [後]
ながし〔流し〕(キッチンの) tiskiallas* 66 [名], astia(i)npesuallas* 66 [名]
ながしめ〔流し目〕流し目で見る vilkuilla 29 [動]
ながす〔流す〕vuodattaa* 2 [動], soluttaa* 2 [動]
ながそで〔長袖〕長袖の pitkähihainen 63 [形]
なかたがい〔仲違い〕仲違い epäsointu* 1 [名] ／仲違いする riitaantua* 1 [動]

ながたらしい〔長たらしい〕pitkäveteinen 63 [形]
ながつづき〔長続き〕長続きする pitää pintansa, pysyä 1 [動] (pitää* 2 [動], pinta* 10 [名])
なかなおり〔仲直り〕仲直りする leppyä* 1 [動]
なかなか（かなり）aivan [副], kokonaan [副], oikein [副]
ながなが〔長々〕（長い間）kauan [副], pitkän aikaa
なかにわ〔中庭〕piha 10 [名], pihamaa 28 [名]
ながねん〔長年〕長年の monivuotinen 63 [形]
なかば〔半ば〕〜の半ば頃に（属格と共に）puolivälissä [後],（属格と共に）puolimaissa [後]
ながばなし〔長話〕loru 1 [名]
ながびく〔長引く〕pitkistyä 1 [動], pitkittyä* 1 [動]
なかほど〔中程〕中程に puolimatkassa, puolitiessä
なかま〔仲間〕toveri 5 [名], kumppani 5 [名]
なかみ〔中身〕sisältö* 1 [名], sisällys 64 [名]
ながめ〔眺め〕（景色）maisema 13 [名], näköala 10 [名]
ながめる〔眺める〕katsella 28 [動], tuijottaa* 2 [動]
ながもち〔長持ち〕長持ちする säilyä 1 [動]
なかやすみ〔中休み〕levähdys 64 [名]／中休みする levätä* 40 [動]
なかゆび〔中指〕keskisormi 8 [名]
なかよし〔仲良し〕sopu* 1 [名]／仲良しの sopuisa 13 [形]
ながらく〔長らく〕kauan [副], pitkän aikaa
ながれ〔流れ〕virta* 10 [名], puro 1 [名]
ながれくだる〔流れ下る〕solua 1 [動]
ながれだす〔流れ出す〕tulvia 17 [動], tulvehtia* 17 [動]
ながれでる〔流れ出る〕vuotaa* 4 [動], valua 1 [動]
ながれぼし〔流れ星〕〈天〉tähdenlento* 1 [名], lentotähti* 8 [名]
ながれもの〔流れ者〕kulkuri 5 [名], irtolainen 63 [名]
ながれる〔流れる〕virrata* 35 [動], solua 1 [動]
なかんずく muun muassa
なき〔亡き〕（死んだ）kuollut 77 [形]
なぎ〔凪〕（風がやむ事）tyyneys* 65 [名], tyven 55

[名]
なきごえ〔泣き声〕itku [名], vinkuna 15 [名]
なきごえ〔鳴き声〕(小鳥・こおろぎなどの) sirkutus 64 [名], sirinä 14 [名]
なきごと〔泣き言〕valitus 64 [名]
なぎさ〔渚〕(岸) merenranta* 10 [名], ranta* 10 [名]
なきさけぶ〔泣き叫ぶ〕parkua* 1 [動], itkeä 13 [動]
なきだす〔泣き出す〕(急に) tyrskähtää* 2 [動]
なきむし〔泣き虫〕itkupilli 4 [名]
なきわめく〔泣き喚く〕voihkia 17 [動]
なく〔泣く〕itkeä 13 [動], vetistellä 28 [動]／泣かせる itkettää* 2 [動]
なく〔鳴く〕(猫が) naukua* 1 [動], (雄鶏が) kiekua* 1 [動], (小鳥・こおろぎなどが) sirkuttaa* 2 [動]
なぐさめ〔慰め〕lohdutus 64 [名]
なぐさめる〔慰める〕lohduttaa* 2 [動]
なくす〔無くす〕kadottaa* 2 [動], menettää* 2 [動]
なくなる〔亡くなる〕kuolla 25 [動]
なくなる〔無くなる〕loppua* 1 [動], kadota* 38 [動]
なぐりあい〔殴り合い〕käsikähmä 11 [名], kahakka* 15 [名]
なぐりあう〔殴り合う〕tapella* 28 [動]
なぐる〔殴る〕lyödä 21 [動], rusikoida 30 [動]
なげかける〔投げ掛ける〕heittää* 2 [動], laskea 13 [動]
なげかわしい〔嘆かわしい〕valitettava 13 [形]
なげき〔嘆き〕valitus 64 [名], itku 1 [名]
なげきかなしむ〔嘆き悲しむ〕vaikeroida 30 [動], vaikertaa* 6 [動]
なげく〔嘆く〕valittaa* 2 [動], itkeä 13 [動]
なげすてる〔投げ捨てる〕heittää* 2 [動]
なげだす〔投げ出す〕(身を) heittäytyä* 44 [動]
なげつける〔投げ付ける〕paiskata 35 [動], singota* 38 [動], heittää* 2 [動]
なげとばす〔投げ飛ばす〕lennättää* 2 [動], lingota* 38 [動], heittää* 2 [動]
なげやり〔投げ遣り〕(無責任) laiminlyönti* 4 [名]

なげる〔投げる〕heittää* 2 [動], heitellä* 28 [動]
なければ なければならない (3人称単数形で) täytyä* 1 [動], (3人称単数形で) pitää* 2 [動]
なこうど〔仲人〕puhemies 72 [名]
なごむ〔和む〕(気持ちが) heltyä* 1 [動], herkistyä 1 [動]
なごり〔名残〕jälki* 8 [名], (通常は複数形で) jäännös 64 [名]
なさけ〔情け〕armo 1 [名], sääli 4 [名]
なさけない〔情け無い〕(嘆かわしい) valitettava 13 [形], (惨めな) kurja 11 [形]
なさけぶかい〔情け深い〕armollinen 63 [形], sääliväinen 63 [形]
なし〔梨〕洋梨 (果物) päärynä 18 [名]
なしとげる〔成し遂げる〕toteuttaa* 2 [動], toimeenpanna 27 [動]
なじみ〔馴染〕馴染の tutunomainen 63 [形]
なじむ〔馴染む〕(入格と共に) tottua* 1 [動]
ナショナリズム kansalliskiihko 1 [名]
なす〔成す〕(やり遂げる) suorittaa* 2 [動], toteuttaa* 2 [動]
なぜ〔何故〕miksi [副], mistä syystä
なぜなら koska [接], sillä [接]
なぞ〔謎〕arvoitus 64 [名] ／謎の mysti(lli)nen 63 [形]
なぞなぞ〔謎々〕arvoitus 64 [名]
なぞめいた arvoituksellinen 63 [形], arvoituksenomainen 63 [形]
なた〔鉈〕(薪割りなどに使う道具) kirves 67 [名]
なだかい〔名高い〕(世界的に) maailmankuulu 1 [形]
なだめる〔宥める〕(静める) rauhoittaa* 2 [動]
なだらか なだらかな loiva 11 [形]
なだれ〔雪崩〕vyöry 1 [名], lumivyöry 1 [名]
なつ〔夏〕kesä 11 [名] ／夏の間に kesän aikana
なついん〔捺印〕捺印する leimata 35 [動]
なつかしい〔懐かしい〕kaihoisa 13 [形], kaihomielinen 63 [形]
なつかしむ〔懐かしむ〕kaivata* 40 [動], ikävöidä 30

なづける 〔名付ける〕nimetä 36 [動], nimittää* 2 [動]
ナッツ pähkinä 15 [名]
ナット 〈技〉mutteri 5 [名]
なっとく 〔納得〕納得する vakuuttautua* 44 [動]
ナップザック reppu* 1 [名]
なつめやし 〔棗椰子〕〈植〉taateli 5 [名], taatelipalmu 1 [名]
なつやすみ 〔夏休み〕kesäloma 11 [名]
なでしこ 〔撫子〕〈植〉neilikka* 15 [名], 〈植〉puna-ailakki* 6 [名]
なでる 〔撫でる〕sivellä 28 [動], silittää* 2 [動]
など 〔等〕等々 ja niin edelleen (jne. と省略), ja niin edespäin (jne. と省略)
ナトー NATO, Atlantin liitto (liitto* 1 [名])
ナトリウム 〈化〉natrium 7 [名]
なな 〔七〕seitsemän 62 [基数]／七番目 seitsemäs* 75 [序数]
ななかまど 〔七竈〕〈植〉pihlaja 16 [名]
ななつ 〔七つ〕seitsemän 62 [基数]／七つ目 seitsemäs* 75 [序数]
ななほしてんとう 〔七星天道虫〕seitsenpistepirkko* 1 [名]
ななめ 〔斜め〕斜めの vino 1 [形]／斜めに vinosti [副]
なに 〔何〕mikä (変化表参照) [疑代]／何も～ない mikään (変化表参照) [不代]
なにか 〔何か〕jokin (変化表参照) [不代], mikään (変化表参照) [不代]
なにげない 〔何気無い〕tilapäinen 63 [形]／何気無く tilapäisesti [副]
なにごと 〔何事〕(何) mikä (変化表参照) [疑代]
なにしろ 〔何しろ〕(とにかく) joka tapauksessa
なにもかも 〔何もかも〕kaikki* 8 [不代]
なにもの 〔何者〕(誰) kuka (変化表参照) [疑代]
なびく 〔靡く〕(風に) hulmuta 39 [動], liehua 1 [動], heilua 1 [動]

ナプキン lautasliina 10 [名], pöytäliina 10 [名]
ナフサ vuoriöljy 1 [名]
なふだ〔名札〕nimilappu* 1 [名]
ナフタリン（衣類の）naftaliinipallo 1 [名]
なべ〔鍋〕(食物を作る器) pata* 10 [名], kattila 15 [名]
なま〔生〕生の raaka* 10 [形], kypsymätön* 57 [形]
なまいき〔生意気〕生意気な röyhkeä 21 [形]／生意気に röyhkeästi [副]
なまえ〔名前〕nimi 8 [名], etunimi 8 [名]
なまけ〔怠け〕laiskuus* 65 [名], joutilaisuus* 65 [名]
なまけもの〔怠け者〕laiskuri 5 [名], tyhjäntoimittaja 16 [名]
なまける〔怠ける〕laiskotella* 28 [動]／怠けて laiskasti [副]
なまこ〔生子〕生子板 aaltolevy 1 [名]
なまゴム〔生ゴム〕kautsu 1 [名], raakakumi [名]
なまジュース〔生ジュース〕tuoremehu 1 [名]
なまず〔鯰〕〈魚〉merikissa 10 [名]
なまぬるい〔生温い〕haalea 21 [形], penseä 21 [形]
なまめかしい〔艶かしい〕keimaileva 13 [形]
なまやけ〔生焼け〕生焼けの (肉について) puolikypsä 11 [形]
なまり〔訛〕(方言) murre* 78 [名]
なまり〔鉛〕lyijy 1 [名]
なみ〔波〕aalto* 1 [名], laine 78 [名]
なみ〔並み〕並みの tavallinen 63 [形], kohtalainen 63 [形]
なみいた〔波板〕aaltolevy 1 [名]
なみうつ〔波打つ〕aaltoilla 29 [動], lainehtia* 17 [動]
なみがしら〔波頭〕aallonharja 10 [名]
なみかぜ〔波風〕tuuli ja aalto, (もめ事) levottomuus* 65 [名] (tuuli 32 [名], aalto* 1 [名])
なみき〔並木〕並木道 lehtikuja 11 [名]
なみだ〔涙〕kyynel 82 [名]／涙を流す kyyneltyä* 1 [動], itkeä 13 [動]
なみだぐむ〔涙ぐむ〕kyyneltyä* 1 [動]／涙ぐんで kyynelsilmin [副]

なみなみ なみなみと ääriään myöten
なみはずれ〔並外れ〕並外れの ylimääräinen 63 [形]
なめくじ〔蛞蝓〕〈虫〉etana 18 [名]
なめす〔鞣す〕〈革〉parkita 31 [動]
なめらか〔滑らか〕滑らかな sileä 21 [形] ／滑らかに sujuvasti [副] ／滑らかにする silittää* 2 [動]
なめる〔舐める〕(舌で) nuolaista 24 [動], nuolla 25 [動]
なや〔納屋〕riihi 32 [名]
なやます〔悩ます〕vaivata 35 [動], kiusata 35 [動]
なやみ〔悩み〕harmi 4 [名], kiusa 10 [名], vaiva 10 [名]
なやむ〔悩む〕riivautua* 44 [動], riivaantua* 1 [動]
なら〔楢〕〈植〉tammi 8 [名]
ならう〔習う〕oppia* 17 [動], opetella* 28 [動]
ならう〔倣う〕matkia 17 [動], jäljitellä* 28 [動]
ならす〔均す〕(平らにする) tasoittaa* 2 [動]
ならす〔慣らす・馴らす〕totuttaa* 2 [動], (動物を) kesyttää* 2 [動]
ならす〔鳴らす〕(鐘・鈴などを) soittaa* 2 [動], kalahuttaa* 2 [動]
ならずもの〔ならず者〕renttu* 1 [名]
ならない なければならない (3人称単数形で) täytyä* 1 [動], (3人称単数形で) pitää* 2 [動]
ならび〔並び〕jono 11 [名]
ならぶ〔並ぶ〕(列になる) jonottaa* 2 [動] ／〜と並んで rinnan＋属格＋kanssa
ならべる〔並べる〕rinnastaa 2 [動], asetella* 28 [動]
ならわし〔習わし〕tottumus 64 [名], tapa* 10 [名]
なり (外見) ulkonäkö* 1 [名], ulkomuoto* 1 [名], asu 1 [名]
なりたち〔成り立ち〕(起源) alku* 1 [名], synty* 1 [名]
なりたつ〔成り立つ〕muodostua 1 [動]
なりひびく〔鳴り響く〕sointuva 13 [形], soinnukas* 86 [形]
なりゆき〔成り行き〕meno 1 [名]
なる〔成る〕〜に成る (変格と共に) tulla 25 [動]

なる〔鳴る〕soida 18 [動], raikua* 1 [動]
なるべく mikäli mahdollista
なるほど〔成程〕aivan niin, ymmärrän, vai niin
なれ〔慣れ〕tottumus 64 [名]
ナレーション kertominen 63 [名]
ナレーター kertoja 16 [名]
なれる〔慣れる・馴れる〕〜に慣れる（入格と共に）tottua* 1 [動], （入格と共に）perehtyä* 1 [動]
なわ〔縄〕köysi* 40 [名]
なわばしご〔縄梯子〕köysiportaat* 66 [複名], köysitikkaat* 66 [複名]
なん〔難〕vaikeus* 65 [名], tuho 1 [名] ／難なく helposti [副]
なんかい〔何回〕何回も monta kertaa, usein [副]
なんかい〔難解〕難解な vaikeatajuinen 63 [形]
なんかん〔難関〕este 78 [名], vaikeus* 65 [名]
なんぎ〔難儀〕ahdistus 64 [名], tuska 11 [名]
なんきょく〔南極〕etelänapa* 10 [名] ／南極圏 eteläinen napapiiri (eteläinen 63 [形], napapiiri 4 [名])
なんきょく〔難局〕pulma 11 [名]
なんこ〔何個〕montako kappaletta
なんこう〔軟膏〕（外用薬）voide* 78 [名], salva 10 [名]
なんごく〔南国〕etelä 12 [名]
なんこつ〔軟骨〕rusto 1 [名]
なんじ〔何時〕何時に mihin aikaan
なんじかん〔何時間〕montako tuntia
なんせい〔南西〕lounas 66 [名] ／南西の lounainen 63 [形]
なんせん〔難船〕haaksirikko* 1 [名], merihätä* 11 [名]
ナンセンス hölynpöly 1 [名]
なんだい〔難題〕päänvaiva 10 [名]
なんだか〔何だか〕（何となく）jollakin tavalla, tavalla tai toisella
なんちょう〔難聴〕難聴の huonokuuloinen 63 [形]
なんでも〔何でも〕（総て）kaikki* 8 [不代]
なんと〔何と〕（感嘆を表す）miten [副]

なんど〔何度〕(気温について) montako astetta／何度も (何回も) monta kertaa, usein [副]

なんとう〔南東〕kaakko* 1 [名]／南東の kaakkoinen 63 [形]

なんとか〔何とか〕何とかして tavalla tai toisella

なんとなく〔何となく〕jollakin tavalla, tavalla tai toisella

なんとも〔何とも〕何とも言えない sanoinkuvaamaton* 57 [形], sanomaton* 57 [形]

なんにち〔何日〕monesko päivä, minä päivänä

なんねん〔何年〕montako vuotta

なんぱ〔難破〕haaksirikko* 1 [名], merihätä* 11 [名]

ナンバープレート numerolevy 1 [名]

なんぷん〔何分〕montako minuuttia, kuinka monta minuuttia

なんみん〔難民〕pakolainen 63 [名]

なんもん〔難問〕vaikeus* 65 [名], pulma 11 [名], ongelma 16 [名]

に

に〔二〕kaksi* 51 [基数]／二番目 toinen 63 [序数]

に〔荷〕kuorma 11 [名], lasti 4 [名]

にあう〔似合う〕sointua* 1 [動]

にい〔二位〕二位の toissijainen 63 [形]

にいさん〔兄さん〕isoveli 84 [名]

にいづま〔新妻〕nuorikko* 2 [名]

にえる〔煮える〕kiehua 1 [動], kypsyä 1 [動]

におい〔匂い・臭い〕tuoksu 1 [名], haju 1 [名]

におう〔匂う〕tuoksua 1 [動]

にかい〔二回〕kaksi kertaa, kahdesti [副]

にかい〔二階〕二階席 parveke* 78 [名]

にがい〔苦い〕(味と匂いについて) katkera 12 [形], kitkerä 12 [形]

にがおえ〔似顔絵〕muotokuva 11 [名]
にがす〔逃がす〕(自由にしてやる) vapauttaa* 2 [動]
にがつ〔二月〕helmikuu 29 [名]
にがて〔苦手〕heikko kohta (heikko* 1 [形], kohta* 11 [名])
にがわらい〔苦笑い〕väkinäinen hymy (väkinäinen 63 [形], hymy 1 [名])
にがん〔二眼〕二眼レフ kaksisilmäinen peilikamera (kaksisilmäinen 63 [形], peilikamera 15 [名])
にきび〔面皰〕pisama 16 [名], näppylä 14 [名]
にぎやか〔賑やか〕賑やかな (人通りがある) vilkasliikenteinen 63 [形]
にきゅう〔二級〕二級の toisarvoinen 63 [形], toissijainen 63 [形]
にぎり〔握り〕ote* 78 [名], kiinnike* 78 [名]
にぎりしめる〔握り締める〕puristaa 2 [動], (手を) puristaa kättä
にぎる〔握る〕pidellä* 28 [動], puristaa 2 [動]
にぎわう〔賑わう〕(混雑する) vilistä 41 [動], (繁栄する) kukoistaa 2 [動]
にく〔肉〕liha 10 [名]／肉料理 liharuoka* 11 [名]
にくい〔憎い〕vihattava 13 [形], inhottava 13 [形]
ーにくい (難しい) vaikea 21 [形]
にくがん〔肉眼〕肉眼で paljain silmin
にくしみ〔憎しみ〕inho 1 [名], viha 10 [名]
にくしょく〔肉食〕肉食の lihansyöjä 11 [形]
にくしん〔肉親〕sukulainen 63 [名]
にくたい〔肉体〕ruumis 68 [名]
にくみ〔憎み〕inho 1 [名], viha 10 [名]
にくむ〔憎む〕inhota 38 [動], vihata 35 [動]
にくや〔肉屋〕(店) lihakauppa* 10 [名], (店員) lihakauppias 66 [名]
にくよく〔肉欲〕aistillisuus* 65 [名]／肉欲的な aistillinen 63 [形]
にくらしい〔憎らしい〕vihattava 13 [形], inhottava 13 [形]
にぐるま〔荷車〕(かご付き) häkkirattaat* 66 [複名]
にげだす〔逃げ出す〕karata* 35 [動], lähteä pa-

koon (lähteä* 16 [動])
にげみち 〔逃げ道〕uloskäytävä 13 [名]
にげる 〔逃げる〕paeta* 34 [動], karata* 35 [動]
にごす 〔濁す〕liata* 35 [動], (言葉を) puhua epäselvästi (puhua 1 [動])
にこにこ にこにこする hymyillä 29 [動]
にごる 〔濁る〕sameta 34 [動], samentua* 1 [動]
にさん 〔二三〕二三の pari 4 [不数], parisen 不変化 [不数]
にさんか 〔二酸化〕二酸化炭素〈化〉hiilidioksidi 6 [名]
にし 〔西〕länsi* 44 [名]／西の läntinen 63 [形]
にじ 〔虹〕(空に掛かる) sateenkaari 32 [名], taivaankaari 32 [名]
にじ 〔二次〕(二番目の) toinen 63 [形]
にじます 〔虹鱒〕〈魚〉kirjolohi 33 [名]
にじみでる 〔滲み出る〕(水などが) pursua 1 [動], tirskua 1 [動]
にしゃ 〔二者〕二者択一 vaihtoehto* 1 [名]
にじゅう 〔二十〕kaksikymmentä (kaksi* 51 [基数], kymmenen 55 [基数])
にじゅう 〔二重〕二重の kaksinkertainen 63 [形]／二重にする kahdentaa* 8 [動]
にしゅるい 〔二種類〕二種類の kaksinainen 63 [形], kahdenlainen 63 [形]
にしん 〔鯡〕〈魚〉silli 4 [名]
ニス lakka* 10 [名], vernissa 15 [名]
にせ 〔偽〕偽の väärä 11 [形], väärennetty* 2 [形]／偽物 väärennös 64 [名]
にちじょう 〔日常〕日常語 kansankieli 32 [名]
にちぼつ 〔日没〕auringonlasku 1 [名]
にちよう 〔日用〕日用品 elintarvike*78 [名], talousesine 78 [名]
にちようび 〔日曜日〕sunnuntai 27 [名], lepopäivä 11 [名]
にっかん 〔日刊〕日刊の jokapäiväinen 63 [形]／日刊紙 päivälehti* 8 [名]
にっき 〔日記〕päiväkirja 10 [名]
にっきゅう 〔日給〕päiväpalkka* 10 [名]

にっきん〔日勤〕päivävuoro 1 [名]
ニックネーム pilkkanimi 8 [名]
にづくり〔荷作り〕荷作りする pakata* 35 [動]
ニッケル〈金〉nikkeli 5 [名]
にっこう〔日光〕auringonvalo 1 [名]
にっこり にっこりする hymyillä 29 [動]
にっし〔日誌〕päiväkirja 10 [名]
にっしゃびょう〔日射病〕auringonpisto 1 [名], auringonpistos 64 [名]
にっしょく〔日食〕auringonpimennys 64 [名]
にっちゅう〔日中〕päivä 11 [名], keskipäivä 11 [名] ／日中に keskipäivällä
にってい〔日程〕päiväohjelma 13 [名]
にっとう〔日当〕päiväpalkka* 10 [名]
にっぽん〔日本〕Japani 6 [名]／日本の japanilainen 63 [形]／日本語 japani 6 [名]／日本人 japanilainen 63 [名]
にディーケー〔2 DK〕kaksio 3 [名]
にど〔二度〕（二回）kaksi kertaa, kahdesti [副]
にとう〔二等〕（2番目）toinen 63 [序数], (2級の) toisen luokan
にとうぶん〔二等分〕二等分する puolittaa* 2 [動]
になう〔担う〕（責任などを）ottaa osaa (ottaa* 2 [動])
のつぎ〔二の次〕sivuseikka* 10 [名]
にばん〔二番〕二番目に toiseksi [副]
にぶい〔鈍い〕（刃が）tylppä* 11 [形], (言動が) tylsä 11 [形]
にふだ〔荷札〕osoitelappu* 1 [名]
にぶる〔鈍る〕（刃が）tylsyä 1 [動]
にぶん〔二分〕kahtiajako* 1 [名]／二分の一 puolikas* 66 [名]
にほん〔日本〕Japani 6 [名]／日本の japanilainen 63 [形]／日本語 japani 6 [名]／日本人 japanilainen 63 [名]
にもかかわらず〔にも拘わらず〕vaikka [接]
にもつ〔荷物〕tavara 15 [名], kuorma 11 [名], (重い) taakka* 10 [名]／荷物を積む kuormata 35

にやける にやけた男 keikari 5 [名]
にやにや にやにやする virnistää 2 [動]
ニュアンス sävy 1 [名], vivahde* 78 [名]
にゅうかい〔入会〕pääsy 1 [名]／入会金 pääsymaksu 1 [名]
にゅうがく〔入学〕pääsy kouluun／入学試験 pääsytutkinto* 2 [名] (pääsy 1 [名])
にゅうぎゅう〔乳牛〕lypsylehmä 11 [名]
にゅうこく〔入国〕入国審査 passintarkastus 64 [名]
にゅうし〔入試〕(大学の) ylioppilastutkinto* 2 [名]
にゅうしゅ〔入手〕lunastus 64 [名], hankinta* 15 [名]／入手する lunastaa 2 [動], hankkia* 17 [動]
にゅうしょう〔入賞〕入賞する saada palkinto (saada 19 [動], palkinto* 2 [名])
にゅうじょう〔入場〕sisäänpääsy 1 [名]／入場券 pääsylippu* 1 [名]
にゅうしょく〔入植〕入植者 uudisasukas* 66 [名]
ニュース uutinen 63 [名], sanoma 13 [名]
にゅうせいひん〔乳製品〕maitotuote* 78 [名]
にゅうせん〔入選〕valinta* 15 [名]
にゅうねん〔入念〕入念に huolellisesti [副], varovaisesti [副]
にゅうもん〔入門〕入門書 aapinen 63 [名], aapiskirja 10 [名]
にゅうよく〔入浴〕kylpy* 1 [名]／入浴する kylpeä* 13 [動]
にゅうわ〔柔和〕柔和な maltillinen 63 [形], kärsivällinen 63 [形]
にょう〔尿〕virtsa 10 [名]／尿をする virtsata 35 [動]
にょうぼう〔女房〕vaimo 1 [名]
にらみあう〔睨み合う〕(反対する) riidellä* 28 [動]
にらむ〔睨む〕(怒って) tuijottaa vihaisesti (tuijottaa* 2 [動])
にりゅう〔二流〕二流の toisarvoinen 63 [形], toissijainen 63 [形]
にる〔似る〕〜に似る (入格と共に) vivahtaa* 2 [動]／〜に似ている (属格と共に) kaltainen 63 [形], (属

格と共に) näköinen 63 [形]
にる〔煮る〕keittää* 2 [動]
にれ〔楡〕〈植〉jalava 16 [名]
にわ〔庭〕puutarha 10 [名]
にわか〔俄か〕俄かの äkillinen 63 [形] ／俄か雨 sadekuuro 1 [名]
にわし〔庭師〕puutarhuri 5 [名]
にわとり〔鶏〕(雄の) kukko* 1 [名], (雌の) kana 10 [名]
にん〔人〕～人の (数詞と共に) henkinen 63 [形]
にんい〔任意〕任意の vapaaehtoinen 63 [形]
にんか〔認可〕myönnytys 64 [名]
にんき〔人気〕人気のある suosittu* 1 [形]
にんき〔任期〕toimikausi* 40 [名]
にんぎょ〔人魚〕merenneito* 1 [名]
にんぎょう〔人形〕nukke* 9 [名]
にんげん〔人間〕ihminen 63 [名] ／人間味のある inhimillinen 63 [形]
にんしき〔認識〕tunnustus 64 [名]
にんじゅう〔忍従〕忍従する (入格と共に) alistua 1 [動]
にんじょう〔人情〕人情のある inhimillinen 63 [形], ihmisystävällinen 63 [形]
にんじる〔任じる〕nimittää virkaan (nimittää* 2 [動])
にんしん〔妊娠〕raskaus* 65 [名] ／妊娠している odottaa* 2 [動]
にんじん〔人参〕〈植〉porkkana 15 [名]
にんずう〔人数〕henkilöluku* 1 [名], lukumäärä 11 [名]
にんそう〔人相〕piirre* 78 [名]
にんたい〔忍耐〕忍耐強い kärsivällinen 63 [形] ／忍耐する kärsiä 17 [動]
にんてい〔認定〕認定する laillistaa 2 [動]
にんにく〔大蒜〕〈植〉valkosipuli 5 [名]
にんむ〔任務〕velvollisuus* 65 [名], tehtävä 13 [名]
にんめい〔任命〕sijoitus 64 [名]

ぬ

ぬいあわせる〔縫い合わせる〕saumata 35 [動], nitoa* 1 [動]
ぬいぐるみ〔縫い包み〕kangasnukke* 9 [名]
ぬいつける〔縫い付ける〕neuloa 1 [動]
ぬいばり〔縫い針〕silmäneula 10 [名]
ぬいめ〔縫い目〕sauma 10 [名]
ぬいもの〔縫い物〕ompelu 2 [名] ／縫い物をする ommella* 28 [動]
ぬう〔縫う〕neuloa 1 [動], ommella* 28 [動]
ぬかる〔抜かる〕(失敗する) epäonnistua 1 [動]
ぬかるみ〔泥濘〕lieju 1 [名], loka* 11 [名]
ぬく〔抜く〕(引き抜く) vetää* 2 [動], kiskoa 1 [動], (追い越す) ylittää* 2 [動]
ぬぐ〔脱ぐ〕(衣服を) riisua (yltään) (riisua 1 [動])
ぬぐいさる〔拭い去る〕pyyhkiä* 17 [動]
ぬぐう〔拭う〕(拭き取る) pyyhkiä* 17 [動]
ぬけだす〔抜け出す〕(苦境から) (出格と共に) suoriutua* 44 [動]
ぬけぬけと törkeästi [副], häpeämättömästi [副]
ぬけみち〔抜け道〕sivutie 30 [名], sivukatu* 1 [名]
ぬけめ〔抜け目〕抜け目のない ovela 12 [形] ／抜け目なく ovelasti [副]
ぬける〔抜ける〕(落ちる) pudota* 38 [動], (通り抜ける) mennä läpi (mennä 27 [動])
ぬし〔主〕(主人) isäntä* 11 [名]
ぬすびと〔盗人〕(泥棒) varas* 66 [名]
ぬすみ〔盗み〕varkaus* 65 [名], ryöstö 1 [名]
ぬすむ〔盗む〕varastaa 2 [動], ryöstää 2 [動]
ぬの〔布〕kangas* 66 [名] ／布製の kankainen 63 [形]
ぬのぎれ〔布切れ〕pätkä 11 [名], pyyhin* 56 [名]

ぬま〔沼〕suo 30 [名]
ぬまち〔沼地〕suo 30 [名], neva 10 [名]
ぬらす〔濡らす〕(湿らす) kastaa 10 [動], valella 28 [動]
ぬる〔塗る〕(色を) värittää* 2 [動], (ペンキなどを) maalata 35 [動]
ぬるい〔温い〕haalea 21 [形], hailea 21 [形]
ぬるぬる ぬるぬるした limainen 63 [形], liukas* 66 [形]
ぬるまゆ〔ぬるま湯〕haalea vesi (haalea 21 [形], vesi* 40 [名])
ぬれる〔濡れる〕(湿る) kastua 1 [動], kostua 1 [動]

ね

ね〔音〕ääni 32 [名]
ね〔値〕hinta* 10 [名]
ね〔根〕juuri 39 [名]／根を張る juurtua* 1 [動]
ねあげ〔値上げ〕hinnankorotus 64 [名]
ねいる〔寝入る〕nukahtaa* 2 [動], vaipua uneen (vaipua* 1 [動])
ねいろ〔音色〕äänensävy 1 [名], ääni 32 [名]
ねうち〔値打ち〕arvo 1 [名]
ねえ hei [間]
ねえさん〔姉さん〕isosisko 84 [名]
ネームプレート laatta* 10 [名]
ネオン neon 7 [名]／ネオンサイン valomainos 64 [名]
ネガ〈写〉negatiivi 4 [名]
ねがい〔願い〕halu 1 [名], toivotus 64 [名]
ねがう〔願う〕haluta 39 [動], toivottaa* 2 [動]
ねかす〔寝かす〕(子供を) tuudittaa* 2 [動]
ねぎ〔葱〕長葱 purjo 1 [名]
ねぎらう〔労う〕(感謝する) kiittää* 2 [動]
ねぎる〔値切る〕tinkiä* 17 [動]
ネクタイ solmio 3 [名]

ねぐら〔塒〕pesä 11 [名], koti* 4 [名]
ネグリジェ yöpaita* 10 [名], yöpuku* 1 [名]
ねこ〔猫〕kissa 10 [名]
ねこかぶり〔猫被り〕teeskentely 2 [名]
ねこぜ〔猫背〕猫背の kumara 12 [形]
ねこむ〔寝込む〕（寝入る）nukahtaa* 2 [動], vaipua uneen (vaipua* 1 [動])
ねころぶ〔寝転ぶ〕maata* 35 [動]
ねさげ〔値下げ〕hinnanalennus 64 [名], 〈商〉alennusmyynti* 4 [名]
ねじ〔螺子〕ruuvi 4 [名]／螺子で締める ruuvata 35 [動]
ねじくぎ〔螺子釘〕ruuvi 4 [名]
ねじふせる〔捻じ伏せる〕nujertaa* 6 [動]
ねじまげる〔捻じ曲げる〕vääntää* 42 [動]
ねじまわし〔捻じ回し〕ruuvimeisseli 5 [名], ruuvinväännin* 56 [名]
ねじり〔捻じり〕vääntö* 1 [名]
ねじる〔捻じる〕vääntää* 42 [動]
ねすごす〔寝過ごす〕nukkua liikaa, nukkua yli (nukkua* 1 [動])
ねずみ〔鼠〕（大形の）rotta* 11 [名], （小形の）hiiri 32 [名]
ねそべる〔寝そべる〕paneutua* 44 [動], loikoa* 1 [動]
ねだ〔根太〕〈建〉vasa 10 [名]
ねたみ〔妬み〕mustasukkaisuus* 65 [名], kateus* 65 [名]
ねたむ〔妬む〕kadehtia* 17 [動], olla kateellinen (olla 25 [動], kateellinen 63 [形])
ねだる pyytää* 3 と 45 [動]
ねだん〔値段〕hinta* 10 [名]／値段をつける arvostaa 2 [動]
ねつ〔熱〕lämpö* 1 [名], （病気の時の）kuume 78 [名]
ねつい〔熱意〕hartaus* 65 [名], into* 1 [名], innostus 64 [名]
ネッカチーフ huivi 4 [名]
ねっき〔熱気〕（興奮）kiihtymys 64 [名], （サウナの）

löyly 1 [名]
ねっきょう〔熱狂〕熱狂的 yltiö 3 [形], yltiöpäinen 63 [形]
ねつく〔寝付く〕nukahtaa* 2 [動], vaipua uneen (vaipua* 1 [動])
ねづく〔根付く〕juurtua* 1 [動]
ネックレス kaulakoru 1 [名], (真珠の) helminauha 10 [名]
ねつじょう〔熱情〕kiihko 1 [名], kiihkeys* 65 [名], tuli 32 [名]
ねっしん〔熱心〕hartaus* 65 [名], into* 1 [名], innostus 64 [名]／熱心な harras* 66 [形], ahkera 12 [形], innokas* 66 [形]
ねっする〔熱する〕kuumentaa* 8 [動], lämmittää* 2 [動]
ねったい〔熱帯〕tropiikki* 6 [名]
ねっちゅう〔熱中〕into* 1 [名]／熱中する harrastaa 2 [動]／熱中している olla innoissaan (olla 25 [動])
ネット verkko* 1 [名]
ねっとう〔熱湯〕kuuma vesi (kuuma 11 [形], vesi* 40 [名])
ねつぼう〔熱望〕kaiho 1 [名], kaipaus 64 [名]／熱望する kaivata* 40 [動]
ねつれつ〔熱烈〕熱烈な kiihkeä 21 [形], kiihkomielinen 63 [形]
ねどこ〔寝床〕vuode* 78 [名], sänky* 1 [名]
ねば ねばならない (3人称単数形で) täytyä* 1 [動], (3人称単数形で) pitää* 2 [動], (3人称単数形で) olla pakko, tulla 25 [動]
ねばしょ〔寝場所〕yösija 10 [名]
ねばねば ねばねばする tahmea 21 [形]
ねばり〔粘り〕粘り気のある viskoosi 6 [形]／粘り強い kestävä 13 [形]
ねびき〔値引き〕hinnanalennus 64 [名]／値引きする tinkiä* 17 [動]
ねぶくろ〔寝袋〕makuupussi 4 [名]
ねふだ〔値札〕hintalappu* 1 [名]

ねぶみ〔値踏み〕arviointi* 4〔名〕／値踏みする arvioida 30〔動〕

ねぼう〔寝坊〕寝坊する nukkua liikaa, nukkua yli (nukkua* 1〔動〕)

ねぼける〔寝呆ける〕olla puolinukuksissa (olla 25〔動〕)

ねほりはほり〔根掘り葉掘り〕kaikin tavoin

ねまき〔寝間着〕yöpaita* 10〔名〕

ねむい〔眠い〕unelias 66〔形〕／眠くなる nukuttaa* 2〔動〕

ねむけ〔眠気〕uneliaisuus* 65〔名〕

ねむたい〔眠たい〕unelias 66〔形〕, uninen 63〔形〕／眠たくなる nukuttaa* 2〔動〕

ねむり〔眠り〕uni 32〔名〕／眠りに落ちる päästä uneen (päästä 24〔動〕)

ねむる〔眠る〕nukkua* 1〔動〕, mennä nukkumaan

ねもと〔根元〕tyvi 8〔名〕

ねゆき〔根雪〕lumipeite* 78〔名〕

ねらい〔狙い〕(目的) tavoite* 78〔名〕／狙いをつける tähdätä* 35〔動〕

ねらう〔狙う〕tähdätä* 35〔動〕, tähtäillä 29〔動〕

ねりこ〔練り粉〕taikina 15〔名〕, tahna 10〔名〕

ねる〔寝る〕(横になる) maata* 35〔動〕, paneutua* 44〔動〕

ねる〔練る〕(粉などを) alustaa taikina(a) (alustaa 2〔動〕)

ねんいり〔念入り〕念入りに huolellisesti〔副〕, varovaisesti〔副〕

ねんかん〔年鑑〕vuosikirja 10〔名〕

ねんかん〔年間〕年間の vuotuinen 63〔形〕

ねんがん〔念願〕halu 1〔名〕, toivomus 64〔名〕

ねんきん〔年金〕eläke* 78〔名〕, eläkeraha 10〔名〕

ねんざ〔捻挫〕〈医〉nyrjähdys 64〔名〕, venähdys 64〔名〕

ねんし〔年始〕alkuvuosi* 40〔名〕

ねんじゅう〔年中〕ympäri vuoden, vuoden ympäri

ねんしょう〔年少〕年少者 nuorukainen 63〔名〕, nuoriso 2〔名〕

ねんしょう〔燃焼〕poltto* 1 [名]
ねんすう〔年数〕(紀元の) vuosiluku* 1 [名]
ねんだい〔年代〕ikäkausi* 40 [名], vaihe 78 [名]
ねんちょう〔年長〕年長者 vanhempi henkilö (vanhempi* 22 [形], henkilö 2 [名])
ねんど〔年度〕vuosikausi* 40 [名], vuosi* 40 [名]
ねんど〔粘土〕savi 8 [名]
ねんど〔粘度〕粘度指数〈理〉viskositeetti* 4 [名]
ねんない〔年内〕年内に ennen vuoden loppua
ねんねん〔年々〕vuodesta toiseen
ねんのため〔念の為〕varmuuden vuoksi, kaiken varalta
ねんぱい〔年配〕年配の vanhahko 2 [形], vanhanpuoleinen 63 [形]
ねんぽう〔年報〕vuosikertomus 64 [名]
ねんまく〔粘膜〕〈解〉limakalvo 1 [名], kalvo 1 [名]
ねんまつ〔年末〕loppuvuosi* 40 [名]
ねんりょう〔燃料〕polttoaine 78 [名]
ねんりん〔年輪〕vuosirengas* 66 [名], lusto 1 [名]
ねんれい〔年令〕ikä* 11 [名], vuosi* 40 [名]

の

の〔野〕kenttä* 11 [名]
ノイローゼ neuroosi 6 [名]
のう〔能〕kyky* 1 [名], taito* 1 [名]
のう〔脳〕aivot 1 [複名]
のういっけつ〔脳溢血〕〈医〉aivoverenvuoto* 1 [名]
のうえん〔農園〕maatila 10 [名], farmi 4 [名]
のうか〔農家〕maalaistalo 1 [名]
のうがく〔農学〕maataloustiede* 78 [名]
のうぎょう〔農業〕maatalous* 65 [名], maanviljelys 64 [名]
のうぐ〔農具〕maanviljelyskalu 1 [名], maanvil-

のうこう〔農工〕jelyskalusto 2 [名]
のうこう〔農耕〕maatilatalous* 65 [名]
のうこう〔濃厚〕濃厚な（液体について）sakea 21 [形]
のうこん〔濃紺〕濃紺の tummansininen 63 [形]
のうさく〔農作〕農作物 viljelyskasvi 4 [名], maantuote* 78 [名]
のうしゅっけつ〔脳出血〕〈医〉aivoverenvuoto* 1 [名]
のうじょう〔農場〕maatila 10 [名]
のうしんとう〔脳震盪〕〈医〉aivotärähdys 64 [名]
のうぜい〔納税〕納税者 veronmaksaja 16 [名]
のうそん〔農村〕maalaiskylä 11 [名]
のうち〔農地〕maatila 10 [名]
のうどう〔能動〕能動的 toimiva 13 [形], tehokas* 66 [形]
のうは〔脳波〕neronleimaus 64 [名]
のうふ〔農夫〕talonpoika* 11 [名], maanviljelijä 14 [名]
のうみつ〔濃密〕濃密な tiheä 21 [形], tiuha 10 [形]
のうみん〔農民〕talonpoika* 11 [名], maanviljelijä 14 [名]
のうむ〔濃霧〕tiheä sumu (tiheä 21 [形], sumu 1 [名])
のうやく〔農薬〕（殺虫剤）hyönteismyrkky* 1 [名]
のうりつ〔能率〕能率的 tehokas* 66 [形]／能率的に tehokkaasti [副]
のうりょく〔能力〕kyky* 1 [名],（読み書きの）lukutaito* 1 [名]
ノート vihko(*) 1 [名], kirjoitusvihko(*) 1 [名]
ノーハウ tieto* 1 [名]
ノーベルしょう〔ノーベル賞〕Nobelin palkinto (palkinto* 2 [名])
のがす〔逃す〕päästää 2 [動]
のがも〔野鴨〕〈鳥〉villisorsa 11 [名]
のがれる〔逃れる〕päästä 24 [動], pelastua 1 [動]
のき〔軒〕räystäs 66 [名]
ノギス 〈技〉mauseri 5 [名],〈技〉työntömitta* 10 [名]
のける〔除ける〕（取り除く）poistaa 2 [動], siirtää* 6

[動]
のこぎり〔鋸〕(工具) saha 10 [名], (電動の) sähkösaha 10 [名]
のこす〔残す〕jättää* 2 [動], säilyttää* 2 [動]
のこり〔残り〕残り物 jäännös 64 [名], jäte* 78 [名]
のこる〔残る〕jäädä 19 [動], jäädä paikoilleen, (心に) jäädä mieleen
のせる〔載せる〕(荷物を) kuormata 35 [動], kuormittaa* 2 [動]
のぞきこむ〔覗き込む〕pilkistää 2 [動]
のぞきみ〔覗き見〕覗き見する tirkistää 2 [動], pilkistää 2 [動]
のぞく〔覗く〕(見る) tirkistää 2 [動], pilkistää 2 [動]
のぞく〔除く〕(取り除く) karsia 17 [動] ／〜を除いて (分格と共に) paitsi [前]
のそだち〔野育ち〕vallattomuus* 65 [名]
のぞましい〔望ましい〕suotava 13 [形], toivottava 13 [形]
のぞみ〔望み〕halu 1 [名], kaipaus 64 [名], toivo 1 [名] ／望みを遂げる saada tahtonsa läpi (saada 19 [動])
のぞむ〔望む〕haluta 39 [動], kaivata* 40 [動], toivoa 1 [動]
のぞむ〔臨む〕(出席する) osallistua 1 [動], olla läsnä (olla 25 [動])
のたうつ〔のた打つ〕sätkiä 17 [動], sätkytellä* 28 [動]
のち〔後〕〜の後に (属格と共に) päästä [後], (属格と共に) perästä [後], (属格と共に) jälkeen [後]
のちのよ〔後の世〕後の世の tuonpuoleinen 63 [形]
ノック koputus 64 [名] ／ノックする koputtaa* 2 [動]
ノックアウト 〈ス〉tyrmäys 64 [名], tyrmäysisku 1 [名]
のっとる〔乗っ取る〕(飛行機などを) kaapata* 35 [動], (会社などを) ottaa haltuunsa (ottaa* 2 [動])
ので (理由を表す) koska [接], sen tähden että
のど〔喉〕〈解〉kurkku* 1 [名]

のどか〔長閑〕長閑な leuto* 1 [形], lauhkea 21 [形], lauha 10 [形]

ののしり〔罵り〕haukkumasana 10 [名]

ののしる〔罵る〕haukkua* 1 [動], herjata 35 [動]

のばす〔伸ばす・延ばす〕(真っ直ぐにする) suorentaa* 8 [動], (長くする) venyttää* 2 [動], (手を) kurkottaa* 2 [動], (延期する) pitkittää* 2 [動]

のはら〔野原〕kenttä* 11 [名], lakeus* 65 [名]

のびあがる〔伸び上がる〕(爪先で立つ) kurottua varpailleen (kurottua* 1 [動])

のびのび〔延び延び〕延び延びにする lykätä* 35 [動] / 延び延びになる lykkääntyä* 1 [動]

のびる〔伸びる・延びる〕(真っ直ぐになる) suoristua 1 [動], (長くなる) pidentyä* 1 [動], (延期になる) lykkäytyä* 44 [動]

のべ〔延べ〕(合計) kokonaismäärä 11 [名], loppusumma 11 [名]

のべる〔述べる〕sanoa 1 [動], mainita 31 [動]

のぼせる〔上せる〕(夢中になる) hullaantua* 1 [動]

のぼりざか〔上り坂〕ylämäki* 8 [名], vastamäki* 8 [名]

のぼる〔上る〕nousta 24 [動], kohota 38 [動]

のみ〔蚤〕〈虫〉kirppu* 1 [名]

のみ〔鑿〕〈技〉(工具) meisseli 5 [名], taltta* 10 [名]

のみこみ〔飲み込み〕飲み込みが早い ymmärtää nopeasti (ymmärtää* 6 [動])

のみこむ〔飲み込む〕nielaista 24 [動], niellä 25 [動]

のみほす〔飲み干す〕juoda 21 [動]

のみもの〔飲み物〕juoma 11 [名], juotava 13 [名]

のむ〔飲む〕juoda 21 [動]

のらいぬ〔野良犬〕kulkukoira 11 [名]

のらねこ〔野良猫〕kulkukissa 10 [名]

のり〔糊〕(接着のための) liima 10 [名], liisteri 5 [名] / 糊で付ける liimata 35 [動]

のりおくれる〔乗り遅れる〕(バスに) myöhästyä bussista (myöhästyä 1 [動])

のりかえ〔乗り換え〕siirto* 1 [名]

のりき〔乗り気〕innostus 64 [名], mielenkiinto* 1 [名]
のりくみいん〔乗組員〕miehistö 2 [名], miehitys 64 [名]
のりこえる〔乗り越える〕ylittää* 2 [動] ／〜を乗り越えて (属格と共に) ylitse [後] [前]
のりこむ〔乗り込む〕(乗物に) astua 1 [動], nousta 24 [動]
のりだす〔乗り出す〕(海へ) purjehtia* 17 [動], (体を) kallistua 1 [動]
のりば〔乗り場〕(乗物の) pysäkki* 5 [名], asema 13 [名]
のりもの〔乗り物〕ajoneuvo 1 [名], kulkuväline 78 [名]
のる〔乗る〕(乗り物に) nousta 24 [動]
ノルウェー Norja 11 [名] ／ノルウェー語 norja 11 [名] ／ノルウェー人 norjalainen 63 [名]
ノルマ normi 4 [名], sääntö* 1 [名]
のろい〔鈍い〕鈍く (ゆっくり) verkalleen [副]
のろい〔呪い〕(災いを願う事) kirous 64 [名]
のろう〔呪う〕(災いを願う) kiroilla 29 [動], kirota 38 [動]
のろのろ のろのろした hidas* 66 [形] ／のろのろ歩く hidastella 28 [動]
のろま nahjus 64 [名], pöllö 1 [名]
のんき〔暢気〕huolettomuus* 65 [名] ／暢気な huoleton* 57 [形]
ノンストップ ノンストップで yhteen menoon, keskeytyksettä
のんびり rauhallisesti [副], verkalleen [副]
ノンフィクション tietokirjallisuus* 65 [名]

は

- **は**〔刃〕terä 11〔名〕
- **は**〔葉〕lehti* 8〔名〕, lehdistö 2〔名〕／葉が出る puhjeta* 36〔動〕
- **は**〔歯〕hammas* 66〔名〕／歯医者 hammaslääkäri 5〔名〕／歯ブラシ hammasharja 10〔名〕
- **は**〔派〕（党派）puolue 78〔名〕
- **ば**〔場〕（場所）paikka* 10〔名〕, （場合）tilaisuus* 65〔名〕
- **バー** baari 4〔名〕
- **ばあい**〔場合〕tapaus 64〔名〕, tilaisuus* 65〔名〕
- **はあく**〔把握〕把握する（理解する）tajuta 39〔動〕
- **バーゲン** loppuunmyynti* 4〔名〕／バーゲンセール 〈商〉alennusmyynti* 4〔名〕
- **パーセント** prosentti* 6〔名〕
- **パーソナルコール**（電話の）henkilöpuhelu 2〔名〕
- **パーチ**〈魚〉ahven 55〔名〕
- **パーティー**（通常は複数形で）kesti 4〔名〕, （複数形で）pidot* 1〔名〕
- **ハート**（トランプの）hertta* 10〔名〕
- **ハードウェア** laitteisto 2〔名〕
- **パートタイム** パートタイムの仕事 osa-aikatyö 30〔名〕
- **ハードル**〈ス〉aita* 10〔名〕／ハードル競走 aitajuoksu 1〔名〕
- **はあはあ**（息をする）ähkiä 17〔動〕, ähkyä 1〔動〕läähättää* 2〔動〕
- **ハーブ**〈植〉yrtti* 4〔名〕
- **ハープ**〈楽〉harppu* 1〔名〕
- **ハーフウェイ** ハーフウェイで puolitiehen〔副〕
- **ハーフタイム**〈ス〉puoliaika* 10〔名〕
- **バーベキュー**（パーティー）paistijuhla ulkoilmassa（paistijuhla 11〔名〕）

パーマ パーマをかける kiharoida 30 [動], kähertää* 6 [動]
ハーモニー 〈楽〉harmonia 15 [名]
ハーモニカ 〈楽〉huuliharppu* 1 [名]
はあり 〔羽蟻〕〈虫〉lentomuurahainen 63 [名]
はい 〔灰〕tuhka(*) 11 [名]
はい 〔肺〕(通常は複数形で) keuhko 1 [名]
はい (肯定の答え) kyllä [副], joo [間]
ばい 〔倍〕kerta* 10 [名]
パイ 〈料〉torttu* 1 [名], piirakka* 15 [名]
はいあがる 〔這い上がる〕ryömiä 17 [動]
はいいろ 〔灰色〕灰色の harmaa 23 [形]
ばいう 〔梅雨〕sadeaika* 10 [名], sadekausi* 40 [名]
ハイウェー maantie 30 [名], valtatie 30 [名]
はいえい 〔背泳〕selkäuinti* 4 [名]
ハイエナ 〈動〉hyeena 15 [名]
はいえん 〔肺炎〕〈医〉keuhkokuume 78 [名], keuhkotulehdus 64 [名]
ばいえん 〔煤煙〕noki* 8 [名]
パイオニア uranaukaisija 14 [名], uranuurtaja 16 [名]
バイオリニスト viulunsoittaja 16 [名], viulutaiteilija 14 [名]
バイオリン 〈楽〉viulu 1 [名] ／バイオリンの弓 viulunjousi 32 [名]
ばいか 〔倍加〕倍加する kahdentaa* 8 [動]
ハイカー retkeilijä 14 [名]
ばいかい 〔媒介〕媒介者 välimies 72 [名]
はいかん 〔廃刊〕廃刊する lakkauttaa* 2 [動], lopettaa* 2 [動]
はいき 〔排気〕排気ガス〈技〉pakokaasu 1 [名], 〈技〉poistokaasu 1 [名]
はいき 〔廃棄〕廃棄する poistaa 2 [動]
はいきゅう 〔配給〕jakelu 2 [名]
はいきょ 〔廃虚〕(通常は複数形で) raunio 3 [名]
ばいきん 〔黴菌〕bakteeri 6 [名], taudinsiemen 55 [名]
ハイキング retki 8 [名], retkeily 2 [名]
バイキング viikinki* 6 [名] ／バイキング料理 voileipäpöytä* 11 [名]

バイク moottoripyörä 11 [名]
はいぐうしゃ 〔配偶者〕 puoliso 2 [名], aviopuoliso 2 [名]
はいけい 〔背景〕 tausta 10 [名], selusta 15 [名]
はいけっかく 〔肺結核〕〈医〉tuberkuloosi 4 [名]
はいけん 〔拝見〕 拝見する katsoa 1 [動], katsella 28 [動]
はいご 〔背後〕 tausta 10 [名] ／〜の背後に（属格と共に）perässä [後]
はいざら 〔灰皿〕 tuhkakuppi* 4 [名]
はいし 〔廃止〕 poisto 1 [名] ／廃止する poistaa 2 [動], kumota 38 [動]
はいしゃ 〔歯医者〕 hammaslääkäri 5 [名]
はいしゃく 〔拝借〕 拝借する lainata 35 [動]
ハイジャック kaappaus 64 [名] ／ハイジャックする kaapata* 35 [動]
ばいしゅう 〔買収〕 買収する lahjoa 1 [動]
はいしゅつ 〔排出〕 排出する päästä ulos (päästä 24 [動])
ばいしゅん 〔売春〕 売春婦 portto* 1 [名]
はいじょ 〔排除〕 排除する poistaa 2 [動], jättää pois (jättää* 2 [動])
ばいしょう 〔賠償〕 korvaus 64 [名], hyvitys 64 [名]
ばいしん 〔陪審〕 陪審員 valamies 72 [名], lautamies 72 [名]
はいすい 〔排水〕 ojitus 64 [名] ／排水溝 oja 11 [名] ／排水管 menojohto* 1 [名]
はいすすむ 〔這い進む〕 rönsyillä 28 [動]
はいせき 〔排斥〕 排斥する hylkiä* 17 [動], hyljeksiä 17 [動]
はいせつ 〔排泄〕 ulostus 64 [名] ／排泄物 ulostus 64 [名]
はいせん 〔配線〕 sähköjohtojen asennus ／配線する asentaa sähköjohdot (sähköjohto* 1 [名], asennus 64 [名], asentaa* 8 [動])
はいせん 〔敗戦〕 tappio 3 [名], häviö 3 [名]
はいそう 〔敗走〕 pako* 1 [名]
ばいぞう 〔倍増〕 倍増する kaksinkertaistua 1 [動]

はいたい〔敗退〕tappio 3 [名], häviö 3 [名]
ばいたい〔媒体〕välikappale 78 [名], väline 78 [名]
はいたつ〔配達〕配達人 tuoja 11 [名], (郵便の配達人) postinkantaja 16 [名]
はいてき〔排他的〕poissulkeva 13 [形]
バイタリティー elinvoima 11 [名], elinkyky* 1 [名]
はいち〔配置〕配置する sijoittaa* 2 [動], miehittää* 2 [動]
はいでる〔這い出る〕kontata ulos (kontata* 35 [動])
ばいてん〔売店〕kioski 6 [名]
はいとう〔配当〕〈商〉voitto-osinko* 2 [名] ／配当金〈商〉osinko* 2 [名]
ばいどく〔梅毒〕〈医〉kuppatauti* 4 [名]
パイナップル ananas 64 [名]
ばいばい〔売買〕kauppa* 10 [名]
バイパス kiertotie 30 [名], sivutie 30 [名]
はいびょう〔肺病〕keuhkotauti* 4 [名]
はいひん〔廃品〕roskatavara 15 [名], roska 11 [名]
はいふ〔配付〕配付する jakaa* 9 [動], levittää* 2 [動]
パイプ（管）putki 8 [名], pilli 4 [名], (煙草の) piippu* 1 [名]
はいぶつ〔廃物〕hylky* 1 [名]
バイブル Raamattu* 2 [名]
ハイフン viiva 10 [名], yhdysmerkki* 4 [名]
はいぶん〔配分〕jako* 1 [名]
はいぼく〔敗北〕tappio 3 [名], häviö 3 [名]
はいまわる〔這い回る〕väijyä 1 [動]
はいめん〔背面〕nurjapuoli 32 [名]
はいやく〔配役〕〈劇〉osajako* 1 [名], (人) henkilö 2 [名]
はいゆう〔俳優〕näyttelijä 14 [名]
ハイライト kohokohta* 11 [名]
はいりこむ〔入り込む〕tunkeutua* 44 [動]
はいりょ〔配慮〕huomioonottaminen 63 [名] ／配慮する ottaa huomioon (ottaa* 2 [動])
バイリンガル バイリンガルの kaksikielinen 63 [形]
はいる〔入る〕päästä 24 [動], tunkeutua* 44 [動],

tulla sisään （tulla 25 ［動］）
はいれつ〔配列〕järjestäminen 63 ［名］／配列する järjestää 2 ［動］
パイロット（水先案内人）〈海〉luotsi 4 ［名］, （飛行機の操縦士）lentokapteeni 6 ［名］
はう〔這う〕kömpiä* 17 ［動］, ryömiä 17 ［動］
はえ〔蝿〕〈虫〉kärpänen 63 ［名］
はえたたき〔蝿叩き〕kärpäslätkä 11 ［名］
はえる〔生える〕kasvaa 9 ［動］
はえる〔映える〕（輝く）loistaa 2 ［動］, kiiltää* 5 ［動］
はか〔墓〕hauta* 10 ［名］
ばか〔馬鹿〕馬鹿な tyhmä 11 ［形］, typerä 12 ［形］, hullu 1 ［形］／馬鹿にする ivata 35 ［動］, ivailla 29 ［動］／馬鹿にして piloilla ［副］, pilkallisesti ［副］
はかい〔破壊〕hävitys 64 ［名］, tuhotyö 30 ［名］／破壊する hävittää* 2 ［動］, tuhota 38 ［動］
はかいし〔墓石〕hautakivi 8 ［名］
はがき〔葉書〕postikortti* 4 ［名］
ばかげた〔馬鹿げた〕naurettava 13 ［形］, typerä 12 ［形］
はがす〔剥がす〕repiä* 17 ［動］
はかせ〔博士〕tohtori 5 ［名］
はかどる〔捗る〕edistyä 1 ［動］
はかない〔儚い〕katoavainen 63 ［形］
ばかに〔馬鹿に〕（非常に）kauhean, hirveän
はがね〔鋼〕teräs 64 ［名］
ばかばかしい〔馬鹿馬鹿しい〕naurettava 13 ［形］, typerä 12 ［形］
はからう〔計らう〕（配慮する）ottaa huomioon （ottaa* 2 ［動］）
はかり〔秤〕（重さをはかる器械）vaaka* 10 ［名］
はかりごと〔謀〕salajuoni 38 ［名］
はかりしれない〔計り知れない〕mittaamaton* 57 ［形］, ääretön* 57 ［形］
はかる〔測る〕mitata* 35 ［動］, （重さを）punnita 31 ［動］
はがれる〔剥がれる〕irrota* 38 ［動］
はき〔破棄〕破棄する purkaa* 2 ［動］, peruuttaa* 2

はきけ〔吐き気〕pahoinvointi* 4 〔名〕
はぎしり〔歯軋り〕hammasten kiristys
はきだす〔吐き出す〕sylkeä* 13 〔動〕, oksentaa* 8 〔動〕
はきちがえる〔履き違える〕(間違える) ymmärtää väärin (ymmärtää* 6 〔動〕)
はぎとる〔剝ぎ取る〕ottaa pois (ottaa* 2 〔動〕)
はきはき はきはきと reippaasti 〔副〕, vilkkaasti 〔副〕
はきもの〔履物〕(通常は複数形で) jalkine 78 〔名〕
はきゅう〔波及〕波及する levitä 37 〔動〕
はきょく〔破局〕破局的 tuhoisa 13 〔形〕, turmiollinen 63 〔形〕
はぎれ〔歯切れ〕歯切れがいい lyhyt 73 〔形〕, terävä 13 〔形〕
はく〔吐く〕oksentaa* 8 〔動〕, (息を) henkäillä 29 〔動〕
はく〔履く〕(ズボン・スカートなどを) pukea ylleen, (靴を) panna kengät jalkaan (pukea* 13 〔動〕, panna 27 〔動〕)
はく〔掃く〕pyyhkäistä 24 〔動〕
ばぐ〔馬具〕valjaat 66 〔複名〕
はくあい〔博愛〕博愛の ihmisystävällinen 63 〔形〕
ばくおん〔爆音〕laukaus 64 〔名〕
ばくが〔麦芽〕maltaat* 66 〔複名〕
はくがい〔迫害〕pahoinpitely 2 〔名〕
はくがく〔博学〕博学な oppinut 77 〔形〕
はぐき〔歯茎〕(通常は複数形で) ien* 55, hammasliha 10 〔名〕
はぐくむ〔育む〕(子供を育てる) kasvattaa* 2 〔動〕, elättää* 2 〔動〕
ばくげき〔爆撃〕爆撃機 pommikone 78 〔名〕／爆撃する pommittaa* 2 〔動〕
はくしき〔博識〕博識の monitahoinen 63 〔形〕
はくしゃ〔拍車〕kannus 64 〔名〕／拍車をかける kannustaa 2 〔動〕
はくしゃく〔伯爵〕kreivi 4 〔名〕
はくじゃく〔薄弱〕薄弱な heikko* 1 〔形〕, hento* 1

はくしゅ〔拍手〕käsientaputus 64 [名] ／拍手する taputtaa käsiään (taputtaa* 2 [動])
はくしょ〔白書〕tiedonanto* 1 [名]
はくじょう〔白状〕rippi* 4 [名]
はくじょう〔薄情〕薄情な kovaluontoinen 63 [形]
ばくしょう〔爆笑〕爆笑する purskahtaa nauruun (purskahtaa* 2 [動])
はくしょく〔白色〕valkeus* 65 [名], valkoinen 63 [名]
はくじん〔白人〕valkoihoinen 63 [名]
ばくぜん〔漠然〕漠然とした määräämätön* 57 [形]
ばくだい〔莫大〕莫大な suunnaton* 57 [形], valtava 13 [形]
はくだつ〔剝奪〕riistäminen 63 [名] ／剝奪する riistää 2 [動]
ばくだん〔爆弾〕pommi 4 [名]
ばくち〔博奕〕uhkapeli 4 [名]
はくちゅう〔白昼〕päivä 11 [名] ／白昼に päivällä
はくちゅう〔伯仲〕伯仲する olla samavertainen kuin (olla 25 [動], samanvertainen 63 [形])
はくちょう〔白鳥〕〈鳥〉joutsen 55 [名]
バクテリア〈医〉bakteeri 6 [名]
はくねつ〔白熱〕白熱した (興奮した) kiivas 66 [形], kiihkeä 21 [形]
ばくは〔爆破〕爆破する räjäyttää* 2 [動]
ぱくぱく ぱくぱく食べる maiskutella* 28 [動]
はくはつ〔白髪〕harmaa tukka (harmaa 23 [形], tukka* 11 [名])
ばくはつ〔爆発〕räjähdys 64 [名], purkaus 64 [名] ／爆発する räjähtää* 2 [動], purkautua* 44 [動]
はくひょう〔薄氷〕jäähile 78 [名]
はくぶつ〔博物〕博物学 luonnonhistoria 15 [名] ／博物館 museo 3 [名]
はくへん〔薄片〕hiutale 78 [名], hilse 78 [名]
ばくやく〔爆薬〕räjähdysaine 78 [名]
はくらい〔舶来〕舶来の ulkomainen 63 [形]

はぐらかす väistää sivuun, välttää* 2 [動] (väistää 2 [動])

はくらんかい 〔博覧会〕 näyttely 2 [名]

はくりょく 〔迫力〕 voima 11 [名] ／迫力がある voimakas* 66 [形]

はぐるま 〔歯車〕〈技〉 hammaspyörä 11 [名], hammasratas* 66 [名]

はぐれる eksyä 1 [動], harhailla 29 [動]

ばくろ 〔暴露〕 paljastus 64 [名] ／暴露する paljastaa 2 [動]

はけ 〔刷毛〕 (絵画用) pensseli 5 [名], 〈常〉 suti* 4 [名]

はげしい 〔激しい〕 kiivas 66 [形], raju 1 [形], kiihkeä 21 [形] ／激しく kovasti [副], kiivaasti [副]

バケツ sanko* 1 [名], ämpäri 5 [名]

はげまし 〔励まし〕 rohkaisu 2 [名], kannustin 56 [名]

はげます 〔励ます〕 rohkaista 24 [動], kannustaa 2 [動]

はげみ 〔励み〕 (刺激) kiihotus 64 [名]

はげむ 〔励む〕 pyrkiä* 17 [動]

ばけもの 〔化け物〕 kummitus 64 [名], aave 78 [名]

はげる 〔剥げる〕 (取れる) irrottautua* 44 [動], irrota* 38 [動]

ばける 〔化ける〕 muuttua＋変格 (muuttua* 1 [動])

はけん 〔派遣〕 派遣する lähettää* 2 [動]

はこ 〔箱〕 laatikko* 2 [名], kirstu 1 [名]

はこびさる 〔運び去る〕 poistaa 2 [動]

はこぶ 〔運ぶ〕 kantaa* 9 [動], kuljettaa* 2 [動] ／運ばれる kantautua* 44 [動], ajautua* 44 [動]

はこぶね 〔箱船〕 (ノアの) arkki* 4 [名]

バザー myyjäiset 63 [複名]

はさまる 〔挟まる〕 asettua väliin (asettua* 1 [動])

はさみ 〔鋏〕 (物を切る道具) sakset 8 [複名]

はさむ 〔挟む〕 nipistää 2 [動], puristaa 2 [動]

はさん 〔破産〕 konkurssi 6 [名], vararikko* 1 [名] ／破産する tehdä vararikko (tehdä* 33 [動])

はし 〔端〕 reuna 10 [名], ääri 32 [名]

はし 〔橋〕 silta* 10 [名]

はじ〔恥〕häpeä 21〔名〕
はしか〔麻疹〕〈医〉tuhkarokko* 1〔名〕
はしがき〔端書き〕johdanto* 2〔名〕, esipuhe 78〔名〕
はじく〔弾く〕（指で）näpätä* 35〔動〕
はしご〔梯子〕tikapuut 29〔複名〕, tikkaat* 66〔複名〕
はじしらず〔恥知らず〕恥知らずな häpeämätön* 57〔形〕, hävytön* 57〔形〕
はしたない alhainen 63〔形〕, häpeällinen 63〔形〕
はじまり〔始まり〕alku* 1〔名〕
はじまる〔始まる〕alkaa* 9〔動〕, käynnistyä 1〔動〕
はじめ〔始め〕alku* 1〔名〕／始めに alkuaan〔副〕
はじめて〔初めて〕ensi kerran, ensi kertaa
はじめる〔始める〕aloittaa* 2〔動〕, alkaa* 9〔動〕, ((第3不定詞) 入格と共に) ruveta* 36〔動〕, ((第3不定詞) 入格と共に) ryhtyä* 1〔動〕
ばしゃ〔馬車〕rattaat* 66〔複名〕, (通常は複数形) kärry 1〔名〕
パジャマ pyjama 12〔名〕, yöpaita* 10〔名〕
ばじゅつ〔馬術〕ratsastustaito* 1〔名〕
ばしょ〔場所〕paikka* 10〔名〕, tila 10〔名〕
はしょうふう〔破傷風〕jäykkäkouristus 64〔名〕
はしら〔柱〕patsas 66〔名〕, pylväs 66〔名〕
はしり〔走り〕juoksu 1
はしりがき〔走り書き〕走り書きする panna muistiin (panna 27〔動〕)
はしりだす〔走り出す〕lähteä juoksuun (lähteä* 16〔動〕)
はしりまわる〔走り回る〕juoksennella* 28〔動〕, riehakoida 30〔動〕
はしる〔走る〕juosta 32〔動〕, kiitää* 4〔動〕, rientää* 8〔動〕／走らせる juoksuttaa* 2〔動〕
はじる〔恥じる〕punastua 1〔動〕
はす〔斜〕斜の vino 1〔形〕, kiero 1〔形〕
バス〈楽〉basso 1〔名〕
バス（乗物）linja-auto 1〔名〕, bussi 4〔名〕
バス バスタオル kylpyliina 10〔名〕／バスタブ kylpyamme 78〔名〕

はずかしい〔恥ずかしい〕häpeällinen 63〔形〕／恥ずかしがる ujostella 28〔動〕
はずかしめ〔辱め〕häväistys 64〔名〕, solvaus 64〔名〕
はずかしめる〔辱める〕häväistä 24〔動〕, solvata 35〔動〕
バスケット（篭）kori 4〔名〕／バスケットボール〈ス〉koripallo 1〔名〕
はずす〔外す〕riisua 1〔動〕
バスト rinta* 10〔名〕, povi 8〔名〕
パスポート passi 4〔名〕
はずみ〔弾み〕ponnahdus 64〔名〕,（弦 の）vire 78〔名〕
はずむ〔弾む〕ponnahtaa* 2〔動〕
パズル pulmalelu 1〔名〕, arvoitus 64〔名〕
はずれ〔外れ〕reuna 10〔名〕, laita* 10〔名〕
はずれる〔外れる〕irrota* 38〔動〕,（出格と共に）hellitä* 37〔動〕
はせい〔派生〕派生物 johdannainen 63〔名〕／派生する juontua* 1〔動〕
パセリ persilja 15〔名〕
はそん〔破損〕särkyminen 63〔名〕／破損する särkyä* 1〔動〕
はた〔旗〕lippu* 1〔名〕／旗を掲揚する liputtaa* 2〔動〕
はた〔機〕kangaspuut 29〔複名〕, kutomakone 78〔名〕／機を織る kutoa* 1〔動〕
はだ〔肌〕iho 1〔名〕
バター voi 27〔名〕
パターン malli 4〔名〕, kaava 10〔名〕
はだか〔裸〕裸の paljas 66〔形〕／裸にする paljastaa 2〔動〕／裸になる paljastua 1〔動〕
はだぎ〔肌着〕（通常は複数形で）alusvaate* 78〔名〕, aluspaita* 10〔名〕
はたく〔叩く〕（払いのける）ripsua 1〔動〕, ripsuta 39〔動〕
はたけ〔畑〕pelto* 1〔名〕, ryytimaa 28〔名〕
はだし〔裸足〕裸足で avojaloin〔副〕, paljasjaloin〔副〕
はたして〔果たして〕（本当に）todella〔副〕, todella-

はたす

kin [副]
- **はたす**〔果たす〕toteuttaa* 2 [動]
- **はたち**〔二十歳〕kaksikymmentä vuotta vanha (vanha 10 [形])
- **はたと**（急に）äkkiä [副], yht'äkkiä [副]
- **ばたばた** ばたばたする（手足を）huitoa* 1 [動], sätkiä 17 [動]
- **バタフライ**〈ス〉perhosuinti* 4 [名]
- **はためく** liehua 1 [動], heilua 1 [動]
- **はたらき**〔働き〕（仕事）työ 30 [名], toimi 35 [名]
- **はたらきかける**〔働き掛ける〕vedota* 38 [動]
- **はたらく**〔働く〕työskennellä* 28 [動], toimia 17 [動], olla työssä (olla 25 [動])
- **はたん**〔破綻〕epäonnistuminen 63 [名] ／破綻する epäonnistua 1 [動]
- **はち**〔八〕kahdeksan 16 [基数] ／八番目 kahdeksas* 75 [序数]
- **はち**〔鉢〕malja 10 [名]
- **はち**〔蜂〕〈虫〉mehiläinen 63 [名], ampiainen 63 [名]
- **はちあわせ**〔鉢合わせ〕鉢合わせする tavata* 35 [動]
- **はちがつ**〔八月〕elokuu 29 [名]
- **はちきれる**〔はち切れる〕pakahtua* 1 [動], haljeta* 36 [動]
- **はちみつ**〔蜂蜜〕hunaja 16 [名]
- **はちゅうるい**〔爬虫類〕matelija 14 [名]
- **はちょう**〔波長〕〈理〉aallonpituus* 65 [名]
- **はつ**〔初〕（初めての）ensimmäinen 63 [形], ensi-
- **ばつ** ばつが悪い olla hämillään (olla 25 [動])
- **ばつ**〔罰〕rangaistus 64 [名], kuri 4 [名]
- **はつあん**〔発案〕keksintö* 2 [名] ／発案する keksiä 17 [動]
- **はついく**〔発育〕（成長）kasvu 1 [名],（発達）kehitys 64 [名]
- **はつおん**〔発音〕ääntäminen 63 [名], ääntely 2 [名] ／発音する ääntää* 8 [動]
- **はっか**〔発火〕sytytys 64 [名] ／発火する syttyä* 1 [動]

はっこう

はっか〔薄荷〕〈植〉minttu* 1 [名]
はつが〔発芽〕itu* 1 [名] ／発芽する itää* 2 [動], orastaa 2 [動]
はっかく〔発覚〕発覚する käydä selville (käydä 23 [動])
はつかねずみ〈動〉kotihiiri 32 [名]
はっき〔発揮〕発揮する näyttää* 2 [動], osoittaa* 2 [動]
はつぎ〔発議〕aloite* 78 [名]
はっきょう〔発狂〕発狂する tulla hulluksi (tulla 25 [動])
はっきり はっきりする käydä ilmi ／はっきりした selkeä 21 [形] ／はっきりしない epäselvä 11 [形], hämärä 12 [形] (käydä 23 [動])
はっきん〔白金〕platina 15 [名]
ばっきん〔罰金〕〈法〉sakko* 1 [名], sakkoraha 10 [名]
バック taka-ala 10 [名] ／バックする peräytyä* 44 [動]
パック (一包み) mytty* 1 [名], nyytti* 4 [名]
バッグ laukku* 1 [名], salkku* 1 [名], säkki* 4 [名]
バックアップ (支援) tuki* 8 [名] ／バックアップする tukea* 13 [動]
はっくつ〔発掘〕kaivaus 64 [名] ／発掘する kaivaa esiin (kaivaa 9 [動])
ばつぐん〔抜群〕抜群の merkittävä 13 [形], erinomainen 63 [形]
はっけっきゅう〔白血球〕〈解〉valkosolu 1 [名], valkoinen verisolu (valkoinen 63 [形], verisolu 1 [名])
はっけつびょう〔白血病〕leukemia 15 [名]
はっけん〔発見〕löytö* 1 [名] ／発見者 löytäjä 16 [名] ／発見する löytää* 3 [動]
はつげん〔発言〕発言権 puheenvuoro 1 [名], sananvalta* 10 [名]
はっこう〔発行〕toimitus 64 [名] ／発行者 toimittaja 16 [名] ／発行する painattaa* 2 [動]
はっこう〔発効〕voimaansaattaminen 63 [名], voi-

はっこう 404

maantulo 1 [名]
はっこう 〔発酵〕発酵したパン hapanleipä* 83 [名]
ばっさい 〔伐採〕hakkaus 64 [名], hakkuu 25 [名], metsänhakkuu 25 [名]
はっさん 〔発散〕発散する haihtua* 1 [動]
ばっし 〔抜歯〕hampaanpoisto 1 [名], hampaanotto* 1 [名]
バッジ arvomerkki* 4 [名], virkamerkki* 4 [名]
はっしゃ 〔発車〕lähtö* 1 [名] ／発車ホーム lähtölaituri 5 [名]
はっしゃ 〔発射〕(弾丸の) ammunta* 15 [名] ／発射する ampua* 1 [動]
はっしょう 〔発祥〕alkaminen 63 [名] ／発祥の地 alkukohta* 11 [名]
はつじょう 〔発情〕kiima 10 [名] ／発情期 kiima-aika* 10 [名]
はっしん 〔発信〕lähetys 64 [名] ／発信する lähettää* 2 [動]
はっしん 〔発疹〕〈医〉ihottuma 13 [名] ／発疹チフス 〈医〉pilkkukuume 78 [名]
はっしん 〔発進〕発進する syöksyä 1 [動], syöksähtää* 2 [動]
ばっすい 〔抜粋〕yhteenveto* 1 [名]
ハッスル ハッスルする puuhailla 29 [動]
はっする 〔発する〕(叫び声を) päästää 2 [動] ／〜から発する (出格と共に) polveutua* 44 [動]
ばっする 〔罰する〕rangaista* 24 [動], kurittaa* 2 [動]
はっせい 〔発生〕syntyperä 11 [名] ／発生する juontua* 1 [動], olla peräisin, olla alkuisin ／〜から発生する (出格と共に) johtua* 1 [動] (olla 25 [動])
はっせい 〔発声〕ääntely 2 [名]
はっそう 〔発送〕発送する lähettää* 2 [動]
はっそう 〔発想〕aate* 78 [名], idea 15 [名], ajatus 64 [名]
ばっそく 〔罰則〕rangaistusmääräys 64 [名]
ばった 〔蝗〕〈虫〉hepokatti* 4 [名]

はったつ〔発達〕kehitys 64 [名] ／発達する kehittyä* 1 [動]
ばったり（突然）äkkiä [副], (偶然) sattumalta [副]
ばってき〔抜擢〕valinta* 15 [名], ylennys 64 [名]
バッテリー〈電〉paristo 2 [名], patteri 5 [名], (自動車の) akku* 1 [名]
はってん〔発展〕kehitys 64 [名], edistys 64 [名] ／発展する kehittyä* 1 [動], edistyä 1 [動]
はつでん〔発電〕発電所 sähkövoimalaitos 64 [名], voimalaitos 64 [名]
はっと はっとする hämmästyä 1 [動], säikähtää* 2 [動]
はつばい〔発売〕myynti* 4 [名] ／発売する myydä 20 [動]
はつびょう〔発病〕発病する sairastua 1 [動]
はっぴょう〔発表〕julistus 64 [名], julkaisu 2 [名] ／発表する esittää* 2 [動], ilmaista 24 [動]
はっぽう〔発砲〕発砲する laukaista 24 [動]
はつめい〔発明〕keksintö* 2 [名] ／発明する keksiä 17 [動]
はつゆき〔初雪〕ensilumi 35 [名]
はつらつ はつらつとした eloisa 13 [形], vilkas* 66 [形]
はて〔果て〕ääri 32 [名], loppupää 28 [名] ／果てしない ääretön* 57 [形]
はで〔派手〕派手な kirjava 13 [形], räikeä 21 [形]
はてる〔果てる〕(終わる) loppua* 1 [動], päättyä* 1 [動]
はと〔鳩〕〈鳥〉kyyhkynen 63 [名]
パトカー poliisiauto 1 [名]
はとば〔波止場〕satamalaituri 5 [名]
バドミントン sulkapallo 1 [名]
パトロン puoltaja 16 [名], suojelija 14 [名]
バトン〈ス〉(リレーの) viestikapula 18 [名]
はな〔花〕kukka* 11 [名] ／花園 kukkapuutarha 10 [名] ／花束 kukkakimppu* 1 [名] ／花屋 kukkakauppa* 10 [名]
はな〔鼻〕nenä 11 [名] ／鼻をすする niiskuttaa* 2

はないき 〔鼻息〕鼻息が荒い（威勢がいい）hilpeällä tuulella（hilpeä 21 ［形］, tuuli 32 ［名］）
はなうた 〔鼻歌〕鼻歌を歌う hyräillä 29 ［動］
はなごけ 〔花苔〕〈植〉jäkälä 12 ［名］
はなし 〔話〕puhe 78 ［名］, juttu* 1 ［名］, (物語り) tarina 14 ［名］, kertomus 64 ［名］
はなしあい 〔話し合い〕keskustelu 2 ［名］, väittely 2 ［名］
はなしあう 〔話し合う〕keskustella 28 ［動］, neuvotella* 28 ［動］
はなしかける 〔話し掛ける〕puhutella* 28 ［動］, virkahtaa* 2 ［動］
はなしことば 〔話し言葉〕arkikieli 32 ［名］, puhekieli 32 ［名］
はなす 〔話す〕puhua 1 ［動］, jutella* 28 ［動］
はなす 〔離す〕päästää 2 ［動］, irrottaa* 2 ［動］
はなたば 〔花束〕kukkavihko(*) 1 ［名］
はなぢ 〔鼻血〕〈医〉nenäverenvuoto* 1 ［名］
バナナ banaani 6 ［名］
はなはだ 〔甚だ〕ylenmäärin ［副］
はなばなしい 〔華々しい〕loistava 13 ［形］, komea 21 ［形］
はなび 〔花火〕ilotulitus 64 ［名］, (打ち上げの) raketti* 6 ［名］
はなびら 〔花弁〕〈植〉terälehti* 8 ［名］
はなむこ 〔花婿〕sulhanen 63 ［名］
はなや 〔花屋〕(人) kukkakauppias 66 ［名］
はなやか 〔華やか〕華やかな loistava 13 ［形］
はなよめ 〔花嫁〕morsian 56 ［名］, nuorikko* 2 ［名］
はなれ 〔離れ〕離れ離れの hajanainen 63 ［形］
はなれる 〔離れる〕poistua 1 ［動］, päästä irti (päästä 24 ［動］)
はなわ 〔花輪〕seppele 82 ［名］, köynnös 64 ［名］
はにかみ ujous* 65 ［名］, kainous* 65 ［名］
はにかむ ujostella 28 ［動］, arkailla 29 ［動］／はにかんで ujosti ［副］
パニック pakokauhu 1 ［名］

バニラ vanilja 15 [名]
はね〔羽〕siipi* 8 [名], sulka* 11 [名],（羽毛）untuva 13 [名]
ばね〈常〉vieteri 5 [名]
はねかえる〔跳ね返る〕ponnahtaa takaisin (ponnahtaa* 2 [動])
はねかかる〔跳ね掛かる〕roiskua 1 [動], räiskyä 1 [動]
はねかける〔跳ね掛ける〕roiskuttaa* 2 [動], räiskyttää* 2 [動]
ハネムーン kuherruskuukausi* 40 [名]
はねる〔跳ねる〕hypätä* 35 [動], loikata* 35 [動],（水などが）roiskua 1 [動], räiskyä 1 [動]
パノラマ näkymä 13 [名], maisema 13 [名], panoraama 10 [名]
はは〔母〕äiti* 4 [名]
はば〔幅〕leveys* 65 [名]
ばば〔馬場〕ratsastusrata* 10 [名]
パパイヤ papaija 12 [名]
ははおや〔母親〕（動物の）emo 1 [名], emä 11 [名]
はばたき〔羽ばたき〕羽ばたきする räpyttää* 2 [動]
はばとび〔幅跳び〕〈ス〉pituushyppy* 1 [名]
はばひろい〔幅広い〕leveä 21 [形]／幅広く leveästi [副]
はばむ〔阻む〕ehkäistä 24 [動], hillitä 31 [動]
はびこる〔蔓延る〕kasvaa liikaa (kasvaa 9 [動])
はぶく〔省く〕jättää tekemättä (jättää* 2 [動])
ハプニング sattuma 16 [名]
はブラシ〔歯ブラシ〕hammasharja 10 [名]
はへん〔破片〕sirpale 78 [名], siru 1 [名]
はま〔浜〕ranta* 10 [名]
はまき〔葉巻〕sikari 5 [名]
はまべ〔浜辺〕ranta* 10 [名]
はみがき〔歯磨き〕hammastahna 10 [名]
ハム〈料〉kinkku* 1 [名], siankinkku* 1 [名]
はめ〔羽目〕羽目をはずして mielettömästi [副], älyttömästi [副]
はめつ〔破滅〕tuho 1 [名], kadotus 64 [名]／破滅す

る menehtyä* 1 [動]
はめる〔填める〕(通す) pujottaa* 2 [動], (手袋などを) panna 27 [動]
ばめん〔場面〕tapahtumapaikka* 10 [名]
はもの〔刃物〕hienotae* 83 [名] (tae* 78 [名])
はもん〔波紋〕(さざ波) väre 78 [名]
はやあし〔早足〕早足で terävin askelin
はやい〔早い・速い〕(速度について) nopea 21 [形], (時間について) varhainen 63 [形], aikainen 63 [形]／早く (速度について) nopeasti [副], sujuvasti [副], (時間について) aikaisin [副]
はやおき〔早起き〕早起きする nousta varhain (nousta 24 [動])
はやし〔林〕viita* 10 [名], viidakko* 2 [名]
はやす〔囃す〕(からかう) tehdä pilkkaa (tehdä* 33 [動])
はやぶさ〔隼〕〈鳥〉haukka* 10 [名]
はやまる〔早まる〕早まった keskenaikainen 63 [形]
はやめ〔早め〕早めに aikaisin [副]
はやめる〔早める〕(速度を) lisätä nopeutta (lisätä 35 [動])
はやり〔流行り〕muoti* 4 [名]／流行りの muodikas* 66 [形]
はやる〔流行る〕tulla muotiin, yleistyä 1 [動] (tulla 25 [動])
はら〔腹〕vatsa 10 [名],〈常〉maha 10 [名]／腹を立てる tulistua 1 [動]
ばら〔薔薇〕〈植〉ruusu 1 [名]／薔薇色の ruusunpunainen 63 [形]
はらい〔払い〕(支払い) maksu 1 [名], suoritus 64 [名]
はらいおとす〔払い落とす〕raaputtaa* 2 [動], puistella 28 [動]
はらいのける〔払い除ける〕ripsua 1 [動], ripsuta 39 [動]
はらいもどし〔払い戻し〕〈商〉takaisinmaksu 1 [名]
はらう〔払う〕(金銭を) maksaa 9 [動], maksaa kulut, (雪などを) puistaa 2 [動] (kulu 1 [名])

バラエティー vaihtelu 2 [名], moninaisuus* 65 [名] ／バラエティーに富んだ vaihteleva 13 [形]
はらおび〔腹帯〕vatsavyö 30 [名]
はらぐろい〔腹黒い〕(悪意のある) ilkeämielinen 63 [形], ilkeä 21 [形]
パラシュート laskuvarjo 1 [名]
ばらす(解体する) purkaa* 2 [動]
ばらせん〔ばら線〕piikkilanka* 10 [名]
パラソル päivänvarjo 1 [名]
パラダイス paratiisi 4 [名]
はらだたしい〔腹立たしい〕(いらいらさせる) ärsyttävä 13 [形]
バラック parakki* 5 [名]
はらばい〔腹這い〕腹這いになって mahallaan [副], mahalleen [副], vatsallaan [副], vatsalleen [副]
はらはら はらはらする hermostua 1 [動], käydä levottomaksi
ばらばら ばらばらの yksittäinen 63 [形] ／ばらばらになる hajaantua* 1 [動], hajota 38 [動]
ばらまく〔ばら撒く〕ripotella* 28 [動]
はらん〔波乱〕波乱に富んだ vaiheikas* 66 [形], vaiherikas* 66 [形]
バランス tasapaino 1 [名], 〈商〉tase 78 [名] ／バランスのとれた tasapainoinen 63 [形]
はり〔針〕neula 10 [名], piikki* 4 [名], (時計・メーターなどの) osoitin* 56 [名]
はり〔梁〕〈建〉vasa 10 [名]
はりあげる〔張り上げる〕(声を) huutaa* 3 [動], parkua* 1 [動]
はりがね〔針金〕metallilanka* 10 [名], rautalanka* 10 [名]
はりがみ〔張り紙〕mainosjuliste 78 [名], ilmoitus 64 [名]
ばりき〔馬力〕hevosvoima 11 [名]
はりきる〔張り切る〕張り切っている tarmokas* 66 [形], ponteva 13 [形]
バリケード katusulku* 1 [名]
ハリケーン pyörremyrsky 1 [名]

はりさける〔張り裂ける〕(胸が張り裂けるような) sydäntäsärkevä 13 [形]
はりしごと〔針仕事〕ompelu 2 [名]
はりつける〔貼り付ける〕(糊などで) liimata 35 [動]
はりねずみ〔針鼠〕〈動〉siili 4 [名]
ばりばり (音を立てる) ryskyä 1 [動], rysähdellä* 28 [動]
はりふだ〔張り札〕osoitelappu* 1 [名]
はる〔春〕kevät 74 [名] ／春の keväinen 63 [形]
はる〔張る〕(綱などを) jännittää* 2 [動], pingo(i)ttaa* 2 [動]
はる〔貼る〕(糊などで) liimata 35 [動]
はるか〔遥か〕遥か彼方に kaukana [副] ／遥か以前に kauan sitten
バルコニー kuisti 4 [名], parveke* 78 [名]
バルトかい〔バルト海〕Itämeri 32 [名]
バルトにしん〔バルト鯡〕〈魚〉silakka* 15 [名]
バルブ venttiili 5 [名]
パルプ〈技〉selluloosa 11 [名]
はるやすみ〔春休み〕kevätloma 11 [名]
はれ〔晴れ〕pouta* 11 [名]
はれ〔腫れ〕(皮膚の) paisuma 13 [名], pahka 10 [名]
はれあがる〔腫れあがる〕(皮膚が) turvota* 38 [動], turvottua* 1 [動]
バレエ baletti* 5 [名]
パレード (祝祭の) juhlakulkue 78 [名], paraati 6 [名]
バレーボール〈ス〉lentopallo 1 [名]
はれぎ〔晴れ着〕juhla-asu 1 [名]
はれつ〔破裂〕破裂する paukkua* 1 [動] ／破裂させる poksauttaa* 2 [動]
パレット paletti* 5 [名]
はればれ〔晴れ晴れ〕晴れ晴れした (顔つきなど) iloinen 63 [形], hyväntuulinen 63 [形]
はれもの〔腫れ物〕turvos 64 [名], turvotus 64 [名]
バレリーナ balettitanssijatar* 54 [名]
はれる〔晴れる〕kirkastua 1 [動], seestyä 1 [動] ／晴れた kirkas* 66 [形]

はれる〔腫れる〕(ふくれる) paisua 1 [動], turvota* 38 [動] ／腫れて turvoksissa [副]

ばれる（秘密などが）tulla ilmi, paljastua 1 [動] (tulla 25 [動])

はれわたる〔晴れ渡る〕kirkastua 1 [動], seestyä 1 [動] ／晴れ渡った kirkas* 66 [形], selkeä 21 [形]

バレンタインデー Pyhän Valentinin päivä (päivä 11 [名])

はれんち〔破廉恥〕破廉恥な kunniaton* 57 [形]

バロック バロック時代 barokki* 6 [名] ／バロック様式 barokki* 6 [名]

パロディー parodia 15 [名], ivamukailu 2 [名]

パワーシャベル kaivuri 5 [名], kaivinkone 78 [名]

はん〔反〕(反対の) anti-, vasta-

はん〔半〕(半分) puoli 32 [名], puolisko 2 [名]

はん〔判〕(印鑑) sinetti* 6 [名], leimamerkki* 4 [名]

はん〔版〕(書物などの) painos 64 [名]

はん〔班〕ryhmä 11 [名]

ばん〔晩〕ilta* 10 [名]

ばん〔番〕番をする (羊などの) paimentaa* 8 [動]

パン leipä* 11 [名] ／パン屋 (製造) leipomo 2 [名], (店) leipuri 5 [名] ／パンを焼く leipoa* 1 [動]

はんい〔範囲〕piiri 4 [名], ala 10 [名]

はんえい〔反映〕反映する kuvastaa 2 [動]；kuvastua 1 [動]

はんえい〔繁栄〕hyvinvointi* 4 [名], vauraus* 65 [名]

はんえん〔半円〕puoliympyrä 15 [名]

はんが〔版画〕木版画 puupiirros 64 [名]

ばんか〔晩夏〕syyskesä 11 [名], loppukesä 11 [名]

ハンガー henkari 5 [名], ripustin 56 [名]

ハンガーストライキ nälkälakko* 1 [名]

ばんかい〔挽回〕挽回する saada takaisin (saada 19 [動])

ハンカチ nenäliina 10 [名], pyyhe* 78 [名], pyyheliina 10 [名]

ハンガリー Unkari 5 [名] ／ハンガリーの unkarilainen 63 [形] ／ハンガリー語 unkari 5 [名], unkarinkieli 32 [名] ／ハンガリー人 unkarilainen 63 [名]

バンガロー mökki* 4 [名]
はんかん 〔反感〕kapinointi* 4 [名] ／反感を持つ kapinoida 30 [動]
はんぎゃく 〔反逆〕maankavallus 64 [名], maanpetos 64 [名]
はんきゅう 〔半球〕pallonpuolisko 2 [名], puolipallo 1 [名]
はんきょう 〔反響〕kaiku* 1 [名], vastakaiku* 1 [名] ／反響する kajahtaa* 2 [動], heijastua 1 [動]
ばんきん 〔板金〕laaka* 10 [名]
パンク パンクさせる puhkaista 24 [動]
ばんぐみ 〔番組〕ohjelma 13 [名]
ばんくるわせ 〔番狂わせ〕odottamaton tulos (odottamaton* 57 [形], tulos 64 [名])
はんけい 〔半径〕〈数〉säde* 78 [名]
はんげき 〔反撃〕vastahyökkäys 64 [名]
はんけつ 〔判決〕(有罪の) rangaistustuomio 3 [名] ／判決を下す tuomita 31 [動]
はんげつ 〔半月〕puolikuu 29 [名]
ばんけん 〔番犬〕vahtikoira 11 [名]
はんこう 〔反抗〕vastustus 64 [名], tottelemattomuus* 65 [名] ／反抗する vastustaa 2 [動]
はんこう 〔犯行〕rikos 64 [名], rikkomus 64 [名]
ばんごう 〔番号〕numero 2 [名] ／番号を付ける numeroida 30 [動]
はんコート 〔半コート〕puoliturkki* 4 [名]
ばんこく 〔万国〕(全世界の) maailman-, yleismaailmallinen 63 [形]
はんざい 〔犯罪〕rikos 64 [名], pahanteko* 1 [名] ／犯罪者 rikoksellinen 63 [名], rikollinen 63 [名]
ばんざい 〔万歳〕eläköön [間]
ハンサム ハンサムな komea 21 [形], pulska 11 [形]
はんさよう 〔反作用〕vastavaikutus 64 [名]
ばんさん 〔晩餐〕晩餐会 juhlaillallinen 63 [名]
はんじ 〔判事〕tuomari 5 [名]

ばんじ〔万事〕kaikki* 8 [不代]
パンジー〈植〉orvokki* 5 [名]
はんしはんしょう〔半死半生〕半死半生で henkihieverissä [副]
はんしゃ〔反射〕〈理〉heijastus 64 [名] ／反射する heijastaa 2 [動]; heijastua 1 [動]
はんじゅく〔半熟〕半熟の puolikypsä 11 [形]
はんじょう〔繁盛〕menestys 64 [名], kukoistus 64 [名] ／繁盛する menestyä 1 [動], kukoistaa 2 [動]
バンジョー〈楽〉banjo 1 [名]
はんしょく〔繁殖〕siittäminen 63 [名] ／繁殖する siitä* 37 [動]
はんすう〔半数〕puoli 32 [名]
はんすう〔反芻〕反芻動物 märehtijä 14 [名]
はんする〔反する〕sotia+分格+vastaan (sotia* 17 [動])
はんせい〔反省〕反省する miettiä* 17 [動], harkita 31 [動]
はんせん〔反戦〕反戦的 rauhanomainen 63 [形]
はんせん〔帆船〕purjevene 78 [名]
ばんぜん〔万全〕万全の täydellinen 63 [形]
ハンセンびょう〔ハンセン病〕spitaali 6 [名], spitaalitauti* 4 [名]
はんそう〔帆走〕purjehdus 64 [名] ／帆走する purjehtia* 17 [動]
ばんそう〔伴奏〕〈楽〉säestys 64 [名] ／伴奏する säestää 2 [動]
ばんそうこう〔絆創膏〕〈医〉kiinnelaastari 5 [名], sidelaastari 5 [名]
はんそく〔反則〕säännönvastainen keino (säännönvastainen 63 [形], keino 1 [名])
はんそで〔半袖〕半袖の lyhythihainen 63 [形]
パンダ〈動〉panda 10 [名]
ハンター eränkävijä 14 [名]
はんたい〔反対〕vastustus 64 [名], vastakohta* 11 [名] ／反対する vastustaa 2 [動], panna vastaan (panna 27 [動])
バンタムきゅう〔バンタム級〕kääpiösarja 10 [名]

はんだん 〔判断〕判断力 arvostelukyky* 1 [名]
ばんち 〔番地〕(住所) osoite* 78 [名]
パンチ nyrkinisku 1 [名]
パンツ alushousut 1 [複名]
はんてい 〔判定〕arvostelu 2 [名]／判定する tuomita 31 [動]
ハンディキャップ (身体の) vamma 10 [名]
はんてん 〔斑点〕pilkku* 1 [名], täplä 11 [名]
バンド (ベルト) vyö 30 [名], sidos 64 [名]
はんとう 〔半島〕niemi 37 [名]
はんどう 〔反動〕taantumus 64 [名], vastavaikutus 64 [名]
ばんとう 〔晩冬〕kevättalvi 8 [名]
はんどうたい 〔半導体〕〈理〉〈電〉puolijohde* 78 [名]
バンドエイド 〈薬〉laastari 5 [名]
はんとし 〔半年〕vuosipuolisko 2 [名]
ハンドバッグ käsilaukku* 1 [名]
ハンドブレーキ käsijarru 1 [名]
ハンドボール 〈ス〉käsipallo 1 [名]
ハンドメイド ハンドメイドの käsintehty* 1 [形]
ハンドル (自動車の) ohjauspyörä [名], (把手) kädensija 10 [名]
はんにえ 〔半煮え〕半煮えの puolikypsä 11 [形]
はんにん 〔犯人〕rikoksentekijä 14 [名]
ばんにん 〔万人〕jokainen 63 [不代], kaikki* 8 [不代]
ばんにん 〔番人〕vartija 14 [名], vahti* 4 [名]
ばんのう 〔万能〕万能の monipuolinen 63 [形]
はんのき 〔榛の木〕〈植〉leppä* 11 [名]
はんぱ 〔半端〕半端な pariton* 57 [形], epätasainen 63 [形]
バンパー (自動車の) puskuri 5 [名]
ハンバーガー hampurilainen 63 [名]
はんばい 〔販売〕myynti* 4 [名], tarjonta* 15 [名]／販売する myydä 20 [動]
はんばく 〔反駁〕反駁する torjua 1 [動], polemisoida 18 [動]
はんぱつ 〔反発〕reagointi* 4 [名]／反発する (反対

する) vastustaa 2 [動], reagoida 18 [動]
はんびらき〔半開き〕半開きにする raottaa* 2 [動]
はんぷく〔反復〕toisto 1 [名] /反復する toistaa 2 [動]
ばんぶつ〔万物〕luomakunta* 11 [名]
パンフレット kirjanen 63 [名]
はんぶん〔半分〕puoli 32 [名], puolikas* 66 [名]
ハンマー vasara 15 [名] /ハンマー投げ〈ス〉moukarinheitto* 1 [名]
はんめい〔判明〕判明する käydä ilmi, ilmetä 34 [動] (käydä 23 [動])
はんも〔繁茂〕rehevyys* 65 [名] /繁茂した rehevä 13 [形], vehreä 21 [形]
はんやけ〔半焼け〕半焼けの puolikypsä 11 [形]
ばんゆう〔万有〕kaikkeus* 65 [名]
はんらん〔反乱〕kapina 14 [名] /反乱を起こす nousta kapinaan (nousta 24 [動])
はんらん〔氾濫〕(水が溢れたりする事) tulva 11 [名] /氾濫する tulvia 17 [動]
はんれい〔凡例〕selitys 64 [名]
はんろん〔反論〕ristiriita* 10 [名] /反論する väittää* 2 [動]

ひ

ひ〔日〕(太陽) aurinko* 2 [名], (一日) päivä 11 [名]
ひ〔火〕tuli 32 [名] /火をつける polttaa* 2 [動], sytyttää* 2 [動] /火がつく syttyä* 1 [動]
ひ〔比〕〈数〉suhde* 78 [名], suhdeluku* 1 [名]
ひ〔非〕非の打ち所が無い moitteeton* 57 [形], nuhteeton* 57 [形]
ひ〔碑〕(記念碑) muistopatsas 66 [名], muistomerkki* 4 [名]
び〔美〕kauneus* 65 [名], sievyys* 65 [名]

ひあい〔悲哀〕suru 1 [名], murhe 78 [名]
ひあがる〔干上がる〕kuivua perin pohjin (kuivua 1 [動])
ひあたり〔日当たり〕日当たりのよい aurinkoinen 63 [形], valoisa 13 [形]
ピアニスト pianisti 4 [名]
ピアノ〈楽〉piano 2 [名]／ピアノを弾く soittaa pianoa (soittaa* 2 [動])
ビーカー〈化〉dekantterilasi 4 [名]
ひいき〔贔屓〕suosio 2 [名], suosionosoitus 64 [名]／贔屓する suosia 17 [動]
ピーク huippu* 1 [名], vuorenhuippu* 1 [名]
ヒース〈植〉kanerva 13 [名]
ヒーター lämmityslaite* 78 [名]
ひいでる〔秀でる〕olla erinomainen (olla 25 [動], erinomainen 63 [形])
ビート〈植〉juurikas* 66 [名]
ピーナッツ maapähkinä 15 [名]
ビーバー〈動〉majava 13 [名]
ビーフ〔牛肉〕naudanliha 10 [名]
ピーマン〈料〉paprika 15 [名]
ビール olut 73 [名]
ビールス virus 64 [名]
ヒーロー sankari 52 [名], urho 1 [名]
ひえる〔冷える〕viilentyä* 1 [動], jäähtyä* 1 [動]
ピエロ ilveilijä 14 [名], klovni 4 [名]
ビオラ〈楽〉alttoviulu 1 [名]
ひか〔悲歌〕elegia 15 [名]
びか〔美化〕美化する ihannoida 18 [動], idealisoida 18 [動]
ひがい〔被害〕vaurio 3 [名]
ひかえ〔控え〕(メモ) muistiinpano 1 [名], (写し) jäljennös 64 [名]
ひかえしつ〔控え室〕odotushuone 78 [名]
ひかえめ〔控え目〕控え目な ujo 1 [形], vaatimaton* 57 [形]
ひかえる〔控える〕pidättyä* 1 [動]
ひかく〔比較〕verta* 10 [名], vertailu 2 [名]／比較

ひきざん

する verrata* 35 [動]
ひかく〔皮革〕nahka(*) 10 [名]
ひかげ〔日陰〕varjo 1 [名]
ひがさ〔日傘〕päivänvarjo 1 [名]
ひがし〔東〕itä* 11 [名]
ひかぜい〔非課税〕非課税の veroton* 57 [形]
ひかちゅうしゃ〔皮下注射〕〈医〉pistos 64 [名]
ぴかぴか ぴかぴかの kiiltävä 13 [形] ／ぴかぴか光る kiiltää* 5 [動]
ひがむ〔僻む〕(劣等感を持つ) olla alemmuuskompleksin vallassa (olla 25 [動])
ひかり〔光〕valo 1 [名], säde* 78 [名], tuli 32 [名]
ひかる〔光る〕loistaa 2 [動], paistaa 11 [動], sädehtiä* 17 [動]
ひかん〔悲観〕悲観的 pessimistinen 63 [形]
ひがん〔彼岸〕彼岸の中日 päiväntasaus 64 [名]
びかん〔美観〕kauneus* 65 [名]
ひきあげ〔引き上げ〕nosto 1 [名]
ひきあげる〔引き上げる〕(引っ張り上げる) nostaa 2 [動], (撤退する) vetäytyä pois (vetäytyä* 44 [動])
ひきあわせる〔引き合わせる〕(紹介する) esitellä* 28 [動]
ひきいる〔率いる〕johtaa* 2 [動], opastaa 2 [動]
ひきうける〔引き受ける〕ottaa toimekseen, ottaa vastuulleen (ottaa* 2 [動])
ひきおこす〔引き起こす〕aiheuttaa* 2 [動]
ひきおろし〔引き下ろし〕(預金の) nosto 1 [名], tililtäotto* 1 [名]
ひきかえす〔引き返す〕kääntyä takaisin (kääntyä* 1 [動])
ひきかえる〔引き換える〕これに引き換え toisaalta [副]
ひきがえる〈動〉konna 11 [名], rupikonna 11 [名]
ひきがね〔引き金〕liipaisin 56 [名]
ひきこもる〔引き籠もる〕pysyä sisällä, pysyä kotona (pysyä 1 [動])
ひきさがる〔引き下がる〕poistua 1 [動], vetäytyä* 44 [動]
ひきざん〔引き算〕vähennys 64 [名], vähennyslas-

ひきしお 418

ku 1 [名]
ひきしお〔引き潮〕pakovesi* 40 [名]
ひきしまる〔引き締まる〕引き締まった tiukka* 10 [形]
ひきしめる〔引き締める〕(気を) koota voimansa, piristää 2 [動] (koota* 38 [動])
ひきずる〔引きずる〕(苦労して) laahata 35 [動]
ひきだす〔引き出す〕(引っ張り出す) vetää puoleensa, kiskoa 1 [動] (vetää* 2 [動])
ひきつぐ〔引き継ぐ〕periä 17 [動]
ひきつけ〔引き付け〕〈医〉kouristus 64 [名]
ひきつける〔引き付ける〕houkutella* 28 [動]
ひきつづき〔引き続き〕alati [副], lakkaamatta [副], alinomaa [副], jatkuvasti [副]
ひきつる〔引き攣る〕(こわばる) jännittyä* 1 [動]
ひきど〔引き戸〕työntöovi 8 [名]
ひきとめる〔引き止める〕pidättää* 2 [動]
ビキニ（水着）(通常は複数形で) bikini 4 [名]
ひきにく〔挽き肉〕jauheliha 10 [名]
ひきぬく〔引き抜く〕temmata* 35 [動], tempaista 24 [動]
ひきのばし〔引き延ばし〕pidennys 64 [名]
ひきのばし〔引き伸ばし〕(拡大) suurennus 64 [名]
ひきのばす〔引き伸ばす〕(拡大する) suurentaa*8[動]
ひきはなす〔引き離す〕jättää* 2 [動], mennä edelle (mennä 27 [動])
ひきょう〔卑怯〕卑怯な raukkamainen 63 [形]
ひきよせる〔引き寄せる〕vetää* 2 [動], kutistaa 2 [動]
ひきわけ〔引き分け〕(試合などの) tasapeli 4 [名]
ひきわたし〔引き渡し〕(商品の) tavara(n)toimitus 64 [名]
ひきわりむぎ〔挽き割り麦〕mannaryyni 4 [名]
ひく〔引く〕vetää* 2 [動], kiskoa 1 [動], hinata 35 [動], nykiä* 17 [動]
ひく〔弾く〕(楽器を) soittaa* 2 [動]
ひく〔挽く〕(鋸で) sahata 35 [動]
ひく〔轢く〕(車が人を) ajaa yli (ajaa 9 [動])
ひくい〔低い〕(背が) lyhyt 73 [形], (声・音が) kumea

21 [形], (場所が) matala 12 [形], alava 13 [形], (温度が) matala 12 [形]
ひくつ 〔卑屈〕卑屈な nöyräselkäinen 63 [形]
ピクニック retki 8 [名], huviretki 8 [名]
びくびく びくびくする arastella 28 [動], ujostella 28 [動]
ぴくぴく ぴくぴく動く nytkähdellä* 28 [動]
ひぐま 〔羆〕〈動〉karhu 1 [名]
ひぐれ 〔日暮れ〕(日没) auringonlasku 1 [名], (薄暗がり) iltahämärä 12 [名]
ひげ 〔髭〕parta* 10 [名] ／髭もじゃの partainen 63 [形]
ひげき 〔悲劇〕murhenäytelmä 13 [名], tragedia 15 [名]
ひげそり 〔髭剃り〕parranajo 1 [名]
ひけつ 〔否決〕hylkääminen 63 [名] ／否決する hylätä* 40 [動]
ひけつ 〔秘訣〕(秘密) salaisuus* 65 [名]
ひけらかす näyttää taitojaan (näyttää* 2 [動])
ひこう 〔非行〕pahe 78 [名], rikos 64 [名]
ひこう 〔飛行〕lento* 1 [名] ／飛行機 lentokone 78 [名] ／飛行場 lentoasema 13 [名], lentokenttä* 11 [名]
びこう 〔尾行〕尾行する seurata salaa, varjostaa 2 [動] (seurata 35 [動])
びこう 〔鼻孔〕sierain 56 [名]
ひこうしき 〔非公式〕非公式な epävirallinen 63 [形]
ひごうほう 〔非合法〕非合法な lainvastainen 63 [形]
ひこく 〔被告〕〈法〉syytetty* 2 [名], vastaaja 16 [名]
ひごと 〔日毎〕日毎に päivä päivältä
ひこばえ 〈植〉jälkikasvu 1 [名], nuorennos 64 [名]
ひこようしゃ 〔被雇用者〕palkkalainen 63 [名]
ひごろ 〔日頃〕(通常) tavallisesti [副], yleensä [副]
ひざ 〔膝〕〈解〉polvi 8 [名] ／膝を折る (女性の挨拶) niiata 35 [動]
ビザ viisumi 5 [名]
ひざがしら 〔膝頭〕〈解〉polvilumpio 3 [名]
ひざこぞう 〔膝小僧〕〈解〉polvilumpio 3 [名]

ひさし〔庇〕(屋根の) räystäs 66〔名〕
ひざし〔日差し〕hohde* 78〔名〕
ひざまずく〔跪く〕polvistua 1〔動〕
ひさん〔飛散〕飛散する (水などが) pärskyä 1〔動〕／飛散させる (水などを) pärskyttää* 2〔動〕
ひさん〔悲惨〕悲惨な tuhoisa 13〔形〕, turmiollinen 63〔形〕
ひじ〔肘〕〈解〉kyynärpää 28〔名〕, käsikoukku* 1〔名〕
ひじかけ〔肘掛け〕肘掛け椅子 nojatuoli 4〔名〕, lepotuoli 4〔名〕
ひしがた〔菱形〕〈数〉vinoneliö 83〔名〕
ひじつようてき〔非実用的〕epäkäytännöllinen 63〔形〕
ビジネス liike* 78〔名〕, liikeasia 14〔名〕／ビジネスマン liikemies 72〔名〕
ひしゃく〔柄杓〕kauha 10〔名〕
ひじゅう〔比重〕〈理〉ominaispaino 1〔名〕
びじゅつ〔美術〕maalaustaide* 78〔名〕／美術館 taidemuseo 3〔名〕
ひしょ〔秘書〕sihteeri 5〔名〕
ひじょう〔非常〕非常口 varaovi 8〔名〕／非常電話 hätäpuhelin 56〔名〕／非常に oikein〔副〕, hyvin〔副〕, kovin〔副〕
ひじょう〔非情〕非情の kylmäsydäminen 63〔形〕
びしょう〔微笑〕微笑する myhäillä 29〔動〕
ひじょうしき〔非常識〕非常識な nurinkurinen 63〔形〕
びしょぬれ〔びしょ濡れ〕びしょ濡れの läpimärkä* 11〔形〕
びしょびしょ びしょびしょの läpimärkä* 11〔形〕
びじん〔美人〕kaunis nainen, kaunis tyttö (kaunis 69〔形〕, nainen 63〔名〕, tyttö* 1〔名〕)
ひじんどうてき〔非人道的〕epäinhimillinen 63〔形〕
ビスケット keksi 4〔名〕, pikkuleipä* 11〔名〕
ヒステリック ヒステリックな hysteerinen 63〔形〕
ピストル pistooli 6〔名〕
ピストン〈技〉mäntä* 11〔名〕
びせい〔美声〕hyvä ääni (hyvä 11〔形〕, ääni 32

[名])
びせいぶつ〔微生物〕〈生物〉eliö 3 [名]
ひせんきょけん〔被選挙権〕被選挙権のある vaalikelpoinen 63 [形]
ひそう〔悲壮〕悲壮な surkea 21 [形], traaginen 63 [形]
ひぞうぶつ〔被造物〕luoma 11 [名], luomakunta* 11 [名]
ひそか〔密か〕密かに salaa [副], salavihkaa [副]
ひそひそ ひそひそ話 sipinä 14 [名] ／ひそひそ話をする sipistä 41 [動]
ひだ〔襞〕poimu 1 [名] ／襞を作る poimuttaa* 2 [動] ／襞が寄る poimuttua* 1 [動]
ひたい〔額〕otsa 11 [名]
ひだい〔肥大〕laajenema 13 [名], laajentuma 13 [名]
ひたす〔浸す〕liottaa* 2 [動]
ひたすら（熱心に）totisesti [副], hartaasti [副]
ビタミン vitamiini 4 [名]
ひたむき〔直向き〕直向きな totinen 63 [形], harras* 66 [形] ／直向きに totisesti [副], hartaasti [副]
ひだり〔左〕左に vasemmalla [副] ／左へ vasemmalle [副] ／左利きの vasenkätinen 63 [形]
ひたる〔浸る〕liota* 38 [動]
ひたん〔悲嘆〕suru 1 [名] ／悲嘆に暮れる surra 26 [動]
ひっかかる〔引っ掛かる〕tarttua* 1 [動], takertua* 1 [動]
ひっかく〔引っ掻く〕raapia* 17 [動], raapaista 24 [動]
ひっかける〔引っ掛ける〕（水などを）roiskuttaa* 2 [動], läiskyttää* 2 [動]
ひっき〔筆記〕筆記する kirjoittaa* 2 [動]
ひつぎ〔柩〕（死者のための）ruumisarkku* 1 [名], kirstu 1 [名]
ひっきりなし〔引っ切り無し〕引っ切り無しに taukoamatta [副], lakkaamatta [副]
びっくり びっくりする hämmästyä 1 [動] ／びっくりさせる hämmästyttää* 2 [動] ／びっくりして ällistyneenä

ひっくりかえす〔引っ繰り返す〕kumota 38 [動], kaataa* 9 と 3 [動]
ひっくりかえる〔引っ繰り返る〕kaatua* 1 [動] ／引っ繰り返って kumossa [副], kumoon [副]
ひづけ〔日付〕päiväys 64 [名], päivämäärä 11 [名]
びっこ〔跛〕跛をひく ontua* 1 [動]
ひっこし〔引っ越し〕muutto* 1 [名]
ひっこす〔引っ越す〕muuttaa* 2 [動]
ひっこみじあん〔引っ込み思案〕引っ込み思案な ujo 1 [形], arka* 10 [形]
ひっこむ〔引っ込む〕(退く) poistua 1 [動], vetäytyä syrjään (vetäytyä* 44 [動])
ひっこめる〔引っ込める〕ottaa pois, poistaa 2 [動] (ottaa* 2 [動])
ピッコロ 〈楽〉 pikkolohuilu 1 [名]
ひっし〔必死〕必死に täydellä voimalla, silmittömästi [副]
ひつじ〔羊〕lammas* 66 [名] ／子羊 karitsa 15 [名] ／羊飼い lammaspaimen 55 [名]
ひつじゅ〔必需〕必需品 hyödyke* 78 [名], (通常は複数形で) tarvike* 78 [名]
ひっしゅう〔必修〕必修の pakollinen 63 [形]
びっしょり びっしょり濡れる kastua läpimäräksi (kastua 1 [動])
ひっす〔必須〕必須の(必要な) tarpeellinen 63 [形], välttämätön* 57 [形]
ひっせき〔筆跡〕käsiala 10 [名]
ひつぜん〔必然〕必然的に välttämättömästi [副]
ひっそり ひっそりとした hillitty* 1 [形] ／ひっそりと hillitysti [副]
ひったくる〔引ったくる〕siepata* 35 [動], kopata* 35 [動]
ぴったり 〜にぴったりの (属格と共に) myötäinen 63 [形]
ピッチ nopeus* 65 [名], tahti* 4 [名]
ヒッチハイク peukalokyyti* 4 [名]
ひってき〔匹敵〕〜に匹敵する olla＋属格＋vertainen
ヒット ヒット曲 iskelmä 13 [名]

ひっぱる〔引っ張る〕vetää* 2 [動], kiskoa 1 [動], hinata 35 [動], nykiä* 17 [動]
ひづめ〔蹄〕(馬や牛の) kavio 3 [名], sorkka* 11 [名]
ひつよう〔必要〕tarve* 78 [名], tarpeellisuus* 65 [名]／必要品 (通常は複数形で) tarvike* 78 [名]／必要な tarpeellinen 63 [形]／必要とする tarvita 31 [動], vaatia* 17 [動]
ひてい〔否定〕否定的 kielteinen 63 [形]／否定する kieltää* 5 [動]
ビデオ ビデオカセット videokasetti* 5 [名]／ビデオカメラ videokamera 15 [名]
ひでり〔日照り〕kuivuus* 65 [名]
びてん〔美点〕(長所) ansio 3 [名]
ひと〔人〕ihminen 63 [名], henkilö 2 [名], mies 72 [名]
ひとあし〔一足〕一足先に vähän aikaisemmin
ひどい〔酷い〕ankara 12 [形]／酷く verisesti [副]
ひといき〔一息〕(休憩) lepo* 1 [名], tauko* 1 [名]／一息入れる levätä* 40 [動]
ひといちばい〔人一倍〕(非常に) äärimmäisen, erittäin [副]
びとう〔尾灯〕(自動車の) perävalo 1 [名], takavalo 1 [名]
びどう〔微動〕微動もしない järkähtämätön* 57 [形]
ひとかかえ〔一抱え〕sylys 64 [名]
ひとかげ〔人影〕(姿) hahmo 1 [名], muoto* 1 [名]
ひとかじり〔一齧り〕suupala 10 [名]
ひとがら〔人柄〕henkilöllisyys* 65 [名], persoonallisuus* 65 [名]
ひとぎき〔人聞き〕人聞きが悪い häpeällinen 63 [形]
ひときれ〔一切れ〕pala 10 [名], palanen 63 [名]
ひどく〔酷く〕pahasti [副], pahoin [副]
びとく〔美徳〕hyve 78 [名], ansio 3 [名]
ひとくち〔一口〕一口で yhdellä hotkaisulla
ひとこと〔一言〕sana 10 [名]／一言で言えば lyhyesti sanoen
ひとごみ〔人込み〕parvi 8 [名]
ひとごろし〔人殺し〕murha 11 [名]／人殺しをする

murhata 35 [動]
ひとさしゆび〔人差し指〕etusormi 8 [名]
ひとしい〔等しい〕tasainen 63 [形], tasaveroinen 63 [形]／等しくする tasata 35 [動]／等しくなる tasaantua* 1 [動]
ひとじち〔人質〕panttivanki* 4 [名]
ひとずき〔人好き〕人好きのする rakastettava 13 [形]
ひとだすけ〔人助け〕avuliaisuus* 65 [名]／人助けをする avustaa 2 [動]
ひとつ〔一つ〕yksi* 51 [基数]／一つ目 ensimmäinen 63 [序数]／一つにする yhdistää 2 [動]／一つになる yhtyä* 1 [動]／もう一つの toinen 63 [形]／一つも～ない（否定文で）yhtään [副]
ひとづきあい〔人付き合い〕人付き合いのいい seuranhaluinen 63 [形]
ひとで〔人手〕（働き手）työmies 72 [名], apumies 72 [名]
ひとで〔人出〕（群衆）tungos 64 [名], väentungos 64 [名]
ひとどおり〔人通り〕人通りの多い vilkasliikenteinen 63 [形]
ひとなみ〔人並み〕人並みの keskitason-, keskimääräinen 63 [形]
ひとのみ〔一飲み〕kulaus 64 [名]
ひとばん〔一晩〕一晩中 koko yön, yökauden
ひとびと〔人々〕väki* 8 [名], kansa 10 [名]
ひとふき〔一吹き〕（風の）tuulahdus 64 [名]
ひとまえ〔人前〕人前で julki [副], julkisesti [副]
ひとまとめ〔一まとめ〕yhtenäisyys* 65 [名]／一まとめにする pitää koossa (pitää* 2 [動])
ひとまね〔人真似〕matkiminen 63 [名], jäljittely 2 [名]
ひとまわり〔一回り〕kierros 64 [名]／一回りする kiertää* 6 [動]
ひとみ〔瞳〕〈解〉silmäterä 11 [名]
ひとめ〔一目〕一目で yhdellä silmäyksellä
ひとめ〔人目〕人目に立たないで huomaamatta [副]
ひとやすみ〔一休み〕lepo* 1 [名], tauko* 1 [名]／一

ひびき

休みする levätä* 40 [動], tauota* 38 [動]
ひとやま〔一山〕kasa 10 [名]
ひとり〔一人・独り〕yksi* 51 [不代] ／一人で yksin [副], yksinään [副] ／一人当たり henkeä kohden ／独り言を言う puhua itsekseen
ひどり〔日取り〕päivämäärä 11 [名], päiväys 64 [名]
ひとりでに〔独りでに〕itsestään [副]
ひとりぼっち〔一人ぼっち〕yksin [副], yksinään [副]
ひな〔雛〕(ひよこ) kananpoika* 11 [名]
ひなた〔日向〕päivänpaiste 78 [名]
ひなん〔非難〕nuhde* 78 [名], kuritus 64 [名] ／非難する nuhdella* 28 [動]
ひなん〔避難〕evakuointi* 4 [名] ／避難する evakuoida 18 [動]
ビニール vinyyli 4 [名], vinyylimuovi 4 [名]
ひにく〔皮肉〕iva 10 [名] ／皮肉を言う ivailla 29 [動], ivata 35 [動]
ひにんげんてき〔非人間的〕epäinhimillinen 63 [形]
びねつ〔微熱〕lievä kuume (lievä 11 [形], kuume 78 [名])
ひねりつぶす〔捻り潰す〕musertaa* 6 [動], murskata 35 [動]
ひねる〔捻る〕(回す) kiertää* 6 [動], vääntää* 42 [動]
ひのいり〔日の入り〕auringonlasku 1 [名]
ひので〔日の出〕auringonnousu 1 [名]
ひばち〔火鉢〕puuhiilikamiina 15 [名]
ひばな〔火花〕kipinä 14 [名] ／火花を出す kipinöidä 30 [動]
ひばり〔雲雀〕〈鳥〉leivo 1 [名], leivonen 63 [名], kiuru 1 [名]
ひはん〔批判〕kritiikki* 6 [名] ／批判的 kriittinen 63 [形]
ひび〔罅〕särö 1 [名] ／罅が入る poreilla 28 [動]
ひび〔日々〕päivittäin [副]
ひびき〔響き〕響きのよい soinnukas* 86 [形], heleä

ひびきわたる

21 [形]
ひびきわたる 〔響き渡る〕raikua* 1 [動]
ひびく 〔響く〕kajahtaa* 2 [動], raikua* 1 [動]
ひひょう 〔批評〕arvostelu 2 [名], kritiikki* 6 [名]／批評する arvostella 28 [動]
ひびわれ 〔輝割れ〕särö 1 [名], railo 1 [名]
ひふ 〔皮膚〕iho 1 [名], hipiä 14 [名]
ひぶん 〔碑文〕piirtokirjoitus 64 [名]
びぼうろく 〔備忘録〕muistiinpano 1 [名], muistikirja 10 [名]
ひほごしゃ 〔被保護者〕suojatti* 6 [名], holhokki* 5 [名]
ひぼん 〔非凡〕tavattomuus* 65 [名]
ひま 〔暇〕暇つぶしに ajan kuluksi
ひまご 〔曾孫〕lastenlastenlapsi 45 [名]
ひましに 〔日増しに〕päivä päivältä
ひまわり 〔向日葵〕〈植〉auringonkukka* 11 [名]
ひまん 〔肥満〕肥満体 ruho 1 [名], rumilus 64 [名]
ひみつ 〔秘密〕salaisuus* 65 [名]／秘密の salainen 63 [形], salaperäinen 63 [形]／秘密に salaa [副]／秘密にする salata 35 [動]／秘密を守る pitää salaisuus (pitää* 2 [動], salaisuus* 65 [名])
びみょう 〔微妙〕微妙な hieno 1 [形], vähäinen 63 [形]／微妙に hienosti [副], vähän [副]
ひめい 〔悲鳴〕parkaisu 2 [名]
ひも 〔紐〕nauha 10 [名], siima 10 [名], naru 1 [名]
ひもの 〔干物〕kapakala 10 [名]
ひやかし 〔冷やかし〕pilkka* 10 [名], pilkanteko* 1 [名]
ひやかす 〔冷やかす〕(からかう) kiusoitella* 28 [動]
ひゃく 〔百〕sata* 10 [基数]／百番目 sadas* 75 [序数]
ひやく 〔飛躍〕hyppy* 1 [名]／飛躍的に nopeasti [副], tuota pikaa
ひゃくにちぜき 〔百日咳〕hinkuyskä 11 [名]
ひゃくぶんりつ 〔百分率〕prosentti* 6 [名]
ひゃくまん 〔百万〕miljoona 16 [基数]
びゃくや 〔白夜〕valoisa kesäyö (valoisa 13 [形],

kesäyö 30 [名])
ひやけ〔日焼け〕rusketus 64 [名] ／日焼けする päivettyä* 1 [動]
ヒヤシンス〈植〉hyasintti* 4 [名]
ひやす〔冷やす〕jäähdyttää* 2 [動], kylmentää* 8 [動]
ひゃっかじてん〔百科事典〕tietosanakirja 10 [名]
ひゃっかてん〔百貨店〕tavaratalo 1 [名]
ひややか〔冷ややか〕冷ややかな kyyninen 63 [形], kyynillinen 63 [形]
ひゆ〔比喩〕比喩的 vertauskuvallinen 63 [形], kuvaannollinen 63 [形]
ヒューズ〈電〉sulake* 78 [名], varoke* 78 [名], varmistin 56 [名]
ヒューマニズム humanismi 4 [名]
ひょう〔表〕luettelo 2 [名], taulu 1 [名], taulukko* 2 [名]
ひょう〔豹〕〈動〉leopardi 4 [名], pantteri 5 [名]
ひょう〔票〕ääni 32 [名]
ひょう〔雹〕(降ってくる氷塊) rae* 78 [名], jääpala 10 [名]
ひょう〔費用〕kustannus 64 [名], (通常は複数形で) kulu 1 [名]
びょう〔秒〕sekunti* 4 [名] ／秒針 sekuntiviisari 5 [名]
びょう〔鋲〕(物を止めるための) nasta 10 [名]
びよう〔美容〕kauneudenhoito* 1 [名] ／美容院 kampaamo 2 [名]
ひよういくしゃ〔被養育者〕holhokki* 5 [名], hoidokki* 5 [名]
びょういん〔病院〕sairaala 14 [名]
ひょうか〔評価〕tunnustus 64 [名], arvio 3 [名] ／評価する tunnustaa 2 [動], arvioida 30 [動]
ひょうが〔氷河〕jäätikkö* 2 [名] ／氷河時代 jääkausi* 40 [名]
ひょうかい〔氷海〕jäämeri 32 [名]
びょうき〔病気〕sairaus* 65 [名], tauti* 4 [名] ／病気になる tulla sairaaksi, sairastua 1 [動] (tulla 25

[動])

ひょうぎかい〔評議会〕neuvosto 2 [名]

ひょうきん〔剽軽〕剽軽な humoristinen 63 [形] ／剽軽者 humoristi 4 [名]

ひょうけい〔表敬〕kunnianosoitus 64 [名]

ひょうけつ〔氷結〕氷結する jäätyä* 1 [動], paleltua* 1 [動]

ひょうげん〔表現〕ilmaisu 2 [名] ／表現する ilmaista 24 [動]

びょうげん〔病原〕pesäke* 78 [名]

ひょうご〔標語〕tunnus 64 [名]

ひょうこう〔標高〕korkeus* 65 [名]

ひょうさつ〔表札〕nimilappu* 1 [名], kilpi* 8 [名]

ひょうざん〔氷山〕jäävuori 32 [名]

ひょうし〔拍子〕〈楽〉tahti* 4 [名], rytmi [名]

ひょうし〔表紙〕kansi* 44 [名], etukansi* 40 [名]

ひょうじ〔表示〕ilmestys 64 [名], näyttö* 1 [名]

ひょうしき〔標識〕viitta* 10 [名], johde* 78 [名]

びょうしつ〔病室〕potilashuone 78 [名]

びょうしゃ〔描写〕kuvaus 64 [名], muotokuva 11 [名] ／描写する kuvailla 29 [動], kuvata 35 [動]

びょうじゃく〔病弱〕病弱な huono 1 [形]

ひょうじゅん〔標準〕mitta* 10 [名], mallimitta* 10 [名] ／標準的 mallikelpoinen 63 [形]

ひょうしょう〔表彰〕suositus 64 [名] ／表彰する suositella* 28 [動]

ひょうじょう〔表情〕kasvonilme 78 [名] ／表情豊かな ilmeikäs* 66 [形]

びょうしょう〔病床〕病床にいる potea* 15 [動]

びょうしん〔病身〕病身の sairaalloinen 63 [形]

びょうそう〔病巣〕〈医〉pesäke* 78 [名]

ひょうだい〔表題〕otsikko* 2 [名], otsake* 78 [名]

ひょうたん〔瓢箪〕kurpitsa 15 [名]

ひょうてき〔標的〕maali 4 [名], maalitaulu 1 [名], ampumataulu 1 [名]

びょうてき〔病的〕sairaalloinen 63 [形], epäterve 79 [形]

ひょうてん〔氷点〕pakkasaste 78 [名], 〈理〉jääty-

mispiste 78 [名] ／氷点下の寒さ pakkanen 63 [名]
ひょうてん〔評点〕arvosana 10 [名]
びょうどう〔平等〕tasa-arvo 1 [名], tasa-arvoisuus* 65 [名] ／平等な tasa 10 [形], tasa-arvoinen 63 [形]
びょうにん〔病人〕potilas 66 [名], sairas 66 [名]
ひょうはく〔漂白〕漂白する valkaista 24 [動]
ひょうばん〔評判〕maine 78 [名], kuuluisuus* 65 [名], sensaatio 3 [名]
ひょうほん〔標本〕näytekappale 78 [名]
ひょうめい〔表明〕表明する ilmaista 24 [動], osoittaa* 2 [動]
ひょうめん〔表面〕pinta* 10 [名], kalvo 1 [名] ／表面の pinnallinen 63 [形]
びょうよみ〔秒読み〕lähtölaskenta* 15 [名]
びょうり〔病理〕病理学 patologia 15 [名]
ひょうりゅう〔漂流〕漂流する ajelehtia* 17 [動]
ひょうろん〔評論〕評論家 arvostelija 14 [名]
ひよく〔肥沃〕肥沃な（土地について）hedelmällinen 63 [形], viljava 13 [形]
ひよけ〔日除け〕varjostin 56 [名], kaihdin* 56 [名]
ひよこ〔雛〕〈鳥〉kananpoika* 11 [名]
ひょっこり（思いがけなく）odottamattomasti [副], sattumalta [副]
ひょっと ひょっとしたら mahdollisesti [副], ehkä [副]
ぴょんぴょん ぴょんぴょん跳ねる hyppiä* 17 [動], hypellä* 28 [動]
ビラ lappu* 1 [名]
ひらいしん〔避雷針〕ukkosenjohdatin* 56 [名]
ひらおよぎ〔平泳ぎ〕〈ス〉rintauinti* 4 [名]
ひらきなおる〔開き直る〕uhmata 35 [動], olla tottelematta (olla 25 [動])
ひらく〔開く〕avata 40 [動], aukaista 24 [動],（集会などを）pitää* 2 [動]
ひらける〔開ける〕（文化的になる）sivistyä 1 [動] ／開けた（広い）aukea 21 [形], aava 10 [形]
ひらたい〔平たい〕litteä 21 [形], lattea 21 [形]
ひらひら ひらひらする（旗などが）liehua 1 [動], hul-

muta 39 [動]

ひらめく 〔閃く〕(旗などが) liehua 1 [動], hulmuta 39 [動]

びり (最後の者) viimeinen 63 [名]

ピリオド piste 78 [名]

ひりつ 〔比率〕 mittasuhde* 78 [名]

ひりひり ひりひり痛む kirvellä(*) 28 [動], koskea 13 [動]

ぴりぴり ぴりぴりする (神経質になる) hermostua 1 [動], käydä levottomaksi (käydä 23 [動])

ビリヤード biljardi 6 [名]

びりゅうし 〔微粒子〕 hitunen 63 [名], hiukkanen 63 [名]

ひりょう 〔肥料〕 lanta* 10 [名] /肥料をやる lannoittaa* 2 [動]

ひる 〔昼〕 sydänpäivä 11 [名], keskipäivä 11 [名]

ひるい 〔比類〕比類がない verraton* 57 [形], erinomainen 63 [形]

ひるがえる 〔翻る〕(旗などが) liehua 1 [動]

ビルディング rakennus 64 [名]

ひるね 〔昼寝〕 päivällisuni 32 [名]

ひるま 〔昼間〕 sydänpäivä 11 [名], keskipäivä 11 [名]

ひるむ 〔怯む〕(怖じ気づく) arastella 28 [動], masentua* 1 [動]

ひるやすみ 〔昼休み〕 päivällistauko* 1 [名], lounastauko* 1 [名]

ひれ 〔鰭〕(魚の) evä 11 [名]

ひれつ 〔卑劣〕卑劣な alhainen 63 [形]

ひろい 〔広い〕 laaja 10 [形], tilava 13 [形], avara 12 [形] /広くする laajentaa* 8 [動] /広くなる laajentua* 1 [動]

ひろいもの 〔拾い物〕 onnenpotku 1 [名]

ヒロイン sankaritar* 54 [名]

ひろう 〔披露〕披露する (見せる) näyttää* 2 [動], osoittaa* 2 [動]

ひろう 〔疲労〕 väsymys 64 [名], uupumus 64 [名] /疲労させる väsyttää* 2 [動] /疲労する väsyä 1

[動]
ひろう〔拾う〕poimia 17 [動], noukkia* 17 [動]
ひろうこんぱい〔疲労困憊〕uupumus 64 [名]／疲労困憊して uuvuksissa [副]
ビロード sametti* 6 [名]
ひろがり〔広がり〕ulottuvuus* 65 [名], suuruus* 65 [名]
ひろがる〔広がる〕ulottua* 1 [動], avartua* 1 [動]
ひろげる〔広げる〕ulottaa* 2 [動], avartaa* 6 [動]
ひろさ〔広さ〕laajuus* 65 [名], tilavuus* 65 [名]
ひろば〔広場〕tori 4 [名], aukio 3 [名]
ひろびろ〔広々〕広々とした aava 10 [形], avara 12 [形], lakea 21 [形]
ひろま〔広間〕sali 4 [名], (入口の) eteinen 63 [名]
ひろまる〔広まる〕levitä 37 [動]
ひろめる〔広める〕levittää* 2 [動]
ひろんりてき〔非論理的〕epäjohdonmukainen 63 [形]
ひん〔品〕品がある hieno 1 [形], jalo 1 [形]
びん〔瓶〕pullo 1 [名], purkki* 4 [名]
ピン neula 10 [名]
びんかん〔敏感〕敏感な arka* 10 [形], herkkä* 11 [形]／敏感になる aristua 1 [動]
ピンク ピンク色の vaaleanpunainen 63 [形]
ひんこう〔品行〕moraali 6 [名], ryhti* 4 [名]
ひんこん〔貧困〕köyhyys* 65 [名], puute* 78 [名]
ひんし〔瀕死〕瀕死の kuolemansairas 66 [形]
ひんしつ〔品質〕laatu* 1 [名]
ひんじゃく〔貧弱〕貧弱な hento* 1 [形]
ひんしゅ〔品種〕merkki* 4 [名]
びんしょう〔敏捷〕敏捷な sukkela 12 [形], ketterä 12 [形]
びんじょう〔便乗〕便乗する (利用する) saada hyötyä (saada 19 [動])
ピンセット atulat 14 [複名], (通常は複数形で) pinsetti* 5 [名]
びんせん〔便箋〕(手紙の用紙) kirjepaperi 5 [名]
びんそく〔敏速〕敏速な sukkela 12 [形]
ピンチ hätä* 11 [名], pula 11 [名]／ピンチである

olla pulassa ／ピンチを脱する päästä pulasta (olla 25 [動], päästä 24 [動])
びんづめ 〔瓶詰め〕lasipurkki* 4 [名]
ヒント vihjaus 64 [名], viittaus 64 [名]
ひんど 〔頻度〕frekvenssi 6 [名], esiintymistiheys* 65 [名]
ピント 〈理〉polttopiste 78 [名], fokus 64 [名]
ぴんと ぴんと張った pingotettu* 2 [形], kireä 21 [形]
ひんぱん 〔頻繁〕頻繁に vähän väliä
ぴんぴん ぴんぴんしている（元気である）reipas* 66 [形], pirteä 21 [形]
びんぼう 〔貧乏〕貧乏な köyhä 11 [形], rahaton* 57 [形]
ピンポン pöytätennis 64 [名]
ひんやり ひんやりした kolea 21 [形]
びんらん 〔便覧〕käsikirja 10 [名]
びんわん 〔敏腕〕(能力) pätevyys* 65 [名], kelpoisuus* 65 [名]

ふ

ぶ 〔分〕(パーセント) prosentti* 6 [名]
ぶ 〔部〕(部分) osa 11 [名], (部門) osasto 2 [名], (クラブ) kerho 1 [名]
ぶあいそう 〔無愛想〕無愛想な kalsea 21 [形], tyly 1 [形]
ファイル kansio 3 [名], kortisto 2 [名]
ファゴット 〈楽〉fagotti* 5 [名]
ファシズム fas(c)ismi 6 [名]
ファスナー vetoketju 1 [名]
ぶあつい 〔分厚い〕paksu 1 [形], vahva 10 [形]
ファックス faksi 4 [名]／ファックスで送る lähettää faksilla
ファッション muoti* 4 [名]／ファッションショー

muotinäytös 64 [名]
ファン kiihkoilija 14 [名]
ふあん〔不安〕rauhattomuus* 65 [名], levottomuus* 65 [名]
ふあんてい〔不安定〕不安定な horjuva 13 [形], kestämätön* 57 [形]
ふあんない〔不案内〕不案内な tietämätön* 57 [形]
ふい〔不意〕不意に äkkiä [副], yht'äkkiä [副], äkkiarvaamatta [副]
ブイ〈海〉poiju 1 [名], reimari 5 [名]
フィート（長さの単位）jalka* 10 [名]
フィールドワーク kenttätyö 30 [名]
フィギュア フィギュアスケーティング〈ス〉kaunoluistelu 2 [名]
ふいちょう〔吹聴〕吹聴する levittää* 2 [動], laajentaa* 8 [動]
ふいっち〔不一致〕（意見の）ristiriita* 10 [名]
ブイネック v-kaulus 64 [名]
フィヨルド vuono 1 [名]
フィルター suodatin* 56 [名]
フィルム filmi 4 [名]
フィンランド Suomi 8 [名] ／フィンランドの suomalainen 63 [形]／フィンランド語 suomi 8 [名], suomen kieli, suomenkieli 32 [名]／フィンランド人 suomalainen 63 [名]
ふう〔風〕（様子・身なり）ulkonäkö* 1 [名], ulkomuoto* 1 [名]
ふういん〔封印〕sinetti* 6 [名]
ブーイング buuaus 64 [名]／ブーイングする buuata 35 [動]
ふうか〔風化〕風化する〈地質〉rapautua* 44 [動]
ふうが〔風雅〕風雅な tyylikäs* 66 [形], aistikas* 66 [形]
ふうがわり〔風変わり〕風変わりな omituinen 63 [形], eriskummallinen 63 [形]
ふうき〔風紀〕moraali 6 [名], siveellisyys* 65 [名]
ブーケ kukkakimppu* 1 [名], kukkalaite* 78 [名]
ふうけい〔風景〕maisema 13 [名], nähtävyys* 65

[名]
- **ふうさ**〔封鎖〕piiritys 64 [名]／封鎖する piirittää* 2 [動]
- **ふうし**〔風刺〕風刺画 pilakuva 11 [名]／風刺する pilailla 29 [動]
- **ふうしゃ**〔風車〕tuulimylly 1 [名]
- **ふうしゅう**〔風習〕tapa* 10 [名], käytös 64 [名]
- **ふうしょ**〔封書〕kirje 78 [名]
- **ふうじる**〔封じる〕(防止する) estää 2 [動], torjua 1 [動]
- **ふうしん**〔風疹〕〈医〉vihurirokko* 1 [名]
- **ふうせん**〔風船〕ilmapallo 1 [名]
- **ブーツ** saapas* 66 [名]
- **ふうど**〔風土〕ympäristö 1 [名]
- **フード** (コートに付ける) huppu* 1 [名]
- **ふうとう**〔封筒〕kirjekuori 32 [名], kuori 32 [名]
- **プードル**〈動〉villakoira 11 [名]
- **ふうふ**〔夫婦〕aviopari 4 [名]
- **ぶうぶう** ぶうぶう言う (不平を言う) valittaa* 2 [動], nurista 24 [動]
- **ふうぶつ**〔風物〕elämä ja luonto (elämä 13 [名], luonto* 1 [名])
- **ふうみ**〔風味〕風味のよい maukas* 66 [形]／風味をつける maustaa 2 [動]
- **ブーム**〈商〉nousukausi* 40 [名]
- **ふうりゅう**〔風流〕風流な tyylikäs* 66 [形], aistikas* 66 [形]
- **ふうりょく**〔風力〕tuulivoima 11 [名]
- **プール** uima-allas* 66 [名], (屋内の) uimahalli 4 [名]
- **ふうん**〔不運〕不運な kovaonninen 63 [形], kovaosainen 63 [形]
- **ふえ**〔笛〕pilli 4 [名]／笛を鳴らす viheltää* 5 [動]
- **フェア**〔定期市〕markkinat 14 [複名]
- **ふえいせい**〔不衛生〕不衛生な epähygieeninen 63 [形], epäpuhdas* 66 [形]
- **ふえいようか**〔富栄養化〕rehevöityminen 63 [名]
- **ふえて**〔不得手〕heikko kohta (heikko* 1 [形],

フェミニスト feministi 4 [名]
フェリー lautta* 10 [名]
ふえる〔増える〕lisääntyä* 1 [動], karttua* 1 [動], kasvaa 9 [動]
フェルト huopa* 11 [名]
フェンシング miekkailu 2 [名]
ぶえんりょ〔無遠慮〕無遠慮な hiomaton* 57 [形], sivistymätön* 57 [形]
フォーク フォークソング kansanlaulu 1 [名] ／フォークダンス kansantanssi [名]
フォーク（食器）haarukka* 15 [名] ／フォークリフト trukki* 4 [名]
ふおん〔不穏〕rauhattomuus* 65 [名]
ふか〔鱶〕〈魚〉hai 27 [名]
ふか〔付加〕lisä 11 [名] ／付加価値 lisäarvo 1 [名]
ふか〔部下〕alainen 63 [名]
ふかい〔不快〕不快な hankala 12 [形], epämukava 13 [形] ／不快にさせる harmittaa* 2 [動]
ふかい〔深い〕syvä 11 [形] ／深くする syventää* 8 [動]
ふかかい〔不可解〕不可解な käsittämätön* 57 [形], selittämätön* 57 [形]
ふかかち〔付加価値〕lisäarvo 1 [名]
ふかく〔不覚〕（失敗）erehdys 64 [名] ／不覚を取る erehtyä* 1 [動]
ふかくじつ〔不確実〕不確実な epävarma 10 [形], epävakainen 63 [形]
ふかくてい〔不確定〕不確定な arvoituksellinen 63 [形], hämärä 12 [形]
ふかけつ〔不可欠〕不可欠な tarpeellinen 63 [形]
ふかこうりょく〔不可抗力〕väistämättömyys* 65 [名], välttämättömyys* 65 [名]
ふかさ〔深さ〕syvyys* 65 [名] ／〜の深さの（属格と共に）syvyinen 63 [形]
ふかしん〔不可侵〕不可侵条約 hyökkäämättömyyssopimus 64 [名]
ぶかっこう〔不格好〕不格好な kömpelö 2 [形],

ふかのう　　436

muodoton* 57 [形]
ふかのう〔不可能〕不可能な mahdoton* 57 [形]
ふかひ〔不可避〕välttämättömyys* 65 [名], tarpeellisuus* 65 [名]
ふかふか　ふかふかの untuvainen 63 [形]
ぶかぶか　ぶかぶかの liian iso (iso 1 [形])
ふかまる〔深まる〕syvetä 34 [動]
ふかみ〔深み〕syvänne* 78 [名], uoma 11 [名]／深みのない pintapuolinen 63 [形]
ふかめる〔深める〕syventää* 8 [動]
ふかんぜん〔不完全〕不完全な puutteellinen 63 [形], epätäydellinen 63 [形]
ふぎ〔不義〕不義密通 aviorikos 64 [名]
ぶき〔武器〕〈軍〉ase 78 [名]／武器を持つ aseistautua* 44 [動]
ふきあげる〔吹き上げる〕tupruttaa* 2 [動]
ふきあれる〔吹き荒れる〕raivota 38 [動]
ふきかえ〔吹き替え〕jälkiäänitys 64 [名]
ふきかける〔吹き掛ける〕(息を) puhaltaa* 5 [動]
ふきけす〔吹き消す〕puhaltaa sammuksiin (puhaltaa* 5 [動])
ふきげん〔不機嫌〕不機嫌な huonotuulinen 63 [形]／不機嫌である olla pahalla tuulella (olla 25 [動])
ふきこぼれる〔吹きこぼれる〕kiehua yli (kiehua 1 [動])
ふきそく〔不規則〕不規則な epäsäännöllinen 63 [形]
ふきだす〔吹き出す〕tupruttaa* 2 [動]
ふきつ〔不吉〕不吉な kohtalokas* 66 [形]
ふきでもの〔吹き出物〕〈医〉ihottuma 13 [名], pisama 16 [名]
ふきでる〔吹き出る〕(水が) kummuta* 39 [動]
ふきとる〔拭き取る〕pyyhkiä* 17 [動], pyyhiskellä 28 [動]
ぶきみ〔不気味〕不気味な kummallinen 63 [形], outo* 1 [形]
ふきゅう〔不朽〕不朽の katoamaton* 57 [形]
ふきゅう〔普及〕levikki* 6 [名]
ふきょう〔不況〕〈商〉〈経〉depressio 3 [名], lama 10

ぶきよう〔不器用〕不器用な taitamaton* 57〔形〕, kömpelö 2〔形〕
ふきょうわおん〔不協和音〕〈楽〉epäsointu* 1〔名〕
ふきん〔付近〕付近の läheinen 63〔形〕／～の付近に(属格と共に) lähellä〔後〕
ふきん〔布巾〕pyyhin* 56〔名〕
ふきんこう〔不均衡〕epäsuhde* 78〔名〕
ふきんしん〔不謹慎〕不謹慎な sopimaton* 57〔形〕, säädytön* 57〔形〕
ふく〔服〕puku* 1〔名〕, (通常は複数形で) vaate* 78〔名〕
ふく〔副〕vara-／副大統領 varapresidentti* 4〔名〕
ふく〔吹く〕(風が) (3人称単数形で) tuulla 25〔動〕, puhaltaa* 5〔動〕
ふく〔拭く〕(拭き取る) pyyhkiä* 17〔動〕
ふぐ〔不具〕ruumiinvika* 10〔名〕
ふぐう〔不遇〕不遇な maineeton* 57〔形〕, syrjäinen 63〔形〕
ふくぎょう〔副業〕sivutoimi 35〔名〕, sivutyö 30〔名〕
ふくざつ〔複雑〕複雑な monimutkainen 63〔形〕, pulmallinen 63〔形〕
ふくさんぶつ〔副産物〕jätetuote* 78〔名〕
ふくし〔福祉〕yhteishyvä 11〔名〕, huolto* 1〔名〕／社会福祉 sosiaalihuolto* 1〔名〕／児童福祉 lastenhuolto* 1〔名〕
ふくしゃ〔複写〕kopio 3〔名〕／複写する kopioida 30〔動〕
ふくしゅう〔復習〕復習する kerrata* 35〔動〕
ふくしゅう〔復讐〕(仕返し) kosto 1〔名〕／復讐する kostaa 2〔動〕
ふくじゅう〔服従〕alistuminen 63〔名〕／服従する (入格と共に) alistua 1〔動〕
ふくすう〔複数〕〈言〉monikko* 2〔名〕, pluraali 6〔名〕
ふくせい〔複製〕jäljennös 64〔名〕
ふくそう〔服装〕vaatetus 64〔名〕, (通常は複数形で) vaate* 78〔名〕

ふくたい 〔腹帯〕 vatsavyö 30 [名]
ふくつ 〔不屈〕 不屈の uupumaton* 57 [形]
ふくつう 〔腹痛〕 vatsakipu* 1 [名]
ふくびき 〔福引〕 arpajaiset 63 [複名]
ふくぶ 〔腹部〕 vatsalaukku* 1 [名], mahalaukku* 1 [名]
ふくみ 〔含み〕 (言外の意味) sivumerkitys 64 [名]
ふくむ 〔含む〕 sisältää* 5 [動], käsittää* 2 [動] ／ 〜を含んで (出格と共に) lukien
ふくめん 〔覆面〕 naamari 5 [名], naamio 3 [名]
ふくらしこ 〔膨らし粉〕 leivinpulveri 5 [名], leivinjauhe 78 [名]
ふくらはぎ 〔ふくら脛〕 〈解〉 pohje* 78 [名]
ふくらます 〔膨らます〕 pullistaa 2 [動]
ふくらみ 〔膨らみ〕 pahka 10 [名], paisuma 13 [名]
ふくらむ 〔膨らむ〕 pullistua 1 [動], paisua 1 [動]
ふくれる 〔膨れる〕 turvota* 38 [動], turvottua* 1 [動]
ふくろ 〔袋〕 pussi 4 [名], säkki* 4 [名]
ふくろう 〔梟〕 〈鳥〉 pöllö 1 [名]
ぶくん 〔武勲〕 mainetyö 30 [名]
ふけ 〔頭垢〕 (頭から出る) rupi* 8 [名]
ふけいき 〔不景気〕 〈商〉〈経〉 depressio 3 [名], lama 10 [名]
ふけいざい 〔不経済〕 不経済な epätaloudellinen 63 [形], tuhlaavainen 63 [形]
ふけつ 〔不潔〕 不潔な saastainen 63 [形]
ふける 〔老ける〕 vanhentua* 1 [動], vanheta 34 [動]
ふける 〔更ける〕 (没頭する) antautua* 44 [動]
ふけんこう 〔不健康〕 不健康な epäterveellinen 63 [形]
ふけんぜん 〔不健全〕 不健全な haitallinen 63 [形]
ふこう 〔不幸〕 onnettomuus* 65 [名], vahinko* 2 [名] ／不幸な onneton* 57 [形], kovaonninen 63 [形]
ふごう 〔符号〕 tunnus 64 [名]
ふごう 〔富豪〕 miljonääri 4 [名]
ふごうかく 〔不合格〕 epäonnistuminen 63 [名]
ふこうへい 〔不公平〕 不公平な epätasainen 63 [形]

ふごうり〔不合理〕不合理な epäjohdonmukainen 63 [形], järjenvastainen 63 [形]
ふさ〔房〕nippu* 1 [名], tukko* 1 [名], tukku* 1 [名]
ブザー summeri 5 [名]
ふさい〔夫妻〕aviopari 4 [名], mies ja vaimo (mies 72 [名], vaimo 1 [名])
ふさい〔負債〕負債のある〈法〉velallinen 63 [形]
ふざい〔不在〕poissaolo 1 [名] ／不在である olla poissa (olla 25 [動])
ふさがる〔塞がる〕tukkeutua* 44 [動]
ふさぎこむ〔塞ぎ込む〕mököttää* 2 [動], murjottaa* 2 [動]
ふさく〔不作〕kato* 1 [名]
ふさぐ〔塞ぐ〕ummistaa 2 [動], sulkea* 13 [動]
ふざけ kuje 78 [名], kujeilu 1 [名], ilveily 2 [名]
ふざける kujeilla 28 [動], ilveillä 28 [動] ／ふざけて leikkisästi [副]
ぶさほう〔不作法〕不作法な epäkohtelias 66 [形], raakamainen 63 [形]
ぶざま〔無様〕無様な rujo 1 [形]
ふさわしい〔相応しい〕sopiva 13 [形], sovelias 66 [形] ／〜に相応しい(変格と共に) kelvata* 35 [動], (変格と共に) sopia* 17 [動]
ふさんせい〔不賛成〕不賛成を表す paheksua 1 [動]
ふし〔節〕(木の) oksa 11 [名]
ふし〔不死〕kuolemattomuus* 65 [名] ／不死の kuolematon* 57 [形]
ふじ〔不治〕不治の parantumaton* 57 [形]
ぶじ〔無事〕(複数形で) voima 11 [名] ／無事である pelastua 1 [動]
ふしあわせ〔不幸せ〕不幸せな onneton* 57 [形], osaton* 57 [形]
ふしぎ〔不思議〕ihme 78 [名]／不思議な ihmeellinen 63 [形], yliluonnollinen 63 [形]
ふしぜん〔不自然〕不自然な teennäinen 63 [形], luonnoton* 57 [形]
ふしだら ふしだらな häilyvä 13 [形], kevytmielinen 63 [形]

ふじちゃく〔不時着〕pakkolasku 1〔名〕, hätälasku 1〔名〕

ぶしつけ〔不躾〕不躾な epäkohtelias 66〔形〕, nenäkäs* 66〔形〕

ふじゆう〔不自由〕不自由な（体が）rampa* 10〔形〕, vammainen 63〔形〕

ふじゅうじゅん〔不従順〕不従順な tottelematon* 57〔形〕, kovakorvainen 63〔形〕

ふじゅうぶん〔不十分〕不十分な niukka* 10〔形〕, puuttuva 13〔形〕

ふじゅん〔不純〕不純な epäpuhdas* 66〔形〕, saastainen 63〔形〕

ふじゅん〔不順〕不順な（不安定な）epävakaa 23〔形〕, epävarma 10〔形〕

ふじょ〔扶助〕apu* 1〔名〕, avustus 64〔名〕

ふしょう〔不詳〕tuntematon* 57〔形〕, tietämätön* 57〔形〕

ふしょう〔負傷〕loukkaus 64〔名〕, haava 10〔名〕

ぶしょう〔無精〕無精な siivoton* 57〔形〕

ふしょうじき〔不正直〕不正直な epärehellinen 63〔形〕

ふじょうり〔不条理〕不条理な järjetön* 57〔形〕, typerä 12〔形〕

ふしょく〔腐食〕腐食する syöpyä* 1〔動〕, ränsistyä 1〔動〕／腐食した ränsistynyt 77〔形〕

ぶじょく〔侮辱〕kunnianloukkaus 64〔名〕／侮辱する häpäistä 24〔動〕

ふしん〔不信〕epäluottamus 64〔名〕, epäusko 1〔名〕, epäluulo 1〔名〕

ふしん〔不振〕〈商〉〈経〉depressio 3〔名〕, lama 10〔名〕

ふしん〔不審〕不審な epäluuloinen 63〔形〕, epäilyttävä 13〔形〕

ふじん〔夫人〕vaimo 1〔名〕, aviovaimo 1〔名〕

ふじん〔婦人〕nainen 63〔名〕, rouva 11〔名〕／婦人科医 gynekologi 4〔名〕, naistentautienlääkäri 5〔名〕／婦人警官 naispoliisi 6〔名〕

ふしんせつ〔不親切〕不親切な epäystävällinen 63〔形〕, epäsuopea 21〔形〕

ふたしか

ぶすっと ぶすっとして jurosti [副], nyreästi [副]
ふせい〔不正〕vääryys* 65 [名] ／不正な väärä 11 [形], epäoikeutettu* 2 [形]
ふぜい〔風情〕風情がある maukas* 66 [形], aistikas* 66 [形]
ふせいかく〔不正確〕不正確な epätarkka* 10 [形], virheellinen 63 [形]
ふせいこう〔不成功〕不成功に終わる epäonnistua 1 [動]
ふせいじつ〔不誠実〕不誠実な vilpillinen 63 [形], uskoton* 57 [形]
ふせいみゃく〔不整脈〕〈医〉synkopee 26 [名]
ふせぐ〔防ぐ〕puolustaa 2 [動], torjua 1 [動]
ぶそう〔武装〕武装する aseistautua* 44 [動] ／武装させる aseistaa 2 [動]
ふそうおう〔不相応〕不相応な sopimaton* 57 [形]
ふそく〔不足〕puute* 78 [名], puutos 64 [名] ／不足している puuttua* 1 [動] ／～が不足して (分格と共に) vailla [後] [前]
ふそく〔不測〕不測の sattumanvarainen 63 [形], satunnainen 63 [形]
ふぞく〔付属〕付属品 varuste 78 [名] ／～に付属して (属格と共に) ohessa [後]
ぶぞく〔部族〕heimo 1 [名]
ふぞろい〔不揃い〕不揃いな epätasainen 63 [形], katkonainen 63 [形]
ふた〔蓋〕kansi* 44 [名], luukku* 1 [名] ／蓋をする peitellä* 28 [動]
ふだ〔札〕(名札) nimilappu* 1 [名], osoitelappu* 1 [名]
ぶた〔豚〕〈動〉sika* 10 [名] ／子豚 porsas 66 [名] ／豚肉 sianliha 10 [名]
ぶたい〔部隊〕〈軍〉armeijakunta* 11 [名], joukko-osasto 2 [名]
ぶたい〔舞台〕näyttämö 2 [名], lava 10 [名]
ふたいじこう〔付帯事項〕sivuasia 14 [名]
ふたご〔双子〕(通常は複数形で) kaksonen 63 [名]
ふたしか〔不確か〕不確かな epävarma 10 [形],

epävakainen 63 [形]
ふたたび〔再び〕taas [副], uudelleen [副], jälleen [副]
ふたつ〔二つ〕kaksi* 51 [基数] ／二つ目 toinen 63 [序数]
ふたて〔二手〕二手に分れて kahtaalle [副]
ふたり〔二人〕二人で kahden [副], kahdestaan [副] ／二人ずつ parittain [副]
ふたん〔負担〕raskaus* 65 [名], (過度の) liikarasitus 64 [名]
ふだん〔不断〕不断の lakkaamaton* 57 [形], loputon* 57 [形]
ふだん〔普段〕普段の arkinen 63 [形] ／普段着 arkivaatteet* 78 [複名]
ふち〔淵〕(川の深い所) suvanto* 1 [名]
ふち〔縁〕reuna 10 [名], ääri 32 [名]
ふち〔不治〕不治の paranematon* 57 [形], parantumaton* 57 [形]
ぶち〔斑〕(斑点) pilkku* 1 [名], täplä 11 [名]
ふちゃく〔付着〕kiinnitys 64 [名]
ふちゅうい〔不注意〕不注意な huolimaton* 57 [形], huoleton* 57 [形]
ふちょう〔不調〕不調である olla epäkunnossa (olla 25 [動])
ぶちょう〔部長〕osaston päällikkö (päällikkö* 2 [名])
ふちょうわ〔不調和〕riitasointu*1[名],〈楽〉epäsointu* 1 [名]
ぶつ〔打つ〕lyödä 21 [動], iskeä 13 [動]
ふつう〔不通〕keskeytys 64 [名] ／不通になる keskeytyä* 44 [動]
ふつう〔普通〕普通の tavallinen 63 [形], yleinen 63 [形] ／普通は tavallisesti [副], yleensä [副]
ぶっか〔物価〕hinta* 10 [名]
ふっかつ〔復活〕復活祭 pääsiäinen 63 [名]
ふつかよい〔二日酔い〕krapula 12 [名]
ぶつかる sattua* 1 [動], kolhiutua* 1 [動]
ふっき〔復帰〕paluu 25 [名] ／復帰する palata 40 [動]

ふっきゅう〔復旧〕entistys 64〔名〕／復旧する entistää 2〔動〕
ぶっきょう〔仏教〕buddhalaisuus* 65〔名〕／仏教徒 buddhalainen 63〔名〕
ぶっきらぼう〔ぶっきら棒〕ぶっきら棒な kalsea 21〔形〕, äreä 21〔形〕
フック（ドア・窓などの）lukko* 1〔名〕
ふっくら ふっくらした（ふくよかな）pullea 21〔形〕, pyylevä 13〔形〕
ぶつける satuttaa* 2〔動〕, kolhia 17〔動〕
ふっこ〔復古〕復古的 taantumuksellinen 63〔形〕
ふっこう〔復興〕復興する korjaantua* 1〔動〕
ふつごう〔不都合〕epäkohta* 11〔名〕, haitta* 10〔名〕
ぶっし〔物資〕（通常は複数形で）tavara 15〔名〕,（通常は複数形で）tarvike* 78〔名〕
ぶっしつ〔物質〕aine 78〔名〕／物質的 aineellinen 63〔形〕
ぶっそう〔物騒〕物騒な vaarallinen 63〔形〕, levoton* 57〔形〕
ぶったい〔物体〕kalu 1〔名〕
ふっとう〔沸騰〕沸騰する kiehua 1〔動〕, porista 41〔動〕
ぶっとおし〔ぶっ通し〕ぶっ通しで（絶え間なく）koko ajan, lakkaamatta〔副〕
フットボール〈ス〉jalkapallo 1〔名〕
フットライト parrasvalo 1〔名〕
ぶつぶつ ぶつぶつ言う mukista 24〔動〕, valittaa* 2〔動〕
ぶつぶつこうかん〔物々交換〕vaihtokauppa* 10〔名〕
ぶつり〔物理〕物理学 fysiikka* 15〔名〕／物理学者 fyysikko* 2〔名〕
ふつりあい〔不釣り合い〕不釣り合いな suhteeton* 57〔形〕, epäsuhtainen 63〔形〕
ふてい〔不定〕不定の muuttuvainen 63〔形〕, epävarma 10〔形〕
ブティック putiikki* 5〔名〕
プディング〈料〉vanukas* 66〔名〕
ふでき〔不出来〕不出来の tulokseton* 57〔形〕

ふてきかく〔不適格〕不適格な kunnoton* 57〔形〕
ふてきせつ〔不適切〕不適切な sopimaton* 57〔形〕, kohtuuton* 57〔形〕
ふてきとう〔不適当〕不適当な sopimaton* 57〔形〕, kohtuuton* 57〔形〕
ふてくされる〔不貞腐れる〕olla pahalla tuulella (olla 25〔動〕)
ふと（何気なく）sivumennen〔副〕, satunnaisesti〔副〕
ふとい〔太い〕paksu 1〔形〕／太くなる saeta* 34〔動〕
ふとう〔不当〕不当の väärä 11〔形〕
ふとう〔不凍〕不凍の jäätön* 57〔形〕, sula 11〔形〕
ふとう〔埠頭〕（港の）laituri 5〔名〕
ふどう〔不動〕不動の kiinteä 21〔形〕, pysyvä 13〔形〕
ぶとう〔舞踏〕tanssi 4〔名〕／舞踏会 tanssiaiset 63〔複名〕
ぶどう〔葡萄〕〈植〉rypäle 78〔名〕／葡萄酒 viini 4〔名〕
ふどうさん〔不動産〕kiinteistö 1〔名〕
ふどうとく〔不道徳〕不道徳な paheellinen 63〔形〕, epämoraalinen 63〔形〕
ふとうふくつ〔不撓不屈〕不撓不屈の sisukas* 66〔形〕
ふとうめい〔不透明〕不透明な läpinäkymätön* 57〔形〕
ふところ〔懐〕povi 8〔名〕, syli 4〔名〕
ふとさ〔太さ〕paksuus* 65〔名〕
ふとっぱら〔太っ腹〕太っ腹な vapaamielinen 63〔形〕
ふとる〔太る〕lihoa 1〔動〕／太った lihava 13〔形〕
ふとん〔布団〕vuodevaatteet* 78〔複名〕
ぶな〔橅〕〈植〉pyökki* 4〔名〕
ふなあそび〔舟遊び〕souturetki 8〔名〕
ふながいしゃ〔船会社〕laivanvarustamo 2〔名〕
ふなたび〔船旅〕laivamatka 10〔名〕
ふなつきば〔船着き場〕laituri 5〔名〕
ふなづみ〔船積み〕船積みする lastata 35〔動〕, laivata 35〔動〕
ふなぬし〔船主〕laivanisäntä* 11〔名〕
ふなのり〔船乗り〕meriväki* 8〔名〕
ふなびん〔船便〕（郵便の）laivaposti 4〔名〕

ふなよい〔船酔い〕meritauti* 4〔名〕, merisairaus* 65〔名〕

ふなれ〔不慣れ〕不慣れな tottumaton* 57〔形〕

ぶなん〔無難〕無難な vaaraton* 57〔形〕, varma 10〔形〕

ふにあい〔不似合い〕不似合いな sopimaton* 57〔形〕

ふにんたい〔不忍耐〕kärsimättömyys* 65〔名〕

ふね〔船〕laiva 10〔名〕, alus 64〔名〕

ふねっしん〔不熱心〕不熱心な penseä 21〔形〕／不熱心に penseästi〔副〕

ふねん〔不燃〕不燃性の syttymätön* 57〔形〕, palamaton* 57〔形〕

ふのう〔不能〕kykenemättömyys* 65〔名〕

ふはい〔腐敗〕mätä* 11〔名〕／腐敗する mädätä* 34〔動〕

ふばらい〔不払い〕不払いの maksamaton* 57〔形〕

ふび〔不備〕不備な vajanainen 63〔形〕, vajavainen 63〔形〕

ふひつよう〔不必要〕不必要な tarpeeton* 57〔形〕, liikanainen 63〔形〕

ふひょう〔不評〕不評の huonomaineinen 63〔形〕, pahamaineinen 63〔形〕

ふひょう〔浮氷〕jäälautta* 10〔名〕

ふひょう〔浮標〕reimari 5〔名〕

ふびょうどう〔不平等〕不平等な epätasainen 63〔形〕, epäyhtenäinen 63〔形〕

ぶひん〔部品〕(機械の) varaosa 11〔名〕

ふひんこう〔不品行〕不品行な halpamainen 63〔形〕, paheellinen 63〔形〕

ふぶき〔吹雪〕lumimyrsky 1〔名〕, lumituisku 1〔名〕

ふふく〔不服〕(不満) tyytymättömyys* 65〔名〕, (不平) valitus 64〔名〕

ふふく〔吹雪く〕(吹雪になる) tuiskuta 39〔動〕, pyryttää* 2〔動〕

ぶぶん〔部分〕osa 11〔名〕／部分的に osaksi, osittain〔副〕

ふへい〔不平〕valitus 64〔名〕／不平を言う valittaa* 2〔動〕

ふへん〔不変〕不変の muuttumaton* 57〔形〕, vakinainen 63〔形〕
ふへん〔不偏〕不偏不党 puolueettomuus* 65〔名〕
ふへん〔普遍〕普遍的 yleinen 63〔名〕
ふべん〔不便〕haitta* 10〔名〕
ふぼ〔父母〕(通常は複数形で) vanhempi* 22〔名〕
ふほう〔不法〕epäoikeudenmukaisuus* 65〔名〕／不法の oikeudenvastainen 63〔形〕
ふほう〔訃報〕(死去の知らせ) surusanoma 13〔名〕
ふほんい〔不本意〕不本意の vastahakoinen 63〔形〕, tahdoton* 57〔形〕
ふまじめ〔不真面目〕不真面目な vilpillinen 63〔形〕, epärehellinen 63〔形〕
ふまん〔不満〕tyytymättömyys* 65〔名〕
ふまんぞく〔不満足〕不満足な tyytymätön* 57〔形〕／不満足である olla nyreissään (olla 25〔動〕)
ふみきり〔踏み切り〕risteys 64〔名〕
ふみきる〔踏み切る〕(決心する) päättää* 2〔動〕
ふみだい〔踏み台〕jakkara 15〔名〕
ふみだす〔踏み出す〕astua 1〔動〕
ふみだん〔踏み段〕(通常は複数形で) rappu* 1〔名〕, (通常は複数形で) porras* 66〔名〕
ふみつける〔踏み付ける〕tallata 35〔動〕, polkea* 13〔動〕
ふみとどまる〔踏み止まる〕(抑える) hillitä 31〔動〕
ふみにじる〔踏みにじる〕tallata 35〔動〕, polkea* 13〔動〕
ふみんしょう〔不眠症〕不眠症の uneton* 57〔形〕
ふむ〔踏む〕polkaista 24〔動〕, polkea* 13〔動〕
ふむき〔不向き〕不向きな sopimaton* 57〔形〕
ふめい〔不明〕不明の epäselvä 11〔形〕, tuntematon* 57〔形〕
ふめいかく〔不明確〕不明確な epämääräinen 63〔形〕
ふめいよ〔不名誉〕不名誉な häpeällinen 63〔形〕, kunniaton* 57〔形〕
ふめいりょう〔不明瞭〕不明瞭な epämääräinen 63〔形〕, määräämätön* 57〔形〕
ふめつ〔不滅〕不滅の kuolematon* 57〔形〕, häviä-

プラスチック

mätön* 57 [形]
ふもう〔不毛〕不毛の jylhä 11 [形], karu 1 [形]
ふもと〔麓〕(山の裾) vuorenjuuri 39 [名]
ぶもん〔部門〕osasto 2 [名], jaosto 1 [名], ryhmä 11 [名]
ふやす〔増やす〕lisätä 35 [動], monistaa 2 [動]
ふゆ〔冬〕talvi 8 [名] /冬に talvella /冬中 koko talven /冬休み talviloma 11 [名]
ふゆかい〔不愉快〕不愉快な vastenmielinen 63 [形], epämiellyttävä 13 [形] /不愉快にさせる pahoittaa* 2 [動]
ぶよ〔蚋〕〈虫〉mäkärä 12 [名], mäkäräinen 63 [名]
ふよう〔不用〕不用な tarpeeton* 57 [形], käyttökelvoton* 57 [形]
ふよう〔扶養〕ruokinta* 15 [名], hoito* 1 [名] /扶養する ruokkia* 17 [動], elättää* 2 [動]
ぶよう〔舞踊〕tanssi 4 [名]
ふようい〔不用意〕不用意な epäviisas 66 [形], harkitsematon* 57 [形]
フライ フライ級〈ス〉kärpässarja 10 [名]
フライ フライパン pannu 1 [名], paistinpannu 1 [名]
ぶらいかん〔無頼漢〕konna 11 [名]
フライト lento* 1 [名] /フライト番号 lentonumero 2 [名]
プライド ylpeys* 65 [名], ylimielisyys* 65 [名]
プライバシー yksityisyys* 65 [名], eristyneisyys* 65 [名]
ブラインド kaihdin* 56 [名]
ブラウス pusero 2 [名]
プラカード kilpi* 8 [名]
プラグ〈電〉pistotulppa* 11 [名]
ぶらさがる〔ぶら下がる〕riippua* 1 [動], roikkua* 1 [動]
ブラシ harja 10 [名] /ブラシをかける harjata 35 [動]
ブラジャー (通常は複数形で) rintaliivi 4 [名]
プラス (正の記号) plus-merkki* 4 [名]
プラスチック muovi 4 [名]

ブラスバンド torvisoittokunta* 11 [名]
プラタナス 〈植〉 plataani 6 [名]
プラチナ platina 15 [名]
ふらつく (足元が) horjua 1 [動], huojua 1 [動]
ぶらつく (歩き回る) vaeltaa* 5 [動], samota 38 [動]
フラッシュ 〈写〉 salama 17 [名]
プラットホーム 〈鉄〉 laituri 5 [名]
プラネタリウム planetaario 3 [名]
ふらふら ふらふら (もうろうと) する pyörryttää* 2 [動], huumautua* 44 [動]
ぶらぶら ぶらぶらする (歩き回る) vaeltaa* 5 [動], samota 38 [動]
フラミンゴ flamingo 2 [名]
プラム luumu 1 [名]
フラメンコ flamenco 2 [名]
ふらん 〔腐乱〕腐乱する maatua* 1 [動]
ブランク (空欄) tyhjä paikka, aukko* 1 [名] (tyhjä 11 [形], paikka* 10 [名])
プランクトン 〈生物〉 plankton 7 [名]
ぶらんこ keinu 1 [名], kiikku* 1 [名]
フランス フランスパン ranskanleipä* 11 [名]
ブランデー konjakki* 5 [名]
ブランド (銘柄) tavaramerkki* 4 [名]
ふり 〔振り〕〜の振りをする tekeytyä+変格 (tekeytyä* 44 [動])
ふり 〔不利〕不利な epäedullinen 63 [形]
ふりあげる 〔振り上げる〕kohottaa kätensä (kohottaa* 2 [動])
フリー フリーキック〈ス〉vapaapotku 83 [名]
ブリーフ naisten alushousut (alushousut 1 [複名])
フリーマーケット kirpputori 4 [名]
ふりえき 〔不利益〕haitta* 10 [名]
ふりおとす 〔振り落とす〕karistaa yltään (karistaa 2 [動])
ふりかえ 〔振替〕〈商〉tilisiirto* 1 [名]
ぶりかえす 〔ぶり返す〕(病気が) uusiutua* 1 [動]
ふりかける 〔振り掛ける〕ripotella* 28 [動], pirskottaa* 2 [動]

- **ふりこ**〔振り子〕heiluri 5 [名], pendeli 5 [名]
- **ふりこう**〔不履行〕toteuttamattomuus* 65 [名]
- **ふりこみ**〔振り込み〕(口座への) tilillemaksu 1 [名]
- **プリズム** prisma 10 [名], särmiö 3 [名]
- **ふりだす**〔振り出す〕(手形を) asettaa* 2 [動]
- **ふりはらう**〔振り払う〕pudistaa 2 [動], karistaa 2 [動]
- **ふりまく**〔振り撒く〕sirotella* 28 [動]
- **ふりまわす**〔振り回す〕pudistaa 2 [動], huiskia 17 [動]
- **ふりむく**〔振り向く〕käännähtää* 2 [動]
- **ふりょ**〔不慮〕不慮の äkkiarvaamaton* 57 [形]
- **ふりょう**〔不良〕pahuus* 65 [名], (悪者) roisto 1 [名]
- **ぶりょく**〔武力〕asevoima 11 [名]／武力で asevoimin
- **プリン**〈料〉vanukas* 66 [名]
- **プリンス** prinssi 4 [名], ruhtinas 66 [名]
- **プリンター**〈技〉tulostin 56 [名], printteri 5 [名]
- **プリント** (配付するための) moniste 78 [名]
- **フル** フルに täydellisesti [副], kokonaan [副]
- **ふる**〔振る〕ravistaa 2 [動], pudistaa 2 [動], heiluttaa* 2 [動]
- **ふる**〔降る〕(雨が) sataa (vettä), (雪が) sataa lunta (sataa* 9 [動])
- **ふるい**〔古い〕vanha 10 [形], muinainen 63 [形]／古くなる vanhentua* 1 [動]
- **ふるい**〔篩〕(選別する道具) sihti* 4 [名], seula 10 [名]
- **ぶるい**〔部類〕luokka* 11 [名], kategoria 15 [名]
- **ふるいおとす**〔振るい落とす〕karistaa 2 [動]
- **ふるいたつ**〔奮い立つ〕innoittua* 1 [動]／奮い立たせる innoittaa* 2 [動]
- **ふるう**〔篩う〕(選別する) seuloa 1 [動], siivilöidä 30 [動]
- **ブルース**〈楽〉blues [bluus] 7 [名]
- **フルーツ** hedelmä 13 [名]／フルーツサラダ hedelmäsalaatti* 6 [名]
- **フルート**〈楽〉huilu 1 [名]
- **ブルーベリー** mustikka* 15 [名]

ふるえ〔震え〕(寒さによる) vilunväristys 64 [名]
ふるえる〔震える〕vapista 41 [動], vavista 24 [動], (寒さで) väristä 41 [動]
ふるぎ〔古着〕risa 10 [名]
ふるくさい〔古臭い〕vanha 10 [形], vanhanaikainen 63 [形]
ふるさと〔古里〕kotiseutu* 1 [名], kotipaikka* 10 [名]
ブルジョア porvari 5 [名]
フルスピード フルスピードで täyttä vauhtia
フルタイム フルタイムの kokopäiväinen 63 [形]
ふるどうぐ〔古道具〕käytetty huonekalu (käytetty* 2 [形], huonekalu 1 [名])
ブルドーザー raivaustraktori 5 [名], maansiirtokone 78 [名]
ブルドッグ bulldoggi 5 [名]
ぶるぶる ぶるぶる震える vapista 41 [動], väristä 41 [動]
ふるほん〔古本〕古本屋 antikvariaatti* 4 [名]
ふるまい〔振る舞い〕menettely 2 [名], käytös 64 [名]
ふるまう〔振る舞う〕käyttäytyä* 44 [名]
ふるめかしい〔古めかしい〕vanhahtava 13 [形]
ふれあう〔触れ合う〕päästä yhteyteen+属格+kanssa (päästä 24 [動])
ぶれい〔無礼〕無礼な julkea 21 [形], epäkunnioittava 13 [形]
ブレーカー (電気の) virrankatkaisija 14 [名]
ブレーキ 〈技〉jarru 1 [名] ／ブレーキをかける jarruttaa* 2 [動]
フレーム (眼鏡の) (複数形で) sangat* 10 [名]
ブレザー bleiseri 5 [名]
ブレスレット rannekatju 1 [名], rannerengas* 66 [名]
プレゼント (贈り物) lahja 10 [名] ／プレゼントする lahjoittaa* 2 [動]
プレハブ プレハブ住宅 elementtitalo 1 [名]
ふれる〔触れる〕koskea 13 [動], koskettaa* 2 [動], (軽く) hivellä 28 [動]

フレンチポテト ranskanperuna 17 [名]
ふろ 〔風呂〕kylpy* 1 [名]／風呂に入る käydä kylvyssä (käydä 23 [動])
プロ ammattilainen 63 [名], ammattityöläinen 63 [名]
ふろうしゃ 〔浮浪者〕koditon* 57 [名], asunnoton* 57 [名]
ブローカー 〈商〉välittäjä 16 [名]
ブローチ rintaneula 10 [名]
ふろく 〔付録〕liite* 78 [名], lisälehti* 8 [名]
プログラム ohjelma 13 [名]
ブロック (街の区画) kortteli 5 [名]
フロッピー (ディスク) 〈技〉floppi* 4 [名], disketti* 4 [名]
プロテクター suojus 64 [名], (脛の) säärisuojus 64 [名]
プロテスタント protestantti* 4 [名]
プロフィール läpileikkaus 64 [名]
プロポーズ kosinta* 15 [名]／プロポーズする kosia 17 [動]
プロレタリア proletariaatti* 4 [名], köyhälistö 1 [名]
フロントガラス (自動車の) tuulilasi 4 [名]
ふわ 〔不和〕epäsopu* 1 [名], epäsointu* 1 [名]
ふわふわ ふわふわした untuvainen 63 [形]
ふん 〔分〕(時間の単位) minuutti* 6 [名]
ふん 〔糞〕(大便) uloste 78 [名]
ぶん 〔文〕lause 78 [名]
ふんいき 〔雰囲気〕ilmapiiri 4 [名], sävy 1 [名], tunnelma 13 [名]
ふんか 〔噴火〕purkaus 64 [名]
ぶんか 〔文化〕sivistys 64 [名], kulttuuri 6 [名]
ふんがい 〔憤慨〕suuttumus 64 [名]／憤慨する suuttua* 1 [動]
ぶんかい 〔分解〕分解する liuentaa* 8 [動]; lueta* 34 [動]
ぶんがく 〔文学〕kaunokirjallisuus* 65 [名]／文学者 kirjailija 14 [名]

ぶんかつ〔分割〕jaottelu 2［名］／分割払い〈商〉osamaksu 1［名］／分割する jakaa* 9［動］／分割される jakautua* 44［動］

ふんき〔奮起〕奮起する kohentautua* 44［動］／奮起させる kohentaa* 8［動］

ぶんき〔分岐〕haara 10［名］／分岐する haaraantua* 44［動］

ふんきゅう〔紛糾〕riita* 10［名］,(国際的な) selkkaus 64［名］

ぶんげい〔文芸〕kirjallisuus* 65［名］

ぶんけん〔文献〕kirjallisuus* 65［名］, lähdekirjallisuus* 65［名］

ぶんご〔文語〕kirjakieli 32［名］, yleiskieli 32［名］

ふんさい〔粉砕〕粉砕する murtaa* 6［動］, murentaa* 8［動］

ぶんさん〔分散〕hajoitus 64［名］

ぶんし〔分子〕〈化〉molekyyli 4［名］,〈数〉osoittaja 16［名］

ふんしつ〔紛失〕hukka* 11［名］

ふんしゃ〔噴射〕噴射する ruiskuttaa* 2［動］

ふんしゅつ〔噴出〕purkaus 64［名］／噴出する (自動詞) purkautua* 44［動］；(他動詞) purskuttaa* 2［動］, ruiskuttaa* 2［動］

ぶんしょ〔文書〕asiakirja 10［名］

ぶんしょう〔文章〕lause 78［名］, virke* 78［名］

ぶんじょう〔分譲〕分譲地 maapalsta 10［名］

ふんすい〔噴水〕vesisuihku 1［名］

ぶんすいれい〔分水嶺〕〈地〉harju 1［名］, maanselkä* 11［名］

ぶんすう〔分数〕〈数〉murtoluku* 1［名］

ふんする〔扮する〕(役をする) näytellä* 28［動］

ぶんせき〔分析〕erittely 2［名］

ふんそう〔紛争〕riita* 10［名］,(国際的な) selkkaus 64［名］

ぶんたい〔文体〕tyyli 4［名］

ふんだん ふんだんに runsaasti［副］, suoranaan［副］

ぶんつう〔文通〕文通する käydä kirjeenvaihtoa (käydä 23［動］)

ふんど〔憤怒〕kiihtymys 64〔名〕
ふんとう〔奮闘〕奮闘する ponnistella 28〔動〕, kamppailla 29〔動〕
ぶんどき〔分度器〕astelevy 1〔名〕
ぶんどり〔分捕り〕riisunta* 15〔名〕
ふんぬ〔憤怒〕kiihtymys 64〔名〕
ぶんぱ〔分派〕ryhmä 11〔名〕
ぶんぱい〔分配〕分配する jakaa* 9〔動〕, jaella* 28〔動〕
ふんぱつ〔奮発〕奮発する ponnistaa voimansa (ponnistaa 2〔動〕, voima 11〔名〕)
ぶんぴつ〔分泌〕分泌する erittää* 2〔動〕
ぶんぷ〔分布〕分布する levitä 37〔動〕
ふんべつ〔分別〕harkintakyky* 1〔名〕
ぶんべん〔分娩〕(出産) synnytys 64〔名〕
ぶんぼ〔分母〕〈数〉nimittäjä 16〔名〕
ぶんぽう〔文法〕kielioppi* 4〔名〕
ぶんぼうぐ〔文房具〕文房具店 paperikauppa* 10〔名〕
ふんまつ〔粉末〕pulveri 5〔名〕
ぶんめい〔文明〕sivistys 64〔名〕, kulttuuri 6〔名〕
ぶんや〔分野〕ala 10〔名〕
ぶんり〔分離〕分離する eristyä 1〔動〕, erkaantua* 1〔動〕
ぶんりょう〔分量〕määrä 11〔名〕
ぶんるい〔分類〕(昆虫などの) määritys 64〔名〕
ぶんれつ〔分裂〕分裂する ratketa 36〔動〕, jakautua* 44〔動〕

へ

へ〔屁〕(おなら) 屁をする pierrä 26〔動〕
ヘア ヘアカット tukanleikkuu 25〔名〕／ヘアスタイル hiuslaite* 78〔名〕

ベアリング〈技〉laakeri 5 [名]
へい〔塀〕aita* 10 [名]
へいい〔平易〕平易な helppotajuinen 63 [形]
へいえき〔兵役〕sotapalvelus 64 [名]
へいおん〔平穏〕平穏な tyyni 38 [形], rauhallinen 63 [形]
へいか〔平価〕平価切下げ〈経〉devalvaatio 3 [名], devalvointi* 4 [名]
へいか〔陛下〕majesteetti* 4 [名]
へいかい〔閉会〕閉会式 päättäjäiset 63 [複名]
へいがい〔弊害〕huono vaikutus (huono 1 [形], vaikutus 64 [名])
へいき〔平気〕平気な huolimaton* 57 [形], välinpitämätön* 57 [形]
へいき〔兵器〕〈軍〉ase 78 [名]
へいきん〔平均〕keskimäärä 11 [名] ／平均的 keskimääräinen 63 [形] ／平均して keskimäärin [副]
へいげん〔平原〕tasanko* 2 [名], tasanne* 78 [名]
へいこう〔平行〕平行四辺形〈幾〉suunnikas* 66 [名] ／平行して rinnakkain [副], rinnan [副]
へいこう〔平衡〕tasapaino 10 [名], tasapainotila 10 [名]
へいさ〔閉鎖〕閉鎖する panna kiinni ／閉鎖して ummessa [副], kiinni [副] (panna 27 [動])
へいし〔兵士〕〈軍〉sotilas 66 [名], armeija 15 [名], sotamies 72 [名]
へいじつ〔平日〕arki* 8 [名], arkipäivä 11 [名] ／平日に arkisin [副]
へいしゃ〔兵舎〕〈軍〉kasarmi 6 [名]
へいじょう〔平常〕平常の tavallinen 63 [形], tavanmukainen 63 [形]
へいせい〔平静〕平静な leppoisa 13 [形], leppeä 21 [形]
へいぜん〔平然〕平然とした leppoisa 13 [形], leppeä 21 [形]
へいたい〔兵隊〕〈軍〉sotilas 66 [名], armeija 15 [名], sotamies 72 [名]
へいたん〔平坦〕平坦な（平らな）tasainen 63 [形]

へいち〔平地〕tasanko* 2 [名], tasanne* 78 [名]
へいてん〔閉店〕閉店した suljettu* 2 [形]
へいほう〔平方〕平方センチ neliösenttimetri 4 [名]／平方メートル neliömetri 4 [名]／平方キロメートル neliökilometri 4 [名]
へいぼん〔平凡〕平凡な tavallinen 63 [形], lattea 21 [形]
へいみん〔平民〕rahvas 66 [名]
へいめん〔平面〕平面図 pohjakaava 10 [名], pohjapiirros 64 [名]
へいや〔平野〕tasanko* 2 [名]
へいよう〔併用〕併用する käyttää yhdessä (käyttää* 2 [動])
へいりつ〔並立〕並立させる rinnastaa 2 [動]
へいわ〔平和〕rauha 10 [名]／平和な rauhallinen 63 [形], rauhaisa 13 [形]
ベーキングパウダー leivinpulveri 5 [名], leivinjauhe 78 [名]
ベーコン pekoni 5 [名]
ページ sivu 1 [名]
ベージュ ベージュの vaalean harmaanruskea (harmaanruskea 21 [形])
ベース（土台）perusta 15 [名]
ペース tahti* 4 [名], nopeus* 65 [名]
ペースト liima 10 [名], liisteri 5 [名]
ペーパーナイフ paperiveitsi 47 [名]
ベール huntu* 1 [名],（花嫁の）morsiushuntu* 1 [名]
べき 〜するべきである tulla 25 [動]
へきが〔壁画〕seinämaalaus 64 [名]
へきち〔僻地〕etäinen seutu (etäinen 63 [形], seutu* 1 [名])
ヘクタール（面積）hehtaari 6 [名]
へこむ〔凹む〕taipua* 1 [動]
へさき〔舳先〕（船首）keula 10 [名]
ベスト ベストを尽くす yrittää parhaansa／ベストを尽くして parhaansa mukaan (yrittää* 2 [動], paras 66 [名])
ペスト 〈医〉rutto* 1 [名]

ベストセラー menekkikirja 10 [名]
へそ〔臍〕〈解〉napa* 10 [名]
へた〔下手〕下手な taitamaton* 57 [形], huono 1 [形]
へだたり〔隔たり〕väli 4 [名], välimatka 10 [名]
へだたる〔隔たる〕etääntyä* 1 [動]
へだてる〔隔てる〕erottaa* 2 [動], jakaa* 9 [動]
べたべた べたべたする tahmea 21 [形], takertuva 13 [形]
ペダル poljin* 56 [名], vipu* 1 [名]
べつ〔別〕別の toinen 63 [形], toisenlainen 63 [形]／別に toisin [副], erikseen [副]
べっきょ〔別居〕別居する asua erillään (asua 1 [動])
べっし〔蔑視〕(軽蔑して見る) 蔑視する ylenkatsoa 1 [動], halveksia 17 [動]
べっしゅ〔別種〕別種の muunlainen 63 [形], toisenlainen 63 [形]
べっそう〔別荘〕huvila 14 [名]
べつだん〔別段〕(特別に) erityisesti [副], varsinkin [副]
ベッド vuode* 78 [名], sänky* 1 [名]
ペット lemmikki* 5 [名], lemmikkieläin 56 [名]
ヘッドホン kuulokkeet* 78 [名]
ヘッドライト (自動車・自転車の) etuvalo 1 [名], valonheitin* 56 [名]
べつべつ〔別々〕別々の yksittäinen 63 [形]／別々に erikseen [副]
べつめい〔別名〕lisänimi 8 [名]
へつらい〔諂い〕imartelu 2 [名], mairittelu 2 [名]
へつらう〔諂う〕imarrella* 28 [動], mairitella* 28 [動]
ペディキュア jalkojen hoito (hoito* 1 [名])
ペテン petkutus 64 [名], petos 64 [名]
へとへと へとへとになった uupunut 77 [形]／へとへとになって uuvuksissa [副]
べとべと べとべとする tahmea 21 [形], takertuva 13 [形]

べに〔紅〕頰紅 poskipuna 11 [名] ／口紅 huulipuna 11 [名]
ペニシリン〈医〉penisilliini 4 [名]
ベニヤいた〔ベニヤ板〕vaneri 5 [名]
ペパーミント piparminttu*
へび〔蛇〕〈動〉käärme 78 [名]
へや〔部屋〕huone 78 [名], asuinhuone 78 [名]
へら〔箆〕lasta 10 [名]
へらじか〈動〉hirvi 8 [名]
へらす〔減らす〕(数量を) vähentää* 8 [動], verottaa* 2 [動]
ぺらぺら(すらすら) sujuvasti [副]
ベランダ parveke* 78 [名], kuisti 4 [名]
へり〔縁〕reuna 10 [名], helma 10 [名], ääri 32 [名]
ベリー (苺・こけももなど) marja 10 [名]
ヘリウム〈化〉helium 7 [名]
ペリカン〈鳥〉pelikaani 4 [名]
へりくだる〔謙る〕nöyrtyä* 1 [動], alistua 1 [動]
へりくつ〔屁理屈〕viisastelu 2 [名]
ヘリコプター helikopteri 5 [名]
へる〔経る〕(時が過ぎる) kulua 1 [動], mennä 27 [動]
へる〔減る〕vähetä 34 [動], vähentyä* 1 [動]
ベル kello 1 [名], tiuku* 1 [名], (ドアの) ovikello 1 [名]
ペルシャねこ〔ペルシャ猫〕〈動〉persiankissa 10 [名]
ヘルツ〈電〉hertsi 4 [名]
ベルト vyö 30 [名], vyöhihna 10 [名]
ヘルニア〈医〉kohju 1 [名]
ヘルメット kypärä 12 [名]
ぺろぺろ ぺろぺろ舐める nuolla 25 [動]
へん〔変〕変な outo* 1 [形], kumma 11 [形]
べん〔便〕(便利) sopiv(ais)uus* 65 [名], (便通) ulostus 64 [名]
へんあつ〔変圧〕変圧器〈電〉muuntaja 16 [名]
へんか〔変化〕muutos 64 [名], muunnelma 13 [名] ／変化に富んだ monivaiheinen 63 [形], monen-

lainen 63 [形] ／変化する muuttua* 1 [動], muunnella* 28 [動] ／変化させる muuttaa* 2 [動]

べんかい〔弁解〕selitys 64 [名], tekosyy 29 [名] ／弁解する puolustautua* 44 [動]

へんかく〔変革〕uudistuminen 63 [名], mullistus 64 [名]

べんがく〔勉学〕opinnot* 2 [複名]

へんかん〔返還〕palautus 64 [名], takaisinanto* 1 [名]

べんき〔便器〕alusastia 14 [名]

べんぎ〔便宜〕便宜を図る suosia 17 [動]

ペンキ maali 4 [名] ／ペンキを塗る maalata 35 [動]

へんきゃく〔返却〕palautus 64 [名], takaisinanto* 1 [名]

べんきょう〔勉強〕opinnot* 2 [複名] ／勉強する oppia* 17 [動], opiskella 28 [動]

へんきょく〔編曲〕〈楽〉sovitus 64 [名]

ペンギン pingviini 6 [名]

へんくつ〔偏屈〕偏屈な omituinen 63 [形], eriskummallinen 63 [形]

へんけい〔変形〕muunnos 64 [名], muunnelma 13 [名]

へんけん〔偏見〕ennakkoluulo 1 [名]

べんご〔弁護〕asianajo 1 [名] ／弁護士 asianajaja 16 [名] ／弁護する puoltaa* 5 [動], puolustaa 2 [動]

へんこう〔変更〕muutos 64 [名], muutto* 1 [名]

へんさい〔返済〕〈商〉takaisinmaksu 1 [名] ／返済する kuitata* 35 [動]

へんじ〔返事〕vastaus 64 [名] ／返事をする vastata 35 [動]

へんしつ〔偏執〕偏執病〈医〉vainoharha 10 [名]

へんしゅ〔変種〕muunnos 64 [名], muunnelma 13 [名]

へんしゅう〔編集〕toimitus 64 [名] ／編集者 toimittaja 16 [名]

べんじょ〔便所〕WC 31 [名], käymälä 15 [名]

べんしょう〔弁償〕弁償する hyvittää* 2 [動]

へんしょく〔変色〕haalistuminen 63 [名] ／変色する haalistua 1 [動]
ペンション majatalo 1 [名]
へんしん〔変心〕mielenmuutos 64 [名]
へんしん〔変身〕muodonmuutos 64 [名], muodonvaihdos 64 [名]
へんせい〔編成〕järjestely 2 [名], muodostelma 13 [名] ／編成する muodostaa 2 [動]
へんそう〔返送〕palautus 64 [名] ／返送する palauttaa* 2 [動]
へんそう〔変奏〕変奏曲〈楽〉muunnelma 13 [名]
へんそう〔変装〕valepuku*1 [名] ／変装する naamioida 30 [動]
へんそく〔変則〕変則的 poikkeuksellinen 63 [形], epäsäännöllinen 63 [形]
ペンダント riipus 64 [名]
ベンチ penkki* 4 [名]
ペンチ（通常は複数形で）pihti* 4 [名], hohtimet* 56 [複名]
へんでん〔変電〕変電所〈電〉muuntaja-asema 13 [名]
へんとう〔返答〕vastaus 64 [名]
へんとう〔扁桃〕扁桃腺〈解〉nielurisa 10 [名]
へんどう〔変動〕muunnos 64 [名], muunnelma 13 [名]
べんとう〔弁当〕eväs 66 [名] ／弁当を作る evästää 2 [動]
へんぴ〔辺鄙〕辺鄙な etäinen 63 [形], kaukainen 63 [形]
べんぴ〔便秘〕ummetus 64 [名]
ペンフレンド kirjeenvaihtotoveri 5 [名]
べんめい〔弁明〕selitys 64 [名] ／弁明する selittää* 2 [動]
べんらん〔便覧〕käsikirja 10 [名]
べんり〔便利〕便利な käyttökelpoinen 63 [形]
へんれき〔遍歴〕vaellus 64 [名] ／遍歴する vaeltaa* 5 [動]

ほ

ほ〔帆〕purje 78 [名] / 帆柱 masto 1 [名]
ほ〔穂〕(麦の) tähkä(*) 11 [名]
ほいく〔保育〕保育園 seimi 8 [名], lastenseimi 8 [名]
ボイコット boikotti* 5 [名] / ボイコットする boikotoida 18 [動]
ホイッスル〈ス〉vihellys 64 [名], pilli 4 [名]
ホイップクリーム〈料〉kuohukerma 10 [名], vispikerma 10 [名]
ボイラー〈技〉höyrykattila 15 [名]
ホイル (アルミホイル) alumiinifolio 3 [名], (ビニールホイル) muovifolio 3 [名]
ポイント (要点) asian ydin, ydinkohta* 11 [名] (ydin* 56 [名])
ほう〔方〕～の方へ (属格と共に) puoleen [後], (分格と共に) kohden [後]
ほう〔法〕(法律) laki* 4 [名], (方法) tapa* 10 [名]
ぼう〔棒〕sauva 10 [名], keppi* 4 [名]
ほうあん〔法案〕lakiehdotus 64 [名]
ほうい〔方位〕suunta* 11 [名]
ほうい〔包囲〕piiritys 64 [名], saartaminen 63 [名] / 包囲する piirittää* 2 [動], saartaa* 12 [動]
ぼうえい〔防衛〕puolustus 64 [名], (国土の) maanpuolustus 64 [名] / 防衛する puolustaa 2 [動]
ぼうえき〔貿易〕ulkomaankauppa* 10 [名], vientikauppa* 10 [名]
ぼうえん〔望遠〕望遠鏡 kiikari 5 [名], kaukoputki 8 [名]
ぼうおん〔防音〕防音の ääntä läpäisemätön (läpäisemätön* 57 [形])
ほうか〔放火〕murhapoltto* 1 [名], tuhopoltto* 1 [名]

ぼうか〔防火〕防火の tulenkestävä 13 [形], palamaton* 57 [形]

ほうかい〔崩壊〕rappio 3 [名], perikato* 1 [名]／崩壊する romahtaa* 2 [動]

ほうがい〔法外〕法外な kohtuuton* 57 [形], epäoikeudenmukainen 63 [形]

ぼうがい〔妨害〕ehkäisy 2 [名]／妨害する ehkäistä 24 [動]

ほうがく〔方角〕ilmansuunta* 11 [名]

ほうがく〔法学〕lainoppi* 4 [名], lakitiede* 78 [名]

ほうかつ〔包括〕包括的 laajuinen 63 [形]

ほうがん〔砲丸〕kuula 11 [名]／砲丸投げ〈ス〉 kuulantyöntö* 1 [名]

ぼうかん〔傍観〕傍観者 katselija 14 [名]

ほうき〔箒〕(掃除用具) luuta* 11 [名]／箒で掃く lakaista 24 [動]

ほうき〔放棄〕hylkäys 64 [名], luopuminen 63 [名]／放棄する (出格と共に) luopua* 1 [動]

ほうき〔法規〕〈法〉 asetus 64 [名], säännös 64 [名]

ぼうきゃく〔忘却〕unohdus 64 [名]

ぼうぎょ〔防御〕puolustus 64 [名]／防御する puolustaa 2 [動]

ぼうきょう〔望郷〕望郷の思い koti-ikävä 13 [名]

ぼうくん〔暴君〕hirmuvaltias 66 [名], tyranni 6 [名]

ほうけん〔奉献〕vihkiäiset 63 [複名]

ほうけん〔封建〕封建的 feodaali-／封建主義 feodalismi 4 [名]

ほうげん〔方言〕murre* 78 [名]

ぼうけん〔冒険〕seikkailu 2 [名]／冒険する seikkailla 29 [動]

ほうこう〔方向〕suunta* 11 [名], suuntaus 64 [名]／～の方向に (分格と共に) kohti [前][後]／方向を定める suuntia* 17 [動]

ほうこう〔芳香〕芳香性の aromaattinen 63 [形]

ほうこう〔奉公〕palvelus 64 [名]／奉公人 palvelija 14 [名]

ぼうこう〔膀胱〕〈解〉 rakko* 1 [名], virtsarakko* 1

ぼうこう〔暴行〕pahoinpitely 2〔名〕, väkivalta* 10〔名〕
ほうこく〔報告〕tiedo(i)tus 64〔名〕, mietintö* 2〔名〕
ほうさく〔豊作〕hyväkasvuisuus* 65〔名〕, kasvullisuus* 65〔名〕
ほうし〔奉仕〕palvelus 64〔名〕／奉仕する palvella 28〔動〕
ぼうし〔防止〕hillintä* 15〔名〕
ぼうし〔帽子〕hattu* 1〔名〕, (ふちの無い) lakki* 4〔名〕帽子をかぶって hattu päässä
ほうしゃ〔放射〕säteily 2〔名〕／放射する sädehtiä* 17〔動〕／放射させる (光や熱を) säteilyttää* 2〔動〕
ほうしゅう〔報酬〕korvaus 64〔名〕, palkkio 3〔名〕／報酬を得る ansaita 31〔動〕／報酬を与える korvata 35〔動〕, palkita 31〔動〕
ほうしょく〔飽食〕kyllästyminen 63〔名〕
ほうしん〔方針〕periaate* 78〔名〕, (通常は複数形で) suuntaviiva 10〔名〕／方針を定める suuntautua* 44〔動〕
ほうしん〔放心〕hajamielisyys* 65〔名〕
ほうじん〔法人〕yhdyskunta* 11〔名〕, ammattikunta* 11〔名〕
ぼうすい〔防水〕防水の vedenpitävä 13〔形〕
ほうせき〔宝石〕jalokivi 8〔名〕, kiiltokivi 8〔名〕
ぼうぜん〔茫然〕茫然として hajamielisesti〔副〕
ほうそう〔包装〕pakkaus 64〔名〕／包装する pakata* 35〔動〕
ほうそう〔放送〕lähetys 64〔名〕／放送局 lähetysasema 13〔名〕
ほうそう〔疱瘡〕(天然痘)〈医〉rokko* 1〔名〕
ほうそく〔法則〕(自然の) luonnonlaki* 4〔名〕
ほうたい〔包帯〕sideharso 1〔名〕, sidos 64〔名〕
ぼうだい〔膨大〕膨大な mittava 13〔形〕, kookas* 66〔形〕
ぼうたかとび〔棒高跳び〕〈ス〉seiväshyppy* 1〔名〕
ぼうだら〔棒鱈〕〈料〉lipeäkala 10〔名〕

ほうふく

ほうち〔放置〕poisjättö* 1 [名] /放置する jättää* 2 [動]

ほうちく〔放逐〕karkotus 64 [名]

ぼうちゅう〔防虫〕防虫剤 (衣類の) naftaliinipallo 1 [名]

ぼうちょう〔傍聴〕傍聴者 kuuntelija 14 [名]

ぼうちょう〔膨張〕膨張する turvota* 38 [動], turvottua* 1 [動]

ほうてい〔法廷〕tuomioistuin 56 [名], oikeus* 65 [名]

ほうてい〔法定〕法定の oikeudellinen 63 [形]

ほうていしき〔方程式〕〈数〉yhtälö 2 [名]

ほうてき〔法的〕lainmukainen 63 [形], laillinen 63 [形]

ほうてん〔法典〕lakikokoelma 13 [名]

ほうでん〔放電〕sähkö(n)purkaus 64 [名]

ぼうと〔暴徒〕mellakoitsija 14 [名]

ほうとう〔放蕩〕放蕩者 irstailija 14 [名]

ほうどう〔報道〕mietintö* 2 [名], raportti* 6 [名]

ぼうとう〔冒頭〕alku* 1 [名], avaaminen 63 [名]

ぼうとう〔暴騰〕〈経〉hintojen äkillinen nousu (äkillinen 63 [形], nousu 1 [名])

ぼうどう〔暴動〕mellakka* 15 [名], epäjärjestys 64 [名]

ぼうとく〔冒瀆〕冒瀆する (汚す) pilkata* 35 [動], rienata 35 [動]

ほうねつ〔放熱〕säteily 2 [名]

ほうのう〔奉納〕vihkiäiset 63 [複名] /奉納する pyhittää* 2 [動]

ぼうはてい〔防波堤〕aallonmurtaja 16 [名]

ほうび〔褒美〕palkinto* 2 [名]

ぼうび〔防備〕puolustus 64 [名] /防備する puolustaa 2 [動]

ほうふ〔豊富〕豊富な runsas 66 [名] /豊富に runsaasti [副] /豊富にする kartuttaa* 2 [動]

ぼうふ〔防腐〕防腐剤 lahonsuojausaine 78 [名]

ぼうふうう〔暴風雨〕myrsky 1 [名]

ほうふく〔報復〕kostotoimi 35 [名] /報復する kos-

taa 2 [動]
- **ほうぶつせん**〔放物線〕〈数〉paraabeli 6 [名]
- **ほうほう**〔方法〕keino 1 [名], tapa* 10 [名], menetelmä 13 [名]
- **ほうぼう**〔方々〕eri suunnilla, kaikkialla [副]
- **ぼうぼう**（茂った）tuuhea 21 [形]
- **ほうぼく**〔放牧〕laiduntaminen 63 [名]／放牧する laiduntaa* 8 [動]
- **ほうむ**〔法務〕法務省 oikeusministeriö 3 [名]
- **ほうむる**〔葬る〕haudata* 35 [動]
- **ぼうめい**〔亡命〕maanpako* 1 [名]
- **ほうめん**〔方面〕各方面の kaikinpuolinen 63 [形]
- **ほうもん**〔訪問〕vierailu 2 [名]／訪問する（内格と共に）vierailla 29 [動],（内格・所格と共に）käydä 23 [動]
- **ぼうや**〔坊や〕poikanen 63 [名]
- **ほうよう**〔抱擁〕syleily 2 [名]／抱擁する syleillä 28 [動]
- **ほうようりょく**〔包容力〕包容力のある avarakatseinen 63 [形]
- **ほうよく**〔豊沃〕豊沃な（作物がよく実る）vehmas 66 [形]
- **ぼうらく**〔暴落〕〈経〉hintojen äkillinen lasku (äkillinen 63 [形], lasku 1 [名])
- **ぼうり**〔暴利〕liika ansio (liika* 10 [形], ansio 3 [名])
- **ほうりつ**〔法律〕laki* 4 [名]
- **ほうりなげる**〔放り投げる〕paiskata 35 [動]
- **ほうりょう**〔豊漁〕kalaonni 8 [名]
- **ぼうりょく**〔暴力〕väkivalta* 10 [名]／暴力による väkivaltainen 63 [形]
- **ボウリング**〈ス〉keilailu 2 [名]
- **ほうる**〔放る〕放っておく（手をつけない）laiminlyödä 21 [動]
- **ほうれい**〔法令〕〈法〉asetus 64 [名], säädös 64 [名]
- **ぼうれい**〔亡霊〕henki* 8 [名], aave 78 [名], kummitus 64 [名]
- **ほうれんそう**〔波稜草〕〈料〉pinaatti* 6 [名]

ほうろう〔放浪〕vaellus 64［名］／放浪する vaeltaa* 5［動］

ほえる〔吠える〕ulvoa 1［動］, kiljua 1［動］

ほお〔頬〕〈解〉poski 8［名］／頬紅 poskipuna 11［名］

ボーイ（ホテルの）portieeri 4［名］／ボーイスカウト partiolainen 63［名］

ボーイフレンド poikaystävä 13［名］

ポーカー pokeri 5［名］／ポーカーフェース pokerinaama 10［名］

ホース letku 1［名］

ポーター kantaja 16［名］

ボーダーライン raja 10［名］, rajaviiva 10［名］

ボート vene 78［名］, alus 64［名］

ポートレート muotokuva 11［名］

ボーナス lahjapalkkio 3［名］

ホーム（プラットホーム）laituri 5［名］

ホーム（老人の）vanhainkoti* 4［名］／ホームシック koti-ikävä 13［名］／ホームステイ kotona oleskelu (oleskelu 2［名］)

ボーリング〈ス〉keilailu 2［名］

ホール halli 4［名］, sali 4［名］,（入口の）eteinen 63［名］

ボール（球）pallo 1［名］／ボールペン kuulakärkikynä 11［名］

ボール（料理用の鉢）malja 10［名］, kulho 1［名］

ポール seiväs* 66［名］

ほか〔外・他〕（他の物・人）toinen 63［不代］, muu 29［不代］

ほかく〔捕獲〕saanti* 4［名］, saalis 68［名］

ぼかす〔暈かす〕（色を）häivyttää* 2［動］

ぽかぽか（暖かい）lämmin* 58［形］

ほがらか〔朗らか〕朗らかな hilpeä 21［形］／朗らかに hilpeästi［副］

ほかん〔保管〕säilytys 64［名］／保管する säilyttää* 2［動］

ぼき〔簿記〕kirjanpito* 1［名］／簿記係 kamreeri 6［名］

ほきゅう〔補給〕täydennys 64〔名〕／補給する täyttää* 2〔動〕
ほきょう〔補強〕vahvistus 64〔名〕／補強する vahvistaa 2〔動〕
ぼきん〔募金〕rahankeräys 64〔名〕
ぼく〔僕〕minä（変化表参照）〔人代〕
ほくい〔北緯〕pohjoinen leveysaste (pohjoinen 63〔形〕, leveysaste 78〔名〕)
ほくおう〔北欧〕北欧諸国（通常は複数形で）pohjoismaa 28〔名〕
ボクサー nyrkkeilijä 14〔名〕
ぼくし〔牧師〕pappi* 4〔名〕, pastori 5〔名〕
ぼくじょう〔牧場〕karjamaa 28〔名〕, laidun* 56〔名〕
ボクシング nyrkkeily 2〔名〕／ボクシングをする nyrkkeillä 28〔動〕
ほぐす〔解す〕pehmentää* 8〔動〕
ほくせい〔北西〕luode* 78〔名〕
ぼくそう〔牧草〕heinä 11〔名〕／牧草地 aho 1〔名〕, laidun* 56〔名〕
ぼくちく〔牧畜〕karjanhoito* 1〔名〕
ほくと〔北斗〕北斗七星〈天〉otava 13〔名〕
ほくとう〔北東〕koillinen 63〔名〕
ぼくとつ〔朴訥〕朴訥な vilpitön* 57〔形〕, teeskentelemätön* 57〔形〕
ほくぶ〔北部〕pohjoisosa 11〔名〕
ぼくめつ〔撲滅〕撲滅する tuhota 38〔動〕
ほくろ〔黒子〕（皮膚の黒い点）luoma 11〔名〕
ほげい〔捕鯨〕valaanpyynti* 4〔名〕
ほけつ〔補欠〕補欠選手〈ス〉vaihtomies 72〔名〕
ポケット tasku 1〔名〕
ほけん〔保険〕vakuutus 64〔名〕／生命保険 henkivakuutus 64〔名〕
ほご〔保護〕suojelus 64〔名〕／保護者 suojelija 14〔名〕／保護する suojella 28〔動〕
ぼご〔母語〕äidinkieli 32〔名〕
ほこう〔歩行〕歩行者 jalankulkija 14〔名〕, jalkaväki* 8〔名〕
ぼこく〔母国〕isänmaa 28〔名〕／母国語 äidinkieli

32 [名]
ほこり〔埃〕(塵) pöly 1 [名], tomu 1 [名]／埃っぽい pölyinen 63 [形]／埃を払う pölyttää* 2 [動]
ほこり〔誇り〕ylpeys* 65 [名]／誇り高い itsetietoinen 63 [形]
ほこる〔誇る〕〜について誇る（出格と共に）ylpeillä 28 [動]
ほころびる〔綻びる〕(縫い目が) ratketa 36 [動]
ほし〔星〕tähti* 8 [名]／星空 tähtitaivas 66 [名]
ほじ〔保持〕pito* 1 [名], ylläpito* 1 [名]／保持する pitää* 2 [動]
ほしがる〔欲しがる〕haluta 39 [動], tehdä mieli (tehdä* 33 [動], mieli 32 [名])
ほしくさ〔干し草〕heinä 11 [名]／干し草の山 heinäseiväs* 66 [名]
ほしぶどう〔干し葡萄〕rusina 15 [名]
ほしゃく〔保釈〕保釈金 lunnas 66 [名]
ほしゅ〔保守〕taantumus 64 [名]／保守的 taantumuksellinen 63 [形]
ほしゅう〔補修〕korjaus 64 [名], remontti* 6 [名]／補修する korjata 35 [動], remontoida 18 [動]
ほじゅう〔補充〕täydennys 64 [名]／補充する täydentää* 8 [動]
ぼしゅう〔募集〕värväys 64 [名]／募集する värvätä 35 [動], hankkia* 17 [動]
ほじょ〔補助〕apu* 1 [名]／補助金 apuraha 10 [名]
ほしょう〔保証〕vakuus* 65 [名], tae* 78 [名]／保証人〈法〉takausmies 72 [名]／保証する vakuuttaa* 2 [動], taata* 35 [動]
ほしょう〔保障〕turva 11 [名]／保障する turvata 35 [動], taata* 35 [動]
ほしょう〔補償〕korvaus 64 [名]／補償する korvata 35 [動]
ほす〔干す〕(乾かす) kuivata 35 [動]
ボス esimies 72 [名], johtaja 16 [名]
ポスター lappu* 1 [名]
ホステス（主人役の女性）emäntä* 13 [名]
ポスト postilaatikko* 2 [名], kirjelaatikko* 2 [名]

ボスニアわん〔ボスニア湾〕Pohjanlahti* 8 [名]
ぼせい〔母性〕äitiys* 65 [名], äidinrakkaus* 65 [名]
ほぜん〔保全〕kunnossapito* 1 [名]
ほそい〔細い〕kapea 21 [形], laiha 10 [形] ／細く kapeasti [副]
ほそう〔舗装〕päällyste 78 [名], kiveys 64 [名]
ほそく〔補足〕täydennys 64 [名], lisäys 64 [名] ／補足する täydentää* 8 [動]
ほそながい〔細長い〕kapea 21 [形] ／細長く kapeasti [副]
ほそぼそ〔細々〕細々と tuskin [副], töin tuskin
ほそめ〔細目〕細目をあけて sippurassa [副], sikkarassa [副]
ほそめる〔細める〕(目を) siristää 2 [動]
ほぞん〔保存〕säilytys 64 [名], pito* 1 [名] ／保存する säilyttää* 2 [動], pitää* 2 [動]
ポタージュ sosekeitto* 1 [名]
ぼだいじゅ〔菩提樹〕〈植〉lehmus 64 [名]
ほたてがい〔帆立貝〕kampasimpukka* 15 [名]
ほたる〔蛍〕〈虫〉tulikärpänen 63 [名]
ぼたん〔牡丹〕〈植〉pioni 5 [名]
ボタン nappi* 4 [名], nuppi* 4 [名]
ぼち〔墓地〕hautausmaa 28 [名]
ほちょう〔歩調〕tahti* 4 [名]
ほちょうき〔補聴器〕kuulokoje 78 [名], kuulotorvi 8 [名]
ほっき〔発起〕発起人 alkuunpanija 14 [名]
ほっきょく〔北極〕pohjoisnapa* 10 [名] ／北極海 Jäämeri 32 [名] ／北極圏 napapiiri 4 [名] ／北極星 〈天〉pohjantähti* 8 [名]
ホック koukku* 1 [名], haka* 10 [名]
ボックス (劇場などの) aitio 3 [名]
ホッケー アイスホッケー〈ス〉jääkiekko* 1 [名]
ほっさ〔発作〕kohtaus 64 [名]
ぼっしゅう〔没収〕没収する ulosottaa* 2 [動], ulosmitata* 35 [動]
ほっしん〔発疹〕(皮膚の)〈医〉ihottuma 13 [名]
ほっする〔欲する〕tahtoa* 1 [動]

ほっする〔没する〕(沈む) upota* 38 [動], painua 1 [動]

ほっそく〔発足〕alku* 1 [名], lähtö* 1 [名]／発足する lähteä* 16 [動]

ほっそり ほっそりした solakka* 15 [形], hoikka* 11 [形]

ほったん〔発端〕alku* 1 [名], aloite* 78 [名]

ホッチキス nitoja 16 [名]／ホッチキスで止める nitoa* 1 [動]

ほっと ほっとする lieventyä* 1 [動]

ポット kannu 1 [名]

ぼっとう〔没頭〕～に没頭する (入格と共に) omistautua* 44 [動]

ホットケーキ〈料〉pannukakku* 1 [名]

ホットドッグ〈料〉hot dog 5 [名]

ぼつねん〔没年〕kuolinvuosi* 40 [名]

ぼっぱつ〔勃発〕syttyminen 63 [名]／勃発する syttyä* 1 [動]

ホップ〈植〉humala 12 [名]

ポップコーン〈料〉popcorn [popkorn] 4 [名]

ポップス〈楽〉popmusiikki* 6 [名]

ほっぺた poski 8 [名]

ほっぽう〔北方〕pohjoispuoli 32 [名]

ぽつぽつ 雨がぽつぽつ降る pisaroida 30 [動]

ぼつらく〔没落〕raunio 3 [名], häviö 3 [名]

ボディーガード henkivartio 3 [名]

ボディーチェック turvatarkastus 64 [名]

ホテル hotelli 6 [名]

ほど〔程〕程なく pian [副], piakkoin [副]／程よい otollinen 63 [形]

ほどう〔歩道〕käytävä 13 [名], jalkakäytävä 13 [名]

ほどく〔解く〕purkaa* 2 [動], löysätä 35 [動]

ほどける〔解ける〕löyhtyä* 1 [動], kirvota* 38 [動]

ほどこし〔施し〕almu 1 [名]

ほどこす〔施す〕(与える) antaa* 9 [動]

ほとばしる〔迸る〕suihkuta 39 [動], roiskua 1 [動]

ほどよい〔程よい〕(適度な) kohtuullinen 63 [形]／程よく kohtuullisesti [副]

ほとり 〔辺〕reuna 10 [名], parras* 66 [名]／～の辺に（属格と共に）varrella [後]
ほとんど 〔殆ど〕melkein [副], lähes [副]／殆ど～ない tuskin [副]／殆どの melkoinen 63 [形]
ほにゅう 〔哺乳〕哺乳の imettäväinen 63 [形]／哺乳動物 imettäväinen 63 [名]
ぼにゅう 〔母乳〕äidinmaito* 1 [名]
ほね 〔骨〕luu 29 [名], luuranko* 1 [名]／骨が折れる（困難な）rasittava 13 [形]／骨を折って（苦労して）vaivalloisesti [副]
ほねおり 〔骨折り〕ponnistus 64 [名], vaiva 10 [名]
ほねおる 〔骨折る〕ponnistaa 2 [動]
ほねぐみ 〔骨組み〕runko* 1 [名]
ほねみ 〔骨身〕骨身を惜しまないで vaivojaan säästämättä
ほのお 〔炎〕liekki* 4 [名]
ほのぐらい 〔仄暗い〕himmeä 21 [形]
ほのめかし 〔仄めかし〕vihjaus 64 [名]
ほのめかす 〔仄めかす〕vihjaista 24 [動], vihjata 35 [動]
ほはば 〔歩幅〕askel 82 [名]
ポピュラー ポピュラーな kansantajuinen 63 [形], yleistajuinen 63 [形]
ポプラ 〈植〉poppeli 5 [名]
ほへい 〔歩兵〕〈軍〉jalkaväki* 8 [名]
ほぼ （ほとんど）lähimain [副], likimäärin [副]
ほほえましい 〔微笑ましい〕（心温まる）lämminsydäminen 63 [形]
ほほえみ 〔微笑み〕hymy 1 [名], hymyily 2 [名]
ほほえむ 〔微笑む〕hymyillä 29 [動]／微笑んで naurusuin [副], suu hymyssä
ほまれ 〔誉れ〕kunnia 14 [名]
ほめる 〔褒める〕kehua 1 [動], ylistää 2 [動]
ぼやく （不平を言う）valittaa* 2 [動], nurista 24 [動]
ぼやける tulla epäselväksi, hämärtyä* 1 [動] (tulla 25 [動]
ほゆう 〔保有〕omistaminen 63 [名]
ほよう 〔保養〕rentoutuminen 63 [名]／保養所 lepo-

koti* 4 [名]
ほらあな〔洞穴〕luola 11 [名]
ほらふき〔法螺吹き〕法螺吹きの suurisuinen 63 [形]
ほり〔堀〕vallihauta* 10 [名]
ポリエステル〈化〉polyesteri 5 [名]
ほりおこす〔掘り起こす〕möyriä 17 [動], penkoa* 1 [動]
ほりかえす〔掘り返す〕möyriä 17 [動], penkoa* 1 [動]
ほりだしもの〔掘り出し物〕hyvä ostos (hyvä 11 [形], ostos 64 [名])
ほりだす〔掘り出す〕kaivaa 9 [動], kaivaa esiin
ボリューム（音量）äänen voima, voimakkuus* 65 [名] (voima 11 [名])
ほりょ〔捕虜〕sotavanki* 4 [名]
ほる〔掘る〕kaivaa 9 [動], kaivertaa* 6 [動]
ほる〔彫る〕veistää 2 [動], veistellä 28 [動]
ボルト〈技〉pultti* 4 [名]
ボルト〈電〉voltti* 4 [名]
ポルノ pornografia 15 [名]
ホルモン hormoni 5 [名]
ホルン〈楽〉torvi 8 [名]
ボレー（テニスで）〈ス〉lentolyönti* 4 [名]
ほれる〔惚れる〕mieltyä 1 [動], rakastua 1 [動]
ぼろ〔襤褸〕risa 10 [名], ryysy 1 [名]
ほろび〔滅び〕tuho 1 [名], turmio 3 [名]
ほろびる〔滅びる〕tuhoutua* 44 [動], hävitä 37 [動]
ほろぼす〔滅ぼす〕tuhota 38 [動], hävittää* 2 [動]
ぼろぼろ ぼろぼろの repaleinen 63 [形], ryysyinen 63 [形]
ほん〔本〕kirja 10 [名]／本棚 kirjahylly 1 [名]／本屋 kirjakauppa* 10 [名]
ぼん〔盆〕tarjotin* 56 [名]
ほんかくてき〔本格的〕todellinen 63 [形]／本格的に tosissaan [副]
ほんかん〔本館〕päärakennus 64 [名]
ほんき〔本気〕本気の vakava 13 [形]／本気で vakavasti [副]
ほんきょ〔本拠〕päämaja 10 [名]

ほんぎょう〔本業〕ammatti* 6〔名〕
ほんげん〔本源〕本源の alkuperäinen 63〔形〕
ほんごく〔本国〕maa 28〔名〕, kotimaa 28〔名〕
ほんしつ〔本質〕本質的 oleellinen 63〔形〕, olennainen 63〔形〕/本質的に oleellisesti〔副〕, olennaisesti〔副〕
ほんじつ〔本日〕tänään〔副〕
ほんしゃ〔本社〕pääkonttori 5〔名〕
ほんしょう〔本性〕oikea luonne (oikea 21〔形〕, luonne* 78〔名〕)
ほんしょく〔本職〕ammatti* 6〔名〕/本職の ammatillinen 63〔形〕
ほんしん〔本心〕aikomus 64〔名〕, tarkoitus 64〔名〕
ほんだな〔本棚〕kirjahylly 1〔名〕
ほんてん〔本店〕pääkonttori 5〔名〕
ほんど〔本土〕manner* 82〔名〕, mannermaa 28〔名〕
ほんとう〔本当〕本当の oikea 21〔形〕, aito* 1〔形〕, todellinen 63〔形〕/本当に kyllä〔副〕, juuri〔副〕, todella〔副〕
ほんどおり〔本通り〕valtatie 30〔名〕
ほんにん〔本人〕本人自ら omassa persoonassaan, henkilökohtaisesti〔副〕
ほんの〔本の〕pelkkä* 11〔形〕
ほんのう〔本能〕〈心〉vaisto 1〔名〕/本能的 vaistomainen 63〔形〕
ほんば〔本場〕(原産地) kotiseutu* 1〔名〕, kotipaikka* 10〔名〕
ほんばこ〔本箱〕kirjakaappi* 4〔名〕
ほんぶ〔本部〕pääkonttori 5〔名〕, päätoimisto 2〔名〕
ポンプ pumppu* 1〔名〕
ほんぶん〔本分〕velvollisuus* 65〔名〕, tehtävä 13〔名〕
ほんぶん〔本文〕teksti 4〔名〕
ほんぽう〔奔放〕奔放な hillitön* 57〔形〕, pidäkkeetön* 57〔形〕
ほんもう〔本望〕haave 78〔名〕
ほんもの〔本物〕本物の todellinen 63〔形〕, oikea 21

[形]
ほんや〔本屋〕kirjakauppa* 10 [名]
ほんやく〔翻訳〕käännös 64 [名]／翻訳者 kääntäjä 16 [名]
ぼんやり ぼんやりした epäselvä 11 [形]／ぼんやりと hämärästi [副]
ほんらい〔本来〕本来の alkuperäinen 63 [形]

ま

ま〔間〕間に合う joutua* 1 [動], mahtua* 1 [動]
まあ（驚き・感嘆などの声）kas [間]
マーガリン margariini 4 [名]
マーク merkki* 4 [名], tunnusmerkki* 4 [名]／マークを付ける merkitä 31 [動]
マーケット（屋内の）halli 4 [名]
マーチ（行進）marssi 4 [名]
まあまあ まあまあの kohtalainen 63 [形], keskinkertainen 63 [形]
マーマレード marmelaati 4 [名], marmeladi 4 [名]
まいあがる〔舞い上がる〕（粉末が）tupruta 39 [動], pöllytä 39 [動]
まいあげる〔舞い上げる〕（粉末を）pöllyttää* 2 [動]
まいあさ〔毎朝〕aamuisin [副]
まいおりる〔舞い降りる〕tuiskuta 39 [動]
まいかい〔毎回〕kulloinkin [副]
マイクロフォン mikrofoni 4 [名]
まいご〔迷子〕迷子になる eksyä 1 [動]
まいじ〔毎時〕joka tunti, tunneittain [副]
まいしゅう〔毎週〕joka viikko
まいそう〔埋葬〕hautaus 64 [名]／埋葬する haudata* 35 [動]
まいど〔毎度〕kulloinkin [副]
まいとし〔毎年〕joka vuosi

マイナス （−の記号）vähennysmerkki* 4 ［名］
まいにち〔毎日〕joka päivä／毎日の jokapäiväinen 63 ［形］
まいばん〔毎晩〕iltaisin ［副］
まいゆう〔毎夕〕iltaisin ［副］
マイル maili 4 ［名］
まいる〔参る〕（行く・来る）mennä 27 ［動］, tulla 25 ［動］, （閉口する）kiusaantua* 1 ［動］
まう〔舞う〕vilahdella* 28 ［動］
まえ〔前〕（時を表す名詞・副詞と共に）sitten ［副］／前の（時間について）entinen 63 ［形］／前もって etukäteen ［副］／～の前に（場所について, 属格と共に）edessä ［後］／～の前へ（場所について, 属格と共に）eteen ［後］
まえあし〔前足〕etujalka* 10 ［名］, etukäpälä 12 ［名］
まえうり〔前売り〕ennakkomyynti* 4 ［名］
まえおき〔前置き〕alkulause 78 ［名］
まえかがみ〔前屈み〕前屈みになって köyryssä ［副］, kumarassa ［副］
まえがき〔前書き〕johdanto* 2 ［名］, esipuhe 78 ［名］
まえがみ〔前髪〕otsakihara 18 ［名］
まえきん〔前金〕ennakkomaksu 1 ［名］
まえにわ〔前庭〕edusta 15 ［名］
まえば〔前歯〕etuhammas* 66 ［名］
まえばらい〔前払い〕ennakkomaksu 1 ［名］／前払いする maksaa etukäteen （maksaa 9 ［動］）
まえぶれ〔前触れ〕（予告）ennakkoilmoitus 64 ［名］, （前兆）enne* 78 ［名］
まえまえ〔前々〕前々から kauan ［副］, pitkän aikaa
まえもって〔前以って〕ennakolta ［副］, etukäteen ［副］
まおう〔魔王〕saatana 15 ［名］
まがお〔真顔〕totinen ilme （totinen 63 ［形］, ilme 78 ［名］）
まかす〔負かす〕lyödä 21 ［動］, voittaa* 2 ［動］
まかせる〔任せる〕uskoa 1 ［動］, （身を）antautua* 44 ［動］
まがり〔曲がり〕mutka 11 ［名］, kaarre* 78 ［名］
まがりかど〔曲がり角〕kulma 11 ［名］, nurkka* 11

まごころ

[名]
まがりくねる〔曲がりくねる〕曲がりくねった mutkainen 63 [形], mutkikas* 66 [形]
まがる〔曲がる〕kiemurtaa* 6 [動], kääntyä* 1 [動], kaartua* 1 [動] ／曲がった kiero 1 [形], koukkuinen 63 [形]
マカロニ makaroni 4 [名]
まき〔薪〕(燃料にする木) polttopuu 29 [名], halko* 1 [名]
まきあげる〔巻き上げる〕(雪を) tuiskuttaa* 2 [動]
まきげ〔巻き毛〕巻き毛の kihara 18 [形]
まきじゃく〔巻尺〕rullamitta* 10 [名], mittanauha 10 [名]
まきちらす〔撒き散らす〕sirottaa* 2 [動]
まきつける〔巻き付ける〕kietoa* 1 [動], keriä 17 [動]
まきば〔牧場〕laidun* 56 [名], karjamaa 28 [名]
まぎらわしい〔紛らわしい〕harhaanjohtava 13 [形]
まぎれもない〔紛れもない〕ilmeinen 63 [形], selvä 11 [形]
まく〔幕〕(演劇の) näytös 64 [名], (舞台の) esirippu* 1 [名]
まく〔膜〕〈解〉kalvo 1 [名]
まく〔巻く〕kääriä 17 [動], kiertää* 6 [動]
まく〔撒く〕(撒き散らす) sirottaa* 2 [動]
まくぎれ〔幕切れ〕loppu* 1 [名]
マグネシウム magnesium 7 [名]
マグマ〈地質〉magma 10 [名]
まくら〔枕〕päänalus 64 [名], tyyny 1 [名]
まくる〔捲る〕kääriä kokoon (kääriä 17 [動])
まぐれ まぐれで sattumalta [副]
まぐろ〔鮪〕〈魚〉tonnikala 10 [名]
まけ〔負け〕tappio 3 [名], häviö 3 [名]
まげ〔曲げ〕vääntö* 1 [名]
まける〔負ける〕(値引きする) tinkiä* 17 [動]
まける〔負ける〕menehtyä* 1 [動]
まげる〔曲げる〕vääntää* 42 [動], taivuttaa* 2 [動]
まご〔孫〕lapsenlapsi 45 [名]
まごころ〔真心〕vilpittömyys* 65 [名], rehellisyys*

65 [名]
まごつく joutua ymmälleen (joutua* 1 [動])
まこと 〔誠〕(真実) totuus* 65 [名], (真心) rehellisyys* 65 [名]
まごまご まごまごする joutua ymmälleen (joutua* 1 [動])
まさしく 〔正しく〕(確かに) varmasti [副], (丁度) juuri [副]
まさつ 〔摩擦〕kahnaus 64 [名], 〈理〉kitka 10 [名]
まさに 〔正に〕juuri [副]
まさる 〔勝る〕olla ylempi (olla 25 [動], ylempi* 22 [形])
まざる 〔混ざる〕sekaantua* 1 [動], kietoutua* 44 [動]
マジックペン huopakynä 11 [名]
まして 〔況して〕saati [接], saatikka [接], saati sitten
まじない 〔呪い〕loitsu 1 [名] ／呪い師 loitsija 14 [名]
まじなう 〔呪う〕loitsia 17 [動], noitua* 1 [動]
まじめ 〔真面目〕真面目な totinen 63 [形], vakava 13 [形] ／真面目に totisesti [副]
まじゅつ 〔魔術〕taika* 10 [名], temppu* 1 [名]
まじょ 〔魔女〕noita* 11 [名], tietäjä 16 [名]
まじりけ 〔混じり気〕混じり気のない puhdas* 66 [形], paljas 66 [形]
まじる 〔混じる〕sekaantua* 1 [動], sekoittua* 1 [動]
まじわり 〔交わり〕kanssakäyminen 63 [名], kanssakäynti* 4 [名]
まじわる 〔交わる〕kulkea poikki (kulkea* 13 [動])
ます 〔鱒〕〈魚〉taimen 55 [名]
ます 〔増す〕karttua* 1 [動], kasvaa 9 [動], lisääntyä* 1 [動]
まず ensin [副], ensiksi [副]
まずい 〔麻酔〕〈医〉anestesia 15 [名], puudutus 64 [名]
まずい 〔不味い〕(味について) mauton* 57 [形], ellottava 13 [形]

マスコミ joukkotiedotus 64 [名]
まずしい 〔貧しい〕köyhä 11 [形], varaton* 57 [形]／貧しくなる köyhtyä* 1 [動]
マスター (修士) maisteri 5 [名], (主人) herra 10 [名]／マスターする (習得する) hallita 31 [動]
マスト masto 1 [名]
ますます (比較級と共に) yhä [副]
マスメディア media 15 [名], joukkotiedotusväline 78 [名]
まぜる 〔混ぜる〕sekoittaa* 2 [動], hämmentää* 8 [動]
また 〔股〕(内股)〈解〉reisi* 40 [名]
また 〔又〕(再び) taas [副], (同様に) myös [副]
まだ 〔未だ〕(今でも) edelleen [副], jatkuvasti [副]
またがし 〔又貸し〕alivuokralaissopimus 64 [名]
またぐ 〔跨ぐ〕loikata* 35 [動]
またたく 〔瞬く〕(光や火が) tuikkia* 17 [動]／瞬く間に vilauksessa
または 〔又は〕tai [接], joko.. tai
まだら 〔斑〕(色の違い) pilkku* 1 [名]／斑の pilkullinen 63 [形]
まち 〔町〕kaupunki* 5 [名], (故郷の) kotikaupunki* 5 [名]
まちあいつ 〔待合室〕odotushuone 78 [名], odotussali 4 [名]
まぢか 〔間近〕間近である olla ovella (olla 25 [動])
まちがい 〔間違い〕virhe 78 [名], vääryys* 65 [名]／間違いなく totta vie
まちがう 〔間違う〕erehtyä* 1 [動]／間違った virheellinen 63 [形]
まちかど 〔町角〕kadunkulma 11 [名]
まちのぞむ 〔待ち望む〕odottaa* 2 [動]
まちぶせ 〔待ち伏せ〕待ち伏せする väijyä 1 [動], vaania 17 [動]
まちまち まちまちの erilainen 63 [形]
まつ 〔松〕〈植〉mänty* 1 [名]
まつ 〔待つ〕odottaa* 2 [動], odotella* 28 [動]
まっか 〔真っ赤〕真っ赤な tulipunainen 63 [形]

まっくら〔真っ暗〕真っ暗な pilkkopimeä 21〔形〕
まっくろ〔真っ黒〕真っ黒な pikimusta 11〔形〕
まつげ〔睫毛〕〈解〉silmäripsi 8〔名〕
マッサージ マッサージ hieronta* 15〔名〕／マッサージする hieroa 1〔動〕
まっさかさま〔真っ逆様〕真っ逆様に päistikkaa〔副〕
まっさき〔真っ先〕真っ先に ennen kaikkea, ennen muuta
まっしぐら まっしぐらに täyttä vauhtia
マッシュ〈料〉sose 78〔名〕／マッシュポテト perunasose 78〔名〕
マッシュルーム herkkusieni 32〔名〕
まっしろい〔真っ白い〕vitivalkoinen 63〔形〕
まっすぐ〔真っ直ぐ〕真っ直ぐな suora 11〔形〕／真っ直ぐに suoraan〔副〕／真っ直ぐにする suorentaa* 8〔動〕
まったく〔全く〕kokonaan〔副〕, aivan〔副〕／全く〜ない ei ollenkaan
マッチ tulitikku* 1〔名〕
マット matto* 1〔名〕, kynnysmatto* 1〔名〕
マットレス patja 10〔名〕
まつば〔松葉〕松葉杖 kainalosauva 10〔名〕
まっぷたつ〔真っ二つ〕真っ二つに kahtia〔副〕, puoliksi〔副〕
まつやに〔松脂〕pihka 10〔名〕
まつり〔祭り〕juhla 11〔名〕
まつる〔祭る〕(儀式を行う) tehdä seremonia, (崇める) palvoa 1〔動〕(tehdä* 33〔動〕)
まつわる〔纏わる〕(関係する) olla yhteydessä (olla 25〔動〕)
まで 〜まで (時・場所・程度を表し入格・向格と共に) saakka〔副〕, (時・場所・程度を表し入格・向格と共に) asti〔副〕
まてんろう〔摩天楼〕pilvenpiirtäjä 16〔名〕
まと〔的〕ampumataulu 4〔名〕, maali 4〔名〕
まど〔窓〕ikkuna 17〔名〕
まどかけ〔窓掛け〕uudin* 56〔名〕
まどガラス〔窓ガラス〕ikkunaruutu* 1〔名〕

まとまり〔纏まり〕(団結) yksimielisyys* 65 [名], järjestely 2 [名]
まとまる〔纏まる〕pysyä koossa, kuulua yhteen (pysyä 1 [動], kuulua 1 [動])
まとめ〔纏め〕yhtymä 13 [名], yhdistymä 13 [名]
まとめる〔纏める〕koota* 38 [動], yhdistää 2 [動]
まとも まともな järkevä 13 [形], totinen 63 [形]
まどろむ nukahtaa* 2 [動], uinua 1 [動]
まどわく〔窓枠〕ikkunankehys 64 [名], kehys 64 [名]
まどわし〔惑わし〕viettelys 64 [名]
まどわす〔惑わす〕tenhota 38 [動]
マナー käytös 64 [名], (通常は複数形で) tapa* 10 [名]
まないた〔俎板〕leikkuulauta* 10 [名]
まなざし〔眼差し〕katse 78 [名], silmäys 64 [名]
まなつ〔真夏〕sydänkesä 11 [名], keskikesä 11 [名]
まなぶ〔学ぶ〕opiskella 28 [動], oppia* 17 [動]
マニア kiihkoilija 14 [名], intoilija 14 [名]
まにあう〔間に合う〕ennättää* 2 [動], (不定詞と共に) ehtiä* 17 [動]
まにあわせ〔間に合わせ〕間に合わせの sattumanvarainen 63 [形]
マニキュア kynsienhoito* 1 [名]
まぬがれる〔免れる〕(出格と共に) päästä karkuun (päästä 24 [動])
まぬけ〔間抜け〕hullu 1 [名], hupsu 1 [名]
まね〔真似〕jäljittely 2 [名] /真似する matkia 17 [動], jäljitellä* 28 [動]
マネージャー isännöitsijä 14 [名], toimitusjohtaja 16 [名]
まねき〔招き〕kutsu 1 [名]
マネキン mallinukke* 9 [名]
まねく〔招く〕kutsua 1 [動]
まねる〔真似る〕matkia 17 [動], jäljitellä* 28 [動]
まばたき〔瞬き〕vilkutus 64 [名]
まばゆい〔目映い〕sokaiseva 13 [形], häikäisevä 13 [形]

まばら〔疎〕疎な harva 10〔形〕
まひ〔麻痺〕halvaus 64〔名〕, puudutus 64〔名〕／麻痺する puutua* 1〔動〕
まひる〔真昼〕puolipäivä 11〔名〕
まぶしい〔眩しい〕kirkas* 66〔形〕
まぶた〔瞼〕silmäluomi 36〔名〕, luomi 36〔名〕
まふゆ〔真冬〕sydäntalvi 8〔名〕
マフラー（襟巻き）kaulaliina 10〔名〕,（自動車の）〈技〉pakoputki 8〔名〕
まほう〔魔法〕taika* 10〔名〕, lumo 1〔名〕／魔法をかける taikoa* 1〔動〕
まほうびん〔魔法瓶〕termospullo 1〔名〕, termoskannu 1〔名〕
マホガニー mahonki* 5〔名〕
まぼろし〔幻〕harhanäky* 1〔名〕
ままこ〔継子〕lapsipuoli 32〔名〕
ままはは〔継母〕äitipuoli 32〔名〕
まみず〔真水〕puhdas vesi (puhdas* 66〔形〕, vesi* 40〔名〕)
まむかい〔真向かい〕真向かいに（分格と共に）vastapäätä〔後〕〔前〕
まむし〔蝮〕〈動〉kyykäärme 78〔名〕
まめ〔豆〕〈植〉papu* 1〔名〕
まめ まめに（勤勉に）ahkerasti〔副〕, uutterasti〔副〕
まもう〔磨耗〕磨耗させる syövyttää* 2〔動〕／磨耗した ikäkulu 1〔形〕
まもなく〔間も無く〕pian〔副〕, kohta〔副〕
まもり〔守り〕suoja 11〔名〕
まもる〔守る〕suojata 35〔動〕, puolustaa 2〔動〕／〜に守られて（属格と共に）suojassa
まやく〔麻薬〕huumausaine 78〔名〕, huume 78〔名〕
まゆ〔眉〕眉毛 kulmakarvat 10〔複名〕
まよい〔迷い〕（ためらい）epäröinti* 4〔名〕, empiminen 63〔名〕
まよいこむ〔迷い込む〕sotkeutua* 44〔動〕
まよう〔迷う〕epäillä 29〔動〕,（道に）eksyä 1〔動〕
まよなか〔真夜中〕puoliyö 30〔名〕, keskiyö 30〔名〕／真夜中に puoliyön aikaan

まんかい

マヨネーズ〈料〉majoneesi 4 [名]
マラソン〈ス〉maraton 7 [名]
マラリア malaria 15 [名], horkka* 11 [名]
まり〔鞠〕（ボール）pallo 1 [名]
まりょく〔魔力〕lumo 1 [名], tenho 1 [名]
まる〔丸〕ympyrä 15 [名], kehä 11 [名]
まるい〔丸い〕pyöreä 21 [形]／丸くなる pyöristyä 1 [動]／丸くする pyöristää 2 [動]
まるごと〔丸ごと〕丸ごとの kokonainen 63 [形]
まるた〔丸太〕hirsi* 42 [名], tukki* 4 [名]／丸太小屋 hirsitalo 1 [名]
まるで (kuin 又は niin kuin と共に) ainakin [副], aivan [副]
まるのみ〔丸呑み〕丸呑みで（一口で）yhdellä hotkaisulla
まるぽちゃ〔丸ぽちゃ〕丸ぽちゃな pullea 21 [形]
まるまる〔丸々〕（全部・すっかり）kokonaan [副]／丸々した pullea 21 [形]
まるみ〔丸み〕pyöreys* 65 [名]
まるめる〔丸める〕kääriä 17 [動]
まるやね〔円屋根〕〈建〉kupoli 5 [名], kupu* 1 [名]
まれ〔稀〕稀に harvinaisesti [副], harvoin [副]
まわす〔回す〕pyörittää* 2 [動], kiertää* 6 [動]
まわり〔周り〕〜の周りに（属格と共に）ympärillä [後]
まわりくどい〔回りくどい〕epäsuora 11 [形], mutkitteleva 13 [形]
まわりみち〔回り道〕kierros 64 [名], kiertotie 30 [名]
まわる〔回る〕pyöriä 17 [動], kiertää* 6 [動]
まわれみぎ〔回れ右〕〈ス〉〈軍〉täyskäännös 64 [名]
まん〔万〕kymmenen tuhatta
まんいち〔万一〕万一に備えて jos tarvitaan, tarvittaessa
まんいん〔満員〕満員の täysilukuinen 63 [形]
まんえん〔蔓延〕蔓延する levitä 37 [動]
まんが〔漫画〕pilakuva 11 [名]
まんかい〔満開〕満開である olla täydessä kukassa

(olla 25 [動])
マンガン mangaani 6 [名]
まんき〔満期〕満期になる päättyä* 1 [動]
まんきつ〔満喫〕満喫する nauttia kyllin (nauttia* 17 [動])
まんげつ〔満月〕täysikuu 85 [名]
マンゴー mango 1 [名]
まんじょう〔満場〕満場一致で yksimielisesti [副]
まんせい〔慢性〕慢性的 krooninen 63 [形]
まんせき〔満席〕満席の täysilukuinen 63 [形]
まんぜん〔漫然〕漫然と päämäärättömästi [副]
まんぞく〔満足〕〜に満足する（入格と共に）tyytyä* 1 [動]／満足させる tyydyttää* 2 [動]／満足して mielihyvin [副], tyytyväisesti [副]
まんちょう〔満潮〕nousuvesi* 40 [名]
マント vaippa* 10 [名]
マンドリン〈楽〉mandoliini 4 [名]
まんなか〔真ん中〕keskiväli 4 [名]／真ん中の keskimmäinen 63 [形]
マンネリ kaavoittuma 13 [名]／マンネリ化する kaavoittua* 1 [動]
まんぷく〔満腹〕満腹した kylläinen 63 [形]
まんべんなく〔万遍無く〕（均等に）tasan [副], （至る所）joka kohdassa
まんまと（うまい具合に）oikein hyvin
まんまる〔真ん丸〕真ん丸い täyspyöreä 21 [形]
マンモス〈動〉mammutti* 6 [名]；（巨大な）jättiläiskokoinen 63 [形]

み

み〔身〕身に付ける panna 27 [動], vetää päälleen (vetää* 2 [動])
み〔実〕実を結ぶ hedelmöidä 30 [動]

みあう〔見合う〕見合う物 vastine 78〔名〕
みあげる〔見上げる〕katsahtaa ylös (katsahtaa* 2〔動〕)
みあわせる〔見合わせる〕(延期する) siirtää tuonnemmaksi (siirtää* 6〔動〕)
みいだす〔見出す〕löytää* 3〔動〕
ミートボール〈料〉lihapulla 11〔名〕, lihapyörykkä* 15〔名〕
ミイラ muumio 3〔名〕
みいる〔見入る〕tuijottaa* 2〔動〕
みうごき〔身動き〕身動きする hievahtaa* 2〔動〕, liikkua* 1〔動〕
みうち〔身内〕kotiväki* 8〔名〕
みえ〔見栄〕(虚栄心) turhuus* 65〔名〕
みえかくれ〔見え隠れ〕見え隠れする häilähdellä* 28〔動〕
みえすく〔見え透く〕見え透いた (明らかな) ilmeinen 63〔形〕, selvä 11〔形〕
みえる〔見える〕näkyä* 1〔動〕, tulla näkyviin, (現れる) ilmestyä 1〔動〕／～のように見える (離格と共に, 現在分詞・過去分詞の対格と共に) näyttää* 2〔動〕
みおくり〔見送り〕見送り人 saattaja 16〔名〕
みおくる〔見送る〕saattaa* 11〔動〕
みおとし〔見落とし〕laiminlyönti* 4〔名〕, erehdys 64〔名〕
みおとす〔見落とす〕jättää huomioonottamatta (jättää* 2〔動〕)
みおぼえ〔見覚え〕見覚えがある muistaa 2〔動〕
みおも〔身重〕raskaus* 65〔名〕
みかい〔未開〕未開の kehittymätön* 57〔形〕
みかいけつ〔未解決〕未解決の ratkaisematon* 57〔形〕
みかいこん〔未開墾〕未開墾の viljelemätön* 57〔形〕
みがき〔磨き〕磨きをかける verestää 2〔動〕, uudistaa 2〔動〕
みかぎる〔見限る〕(断念する) luovuttaa* 2〔動〕
みかく〔味覚〕maku* 1〔名〕, makuaisti 4〔名〕
みがく〔磨く〕hioa 1〔動〕, kiillo(i)ttaa* 2〔動〕

みかけ 〔見掛け〕 näkö* 1 〔名〕／見掛けがよい hauskannäköinen 63 〔形〕
みかける 〔見掛ける〕 nähdä* 33 〔動〕
みかた 〔見方〕 katsantokanta* 10 〔名〕, käsityskanta* 10 〔名〕
みかた 〔味方〕 puoltaja 16 〔名〕, ystävä 13 〔名〕
みかづき 〔三日月〕 puolikuu 29 〔名〕
みがって 〔身勝手〕身勝手な itsekäs* 66 〔形〕
みがまえる 〔身構える〕 asettua asentoon (asettua* 1 〔動〕)
みがる 〔身軽〕身軽な ketterä 12 〔形〕／身軽に ketterästi 〔副〕
みがわり 〔身代わり〕 syntipukki* 4 〔名〕
みかん 〔蜜柑〕(果物) mandariini 4 〔名〕
みかんせい 〔未完成〕未完成の keskeneräinen 63 〔形〕, hiomaton* 57 〔形〕
みき 〔幹〕 runko* 1 〔名〕, puunrunko* 1 〔名〕
みぎ 〔右〕右の oikea 21 〔形〕
みぎうで 〔右腕〕 oikea käsi (oikea 21 〔形〕, käsi* 40 〔名〕)
みきき 〔見聞き〕見聞きする havainnoida 30 〔動〕, tarkata* 35 〔動〕
みぎきき 〔右利き〕右利きの oikeakätinen 63 〔形〕
ミキサー (調理用) vatkain 56 〔名〕, sekoitin* 56 〔名〕
みきわめる 〔見極める〕 tunnistaa 2 〔動〕
みくだす 〔見下す〕 ivailla 29 〔動〕
みくびる 〔見縊る〕 halveksia 17 〔動〕, halveksua 1 〔動〕
みくらべる 〔見比べる〕 verrata* 35 〔動〕, vertailla 29 〔動〕
みぐるしい 〔見苦しい〕 ruma 11 〔形〕
みけいけん 〔未経験〕未経験の kokematon* 57 〔形〕
みこうさく 〔未耕作〕未耕作の viljelemätön* 57 〔形〕
みごと 〔見事〕見事な erinomainen 63 〔形〕, oivallinen 63 〔形〕
みこみ 〔見込み〕 mahdollisuus* 65 〔名〕
みごろ 〔見頃〕見頃で (満開で) täydessä kukassa
みこん 〔未婚〕未婚の naimaton* 57 〔形〕

みさかい〔見境〕(区別) erottaminen 63 [名] ／見境なく umpimähkään [副]
みさき〔岬〕niemi 37 [名]
みさげる〔見下げる〕(軽蔑する) halveksia 17 [動], väheksyä 1 [動]
みじかい〔短い〕lyhyt 73 [形] ／短くする lyhentää* 42 [動]
みじたく〔身支度〕varustus 64 [名]
みじめ〔惨め〕惨めな surkea 21 [形], surkuteltava 13 [形]
みじゅく〔未熟〕未熟な raaka* 10 [形], kypsymätön* 57 [形]
みしらぬ〔見知らぬ〕見知らぬ人 muukalainen 63 [名]
ミシン ompelukone 78 [名]
ミス（間違い）erehdys 64 [名], väärinkäsitys 64 [名]
みず〔水〕vesi* 40 [名] ／水っぽい vetinen 63 [形]
みずあび〔水浴び〕kylpeminen 63 [名] ／水浴びする kylpeä* 13 [動]
みずいらず〔水入らず〕水入らずの intiimi 6 [形], läheinen 63 [形]
みずいろ〔水色〕水色の sininen 63 [形]
みずうみ〔湖〕järvi 8 [名]
みずおと〔水音〕loiske 78 [名] ／水音を立てる loiskia 17 [動]
みずかけろん〔水掛け論〕hedelmätön väittely (hedelmätön* 57 [形], väittely 2 [名])
みずかさ〔水嵩〕(水位) vedenpinta* 10 [名]
みずから〔自ら〕itse 9 [代]
みずぎ〔水着〕uimapuku* 1 [名], uimahousut 1 [複名]
みずくさい〔水臭い〕vieras 66 [形], etäinen 63 [形]
みずけ〔水気〕水気を含んだ vesipitoinen 63 [形]
みすごす〔見過ごす〕jättää huomioonottamatta (jättää* 2 [動])
みずさき〔水先〕水先案内人 luotsi 4 [名]
みずさし〔水差し〕vesikannu 1 [名], karahvi 6 [名]
みずたま〔水玉〕水玉模様 pistekuvio 3 [名]
みずたまり〔水溜まり〕lätäkkö* 2 [名]

ミステリー salaperäisyys* 65 [名]
みすてる〔見捨てる〕hylätä* 40 [動]
みずはけ〔水捌け〕(排水) saloojitus 64 [名]
みずぶくれ〔水脹れ〕rakkula 15 [名]
ミスプリント painovirhe 78 [名]
みずぼうそう〔水疱瘡〕〈医〉vesirokko* 1 [名]
みすぼらしい köyhä 11 [形], parka* 10 [形]
みずみずしい〔瑞々しい〕raikas* 66 [形], mehevä 13 [形]
みせ〔店〕kauppa* 10 [名], myymälä 15 [名]
みせいねん〔未成年〕alaikäinen 63 [名]
みせかけ〔見せ掛け〕見せ掛けの teeskenteleväinen 63 [形], vilpillinen 63 [形]
みせかける〔見せ掛ける〕teeskennellä* 28 [動]
みせしめ〔見せしめ〕varoitus 64 [名]
ミセス rouva 11 [名]
みせびらかす〔見せびらかす〕näytellä* 28 [動]
みせる〔見せる〕näyttää* 2 [動], näytellä* 28 [動]
みぜん〔未然〕未然に防ぐ estää 2 [動], ehkäistä 24 [動]
みぞ〔溝〕oja 11 [名], katuoja 11 [名]
みぞおち〔鳩尾〕〈解〉sisuspunos 64 [名]
みそこなう〔見損なう〕yliarvioida 30 [動]
みぞれ〔霙〕räntä* 11 [名], lumiräntä* 11 [名]
みたい 〜みたいに aivan kuin, kuin ikään
みだし〔見出し〕otsikko* 2 [名], hakemisto 1 [名]
みだしなみ〔身嗜み〕asu 1 [名], ulkomuoto* 1 [名]
みたす〔満たす〕täyttää* 2 [動], miehittää* 2 [動]
みだす〔乱す〕sotkea 13 [動], sekoittaa* 2 [動]
みだら〔淫ら〕淫らな irstas 66 [形], saastainen 63 [形]
みだりに〔濫りに〕(不必要に) tarpeettomasti [副], (理由もなく) aiheettomasti [副]
みだれる〔乱れる〕joutua epäjärjestykseen (joutua* 1 [動])
みち〔道〕tie 30 [名]／道を知っている osata tie (osata 35 [動])
みち〔未知〕未知の vieras 66 [形], vierasperäinen 63 [形]

みぢか〔身近〕身近な(親しい) läheinen 63 [形], tuttu* 1 [形]
みちがえる〔見違える〕käsittää väärin (käsittää* 2 [動])
みちしお〔満ち潮〕nousuvesi* 40 [名]
みちしるべ〔道標〕tienviitta* 10 [名]
みちすじ〔道筋〕rata* 10 [名], reitti* 4 [名]
みちたりる〔満ち足りる〕riittää* 2 [動]／満ち足りた riittävä 13 [形]
みちづれ〔道連れ〕matkakumppani 5 [名]
みちのり〔道程〕taipale 82 [名], taival* 82 [名]
みちばた〔道端〕tienvarsi* 42 [名]／道端に tienvarsilla
みちひ〔満ち干〕(潮の) vuorovesi* 40 [名]
みちびき〔導き〕johdatus 64 [名]
みちびく〔導く〕johtaa* 2 [動], ohjata 35 [動]
みちょうさ〔未調査〕未調査の tutkimaton* 57 [形]
みちる〔満ちる〕〜で満ちている olla täynnä＋分格 (olla 25 [動])
みつ〔密〕密な tiheä 21 [形]／密になる tiivistyä 1 [動]
みつ〔蜜〕(蜂蜜) mesi* 40 [名]
みつかる〔見付かる〕löytyä* 1 [動]
ミックス〔混合物〕seos 64 [名]／ミックスする (混ぜる) sekoittaa* 2 [動]
みつける〔見付ける〕löytää* 3 [動], tavata* 35 [動]
みつご〔三つ子〕(通常は複数形で) kolmonen 63 [名]
みっこく〔密告〕密告する kannella* 28 [動]
みっしゅう〔密集〕密集して tiheään [副], taajasti [副]
みっせつ〔密接〕密接に läheisesti [副], lähekkäin [副]
みっちゃく〔密着〕密着する kiinnittyä* 1 [動], tarttua* 1 [動]
みっつ〔三つ〕kolme 9 [基数]／三つ目 kolmas* 75 [序数]
みつど〔密度〕〈理〉tiheys* 65 [名]
みっともない kömpelö 2 [形]
みつばち〔蜜蜂〕〈虫〉mehiläinen 63 [名]
みっぷう〔密封〕密封する sinetöidä 18 [動], sulkea*

13 [動]
みっぺい〔密閉〕密閉された umpinainen 63 [形]
みつまた〔三つ又〕〈農〉(干草用の) hanko* 1 [名]
みつめる〔見詰める〕(入格と共に) tuijottaa* 2 [動], (入格と共に) tirkistää 2 [動]
みつもり〔見積もり〕arvio 3 [名], (費用の) menoarvio 3 [名]
みつもる〔見積もる〕arvioida 30 [動], laskelmoida 30 [動]
みつゆ〔密輸〕salakuljetus 64 [名]／密輸をする kuljettaa salaa (kuljettaa* 2 [動])
みつりょう〔密猟〕密猟者 salametsästäjä 16 [名]
みつりん〔密林〕viidakko* 2 [名], sademetsä 11 [名]
みてい〔未定〕未定の ratkaisematon* 57 [形], epäröivä 13 [形]
みとおし〔見通し〕見通しのきく ajattelevainen 63 [形]
みとおす〔見通す〕(予測する) nähdä ennakolta, aavistaa 2 [動] (nähdä* 33 [動])
みとどける〔見届ける〕(確かめる) varmistaa 2 [動], vahvistaa 2 [動]
みとめる〔認める〕tuntea* 14 [動], tarkata* 35 [動], huomata 35 [動]
みどり〔緑〕緑色 vihreä 21 [名]／緑色の vihreä 21 [形]
みとりず〔見取り図〕piirros 64 [名]
みとれる〔見蕩れる〕katsella lumoutuneena (katsella 28 [動])
ミトン kinnas* 66 [名], rukkanen 63 [名], (毛糸の) lapanen 63 [名]
みな〔皆〕kaikki* 8 [名]／皆の yleinen 63 [形]
みなおす〔見直す〕(もう一度調べる) tarkastaa 2 [動]
みなしご〔孤児〕orpo* 1 [名], orpolapsi 45 [名]
みなす〔見なす〕～を～と (分格・様格と共に) pitää* 2 [動]
みなと〔港〕satama 13 [名]／港町 satamakaupunki* 5 [名]
みなみ〔南〕etelä 12 [名]
みなみじゅうじせい〔南十字星〕〈天〉Etelänristi 4 [名]

みなみはんきゅう〔南半球〕eteläinen pallonpuolisko (eteläinen 63〔形〕, pallonpuolisko 2〔名〕)
みなもと〔源〕lähde* 78〔名〕
みならい〔見習い〕harjoittelija 14〔名〕／見習い期間 koeaika* 10〔名〕
みならう〔見習う〕(真似る) matkia 17〔動〕, jäljitellä* 28〔動〕
みなり〔身形〕asu 1〔名〕, (通常は複数形で) vaate* 78〔名〕
みなれる〔見慣れる〕見慣れない outo* 1〔形〕
ミニ(小型の) pienois-, mini-
みにくい〔醜い〕ruma 11〔形〕, kauhea 21〔形〕
みぬく〔見抜く〕huomata 35〔動〕, saada tietää (saada 19〔動〕)
みね〔峰〕vuorenharja 10〔名〕
ミネラル kivennäinen 63〔名〕／ミネラルウォーター kivennäisvesi* 40〔名〕
みのがす〔見逃す〕jättää huomioonottamatta (jättää* 2〔動〕)
みのしろきん〔身の代金〕(通常は複数形で) lunnas* 66〔名〕
みのり〔実り〕(豊かな) hyväkasvuisuus* 65〔名〕／実り豊かな viljava 13〔形〕
みのる〔実る〕kypsyä 1〔動〕, hedelmöidä 30〔動〕
みはったつ〔未発達〕未発達の kehittymätön* 57〔形〕, takapajuinen 63〔形〕
みはなす〔見離す〕hylätä* 40〔動〕
みはらい〔未払い〕未払いの maksamaton* 57〔形〕, saamaton* 57〔形〕
みはらし〔見晴らし〕見晴らし台 näkötorni 4〔名〕
みはり〔見張り〕tähystys 64〔名〕／見張り人 tähystäjä 16〔名〕, valvoja 16〔名〕
みはる〔見張る〕tähystää 2〔動〕, valvoa 1〔動〕
みぶり〔身振り〕liike* 78〔名〕, käden liike
みぶるい〔身震い〕身震いする hätkähdellä 28〔動〕／身震いさせる vavah(d)uttaa* 2〔動〕
みぶん〔身分〕身分証明書 henkilöllisyystodistus 64〔名〕

みぼうじん〔未亡人〕leski 8〔名〕
みほれる〔見惚れる〕töllistellä 28〔動〕
みほん〔見本〕näyte* 78〔名〕, malli 4〔名〕／見本市〈商〉(複数形で) messut 1〔名〕
みまい〔見舞い〕käynti* 4〔名〕／見舞いに行く käydä tapaamassa (käydä 23〔動〕)
みまう〔見舞う〕vierailla 29〔動〕
みまちがえる〔見間違える〕käsittää väärin (käsittää* 2〔動〕)
みまもる〔見守る〕seurata 35〔動〕, tarkata silmillään (tarkata* 35〔動〕)
みまわす〔見回す〕katsella ympärilleen (katsella 28〔動〕)
みまわり〔見回り〕(巡回) kulkuvartio 3〔名〕
みまわる〔見回る〕tähystää 2〔動〕, tähytä 39〔動〕
みみ〔耳〕korva 11〔名〕／耳を澄ます höristää korviaan (höristää 2〔動〕)
みみうち〔耳打ち〕kuiskaus 64〔名〕
みみず〔蚯蚓〕mato* 1〔名〕
みみずく〔木菟〕〈鳥〉huuhkaja 16〔名〕
みみたぶ〔耳朶〕korvanipukka* 15〔名〕
みめい〔未明〕未明に aamun koitteessa
みもち〔身持ち〕身持ちのよい siveä 21〔形〕
みもと〔身元〕身元保証人〈法〉takaaja 16〔名〕
みもの〔見物〕(ハイライト) kohokohta* 11〔名〕
みゃく〔脈〕〈医〉pulssi 4〔名〕
みゃくうつ〔脈打つ〕tykyttää* 2〔動〕
みゃくらく〔脈絡〕脈絡のない hajanainen 63〔形〕
みやげ〔土産〕土産物 matkamuisto 1〔名〕, tuliaiset 63〔複名〕
みやぶる〔見破る〕huomata 35〔動〕, saada tietää (saada 19〔動〕)
ミュージカル musikaali 4〔名〕, musikaalielokuva 11〔名〕
みょう〔妙〕妙な merkillinen 63〔形〕
みょうごにち〔明後日〕ylihuomen 55〔名〕／明後日に ylihuomenna
みょうじ〔名字〕sukunimi 8〔名〕

みょうじょう〔明星〕(明けの) aamutähti* 8 [名]
みょうちょう〔明朝〕明朝に huomenaamuna, huomenna aamulla
みょうにち〔明日〕明日に huomenna [副]
みょうばん〔明晩〕huomisilta* 10 [名]
みらい〔未来〕未来に tulevaisuudessa
ミリ ミリグラム milligramma 10 [名]／ミリメートル millimetri 4 [名]
みりょう〔魅了〕魅了する kiehahtaa* 2 [動]
みりょく〔魅力〕lumo 1 [名], vetovoima 11 [名]／～の魅力に取りつかれる joutua＋属格＋lumoihin (joutua* 1 [動])
みる〔見る〕nähdä* 33 [動], (入格又は向格と共に) katsoa 1 [動], katsella 28 [動]
ミルク maito* 1 [名]
みれん〔未練〕kiinnitys 64 [名]
みわく〔魅惑〕viehätys 64 [名], lumo 1 [名]／魅惑する hurmata 35 [動]
みわけ〔見分け〕ero 1 [名], erottaminen 63 [名]
みわける〔見分ける〕tunnistaa 2 [動], tuntea* 14 [動]
みわたす〔見渡す〕silmäillä 29 [動]
みんかん〔民間〕民間詩 kansanrunous* 65 [名]／民間伝承 kansanperinne* 78 [名], folklore 9 [名]
ミンク 〈動〉minkki* 4 [名]
みんげい〔民芸〕民芸品店 käsityöliike* 78 [名]
みんしゅ〔民主〕民主的 kansanvaltainen 63 [形], demokraattinen 63 [形]／民主主義 demokratia 15 [名]／民主化する demokratisoida 18 [動]
みんしゅう〔民衆〕kansanjoukko* 1 [名], rahvas 66 [名]
みんぞく〔民俗〕民俗舞踊 kansantanssi 4 [名]／民俗音楽 kansanmusiikki* 6 [名]
みんぞく〔民族〕kansa 10 [名]／民族衣装 kansallispuku* 1 [名]／民族学 kansatiede* 78 [名]／民族主義 nationalismi 4 [名]
みんよう〔民謡〕kansanlaulu 1 [名]
みんわ〔民話〕kansansatu* 1 [名], kansantarina 14 [名]

む

む〔無〕tyhjyys* 65〔名〕, olemattomuus* 65〔名〕
むいしき〔無意識〕無意識の tahaton* 57〔形〕／無意識に tajuttomasti〔副〕
むいちもつ〔無一物〕無一物で ilman〔副〕
むいみ〔無意味〕無意味な merkityksetön* 57〔形〕, mitätön* 57〔形〕
ムード ilmapiiri 4〔名〕, tunnelma 13〔名〕
むえき〔無益〕無益な hyödytön* 57〔形〕, mitätön* 57〔形〕, turha 11〔形〕
むかい〔向かい〕～の向かいに（分格と共に）vastapäätä〔後〕〔前〕
むがい〔無害〕無害な harmiton* 57〔形〕, vahingoton* 57〔形〕
むかいあう〔向かい合う〕向かい合って vastakkain〔副〕
むかいかぜ〔向かい風〕vastatuuli 32〔名〕
むかいがわ〔向かい側〕～の向かい側に（分格と共に）vastapäätä〔後〕
むかう〔向かう〕lähteä* 16〔動〕／～に向かって（属格と共に）puoleen〔後〕,（分格と共に）kohti〔前〕〔後〕
むかえいれる〔迎え入れる〕ottaa vastaan (ottaa* 2〔動〕)
むかえにくる〔迎えに来る〕tulla hakemaan (tulla 25〔動〕)
むかえにでる〔迎えに出る〕tulla vastaan (tulla 25〔動〕)
むかえる〔迎える〕vastaanottaa* 2〔動〕, tulla vastaan (tulla 25〔動〕)
むがく〔無学〕無学な oppimaton* 57〔形〕
むかし〔昔〕ennen〔副〕, aikaisemmin〔副〕／昔の entinen 63〔形〕, muinainen 63〔形〕

むかち〔無価値〕無価値な arvoton* 57 [形], mitätön* 57 [形]
むかむか むかむかする voida pahoin (voida 18 [動])
むがむちゅう〔無我夢中〕無我夢中で kiihkeästi [副], kuumeisesti [副]
むかんかく〔無感覚〕tunnottomuus* 65 [名]／無感覚な tunnoton* 57 [形]
むかんけい〔無関係〕無関係な asiaton* 57 [形]／〜とは無関係に 出格+riippumatta
むかんしん〔無関心〕無関心な välinpitämätön* 57 [形], kylmäkiskoinen 63 [形]
むき〔向き〕向きを変える kääntää* 42 [動], käännähtää* 2 [動]
むき〔無機〕無機の epäorgaaninen 63 [形], epäelollinen 63 [形]
むぎ〔麦〕大麦 ohra 11 [名]／小麦 vehnä 11 [名]／ライ麦 ruis* 68 [名]
むきげん〔無期限〕無期限の epämääräinen 63 [形]
むきず〔無傷〕無傷な eheä 21 [形], loukkaamaton* 57 [形]
むきだし〔剥き出し〕剥き出しの suorasukainen 63 [形], paljas 66 [形]／剥き出しにする paljastaa 2 [動]
むきだす〔剥き出す〕(歯・牙を) irvistellä 28 [動], irvistää 2 [動]
むきゅう〔無給〕無給の palkaton* 57 [形]
むきょうよう〔無教養〕無教養な sivistymätön* 57 [形]
むきりつ〔無規律〕epäkunto* 1 [名]
むきりょく〔無気力〕無気力な tarmoton* 57 [形]／無気力になる veltostua 1 [動]
むぎわら〔麦藁〕olki* 8 [名], oljenkorsi* 42 [名]
むく〔向く〕kohdistua 1 [動]
むく〔剥く〕(皮を) kuoria 17 [動], (さやを) silpiä* 17 [動]
むく〔無垢〕(清浄) viattomuus* 65 [名]
むくい〔報い〕palkka* 10 [名], vastaus 64 [名]
むくいる〔報いる〕korvata 35 [動], maksaa 9 [動], vastata 35 [動]

むくち〔無口〕無口の vähäpuheinen 63〔形〕, vaitelias 66〔形〕

むけいかく〔無計画〕無計画な satunnainen 63〔形〕, sattumanvarainen 63〔形〕

むける〔向ける〕suunnata* 35〔動〕, kohdistaa 2〔動〕, luoda 21〔動〕

むける〔剝ける〕(皮などが) kuoriutua* 1〔動〕

むげん〔無限〕無限の ääretön* 57〔形〕／無限に äärettömästi〔副〕

むこ〔婿〕vävy 1〔名〕

むごい〔惨い〕(残酷な) julma 11〔形〕

むこう〔向こう〕～の向こうへ (属格と共に) taakse〔後〕／～の向こうに (属格と共に) takana〔後〕

むこう〔無効〕無効の pätemätön* 57〔形〕

むごん〔無言〕無言の sanaton* 57〔形〕／無言で vaiti〔副〕, ääneti〔副〕

むざい〔無罪〕syyttömyys* 65〔名〕／無罪の syytön* 57〔形〕

むさくい〔無作為〕tiedottomuus* 65〔名〕

むさくるしい〔むさ苦しい〕sotkuinen 63〔形〕, siivoton* 57〔形〕

むさべつ〔無差別〕無差別の umpimähkäinen 63〔形〕／無差別に umpimähkään〔副〕

むさぼる〔貪る〕(欲しがる) himoita 31〔動〕, (食べる) ahmia 17〔動〕

むさん〔無産〕無産階級 köyhälistö 1〔名〕, proletariaatti* 4〔名〕

むざん〔無残〕無残な (悲劇的) traaginen 63〔形〕, (哀れな) surkea 21〔形〕

むし〔虫〕(昆虫) hyönteinen 63〔名〕, (地を這う) mönkijä 14〔名〕

むし〔無私〕無私の pyyteetön* 57〔形〕, omanvoitonpyytämätön* 57〔形〕

むし〔無視〕無視する sivuuttaa* 2〔動〕, viitata kintaalla (viitata* 35〔動〕)

むじ〔無地〕無地の布 yksivärinen kangas (yksivärinen 63〔形〕, kangas* 66〔名〕)

むしあつい〔蒸し暑い〕helteinen 63〔形〕

むしかえす〔蒸し返す〕toistaa 2〔動〕, uudistaa 2〔動〕

むしかく〔無資格〕無資格の laillistamaton* 57〔形〕

むじつ〔無実〕無実の viaton* 57〔形〕

むしばむ〔蝕む〕(少しずつ害する) jäytää* 2〔動〕, heikentää 8〔動〕

むじひ〔無慈悲〕無慈悲な armoton* 57〔形〕, sydämetön* 57〔形〕

むしめがね〔虫眼鏡〕suurennuslasi 4〔名〕

むしやき〔蒸し焼き〕蒸し焼きにする paistaa 11〔動〕

むじゃき〔無邪気〕無邪気な viaton* 57〔形〕, tiedoton* 57〔形〕

むしゃむしゃ むしゃむしゃ食べる maiskutella* 28〔動〕

むじゅん〔矛盾〕ristiriita* 10〔名〕／矛盾した epäjohdonmukainen 63〔形〕

むしょう〔無性〕無性に (非常に) oikein〔副〕, erittäin〔副〕

むじょう〔無常〕無常の muuttuva 13〔形〕, ohimenevä 13〔形〕

むじょう〔無情〕無情な julma 11〔形〕, kyyninen 63〔形〕

むじょうけん〔無条件〕無条件の ehdoton* 57〔形〕／無条件に ehdottomasti〔副〕

むしょく〔無色〕無色の väritön* 57〔形〕

むしょく〔無職〕työttömyys* 65〔名〕／無職の työtön* 57〔形〕

むしりょ〔無思慮〕無思慮な ajattelematon* 57〔形〕, huolimaton* 57〔形〕

むしる〔毟る〕nyhtää* 2〔動〕, (鳥の毛を) kyniä 17〔動〕

むしろ〔寧ろ〕(どちらかといえば) paremmin〔副〕, mieluummin〔副〕

むじん〔無人〕無人の asumaton* 57〔形〕, tyhjä 11〔形〕

むしんけい〔無神経〕無神経な välinpitämätön* 57〔形〕

むしんこう〔無信仰〕無信仰の uskoton* 57〔形〕

むじんぞう〔無尽蔵〕無尽蔵の ehtymätön* 57〔形〕

むす 〔蒸す〕höyryttää* 2 〔動〕
むすう 〔無数〕無数の lukematon* 57 〔形〕, määrätön* 57 〔形〕
むずかしい 〔難しい〕vaikea 21 〔形〕, kova 11 〔形〕
むすこ 〔息子〕poika* 11 〔名〕
むすび 〔結び〕(最後の言葉) loppulause 78 〔名〕
むすびあわせる 〔結び合わせる〕yhdistää 2 〔動〕, niveltää* 5 〔動〕
むすびつき 〔結び付き〕yhdistelmä 13 〔名〕
むすびつく 〔結び付く〕yhtyä* 1 〔動〕, liittyä* 1 〔動〕
むすびつける 〔結び付ける〕sitoa* 1 〔動〕, kiinnittää* 2 〔動〕
むすびめ 〔結び目〕solmu 1 〔名〕, solmukohta* 11 〔名〕
むすぶ 〔結ぶ〕(紐を) sitoa* 1 〔動〕, solmia 17 〔動〕
むずむず むずむずする kutista 41 〔動〕
むすめ 〔娘〕tyttö* 1 〔名〕, (親から見た) tytär* 54 〔名〕
むせいげん 〔無制限〕無制限の rajoittamaton* 57 〔形〕, päättymätön* 57 〔形〕
むせいやく 〔無制約〕無制約の ehdoton* 57 〔形〕
むせきにん 〔無責任〕無責任な vastuuton* 57 〔形〕
むそう 〔夢想〕haave 78 〔名〕／夢想する uneksia 17 〔動〕
むぞうさ 〔無造作〕kepeys* 65 〔名〕
むだ 〔無駄〕tuhlaus 64 〔名〕／無駄な turha 11 〔形〕／無駄に turhaan 〔副〕
むだあし 〔無駄足〕無駄足で tyhjin toimin
むだづかい 〔無駄遣い〕tuhlaus 64 〔名〕／無駄遣いする tuhlata 35 〔動〕
むだばなし 〔無駄話〕loru 1 〔名〕
むだぼね 〔無駄骨〕無駄骨を折る yrittää turhaan (yrittää* 2 〔動〕)
むち 〔鞭〕鞭で打つ piiskata 35 〔動〕, saunottaa* 2 〔動〕
むち 〔無知〕tietämättömyys* 65 〔名〕
むちうち 〔鞭打ち〕鞭打ち症 piiskansiima 10 〔名〕
むちつじょ 〔無秩序〕無秩序な epäkuntoinen 63 〔形〕／無秩序に epäkunnossa
むちゃ 〔無茶〕無茶な kohtuuton* 57 〔形〕, järjetön*

57 [形]
むちゅう 〔夢中〕 ～に夢中になる hullaantua* 1 [動]
むっつ 〔六つ〕 kuusi* 40 [基数] ／六つ目 kuudes* 75 [序数]
むっつり むっつりした vähäpuheinen 63 [形]
むっと むっとした nyrpeä 21 [形]
むつまじい 〔睦まじい〕 (仲がよい) sopusointuinen 63 [形]
むてき 〔無敵〕 無敵の voittamaton* 57 [形]
むてっぽう 〔無鉄砲〕 無鉄砲な uhkarohkea 21 [形]
むとうは 〔無党派〕 無党派の puolueeton* 57 [形]
むとんちゃく 〔無頓着〕 無頓着な huolimaton* 57 [形]
むなしい 〔空しい〕 空しく turhanpäiten [副]
むね 〔胸〕 rinta* 10 [名], povi 8 [名]
むねやけ 〔胸焼け〕 närästys 64 [名]
むねん 〔無念〕 無念である olla pahoillaan (olla 25 [動])
むのう 〔無能〕 無能な kyvytön* 57 [形], kykenemätön* 57 [形]
むはんのう 〔無反応〕 tunnottomuus* 65 [名]
むひょうじょう 〔無表情〕 無表情な ilmeetön* 57 [形]
むふんべつ 〔無分別〕 無分別な mieletön* 57 [形], järjetön* 57 [形]
むほう 〔無法〕 無法な vallaton* 57 [形]
むぼう 〔無謀〕 無謀な huoleton* 57 [形], varomaton* 57 [形]
むぼうび 〔無防備〕 無防備な suojaton* 57 [形]
むほん 〔謀反〕 salaliitto* 1 [名], salahanke* 78 [名]
むめい 〔無名〕 無名の nimetön* 57 [形], tuntematon* 57 [形]
むめんきょ 〔無免許〕 無免許で ilman (asianomaista) lupaa
むやみ 〔無闇〕 無闇に (度を超して) liikaa [副], liian paljon
むよう 〔無用〕 無用の tarpeeton* 57 [形]
むよく 〔無欲〕 無欲の pyyteetön* 57 [形]
むら むらのある (不揃いな) epätasainen 63 [形]
むら 〔村〕 kylä 11 [名], pitäjä 16 [名]

むらがる〔群がる〕parveilla 28［動］, tungeksia 17［動］
むらき〔むら気〕むら気の oikullinen 63［形］
むらさき〔紫〕紫の violetti* 4［形］, sinipunainen 63［形］
むり〔無理〕無理な tolkuton* 57［形］／無理をする liioitella* 28［動］
むりじい〔無理強い〕pakko* 1［名］
むりょう〔無料〕無料の ilmainen 63［形］／無料で ilmaiseksi［副］
むりょく〔無力〕無力な voimaton* 57［形］／無力にさせる väsyttää* 2［動］
むれ〔群れ〕joukko* 1［名］, lauma 10［名］
むれる〔群れる〕parveilla 28［動］, vilistä 41［動］
むろん〔無論〕（もちろん）tietysti［副］, luonnollisesti［副］

め

め〔目〕silmä 11［名］／～に目を向ける kääntää katseensa＋向格（kääntää* 42［動］)
め〔芽〕vesa 10［名］,〈植〉silmu 1［名］
めあたらしい〔目新しい〕目新しさ uutuus* 65［名］
めあて〔目当て〕（目的）päämäärä 11［名］
めい〔姪〕（兄弟姉妹の娘）veljentytär* 54［名］, sisarentytär* 54［名］
めいえんそうか〔名演奏家〕soittoniekka* 10［名］
めいが〔名画〕taiteen mestariteos (mestariteos 64［名］)
めいかいな〔明快な〕selvä 11［形］, ilmeinen 63［形］
めいかく〔明確〕明確な määrätynlainen 63［形］／明確にする määritellä* 28［動］
めいぎ〔名義〕名義上の nimellinen 63［形］
めいきょく〔名曲〕mestarisävellys 64［名］

めいさく〔名作〕mestariteos 64 [名]
めいさん〔名産〕erikoistuote* 78 [名]
めいし〔名刺〕käyntikortti* 4 [名], nimikortti* 4 [名]
めいしゃ〔目医者〕silmälääkäri 5 [名]
めいしゅ〔名手〕asiantuntija 14 [名], mestari 5 [名]
めいしょ〔名所〕nähtävyys* 65 [名]
めいじる〔命じる〕käskeä 13 [動], määrätä 35 [動]
めいじる〔銘じる〕肝に銘じる pitää muistissaan (pitää* 2 [動])
めいしん〔迷信〕taikausko 1 [名]
めいじん〔名人〕asiantuntija 14 [名], mestari 5 [名]
めいせい〔名声〕maine 78 [名], kunnia 14 [名]
めいせき〔明晰〕明晰な selvä 11 [形], ilmeinen 63 [形]
めいそう〔瞑想〕mietiskely 2 [名]
めいちゅう〔命中〕osuma 13 [名] ／命中する osua 1 [動]
めいてい〔酩酊〕(泥酔) päihtymys 64 [名]
めいにち〔命日〕kuoleman vuosipäivä (vuosipäivä 11 [名])
めいはく〔明白〕明白な selvä 11 [形], ilmeinen 63 [形] ／明白になる ilmetä 34 [動]
めいぶつ〔名物〕(産物) erikoistuote* 78 [名]
めいぼ〔名簿〕nimistö 2 [名]
めいめい〔命名〕命名する nimittää* 2 [動], nimetä 36 [動]
めいめい〔銘々〕kukin (変化表参照) [不代], kumpikin* 22 [不代], jokainen 63 [不代]
めいよ〔名誉〕kunnia 14 [名] ／名誉ある kunniakas* 66 [形]
めいりょう〔明瞭〕明瞭な läpinäkyvä 13 [形]
めいる〔滅入る〕気が滅入る olla alakuloinen (olla 25 [動], alakuloinen 63 [形])
めいれい〔命令〕käsky 1 [名], määräys 64 [名] ／命令する käskeä 13 [動]
めいろ〔迷路〕sokkelo 2 [名], labyrintti* 4 [名]
めいろう〔明朗〕明朗な iloinen 63 [形], hyväntuuli-

nen 63 [形]
めいわく〔迷惑〕迷惑な häiritsevä 13 [形]／迷惑をかける häiritä 31 [動]
メインストリート valtakatu* 1 [名]
めうし〔雌牛〕lehmä 11 [名]
めうま〔雌馬〕tamma 10 [名]
メーカー valmistaja 16 [名], tekijä 14 [名]
メーキャップ meikki* 4 [名]／メーキャップする meikata* 35 [動]
メートル（長さ）metri 4 [名]
メガ メガトン megatonni 4 [名]／メガヘルツ megahertsi 4 [名]
めがね〔眼鏡〕silmälasit 4 [複名]／眼鏡を掛ける asettaa lasit silmilleen (asettaa* 2 [動], lasit 4 [複名])
メガホン megafoni 4 [名], huutotorvi 8 [名]
めがみ〔女神〕jumalatar* 54 [名]
めきめき めきめきと huomattavasti [副], tuntuvasti [副]
めキャベツ〔芽キャベツ〕ruusukaali 4 [名], brysselinkaali 4 [名]
めぐすり〔目薬〕〈医〉silmätipat* 10 [複名]
めぐまれる〔恵まれる〕olla taitava (olla 25 [動], taitava 13 [形])
めぐみ〔恵み〕armo 1 [名], siunaus 64 [名]／恵み深い armollinen 63 [形]
めぐむ〔恵む〕恵まれた autuas 66 [形]
めぐらす〔巡らす〕（囲む）ympäröidä 30 [動]
めぐりあう〔巡り合う〕（偶然に会う）tavata odottamatta (tavata* 35 [動])
めぐりあわせ〔巡り合わせ〕（運命）kohtalo 2 [名]
めくる〔捲る〕（ページを）selailla 29 [動]
めぐる〔巡る〕kierrellä* 28 [動]
めさき〔目先〕目先の lähin* 59 [形], suoranainen 63 [形]
めざす〔目指す〕pyrkiä* 17 [動], etsiä 17 [動]
めざまし〔目覚まし〕目覚まし時計 herätyskello 1 [名]

めざましい〔目覚ましい〕huomattava 13 [形], merkittävä 13 [形]
めざめ〔目覚め〕herätys 64 [名]
めざめる〔目覚める〕herätä 40 [動] ／目覚めさせる herättää* 2 [動]
めざわり〔目障り〕目障りな kauhea katsoa (kauhea 21 [形], katsoa 1 [動])
めしつかい〔召し使い〕palvelija 14 [名]
めじるし〔目印〕tuntomerkki* 4 [名]
めす〔雌〕naaras 66 (70) [名]
メス veitsi 47 [名]
めずらしい〔珍しい〕harvinainen 63 [形], outo* 1 [形]
めだつ〔目立つ〕pistää silmiin ／目立った huomattava 13 [形] (pistää 2 [動])
めだま〔目玉〕目玉焼き paistettu muna (paistettu* 2 [形], muna 11 [名])
メダル mitali 5 [名]
めちゃくちゃ めちゃくちゃな sekainen 63 [形] ／めちゃくちゃにする sotkea 13 [動]
めっき〔鍍金〕(金属をかぶせること) käsittely 2 [名]
めつき〔目付き〕厳しい目付きで tuimin silmin
めっきり huomattavasti [副], huomattavan
メッセージ viesti 4 [名], sanoma 13 [名]
メッセンジャー lähetti* 6 [名], sanansaattaja 16 [名]
めつぼう〔滅亡〕tuho 1 [名], turmio 3 [名]
めでたい〔目出度い〕onnellinen 63 [形]
めど〔目処〕(可能性) mahdollisuus* 65 [名]
メニュー ruokalista 10 [名]
めぬき〔目抜き〕目抜き通り valtatie 30 [名]
めばえ〔芽生え〕taimi 35 [名]
めばえる〔芽生える〕versoa 1 [動], orastaa 2 [動]
めまい〔目眩〕pyörrytys 64 [名] ／目眩がする pyörryttää* 2 [動]
めまぐるしい〔目まぐるしい〕nopea 21 [形], äkkipikainen 63 [形]
めめしい〔女々しい〕epämiehekäs* 66 [形]
メモ muistiinpano 1 [名] ／メモする kirjoittaa

muistiin (kirjoittaa* 2 [動])
めもり〔目盛り〕asteikko* 2 [名], skaala 10 [名]
めやす〔目安〕yksikkö* 2 [名]
めらめら めらめらと燃える loimuta 39 [動]
メリーゴーランド karuselli 4 [名]
メリット ansio 3 [名], avu 1 [名]
メリヤス trikoo 26 [名]
メロディー melodia 15 [名], sävel 54 [名]
メロン meloni 5 [名]
めん〔面〕(物事の一面) taho 1 [名]
めん〔綿〕puuvilla 10 [名]
めんかい〔面会〕vastaanotto* 1 [名]
めんきょ〔免許〕lisenssi 6 [名]／運転免許証 ajokortti* 4 [名]
めんくらう〔面食らう〕hämmentyä* 1 [動]
めんじょ〔免除〕免除する päästää vapaaksi (päästää 2 [動])
めんしょく〔免職〕virkaero 1 [名]
メンス kuukautiset 63 [複名]
めんする〔面する〕～に面した (属格と共に) vastainen 63 [形]
めんぜい〔免税〕免税店 verovapaa kauppa (verovapaa 23 [形], kauppa* 10 [名])
めんせき〔面積〕pinta-ala 10 [名], pintamitta* 10 [名]
めんせつ〔面接〕suullinen koe (suullinen 63 [形], koe* 78 [名])
めんぜん〔面前〕面前で (属格と共に) edessä [後]
めんつ〔面子〕面子が潰れる menettää arvoaan (menettää* 2 [動])
めんどう〔面倒〕面倒な hankala 12 [形], vaivalloinen 63 [形]／面倒を見る pitää huolta＋出格, hoitaa* 4 [動] (pitää* 2 [動])
めんどり〔雌鳥〕(鶏の雌)〈鳥〉kana 10 [名]
メンバー jäsen 55 [名], väki* 8 [名]
めんぼく〔面目〕面目を失う menettää arvoaan (menettää* 2 [動])
めんみつ〔綿密〕綿密な tarkka* 10 [形]

も

も〔喪〕喪に服する aloittaa suruaika (aloittaa* 2 〔動〕)
も〔藻〕〈植〉 levä 11 〔名〕
もう jo 〔副〕／もうすぐ pian 〔副〕
もうい〔猛威〕raivo 1 〔名〕／猛威を振るう raivota 38 〔動〕
もうかる〔儲かる〕voittaa* 2 〔動〕
もうきん〔猛禽〕(荒い鳥) petolintu* 1 〔名〕
もうけ〔儲け〕ansio 3 〔名〕
もうける〔儲ける〕(お金を) ansaita 31 〔動〕
もうける〔設ける〕(設立する) perustaa 2 〔動〕
もうしあわせ〔申し合わせ〕yhteisymmärrys 64 〔名〕
もうしあわせる〔申し合わせる〕(合意する) sopia* 17 〔動〕
もうしいれ〔申し入れ〕ehdotus 64 〔名〕
もうしいれる〔申し入れる〕ehdottaa* 2 〔動〕
もうしこみ〔申し込み〕paikanhaku* 1 〔名〕／申し込み者 paikanhakija 14 〔名〕
もうしこむ〔申し込む〕hakea* 13 〔動〕, ilmoittautua* 44 〔動〕
もうしたて〔申し立て〕(異議・抗議などの) vastalause 78 〔名〕
もうしで〔申し出〕ehdotus 64 〔名〕, tarjous 64 〔名〕
もうしでる〔申し出る〕ehdottaa* 2 〔動〕, tarjota 38 〔動〕
もうしぶん〔申し分〕申し分ない täydellinen 63 〔形〕, virheetön* 57 〔形〕
もうじゅう〔猛獣〕peto* 1 〔名〕, petoeläin 56 〔名〕
もうしわけ〔申し訳〕申し訳ないと思う olla pahoillaan (olla 25 〔動〕)

もうじん〔盲人〕sokea 21 [名]
もうす〔申す〕sanoa 1 [動], kertoa* 1 [動]
もうそう〔妄想〕kuvittelu 2 [名]
もうちょう〔盲腸〕umpisuoli 32 [名]／盲腸炎 umpisuolentulehdus 64 [名]
もうふ〔毛布〕huopa* 11 [名], peite* 78 [名]
もうもく〔盲目〕盲目の sokea 21 [形]／盲目的に silmittömästi [副]
もうら〔網羅〕網羅する peittää* 2 [動], kattaa* 9 [動]
もうれつ〔猛烈〕猛烈な ponteva 13 [形], raju 1 [形]／猛烈に pontevasti [副]
もうろう〔朦朧〕朦朧となる huumautua* 44 [動]／朦朧としている olla sekaisin (olla 25 [動])
もえあがる〔燃え上がる〕loimuta 39 [動], palaa 9 [動]
もえがら〔燃え殻〕kuona 11 [名]
もえつきる〔燃え尽きる〕hiiltyä* 1 [動]
もえる〔燃える〕polttaa* 2 [動], palaa 9 [動]
モーター moottori 5 [名]／モーターボート moottorivene 78 [名]
モーテル motelli 6 [名]
もがく〔踠く〕sätkiä 17 [動], sätkytellä* 28 [動]
もぎとる〔捥ぎ取る〕kiskaista 24 [動], riuhtaista 24 [動]
もぐ〔捥ぐ〕poimia 17 [動], nyppiä* 17 [動]
もくげき〔目撃〕目撃者 silminnäkijä 14 [名]
もくざい〔木材〕puu 29 [名], rakennuspuu 29 [名]
もくさつ〔黙殺〕黙殺する jättää huomioonottamatta (jättää* 2 [動])
もくし〔黙示〕〈宗〉ilmestys 64 [名]
もくじ〔目次〕sisällysluettelo 2 [名]
もくせい〔木製〕木製の puinen 63 [形]
もくぜん〔目前〕目前で (近くで) (属格と共に) vieressä [後]
もくぞう〔木造〕木造の puinen 63 [形]
もくたん〔木炭〕puuhiili 32 [名], sysi* 40 [名]
もくてき〔目的〕tavoite* 78 [名], päämäärä 11 [名]

/目的地 määräpaikka* 10 [名]
もくはん〔木版〕木版画 puupiirros 64 [名]
もくひ〔黙秘〕黙秘する kieltäytyä vastaamasta (kieltäytyä* 44 [動])
もくひょう〔目標〕esikuva 11 [名], ihanne* 78 [名]
もくへん〔木片〕säle 78 [名]
もくもく〔黙々〕黙々と hiljaisuudessa, hiljaa [副]
もぐもぐ もぐもぐ言う mumista 24 [動]
もくようび〔木曜日〕torstai 27 [名]
もくよく〔沐浴〕沐浴する peseytyä* 44 [動]
もぐら〔土竜〕〈動〉maamyyrä 11 [名]
もぐりこむ〔潜り込む〕kaivautua* 44 [動]
もぐる〔潜る〕(水に) sukeltaa* 5 [動]
もくろく〔目録〕lista 10 [名]
もくろみ〔目論見〕(計画) suunnitelma 13 [名]
もくろむ〔目論む〕目論んで tarkoituksellisesti [副]
もけい〔模型〕malli 4 [名], pienoismalli* 4 [名]
モザイク mosaiikki* 4 [名]
もさく〔模索〕模索する haparoida 30 [動]
もし もし~ならば jos [接]／もし~でないならば ellei [接], jollei [接]
もじ〔文字〕kirjain 56 [名]
もじどおり〔文字通り〕文字通りの sananmukainen 63 [形]
もじもじ もじもじする (ためらう) epäröidä 30 [動], empiä* 17 [動]
もしゃ〔模写〕模写する jäljentää* 8 [動]
もじゃもじゃ もじゃもじゃの (毛髪などについて) takkuinen 63 [形]
もぞう〔模造〕mukaelma 13 [名], jäljittely 2 [名]
もたげる〔擡げる〕(持ち上げる) kohauttaa* 2 [動]
もたつく hidastella 28 [動], viivytellä* 28 [動]
もたらす〔齎す〕tuottaa* 2 [動], tuoda 21 [動]
もたれる〔凭れる〕(寄りかかる) kallistua 1 [動]
モダン モダンな nykyaikainen 63 [形], uudenaikainen 63 [形]
もちあがる〔持ち上がる〕(発生する) nousta 24 [動], johtua* 1 [動]

もちあげる〔持ち上げる〕nostaa 2 [動], kohottaa* 2 [動]
もちあじ〔持ち味〕(特色) ominaisuus* 65 [名]
もちあるく〔持ち歩く〕kantaa* 9 [動], kuljettaa* 2 [動]
もちいる〔用いる〕käyttää* 2 [動]
もちこす〔持ち越す〕siirtää* 6 [動]
もちこたえる〔持ち堪える〕kestää 2 [動], pysyä 1 [動]
もちだす〔持ち出す〕kantaa pois (kantaa* 9 [動])
もちなおす〔持ち直す〕parantua* 1 [動], edistyä 1 [動]
もちぬし〔持ち主〕omistaja 16 [名], haltija 14 [名]
もちば〔持ち場〕asema 13 [名], paikka* 10 [名]
もちほこぶ〔持ち運ぶ〕kantaa* 9 [動], kuljettaa* 2 [動]
もちもの〔持ち物〕tavara 15 [名], omaisuus* 65 [名]
もちろん〔勿論〕tietysti [副], totta kai
もつ〔持つ〕(所格と共に) olla 25 [動], (手に) pitää* 2 [動], (所有する) omistaa 2 [動]
もっか〔目下〕目下の oleva 13 [形]
もっかん〔木管〕木管楽器 puupuhallin* 56 [名]
もっきん〔木琴〕〈楽〉ksylofoni 4 [名]
もったいない〔勿体無い〕tuhlaavainen 63 [形]
もったいぶる〔勿体振る〕keikailla 29 [動]
もってくる〔持って来る〕tuoda 21 [動]
もってこい〔持って来い〕(理想的) ihanteellinen 63 [形]
もってゆく〔持って行く〕viedä 22 [動], ottaa mukaan (ottaa* 2 [動])
もっと yhä [副], edelleen [副], vielä [副]
モットー motto* 1 [名]
もっとも〔尤も〕尤もな (妥当な) aiheellinen 63 [形], näennäinen 63 [形]
もっともらしい〔尤もらしい〕(道理にかなっているような) uskottavalta näyttävä (näyttävä 13 [形])
もっぱら〔専ら〕yksinomaan [副], pelkästään [副]
モップ moppi* 4 [名]
もつれ〔縺れ〕sotku 1 [名]
もつれる〔縺れる〕縺れた sotkuinen 63 [形], sekava

13 [形]
もてなす〔持て成す〕tarjoilla 29 [動], kestitä 31 [動]
もてはやす〔持て囃す〕持て囃される suosittu* 2 [形]
もてる（人気がある）suosittu* 2 [形], suosiossa oleva (oleva 13 [形])
モデル malli 4 [名]
もと〔下〕〜の下に（属格と共に）alla [後]
もと〔元〕元の alkuperäinen 63 [形] ／元に戻る taantua* 1 [動]
もとい〔基〕perusta 15 [名]
もどかしい（じっと待てない）malttamaton* 57 [形]
もどす〔戻す〕palauttaa* 2 [動]
もとづく〔基づく〕〜に基づいて（属格と共に）nojalla [後]
もとで〔元手〕pääoma 11 [名], raha 10 [名]
もとどおり〔元通り〕元通りにする entistää 2 [動], entisöidä 18 [動]
もとめる〔求める〕vaatia* 17 [動], pyytää* 3 と 45 [動]
もともと〔元々〕（最初から）alusta alkaen
もどる〔戻る〕palata 40 [動], kääntyä takaisin (kääntyä* 1 [動])
モニター（装置）〈技〉monitori 5 [名], näyttö* 1 [名]
もの〔物〕esine 78 [名], kalu 1 [名]
もの〔者〕henkilö 2 [名]
ものおき〔物置〕aitta* 10 [名], komero 2 [名]
ものおじ〔物怖じ〕物怖じする kursailla 29 [動] ／物怖じしないで kursailematta [副]
ものおと〔物音〕ääni 32 [名]
ものおぼえ〔物覚え〕物覚えがよい hyvämuistinen 63 [形]
ものおもい〔物思い〕物思いにふけって mietteissään
ものかげ〔物陰〕varjo 1 [名]
ものがたり〔物語〕kertomus 64 [名], satu* 1 [名], tarina 14 [名]
ものがなしい〔物悲しい〕tumma 11 [形]
ものごい〔物乞い〕kerjuu 25 [名] ／物乞いをする

kerjätä 35 [動]
ものごし 〔物腰〕物腰のやわらかい nöyrä 11 [形]
ものごと 〔物事〕asia 14 [名]
ものさし 〔物差し〕mittapuu 29 [名]
ものずき 〔物好き〕物好きに uteliaasti [副]
ものすごい 〔物凄い〕kauhea 21 [形], hirveä 21 [形] ／物凄く kauhean, hirveän
ものたりない 〔物足りない〕tyytymätön* 57 [形]
ものにする 〔物にする〕(習得する) hillitä 31 [動], hallita 31 [動]
ものまね 〔物真似〕matkiminen 63 [名], jäljittely 2 [名]
ものもらい 〔物貰い〕〈医〉näärännäppy* 1 [名]
モノレール yksiraiteinen rautatie (yksiraiteinen 63 [形], rautatie 30 [名])
ものわかり 〔物分かり〕物分かりがよい ymmärtäväinen 63 [形], viisas 66 [形]
ものわすれ 〔物忘れ〕物忘れしやすい huonomuistinen 63 [形], unohtava 13 [形]
ものわらい 〔物笑い〕物笑いの種 naurunaihe 78 [名]
もはん 〔模範〕esikuva 11 [名], malli 4 [名]／模範的な mallikelpoinen 63 [形]
もふく 〔喪服〕surupuku* 1 [名]
もほう 〔模倣〕jäljittely 2 [名]／模倣する jäljitellä* 28 [動], matkia 17 [動]
もみ 〔樅〕シベリア樅〈植〉pihtakuusi 32 [名]
もみあげ 〔揉み上げ〕poskiparta* 10 [名]
もみけす 〔揉み消す〕(不正などを) painaa villaisella (painaa 9 [動])
もみじ 〔紅葉〕ruska 11 [名], (楓) vaahtera 18 [名]
もむ 〔揉む〕(マッサージする) hieroa 1 [動]
もめごと 〔揉め事〕kiista 10 [名], riita* 10 [名]
もめる 〔揉める〕(口論する) väitellä* 28 [動]
もめん 〔木綿〕puuvilla 10 [名]
もも 〔腿〕〈解〉reisi* 40 [名]
もも 〔桃〕persikka* 15 [名]／桃色の vaaleanpunainen 63 [形]
もや 〔靄〕(霞) usva 11 [名], utu* 1 [名], sumu 1 [名]

もやす〔燃やす〕polttaa* 2〔動〕, hehkuttaa* 2〔動〕
もよう〔模様〕kuvio 3〔名〕／模様を付ける kirjailla 29〔動〕
もよおし〔催し〕(パーティー) illanvietto* 1〔名〕
もよおす〔催す〕(祝宴を) viettää* 2〔動〕
もより〔最寄り〕最寄りの täkäläinen 63〔形〕
もらう〔貰う〕saada 19〔動〕
もらす〔漏らす〕秘密を漏らす paljastaa salaisuus (paljastaa 2〔動〕, salaisuus* 65〔名〕)
もり〔森〕metsä 11〔名〕, (小さな) metsikkö* 2〔名〕, (深い) korpi* 8〔名〕
もり〔銛〕(魚などを突き刺して取る道具) harppuuna 18〔名〕
もりあがる〔盛り上がる〕(高くなる) nousta 24〔動〕
もりだくさん〔盛り沢山〕(沢山) paljon〔副〕, runsaasti〔副〕
もりもり もりもり食べる syödä ahnaasti (syödä 21〔動〕)
もる〔盛る〕(積み上げる) kasata 35〔動〕
もる〔漏る〕vuotaa* 4〔動〕
モルタル〈建〉laasti 4〔名〕
モルモット marsu 1〔名〕
モレーン moreeni 6〔名〕, murtokivisora 11〔名〕
もれる〔漏れる〕vuotaa* 4〔動〕
もろい〔脆い〕(壊れやすい) hauras 66〔形〕
もろとも〔諸共〕(一緒に) yhdessä〔副〕
もろに suorassa〔副〕, suoraan〔副〕
もろは〔両刃〕両刃の kaksiteräinen 63〔形〕
もん〔門〕portti* 4〔名〕, veräjä 13〔名〕
もんがいかん〔門外漢〕maallikko* 2〔名〕
モンキースパナー〈技〉jakoavain 56〔名〕
もんく〔文句〕文句を言う valittaa* 2〔動〕, päivitellä* 28〔動〕
もんげん〔門限〕ulkonaliikkumiskielto* 1〔名〕
もんしょう〔紋章〕vaakuna 15〔名〕
もんしろちょう〔紋白蝶〕〈虫〉kaaliperhonen 63〔名〕
もんだい〔問題〕ongelma 16〔名〕, probleemi 6〔名〕, pulma 11〔名〕／問題なく ilman muuta

もんちゃく〔悶着〕(もめ事) rettelö 2 [名]
もんてい〔門弟〕opetuslapsi 45 [名]
もんどう〔問答〕keskustelu 2 [名], väittely 2 [名]
もんばん〔門番〕ovenvartija 14 [名], vahtimestari 5 [名]
もんぶ〔文部〕文部省 opetusministeriö 3 [名]／文部大臣 opetusministeri 5 [名]

や

や〔矢〕nuoli 32 [名]
やおや〔八百屋〕vihanneskauppa* 10 [名]
やがい〔野外〕野外で ulkona [副]
やかましい〔喧しい〕äänekäs* 66 [形]
やかん〔薬缶〕kannu 1 [名], kattila 15 [名]
やかん〔夜間〕yö 30 [名]
やぎ〔山羊〕〈動〉vuohi 32 [名], kauris 68 [名]
やきつけ〔焼き付け〕〈写〉vedostus 64 [名]
やきにく〔焼き肉〕〈料〉paisti 4 [名]
やきはらう〔焼き払う〕polttaa poroksi (polttaa* 2 [動])
やきもち〔焼き餅〕焼き餅焼きの mustasukkainen 63 [形]
やきもの〔焼き物〕keramiikka* 10 [名], savitavara 15 [名]
やきゅう〔野球〕(フィンランド式の) pesäpallo 1 [名]
やきん〔夜勤〕yövuoro 1 [名]
やく〔役〕役に立つ käyttökelpoinen 63 [形], kelpaava 13 [形]
やく〔約〕noin [副], suunnilleen [副], suurin piirtein
やく〔焼く〕kärventää* 8 [動], (料理のために) paistaa 11 [動]
やく〔訳〕käännös 64 [名]

やぐ〔夜具〕makuuvaatteet* 78 [複名]
やくいん〔役員〕toimihenkilö 2 [名]
やくがく〔薬学〕lääketiede* 78 [名]
やくざ heittiö 3 [名]
やくざい〔薬剤〕薬剤師 apteekkari 5 [名], farmaseutti* 4 [名]
やくしゃ〔役者〕(男優) näyttelijä 14 [名], (女優) näyttelijätär* 54 [名]
やくしょ〔役所〕virasto 2 [名], virkapaikka* 10 [名]
やくしん〔躍進〕huomattava edistys (huomattava 13 [形], edistys 64 [名])
やくす〔訳す〕kääntää* 42 [動]
やくそう〔薬草〕yrtti* 4 [名]
やくそく〔約束〕lupaus 64 [名]／約束する luvata* 35 [動]
やくだつ〔役立つ〕auttaa* 10 [動], tehdä palvelus (tehdä* 33 [動])
やくだてる〔役立てる〕käyttää hyväkseen (käyttää* 2 [動])
やくにん〔役人〕virkamies 72 [名]
やくひん〔薬品〕rohdos 64 [名]
やくみ〔薬味〕mauste 78 [名]／薬味を入れる maustaa 2 [動]
やくめ〔役目〕osa 11 [名], rooli 4 [名]
やくわり〔役割〕osa 11 [名], rooli 4 [名]
やけ〔自棄〕(自暴自棄) epätoivo 1 [名]／自棄を起こして epätoivoisesti [副]
やけあと〔焼け跡〕palo 1 [名]
やけい〔夜警〕yövartija 14 [名]
やけど〔火傷〕(火による傷) palohaava 10 [名], palovamma 10 [名]
やける〔焼ける〕palaa 9 [動]
やこう〔夜行〕夜行列車 iltajuna 11 [名], yöjuna 11 [名]
やさい〔野菜〕(通常は複数形で) vihannes 64 [名]
やさき〔矢先〕(丁度その時) juuri silloin
やさしい〔易しい〕helppo* 1 [形], vaivaton* 57 [形]
やさしい〔優しい〕suloinen 63 [形], hellä 11 [形]／

やし〔椰子〕椰子の実 kookospähkinä 15 [名]
やじ〔野次〕buuaus 64 [名]／野次る buuata 35 [動]
やじうま〔野次馬〕katsojajoukko* 1 [名]
やしき〔屋敷〕kartano 2 [名], palatsi 6 [名]
やしなう〔養う〕elättää* 2 [動], ruokkia* 17 [動]
やじゅう〔野獣〕peto* 1 [名], petoeläin 56 [名]
やしょく〔夜食〕yöateria 15 [名]
やじるし〔矢印〕nuoliviitta* 10 [名]
やしろ〔社〕temppeli 5 [名]
やしん〔野心〕vallanhimo 1 [名]／野心のある vallanhimoinen 63 [形]
やすい〔安い〕(値段が) halpa* 10 [形]／安くする alentaa* 8 [動]
やすうり〔安売り〕〈商〉alennusmyynti* 4 [名]
やすっぽい〔安っぽい〕halpa* 10 [形], halpa-arvoinen 63 [形]
やすね〔安値〕polkuhinta* 10 [名]
やすみ〔休み〕(休憩) tauko* 1 [名]／休み時間 lepohetki 8 [名]
やすむ〔休む〕(休憩する) levätä* 40 [動]／休みに行く (寝に行く) mennä maata 又は panna maata (mennä 27 [動], panna 27 [動])
やすもの〔安物〕rihkama 13 [名]
やすやす〔易々〕易々と helposti [副]
やすらか〔安らか〕安らかな rauhallinen 63 [形]／安らかに rauhassa
やすらぎ〔安らぎ〕(心の) sielunrauha 10 [名], hengenrauha 10 [名]
やすり〔鑢〕(工具) viila 10 [名]／鑢をかける viilata 35 [動]
やせい〔野生〕野生の villi 4 [形], luonnon-
やせい〔野性〕野性的 villi 4 [形], raju 1 [形]
やせおとろえる〔痩せ衰える〕riutua* 1 [動]
やせる〔痩せる〕kuihtua* 1 [動], laihtua* 1 [動]／痩せた laiha 10 [形]
やたい〔屋台〕koju 1 [名]
やたら やたらと umpimähkään [副], tarkkaan

ajattelematta
やちょう〔野鳥〕villilintu* 1 [名]
やちん〔家賃〕vuokra 11 [名]
やつ〔奴〕vintiö 3 [名], lurjus 64 [名]
やっかい〔厄介〕厄介な rasittava 13 [形], mutkikas* 66 [形]
やっきょく〔薬局〕apteekki* 6 [名]
やっつ〔八つ〕kahdeksan 16 [基数] ／八つ目 kahdeksas* 75 [序数]
やっつける nitistää 2 [動]
やっていく〔やって行く〕(暮らしていく) tulla toimeen (tulla 25 [動])
やってくる〔やって来る〕tulla 25 [動], saapua* 1 [動]
やってみる〔やって見る〕koettaa* 2 [動], yrittää* 2 [動]
やっと (どうにか) tuskin [副], (とうとう) vihdoinkin [副], lopultakin [副]
やつれる〔窶れる〕laihtua* 1 [動] ／窶れた laiha 10 [形]
やど〔宿〕asunto* 2 [名], yösija 10 [名]
やといにん〔雇い人〕työnantaja 16 [名]
やといぬし〔雇い主〕työnantaja 16 [名]
やとう〔雇う〕pestata 35 [動], antaa työtä (antaa* 9 [動])
やとう〔野党〕oppositio 3 [名]
やどや〔宿屋〕majatalo 1 [名], matkustajakoti* 4 [名]
やどる〔宿る〕majoittua* 1 [動] ／宿らせる majoittaa* 2 [動]
やなぎ〔柳〕〈植〉paju 1 [名]
やに〔脂〕(樹脂) pihka 10 [名]
やぬし〔家主〕talonomistaja 16 [名], vuokraaja 16 [名]
やね〔屋根〕katto* 1 [名], vesikatto* 1 [名]
やねいた〔屋根板〕paanu 1 [名]
やねうら〔屋根裏〕ullakko* 2 [名]
やはり〔矢張り〕(～もまた) myös [副], (依然として)

vielä [副]
やはん〔夜半〕puoliyö 30 [名], keskiyö 30 [名]
やばん〔野蛮〕野蛮な raakamainen 63 [形], sivistymätön* 57 [形]
やぶ〔薮〕(茂み) pensas 66 [名], pensaikko* 2 [名]
やぶる〔破る〕murtaa* 6 [動], katkaista 24 [動]
やぶれ〔破れ〕särkymä 13 [名], rikkoutuma [名]
やぶれる〔破れる〕revetä* 36 [動], rikkoutua* 44 [動]
やぶれる〔敗れる〕jäädä alakynteen (jäädä 19 [動])
やぼ〔野暮〕野暮な kömpelö 2 [形]
やぼう〔野望〕vallanhimo 1 [名]
やま〔山〕vuori 32 [名], (小さい) kumpu* 1 [名], (積み重ね) kasa 10 [名]
やまい〔病〕sairaus* 65 [名]
やまくずれ〔山崩れ〕maanvajoama 13 [名]
やまさか〔山坂〕vuorenrinne* 78 [名]
やましい〔疚しい〕疚しい気持ち syyllisyydentunne* 78 [名]
やまづみ〔山積み〕kasa 10 [名], röykkiö 3 [名]
やまなみ〔山並み〕vuorijono 1 [名], vuoristo 2 [名]
やまねこ〔山猫〕〈動〉ilves 64 [名]
やまば〔山場〕(絶頂) kliimaks 7 [名], huippukohta 11 [名]
やまびこ〔山彦〕kaiku* 1 [名]
やまみち〔山道〕vuorensola 11 [名]
やまもり〔山盛り〕kasa 10 [名], läjä 11 [名]
やまわけ〔山分け〕山分けにする jakaa tasan (jakaa* 9 [動])
やみ〔闇〕(暗闇) pimeys* 65 [名], yö 30 [名]
やみつき〔病み付き〕病み付きになる olla hullaantunut (olla 25 [動], hullaantunut 77 [形])
やむ〔止む〕(終わる) lakata* 35 [動], loppua* 1 [動]
やむをえない〔止むを得ない〕välttämätön* 57 [形]
やめさせる〔止めさせる〕estää 2 [動], (解雇する) sanoa irti (sanoa 1 [動])
やめる〔辞める〕erota palveluksesta (erota 38 [動])

やめる〔止める〕lakata* 35 [動], välttää* 2 [動]
やもめ〔寡婦〕(未亡人) leski 8 [名]
やや (少し) vähän [副]
ややこしい (複雑な) monimutkainen 63 [形], sekava 13 [形]
やり〔槍〕(武具) keihäs 66 [名]
やりがい〔遣り甲斐〕遣り甲斐がある kannattaa tehdä (kannattaa* 2 [動], tehdä* 33 [動])
やりかけ〔遣り掛け〕遣り掛けである olla puolivälissä (olla 25 [動])
やりかた〔遣り方〕tapa* 10 [名], menetelmä 13 [名] ／〜の遣り方で (入格と共に) tapaan
やりきれない〔遣り切れない〕(耐えられない) sietämätön* 57 [形]
やりくり〔遣り繰り〕遣り繰りする (何とか〜する) onnistua tekemään (onnistua 1 [動])
やりとげる〔遣り遂げる〕suorittaa loppuun (suorittaa* 2 [動])
やりなおす〔遣り直す〕uudistaa 2 [動], verestää 2 [動]
やりなげ〔槍投げ〕〈ス〉keihäänheitto* 1 [名]
やりにくい〔遣りにくい〕vaikea tehdä (vaikea 21 [形], tehdä* 33 [動])
やりぬく〔遣り抜く〕suorittaa* 2 [動], (出格と共に) suoriutua* 44 [動]
やる〔遣る〕(行う) tehdä* 33 [動], (与える) antaa* 9 [動]
やるき〔遣る気〕(気力) tarmo 1 [名]
やろう〔野郎〕vintiö 3 [名], lurjus 64 [名]
やわらかい〔柔らかい〕pehmeä 21 [形] ／柔らかくする pehmentää* 8 [動] ／柔らかくなる pehmetä 34 [動]
やわらぐ〔和らぐ〕(気持ちが) heltyä* 1 [動], pehmetä 34 [動]
やわらげる〔和らげる〕(気持ちを) hellytellä* 28 [動]
やんちゃ やんちゃな vallaton* 57 [形]

ゆ

ゆ〔湯〕kuuma vesi (kuuma 11 [形], vesi* 40 [名])
ゆいいつ〔唯一〕唯一の ainoa 19 [形], ainutlaatuinen 63 [形]
ゆいごん〔遺言〕遺言状〈法〉jälkisäädös 64 [名], 〈法〉testamentti* 4 [名]
ゆいぶつ〔唯物〕唯物論 materialismi 4 [名]
ゆう〔結う〕髪を結う kammata tukkansa (kammata* 35 [動])
ゆうい〔優位〕ylemmyys* 65 [名]
ゆういぎ〔有意義〕有意義な merkityksellinen 63 [形], arvokas* 66 [形]
ゆううつ〔憂鬱〕憂鬱な alakuloinen 63 [形], synkkämielinen 63 [形]
ゆうえき〔有益〕有益な hyödyllinen 63 [形], edullinen 63 [形]
ゆうえつ〔優越〕ylemmyys* 65 [名], paremmuus* 65 [名]
ゆうえんち〔遊園地〕huvipuisto 1 [名]
ゆうが〔優雅〕優雅な tyylikäs* 66 [形], hienotunteinen 63 [形]
ゆうかい〔誘拐〕ryöstö 1 [名]／誘拐する ryöstää 2 [動], ryövätä 35 [動]
ゆうがい〔有害〕有害な myrkyllinen 63 [形], vahingollinen 63 [形]
ゆうがた〔夕方〕ilta* 10 [名]／夕方に illalla
ゆうかん〔夕刊〕(新聞) iltalehti* 8 [名]
ゆうかん〔勇敢〕勇敢な rohkea 21 [形]／勇敢に rohkeasti [副]
ゆうき〔有機〕有機物〈生物〉elimistö 1 [名]
ゆうき〔勇気〕rohkeus* 65 [名], uljuus* 65 [名]／勇気がある rohkea 21 [形], uljas 66 [形]／勇気づける

rohjeta* 34 [動], rohkaista 24 [動]
ゆうぎ〔遊戯〕leikki* 4 [名], peli 4 [名]
ゆうぐう〔優遇〕優遇する suosia 17 [動]
ゆうぐれ〔夕暮れ〕ilta* 10 [名], iltahämärä 12 [名]
ゆうげん〔有限〕有限の äärellinen 63 [形], rajallinen 63 [形]
ゆうけんしゃ〔有権者〕äänioikeutettu* 2 [名], äänivaltainen 63 [名]
ゆうこう〔友好〕友好的 sopuisa 13 [形], ystävällismielinen 63 [形]
ゆうこう〔有効〕有効期間 voimassaoloaika* 10 [名]／有効な pätevä 13 [形], voimassa oleva／有効である olla voimassa (oleva 13 [形], olla 25 [動])
ゆうごう〔融合〕sulautuminen 63 [名]
ゆうざい〔有罪〕syyllisyys* 65 [名]／有罪の syyllinen 63 [形]
ゆうし〔有刺〕有刺鉄線 piikkilanka* 10 [名]
ゆうし〔勇士〕sankari 52 [名]
ゆうし〔融資〕(銀行の)〈商〉luotto* 1 [名], laina 10 [名]
ゆうしきしゃ〔有識者〕tiedemies 72 [名]
ゆうしゃ〔勇者〕sankari 52 [名]
ゆうしゅう〔優秀〕優秀な mainio 3 [形], mainittava 13 [形]
ゆうじゅう〔優柔〕優柔不断の päättämätön* 57 [形], neuvoton* 57 [形]
ゆうしょう〔優勝〕優勝者 mestari 5 [名]
ゆうじょう〔友情〕ystävyys* 65 [名], toveruus* 65 [名]
ゆうしょく〔夕食〕illallinen 63 [名]／夕食を取る illastaa 2 [動]
ゆうじん〔友人〕ystävä 13 [名], tuttava 13 [名], toveri 5 [名]
ゆうすう〔有数〕有数の johtava 13 [形], huomattava 13 [形]
ゆうずう〔融通〕(金を)融通する〈商〉rahoittaa* 2 [動]
ユースホステル retkeilymaja 10 [名]

ゆうせい 〔優勢〕 ylivoima 11 [名]
ゆうぜい 〔遊説〕 遊説する kalastaa ääniä (kalastaa 2 [動])
ゆうせん 〔有線〕 有線テレビ kaapelitelevisio 3 [名]
ゆうせん 〔優先〕 etusija 10 [名] ／優先権 etuoikeus* 65 [名]
ゆうそう 〔勇壮〕 勇壮な rohkea 21 [形], urhoollinen 63 [形]
ゆうそう 〔郵送〕 郵送する postittaa* 2 [動]
ユーターン u-käännös 64 [名]
ゆうだい 〔雄大〕 雄大な suuri 39 [形], suurenmoinen 63 [形]
ゆうだち 〔夕立〕 sadekuuro 1 [名]
ゆうとう 〔優等〕 優等の erinomainen 63 [形], mainio 3 [形]
ゆうどう 〔誘導〕 誘導する ohjata 35 [動], opastaa 2 [動]
ゆうどく 〔有毒〕 有毒の myrkyllinen 63 [形]
ユートピア utopia 15 [名]
ゆうのう 〔有能〕 有能な lahjakas* 66 [形], hyvälahjainen 63 [形]
ゆうひ 〔夕日〕 ilta-aurinko* 2 [名]
ゆうび 〔優美〕 優美な tyylikäs* 66 [形], suloinen 63 [形]
ゆうびん 〔郵便〕 郵便切手 postimerkki* 4 [名] ／郵便局 posti 4 [名], postitoimisto 2 [名] ／郵便葉書 postikortti* 4 [名] ／郵便を出す postittaa* 2 [動]
ユーフォー ufo 1 [名]
ゆうふく 〔裕福〕 裕福な rikas* 66 [形], varakas* 66 [形] ／裕福になる rikastua 1 [動]
ゆうべ 〔夕べ〕 ilta* 10 [名]
ゆうべ 〔昨夜〕 eilen illalla
ゆうべん 〔雄弁〕 雄弁の kaunopuheinen 63 [形]
ゆうほ 〔遊歩〕 遊歩道 kävelytie 30 [名]
ゆうぼう 〔有望〕 有望な lupaava 13 [形]
ゆうぼく 〔遊牧〕 遊牧民 paimentolainen 63 [名] ／遊牧する paimentaa* 8 [動]
ゆうめい 〔有名〕 有名な kuuluisa 13 [形], tunnettu* 2

[形]
ユーモア huumori 5 [名], leikillisyys* 65 [名]
ゆうもう〔勇猛〕勇猛な rohkea 21 [形], urhoollinen 63 [形]
ユーモラス ユーモラスな humoristinen 63 [形], leikkisä 13 [形]
ユーモリスト humoristi 4 [名]
ゆうやけ〔夕焼け〕rusko 1 [名], iltarusko 1 [名]
ゆうゆう〔悠々〕悠々と（ゆったりと）verkalleen [副], hitaasti [副]
ゆうよ〔猶予〕lykkäys 64 [名] ／猶予期間 mietintäaika* 10 [名]
ゆうよう〔有用〕有用な hyödyllinen 63 [形], kelpaava 13 [形]
ゆうらん〔遊覧〕huvimatka 10 [名], huviretki 8 [名]
ゆうり〔有利〕有利な kannattava 13 [形], edullinen 63 [形]
ゆうりょう〔有料〕有料の maksullinen 63 [形]
ゆうりょう〔優良〕優良の erinomainen 63 [形], mainio 3 [形]
ゆうりょく〔有力〕有力な ylivoimainen 63 [形]
ゆうれい〔幽霊〕aave 78 [名], kummitus 64 [名]
ゆうわく〔誘惑〕houkutus 64 [名], viettely 2 [名] ／誘惑する houkutella* 28 [動]
ゆえ〔故〕〜の故に（属格と共に）vuoksi [後],（属格と共に）tähden [後]
ゆか〔床〕lattia 14 [名], permanto* 2 [名]
ゆかい〔愉快〕愉快な reipas* 66 [形], hilpeä 21 [形] ／愉快になる reipastua 1 [動]
ゆがむ〔歪む〕歪んだ kiero 1 [形], vino 1 [形]
ゆがめる〔歪める〕vääristää 2 [動], köykistää 2 [動]
ゆき〔行き〕meno 1 [名]
ゆき〔雪〕lumi 35 [名] ／雪が降る sataa lunta
ゆきあたりばったり〔行き当たりばったり〕行き当たりばったりの umpimähkäinen 63 [形] ／行き当たりばったりに umpimähkään [副]

- **ゆきかう**〔行き交う〕mennä ja tulla (mennä 27 [動], tulla 25 [動])
- **ゆきき**〔往き来〕(往来) liikenne* 78 [名]
- **ゆきさき**〔行き先〕päämaali 4 [名], päämäärä 11 [名]
- **ゆきすぎ**〔行き過ぎ〕行き過ぎる päästä pitkälle (päästä 24 [動])
- **ゆきちがい**〔行き違い〕(誤解) väärinkäsitys 64 [名]
- **ゆきつく**〔行き着く〕saavuttaa* 2 [動]
- **ゆきつけ**〔行き付け〕行き付けの lempi-, mieli-
- **ゆきづまり**〔行き詰まり〕seisahdus 64 [名], umpikuja 11 [名]
- **ゆきづまる**〔行き詰まる〕joutua umpikujaan (joutua* 1 [動])
- **ゆきとどく**〔行き届く〕(注意深い) huolellinen 63 [形]
- **ゆきどまり**〔行き止まり〕umpikuja 11 [名]
- **ゆきわりそう**〔雪割り草〕〈植〉sinivuokko* 1 [名]
- **ゆく**〔行く〕mennä 27 [動], päästä 24 [動], (内格と共に) käydä 23 [動]
- **ゆくえ**〔行方〕(居場所) olinpaikka* 10 [名], sijaintipaikka* 10 [名]
- **ゆくさき**〔行く先〕määräpaikka* 10 [名]
- **ゆくて**〔行く手〕(将来) tulevaisuus* 65 [名]
- **ゆげ**〔湯気〕höyry 1 [名] ／湯気を立てる höyrytä 39 [動]
- **ゆけつ**〔輸血〕verensiirto* 1 [名]
- **ゆさぶる**〔揺さ振る〕tärisyttää* 2 [動]
- **ゆしゅつ**〔輸出〕〈商〉vienti* 4 [名] ／輸出する viedä maasta (viedä 22 [動])
- **ゆすぎ**〔濯ぎ〕huuhtelu 2 [名]
- **ゆすぐ**〔濯ぐ〕huuhtoa* 1 [動], huuhdella* 28 [動]
- **ゆすり**〔強請り〕(恐喝) kiristys 64 [名]
- **ゆずり**〔譲り〕譲り渡し luovutus 64 [名]
- **ゆする**〔揺する〕pudistaa 2 [動], (子供を抱いて) tuudittaa* 2 [動]
- **ゆする**〔強請る〕(恐喝する) kiristää rahaa (kiristää 2 [動])
- **ゆずる**〔譲る〕antaa* 9 [動], (道を) väistyä 1 [動]
- **ゆせい**〔油性〕油性の öljyinen 63 [形]

ゆそう〔輸送〕kuljetus 64〔名〕／輸送する rahdata* 35〔動〕

ゆたか〔豊か〕豊かな rikas* 66〔形〕, varakas* 66〔形〕／豊かになる rikastua 1〔動〕, vaurastua 1〔動〕

ゆだねる〔委ねる〕(任せる) panna 27〔動〕, uskoa 1〔動〕

ゆだん〔油断〕laiminlyönti* 4〔名〕／油断する laiminlyödä 21〔動〕

ゆっくり ゆっくりした hidas* 66〔形〕／ゆっくりと hitaasti〔副〕／ゆっくりする aikailla 29〔動〕

ゆったり ゆったりした（広い）ilmava 13〔形〕, avara 12〔形〕

ゆでる〔茹でる〕(熱湯で) keittää* 2〔動〕

ゆでん〔油田〕öljykenttä* 11〔名〕

ゆとり ゆとりのある runsasmittainen 63〔形〕, tilava 13〔形〕

ユニーク ユニークな ainutlaatuinen 63〔形〕

ゆにゅう〔輸入〕〈商〉tuonti* 4〔名〕, maahantuonti* 4〔名〕／輸入する tuoda 21〔動〕, tuoda maahan

ゆび〔指〕(手の) sormi 8〔名〕

ゆびおり〔指折り〕指折りの（優れた）erinomainen 63〔形〕／指折り数えて（熱心に）innokkaasti〔副〕

ゆびさき〔指先〕sormenpää 28〔名〕

ゆびさす〔指差す〕viitata* 35〔動〕, viittoilla 29〔動〕

ゆびわ〔指輪〕sormus 64〔名〕

ゆぶね〔湯船〕kylpyamme 78〔名〕

ゆみ〔弓〕jousi 32〔名〕／弓を引く virittää* 2〔動〕

ゆみがた〔弓形〕kaari 32〔名〕／弓形の kaareva 13〔形〕

ゆめ〔夢〕uni 32〔名〕, (想像上の) unelma 16〔名〕／夢を見る nähdä unta

ゆめみる〔夢見る〕(将来を) uneksia 17〔動〕, haaveilla 28〔動〕

ゆらい〔由来〕〜に由来する（出格と共に）johtua* 1〔動〕, (出格と共に) polveutua* 44〔動〕

ゆらぐ〔揺らぐ〕huojua 1〔動〕

ゆり〔百合〕〈植〉lilja 10〔名〕

ゆりいす〔揺り椅子〕keinutuoli 4〔名〕

ゆりうごかす〔揺り動かす〕ravistaa 2 [動], (子供を) tuudittaa* 2 [動]
ゆりおこす〔揺り起こす〕pudistaa 2 [動]
ゆりかご〔揺り籃〕kehto* 1 [名], kätkyt 73 [名]
ゆるい〔緩い〕(ベルトなどが) höllä 11 [形] ／緩くなる (規則などが) helpottua* 1 [動]
ゆるし〔許し〕(過失などの) anteeksianto* 1 [名]
ゆるす〔許す〕(許可する) suoda 21 [動], sallia 17 [動]
ゆるむ〔緩む〕löyhtyä* 1 [動], (和らぐ) laimeta 34 [動]
ゆるめる〔緩める〕(ベルトなどを) höllentää* 8 [動], löysätä 35 [動]
ゆるやか〔緩やか〕緩やかな (傾斜など) loiva 11 [形] ／緩やかに loivasti [副]
ゆれ〔揺れ〕järistys 64 [名], värähdys 64 [名]
ゆれうごく〔揺れ動く〕kiikkua* 1 [動], keinua 1 [動]
ゆれる〔揺れる〕järistä 24 [動], järkkyä* 1 [動]
ゆわえる〔結わえる〕lietsoa 1 [動]
ゆわかし〔湯沸かし〕(やかん) kattila 15 [名]

よ

よ〔世〕世の中 maailma 15 [名]
よ〔夜〕yö 30 [名] ／夜汽車 yöjuna 11 [名]
よあけ〔夜明け〕sarastus 64 [名], aamuhämärä 12 [名]
よい〔宵〕illansuu 29 [名]
よい〔酔い〕päihtymys 64 [名] ／酔いがさめる selvitä 37 [動]
よい〔良い〕hyvä 11 [形], etevä 13 [形] ／もっと良い parempi* 22 [形] ／一番良い paras 66 [形] ／良くなる menestyä 1 [動] ／〜してもよい (不定詞と共

ようざい

に) saada 19 [動]
よう〔用〕用立てる antaa käyttöön (antaa* 9 [動])
よう〔様〕〜の様な (属格と共に) tapainen 63 [形], (属格と共に) kaltainen 63 [形] /〜の様に kuin [接], kuten [接]
よう〔酔う〕juopua* 1 [動], päihtyä* 1 [動] /酔って juovuksissa [副]
34]
54]
よういく〔養育〕養育費〈法〉lapseneläke* 78 [名]
ようえき〔溶液〕liuos 64 [名]
ようかい〔妖怪〕(化け物) aave 78 [名]
ようかい〔溶解〕溶解する liueta* 34 [動]
ようがん〔溶岩〕laava 10 [名], magma(kivi) 8 [名]
ようき〔容器〕astia 14 [名], tölkki* 4 [名]
ようき〔陽気〕陽気な suloinen 63 [形] /陽気に suloisesti [副]
ようぎ〔容疑〕epäily 2 [名]
ようきゅう〔要求〕vaatimus 64 [名] /要求する vaatia* 17 [動]
ようぎょ〔養魚〕kalanviljely 2 [名] /養魚場 kalanviljelylaitos 64 [名]
ようぎょう〔窯業〕keramiikka* 10 [名]
ようぎん〔洋銀〕uushopea 21 [名]
ようぐ〔用具〕tarvekalu 1 [名]
ようけい〔養鶏〕kananhoito* 1 [名]
ようけん〔用件〕asia 14 [名]
ようご〔用語〕terminologia 15 [名], termistö 2 [名]
ようご〔養護〕養護施設 (児童の) lastenkoti* 4 [名]
ようご〔擁護〕擁護する kiivailla 29 [動]
ようこうろ〔溶鉱炉〕masuuni 6 [名]
ようこそ〔歓迎の挨拶〕tervetuloa [間]
ようさい〔要塞〕(砦) linnake* 78 [名], linnoitus 64 [名]
ようさい〔洋裁〕洋裁店 ompelimo 2 [名], muotiliike* 78 [名]
ようざい〔用材〕puutavara 15 [名]

ようし〔用紙〕kaavake* 78 [名], lomake* 78 [名]
ようし〔要旨〕ydinkohta* 11 [名]
ようし〔容姿〕ulkomuoto* 1 [名], ulkonäkö* 1 [名]
ようし〔養子〕kasvatti* 5 [名], ottolapsi 45 [名]
ようじ〔幼児〕pikkulapsi 45 [名]
ようじ〔用事〕asia 14 [名] ／用事をする asioida 30 [動]
ようじ〔楊子〕(歯にはさまった物を取る) hammastikku* 1 [名]
ようしき〔様式〕tyyli 4 [名], tyyppi* 4 [名]
ようしゃ〔容赦〕容赦のない ankara 12 [形]
ようしょ〔洋書〕ulkomainen kirja (ulkomainen 63 [形], kirja 10 [名])
ようしょ〔要所〕keskeinen paikka (keskeinen 63 [形], paikka* 10 [名])
ようじょ〔養女〕ottotytär* 54 [名], ottotyttö* 1 [名]
ようしょう〔幼少〕lapsuus* 65 [名]
ようじょう〔養生〕(休養) lepo* 1 [名] ／養生する levätä* 40 [動]
ようしょく〔洋食〕länsimainen ruoka (länsimainen 63 [形], ruoka* 11 [名])
ようしょく〔養殖〕viljely 2 [名] ／真珠の養殖 helmenviljely 2 [名]
ようじん〔用心〕用心深い varovainen 63 [形] ／用心深く varovaisesti [副]
ようじん〔要人〕tärkeä henkilö (tärkeä 21 [形], henkilö 2 [名])
ようす〔様子〕〜の様子をした (属格と共に) näköinen 63 [形]
ようする〔要する〕tarvita 31 [動]
ようするに〔要するに〕(短く言えば) lyhyesti [副], sanalla sanoen
ようせい〔妖精〕haltia 14 [名], tonttu* 1 [名]
ようせい〔要請〕pyyntö* 1 [名] ／要請する pyytää* 3 と 45 [動]
ようせい〔養成〕koulutus 64 [名] ／養成する kouluttaa* 2 [動]

ようせき〔容積〕kuutiomäärä 11 [名], vetomitta* 10 [名]
ようせつ〔溶接〕〈金〉hitsaus 64 [名］／溶接する hitsata 35 [動]
ようそ〔要素〕aines 64 [名], alkuaine 78 [名]
ようたい〔容体〕(複数形で) olosuhteet* 78 [名], (複数形で) olot* 1 [名]
ようち〔幼稚〕幼稚な lapsellinen 63 [形]
ようち〔用地〕用地計画 asemakaava 10 [名]
ようちえん〔幼稚園〕lastentarha 10 [名]
ようちゅう〔幼虫〕〈虫〉toukka* 11 [名]
ようてん〔要点〕ydinkohta* 11 [名]
ようと〔用途〕käyttö* 1 [名], käyttötapa* 10 [名]
ようねん〔幼年〕幼年時代 lapsuus* 65 [名]
ようび〔曜日〕viikonpäivä 11 [名]
ようひん〔用品〕(通常は複数形で) tarvike* 78 [名]
ようふ〔養父〕kasvatti-isä 11 [名]
ようふく〔洋服〕(通常は複数形で) vaate* 78 [名], puku* 1 [名]
ようぶん〔養分〕ravinto* 2 [名]
ようぼ〔養母〕kasvattiäiti* 4 [名]
ようほう〔用法〕käyttötapa* 10 [名]
ようぼう〔要望〕pyyntö* 1 [名]
ようぼう〔容貌〕(顔かたち) piirre* 78 [名]
ようもう〔羊毛〕villa 10 [名], lampaanvilla 10 [名]
ようやく〔要約〕yhteenveto* 1 [名], tiivistelmä 13 [名]／要約する lyhentää* 42 [名]
ようやく〔漸く〕(ついに) lopuksi [副], viimein [副]
ようりょう〔要領〕要領を得た asiallinen 63 [形], oikeudenmukainen 63 [形]
ようりょう〔容量〕mitta* 10 [名]
ようろう〔養老〕養老年金 vanhuuseläke* 78 [名]
ヨーグルト jukurtti* 4 [名], piimä 11 [名]
ヨーロッパ Eurooppa* 18 [名]／ヨーロッパ人 eurooppalainen 63 [名]
よか〔余暇〕vapaa-aika* 83 [名]／余暇に ajan kuluksi
よかん〔予感〕aavistus 64 [名]／予感する aavistaa 2 [動], arvata 35 [動]

よき〔予期〕予期する odottaa* 2〔動〕／予期しない odottamaton* 57〔形〕
よぎ〔余儀〕余儀無く välttämättä〔副〕
よきょう〔余興〕huvi 4〔名〕, huvitus 64〔名〕
よきん〔預金〕tilillepano 1〔名〕／預金する panna tilille (panna 27〔動〕)
よく〔欲〕intohimo 1〔名〕
よく〔良く〕(しばしば) usein〔副〕, (十分に) täysin〔副〕
よくあつ〔抑圧〕sorto* 1〔名〕／抑圧する sortaa* 7〔動〕
よくしつ〔浴室〕kylpyhuone 78〔名〕
よくじつ〔翌日〕seuraava päivä (seuraava 13〔形〕, päivä 11〔名〕)
よくせい〔抑制〕pidätys 64〔名〕, ohjaus 64〔名〕／抑制する pidättää* 2〔動〕
よくそう〔浴槽〕amme 78〔名〕
よくばり〔欲張り〕(人) saituri 5〔名〕／欲張りな itara 12〔形〕
よくばる〔欲張る〕olla ahne (olla 25〔動〕, ahne 78〔形〕)
よくぶかい〔欲深い〕saita* 10〔形〕, itara 12〔形〕
よくぼう〔欲望〕himo 1〔名〕, mielihalu 1〔名〕
よくよう〔抑揚〕intonaatio 3〔名〕
よけい〔余計〕余計な ylimääräinen 63〔形〕, liiallinen 63〔形〕
よける〔避ける〕karttaa* 10〔動〕, välttää* 2〔動〕
よげん〔予言〕ennustus 64〔名〕／予言する ennustaa 2〔動〕
よこ〔横〕sivu 1〔名〕／〜の横に (属格と共に) oheen〔後〕／横になる maata* 35〔動〕
よこがお〔横顔〕läpileikkaus 64〔名〕
よこぎ〔横木〕puomi 4〔名〕,〈建〉orsi* 42〔名〕
よこぎる〔横切る〕ylittää* 2〔動〕／〜を横切って (属格と共に) ylitse〔後〕〔前〕
よこく〔予告〕ennustus 64〔名〕／予告する ennustaa 2〔動〕
よこしま〔邪〕邪な paha 10〔形〕

よごす〔汚す〕liata* 35 [動], tahrata 35 [動]
よこたえる〔横たえる〕laskea maahan (laskea 13 [動])
よこたわる〔横たわる〕maata* 35 [動], heittäytyä* 44 [動]
よこちょう〔横町〕syrjäkatu* 1 [名], sivukatu* 1 [名]
よこどり〔横取り〕横取りする ottaa pois (ottaa* 2 [動])
よこみち〔横道〕syrjätie 30 [名]
よこむき〔横向き〕横向きに syrjin [副], sivuittain [副]
よこめ〔横目〕横目で syrjäsilmällä [副] ／横目で見る katsoa kieroon (katsoa 1 [動])
よごれ〔汚れ〕lika* 10 [名], likaisuus* 65 [名]
よごれる〔汚れる〕likaantua* 1 [動] ／汚れた likainen 63 [形]
よさ〔良さ〕(長所) hyvä puoli, ansio 3 [名] (hyvä 11 [形], puoli 32 [名])
よさん〔予算〕budjetti* 6 [名]
よじのぼる〔攀じ登る〕ryömiä 17 [動]
よしゅう〔予習〕tehtävien valmistus (valmistus 64 [名])
よす〔止す〕(中断する) lakata* 35 [動]
よせい〔余生〕eläkevuosi* 40 [名]
よせる〔寄せる〕(引き寄せる) vetää* 2 [動], (動かす) liikuttaa* 2 [動]
よせん〔予選〕〈ス〉karsinta* 15 [名]
よそ〔他所〕他所の人 muukalainen 63 [名] ／他所で muualla [副]
よそう〔予想〕aavistus 64 [名], arvelu 2 [名] ／予想する arvata 35 [動]
よそおい〔装い〕asu 1 [名], (通常は複数形で) vaate* 78 [名]
よそおう〔装う〕(着る) pukeutua* 44 [動], olla yllä (olla 25 [動])
よそく〔予測〕ennustus 64 [名], aavistus 64 [名] ／予測する ennustaa 2 [動]

よそよそしい vieras 66 [形]／よそよそしく vieraasti [副]

よたよた よたよた歩く kähmiä 17 [動], kähniä 17 [動]

よだれ〔涎〕kuola 11 [名]

よち〔予知〕予知しない äkkiarvaamaton* 57 [形]

よち〔余地〕liikkuma-ala 10 [名], liikkumatila [名]

よちよち よちよち歩く taapertaa* 6 [動], piipertää* 6 [動]

よつかど〔四つ角〕tienristeys 64 [名]

よっきゅう〔欲求〕halu 1 [名], toivomus 64 [名]

よっつ〔四つ〕neljä 11 [基数]／四つ目 neljäs* 75 [序数]

ヨット purjevene 78 [名]

よっぱらい〔酔っ払い〕juoppo* 1 [名], humalainen 63 [名]

よっぱらう〔酔っ払う〕juopua* 1 [動], humaltua* 1 [動]

よつんばい〔四つん這い〕四つん這いになる kontata* 35 [動]

よてい〔予定〕suunnitelma 13 [名], ohjelma 13 [名]

よどむ（留まる）polkea paikallaan (paikoillaan) (polkea* 13 [動])

よなか〔夜中〕yö 30 [名]

よのなか〔世の中〕maailma 10 [名]

よは〔余波〕（影響）jälkivaikutus 64 [名]

よはく〔余白〕laita* 10 [名], reuna 10 [名]

よばん〔夜番〕yövuoro 1 [名]

よび〔予備〕予備の vara-

よびかけ〔呼び掛け〕puhuttelu 2 [名]

よびかける〔呼び掛ける〕kutsua 1 [動], (訴える) vedota* 38 [動]

よびきん〔予備金〕varanto* 2 [名]

よびだし〔呼び出し〕呼び出し状 haaste 78 [名]

よびだす〔呼び出す〕kutsua luokseen (kutsua 1 [動])

よびもの〔呼び物〕vetovoima 11 [名], attraktio 3 [名]

よびりん〔呼び鈴〕ovikello 1 [名]
よぶ〔呼ぶ〕kutsua 1 [動]／～を～であると（分格・変格と共に）sanoa 1 [動], (分格・変格と共に) kutsua 1 [動]
よふけ〔夜更け〕sydänyö 30 [名], myöhäinen yö (myöhäinen 63 [形], yö 30 [名])
よぶん〔余分〕余分の ylimääräinen 63 [形]
よほう〔予報〕ennustus 64 [名]／天気予報 sääennustus 64 [名]
よぼう〔予防〕予防接種 rokotusaine 78 [名]／予防接種する rokottaa* 2 [動]
よほど〔余程〕(とても) hyvin [副], oikein [副]
よみ〔読み〕luku* 1 [名], (洞察力) arvostelu 2 [名]
よみあげ〔読み上げ〕sanelu 2 [名]
よみあげる〔読み上げる〕sanella 28 [動]
よみかえす〔読み返す〕lukea läpi (lukea* 13 [動])
よみがえる〔蘇る〕(記憶に) palautua mieleen (palautua* 44 [動])
よみかた〔読み方〕lukutapa* 10 [名], (解釈) tulkinta* 15 [名]
よみとる〔読み取る〕(理解する) ymmärtää* 6 [動], käsittää* 2 [動]
よみもの〔読み物〕lukeminen 63 [名]
よむ〔読む〕lukea* 13 [動]
よめ〔嫁〕(花嫁) morsian 56 [名], (息子の妻) miniä 14 [名]
よやく〔予約〕varaus 64 [名]／予約する varata 40 [動]
よゆう〔余裕〕余裕がある（入格と共に）mahtua* 1 [動]
より ～よりも（比較文で）kuin [接]
よりあわせる〔縒り合わせる〕punoa 1 [動]
よりいと〔縒り糸〕punos 64 [名]
よりかかる〔寄り掛かる〕nojata 35 [動], nojautua* 44 [動]
よりそう〔寄り添う〕painautua lähelle／寄り添って vierekkäin [副] (painautua* 44 [動])
よりどころ〔拠り所〕(支え) kiinnekohta* 11 [名]

よりみち〔寄り道〕寄り道をする poiketa* 36 [動]
よる〔夜〕yö 30 [名]／夜に öisin [副]／夜じゅう koko yön
よる〔因る〕～に因る (出格と共に) riippua* 1 [動]／～に因ると (属格と共に) mukaan [後]
よる〔寄る〕(横に) väistyä 1 [動]
よれよれ よれよれの服 kulunut puku (kulunut 77 [形], puku* 1 [名])
よろけ harha-askel 82 [名], horjahdus 64 [名]
よろける horjahtaa* 2 [動]
よろこばしい〔喜ばしい〕rattoisa 13 [形], ilahduttava 13 [形]
よろこばせる〔喜ばせる〕ilahduttaa* 2 [動], miellyttää* 2 [動]
よろこび〔喜び〕ilo 1 [名], riemu 1 [名], sulo 1 [名]
よろこぶ〔喜ぶ〕ilostua 1 [動], riemastua 1 [動]／喜ばせる miellyttää* 2 [動], ilahduttaa* 2 [動]／喜んで iloisesti [副], mielellään [副]
よろしく〔宜しく〕terveiset 63 [複名]
よろめく horjua 1 [動]／よろめかせる horjuttaa* 2 [動]
よろん〔世論〕yleinen mielipide (yleinen 63 [形], mielipide* 78 [名])
よわい〔弱い〕heikko* 1 [形], hento* 1 [形]
よわき〔弱気〕弱気になる ujostuttaa* 2 [動]
よわね〔弱音〕弱音を吐く voivottaa* 2 [動], valittaa* 2 [動]
よわまる〔弱まる〕heikentyä* 1 [動], heikontua* 1 [動]
よわみ〔弱み〕heikkous* 65 [名], heikko kohta (heikko* 1 [形], kohta* 11 [名])
よわめる〔弱める〕heikentää* 8 [動], heikontaa* 8 [動]
よわよわしい〔弱々しい〕laimea 21 [形]
よわる〔弱る〕heikentyä* 1 [動], heikontua* 1 [動]／弱らせる heikontaa* 8 [動]
よん〔四〕neljä 11 [基数]／四番目 neljäs* 75 [序数]
よんりんくどう〔四輪駆動〕neliveto* 1 [名]

ら

ラード rasva 10 [名], sianihra 10 [名]
らいう〔雷雨〕ukonilma 10 [名], ukkosenilma 10 [名]
らいうん〔雷雲〕ukkospilvi 8 [名]
らいおう〔来往〕(外国からの) maahanmuutto* 1 [名]
ライオン〈動〉leijona 16 [名]
らいきゃく〔来客〕vieras 66 [名]
らいげつ〔来月〕来月に ensi kuussa
らいしゅう〔来週〕来週に ensi viikolla
らいせ〔来世〕ikuisuus* 65 [形]
ライセンス erikoislupa* 11 [名], lisenssi 6 [名]
ライター sytytin* 56 [名]
ライト (明かり) valo 1 [名], valkeus* 65 [名]
ライトきゅう〔ライト級〕〈ス〉kevytsarja 10 [名]
らいねん〔来年〕来年に ensi vuonna
ライバル kilpailija 14 [名]
らいびょう〔癩病〕spitaali 6 [名]
らいひん〔来賓〕kunniavieras 66 [名]
ライフ ライフベルト pelastusvyö 30 [名] ／ライフワーク elämäntyö 30 [名]
ライフルじゅう〔ライフル銃〕pyssy 1 [名], kivääri 6 [名]
らいほう〔来訪〕tulo 1 [名]
ライむぎ〔ライ麦〕ruis* 68 [名] ／ライ麦パン ruisleipä* 11 [名]
らいめい〔雷鳴〕ukkosenjyrinä 14 [名], jyrähdys 64 [名]
ライラック〈植〉sireeni 5 [名], syreeni 6 [名]
らく〔楽〕楽な hauska 10 [形], mukava 13 [形] ／楽になる helpottua* 1 [動]

らくえん 〔楽園〕 paratiisi 4 [名]
らくご 〔落伍〕 落伍する (脱落する) jäädä pois (jäädä 19 [動])
らくさ 〔落差〕 putoama 13 [名], putouskorkeus* 65 [名]
らくじつ 〔落日〕 auringonlasku 1 [名]
らくせい 〔落成〕 valmistuminen 63 [名] ／落成する valmistua 1 [動]
らくだ 〔駱駝〕 〈動〉 kameli 6 [名]
らくだい 〔落第〕 落第する epäonnistua 1 [動]
らくたん 〔落胆〕 masennus 64 [名] ／落胆する masentua* 1 [動]
らくてんてき 〔楽天的〕 optimistinen 63 [形]
らくのう 〔酪農〕 酪農工場 meijeri 5 [名]
らくよう 〔落葉〕 落葉した lehdetön* 57 [形]
らくらい 〔落雷〕 ukkosenisku 1 [名], salamanisku 1 [名]
ラクリッツ lakritsi 4 [名]
ラケット 〈ス〉 maila 10 [名]
ラジウム radium 7 [名]
ラジエーター 〈技〉 patteri 5 [名]
ラジオ radio 3 [名]
らしゃ 〔羅紗〕 (毛織物) villakangas* 66 [名]
らしんばん 〔羅針盤〕 kompassi 6 [名]
ラスク (パンの一種) korppu* 1 [名]
ラストスパート loppukiri 4 [名]
らせん 〔螺旋〕 kierukka* 15 [名] ／螺旋階段 kierreportaat* 66 [複名]
らたい 〔裸体〕 裸体で alastomana
らっか 〔落下〕 putous 64 [名] ／落下する pudota* 38 [動]
ラッカー ラッカーを塗る lakeerata 35 [動]
らっかせい 〔落花生〕 maapähkinä 15 [名]
らっかん 〔楽観〕 optimismi 4 [名] ／楽観的 optimistinen 63 [形]
らっきょう 〔辣韮〕 hillosipuli 5 [名]
ラッシュ ruuhka 11 [名] ／ラッシュアワー ruuhka-aika* 10 [名]

ラップじん〔ラップ人〕saamelainen 63 [名] ／ラップ人の saamelainen 63 [形]
ラップランド Lappi* 4 [名]
ラディッシュ retiisi 5 [名]
らば〔騾馬〕〈動〉muuli 4 [名]
ラフ ラフな karmea 21 [形]
ラベル etiketti* 4 [名], esite* 78 [名]
ラムしゅ〔ラム酒〕rommi 4 [名]
ラリー（自動車の）ralli 4 [名]
られつ〔羅列〕luetteleminen 63 [名] ／羅列する luetella* 28 [動]
らん〔蘭〕〈植〉orkidea 10 [名]
らん〔欄〕（新聞の）palsta 10 [名]
らんおう〔卵黄〕keltuainen 63 [名], ruskuainen 63 [名]
らんがい〔欄外〕laita* 10 [名], reuna 10 [名]
らんかん〔欄干〕kaide* 78 [名], käsipuu 29 [名]
らんざつ〔乱雑〕乱雑な sekava 13 [形], sekainen 63 [形]
らんとう〔乱闘〕käsirysy 1 [名], käsikähmä 11 [名]
ランドセル reppu* 1 [名]
ランナー juoksija 14 [名]
ランニング（走り）juoksu 1 [名]
らんぱく〔卵白〕valkuainen 63 [名]
ランプ lamppu* 1 [名]
らんぼう〔乱暴〕väkivallanteko* 1 [名]
らんよう〔濫用・乱用〕väärinkäytös 64 [名] ／濫用する käyttää väärin (käyttää* 2 [動])

り

り〔理〕理にかなった järkiperäinen 63 [形]
リーグ（連盟）liiga 10 [名]
リーダー johtaja 16 [名] ／リーダーシップ johtoase-

ma 13 [名]
リード 〈ス〉etumatka 10 [名] / リードする（引き離す）mennä edelle (mennä 27 [動])
リーフレット lentolehtinen 63 [名]
リール (釣りの) kela 10 [名]
りえき 〔利益〕hyöty* 1 [名] / 利益をもたらす hyödyttää* 2 [動] / 利益を受ける hyötyä* 1 [動]
りえん 〔離縁〕avioero 1 [名]
りかい 〔理解〕ymmärrys 64 [名], käsitys 64 [名] / 理解する ymmärtää* 6 [動], käsittää* 2 [動]
りがい 〔利害〕etu ja haitta (etu* 1 [名], haitta* 10 [名])
りきせつ 〔力説〕力説する painostaa 2 [動]
リキュール likööri 5 [名]
りきりょう 〔力量〕(能力) kyky* 1 [名], taitavuus* 65 [名]
リクエスト pyyntö* 1 [名] / リクエストする pyytää* 3 と 45 [動]
りくぐん 〔陸軍〕maajoukko* 1 [名], maavoimat 11 [複名]
りくじょう 〔陸上〕陸上競技 kenttäurheilu 2 [名]
りくち 〔陸地〕manner* 82 [名], mantere 82 [名]
りくつ 〔理屈〕理屈屋 saivartelija 14 [名]
りこ 〔利己〕利己主義 omanvoitonpyynti* 4 [名] / 利己的 itsekäs* 66 [形]
りこう 〔利口〕利口な viisas 66 [形], älykäs* 66 [形]
りこう 〔履行〕履行する toteuttaa* 2 [動], täyttää* 2 [動]
りこん 〔離婚〕avioero 1 [名]
リサイクル リサイクル製品 kierrätystuote* 78 [名]
リサイタル 〈楽〉musiikkiesitys 64 [名], konsertti* 6 [名]
りさん 〔離散〕離散する hajaantua* 1 [動]
りし 〔利子〕〈商〉korko* 1 [名]
りじ 〔理事〕johtaja 16 [名], johtokunnan jäsen (jäsen 55 [名])
りしゅう 〔履修〕履修する opiskella 28 [動], lukea* 13 [動]

りじゅん〔利潤〕利潤の追求 voiton hankkiminen (hankkiminen 63 [名])
りす〔栗鼠〕〈動〉orava 13 [名]
リスト（表）lista 10 [名]
リズミカル リズミカルな tahdikas* 66 [形], rytmillinen 63 [形]
リズム〈楽〉tahti* 4 [名], rytmi 4 [名]
りせい〔理性〕järki* 8 [名]／理性的 järkevä 13 [形]
りそう〔理想〕ihanne* 78 [名]／理想的 ihanteellinen 63 [形]／理想化する ihannoida 18 [動]
りそく〔利息〕〈商〉korko*1 [名]／利息を生む kasvaa korkoa (kasvaa 9 [動])
りち〔理知〕äly 1 [名]／理知的 älykäs* 66 [形]
りちぎ〔律儀〕rehellisyys* 65 [名]／律儀な rehellinen 63 [形]
りつ〔率〕（百分率）prosentti* 6 [名], prosenttimäärä 11 [名]
りつあん〔立案〕suunnittelu 2 [名], suunnitelma 13 [名]
りっきょう〔陸橋〕maasilta* 10 [名]
りっけん〔立憲〕立憲的 perustuslaillinen 63 [形]
りっこうほ〔立候補〕立候補者 ehdokas* 66 [名]
りっしょう〔立証〕立証する todeta* 36 [動], todistaa 2 [動]
りっしんしゅっせ〔立身出世〕menestys (elämässä) (menestys 64 [名])
りつぞう〔立像〕patsas 66 [名]
りったい〔立体〕立体的 kolmiulotteinen 63 [形]
りつどう〔律動〕rytmi 4 [名]／律動的 rytmillinen 63 [形]
リットル（容積）litra 10 [名]
りっぱ〔立派〕立派な erinomainen 63 [形], upea 21 [形], loistava 13 [形]
りっぷく〔立腹〕立腹する suuttua* 1 [動], tulistua 1 [動]／立腹して suutuksissa [副]
りっぽう〔立方〕立方体〈数〉kuutio 3 [名]／立方メートル kuutiometri 4 [名]
りっぽう〔立法〕〈法〉lainsäädäntö* 2 [名]

りてん〔利点〕erikoisetu* 1 [名], etuus* 65 [名]
りねん〔理念〕perusaate* 78 [名], prinsiippi* 6 [名]
リネン pellava 13 [名]
リノリウム linoli 5 [名]
リハーサル harjoitus 64 [名]／リハーサルを行う harjoitella* 28 [動]
りはつ〔理髪〕理髪師 parturi 5 [名]／理髪店 parturi 5 [名]
リハビリ rehabilitaatio 3 [名]
りふじん〔理不尽〕理不尽な järjetön* 57 [形], typerä 12 [形]
リフト（スキーの）hiihtohissi 4 [名]
リボン nauha 10 [名]
リムジン（自動車）limusiini 5 [名]
リモートコントロール kaukokäynnistys 64 [名]
りゃくご〔略語〕lyhennys 64 [名]
りゃくす〔略す〕lyhentää* 42 [動],（省く）jättää pois (jättää* 2 [動])
りゃくず〔略図〕ääriviiva 10 [名]
りゃくだつ〔略奪〕略奪する rosvota 38 [動], ryöstää 2 [動]
りゃくれき〔略歴〕（履歴書）ansioluettelo 2 [名]
りゅう〔竜〕lohikäärme 78 [名]
りゆう〔理由〕syy 29 [名]／〜という理由で（属格と共に）vuoksi [後],（属格と共に）tähden [後]
りゅうい〔留意〕留意する（出格と共に）huolehtia* 17 [動],（出格と共に）välittää* 2 [動]
りゅういき〔流域〕jokialue 78 [名]
りゅうかん〔流感〕〈医〉influenssa 10 [名]
りゅうき〔隆起〕kohoaminen 63 [名]／隆起する kohota 38 [動]
りゅうぎ〔流儀〕（やり方）tapa* 10 [名], menettelytapa* 10 [名]
りゅうけつ〔流血〕verenvuoto* 1 [名]
りゅうこう〔流行〕muoti* 4 [名]／流行の（服装について）muodikas* 66 [形]
りゅうざん〔流産〕〈医〉abortti* 6 [名]
りゅうしゅつ〔流出〕vuoto* 1 [名]

りゅうせい〔流星〕〈天〉tähdenlento* 1 [名], meteori 5 [名]
りゅうせん〔流線〕流線型の virtaviivainen 63 [形]
りゅうち〔留置〕pidätys 64 [名] ／留置する pitää vankeudessa (pitää* 2 [動])
りゅうちょう〔流暢〕流暢な sujuva 13 [形] ／流暢に sujuvasti [副]
りゅうつう〔流通〕(貨幣の) kiertokulku* 1 [名]
りゅうどう〔流動〕流動的 pysymätön* 57 [形]
リューマチ リューマチ病 reumatismi 4 [名]
リュックサック selkäreppu* 1 [名]
りょう〔料〕慰謝料 korvaus 64 [名] ／入場料 pääsymaksu 1 [名]
りょう〔猟〕metsästys 64 [名] ／猟をする pyydystää 2 [動]
りょう〔量〕mitta* 10 [名]
りょう〔漁〕kalastus 64 [名] ／漁をする kalastaa 2 [動]
りよう〔利用〕käyttö* 1 [名] ／利用する käyttää hyväkseen (käyttää* 2 [動])
りよう〔理容〕理容室 parturi 5 [名]
りょういき〔領域〕ala 10 [名], alue 78 [名]
りょうかい〔了解〕ymmärrys 64 [名] ／了解する ymmärtää* 6 [動]
りょうかい〔領海〕領海線 meriraja 10 [名]
りょうがえ〔両替〕rahanvaihto* 1 [名] ／両替する vaihtaa rahaa (vaihtaa* 9 [動])
りょうがわ〔両側〕両側で molemmin puolin
りょうきん〔料金〕maksu 1 [名], taksa 10 [名]
りょうくう〔領空〕ilmatila 10 [名]
りょうけん〔了見〕(考え) ajatus 64 [名], käsite* 78 [名]
りょうけん〔猟犬〕vainukoira 11 [名], jahtikoira 11 [名]
りょうこう〔良好〕良好な hyvä 11 [形], mainio 3 [形], oivallinen 63 [形]
りょうさん〔量産〕joukkotuotanto* 2 [名], massatuotanto* 2 [名]

りょうし〔猟師〕metsästäjä 16 [名]
りょうし〔漁師〕kalastaja 16 [名]
りょうじ〔領事〕konsuli 5 [名] ／領事館 konsulaatti* 4 [名]
りょうしき〔良識〕terve järki (terve 79 [形], järki* 8 [名])
りょうしつ〔良質〕良質の korkealaatuinen 63 [形]
りょうしゃ〔両者〕(複数形で) molemmat* 22 [不代]
りょうしゅう〔領収〕領収書 kuitti* 4 [名], tosite* 78 [名]
りょうじゅう〔猟銃〕haulikko* 2 [名]
りょうしょう〔了承〕(同意) suostumus 64 [名] ／了承する suostua 1 [動]
りょうしん〔両親〕(通常は複数形で) vanhempi* 22 [名]
りょうしん〔良心〕omatunto* 84 [名] ／良心的 tunnollinen 63 [形]
りょうぶん〔領分〕ala 10 [名], piiri 4 [名]
りょうほう〔両方〕(複数形で) molemmat* 22 [不代] ／両方で kahtaalla [副]
りょうほう〔療法〕parannuskeino 1 [名], parannus 64 [名]
りょうめん〔両面〕両面の kaksipuolinen 63 [形]
りょうよう〔療養〕療養所 parantola 15 [名]
りょうり〔料理〕ruoka* 11 [名], ravinto* 2 [名] ／料理する keitellä* 28 [動]
りょかく〔旅客〕matkustaja 16 [名], matkailija 14 [名]
りょかん〔旅館〕matkustajakoti* 4 [名]
りょきゃく〔旅客〕matkustaja 16 [名], matkailija 14 [名]
りょくち〔緑地〕viheralue 78 [名]
りょけん〔旅券〕passi 4 [名]
りょこう〔旅行〕matka 10 [名] ／旅行者 matkustaja 16 [名]
りょっか〔緑化〕viheriöiminen 63 [名] ／緑化する viheriöidä 30 [動]
りょひ〔旅費〕matkakustannukset 64 [複名]

リラックス リラックスする hellitä* 37 [動]
りりく 〔離陸〕離陸する lähteä lentoon (lähteä* 16 [動])
りりしい 〔凛々しい〕muhkea 21 [形], upea 21 [形]
りりつ 〔利率〕〈商〉korkokanta* 10 [名]
リレー 〈ス〉viesti 4 [名], viestijuoksu 1 [名]
りれき 〔履歴〕ura 11 [名]／履歴書 ansioluettelo 2 [名]
りろん 〔理論〕oppi* 4 [名], teoria 15 [名]／理論的 teoreettinen 63 [形]
りん 〔燐〕〈化〉fosfori 5 [名]
りんかく 〔輪郭〕ääriviiva 10 [名]／輪郭を描く piirtää* 6 [動]
りんがく 〔林学〕metsätiede* 78 [名]
りんぎょう 〔林業〕metsätalous* 65 [名]
リンク (アイススケート場) luistinrata* 10 [名]
リング (指輪) sormus 64 [名], (ボクシングの) nyrkkeilykehä 11 [名]
りんご 〔林檎〕omena 12 [名]
りんごく 〔隣国〕naapuri 5 [名]
りんじ 〔臨時〕臨時の tilapäinen 63 [形], ylimääräinen 63 [形]
りんじゅう 〔臨終〕臨終を迎える tehdä kuolemaa (tehdä* 33 [動])
りんじん 〔隣人〕naapuri 5 [名], kanssaihminen 63 [名]
りんせつ 〔隣接〕隣接して vierekkäin [副]
りんね 〔輪廻〕(転生) sielunvaellus 64 [名]
リンパせん 〔リンパ腺〕〈解〉rauhanen 63 [名], imurauhanen 63 [名]
りんや 〔林野〕林野庁 metsähallitus 64 [名]
りんり 〔倫理〕moraali 6 [名]／倫理学 siveysoppi* 4 [名]

る

ルアー uistin 56 [名]
るい〔類〕laji 4 [名]
るいけい〔類型〕tyyppi* 4 [名]／類型的 stereotyyppinen 63 [形]
るいご〔類語〕synonyymi 4 [名]
るいじ〔類似〕yhtäläisyys* 65 [名]／類似した yhtäläinen 63 [形]
るいじんえん〔類人猿〕ihmisapina 14 [名]
るいすい〔類推〕analogia 15 [名], yhdenmukaisuus* 65 [名]
るいせき〔累積〕累積した kasaantuva 13 [形], kumulatiivinen 63 [形]
ルーズ ルーズな holtiton* 57 [形], huolimaton* 57 [形]
ルール sääntö* 1 [名]
るす〔留守〕留守の poissaoleva 13 [形]
ルネサンス renessanssi 4 [名]
ルビー rubiini 5 [名]
るふ〔流布〕levikki* 6 [名]

れ

れい〔礼〕（謝礼）palkinto* 2 [名]
れい〔例〕esimerkki* 4 [名]
れい〔零〕nolla 11 [基数]
れい〔霊〕henki* 8 [名]／霊的 henkinen 63 [形]
れいがい〔例外〕poikkeus 64 [名]／例外的 poik-

レーザー

keuksellinen 63 [形]
れいかん〔霊感〕innoitus 64 [名]
れいぎ〔礼儀〕礼儀正しい kohtelias 66 [形]／礼儀正しく kohteliaasti [副]
れいきゃく〔冷却〕jäähdytys 64 [名]／冷却させる jäähdyttää* 2 [動]
れいきゅうしゃ〔霊柩車〕ruumisauto 1 [名]
れいけつ〔冷血〕冷血の（心が冷たい）tunnoton* 57 [形]
れいこく〔冷酷〕冷酷な säälimätön* 57 [形], julma 11 [形]
れいこん〔霊魂〕sielu 1 [名]
れいさい〔零細〕pieni 38 [形], pikku- ／零細農家 pienviljelijä 14 [名]
れいじ〔例示〕esittely 2 [名], osoitus 64 [名]
れいしょう〔冷笑〕冷笑する irvistää 2 [動], irvistellä 28 [動]
れいじょう〔礼状〕kiitoskirje 78 [名]
れいすい〔冷水〕kylmä vesi (kylmä 11 [形], vesi* 40 [名])
れいせい〔冷静〕冷静な maltillinen 63 [形]
れいせつ〔礼節〕säädyllisyys* 65 [名]
れいぞう〔冷蔵〕冷蔵庫 jääkaappi* 4 [名]／冷蔵する säilöä 1 [動]
れいだい〔例題〕harjoitustehtävä 13 [名]
れいたん〔冷淡〕冷淡な kyyninen 63 [形], kyynillinen 63 [形]
れいど〔零度〕（気温）nolla-aste 78 [名], nollapiste 78 [名]
れいとう〔冷凍〕冷凍庫 pakastin 56 [名]／冷凍食品 pakaste 78 [名]
れいねん〔例年〕例年の vuotuinen 63 [形], vuosi-
れいはい〔礼拝〕礼拝堂 kappeli 5 [名]／礼拝する palvoa 1 [動]
れいぼう〔冷房〕ilmastointi* 4 [名]
レインコート sadetakki* 4 [名]
レーザー laser [laser, laaser] 7 [名]／レーザープリンター〈技〉laserprintteri 5 [名]

レース　542

レース（布）pitsi 4 [名]
レース（競走）kilpa-ajo 1 [名] ／レースの選手 kilpaurheilija 14 [名]
レーダー　tutka 11 [名], radiotutka 11 [名]
レート〈商〉kurssi 4 [名]
レール　raide* 78 [名], ratakisko 1 [名]
れきし〔歴史〕historia 15 [名]
レクリエーション　virkistys 64 [名]
レコード〈ス〉ennätys 64 [名],（録音盤）äänilevy 1 [名]
レジ（支払い場所）valintamyymälän kassa (kassa 10 [名])
レシート　kuitti* 4 [名], tosite* 78 [名]
レシピ　resepti 6 [名]
レジャー（余暇）joutoaika* 10 [名], vapaa-aika* 83 [名]
レジュメ　yhteenveto* 1 [名]
レストラン　ravintola 14 [名]
レスラー〈ス〉painija 14 [名]
レスリング〈ス〉paini 4 [名]
レセプション　vastaanottotilaisuus* 65 [名]
レタス　salaatti* 6 [名]
れつ〔列〕jono 11 [名], rivi 4 [名] ／列になって jonossa
れっきとした〔歴とした〕säädyllinen 63 [形], arvokas* 66 [形]
れっきょ〔列挙〕luetteleminen 63 [名] ／列挙する luetella* 28 [動]
れっしゃ〔列車〕juna 11 [名]
レッスン　oppi* 4 [名], oppitunti* 4 [名]
れっせき〔列席〕列席者 läsnäolija 14 [名] ／列席している olla läsnä (olla 25 [動])
れっとう〔列島〕saaristo 2 [名], saariryhmä 11 [名]
れっとう〔劣等〕alhaisuus* 65 [名]
レディーメード　レディーメードの valmis-
レバー（肝臓）maksa 10 [名]
レバー（にぎり）vipu* 1 [名]
レパートリー（知識などの）tietovarasto 2 [名], aar-

teisto 2 [名]
レビュー (ショー) revyy 26 [名]
レフェリー〈ス〉tuomari 5 [名], erotuomari 5 [名]
レベル taso 1 [名]／～のレベルで (属格と共に) tasalla [後]
レポーター reportteri 5 [名]
レポート (報告書) kertomus 64 [名], selostus 64 [名]
レモネード limonaadi 4 [名]
レモン sitruuna 12 [名]
レリーフ kohokuva 11 [名]
れん〔連〕(詩の) säejakso 1 [名]
れんあい〔恋愛〕rakkaus* 65 [名]／恋愛関係 rakkaussuhde* 78 [名]
れんが〔煉瓦〕tiili 32 [名]
れんけつ〔連結〕kytkentä* 15 [名]
れんごう〔連合〕liitto* 1 [名], liittokunta* 11 [名]
れんさ〔連鎖〕ketju 1 [名], (シリーズ) sarja 10 [名], jakso 1 [名]
れんさい〔連載〕sarja 10 [名]
レンジ liesi* 40 [名]／電気レンジ sähköliesi* 40 [名]
れんじつ〔連日〕päivästä päivään, joka päivä
れんしゅう〔練習〕harjoitus 64 [名]／練習する harjoittaa* 2 [動]
レンズ linssi 4 [名]
れんそう〔連想〕連想させる muistuttaa* 2 [動]
れんぞく〔連続〕sarja 10 [名]／連続して yhtäjaksoisesti [副]
れんたい〔連帯〕連帯の yhteinen 63 [形], solidaarinen 63 [形]
レンタカー vuokra-auto 1 [名]
レンタル レンタル料金 vuokramaksu 1 [名]
れんちゅう〔連中〕ryhmä 11 [名], joukko* 1 [名]
レントゲン レントゲン写真 röntgenkuva 11 [名]
れんぼ〔恋慕〕ikävä 13 [名]／恋慕する rakastua 1 [動]
れんぽう〔連邦〕liitto* 1 [名], valtioliitto* 1 [名]
れんめい〔連盟〕liiga 10 [名], liittokunta* 11 [名]

れんらく〔連絡〕～に連絡する ottaa yhteyttä＋入格 (ottaa* 2 [動])
れんりつ〔連立〕liitto* 1 [名]

ろ

ろ〔炉〕liesi* 40 [名]
ろ〔櫓〕mela 10 [名]／櫓を漕ぐ meloa 1 [動]
ろう〔労〕労を惜しまずに vaivojaan säästämättä
ろう〔牢〕(牢獄) vankila 14 [名]
ろうあ〔聾啞〕聾啞者 kuuromykkä* 83 [名]
ろうか〔老化〕vanheneminen 63 [名]／老化する vanhentua* 1 [動], vanheta 34 [動]
ろうか〔廊下〕käytävä 13 [名]
ろうご〔老後〕(老齢) vanhuus* 65 [名]
ろうごく〔牢獄〕vankila 14 [名]
ろうしょう〔朗唱〕lausunta* 15 [名]
ろうじん〔老人〕vanhus 64 [名]／老人ホーム vanhainkoti* 4 [名]
ろうすい〔老衰〕vanhuudenheikkous* 65 [名]
ろうそく〔蠟燭〕kynttilä 15 [名], vahakynttilä 15 [名]
ろうでん〔漏電〕〈電〉oikosulku* 1 [名]
ろうと〔漏斗〕suppilo 2 [名]
ろうどう〔労働〕työ 30 [名], työnteko* 1 [名]
ろうどく〔朗読〕lausunta* 15 [名]
ろうねん〔老年〕vanhuus* 65 [名]
ろうば〔老婆〕akka* 10 [名], eukko* 1 [名]
ろうばい〔狼狽〕(慌てること) pakokauhu 1 [名]／狼狽させる nolata 35 [動]
ろうひ〔浪費〕tuhlaus 64 [名]／浪費する tuhlata 35 [動]
ろうや〔牢屋〕(牢獄) vankila 14 [名], vankityrmä 11 [名]

ろうりょく〔労力〕ponnistus 64 [名], yritys 64 [名]
ろうれい〔老齢〕vanhuus* 65 [名]
ローカル ローカルな paikallinen 63 [形]
ロース 〈料〉paisti 4 [名]
ロースト ローストビーフ 〈料〉paahtopaisti 4 [名]
ロープ köysi* 40 [名] ／ロープウェー köysirata* 10 [名]
ローラー rulla 11 [名] ／ローラースケート rullaluistin 56 [名]
ロールケーキ kääretorttu* 1 [名]
ロールパン sämpylä 15 [名]
ローン lainoitus 64 [名]
ろか〔濾過〕濾過する siivilöidä 30 [動]
ろく〔六〕kuusi* 40 [基数] ／六番目 kuudes* 75 [序数]
ろくおん〔録音〕録音する（テープレコーダーで）nauhoittaa* 2 [動]
ろくがつ〔六月〕heinäkuu 29 [名]
ろくしょう〔緑青〕kuparinhome 78 [名], patina 14 [名]
ろくでなし hulttio 3 [名]
ろくに〔碌に〕（否定文で）（ほとんど）tuskin [副]
ろくまく〔肋膜〕〈解〉keuhkopussi 4 [名]
ロケット raketti* 6 [名]
ろこう〔露光〕〈写〉valotus 64 [名] ／〈写〉露光する valottaa* 2 [動]
ろこつ〔露骨〕露骨な vilpitön* 57 [形], suora 11 [形]
ろし〔濾紙〕（液体をこす紙）siivilä 15 [名]
ろじ〔路地〕kuja 11 [名], kujanen 63 [名]
ロシア Venäjä 13 [名] ／ロシア語 venäjä 13 [名] ／ロシア人 venäläinen 63 [名]
ろしゅつ〔露出〕〈写〉valotus 64 [名] ／露出する〈写〉valottaa* 2 [動]
ろじょう〔路上〕路上で kadulla, tiellä
ろせん〔路線〕linja 10 [名] ／路線バス linja-auto 1 [名]
ロッカー lokero 2 [名], säilytyslokero 2 [名]
ろっかく〔六角〕六角形 kuusikulmio 3 [名] ／六角形

の kuusikulmainen 63 [形]
ロッキングチェア keinutuoli 4 [名], kiikkutuoli 4 [名]
ロック（錠）lukko* 1 [名]
ロック〈楽〉rock 7 [名]
ろっこつ〔肋骨〕〈解〉kylkiluu 29 [名]
ろてん〔露店〕myymälä 15 [名]
ろば〔驢馬〕〈動〉aasi 4 [名]
ロビー eteinen 63 [名], eteishalli 4 [名]
ロブスター〈料〉hummeri 5 [名]
ロボット robotti* 5 [名]
ロマンチック ロマンチックな romanttinen 63 [形]
ろめん〔路面〕路面電車 raitiovaunu 1 [名]
ろんがい〔論外〕論外で ei puhettakaan
ろんぎ〔論議〕väittely 2 [名], keskustelu 2 [名]
ろんじる〔論じる〕väitellä* 28 [動], keskustella 28 [動]
ろんせつ〔論説〕artikkeli 5 [名]
ろんそう〔論争〕kiista 10 [名], riita* 10 [名]／論争する kiistää 2 [動], riidellä* 28 [動]
ろんぶん〔論文〕（学術研究・学位などの）väitöskirja 10 [名], tutkielma 13 [名]
ろんり〔論理〕論理学 logiikka* 15 [名]／論理的 johdonmukainen 63 [形]

わ

わ〔和〕sopusointu* 1 [名]
わ〔輪〕pyörä 11 [名], rengas* 66 [名]／輪を描く piirittää* 2 [動]
ワールドカップ〈ス〉maailmanmestaruus* 65 [名]
ワールドチャンピオン〈ス〉maailmanmestari 5 [名]
わいきょく〔歪曲〕（ゆがめること）vääristys 64 [名]／歪曲する vääristää 2 [動]

ワイシャツ paita* 10 [名]
わいせつ 〔猥褻〕猥褻な rivo 1 [形], siveetön* 57 [形]
ワイヤ 〈電〉johto* 1 [名], lanka* 10 [名]
わいろ 〔賄賂〕〈法〉lahjus 64 [名]
ワイン viini 4 [名], (赤) punaviini 4 [名], (白) valkoviini 4 [名]
わおん 〔和音〕〈楽〉sointu* 1 [名]
わかい 〔和解〕ratkaisu 2 [名]／和解する leppyä* 1 [動]
わかい 〔若い〕nuori 39 [形]／若さ nuoruus* 65 [名]
わかがえる 〔若返る〕nuortua* 1 [動], uudistua 1 [動]
わかす 〔沸かす〕keittää* 2 [動], kiehuttaa* 2 [動]
わかば 〔若葉〕uusi lehti, verso 1 [名] (uusi* 40 [形], lehti* 8 [名])
わがまま 〔我が侭〕我が侭な mielivaltainen 63 [形], vallaton* 57 [形]
わかめ 〔若芽〕oras 66 [名]
わかもの 〔若者〕nuoriso 2 [名], nuorukainen 63 [名]
わかり 〔分かり〕分かりがよい älykäs* 66 [形]／分かりやすい selvä 11 [形]
わかる 〔分かる〕ymmärtää* 6 [動], käsittää* 2 [動]
わかれ 〔別れ〕ero 1 [名]／別れ道 tienhaara 10 [名]
わかれめ 〔分かれ目〕käännekohta* 11 [名], (道の) tienhaara 10 [名]
わかれる 〔別れる〕erota 38 [動]
わかわかしい 〔若々しい〕nuorekas* 66 [形]
わき 〔脇〕(傍ら・そば) reuna 10 [名], vieri 32 [名]／～の脇で (属格と共に) vieressä [後], (属格と共に) ääressä [後]／～の脇へ (属格と共に) viereen [後]
わき 〔腋〕腋の下 kainalo 2 [名]／腋に抱えて kainalossa
わきでる 〔湧き出る〕tihkua 1 [動], pulpahtaa* 2 [動]
わきばら 〔脇腹〕kylki* 8 [名], sivu 1 [名]
わきみち 〔脇道〕syrjätie 30 [名]
わぎり 〔輪切り〕poikkileikkaus 64 [名]
わく 〔枠〕(通常は複数形で) kehys 64 [名]／枠で囲む kehystää 2 [動]

わく〔沸く〕kiehua 1 [動], kuohua 1 [動]
わくせい〔惑星〕kiertotähti* 8 [名]
ワクチン ワクチン注射 rokotus 64 [名]
わくわく わくわくする（興奮する）kiihtyä* 1 [動], innostua 1 [動]
わけ〔訳〕（理由）syy 29 [名] ／〜という訳で（属格と共に）tähden [後]
わけへだて〔分け隔て〕（差別）erottaminen 63 [名], syrjintä* 15 [名]
わけまえ〔分け前〕osuus 65 [名]
わけめ〔分け目〕（髪の）jakaus 64 [名]
わける〔分ける〕jakaa* 9 [動]
わごう〔和合〕sopusointu* 1 [名], sovinto* 2 [名]
わゴム〔輪ゴム〕kuminauha 10 [名]
ワゴン vankkurit 5 [複名]
わざ〔技〕taito* 1 [名]
わざと〔態と〕tahallaan [副], tahallisesti [副]
わさび〔山葵〕〈植〉piparjuuri 39 [名]
わざわい〔災い〕vastus 64 [名]
わざわざ nimenomaan [副], varta vasten [副]
わし〔鷲〕〈鳥〉haukka* 10 [名], kotka 11 [名]
わしばな〔鷲鼻〕kotkannenä 11 [名]
わしゃ〔話者〕puhuja 16 [名]
わずか〔僅か〕僅かな vähäinen 63 [形], lievä 11 [形] ／僅かに vähän [副]
わずらう〔患う〕sairastua 1 [動]
わずらわしい〔煩わしい〕（面倒な）harmillinen 63 [形], kiusallinen 63 [形]
わずらわす〔煩わす〕häiritä 31 [動], kiusata 35 [動]
わすれ〔忘れ〕unohdus 64 [名]
わすれっぽい〔忘れっぽい〕huonomuistinen 63 [形], unohtava 13 [形]
わすれなぐさ〔勿忘草〕〈植〉lemmenkukka* 11 [名], peltolemmikki* 5 [名]
わすれもの〔忘れ物〕löytötavara 15 [名]
わすれる〔忘れる〕unohtaa* 2 [動]
わせい〔和声〕〈楽〉harmonia 15 [名]
ワセリン vaseliini 4 [名]

わた〔綿〕pumpuli 5〔名〕／綿菓子 hattara 17〔名〕
わだい〔話題〕aihe 78〔名〕, puheenaihe 78〔名〕
わたくし〔私〕minä（変化表参照）〔人代〕／私達 me（変化表参照）〔人代〕／私事 yksityisasia 14〔名〕
わたし〔渡し〕渡し舟 lautta* 10〔名〕, lossi 4〔名〕
わたす〔渡す〕antaa* 9〔動〕
わだち〔轍〕（車輪のあと）jälki* 8〔名〕, raitio 3〔名〕
わたり〔渡り〕（鳥の）muutto* 1〔名〕
わたりどり〔渡り鳥〕muuttolintu* 1〔名〕
わたりろうか〔渡り廊下〕välikäytävä 13〔名〕
わたる〔渡る〕ylittää* 2〔動〕／～を渡って（属格と共に）ylitse〔後〕〔前〕
ワックス voide* 78〔名〕
ワット〈電〉watti* 4〔名〕
わっと わっと泣きだす purskahtaa itkuun（purskahtaa* 2〔動〕）
ワッフル〈料〉vohveli 5〔名〕
わな〔罠〕pyydys 64〔名〕, ansa 10〔名〕／罠を仕掛ける virittää* 2〔動〕
わに〔鰐〕〈動〉krokotiili 4〔名〕
わび〔詫び〕（謝罪）anteeksipyyntö* 1〔名〕／詫びを言う pyytää anteeksi（pyytää* 3 と 45〔動〕）
わびしい〔侘しい〕（さびしい）yksinäinen 63〔形〕
わびる〔詫びる〕（謝罪する）pyytää anteeksi（pyytää* 3 と 45〔動〕）
わへい〔和平〕和平条約 rauhansopimus 64〔名〕／和平条約を結ぶ solmia rauha（solmia 17〔動〕, rauha 10〔名〕）
わめく〔喚く〕（大声を出す）äristä 41〔動〕, ulvoa 1〔動〕
わら〔藁〕riisinolki* 8〔名〕／藁束 olkikupo* 1〔名〕
わらい〔笑い〕nauru 1〔名〕
わらいだす〔笑い出す〕（急に）purskahtaa nauruun（purskahtaa* 2〔動〕）
わらいばなし〔笑い話〕leikinlasku 1〔名〕
わらう〔笑う〕nauraa 9〔動〕, naurahtaa* 2〔動〕／笑わせる naurattaa* 2〔動〕
わらび〔蕨〕〈植〉sananjalka* 10〔名〕

わらぶき〔藁葺き〕藁葺き屋根の olkikattoinen 63 〔形〕
わり〔割り〕割りが悪い hyödytön* 57 〔形〕, turha 11 〔形〕
わりあい〔割合〕mittasuhde* 78 〔名〕／割合に verraten 〔副〕
わりあて〔割り当て〕tehtävä 13 〔名〕, läksy 1 〔名〕
わりあてる〔割り当てる〕jakaa tarkoitukseen (jakaa* 9 〔動〕)
わりかん〔割り勘〕(通常は複数形で) nyyttikekkeri 5 〔名〕
わりきる〔割り切る〕割り切って asiallisesti 〔副〕, täsmällisesti 〔副〕
わりこむ〔割り込む〕tunkeutua* 44 〔動〕, ahtautua* 44 〔動〕
わりざん〔割り算〕〈数〉jakolasku 1 〔名〕
わりびき〔割引〕alennus 64 〔名〕
わる〔割る〕halkaista 24 〔動〕, särkeä* 13 〔動〕
わるい〔悪い〕huono 1 〔形〕, paha 10 〔形〕／悪くなる huonontua* 1 〔動〕, (腐る) pilaantua* 1 〔動〕
わるくち〔悪口〕panettelu 2 〔名〕, juoru 1 〔名〕／悪口を言う panetella* 28 〔動〕, juoruta 39 〔動〕
わるがしこい〔悪賢い〕ovela 12 〔形〕, viekas* 66 〔形〕
わるぎ〔悪気〕pahanilkisyys* 65 〔名〕, ilkeys* 65 〔名〕
わるさ〔悪さ〕pahuus* 65 〔名〕
わるだくみ〔悪巧み〕metku 1 〔名〕
わるぢえ〔悪知恵〕viekkaus* 65 〔名〕
ワルツ valssi 4 〔名〕
わるびれる〔悪びれる〕(出格と共に) olla hämillään (olla 25 〔動〕)
わるもの〔悪者〕veijari 5 〔名〕, ilkiö 3 〔名〕
われ〔我〕minä (変化表参照) 〔人代〕
われめ〔割れ目〕reikä* 11 〔名〕, repeämä 13 〔名〕
われる〔割れる〕haljeta* 36 〔動〕, mennä poikki (mennä 27 〔動〕)
われわれ〔我々〕me (変化表参照) 〔人代〕, meikäläinen 63 〔名〕

わん〔湾〕lahti* 8 [名], merenlahti* 8 [名]
わんきょく〔湾曲〕kaari 32 [名], kaarto* 1 [名]
わんぱく〔腕白〕腕白な（子供について）tuhma 11 [形], paha 10 [形]
ワンピース puku* 1 [名], 〈話〉leninki* 5 [名]
ワンマン（独裁者）diktaattori 5 [名]
わんりょく〔腕力〕käsivoima 11 [名], (暴力) väkivalta* 10 [名]

名詞・形容詞の変化表

母音語幹のみの名詞・形容詞

	格	単　　数	複　　　　数
1	主　格	aamu	aamut
	属　格	aamun	aamujen (aamuin)
	対格 I	aamun	aamut
	II	aamu	aamut
	分　格	aamua	aamuja
	様　格	aamuna	aamuina
	変　格	aamuksi	aamuiksi
	内　格	aamussa	aamuissa
	出　格	aamusta	aamuista
	入　格	aamuun	aamuihin
	所　格	aamulla	aamuilla
	離　格	aamulta	aamuilta
	向　格	aamulle	aamuille
	欠　格	aamutta	aamuitta
	共　格		aamuine
	具　格		aamuin
	主　格	katu	kadut
	属　格	kadun	katujen (katuin)
	対格 I	kadun	kadut
	II	katu	kadut
	分　格	katua	katuja
	様　格	katuna	katuina
	変　格	kaduksi	kaduiksi
	内　格	kadussa	kaduissa
	出　格	kadusta	kaduista
	入　格	katuun	katuihin
	所　格	kadulla	kaduilla
	離　格	kadulta	kaduilta
	向　格	kadulle	kaduille
	欠　格	kadutta	kaduitta
	共　格		katuine
	具　格		kaduin

553　名詞・形容詞の変化表

	格	単　　数	複　　　数
2	主　格	henkilö	henkilöt
	属　格	henkilön	henkilöjen henkilöiden henkilöitten (henkilöin)
	対格 I	henkilön	henkilöt
	II	henkilö	henkilöt
	分　格	henkilöä	henkilöjä henkilöitä
	様　格	henkilönä	henkilöinä
	変　格	henkilöksi	henkilöiksi
	内　格	henkilössä	henkilöissä
	出　格	henkilöstä	henkilöistä
	入　格	henkilöön	henkilöihin
	所　格	henkilöllä	henkilöillä
	離　格	henkilöltä	henkilöiltä
	向　格	henkilölle	henkilöille
	欠　格	henkilöttä	henkilöittä
	共　格		henkilöine
	具　格		henkilöin
	主　格	aurinko	auringot
	属　格	auringon	aurinkojen auringoiden auringoitten (aurinkoin)
	対格 I	auringon	auringot
	II	aurinko	auringot
	分　格	aurinkoa	aurinkoja auringoita
	様　格	aurinkona	aurinkoina
	変　格	auringoksi	auringoiksi
	内　格	auringossa	auringoissa
	出　格	auringosta	auringoista
	入　格	aurinkoon	aurinkoihin
	所　格	auringolla	auringoilla
	離　格	auringolta	auringoilta
	向　格	auringolle	auringoille
	欠　格	auringotta	auringoitta
	共　格		aurinkoine
	具　格		auringoin

名詞・形容詞の変化表   554

	格	単　　　　数	複　　　　　　数
3	主　格	kallio	kalliot
	属　格	kallion	kallioiden kallioitten (kallioin)
	対格 I	kallion	kalliot
	II	kallio	kalliot
	分　格	kalliota (kallioa)	kallioita
	様　格	kalliona	kallioina
	変　格	kallioksi	kallioiksi
	内　格	kalliossa	kallioissa
	出　格	kalliosta	kallioista
	入　格	kallioon	kallioihin
	所　格	kalliolla	kallioilla
	離　格	kalliolta	kallioilta
	向　格	kalliolle	kallioille
	欠　格	kalliotta	kallioitta
	共　格		kallioine
	具　格		kallioin
4	主　格	bussi	bussit
	属　格	bussin	bussien (bussein)
	対格 I	bussin	bussit
	II	bussi	bussit
	分　格	bussia	busseja
	様　格	bussina	busseina
	変　格	bussiksi	busseiksi
	内　格	bussissa	busseissa
	出　格	bussista	busseista
	入　格	bussiin	busseihin
	所　格	bussilla	busseilla
	離　格	bussilta	busseilta
	向　格	bussille	busseille
	欠　格	bussitta	busseitta
	共　格		busseine
	具　格		bussein

555　名詞・形容詞の変化表

	格	単　　数	複　　数
4	主　格	kortti	kortit
	属　格	kortin	korttien (korttein)
	対格 I	kortin	kortit
	II	kortti	kortit
	分　格	korttia	kortteja
	様　格	korttina	kortteina
	変　格	kortiksi	korteiksi
	内　格	kortissa	korteissa
	出　格	kortista	korteista
	入　格	korttiin	kortteihin
	所　格	kortilla	korteilla
	離　格	kortilta	korteilta
	向　格	kortille	korteille
	欠　格	kortitta	korteitta
	共　格		kortteine
	具　格		kortein
5	主　格	kaveri	kaverit
	属　格	kaverin	kaverien kavereiden kavereitten (kaverein)
	対格 I	kaverin	kaverit
	II	kaveri	kaverit
	分　格	kaveria	kavereita kavereja
	様　格	kaverina	kavereina
	変　格	kaveriksi	kavereiksi
	内　格	kaverissa	kavereissa
	出　格	kaverista	kavereista
	入　格	kaveriin	kavereihin
	所　格	kaverilla	kavereilla
	離　格	kaverilta	kavereilta
	向　格	kaverille	kavereille
	欠　格	kaveritta	kavereitta
	共　格		kavereine
	具　格		kaverein

名詞・形容詞の変化表　556

	格	単　　数	複　　数
5	主　格	kaupunki	kaupungit
	属　格	kaupungin	kaupunkien kaupungeiden kaupungeitten (kaupunkein)
	対格 I	kaupungin	kaupungit
	II	kaupunki	kaupungit
	分　格	kaupunkia	kaupunkeja kaupungeita
	様　格	kaupunkina	kaupunkeina
	変　格	kaupungiksi	kaupungeiksi
	内　格	kaupungissa	kaupungeissa
	出　格	kaupungista	kaupungeista
	入　格	kaupunkiin	kaupunkeihin kaupungeihin
	所　格	kaupungilla	kaupungeilla
	離　格	kaupungilta	kaupungeilta
	向　格	kaupungille	kaupungeille
	欠　格	kaupungitta	kaupungeitta
	共　格		kaupunkeine
	具　格		kaupungein
6	主　格	betoni	betonit
	属　格	betonin	betonien (betoneiden) (betoneitten) (betonein)
	対格 I	betonin	betonit
	II	betoni	betonit
	分　格	betonia	betoneja (betoneita)
	様　格	betonina	betoneina
	変　格	betoniksi	betoneiksi
	内　格	betonissa	betoneissa
	出　格	betonista	betoneista
	入　格	betoniin	betoneihin
	所　格	betonilla	betoneilla
	離　格	betonilta	betoneilta
	向　格	betonille	betoneille
	欠　格	betonitta	betoneitta
	共　格		betoneine
	具　格		betonein

557　名詞・形容詞の変化表

	格	単　　数	複　　数
6	主　格	ammatti	ammatit
	属　格	ammatin	ammattien (ammateiden) (ammateitten) (ammattein)
	対格 I	ammatin	ammatit
	II	ammatti	ammatit
	分　格	ammattia	ammatteja (ammateita)
	様　格	ammattina	ammatteina
	変　格	ammatiksi	ammateiksi
	内　格	ammatissa	ammateissa
	出　格	ammatista	ammateista
	入　格	ammattiin	ammatteihin
	所　格	ammatilla	ammateilla
	離　格	ammatilta	ammateilta
	向　格	ammatille	ammateille
	欠　格	ammatitta	ammateitta
	共　格		ammatteine
	具　格		ammatein
7	主　格	kalsium	kalsiumit
	属　格	kalsiumin	kalsiumien (kalsiumein)
	対格 I	kalsiumin	kalsiumit
	II	kalsium	kalsiumit
	分　格	kalsiumia	kalsiumeja
	様　格	kalsiumina	kalsiumeina
	変　格	kalsiumiksi	kalsiumeiksi
	内　格	kalsiumissa	kalsiumeissa
	出　格	kalsiumista	kalsiumeista
	入　格	kalsiumiin	kalsiumeihin
	所　格	kalsiumilla	kalsiumeilla
	離　格	kalsiumilta	kalsiumeilta
	向　格	kalsiumille	kalsiumeille
	欠　格	kalsiumitta	kalsiumeitta
	共　格		kalsiumeine
	具　格		kalsiumein

名詞・形容詞の変化表

	格	単　　数	複　　数
8	主　格	nimi	nimet
	属　格	nimen	nimien (nimein)
	対格 I	nimen	nimet
	II	nimi	nimet
	分　格	nimeä	nimiä
	様　格	nimenä	niminä
	変　格	nimeksi	nimiksi
	内　格	nimessä	nimissä
	出　格	nimestä	nimistä
	入　格	nimeen	nimiin
	所　格	nimellä	nimillä
	離　格	nimeltä	nimiltä
	向　格	nimelle	nimille
	欠　格	nimettä	nimittä
	共　格		nimine
	具　格		nimin
	主　格	lehti	lehdet
	属　格	lehden	lehtien (lehtein)
	対格 I	lehden	lehdet
	II	lehti	lehdet
	分　格	lehteä	lehtiä
	様　格	lehtenä	lehtinä
	変　格	lehdeksi	lehdiksi
	内　格	lehdessä	lehdissä
	出　格	lehdestä	lehdistä
	入　格	lehteen	lehtiin
	所　格	lehdellä	lehdillä
	離　格	lehdeltä	lehdiltä
	向　格	lehdelle	lehdille
	欠　格	lehdettä	lehdittä
	共　格		lehtine
	具　格		lehdin

559　名詞・形容詞の変化表

	格	単　　数	複　　数
9	主　格	nalle	nallet
	属　格	nallen	nallein
	対格 I	nallen	nallet
	II	nalle	nallet
	分　格	nallea	nalleja
	様　格	nallena	nalleina
	変　格	nalleksi	nalleiksi
	内　格	nallessa	nalleissa
	出　格	nallesta	nalleista
	入　格	nalleen	nalleihin
	所　格	nallella	nalleilla
	離　格	nallelta	nalleilta
	向　格	nallelle	nalleille
	欠　格	nalletta	nalleitta
	共　格		nalleine
	具　格		nallein
	主　格	nukke	nuket
	属　格	nuken	nukkien nukkein
	対格 I	nuken	nuket
	II	nukke	nuket
	分　格	nukkea	nukkeja
	様　格	nukkena	nukkeina
	変　格	nukeksi	nukeiksi
	内　格	nukessa	nukeissa
	出　格	nukesta	nukeista
	入　格	nukkeen	nukkeihin
	所　格	nukella	nukeilla
	離　格	nukelta	nukeilta
	向　格	nukelle	nukeille
	欠　格	nuketta	nukeitta
	共　格		nukkeine
	具　格		nukein

名詞・形容詞の変化表　560

	格	単　　数	複　　　　数
10	主　格	tarha	tarhat
	属　格	tarhan	tarhojen (tarhain)
	対格 I	tarhan	tarhat
	II	tarha	tarhat
	分　格	tarhaa	tarhoja
	様　格	tarhana	tarhoina
	変　格	tarhaksi	tarhoiksi
	内　格	tarhassa	tarhoissa
	出　格	tarhasta	tarhoista
	入　格	tarhaan	tarhoihin
	所　格	tarhalla	tarhoilla
	離　格	tarhalta	tarhoilta
	向　格	tarhalle	tarhoille
	欠　格	tarhatta	tarhoitta
	共　格		tarhoine
	具　格		tarhoin
	主　格	aita	aidat
	属　格	aidan	aitojen (aitain)
	対格 I	aidan	aidat
	II	aita	aidat
	分　格	aitaa	aitoja
	様　格	aitana	aitoina
	変　格	aidaksi	aidoiksi
	内　格	aidassa	aidoissa
	出　格	aidasta	aidoista
	入　格	aitaan	aitoihin
	所　格	aidalla	aidoilla
	離　格	aidalta	aidoilta
	向　格	aidalle	aidoille
	欠　格	aidatta	aidoitta
	共　格		aitoine
	具　格		aidoin

561　名詞・形容詞の変化表

	格	単　　　数	複　　　数
11	主　格	päivä	päivät
	属　格	päivän	päivien (päiväin)
	対格 I	päivän	päivät
	II	päivä	päivät
	分　格	päivää	päiviä
	様　格	päivänä	päivinä
	変　格	päiväksi	päiviksi
	内　格	päivässä	päivissä
	出　格	päivästä	päivistä
	入　格	päivään	päiviin
	所　格	päivällä	päivillä
	離　格	päivältä	päiviltä
	向　格	päivälle	päiville
	欠　格	päivättä	päivittä
	共　格		päivine
	具　格		päivin
	主　格	kukka	kukat
	属　格	kukan	kukkien (kukkain)
	対格 I	kukan	kukat
	II	kukka	kukat
	分　格	kukkaa	kukkia
	様　格	kukkana	kukkina
	変　格	kukaksi	kukiksi
	内　格	kukassa	kukissa
	出　格	kukasta	kukista
	入　格	kukkaan	kukkiin
	所　格	kukalla	kukilla
	離　格	kukalta	kukilta
	向　格	kukalle	kukille
	欠　格	kukatta	kukitta
	共　格		kukkine
	具　格		kukin

名詞・形容詞の変化表

	格	単　　数	複　　　　数
12	主　格	ahkera	ahkerat
	属　格	ahkeran	ahkerien ahkerain
	対格 I	ahkeran	ahkerat
	II	ahkera	ahkerat
	分　格	ahkeraa	ahkeria
	様　格	ahkerana	ahkerina
	変　格	ahkeraksi	ahkeriksi
	内　格	ahkerassa	ahkerissa
	出　格	ahkerasta	ahkerista
	入　格	ahkeraan	ahkeriin
	所　格	ahkeralla	ahkerilla
	離　格	ahkeralta	ahkerilta
	向　格	ahkeralle	ahkerille
	欠　格	ahkeratta	ahkeritta
	共　格		ahkerine
	具　格		ahkerin
13	主　格	orava	oravat
	属　格	oravan	oravien (oravain)
	対格 I	oravan	oravat
	II	orava	oravat
	分　格	oravaa	oravia
	様　格	oravana	oravina
	変　格	oravaksi	oraviksi
	内　格	oravassa	oravissa
	出　格	oravasta	oravista
	入　格	oravaan	oraviin
	所　格	oravalla	oravilla
	離　格	oravalta	oravilta
	向　格	oravalle	oraville
	欠　格	oravatta	oravitta
	共　格		oravine
	具　格		oravin

563 名詞・形容詞の変化表

	格	単数	複数
14	主格	asia	asiat
	属格	asian	asioiden asioitten (asiain)
	対格 I	asian	asiat
	II	asia	asiat
	分格	asiaa	asioita
	様格	asiana	asioina
	変格	asiaksi	asioiksi
	内格	asiassa	asioissa
	出格	asiasta	asioista
	入格	asiaan	asioihin
	所格	asialla	asioilla
	離格	asialta	asioilta
	向格	asialle	asioille
	欠格	asiatta	asioitta
	共格		asioine
	具格		asioin
15	主格	kahvila	kahvilat
	属格	kahvilan	kahviloiden kahviloitten kahvilojen (kahvilain)
	対格 I	kahvilan	kahvilat
	II	kahvila	kahvilat
	分格	kahvilaa	kahviloita (kahviloja)
	様格	kahvilana	kahviloina
	変格	kahvilaksi	kahviloiksi
	内格	kahvilassa	kahviloissa
	出格	kahvilasta	kahviloista
	入格	kahvilaan	kahviloihin
	所格	kahvilalla	kahviloilla
	離格	kahvilalta	kahviloilta
	向格	kahvilalle	kahviloille
	欠格	kahvilatta	kahviloitta
	共格		kahviloine
	具格		kahviloin

名詞・形容詞の変化表

	格	単　　数	複　　　　数
15	主　格	haarukka	haarukat
	属　格	haarukan	haarukoiden haarukoitten haarukkojen (haarukkain)
	対格 I	haarukan	haarukat
	II	haarukka	haarukat
	分　格	haarukkaa	haarukoita haarukkoja
	様　格	haarukkana	haarukkoina
	変　格	haarukaksi	haarukoiksi
	内　格	haarukassa	haarukoissa
	出　格	haarukasta	haarukoista
	入　格	haarukkaan	haarukoihin (haarukkoihin)
	所　格	haarukalla	haarukoilla
	離　格	haarukalta	haarukoilta
	向　格	haarukalle	haarukoille
	欠　格	haarukatta	haarukoitta
	共　格		haarukkoine
	具　格		haarukoin
16	主　格	opettaja	opettajat
	属　格	opettajan	opettajien (opettajain)
	対格 I	opettajan	opettajat
	II	opettaja	opettajat
	分　格	opettajaa	opettajia
	様　格	opettajana	opettajina
	変　格	opettajaksi	opettajiksi
	内　格	opettajassa	opettajissa
	出　格	opettajasta	opettajista
	入　格	opettajaan	opettajiin
	所　格	opettajalla	opettajilla
	離　格	opettajalta	opettajilta
	向　格	opettajalle	opettajille
	欠　格	opettajatta	opettajitta
	共　格		opettajine
	具　格		opettajin

565　名詞・形容詞の変化表

	格	単　　数	複　　数
17	主　格	ikkuna	ikkunat
	属　格	ikkunan	ikkunoiden ikkunoitten (ikkunain) (ikkunien)
	対格 I	ikkunan	ikkunat
	II	ikkuna	ikkunat
	分　格	ikkunaa	ikkunoita (ikkunia)
	様　格	ikkunana	ikkunoina
	変　格	ikkunaksi	ikkunoiksi
	内　格	ikkunassa	ikkunoissa
	出　格	ikkunasta	ikkunoista
	入　格	ikkunaan	ikkunoihin (ikkuniin)
	所　格	ikkunalla	ikkunoilla
	離　格	ikkunalta	ikkunoilta
	向　格	ikkunalle	ikkunoille
	欠　格	ikkunatta	ikkunoitta
	共　格		ikkunoine
	具　格		ikkunoin
18	主　格	lakana	lakanat
	属　格	lakanan	lakanoiden lakanoitten (lakanain) (lakanien)
	対格 I	lakanan	lakanat
	II	lakana	lakanat
	分　格	lakanaa	lakanoita (lakania)
	様　格	lakanana	lakanoina
	変　格	lakanaksi	lakanoiksi
	内　格	lakanassa	lakanoissa
	出　格	lakanasta	lakanoista
	入　格	lakanaan	lakanoihin (lakaniin)
	所　格	lakanalla	lakanoilla
	離　格	lakanalta	lakanoilta
	向　格	lakanalle	lakanoille
	欠　格	lakanatta	lakanoitta
	共　格		lakanoine
	具　格		lakanoin

名詞・形容詞の変化表

	格	単　　数	複　　　数
19	主　格	ainoa	ainoat
	属　格	ainoan	ainoiden ainoitten (ainoain)
	対格 I	ainoan	ainoat
	II	ainoa	ainoat
	分　格	ainoaa ainoata	ainoita
	様　格	ainoana	ainoina
	変　格	ainoaksi	ainoiksi
	内　格	ainoassa	ainoissa
	出　格	ainoasta	ainoista
	入　格	ainoaan	ainoihin ainoisiin
	所　格	ainoalla	ainoilla
	離　格	ainoalta	ainoilta
	向　格	ainoalle	ainoille
	欠　格	ainoatta	ainoitta
	共　格		ainoine
	具　格		ainoin
20	主　格	herttua	herttuat
	属　格	herttuan	herttuoiden herttuoitten (herttuain)
	対格 I	herttuan	herttuat
	II	herttua	herttuat
	分　格	herttuaa herttuata	herttuoita
	様　格	herttuana	hettuoina
	変　格	herttuaksi	herttuoiksi
	内　格	herttuassa	herttuoissa
	出　格	herttuasta	herttuoista
	入　格	herttuaan	herttuoihin
	所　格	herttualla	herttuoilla
	離　格	herttualta	herttuoilta
	向　格	herttualle	herttuoille
	欠　格	herttuatta	herttuoitta
	共　格		hettuoine
	具　格		herttuoin

567　名詞・形容詞の変化表

	格	単　　数	複　　数
21	主　格	hopea	hopeat
	属　格	hopean	hopeiden hopeitten (hopeain)
	対格 I	hopean	hopeat
	II	hopea	hopeat
	分　格	hopeaa hopeata	hopeita
	様　格	hopeana	hopeina
	変　格	hopeaksi	hopeiksi
	内　格	hopeassa	hopeissa
	出　格	hopeasta	hopeista
	入　格	hopeaan	hopeihin (hopeoihin)
	所　格	hopealla	hopeilla
	離　格	hopealta	hopeilta
	向　格	hopealle	hopeille
	欠　格	hopeatta	hopeitta
	共　格		hopeine
	具　格		hopein
22	主　格	pitempi	pitemmät
	属　格	pitemmän	pitempien (pitempäin)
	対格 I	pitemmän	pitemmät
	II	pitempi	pitemmät
	分　格	pitempää (pitempätä)	pitempiä
	様　格	pitempänä	pitempinä
	変　格	pitemmäksi	pitemmiksi
	内　格	pitemmässä	pitemmissä
	出　格	pitemmästä	pitemmistä
	入　格	pitempään	pitempiin
	所　格	pitemmällä	pitemmillä
	離　格	pitemmältä	pitemmiltä
	向　格	pitemmälle	pitemmille
	欠　格	pitemmättä	pitemmittä
	共　格		pitempine
	具　格		pitemmin

名詞・形容詞の変化表

	格	単　　数	複　　数
23	主　格	vapaa	vapaat
	属　格	vapaan	vapaiden vapaitten
	対格 I	vapaan	vapaat
	II	vapaa	vapaat
	分　格	vapaata	vapaita
	様　格	vapaana	vapaina
	変　格	vapaaksi	vapaiksi
	内　格	vapaassa	vapaissa
	出　格	vapaasta	vapaista
	入　格	vapaaseen	vapaisiin vapaihin
	所　格	vapaalla	vapailla
	離　格	vapaalta	vapailta
	向　格	vapaalle	vapaille
	欠　格	vapaatta	vapaitta
	共　格		vapaine
	具　格		vapain
24	主　格	tienoo	tienoot
	属　格	tienoon	tienoiden tienoitten
	対格 I	tienoon	tienoot
	II	tienoo	tienoot
	分　格	tienoota	tienoita
	様　格	tienoona	tienoina
	変　格	tienooksi	tienoiksi
	内　格	tienoossa	tienoissa
	出　格	tienoosta	tienoista
	入　格	tienooseen	tienoisiin tienoihin
	所　格	tienoolla	tienoilla
	離　格	tienoolta	tienoilta
	向　格	tienoolle	tienoille
	欠　格	tienootta	tienoitta
	共　格		tienoine
	具　格		tienoin

569　名詞・形容詞の変化表

	格	単　　数	複　　数
25	主　格	paluu	paluut
	属　格	paluun	paluiden paluitten
	対格 I	paluun	paluut
	II	paluu	paluut
	分　格	paluuta	paluita
	様　格	paluuna	paluina
	変　格	paluuksi	paluiksi
	内　格	paluussa	paluissa
	出　格	paluusta	paluista
	入　格	paluuseen	paluisiin paluihin
	所　格	paluulla	paluilla
	離　格	paluulta	paluilta
	向　格	paluulle	paluille
	欠　格	paluutta	paluitta
	共　格		paluine
	具　格		paluin
26	主　格	kamee	kameet
	属　格	kameen	kameiden kameitten
	対格 I	kameen	kameet
	II	kamee	kameet
	分　格	kameeta	kameita
	様　格	kameena	kameina
	変　格	kameeksi	kameiksi
	内　格	kameessa	kameissa
	出　格	kameesta	kameista
	入　格	kameehen kameeseen	kameihin kameisiin
	所　格	kameella	kameilla
	離　格	kameelta	kameilta
	向　格	kameelle	kameille
	欠　格	kameetta	kameitta
	共　格		kameine
	具　格		kamein

名詞・形容詞の変化表

	格	単　　数	複　　数
27	主　格	voi	voit
	属　格	voin	voiden voitten
	対格 I	voin	voit
	II	voi	voit
	分　格	voita	voita
	様　格	voina	voina
	変　格	voiksi	voiksi
	内　格	voissa	voissa
	出　格	voista	voista
	入　格	voihin	voihin
	所　格	voilla	voilla
	離　格	voilta	voilta
	向　格	voille	voille
	欠　格	voitta	voitta
	共　格		voine
	具　格		voin
28	主　格	maa	maat
	属　格	maan	maiden maitten
	対格 I	maan	maat
	II	maa	maat
	分　格	maata	maita
	様　格	maana	maina
	変　格	maaksi	maiksi
	内　格	maassa	maissa
	出　格	maasta	maista
	入　格	maahan	maihin
	所　格	maalla	mailla
	離　格	maalta	mailta
	向　格	maalle	maille
	欠　格	maatta	maitta
	共　格		maine
	具　格		main

571　名詞・形容詞の変化表

	格	単　数	複　数
29	主　格	kuu	kuut
	属　格	kuun	kuiden kuitten
	対格 I	kuun	kuut
	II	kuu	kuut
	分　格	kuuta	kuita
	様　格	kuuna	kuina
	変　格	kuuksi	kuiksi
	内　格	kuussa	kuissa
	出　格	kuusta	kuista
	入　格	kuuhun	kuihin
	所　格	kuulla	kuilla
	離　格	kuulta	kuilta
	向　格	kuulle	kuille
	欠　格	kuutta	kuitta
	共　格		kuine
	具　格		kuin
30	主　格	tie	tiet
	属　格	tien	teiden teitten
	対格 I	tien	tiet
	II	tie	tiet
	分　格	tietä	teitä
	様　格	tienä	teinä
	変　格	tieksi	teiksi
	内　格	tiessä	teissä
	出　格	tiestä	teistä
	入　格	tiehen	teihin
	所　格	tiellä	teillä
	離　格	tieltä	teiltä
	向　格	tielle	teille
	欠　格	tiettä	teittä
	共　格		teine
	具　格		tein

名詞・形容詞の変化表

	格	単　　数	複　　　　数
31	主　格	bébé	bébét
	属　格	bébén	bébéiden bébéitten
	対格 I	bébén	bébét
	II	bébé	bébét
	分　格	bébétä	bébéitä
	様　格	bébénä	bébéinä
	変　格	bébéksi	bébéiksi
	内　格	bébéssä	bébéissä
	出　格	bébéstä	bébéistä
	入　格	bébéhen	bébéihin
	所　格	bébéllä	bébéillä
	離　格	bébéltä	bébéiltä
	向　格	bébélle	bébéille
	欠　格	bébéttä	bébéittä
	共　格		bébéine
	具　格		bébéin

母音語幹と子音語幹を持つ名詞・形容詞

	格	単　　数	複　　　　数
32	主　格	vuori	vuoret
	属　格	vuoren	vuorien vuorten
	対格 I	vuoren	vuoret
	II	vuori	vuoret
	分　格	vuorta	vuoria
	様　格	vuorena	vuorina
	変　格	vuoreksi	vuoriksi
	内　格	vuoressa	vuorissa
	出　格	vuoresta	vuorista
	入　格	vuoreen	vuoriin
	所　格	vuorella	vuorilla
	離　格	vuorelta	vuorilta
	向　格	vuorelle	vuorille
	欠　格	vuoretta	vuoritta
	共　格		vuorine
	具　格		vuorin

573　名詞・形容詞の変化表

	格	単　　数	複　　　　数
33	主　格	lohi	lohet
	属　格	lohen	lohien (lohten)
	対格 I	lohen	lohet
	II	lohi	lohet
	分　格	lohta	lohia
	様　格	lohena	lohina
	変　格	loheksi	lohiksi
	内　格	lohessa	lohissa
	出　格	lohesta	lohista
	入　格	loheen	lohiin
	所　格	lohella	lohilla
	離　格	lohelta	lohilta
	向　格	lohelle	lohille
	欠　格	lohetta	lohitta
	共　格		lohine
	具　格		lohin
34	主　格	haahti	haahdet
	属　格	haahden	haahtien (haahtein)
	対格 I	haahden	haahdet
	II	haahti	haahdet
	分　格	haahtea	haahtia
	様　格	haahtena	haahtina
	変　格	haahdeksi	haahdiksi
	内　格	haahdessa	haahdissa
	出　格	haahdesta	haahdista
	入　格	haahteen	haahtiin
	所　格	haahdella	haahdilla
	離　格	haahdelta	haahdilta
	向　格	haahdelle	haahdille
	欠　格	haahdetta	haahditta
	共　格		haahtine
	具　格		haahdin

名詞・形容詞の変化表　　574

	格	単　　数	複　　数
35	主　格	lumi	lumet
	属　格	lumen	lumien lunten
	対格 I	lumen	lumet
	II	lumi	lumet
	分　格	lunta	lumia
	様　格	lumena	lumina
	変　格	lumeksi	lumiksi
	内　格	lumessa	lumissa
	出　格	lumesta	lumista
	入　格	lumeen	lumiin
	所　格	lumella	lumilla
	離　格	lumelta	lumilta
	向　格	lumelle	lumille
	欠　格	lumetta	lumitta
	共　格		lumine
	具　格		lumin
36	主　格	tuomi	tuomet
	属　格	tuomen	tuomien (tuonten)
	対格 I	tuomen	tuomet
	II	tuomi	tuomet
	分　格	tuomea (tuonta)	tuomia
	様　格	tuomena	tuomina
	変　格	tuomeksi	tuomiksi
	内　格	tuomessa	tuomissa
	出　格	tuomesta	tuomista
	入　格	tuomeen	tuomiin
	所　格	tuomella	tuomilla
	離　格	tuomelta	tuomilta
	向　格	tuomelle	tuomille
	欠　格	tuometta	tuomitta
	共　格		tuomine
	具　格		tuomin

575　名詞・形容詞の変化表

	格	単　　数	複　　数
37	主　格	niemi	niemet
	属　格	niemen	niemien nienten
	対格 I	niemen	niemet
	II	niemi	niemet
	分　格	niemeä (nientä)	niemiä
	様　格	niemenä	nieminä
	変　格	niemeksi	niemiksi
	内　格	niemessä	niemissä
	出　格	niemestä	niemistä
	入　格	niemeen	niemiin
	所　格	niemellä	niemillä
	離　格	niemeltä	niemiltä
	向　格	niemelle	niemille
	欠　格	niemettä	niemittä
	共　格		niemine
	具　格		niemin
38	主　格	pieni	pienet
	属　格	pienen	pienien pienten
	対格 I	pienen	pienet
	II	pieni	pienet
	分　格	pientä	pieniä
	様　格	pienenä	pieninä
	変　格	pieneksi	pieniksi
	内　格	pienessä	pienissä
	出　格	pienestä	pienistä
	入　格	pieneen	pieniin
	所　格	pienellä	pienillä
	離　格	pieneltä	pieniltä
	向　格	pienelle	pienille
	欠　格	pienettä	pienittä
	共　格		pienine
	具　格		pienin

名詞・形容詞の変化表

	格	単　　数	複　　数
39	主　格	suuri	suuret
	属　格	suuren	suurien suurten
	対格 I	suuren	suuret
	II	suuri	suuret
	分　格	suurta	suuria
	様　格	suurena	suurina
	変　格	suureksi	suuriksi
	内　格	suuressa	suurissa
	出　格	suuresta	suurista
	入　格	suureen	suuriin
	所　格	suurella	suurilla
	離　格	suurelta	suurilta
	向　格	suurelle	suurille
	欠　格	suuretta	suuritta
	共　格		suurine
	具　格		suurin
40	主　格	vesi	vedet
	属　格	veden	vesien vetten
	対格 I	veden	vedet
	II	vesi	vedet
	分　格	vettä	vesiä
	様　格	vetenä	vesinä
	変　格	vedeksi	vesiksi
	内　格	vedessä	vesissä
	出　格	vedestä	vesistä
	入　格	veteen	vesiin
	所　格	vedellä	vesillä
	離　格	vedeltä	vesiltä
	向　格	vedelle	vesille
	欠　格	vedettä	vesittä
	共　格		vesine
	具　格		vesin

577　名詞・形容詞の変化表

	格	単　　数	複　　　　数
41	主　格	tosi	todet
	属　格	toden	tosien
	対格 I	toden	todet
	II	tosi	todet
	分　格	totta	tosia
	様　格	totena	tosina
	変　格	todeksi	tosiksi
	内　格	todessa	tosissa
	出　格	todesta	tosista
	入　格	toteen	tosiin
	所　格	todella	tosilla
	離　格	todelta	tosilta
	向　格	todelle	tosille
	欠　格	todetta	tositta
	共　格		tosine
	具　格		tosin
42	主　格	varsi	varret
	属　格	varren	varsien (vartten)
	対格 I	varren	varret
	II	varsi	varret
	分　格	vartta	varsia
	様　格	vartena	varsina
	変　格	varreksi	varsiksi
	内　格	varressa	varsissa
	出　格	varresta	varsista
	入　格	varteen	varsiin
	所　格	varrella	varsilla
	離　格	varrelta	varsilta
	向　格	varrelle	varsille
	欠　格	varretta	varsitta
	共　格		varsine
	具　格		varsin

名詞・形容詞の変化表　578

	格	単　　数	複　　　　数
43	主　格	jälsi	jället
	属　格	jällen	jälsien jältten
	対格 I	jällen	jället
	II	jälsi	jället
	分　格	jälttä	jälsiä
	様　格	jältenä	jälsinä
	変　格	jälleksi	jälsiksi
	内　格	jällessä	jälsissä
	出　格	jällestä	jälsistä
	入　格	jälteen	jälsiin
	所　格	jällellä	jälsillä
	離　格	jälleltä	jälsiltä
	向　格	jällelle	jälsille
	欠　格	jällettä	jälsittä
	共　格		jälsine
	具　格		jälsin
44	主　格	kynsi	kynnet
	属　格	kynnen	kynsien (kyntten)
	対格 I	kynnen	kynnet
	II	kynsi	kynnet
	分　格	kynttä	kynsiä
	様　格	kyntenä	kynsinä
	変　格	kynneksi	kynsiksi
	内　格	kynnessä	kynsissä
	出　格	kynnestä	kynsistä
	入　格	kynteen	kynsiin
	所　格	kynnellä	kynsillä
	離　格	kynneltä	kynsiltä
	向　格	kynnelle	kynsille
	欠　格	kynnettä	kynsittä
	共　格		kynsine
	具　格		kynsin

579　名詞・形容詞の変化表

	格	単　　数	複　　数
45	主　格	lapsi	lapset
	属　格	lapsen	lapsien lasten
	対格Ⅰ	lapsen	lapset
	Ⅱ	lapsi	lapset
	分　格	lasta	lapsia
	様　格	lapsena	lapsina
	変　格	lapseksi	lapsiksi
	内　格	lapsessa	lapsissa
	出　格	lapsesta	lapsista
	入　格	lapseen	lapsiin
	所　格	lapsella	lapsilla
	離　格	lapselta	lapsilta
	向　格	lapselle	lapsille
	欠　格	lapsetta	lapsitta
	共　格		lapsine
	具　格		lapsin
46	主　格	hapsi	hapset
	属　格	hapsen	hapsien (hasten)
	対格Ⅰ	hapsen	hapset
	Ⅱ	hapsi	hapset
	分　格	hapsea (hasta)	hapsia
	様　格	hapsena	hapsina
	変　格	hapseksi	hapsiksi
	内　格	hapsessa	hapsissa
	出　格	hapsesta	hapsista
	入　格	hapseen	hapsiin
	所　格	hapsella	hapsilla
	離　格	hapselta	hapsilta
	向　格	hapselle	hapsille
	欠　格	hapsetta	hapsitta
	共　格		hapsine
	具　格		hapsin

名詞・形容詞の変化表　　580

	格	単　　数	複　　　　数
47	主　格	veitsi	veitset
	属　格	veitsen	veitsien veisten
	対格 I	veitsen	veitset
	II	veitsi	veitset
	分　格	veistä	veitsiä
	様　格	veitsenä	veitsinä
	変　格	veitseksi	veitsiksi
	内　格	veitsessä	veitsissä
	出　格	veitsestä	veitsistä
	入　格	veitseen	veitsiin
	所　格	veitsellä	veitsillä
	離　格	veitseltä	veitsiltä
	向　格	veitselle	veitsille
	欠　格	veitsettä	veitsittä
	共　格		veitsine
	具　格		veitsin
48	主　格	peitsi	peitset
	属　格	peitsen	peitsien peisten
	対格 I	peitsen	peitset
	II	peitsi	peitset
	分　格	peistä (peitseä)	peitsiä
	様　格	peitsenä	peitsinä
	変　格	peitseksi	peitsiksi
	内　格	peitsessä	peitsissä
	出　格	peitsestä	peitsistä
	入　格	peitseen	peitsiin
	所　格	peitsellä	peitsillä
	離　格	peitseltä	peitsiltä
	向　格	peitselle	peitsille
	欠　格	peitsettä	peitsittä
	共　格		peitsine
	具　格		peitsin

581　名詞・形容詞の変化表

	格	単　　数	複　　数
49	主　格	suksi	sukset
	属　格	suksen	suksien (suksein)
	対格 I	suksen	sukset
	II	suksi	sukset
	分　格	suksea	suksia
	様　格	suksena	suksina
	変　格	sukseksi	suksiksi
	内　格	suksessa	suksissa
	出　格	suksesta	suksista
	入　格	sukseen	suksiin
	所　格	suksella	suksilla
	離　格	sukselta	suksilta
	向　格	sukselle	suksille
	欠　格	suksetta	suksitta
	共　格		suksine
	具　格		suksin
50	主　格	uksi	ukset
	属　格	uksen	uksien (usten)
	対格 I	uksen	ukset
	II	uksi	ukset
	分　格	uksea (usta)	uksia
	様　格	uksena	uksina
	変　格	ukseksi	uksiksi
	内　格	uksessa	uksissa
	出　格	uksesta	uksista
	入　格	ukseen	uksiin
	所　格	uksella	uksilla
	離　格	ukselta	uksilta
	向　格	ukselle	uksille
	欠　格	uksetta	uksitta
	共　格		uksine
	具　格		uksin

名詞・形容詞の変化表　　582

	格	単　　数	複　　　　数
51	主　格	kaksi	kahdet
	属　格	kahden	kaksien
	対格 I	kahden	kahdet
	II	kaksi	kahdet
	分　格	kahta	kaksia
	様　格	kahtena	kaksina
	変　格	kahdeksi	kaksiksi
	内　格	kahdessa	kaksissa
	出　格	kahdesta	kaksista
	入　格	kahteen	kaksiin
	所　格	kahdella	kaksilla
	離　格	kahdelta	kaksilta
	向　格	kahdelle	kaksille
	欠　格	kahdetta	kaksitta
	共　格		kaksine
	具　格		kaksin
52	主　格	sankari	sankarit
	属　格	sankarin	sankarien sankareiden sankareitten sankarten (sankarein)
	対格 I	sankarin	sankarit
	II	sankari	sankarit
	分　格	sankaria	sankareita sankareja
	様　格	sankarina	sankareina
	変　格	sankariksi	sankareiksi
	内　格	sankarissa	sankareissa
	出　格	sankarista	sankareista
	入　格	sankariin	sankareihin
	所　格	sankarilla	sankareilla
	離　格	sankarilta	sankareilta
	向　格	sankarille	sankareille
	欠　格	sankaritta	sankareitta
	共　格		sankareine
	具　格		sankarein

583　名詞・形容詞の変化表

	格	単　　数	複　　数
53	主　格	jumala	jumalat
	属　格	jumalan	jumalien (jumalain) (jumalten)
	対格 I	jumalan	jumalat
	II	jumala	jumalat
	分　格	jumalaa	jumalia
	様　格	jumalana	jumalina
	変　格	jumalaksi	jumaliksi
	内　格	jumalassa	jumalissa
	出　格	jumalasta	jumalista
	入　格	jumalaan	jumaliin
	所　格	jumalalla	jumalilla
	離　格	jumalalta	jumalilta
	向　格	jumalalle	jumalille
	欠　格	jumalatta	jumalitta
	共　格		jumaline
	具　格		jumalin
54	主　格	sisar	sisaret
	属　格	sisaren	sisarien sisarten
	対格 I	sisaren	sisaret
	II	sisar	sisaret
	分　格	sisarta	sisaria
	様　格	sisarena	sisarina
	変　格	sisareksi	sisariksi
	内　格	sisaressa	sisarissa
	出　格	sisaresta	sisarista
	入　格	sisareen	sisariin
	所　格	sisarella	sisarilla
	離　格	sisarelta	sisarilta
	向　格	sisarelle	sisarille
	欠　格	sisaretta	sisaritta
	共　格		sisarine
	具　格		sisarin

名詞・形容詞の変化表　584

	格	単　　数	複　　数
54	主　格	tytär	tyttäret
	属　格	tyttären	tyttärien tyttärten
	対格 I	tyttären	tyttäret
	II	tytär	tyttäret
	分　格	tyttärtä	tyttäriä
	様　格	tyttärenä	tyttärinä
	変　格	tyttäreksi	tyttäriksi
	内　格	tyttäressä	tyttärissä
	出　格	tyttärestä	tyttäristä
	入　格	tyttäreen	tyttäriin
	所　格	tyttärellä	tyttärillä
	離　格	tyttäreltä	tyttäriltä
	向　格	tyttärelle	tyttärille
	欠　格	tyttärettä	tyttärittä
	共　格		tyttärine
	具　格		tyttärin
55	主　格	ahven	ahvenet
	属　格	ahvenen	ahvenien ahventen
	対格 I	ahvenen	ahvenet
	II	ahven	ahvenet
	分　格	ahventa	ahvenia
	様　格	ahvenena	ahvenina
	変　格	ahveneksi	ahveniksi
	内　格	ahvenessa	ahvenissa
	出　格	ahvenesta	ahvenista
	入　格	ahveneen	ahveniin
	所　格	ahvenella	ahvenilla
	離　格	ahvenelta	ahvenilta
	向　格	ahvenelle	ahvenille
	欠　格	ahvenetta	ahvenitta
	共　格		ahvenine
	具　格		ahvenin

585　名詞・形容詞の変化表

	格	単　　　数	複　　　　数
56	主　格	puhelin	puhelimet
	属　格	puhelimen	puhelimien puhelinten
	対格 I	puhelimen	puhelimet
	II	puhelin	puhelimet
	分　格	puhelinta	puhelimia
	様　格	puhelimena	puhelimina
	変　格	puhelimeksi	puhelimiksi
	内　格	puhelimessa	puhelimissa
	出　格	puhelimesta	puhelimista
	入　格	puhelimeen	puhelimiin
	所　格	puhelimella	puhelimilla
	離　格	puhelimelta	puhelimilta
	向　格	puhelimelle	puhelimille
	欠　格	puhelimetta	puhelimitta
	共　格		puhelimine
	具　格		puhelimin
	主　格	soitin	soittimet
	属　格	soittimen	soittimien soitinten
	対格 I	soittimen	soittimet
	II	soitin	soittimet
	分　格	soitinta	soittimia
	様　格	soittimena	soittimina
	変　格	soittimeksi	soittimiksi
	内　格	soittimessa	soittimissa
	出　格	soittimesta	soittimista
	入　格	soittimeen	soittimiin
	所　格	soittimella	soittimilla
	離　格	soittimelta	soittimilta
	向　格	soittimelle	soittimille
	欠　格	soittimetta	soittimitta
	共　格		soittimine
	具　格		soittimin

名詞・形容詞の変化表

	格	単　　数	複　　数
57	主　格	onneton	onnettomat
	属　格	onnettoman	onnettomien onnetonten (onnettomain) (onnetointen)
	対格 I	onnettoman	onnettomat
	II	onneton	onnettomat
	分　格	onnetonta	onnettomia
	様　格	onnettomana	onnettomina
	変　格	onnettomaksi	onnettomiksi
	内　格	onnettomassa	onnettomissa
	出　格	onnettomasta	onnettomista
	入　格	onnettomaan	onnettomiin
	所　格	onnettomalla	onnettomilla
	離　格	onnettomalta	onnettomilta
	向　格	onnettomalle	onnettomille
	欠　格	onnettomatta	onnettomitta
	共　格		onnettomine
	具　格		onnettomin
58	主　格	lämmin	lämpimät
	属　格	lämpimän	lämpimien (lämpimäin) (lämminten)
	対格 I	lämpimän	lämpimät
	II	lämmin	lämpimät
	分　格	lämmintä (lämpimää)	lämpimiä
	様　格	lämpimänä (lämminnä)	lämpiminä
	変　格	lämpimäksi	lämpimiksi
	内　格	lämpimässä	lämpimissä
	出　格	lämpimästä	lämpimistä
	入　格	lämpimään	lämpimiin
	所　格	lämpimällä	lämpimillä
	離　格	lämpimältä	lämpimiltä
	向　格	lämpimälle	lämpimille
	欠　格	lämpimättä	lämpimittä
	共　格		lämpimine
	具　格		lämpimin

587　名詞・形容詞の変化表

	格	単　　数	複　　数
59	主格	pisin	pisimmät
	属格	pisimmän	pisimpien pisinten (pisimpäin)
	対格 I	pisimmän	pisimmät
	II	pisin	pisimmät
	分格	pisintä (pisimpää)	pisimpiä
	様格	pisimpänä (pisinnä)	pisimpinä
	変格	pisimmäksi	pisimmiksi
	内格	pisimmässä	pisimmissä
	出格	pisimmästä	pisimmistä
	入格	pisimpään	pisimpiin
	所格	pisimmällä	pisimmillä
	離格	pisimmältä	pisimmiltä
	向格	pisimmälle	pisimmille
	欠格	pisimmättä	pisimmittä
	共格		pisimpine
	具格		pisimmin
60	主格	vasen	vasemmat
	属格	vasemman	vasempien (vasenten) (vasempain)
	対格 I	vasemman	vasemmat
	II	vasen	vasemmat
	分格	vasenta vasempaa	vasempia
	様格	vasempana	vasempina
	変格	vasemmaksi	vasemmiksi
	内格	vasemmassa	vasemmissa
	出格	vasemmasta	vasemmista
	入格	vasempaan	vasempiin
	所格	vasemmalla	vasemmalla
	離格	vasemmalta	vasemmilta
	向格	vasemmalle	vasemmille
	欠格	vasemmatta	vasemmitta
	共格		vasempine
	具格		vasemmin

名詞・形容詞の変化表

	格	単　　数	複　　数
61	主　格	muuan muutama	muutamat
	属　格	muutaman	muutamien muutamain
	対格 I	muutaman	muutamat
	II	muuan muutama	muutamat
	分　格	muutamaa (muuatta)	muutamia
	様　格	muutamana	muutamina
	変　格	muutamaksi	muutamiksi
	内　格	muutamassa	muutamissa
	出　格	muutamasta	muutamista
	入　格	muutamaan	muutamiin
	所　格	muutamalla	muutamilla
	離　格	muutamalta	muutamilta
	向　格	muutamalle	muutamille
	欠　格	muutamatta	muutamitta
	共　格		muutamine
	具　格		muutamin
62	主　格	seitsemän	seitsemät
	属　格	seitsemän	seitsemien (seitsenten) (seitsemäin)
	対格 I	seitsemän	seitsemät
	II	seitsemän	seitsemät
	分　格	seitsemää seitsentä	seitsemiä
	様　格	seitsemänä	seitseminä
	変　格	seitsemäksi	seitsemiksi
	内　格	seitsemässä	seitsemissä
	出　格	seitsemästä	seitsemistä
	入　格	seitsemään	seitsemiin
	所　格	seitsemällä	seitsemillä
	離　格	seitsemältä	seitsemiltä
	向　格	seitsemälle	seitsemille
	欠　格	seitsemättä	seitsemittä
	共　格		seitsemine
	具　格		seitsemin

589　名詞・形容詞の変化表

	格	単　　数	複　　　　数
63	主　格	nainen	naiset
	属　格	naisen	naisien naisten
	対格 I	naisen	naiset
	II	nainen	naiset
	分　格	naista	naisia
	様　格	naisena	naisina
	変　格	naiseksi	naisiksi
	内　格	naisessa	naisissa
	出　格	naisesta	naisista
	入　格	naiseen	naisiin
	所　格	naisella	naisilla
	離　格	naiselta	naisilta
	向　格	naiselle	naisille
	欠　格	naisetta	naisitta
	共　格		naisine
	具　格		naisin
64	主　格	ajatus	ajatukset
	属　格	ajatuksen	ajatuksien ajatusten
	対格 I	ajatuksen	ajatukset
	II	ajatus	ajatukset
	分　格	ajatusta	ajatuksia
	様　格	ajatuksena	ajatuksina
	変　格	ajatukseksi	ajatuksiksi
	内　格	ajatuksessa	ajatuksissa
	出　格	ajatuksesta	ajatuksista
	入　格	ajatukseen	ajatuksiin
	所　格	ajatuksella	ajatuksilla
	離　格	ajatukselta	ajatuksilta
	向　格	ajatukselle	ajatuksille
	欠　格	ajatuksetta	ajatuksitta
	共　格		ajatuksine
	具　格		ajatuksin

名詞・形容詞の変化表　590

	格	単　　数	複　　数
65	主　格	rakkaus	rakkaudet
	属　格	rakkauden	rakkauksien
	対格 I	rakkauden	rakkaudet
	II	rakkaus	rakkaudet
	分　格	rakkautta	rakkauksia
	様　格	rakkautena	rakkauksina
	変　格	rakkaudeksi	rakkauksiksi
	内　格	rakkaudessa	rakkauksissa
	出　格	rakkaudesta	rakkauksista
	入　格	rakkauteen	rakkauksiin
	所　格	rakkaudella	rakkauksilla
	離　格	rakkaudelta	rakkauksilta
	向　格	rakkaudelle	rakkauksille
	欠　格	rakkaudetta	rakkauksitta
	共　格		rakkauksine
	具　格		rakkauksin
66	主　格	eräs	eräät
	属　格	erään	eräiden eräitten
	対格 I	erään	eräät
	II	eräs	eräät
	分　格	erästä	eräitä
	様　格	eräänä	eräinä
	変　格	erääksi	eräiksi
	内　格	eräässä	eräissä
	出　格	eräästä	eräistä
	入　格	erääseen	eräisiin eräihin
	所　格	eräällä	eräillä
	離　格	eräältä	eräiltä
	向　格	eräälle	eräille
	欠　格	eräättä	eräittä
	共　格		eräine
	具　格		eräin

591 名詞・形容詞の変化表

	格	単数	複数
66	主 格	hammas	hampaat
	属 格	hampaan	hampaiden hampaitten hammasten
	対格 I	hampaan	hampaat
	II	hammas	hampaat
	分 格	hammasta	hampaita
	様 格	hampaana	hampaina
	変 格	hampaaksi	hampaiksi
	内 格	hampaassa	hampaissa
	出 格	hampaasta	hampaista
	入 格	hampaaseen	hampaisiin hampaihin
	所 格	hampaalla	hampailla
	離 格	hampaalta	hampailta
	向 格	hampaalle	hampaille
	欠 格	hampaatta	hampaitta
	共 格		hampaine
	具 格		hampain
67	主 格	kirves	kirveet
	属 格	kirveen	kirveiden kirveitten kirvesten
	対格 I	kirveen	kirveet
	II	kirves	kirveet
	分 格	kirvestä	kirveitä
	様 格	kirveenä	kirveinä
	変 格	kirveeksi	kirveiksi
	内 格	kirveessä	kirveissä
	出 格	kirveestä	kirveistä
	入 格	kirveeseen	kirveisiin kirveihin
	所 格	kirveellä	kirveillä
	離 格	kirveeltä	kirveiltä
	向 格	kirveelle	kirveille
	欠 格	kirveettä	kirveittä
	共 格		kirveine
	具 格		kirvein

名詞・形容詞の変化表　592

	格	単　　数	複　　　　数
67	主　格	äes	äkeet
	属　格	äkeen	äkeiden äkeitten
	対格 I	äkeen	äkeet
	II	äes	äkeet
	分　格	äestä	äkeitä
	様　格	äkeenä	äkeinä
	変　格	äkeeksi	äkeiksi
	内　格	äkeessä	äkeissä
	出　格	äkeestä	äkeistä
	入　格	äkeeseen	äkeisiin äkeihin
	所　格	äkeellä	äkeillä
	離　格	äkeeltä	äkeiltä
	向　格	äkeelle	äkeille
	欠　格	äkeettä	äkeittä
	共　格		äkeine
	具　格		äkein
68	主　格	ruumis	ruumiit
	属　格	ruumiin	rumiiden ruumiitten ruumisten
	対格 I	ruumiin	ruumiit
	II	ruumis	ruumiit
	分　格	ruumista	ruumiita
	様　格	ruumiina	ruumiina
	変　格	ruumiiksi	ruumiiksi
	内　格	ruumiissa	ruumiissa
	出　格	ruumiista	ruumiista
	入　格	ruumiiseen	ruumiisiin ruumiihin
	所　格	ruumiilla	ruumiilla
	離　格	ruumiilta	ruumiilta
	向　格	ruumiille	ruumiille
	欠　格	ruumiitta	ruumiitta
	共　格		ruumiine
	具　格		ruumiin

593　名詞・形容詞の変化表

	格	単　　数	複　　　　数
68	主　格	ruis	rukiit
	属　格	rukiin	rukiiden rukiitten
	対格 I	rukiin	rukiit
	II	ruis	rukiit
	分　格	ruista	rukiita
	様　格	rukiina	rukiina
	変　格	rukiiksi	rukiiksi
	内　格	rukiissa	rukiissa
	出　格	rukiista	rukiista
	入　格	rukiiseen	rukiisiin rukiihin
	所　格	rukiilla	rukiilla
	離　格	rukiilta	rukiilta
	向　格	rukiille	rukiille
	欠　格	rukiitta	rukiitta
	共　格		rukiine
	具　格		rukiin
69	主　格	kaunis	kauniit
	属　格	kauniin	kauniiden kauniitten
	対格 I	kauniin	kauniit
	II	kaunis	kauniit
	分　格	kaunista	kauniita
	様　格	kauniina	kauniina
	変　格	kauniiksi	kauniiksi
	内　格	kauniissa	kauniissa
	出　格	kauniista	kauniista
	入　格	kauniiseen	kauniisiin kauniihin
	所　格	kauniilla	kauniilla
	離　格	kauniilta	kauniilta
	向　格	kauniille	kauniille
	欠　格	kauniitta	kauniitta
	共　格		kauniine
	具　格		kauniin

名詞・形容詞の変化表

	格	単　　数	複　　数
69	主　格	altis	alttiit
	属　格	alttiin	alttiiden alttiitten
	対格 I	alttiin	alttiit
	II	altis	alttiit
	分　格	altista	alttiita
	様　格	alttiina	alttiina
	変　格	alttiiksi	alttiiksi
	内　格	alttiissa	alttiissa
	出　格	alttiista	alttiista
	入　格	alttiiseen	alttiisiin alttiihin
	所　格	alttiilla	alttiilla
	離　格	alttiilta	alttiilta
	向　格	alttiille	alttiille
	欠　格	alttiitta	alttiitta
	共　格		alttiine
	具　格		alttiin
70	主　格	koiras	koiraat (koirakset)
	属　格	koiraan (koiraksen)	koiraiden koiraitten koirasten (koiraksien)
	対格 I	koiraan (koiraksen)	koiraat (koirakset)
	II	koiras	koiraat (koirakset)
	分　格	koirasta	koiraita (koiraksia)
	様　格	koiraana (koiraksena)	koiraina (koiraksina)
	変　格	koiraaksi (koirakseksi)	koiraiksi (koiraksiksi)
	内　格	koiraassa (koiraksessa)	koiraissa (koiraksissa)
	出　格	koiraasta (koiraksesta)	koiraista (koiraksista)
	入　格	koiraaseen (koirakseen)	koiraisiin koiraihin (koiraksiin)
	所　格	koiraalla (koiraksella)	koirailla (koiraksilla)
	離　格	koiraalta (koirakselta)	koirailta (koiraksilta)
	向　格	koiraalle (koirakselle)	koiraille (koiraksille)
	欠　格	koiraatta (koiraksetta)	koiraitta (koiraksitta)
	共　格		koiraine (koiraksine)
	具　格		koirain (koiraksin)

595　名詞・形容詞の変化表

	格	単　　数	複　　数
71	主　格	uros	urokset uroot
	属　格	uroksen uroon	uroksien uroiden uroitten urosten
	対格 I	uroksen uroon	urokset uroot
	II	uros	urokset uroot
	分　格	urosta	uroksia uroita
	様　格	uroksena uroona	uroksina uroina
	変　格	urokseksi urooksi	uroksiksi uroiksi
	内　格	uroksessa uroossa	uroksissa uroissa
	出　格	uroksesta uroosta	uroksista uroista
	入　格	urokseen urooseen	uroksiin uroisiin uroihin
	所　格	uroksella uroolla	uroksilla uroilla
	離　格	urokselta uroolta	uroksilta uroilta
	向　格	urokselle uroolle	uroksille uroille
	欠　格	uroksetta urootta	uroksitta uroitta
	共　格		uroksine uroine
	具　格		uroksin uroin
72	主　格	mies	miehet
	属　格	miehen	miehien miesten
	対格 I	miehen	miehet
	II	mies	miehet
	分　格	miestä	miehiä
	様　格	miehenä	miehinä
	変　格	mieheksi	miehiksi
	内　格	miehessä	miehissä
	出　格	miehestä	miehistä
	入　格	mieheen	miehiin
	所　格	miehellä	miehillä
	離　格	mieheltä	miehiltä
	向　格	miehelle	miehille
	欠　格	miehettä	miehittä
	共　格		miehine
	具　格		miehin

名詞・形容詞の変化表

	格	単　　数	複　　　　数
73	主　格	lyhyt	lyhyet
	属　格	lyhyen	lyhyiden lyhyitten
	対格 I	lyhyen	lyhyet
	II	lyhyt	lyhyet
	分　格	lyhyttä	lyhyitä
	様　格	lyhyenä	lyhyinä
	変　格	lyhyeksi	lyhyiksi
	内　格	lyhyessä	lyhyissä
	出　格	lyhyestä	lyhyistä
	入　格	lyhyeen	lyhyihin lyhyisiin
	所　格	lyhyellä	lyhyillä
	離　格	lyhyeltä	lyhyiltä
	向　格	lyhyelle	lyhyille
	欠　格	lyhyettä	lyhyittä
	共　格		lyhyine
	具　格		lyhyin
	主　格	immyt	impyet
	属　格	impyen	impyiden impyitten
	対格 I	impyen	impyet
	II	immyt	impyet
	分　格	immyttä	impyitä
	様　格	impyenä	impyinä
	変　格	impyeksi	impyiksi
	内　格	impyessä	impyissä
	出　格	impyestä	impyistä
	入　格	impyeen	impyihin impyisiin
	所　格	impyellä	impyillä
	離　格	impyeltä	impyiltä
	向　格	impyelle	impyille
	欠　格	impyettä	impyittä
	共　格		impyine
	具　格		impyin

597　名詞・形容詞の変化表

	格	単　　数	複　　　　数
74	主　格	kevät	keväät
	属　格	kevään	keväiden keväitten
	対格 I	kevään	keväät
	II	kevät	keväät
	分　格	kevättä	keväitä
	様　格	keväänä	keväinä
	変　格	kevääksi	keväiksi
	内　格	keväässä	keväissä
	出　格	keväästä	keväistä
	入　格	kevääseen	keväisiin keväihin
	所　格	keväällä	keväillä
	離　格	keväältä	keväiltä
	向　格	keväälle	keväille
	欠　格	keväättä	keväittä
	共　格		keväine
	具　格		keväin
75	主　格	kolmas	kolmannet
	属　格	kolmannen	kolmansien
	対格 I	kolmannen	kolmannet
	II	kolmas	kolmannet
	分　格	kolmatta	kolmansia
	様　格	kolmantena	kolmansina
	変　格	kolmanneksi	kolmansiksi
	内　格	kolmannessa	kolmansissa
	出　格	kolmannesta	kolmansista
	入　格	kolmanteen	kolmansiin
	所　格	kolmannella	kolmansilla
	離　格	kolmannelta	kolmansilta
	向　格	kolmannelle	kolmansille
	欠　格	kolmannetta	kolmansitta
	共　格		kolmansine
	具　格		kolmansin

名詞・形容詞の変化表　598

	格	単　　数	複　　　数
76	主　格	tuhat tuhannen	tuhannet
	属　格	tuhannen	tuhansien (tuhanten)
	対格 I	tuhannen	tuhannet
	II	tuhat tuhannen	tuhannet
	分　格	tuhatta	tuhansia
	様　格	tuhantena	tuhansina
	変　格	tuhanneksi	tuhansiksi
	内　格	tuhannessa	tuhansissa
	出　格	tuhannesta	tuhansista
	入　格	tuhanteen	tuhansiin
	所　格	tuhannella	tuhansilla
	離　格	tuhannelta	tuhansilta
	向　格	tuhannelle	tuhansille
	欠　格	tuhannetta	tuhansitta
	共　格		tuhansine
	具　格		tuhansin
77	主　格	väsynyt	väsyneet
	属　格	väsyneen	väsyneiden väsyneitten
	対格 I	väsyneen	väsyneet
	II	väsynyt	väsyneet
	分　格	väsynyttä	väsyneitä
	様　格	väsyneenä	väsyneinä
	変　格	väsyneeksi	väsyneiksi
	内　格	väsyneessä	väsyneissä
	出　格	väsyneestä	väsyneistä
	入　格	väsyneeseen	väsyneisiin väsyneihin
	所　格	väsyneellä	väsyneillä
	離　格	väsyneeltä	väsyneiltä
	向　格	väsyneelle	väsyneille
	欠　格	väsyneettä	väsyneittä
	共　格		väsyneine
	具　格		väsynein

599　名詞・形容詞の変化表

	格	単　数	複　数
78	主　格	huone	huoneet
	属　格	huoneen	huoneiden huoneitten
	対格 I	huoneen	huoneet
	II	huone	huoneet
	分　格	huonetta	huoneita
	様　格	huoneena	huoneina
	変　格	huoneeksi	huoneiksi
	内　格	huoneessa	huoneissa
	出　格	huoneesta	huoneista
	入　格	huoneeseen	huoneisiin huoneihin
	所　格	huoneella	huoneilla
	離　格	huoneelta	huoneilta
	向　格	huoneelle	huoneille
	欠　格	huoneetta	huoneitta
	共　格		huoneine
	具　格		huonein
	主　格	osoite	osoitteet
	属　格	osoitteen	osoitteiden osoitteitten
	対格 I	osoitteen	osoitteet
	II	osoite	osoitteet
	分　格	osoitetta	osoitteita
	様　格	osoitteena	osoitteina
	変　格	osoitteeksi	osoitteiksi
	内　格	osoitteessa	osoitteissa
	出　格	osoitteesta	osoitteista
	入　格	osoitteeseen	osoitteisiin osoitteihin
	所　格	osoitteella	osoitteilla
	離　格	osoitteelta	osoitteilta
	向　格	osoitteelle	osoitteille
	欠　格	osoitteetta	osoitteitta
	共　格		osoitteine
	具　格		osoittein

名詞・形容詞の変化表　600

	格	単　　数	複　　数
79	主　格	terve	terveet
	属　格	terveen	terveiden terveitten
	対格 I	terveen	terveet
	II	terve	terveet
	分　格	tervettä	terveitä
	様　格	terveenä	terveinä
	変　格	terveeksi	terveiksi
	内　格	terveessä	terveissä
	出　格	terveestä	terveistä
	入　格	terveeseen	terveisiin terveihin
	所　格	terveellä	terveillä
	離　格	terveeltä	terveiltä
	向　格	terveelle	terveille
	欠　格	terveettä	terveittä
	共　格		terveine
	具　格		tervein
80	主　格	ori	orit (oriit)
	属　格	orin (oriin)	oreiden oreitten (oriiden) (oriitten)
	対格 I	orin (oriin)	orit (oriit)
	II	ori	orit (oriit)
	分　格	oria (oritta)	oreja (oriita)
	様　格	orina (oriina)	oreina (oriina)
	変　格	oriksi (oriiksi)	oreiksi (oriiksi)
	内　格	orissa (oriissa)	oreissa (oriissa)
	出　格	orista (oriista)	oreista (oriista)
	入　格	oriin (oriiseen)	oreihin (oriisiin) (oriihin)
	所　格	orilla (oriilla)	oreilla (oriilla)
	離　格	orilta (oriilta)	oreilta (oriilta)
	向　格	orille (oriille)	oreille (oriille)
	欠　格	oritta (oriitta)	oreitta (oriitta)
	共　格		oreine (oriine)
	具　格		orein (oriin)

601　名詞・形容詞の変化表

	格	単　　数	複　　数
81	主　格	kiiru	kiiruut
	属　格	kiiruun	kiiruiden kiiruitten
	対格 I	kiiruun	kiiruut
	II	kiiru	kiiruut
	分　格	kiirutta	kiiruita
	様　格	kiiruuna	kiiruina
	変　格	kiiruuksi	kiiruiksi
	内　格	kiiruussa	kiiruissa
	出　格	kiiruusta	kiiruista
	入　格	kiiruuseen	kiiruisiin kiiruihin
	所　格	kiiruulla	kiiruilla
	離　格	kiiruulta	kiiruilta
	向　格	kiiruulle	kiiruille
	欠　格	kiiruutta	kiiruitta
	共　格		kiiruine
	具　格		kiiruin
82	主　格	askel askele	askelet askeleet
	属　格	askelen askeleen	askelien askelten askeleiden askeleitten
	対格 I	askelen askeleen	askelet askeleet
	II	askel askele	askelet askeleet
	分　格	askelta askeletta	askelia askeleita
	様　格	askelena askeleena	askelina askeleina
	変　格	askeleksi askeleeksi	askeliksi askeleiksi
	内　格	askelessa askeleessa	askelissa askeleissa
	出　格	askelesta askeleesta	askelista askeleista
	入　格	askeleeseen (askeleen)	askeliin askeleisiin askeleihin
	所　格	askelella askeleella	askelilla askeleilla
	離　格	askelelta askeleelta	askelilta askeleilta
	向　格	askelelle askeleelle	askelille askeleille
	欠　格	askeletta askeleetta	askelitta askeleitta
	共　格		askeline askeleine
	具　格		askelin askelein

名詞・形容詞の変化表   602

	格	単　　数	複　　数
82	主　格	manner mantere	manteret mantereet
	属　格	manteren mantereen	manterien mannerten mantereiden mantereitten
	対格 I	manteren mantereen	manteret mantereet
	II	manner mantere	manteret mantereet
	分　格	mannerta mantereetta	manteria mantereita
	様　格	manterena mantereena	manterina mantereina
	変　格	mantereksi mantereeksi	manteriksi mantereiksi
	内　格	manteressa mantereessa	manterissa mantereissa
	出　格	manteresta mantereesta	manterista mantereista
	入　格	mantereeseen (mantereen)	manteriin mantereisiin mantereihin
	所　格	manterella mantereella	manterilla mantereilla
	離　格	manterelta mantereelta	manterilta mantereilta
	向　格	manterelle mantereelle	manterille mantereille
	欠　格	manteretta mantereetta	manteritta mantereitta
	共　格		manterine mantereine
	具　格		manterin mantereen
83	主　格	pyhäpäivä	pyhäpäivät
	属　格	pyhäpäivän	pyhäpäivien
	対格 I	pyhäpäivän	pyhäpäivät
	II	pyhäpäivä	pyhäpäivät
	分　格	pyhäpäivää	pyhäpäiviä
	様　格	pyhäpäivänä	pyhäpäivinä
	変　格	pyhäpäiväksi	pyhäpäiviksi
	内　格	pyhäpäivässä	pyhäpäivissä
	出　格	pyhäpäivästä	pyhäpäivistä
	入　格	pyhäpäivään	pyhäpäiviin
	所　格	pyhäpäivällä	pyhäpäivillä
	離　格	pyhäpäivältä	pyhäpäiviltä
	向　格	pyhäpäivälle	pyhäpäiville
	欠　格	pyhäpäivättä	pyhäpäivittä
	共　格		pyhäpäivine
	具　格		pyhäpäivin

603　名詞・形容詞の変化表

	格	単　数	複　数
83	主　格	vapaakauppa	vapaakaupat
	属　格	vapaakaupan	vapaakauppojen
	対格 I	vapaakaupan	vapaakaupat
	II	vapaakauppa	vapaakaupat
	分　格	vapaakauppaa	vapaakauppoja
	様　格	vapaakauppana	vapaakauppoina
	変　格	vapaakaupaksi	vapaakaupoiksi
	内　格	vapaakaupassa	vapaakaupoissa
	出　格	vapaakaupasta	vapaakaupoista
	入　格	vapaakauppaan	vapaakauppoihin
	所　格	vapaakaupalla	vapaakaupoilla
	離　格	vapaakaupalta	vapaakaupoilta
	向　格	vapaakaupalle	vapaakaupoille
	欠　格	vapaakaupatta	vapaakaupoitta
	共　格		vapaakauppoine
	具　格		vapaakaupoin
84	主　格	isosisko	isotsiskot
	属　格	isonsiskon	isojensiskojen
	対格 I	isonsiskon	isotsiskot
	II	isosisko	isotsiskot
	分　格	isoasiskoa	isojasiskoja
	様　格	isonasiskona	isoinasiskoina
	変　格	isoksisiskoksi	isoiksisiskoiksi
	内　格	isossasiskossa	isoissasiskoissa
	出　格	isostasiskosta	isoistasiskoista
	入　格	isoonsiskoon	isoihinsiskoihin
	所　格	isollasiskolla	isoillasiskoilla
	離　格	isoltasiskolta	isoiltasiskoilta
	向　格	isollesiskolle	isoillesiskoille
	欠　格	isottasiskotta	isoittasiskoitta
	共　格		isoinesiskoine
	具　格		isoinsiskoin

名詞・形容詞の変化表　604

	格	単　　　数	複　　　数
84	主　格	omatunto	omattunnot
	属　格	omantunnon	omientuntojen
	対格 I	omantunnon	omattunnot
	II	omatunto	omattunnot
	分　格	omaatuntoa	omiatuntoja
	様　格	omanatuntona	ominatuntoina
	変　格	omaksitunnoksi	omiksitunnoiksi
	内　格	omassatunnossa	omissatunnoissa
	出　格	omastatunnosta	omistatunnoista
	入　格	omaantuntoon	omiintuntoihin
	所　格	omallatunnolla	omillatunnoilla
	離　格	omaltatunnolta	omiltatunnoilta
	向　格	omalletunnolle	omilletunnoille
	欠　格	omattatunnotta	omittatunnoitta
	共　格		ominetuntoine
	具　格		omintunnoin
85	主　格	harmaahanhi	harmaahanhet harmaathanhet
	属　格	harmaahanhen harmaanhanhen	harmaahanhien harmaidenhanhien harmaittenhanhien
	対格 I	harmaahanhen harmaanhanhen	harmaahanhet harmaathanhet
	II	harmaahanhi	harmaahanhet harmaathanhet
	分　格	harmaahanhea harmaatahanhea	harmaahanhia harmaitahanhia
	様　格	harmaahanhena harmaanahanhena	harmaahanhina harmainahanhina
	変　格	harmaahanheksi harmaaksihanheksi	harmaahanhiksi harmaiksihanhiksi
	内　格	harmaahanhessa harmaassahanhessa	harmaahanhissa harmaissahanhissa
	出　格	harmaahanhesta harmaastahanhesta	harmaahanhista harmaistahanhista
	入　格	harmaahanheen harmaaseenhanheen	harmaahanhiin harmaihinhanhiin harmaisiinhanhiin
	所　格	harmaahanhella harmaallahanhella	harmaahanhilla harmaillahanhilla
	離　格	harmaahanhelta harmaaltahanhelta	harmaahanhilta harmailtahanhilta
	向　格	harmaahanhelle harmaallehanhelle	harmaahanhille harmaillehanhille
	欠　格	harmaahanhetta harmaattahanhetta	harmaahanhitta harmaittahanhitta
	共　格		harmaahanhine harmainehanhine
	具　格		harmaahanhin harmainhanhin

605　名詞・形容詞の変化表

	格	単　　　数	複　　　数
85	主　格	lämminvesi	lämminvedet lämpimätvedet
	属　格	lämminveden lämpimänveden	lämminvesien lämpimienvesien
			lämminvetten lämpimienvetten
	対格 I	lämminveden lämpimänveden	lämminvedet lämpimätvedet
	II	lämminvesi	lämminvedet lämpimätvedet
	分　格	lämminvettä lämmintävettä	lämminvesiä lämpimiävesiä
	様　格	lämminvetenä lämpimänävetenä	lämminvesinä lämpimiävesinä
	変　格	lämminvedeksi lämpimäksivedeksi	lämminvesiksi lämpimiksivesiksi
	内　格	lämminvedessä lämpimässävedessä	lämminvesissä lämpimissävesissä
	出　格	lämminvedestä lämpimästävedestä	lämminvesistä lämpimistävesistä
	入　格	lämminveteen lämpimäänveteen	lämminvesiin lämpimiinvesiin
	所　格	lämminvedellä lämpimällävedellä	lämminvesillä lämpimillävesillä
	離　格	lämminvedeltä lämpimältävedeltä	lämminvesiltä lämpimiltävesiltä
	向　格	lämminvedelle lämpimällevedelle	lämminvesille lämpimillevesille
	欠　格	lämminvedettä lämpimättävedettä	lämminvesittä lämpimittävesittä
	共　格		lämminvesine lämpiminevesine
	具　格		lämminvesin lämpiminvesin

動詞の活用表

母音語幹のみの動詞

1 puhua

直 説 法		命 令 法
現 在	現在完了	――
puhun puhut puhuu puhumme puhutte puhuvat	olen puhunut olet puhunut on puhunut olemme puhuneet olette puhuneet ovat puhuneet	puhu puhukoon puhukaamme puhukaa puhukoot

過 去	過去完了
puhuin puhuit puhui puhuimme puhuitte puhuivat	olin puhunut olit puhunut oli puhunut olimme puhuneet olitte puhuneet olivat puhuneet

不 定 詞
第1不定詞短形 puhua 　　　　長形 puhuakseen 第2不定詞内格 puhuessa 　　　　具格 puhuen 第3不定詞内格 puhumassa 　　　　出格 puhumasta 　　　　入格 puhumaan 　　　　所格 puhumalla 　　　　　　　puhumaisillaan 　　　　欠格 puhumatta 　　　　具格 puhuman 第4不定詞主格 puhuminen 　　　　分格 puhumista

条 件 法	
現 在	完 了
puhuisin puhuisit puhuisi puhuisimme puhuisitte puhuisivat	olisin puhunut olisit puhunut olisi puhunut olisimme puhuneet olisitte puhuneet olisivat puhuneet

分 詞
現在分詞　puhuva puhuvan 　　　　　puhuvaa puhuvia 過去分詞　puhunut puhuneen 　　　　　puhunutta puhuneita 行為者分詞 puhuma puhuman 　　　　　puhumaa puhumia

可 能 法	
現 在	完 了
puhunen puhunet puhunee puhunemme puhunette puhunevat	lienen puhunut lienet puhunut lienee puhunut lienemme puhuneet lienette puhuneet lienevät puhuneet

動 名 詞
puhuminen puhumisen puhumista puhumisia

受 動 態			
直説法現在 　　過去 　　現在完了 　　過去完了	puhutaan puhuttiin on puhuttu oli puhuttu	命令法 第2不定詞内格 第3不定詞具格	puhuttakoon puhuttaessa puhuttaman
条件法現在 　　完了	puhuttaisiin olisi puhuttu	現在分詞 過去分詞	puhuttava puhuttavan puhuttavaa puhuttavia puhuttu puhutun puhuttua puhuttuja
可能法現在 　　完了	puhuttaneen lienee puhuttu		

1 nukkua

直　説　法	
現　在	現在完了
nukun	olen nukkunut
nukut	olet nukkunut
nukkuu	on nukkunut
nukumme	olemme nukkuneet
nukutte	olette nukkuneet
nukkuvat	ovat nukkuneet
過　去	過去完了
nukuin	olin nukkunut
nukuit	olit nukkunut
nukkui	oli nukkunut
nukuimme	olimme nukkuneet
nukuitte	olitte nukkuneet
nukkuivat	olivat nukkuneet
条　件　法	
現　在	完　了
nukkuisin	olisin nukkunut
nukkuisit	olisit nukkunut
nukkuisi	olisi nukkunut
nukkuisimme	olisimme nukkuneet
nukkuisitte	olisitte nukkuneet
nukkuisivat	olisivat nukkuneet
可　能　法	
現　在	完　了
nukkunen	lienen nukkunut
nukkunet	lienet nukkunut
nukkunee	lienee nukkunut
nukkunemme	lienemme nukkuneet
nukkunette	lienette nukkuneet
nukkunevat	lienevät nukkuneet

命　令　法
——
nuku
nukkukoon
nukkukaamme
nukkukaa
nukkukoot

不　定　詞	
第1不定詞短形	nukkua
長形	nukkuakseen
第2不定詞内格	nukkuessa
具格	nukkuen
第3不定詞内格	nukkumassa
出格	nukkumasta
入格	nukkumaan
所格	nukkumalla
	nukkumaisillaan
欠格	nukkumatta
具格	nukkuman
第4不定詞主格	nukkuminen
分格	nukkumista

分　詞		
現在分詞	nukkuva	nukkuvan
	nukkuvaa	nukkuvia
過去分詞	nukkunut	nukkuneen
	nukkunutta	nukkuneita
行為者分詞	nukkuma	nukkuman
	nukkumaa	nukkumia

動　名　詞	
nukkuminen	nukkumisen
nukkumista	nukkumisia

受　動　態		
直説法現在	nukutaan	
過去	nukuttiin	
現在完了	on nukuttu	
過去完了	oli nukuttu	
命令法	nukuttakoon	
第2不定詞内格	nukuttaessa	
第3不定詞具格	nukuttaman	
条件法現在	nukuttaisiin	
完了	olisi nukuttu	
現在分詞	nukuttava nukuttavan	
	nukuttavaa nukuttavia	
過去分詞	nukuttu nukutun	
	nukuttua nukuttuja	
可能法現在	nukuttaneen	
完了	lienee nukuttu	

2 ostaa

直説法

現在	現在完了
ostan	olen ostanut
ostat	olet ostanut
ostaa	on ostanut
ostamme	olemme ostaneet
ostatte	olette ostaneet
ostavat	ovat ostaneet

過去	過去完了
ostin	olin ostanut
ostit	olit ostanut
osti	oli ostanut
ostimme	olimme ostaneet
ostitte	olitte ostaneet
ostivat	olivat ostaneet

条件法

現在	完了
ostaisin	olisin ostanut
ostaisit	olisit ostanut
ostaisi	olisi ostanut
ostaisimme	olisimme ostaneet
ostaisitte	olisitte ostaneet
ostaisivat	olisivat ostaneet

可能法

現在	完了
ostanen	lienen ostanut
ostanet	lienet ostanut
ostanee	lienee ostanut
ostanemme	lienemme ostaneet
ostanette	lienette ostaneet
ostanevat	lienevät ostaneet

命令法

—
ostakoon
ostakaamme
ostakaa
ostakoot

不定詞

第1不定詞短形 ostaa
　　　　長形 ostaakseen
第2不定詞内格 ostaessa
　　　　具格 ostaen
第3不定詞内格 ostamassa
　　　　出格 ostamasta
　　　　入格 ostamaan
　　　　所格 ostamalla
　　　　　　 ostamaisillaan
　　　　欠格 ostamatta
　　　　具格 ostaman
第4不定詞主格 ostaminen
　　　　分格 ostamista

分詞

現在分詞　ostava ostavan
　　　　　ostavaa ostavia
過去分詞　ostanut ostaneen
　　　　　ostanutta ostaneita
行為者分詞 ostama ostaman
　　　　　ostamaa ostamia

動名詞

ostaminen ostamisen
ostamista ostamisia

受動態

直説法現在	ostetaan
過去	ostettiin
現在完了	on ostettu
過去完了	oli ostettu

| 条件法現在 | ostettaisiin |
| 完了 | olisi ostettu |

| 可能法現在 | ostettaneen |
| 完了 | lienee ostettu |

命令法	ostettakoon
第2不定詞内格	ostettaessa
第3不定詞具格	ostettaman

現在分詞	ostettava ostettavan
	ostettavaa ostettavia
過去分詞	ostettu ostetun
	ostettua ostettuja

2 lähettää

直 説 法		命 令 法	
現 在	現在完了	——	
lähetän	olen lähettänyt	lähetä	
lähetät	olet lähettänyt	lähettäköön	
lähettää	on lähettänyt	lähettäkäämme	
lähetämme	olemme lähettäneet	lähettäkää	
lähetätte	olette lähettäneet	lähettäkööt	
lähettävät	ovat lähettäneet	不 定 詞	
過 去	過去完了	第1不定詞短形	lähettää
lähetin	olin lähettänyt	長形	lähettääkseen
lähetit	olit lähettänyt	第2不定詞内格	lähettäessä
lähetti	oli lähettänyt	具格	lähettäen
lähetimme	olimme lähettäneet	第3不定詞内格	lähettämässä
lähetitte	olitte lähettäneet	出格	lähettämästä
lähettivät	olivat lähettäneet	入格	lähettämään
条 件 法		所格	lähettämällä
現 在	完 了		lähettämäisillään
lähettäisin	olisin lähettänyt	欠格	lähettämättä
lähettäisit	olisit lähettänyt	具格	lähettämän
lähettäisi	olisi lähettänyt	第4不定詞主格	lähettäminen
lähettäisimme	olisimme lähettäneet	分格	lähettämistä
lähettäisitte	olisitte lähettäneet	分 詞	
lähettäisivät	olisivat lähettäneet	現在分詞	lähettävä lähettävän
可 能 法			lähettävää lähettäviä
現 在	完 了	過去分詞	lähettänyt lähettäneen
lähettänen	lienen lähettänyt		lähettänyttä lähettäneitä
lähettänet	lienet lähettänyt	行為者分詞	lähettämä lähettämän
lähettänee	lienee lähettänyt		lähettämää lähettämiä
lähettänemme	lienemme lähettäneet	動 名 詞	
lähettänette	lienette lähettäneet	lähettäminen lähettämisen	
lähettänevät	lienevät lähettäneet	lähettämistä lähettämisiä	

受 動 態

直説法現在	lähetetään	命令法	lähetettäköön
過去	lähetettiin	第2不定詞内格	lähetettäessä
現在完了	on lähetetty	第3不定詞具格	lähetettämän
過去完了	oli lähetetty		
条件法現在	lähetettäisiin	現在分詞	lähetettävä lähetettävän
完了	olisi lähetetty		lähetettävää lähetettäviä
		過去分詞	lähetetty lähetetyn
可能法現在	lähetettäneen		lähetettyä lähetettyjä
完了	lienee lähetetty		

3 huutaa

直説法

現在
huudan	
huudat	
huutaa	
huudamme	
huudatte	
huutavat	

現在完了
olen huutanut
olet huutanut
on huutanut
olemme huutaneet
olette huutaneet
ovat huutaneet

過去
huusin
huusit
huusi
huusimme
huusitte
huusivat

過去完了
olin huutanut
olit huutanut
oli huutanut
olimme huutaneet
olitte huutaneet
olivat huutaneet

条件法

現在
huutaisin
huutaisit
huutaisi
huutaisimme
huutaisitte
huutaisivat

完了
olisin huutanut
olisit huutanut
olisi huutanut
olisimme huutaneet
olisitte huutaneet
olisivat huutaneet

可能法

現在
huutanen
huutanet
huutanee
huutanemme
huutanette
huutanevat

完了
lienen huutanut
lienet huutanut
lienee huutanut
lienemme huutaneet
lienette huutaneet
lienevät huutaneet

命令法

——
huuda
huutakoon
huutakaamme
huutakaa
huutakoot

不定詞

第1不定詞短形 huutaa
　　　　長形 huutaakseen
第2不定詞内格 huutaessa
　　　　具格 huutaen
第3不定詞内格 huutamassa
　　　　出格 huutamasta
　　　　入格 huutamaan
　　　　所格 huutamalla
　　　　　　 huutamaisillaan
　　　　欠格 huutamatta
　　　　具格 huutaman
第4不定詞主格 huutaminen
　　　　分格 huutamista

分詞

現在分詞	huutava	huutavan
	huutavaa	huutavia
過去分詞	huutanut	huutaneen
	huutanutta	huutaneita
行為者分詞	huutama	huutaman
	huutamaa	huutamia

動名詞

huutaminen huutamisen
huutamista huutamisia

受動態

直説法現在	huudetaan	命令法	huudettakoon
過去	huudettiin	第2不定詞内格	huudettaessa
現在完了	on huudettu	第3不定詞具格	huudettaman
過去完了	oli huudettu		
条件法現在	huudettaisiin	現在分詞	huudettava huudettavan
完了	olisi huudettu		huudettavaa huudettavia
可能法現在	huudettaneen	過去分詞	huudettu huudetun
完了	lienee huudettu		huudettua huudettuja

動詞の活用表

4 soutaa

直 説 法		命 令 法	
現 在	現在完了	——	
soudan	olen soutanut	souda	
soudat	olet soutanut	soutakoon	
soutaa	on soutanut	soutakaamme	
soudamme	olemme soutaneet	soutakaa	
soudatte	olette soutaneet	soutakoot	
soutavat	ovat soutaneet	不 定 詞	
過 去	過去完了	第1不定詞短形 soutaa	
soudin sousin	olin soutanut	長形 soutaakseen	
soudit sousit	olit soutanut	第2不定詞内格 soutaessa	
souti sousi	oli soutanut	具格 soutaen	
soudimme sousimme	olimme soutaneet	第3不定詞内格 soutamassa	
souditte sousitte	olitte soutaneet	出格 soutamasta	
soutivat sousivat	olivat soutaneet	入格 soutamaan	
条 件 法		所格 soutamalla	
現 在	完 了	soutamaisillaan	
soutaisin	olisin soutanut	欠格 soutamatta	
soutaisit	olisit soutanut	具格 soutaman	
soutaisi	olisi soutanut	第4不定詞主格 soutaminen	
soutaisimme	olisimme soutaneet	分格 soutamista	
soutaisitte	olisitte soutaneet	分 詞	
soutaisivat	olisivat soutaneet	現在分詞 soutava soutavan	
可 能 法			soutavaa soutavia
現 在	完 了	過去分詞	soutanut soutaneen
soutanen	lienen soutanut		soutanutta soutaneita
soutanet	lienet soutanut	行為者分詞	soutama soutaman
soutanee	lienee soutanut		soutamaa soutamia
soutanemme	lienemme soutaneet	動 名 詞	
soutanette	lienette soutaneet	soutaminen soutamisen	
soutanevat	lienevät soutaneet	soutamista soutamisia	

受 動 態

直説法現在	soudetaan	命令法	soudettakoon
過去	soudettiin	第2不定詞内格	soudettaessa
現在完了	on soudettu	第3不定詞具格	soudettaman
過去完了	oli soudettu		
条件法現在	soudettaisiin	現在分詞	soudettava soudettavan
完了	olisi soudettu		soudettavaa soudettavia
可能法現在	soudettaneen	過去分詞	soudettu soudetun
完了	lienee soudettu		soudettua soudettuja

5 puoltaa

直説法

現在
- puollan
- puollat
- puoltaa
- puollamme
- puollatte
- puoltavat

現在完了
- olen puoltanut
- olet puoltanut
- on puoltanut
- olemme puoltaneet
- olette puoltaneet
- ovat puoltaneet

過去
- puolsin
- puolsit
- puolsi (puolti)
- puolsimme
- puolsitte
- puolsivat (puoltivat)

過去完了
- olin puoltanut
- olit puoltanut
- oli puoltanut
- olimme puoltaneet
- olitte puoltaneet
- olivat puoltaneet

条件法

現在
- puoltaisin
- puoltaisit
- puoltaisi
- puoltaisimme
- puoltaisitte
- puoltaisivat

完了
- olisin puoltanut
- olisit puoltanut
- olisi puoltanut
- olisimme puoltaneet
- olisitte puoltaneet
- olisivat puoltaneet

可能法

現在
- puoltanen
- puoltanet
- puoltanee
- puoltanemme
- puoltanette
- puoltanevat

完了
- lienen puoltanut
- lienet puoltanut
- lienee puoltanut
- lienemme puoltaneet
- lienette puoltaneet
- lienevät puoltaneet

命令法

——
- puolla
- puoltakoon
- puoltakaamme
- puoltakaa
- puoltakoot

不定詞

- 第1不定詞短形 puoltaa
- 　　　　長形 puoltaakseen
- 第2不定詞内格 puoltaessa
- 　　　　具格 puoltaen
- 第3不定詞内格 puoltamassa
- 　　　　出格 puoltamasta
- 　　　　入格 puoltamaan
- 　　　　所格 puoltamalla
- 　　　　　　 puoltamaisillaan
- 　　　　欠格 puoltamatta
- 　　　　具格 puoltaman
- 第4不定詞主格 puoltaminen
- 　　　　分格 puoltamista

分詞

現在分詞	puoltava puoltavan
	puoltavaa puoltavia
過去分詞	puoltanut puoltaneen
	puoltanutta puoltaneita
行為者分詞	puoltama puoltaman
	puoltamaa puoltamia

動名詞

puoltaminen puoltamisen
puoltamista puoltamisia

受動態

直説法現在	puolletaan	命令法	puollettakoon
過去	puollettiin		
現在完了	on puollettu	第2不定詞内格	puollettaessa
過去完了	oli puollettu	第3不定詞具格	puollettaman
条件法現在	puollettaisiin	現在分詞	puollettava puollettavan
完了	olisi puollettu		puollettavaa puollettavia
可能法現在	puollettaneen	過去分詞	puollettu puolletun
完了	lienee puollettu		puolluttua puollettuja

6 murtaa

直説法

現在
murran
murrat
murtaa
murramme
murratte
murtavat

現在完了
olen murtanut
olet murtanut
on murtanut
olemme murtaneet
olette murtaneet
ovat murtaneet

過去
mursin
mursit
mursi (murti)
mursimme
mursitte
mursivat (murtivat)

過去完了
olin murtanut
olit murtanut
oli murtanut
olimme murtaneet
olitte murtaneet
olivat murtaneet

条件法

現在
murtaisin
murtaisit
murtaisi
murtaisimme
murtaisitte
murtaisivat

完了
olisin murtanut
olisit murtanut
olisi murtanut
olisimme murtaneet
olisitte murtaneet
olisivat murtaneet

可能法

現在
murtanen
murtanet
murtanee
murtanemme
murtanette
murtanevat

完了
lienen murtanut
lienet murtanut
lienee murtanut
lienemme murtaneet
lienette murtaneet
lienevät murtaneet

命令法

——
murra
murtakoon
murtakaamme
murtakaa
murtakoot

不定詞

第1不定詞短形 murtaa
　　　　長形 murtaakseen
第2不定詞内格 murtaessa
　　　　具格 murtaen
第3不定詞内格 murtamassa
　　　　出格 murtamasta
　　　　入格 murtamaan
　　　　所格 murtamalla
　　　　　　 murtamaisillaan
　　　　欠格 murtamatta
　　　　具格 murtaman
第4不定詞主格 murtaminen
　　　　分格 murtamista

分詞

現在分詞　murtava murtavan
　　　　　murtavaa murtavia
過去分詞　murtanut murtaneen
　　　　　murtanutta murtaneita
行為者分詞 murtama murtaman
　　　　　murtamaa murtamia

動名詞

murtaminen murtamisen
murtamista murtamisia

受動態

直説法現在	murretaan	命令法	murrettakoon
過去	murrettiin		
現在完了	on murrettu	第2不定詞内格	murrettaessa
過去完了	oli murrettu	第3不定詞具格	murrettaman
条件法現在	murrettaisiin	現在分詞	murrettava murrettavan
完了	olisi murrettu		murrettavaa murrettavia
		過去分詞	murrettu murretun
可能法現在	murrettaneen		murrettua murrettuja
完了	lienee murrettu		

7 sortaa			
直　説　法		命　令　法	
現　在	現在完了	——	
sorran	olen sortanut	sorra	
sorrat	olet sortanut	sortakoon	
sortaa	on sortanut	sortakaamme	
sorramme	olemme sortaneet	sortakaa	
sorratte	olette sortaneet	sortakoot	
sortavat	ovat sortaneet	不　定　詞	
過　去	過去完了	第1不定詞短形	sortaa
sorrin (sorsin)	olin sortanut	長形	sortaakseen
sorrit (sorsit)	olit sortanut	第2不定詞内格	sortaessa
sorti (sorsi)	oli sortanut	具格	sortaen
sorrimme (sorsimme)	olimme sortaneet	第3不定詞内格	sortamassa
sorritte (sorsitte)	olitte sortaneet	出格	sortamasta
sortivat (sorsivat)	olivat sortaneet	入格	sortamaan
条　件　法		所格	sortamalla
現　在	完　了		sortamaisillaan
sortaisin	olisin sortanut	欠格	sortamatta
sortaisit	olisit sortanut	具格	sortaman
sortaisi	olisi sortanut	第4不定詞主格	sortaminen
sortaisimme	olisimme sortaneet	分格	sortamista
sortaisitte	olisitte sortaneet	分　詞	
sortaisivat	olisivat sortaneet	現在分詞	sortava sortavan
可　能　法			sortavaa sortavia
現　在	完　了	過去分詞	sortanut sortaneen
sortanen	lienen sortanut		sortanutta sortaneita
sortanet	lienet sortanut	行為者分詞	sortama sortaman
sortanee	lienee sortanut		sortamaa sortamia
sortanemme	lienemme sortaneet	動　名　詞	
sortanette	lienette sortaneet	sortaminen sortamisen	
sortanevat	lienevät sortaneet	sortamista sortamisia	

受　動　態			
直説法現在	sorretaan	命令法	sorrettakoon
過去	sorrettiin		
現在完了	on sorrettu	第2不定詞内格	sorrettaessa
過去完了	oli sorrettu	第3不定詞具格	sorrettaman
条件法現在	sorrettaisiin	現在分詞	sorrettava sorrettavan
完了	olisi sorrettu		sorrettavaa sorrettavia
		過去分詞	sorrettu sorretun
可能法現在	sorrettaneen		sorrettua sorrettuja
完了	lienee sorrettu		

8 lentää

直説法

現在	現在完了
lennän	olen lentänyt
lennät	olet lentänyt
lentää	on lentänyt
lennämme	olemme lentäneet
lennätte	olette lentäneet
lentävät	ovat lentäneet

過去	過去完了
lensin	olin lentänyt
lensit	olit lentänyt
lensi (lenti)	oli lentänyt
lensimme	olimme lentäneet
lensitte	olitte lentäneet
lensivät (lentivät)	olivat lentäneet

条件法

現在	完了
lentäisin	olisin lentänyt
lentäisit	olisit lentänyt
lentäisi	olisi lentänyt
lentäisimme	olisimme lentäneet
lentäisitte	olisitte lentäneet
lentäisivät	olisivat lentäneet

可能法

現在	完了
lentänen	lienen lentänyt
lentänet	lienet lentänyt
lentänee	lienee lentänyt
lentänemme	lienemme lentäneet
lentänette	lienette lentäneet
lentänevät	lienevät lentäneet

命令法

———
lennä
lentäköön
lentäkäämme
lentäkää
lentäkööt

不定詞

第1不定詞短形	lentää
長形	lentääkseen
第2不定詞内格	lentäessä
具格	lentäen
第3不定詞内格	lentämässä
出格	lentämästä
入格	lentämään
所格	lentämällä
	lentämäisillään
欠格	lentämättä
具格	lentämän
第4不定詞主格	lentäminen
分格	lentämistä

分詞

現在分詞	lentävä lentävän
	lentävää lentäviä
過去分詞	lentänyt lentäneen
	lentänyttä lentäneitä
行為者分詞	lentämä lentämän
	lentämää lentämiä

動名詞

lentäminen lentämisen
lentämistä lentämisiä

受動態

直説法現在	lennetään
過去	lennettiin
現在完了	on lennetty
過去完了	oli lennetty

| 条件法現在 | lennettäisiin |
| 完了 | olisi lennetty |

| 可能法現在 | lennettäneen |
| 完了 | lienee lennetty |

| 命令法 | lennettäköön |

| 第2不定詞内格 | lennettäessä |
| 第3不定詞具格 | lennettämän |

現在分詞	lennettävä lennettävän
	lennettävää lennettäviä
過去分詞	lennetty lennetyn
	lennettyä lennettyjä

動詞の活用表　　　　　　616

9	kasvaa		

直　説　法		命　令　法	
現　在	現在完了	———	
kasvan kasvat kasvaa kasvamme kasvatte kasvavat	olen kasvanut olet kasvanut on kasvanut olemme kasvaneet olette kasvaneet ovat kasvaneet	kasva kasvakoon kasvakaamme kasvakaa kasvakoot	
過　去	過去完了	不　定　詞	
kasvoin kasvoit kasvoi kasvoimme kasvoitte kasvoivat	olin kasvanut olit kasvanut oli kasvanut olimme kasvaneet olitte kasvaneet olivat kasvaneet	第1不定詞短形 kasvaa 　　　　長形 kasvaakseen 第2不定詞内格 kasvaessa 　　　　具格 kasvaen 第3不定詞内格 kasvamassa 　　　　出格 kasvamasta 　　　　入格 kasvamaan 　　　　所格 kasvamalla 　　　　　　　kasvamaisillaan 　　　　欠格 kasvamatta 　　　　具格 kasvaman 第4不定詞主格 kasvaminen 　　　　分格 kasvamista	
条　件　法			
現　在	完　了		
kasvaisin kasvaisit kasvaisi kasvaisimme kasvaisitte kasvaisivat	olisin kasvanut olisit kasvanut olisi kasvanut olisimme kasvaneet olisitte kasvaneet olisivat kasvaneet		
		分　詞	
可　能　法		現在分詞　kasvava kasvavan 　　　　　kasvavaa kasvavia 過去分詞　kasvanut kasvaneen 　　　　　kasvanutta kasvaneita 行為者分詞 kasvama kasvaman 　　　　　kasvamaa kasvamia	
現　在	完　了		
kasvanen kasvanet kasvanee kasvanemme kasvanette kasvanevat	lienen kasvanut lienet kasvanut lienee kasvanut lienemme kasvaneet lienette kasvaneet lienevät kasvaneet	動　名　詞	
		kasvaminen kasvamisen kasvamista kasvamisia	

受　動　態			
直説法現在 　　過去 　　現在完了 　　過去完了	kasvetaan kasvettiin on kasvettu oli kasvettu	命令法 第2不定詞内格 第3不定詞具格	kasvettakoon kasvettaessa kasvettaman
条件法現在 　　完了	kasvettaisiin olisi kasvettu	現在分詞 過去分詞	kasvettava kasvettavan kasvettavaa kasvettavia kasvettu kasvetun kasvettua kasvettuja
可能法現在 　　完了	kasvettaneen lienee kasvettu		

9 antaa

直説法			命令法	
現在		現在完了		
annan		olen antanut		——
annat		olet antanut		anna
antaa		on antanut		antakoon
annamme		olemme antaneet		antakaamme
annatte		olette antaneet		antakaa
antavat		ovat antaneet		antakoot

過去	過去完了
annoin	olin antanut
annoit	olit antanut
antoi	oli antanut
annoimme	olimme antaneet
annoitte	olitte antaneet
antoivat	olivat antaneet

不定詞

第1不定詞短形 antaa
　　　　 長形 antaakseen
第2不定詞内格 antaessa
　　　　 具格 antaen
第3不定詞内格 antamassa
　　　　 出格 antamasta
　　　　 入格 antamaan
　　　　 所格 antamalla
　　　　　　　 antamaisillaan
　　　　 欠格 antamatta
　　　　 具格 antaman
第4不定詞主格 antaminen
　　　　 分格 antamista

条件法	
現在	完了
antaisin	olisin antanut
antaisit	olisit antanut
antaisi	olisi antanut
antaisimme	olisimme antaneet
antaisitte	olisitte antaneet
antaisivat	olisivat antaneet

分詞

現在分詞　antava antavan
　　　　　antavaa antavia
過去分詞　antanut antaneen
　　　　　antanutta antaneita
行為者分詞 antama antaman
　　　　　antamaa antamia

可能法	
現在	完了
antanen	lienen antanut
antanet	lienet antanut
antanee	lienee antanut
antanemme	lienemme antaneet
antanette	lienette antaneet
antanevat	lienevät antaneet

動名詞

antaminen antamisen
antamista antamisia

受動態

直説法現在	annetaan
過去	annettiin
現在完了	on annettu
過去完了	oli annettu

命令法	annettakoon
第2不定詞内格	annettaessa
第3不定詞具格	annettaman

条件法現在	annettaisiin
完了	olisi annettu

可能法現在	annettaneen
完了	lienee annettu

現在分詞	annettava annettavan
	annettavaa annettavia
過去分詞	annettu annetun
	annettua annettuja

10 maistaa

直説法

現在	現在完了
maistan	olen maistanut
maistat	olet maistanut
maistaa	on maistanut
maistamme	olemme maistaneet
maistatte	olette maistaneet
maistavat	ovat maistaneet

過去	過去完了
maistoin	olin maistanut
maistoit	olit maistanut
maistoi	oli maistanut
maistoimme	olimme maistaneet
maistoitte	olitte maistaneet
maistoivat	olivat maistaneet

条件法

現在	完了
maistaisin	olisin maistanut
maistaisit	olisit maistanut
maistaisi	olisi maistanut
maistaisimme	olisimme maistaneet
maistaisitte	olisitte maistaneet
maistaisivat	olisivat maistaneet

可能法

現在	完了
maistanen	lienen maistanut
maistanet	lienet maistanut
maistanee	lienee maistanut
maistanemme	lienemme maistaneet
maistanette	lienette maistaneet
maistanevat	lienevät maistaneet

命令法

——	
maista	
maistakoon	
maistakaamme	
maistakaa	
maistakoot	

不定詞

第1不定詞短形 maistaa
　　　　長形 maistaakseen
第2不定詞内格 maistaessa
　　　　具格 maistaen
第3不定詞内格 maistamassa
　　　　出格 maistamasta
　　　　入格 maistamaan
　　　　所格 maistamalla
　　　　　　 maistamaisillaan
　　　　欠格 maistamatta
　　　　具格 maistaman
第4不定詞主格 maistaminen
　　　　分格 maistamista

分詞

現在分詞	maistava maistavan
	maistavaa maistavia
過去分詞	maistanut maistaneen
	maistanutta maistaneita
行為者分詞	maistama maistaman
	maistamaa maistamia

動名詞

maistaminen maistamisen
maistamista maistamisia

受動態

直説法現在	maistetaan	命令法	maistettakoon
過去	maistettiin	第2不定詞内格	maistettaessa
現在完了	on maistettu	第3不定詞具格	maistettaman
過去完了	oli maistettu		
条件法現在	maistettaisiin	現在分詞	maistettava maistettavan
完了	olisi maistettu		maistettavaa maistettavia
可能法現在	maistettaneen	過去分詞	maistettu maistetun
完了	lienee maistettu		maistettua maistettuja

動詞の活用表

10 auttaa

直 説 法		命 令 法	
現 在	現在完了	——	
autan	olen auttanut	auta	
autat	olet auttanut	auttakoon	
auttaa	on auttanut	auttakaamme	
autamme	olemme auttaneet	auttakaa	
autatte	olette auttaneet	auttakoot	
auttavat	ovat auttaneet	不 定 詞	
過 去	過去完了	第1不定詞短形 auttaa	
autoin	olin auttanut	長形 auttaakseen	
autoit	olit auttanut	第2不定詞内格 auttaessa	
auttoi	oli auttanut	具格 auttaen	
autoimme	olimme auttaneet	第3不定詞内格 auttamassa	
autoitte	olitte auttaneet	出格 auttamasta	
auttoivat	olivat auttaneet	入格 auttamaan	
		所格 auttamalla	
条 件 法		auttamaisillaan	
現 在	完 了	欠格 auttamatta	
auttaisin	olisin auttanut	具格 auttaman	
auttaisit	olisit auttanut	第4不定詞主格 auttaminen	
auttaisi	olisi auttanut	分格 auttamista	
auttaisimme	olisimme auttaneet	分 詞	
auttaisitte	olisitte auttaneet	現在分詞	auttava auttavan
auttaisivat	olisivat auttaneet		auttavaa auttavia
可 能 法		過去分詞	auttanut auttaneen
現 在	完 了		auttanutta auttaneita
auttanen	lienen auttanut	行為者分詞	auttama auttaman
auttanet	lienet auttanut		auttamaa auttamia
auttanee	lienee auttanut	動 名 詞	
auttanemme	lienemme auttaneet	auttaminen auttamisen	
auttanette	lienette auttaneet	auttamista auttamisia	
auttanevat	lienevät auttaneet		

受 動 態			
直説法現在	autetaan	命令法	autettakoon
過去	autettiin	第2不定詞内格	autettaessa
現在完了	on autettu	第3不定詞具格	autettaman
過去完了	oli autettu		
条件法現在	autettaisiin	現在分詞	autettava autettavan
完了	olisi autettu		autettavaa autettavia
可能法現在	autettaneen	過去分詞	autettu autetun
完了	lienee autettu		autettua autettuja

11 paistaa

直説法

現　在	現在完了
paistan	olen paistanut
paistat	olet paistanut
paistaa	on paistanut
paistamme	olemme paistaneet
paistatte	olette paistaneet
paistavat	ovat paistaneet

過　去	過去完了
paistoin	olin paistanut
paistoit	olit paistanut
paistoi	oli paistanut
paistoimme	olimme paistaneet
paistoitte	olitte paistaneet
paistoivat	olivat paistaneet

条件法

現　在	完　了
paistaisin	olisin paistanut
paistaisit	olisit paistanut
paistaisi	olisi paistanut
paistaisimme	olisimme paistaneet
paistaisitte	olisitte paistaneet
paistaisivat	olisivat paistaneet

可能法

現　在	完　了
paistanen	lienen paistanut
paistanet	lienet paistanut
paistanee	lienee paistanut
paistanemme	lienemme paistaneet
paistanette	lienette paistaneet
paistanevat	lienevät paistaneet

命令法

——
paista
paistakoon
paistakaamme
paistakaa
paistakoot

不定詞

第1不定詞短形 paistaa
　　　　長形 paistaakseen
第2不定詞内格 paistaessa
　　　　具格 paistaen
第3不定詞内格 paistamassa
　　　　出格 paistamasta
　　　　入格 paistamaan
　　　　所格 paistamalla
　　　　　　 paistamaisillaan
　　　　欠格 paistamatta
　　　　具格 paistaman
第4不定詞主格 paistaminen
　　　　分格 paistamista

分詞

現在分詞　paistava paistavan
　　　　　paistavaa paistavia
過去分詞　paistanut paistaneen
　　　　　paistanutta paistaneita
行為者分詞 paistama paistaman
　　　　　paistamaa paistamia

動名詞

paistaminen paistamisen
paistamista paistamisia

受動態

直説法現在	paistetaan
過去	paistettiin
現在完了	on paistettu
過去完了	oli paistettu

命令法	paistettakoon
第2不定詞内格	paistettaessa
第3不定詞具格	paistettaman

| 条件法現在 | paistettaisiin |
| 完了 | olisi paistettu |

現在分詞	paistettava paistettavan
	paistettavaa paistettavia
過去分詞	paistettu paistetun
	paistettua paistettuja

| 可能法現在 | paistettaneen |
| 完了 | lienee paistettu |

12 saartaa

直説法

現在	現在完了
saarran	olen saartanut
saarrat	olet saartanut
saartaa	on saartanut
saarramme	olemme saartaneet
saarratte	olette saartaneet
saartavat	ovat saartaneet

過去	過去完了
saarroin saarsin	olin saartanut
saarroit saarsit	olit saartanut
saartoi saarsi (saarti)	oli saartanut
saarroimme saarsimme	olimme saartaneet
saarroitte saarsitte	olitte saartaneet
saartoivat saarsivat (saartivat)	olivat saartaneet

条件法

現在	完了
saartaisin	olisin saartanut
saartaisit	olisit saartanut
saartaisi	olisi saartanut
saartaisimme	olisimme saartaneet
saartaisitte	olisitte saartaneet
saartaisivat	olisivat saartaneet

可能法

現在	完了
saartanen	lienen saartanut
saartanet	lienet saartanut
saartanee	lienee saartanut
saartanemme	lienemme saartaneet
saartanette	lienette saartaneet
saartanevat	lienevät saartaneet

命令法

———
saarra
saartakoon
saartakaamme
saartakaa
saartakoot

不定詞

第1不定詞	短形	saartaa
	長形	saartaakseen
第2不定詞	内格	saartaessa
	具格	saartaen
第3不定詞	内格	saartamassa
	出格	saartamasta
	入格	saartamaan
	所格	saartamalla
		saartamaisillaan
	欠格	saartamatta
	具格	saartaman
第4不定詞	主格	saartaminen
	分格	saartamista

分詞

現在分詞	saartava saartavan
	saartavaa saartavia
過去分詞	saartanut saartaneen
	saartanutta saartaneita
行為者分詞	saartama saartaman
	saartamaa saartamia

動名詞

saartaminen saartamisen
saartamista saartamisia

受動態

直説法現在	saarretaan
過去	saarrettiin
現在完了	on saarrettu
過去完了	oli saarrettu

条件法現在	saarrettaisiin
完了	olisi saarrettu

可能法現在	saarrettaneen
完了	lienee saarrettu

命令法	saarrettakoon
第2不定詞内格	sarrettaessa
第3不定詞具格	saarrettaman

現在分詞	sarrettava saarrettavan
	saarrettavaa saarrettavia
過去分詞	saarrettu saarretun
	saarrettua saarrettuja

動詞の活用表　　　　　　622

13	koskea

直説法

現　在	現在完了
kosken	olen koskenut
kosket	olet koskenut
koskee	on koskenut
koskemme	olemme koskeneet
koskette	olette koskeneet
koskevat	ovat koskeneet

過　去	過去完了
koskin	olin koskenut
koskit	olit koskenut
koski	oli koskenut
koskimme	olimme koskeneet
koskitte	olitte koskeneet
koskivat	olivat koskeneet

条件法

現　在	完　了
koskisin	olisin koskenut
koskisit	olisit koskenut
koskisi	olisi koskenut
koskisimme	olisimme koskeneet
koskisitte	olisitte koskeneet
koskisivat	olisivat koskeneet

可能法

現　在	完　了
koskenen	lienen koskenut
koskenet	lienet koskenut
koskenee	lienee koskenut
koskenemme	lienemme koskeneet
koskenette	lienette koskeneet
koskenevat	lienevät koskeneet

命令法

——
koske
koskekoon
koskekaamme
koskekaa
koskekoot

不定詞

第1不定詞短形　koskea
　　　　　長形　koskeakseen
第2不定詞内格　koskiessa
　　　　　具格　koskien
第3不定詞内格　koskemassa
　　　　　出格　koskemasta
　　　　　入格　koskemaan
　　　　　所格　koskemalla
　　　　　　　　koskemaisillaan
　　　　　欠格　koskematta
　　　　　具格　koskeman
第4不定詞主格　koskeminen
　　　　　分格　koskemista

分詞

現在分詞	koskeva koskevan
	koskevaa koskevia
過去分詞	koskenut koskeneen
	koskenutta koskeneita
行為者分詞	koskema koskeman
	koskemaa koskemia

動名詞

koskeminen koskemisen
koskemista koskemisia

受動態

直説法現在	kosketaan	命令法	koskettakoon
過去	koskettiin	第2不定詞内格	koskettaessa
現在完了	on kosketu	第3不定詞具格	koskettaman
過去完了	oli kosketu		
条件法現在	koskettaisiin	現在分詞	koskettava koskettavan
完了	olisi kosketu		koskettavaa koskettavia
可能法現在	koskettaneen	過去分詞	kosketu kosketun
完了	lienee kosketu		kosketua koskettuja

13 lukea

直 説 法	
現 在	現在完了
luen	olen lukenut
luet	olet lukenut
lukee	on lukenut
luemme	olemme lukeneet
luette	olette lukeneet
lukevat	ovat lukeneet
過 去	過去完了
luin	olin lukenut
luit	olit lukenut
luki	oli lukenut
luimme	olimme lukeneet
luitte	olitte lukeneet
lukivat	olivat lukeneet

条 件 法	
現 在	完 了
lukisin	olisin lukenut
lukisit	olisit lukenut
lukisi	olisi lukenut
lukisimme	olisimme lukeneet
lukisitte	olisitte lukeneet
lukisivat	olisivat lukeneet

可 能 法	
現 在	完 了
lukenen	lienen lukenut
lukenet	lienet lukenut
lukenee	lienee lukenut
lukenemme	lienemme lukeneet
lukenette	lienette lukeneet
lukenevat	lienevät lukeneet

命 令 法	
——	
lue	
lukekoon	
lukekaamme	
lukekaa	
lukekoot	

不 定 詞	
第1不定詞短形	lukea
長形	lukeakseen
第2不定詞内格	lukiessa
具格	lukien
第3不定詞内格	lukemassa
出格	lukemasta
入格	lukemaan
所格	lukemalla
	lukemaisillaan
欠格	lukematta
具格	lukeman
第4不定詞主格	lukeminen
分格	lukemista

分 詞	
現在分詞	lukeva lukevan
	lukevaa lukevia
過去分詞	lukenut lekeneen
	lukenutta lukeneita
行為者分詞	lukema lukeman
	lukemaa lukemia

動 名 詞	
lukeminen lukemisen	
lukemista lukemisia	

受 動 態			
直説法現在	luetaan	命令法	luettakoon
過去	luettiin	第2不定詞内格	luettaessa
現在完了	on luettu	第3不定詞具格	luettaman
過去完了	oli luettu		
条件法現在	luettaisiin	現在分詞	luettava luettavan
完了	olisi luettu		luettavaa luettavia
可能法現在	luettaneen	過去分詞	luettu luetun
完了	lienee luettu		luettua luettuja

14	tuntea			

直 説 法		命 令 法	
現 在	現在完了	—	
tunnen	olen tuntenut	tunne	
tunnet	olet tuntenut	tuntekoon	
tuntee	on tuntenut	tuntekaamme	
tunnemme	olemme tunteneet	tuntekaa	
tunnette	olette tunteneet	tuntekoot	
tuntevat	ovat tunteneet	不 定 詞	
過 去	過去完了	第1不定詞短形	tuntea
tunsin	olin tuntenut	長形	tunteakseen
tunsit	olit tuntenut	第2不定詞内格	tuntiessa
tunsi	oli tuntenut	具格	tuntien
tunsimme	olimme tunteneet	第3不定詞内格	tuntemassa
tunsitte	olitte tunteneet	出格	tuntemasta
tunsivat	olivat tunteneet	入格	tuntemaan
条 件 法		所格	tuntemalla
現 在	完 了		tuntemaisillaan
tuntisin	olisin tuntenut	欠格	tuntematta
tuntisit	olisit tuntenut	具格	tunteman
tuntisi	olisi tuntenut	第4不定詞主格	tunteminen
tuntisimme	olisimme tunteneet	分格	tuntemista
tuntisitte	olisitte tunteneet	分 詞	
tuntisivat	olisivat tunteneet	現在分詞	tunteva tuntevan
可 能 法			tuntevaa tuntevia
現 在	完 了	過去分詞	tuntenut tunteneen
tuntenen	lienen tuntenut		tuntenutta tunteneita
tuntenet	lienet tuntenut	行為者分詞	tuntema tunteman
tuntenee	lienee tuntenut		tuntemaa tuntemia
tuntenemme	lienemme tunteneet	動 名 詞	
tuntenette	lienette tunteneet	tunteminen tuntemisen	
tuntenevat	lienevät tunteneet	tuntemista tuntemisia	

受 動 態		
直説法現在	tunnetaan	命令法	tunnettakoon
過去	tunnettiin	第2不定詞内格	tunnettaessa
現在完了	on tunnettu	第3不定詞具格	tunnettaman
過去完了	oli tunnettu		
条件法現在	tunnettaisiin	現在分詞	tunnettava tunnettavan
完了	olisi tunnettu		tunnettavaa tunnettavia
可能法現在	tunnettaneen	過去分詞	tunnettu tunnetun
完了	lienee tunnettu		tunnettua tunnettuja

15 | potea

直説法

現在	現在完了
poden	olen potenut
podet	olet potenut
potee	on potenut
podemme	olemme poteneet
podette	olette poteneet
potevat	ovat poteneet

過去	過去完了
podin	olin potenut
podit	olit potenut
poti	oli potenut
podimme	olimme poteneet
poditte	olitte poteneet
potivat	olivat poteneet

条件法

現在	完了
potisin	olisin potenut
potisit	olisit potenut
potisi	olisi potenut
potisimme	olisimme poteneet
potisitte	olisitte poteneet
potisivat	olisivat poteneet

可能法

現在	完了
potenen	lienen potenut
potenet	lienet potenut
potenee	lienee potenut
potenemme	lienemme poteneet
potenette	lienette poteneet
potenevat	lienevät poteneet

命令法

―
pode
potekoon
potekaamme
potekaa
potekoot

不定詞

第1不定詞短形 potea
　　　　長形 poteakseen
第2不定詞内格 potiessa
　　　　具格 potien
第3不定詞内格 potemassa
　　　　出格 potemasta
　　　　入格 potemaan
　　　　所格 potemalla
　　　　　　 potemaisillaan
　　　　欠格 potematta
　　　　具格 poteman
第4不定詞主格 poteminen
　　　　分格 potemista

分詞

現在分詞	poteva potevan
	potevaa potevia
過去分詞	potenut poteneen
	potenutta poteneita
行為者分詞	potema poteman
	potemaa potemia

動名詞

poteminen potemisen
potemista potemisia

受動態

直説法現在	podetaan	命令法	podettakoon
過去	podettin		
現在完了	on podettu	第2不定詞内格	podettaessa
過去完了	oli podettu	第3不定詞具格	podettaman
条件法現在	podettaisiin	現在分詞	podettava podettavan
完了	olisi podettu		podettavaa podettavia
可能法現在	podettaneen	過去分詞	podettu podetun
完了	lienee podettu		podettua podettuja

16 lähteä

直 説 法	
現 在	現 在 完 了
lähden	olen lähtenyt
lähdet	olet lähtenyt
lähtee	on lähtenyt
lähdemme	olemme lähteneet
lähdette	olette lähteneet
lähtevät	ovat lähteneet
過 去	過 去 完 了
lähdin (läksin)	olin lähtenyt
lähdit (läksit)	olit lähtenyt
lähti (läksi)	oli lähtenyt
lähdimme (läksimme)	olimme lähteneet
lähditte (läksitte)	olitte lähteneet
lähtivät (läksivät)	olivat lähteneet
条 件 法	
現 在	完 了
lähtisin (läksisin)	olisin lähtenyt
lähtisit (läksisit)	olisit lähtenyt
lähtisi (läksisi)	olisi lähtenyt
lähtisimme (läksisimme)	olisimme lähteneet
lähtisitte (läksisitte)	olisitte lähteneet
lähtisivät (läksisivät)	olisivat lähteneet
可 能 法	
現 在	完 了
lähtenen	lienen lähtenyt
lähtenet	lienet lähtenyt
lähtenee	lienee lähtenyt
lähtenemme	lienemme lähteneet
lähtenette	lienette lähteneet
lähtenevät	lienevät lähteneet

命 令 法	
——	
lähde	
lähteköön	
lähtekäämme	
lähtekää	
lähtekööt	

不 定 詞	
第1不定詞短形	lähteä
長形	lähteäkseen
第2不定詞内格	lähtiessä
具格	lähtien
第3不定詞内格	lähtemässä
出格	lähtemästä
入格	lähtemään
所格	lähtemällä
	lähtemäsillään
欠格	lähtemättä
具格	lähtemän
第4不定詞主格	lähteminen
分格	lähtemistä

分 詞	
現在分詞	lähtevä lähtevän
	lähtevää lähteviä
過去分詞	lähtenyt lähteneen
	lähtenyttä lähteneitä
行為者分詞	lähtemä lähtemän
	lähtemää lähtemiä

動 名 詞	
lähteminen lähtemisen	
lähtemistä lähtemisiä	

受 動 態

直説法現在	lähdetään	命令法	lähdettäköön
過去	lähdettiin		
現在完了	on lähdetty	第2不定詞内格	lähdettäessä
過去完了	oli lähdetty	第3不定詞具格	lähdettämän
条件法現在	lähdettäisiin	現在分詞	lähdettävä lähdettävän
完了	olisi lähdetty		lähdettävää lähdettäviä
可能法現在	lähdettäneen	過去分詞	lähdetty lähdetyn
完了	lienee lähdetty		lähdettyä lähdettyjä

17 etsiä

直説法

現在	現在完了
etsin	olen etsinyt
etsit	olet etsinyt
etsii	on etsinyt
etsimme	olemme etsineet
etsitte	olette etsineet
etsivät	ovat etsineet

過去	過去完了
etsin	olin etsinyt
etsit	olit etsinyt
etsi	oli etsinyt
etsimme	olimme etsineet
etsitte	olitte etsineet
etsivät	olivat etsineet

条件法

現在	完了
etsisin	olisin etsinyt
etsisit	olisit etsinyt
etsisi	olisi etsinyt
etsisimme	olisimme etsineet
etsisitte	olisitte etsineet
etsisivät	olisivat etsineet

可能法

現在	完了
etsinen	lienen etsinyt
etsinet	lienet etsinyt
etsinee	lienee etsinyt
etsinemme	lienemme etsineet
etsinette	lienette etsineet
etsinevät	lienevät etsineet

命令法

——
etsi
etsiköön
etsikäämme
etsikää
etsikööt

不定詞

第1不定詞短形 etsiä
　　　　　長形 etsiäkseen
第2不定詞内格 etsiessä
　　　　　具格 etsien
第3不定詞内格 etsimässä
　　　　　出格 etsimästä
　　　　　入格 etsimään
　　　　　所格 etsimällä
　　　　　　　etsimäisillään
　　　　　欠格 etsimättä
　　　　　具格 etsimän
第4不定詞主格 etsiminen
　　　　　分格 etsimistä

分詞

現在分詞　etsivä etsivän
　　　　　etsivää etsiviä
過去分詞　etsinyt etsineen
　　　　　etsinyttä etsineitä
行為者分詞 etsimä etsimän
　　　　　etsimää etsimiä

動名詞

etsiminen etsimisen
etsimistä etsimisiä

受動態

直説法現在	etsitään
過去	etsittiin
現在完了	on etsitty
過去完了	oli etsitty

命令法	etsittäköön
第2不定詞内格	etsittäessä
第3不定詞具格	etsittämän

| 条件法現在 | etsittäisiin |
| 完了 | olisi etsitty |

| 可能法現在 | etsittäneen |
| 完了 | lienee etsitty |

現在分詞	etsittävä etsittävän
	etsittävää etsittäviä
過去分詞	etsitty etsityn
	etsittyä etsittyjä

17 oppia

直説法

現在	現在完了
opin	olen oppinut
opit	olet oppinut
oppii	on oppinut
opimme	olemme oppineet
opitte	olette oppineet
oppivat	ovat oppineet

過去	過去完了
opin	olin oppinut
opit	olit oppinut
oppi	oli oppinut
opimme	olimme oppineet
opitte	olitte oppineet
oppivat	olivat oppineet

条件法

現在	完了
oppisin	olisin oppinut
oppisit	olisit oppinut
oppisi	olisi oppinut
oppisimme	olisimme oppineet
oppisitte	olisitte oppineet
oppisivat	olisivat oppineet

可能法

現在	完了
oppinen	lienen oppinut
oppinet	lienet oppinut
oppinee	lienee oppinut
oppinemme	lienemme oppineet
oppinette	lienette oppineet
oppinevat	lienevät oppineet

命令法

——
opi
oppikoon
oppikaamme
oppikaa
oppikoot

不定詞

第1不定詞短形	oppia
長形	oppiakseen
第2不定詞内格	oppiessa
具格	oppien
第3不定詞内格	oppimassa
出格	oppimasta
入格	oppimaan
所格	oppimalla
	oppimaisillaan
欠格	oppimatta
具格	oppiman
第4不定詞主格	oppiminen
分格	oppimista

分詞

現在分詞	oppiva oppivan
	oppivaa oppivia
過去分詞	oppinut oppineen
	oppinutta oppineita
行為者分詞	oppima oppiman
	oppimaa oppimia

動名詞

oppiminen oppimisen
oppimista oppimisia

受動態

直説法現在	opitaan	命令法	opittakoon
過去	opittiin	第2不定詞内格	opittaessa
現在完了	on opittu	第3不定詞具格	opittaman
過去完了	oli opittu		
条件法現在	opittaisiin	現在分詞	opittava opittavan
完了	olisi opittu		opittavaa opittavia
可能法現在	opittaneen	過去分詞	opittu opitun
完了	lienee opittu		opittua opittuja

18	voida		

直説法

現在 / 現在完了
現在	現在完了
voin	olen voinut
voit	olet voinut
voi	on voinut
voimme	olemme voineet
voitte	olette voineet
voivat	ovat voineet

過去 / 過去完了
過去	過去完了
voin	olin voinut
voit	olit voinut
voi	oli voinut
voimme	olimme voineet
voitte	olitte voineet
voivat	olivat voineet

条件法

現在 / 完了
現在	完了
voisin	olisin voinut
voisit	olisit voinut
voisi	olisi voinut
voisimme	olisimme voineet
voisitte	olisitte voineet
voisivat	olisivat voineet

可能法

現在 / 完了
現在	完了
voinen	lienen voinut
voinet	lienet voinut
voinee	lienee voinut
voinemme	lienemme voineet
voinette	lienette voineet
voinevat	lienevät voineet

命令法

——
voi
voikoon
voikaamme
voikaa
voikoot

不定詞

第1不定詞短形 voida
　　　　　長形 voidakseen
第2不定詞内格 voidessa
　　　　　具格 voiden
第3不定詞内格 voimassa
　　　　　出格 voimasta
　　　　　入格 voimaan
　　　　　所格 voimalla
　　　　　　　 voimaisillaan
　　　　　欠格 voimatta
　　　　　具格 voiman
第4不定詞主格 voiminen
　　　　　分格 voimista

分詞

現在分詞	voiva	voivan
	voivaa	voivia
過去分詞	voinut	voineen
	voinutta	voineita
行為者分詞	voima	voiman
	voimaa	voimia

動名詞

voiminen voimisen
voimista voimisia

受動態

直説法現在	voidaan
過去	voitiin
現在完了	on voitu
過去完了	oli voitu

| 条件法現在 | voitaisiin |
| 完了 | olisi voitu |

| 可能法現在 | voitaneen |
| 完了 | lienee voitu |

命令法	voitakoon
第2不定詞内格	voitaessa
第3不定詞具格	voitaman

現在分詞	voitava voitavan
	voitavaa voitavia
過去分詞	voitu voidun
	voitua voituja

19 saada

直説法

現在
saan
saat
saa
saamme
saatte
saavat

現在完了
olen saanut
olet saanut
on saanut
olemme saaneet
olette saaneet
ovat saaneet

過去
sain
sait
sai
saimme
saitte
saivat

過去完了
olin saanut
olit saanut
oli saanut
olimme saaneet
olitte saaneet
olivat saaneet

条件法

現在
saisin
saisit
saisi
saisimme
saisitte
saisivat

完了
olisin saanut
olisit saanut
olisi saanut
olisimme saaneet
olisitte saaneet
olisivat saaneet

可能法

現在
saanen
saanet
saanee
saanemme
saanette
saanevat

完了
lienen saanut
lienet saanut
lienee saanut
lienemme saaneet
lienette saaneet
lienevät saaneet

命令法
——
saa
saakoon
saakaamme
saakaa
saakoot

不定詞
- 第1不定詞短形 saada
-   長形 saadakseen
- 第2不定詞内格 saadessa
-   具格 saaden
- 第3不定詞内格 saamassa
-   出格 saamasta
-   入格 saamaan
-   所格 saamalla
-     saamaisillaan
-   欠格 saamatta
-   具格 saaman
- 第4不定詞主格 saaminen
-   分格 saamista

分詞
現在分詞　saava saavan
　　　　　saavaa saavia
過去分詞　saanut saaneen
　　　　　saanutta saaneita
行為者分詞　saama saaman
　　　　　　saamaa saamia

動名詞
saaminen saamisen
saamista saamisia

受動態

直説法現在	saadaan
過去	saatiin
現在完了	on saatu
過去完了	oli saatu
条件法現在	saataisiin
完了	olisi saatu
可能法現在	saataneen
完了	lienee saatu

命令法	saatakoon
第2不定詞内格	saataessa
第3不定詞具格	saataman
現在分詞	saatava saatavan
	saatavaa saatavia
過去分詞	saatu saadun
	saatua saatuja

20 myydä

直　説　法	
現　在	現在完了
myyn	olen myynyt
myyt	olet myynyt
myy	on myynyt
myymme	olemme myyneet
myytte	olette myyneet
myyvät	ovat myyneet
過　去	過去完了
myin	olin myynyt
myit	olit myynyt
myi	oli myynyt
myimme	olimme myyneet
myitte	olitte myyneet
myivät	olivat myyneet

条　件　法	
現　在	完　了
myisin	olisin myynyt
myisit	olisit myynyt
myisi	olisi myynyt
myisimme	olisimme myyneet
myisitte	olisitte myyneet
myisivät	olisivat myyneet

可　能　法	
現　在	完　了
myynen	lienen myynyt
myynet	lienet myynyt
myynee	lienee myynyt
myynemme	lienemme myyneet
myynette	lienette myyneet
myynevät	lienevät myyneet

命　令　法	
——	
myy	
myyköön	
myykäämme	
myykää	
myykööt	

不　定　詞	
第1不定詞短形	myydä
長形	myydäkseen
第2不定詞内格	myydessä
具格	myyden
第3不定詞内格	myymässä
出格	myymästä
入格	myymään
所格	myymällä
	myymäisillään
欠格	myymättä
具格	myymän
第4不定詞主格	myyminen
分格	myymistä

分　詞	
現在分詞	myyvä myyvän
	myyvää myyviä
過去分詞	myynyt myyneen
	myynyttä myyneitä
行為者分詞	myymä myymän
	myymää myymiä

動　名　詞	
myyminen	myymisen
myymistä	myymisiä

受　動　態			
直説法現在	myydään	命令法	myytäköön
過去	myytiin	第2不定詞内格	myytäessä
現在完了	on myyty	第3不定詞具格	myytämän
過去完了	oli myyty	現在分詞	myytävä myytävän
条件法現在	myytäisiin		myytävää myytäviä
完了	olisi myyty	過去分詞	myyty myydyn
可能法現在	myytäneen		myytyä myytyjä
完了	lienee myyty		

動詞の活用表

21 | juoda

直　説　法	
現　在	現 在 完 了
juon	olen juonut
juot	olet juonut
juo	on juonut
juomme	olemme juoneet
juotte	olette juoneet
juovat	ovat juoneet
過　去	過 去 完 了
join	olin juonut
joit	olit juonut
joi	oli juonut
joimme	olimme juoneet
joitte	olitte juoneet
joivat	olivat juoneet

条　件　法	
現　在	完　了
joisin	olisin juonut
joisit	olisit juonut
joisi	olisi juonut
joisimme	olisimme juoneet
joisitte	olisitte juoneet
joisivat	olisivat juoneet

可　能　法	
現　在	完　了
juonen	lienen juonut
juonet	lienet juonut
juonee	lienee juonut
juonemme	lienemme juoneet
juonette	lienette juoneet
juonevat	lienevät juoneet

命　令　法
——
juo
juokoon
juokaamme
juokaa
juokoot

不　定　詞	
第1不定詞短形	juoda
長形	juodakseen
第2不定詞内格	juodessa
具格	juoden
第3不定詞内格	juomassa
出格	juomasta
入格	juomaan
所格	juomalla
	juomaisillaan
欠格	juomatta
具格	juoman
第4不定詞主格	juominen
分格	juomista

分　詞	
現在分詞	juova juovan
	juovaa juovia
過去分詞	juonut juoneen
	juonutta juoneita
行為者分詞	juoma juoman
	juomaa juomia

動　名　詞
juominen juomisen
juomista juomisia

受　　動　　態			
直説法現在	juodaan	命令法	juotakoon
過去	juotiin	第2不定詞内格	juotaessa
現在完了	on juotu	第3不定詞具格	juotaman
過去完了	oli juotu	現在分詞	juotava juotavan
条件法現在	juotaisiin		juotavaa juotavia
完了	olisi juotu	過去分詞	juotu juodun
可能法現在	juotaneen		juotua juotuja
完了	lienee juotu		

動詞の活用表

22	viedä		
直　説　法		命　令　法	
現　在	現在完了	――	
vien	olen vienyt	vie	
viet	olet vienyt	vieköön	
vie	on vienyt	viekäämme	
viemme	olemme vieneet	viekää	
viette	olette vieneet	vieköot	
vievät	ovat vieneet	不　定　詞	
過　去	過去完了	第1不定詞短形	viedä
vein	olin vienyt	長形	viedäkseen
veit	olit vienyt	第2不定詞内格	viedessä
vei	oli vienyt	具格	vieden
veimme	olimme vieneet	第3不定詞内格	viemässä
veitte	olitte vieneet	出格	viemästä
veivät	olivat vieneet	入格	viemään
条　件　法		所格	viemällä
現　在	完　了		viemäisillään
veisin	olisin vienyt	欠格	viemättä
veisit	olisit vienyt	具格	viemän
veisi	olisi vienyt	第4不定詞主格	vieminen
veisimme	olisimme vieneet	分格	viemistä
veisitte	olisitte vieneet	分　詞	
veisivät	olisivat vieneet	現在分詞	vievä vievän
可　能　法			vievää vieviä
現　在	完　了	過去分詞	vienyt vieneen
vienen	lienen vienyt		vienyttä vieneitä
vienet	lienet vienyt	行為者分詞	viemä viemän
vienee	lienee vienyt		viemää viemiä
vienemme	lienemme vieneet	動　名　詞	
vienette	lienette vieneet	vieminen viemisen	
vienevät	lienevät vieneet	viemistä viemisiä	
受　動　態			
直説法現在	viedään	命令法	vietäköön
過去	vietiin	第2不定詞内格	vietäessä
現在完了	on viety	第3不定詞具格	vietämän
過去完了	oli viety	現在分詞	vietävä vietävän
条件法現在	vietäisiin		vietävää vietäviä
完了	olisi viety	過去分詞	viety viedyn
可能法現在	vietäneen		vietyä vietyjä
完了	lienee viety		

23 käydä

直説法

現　在	現在完了
käyn	olen käynyt
käyt	olet käynyt
käy	on käynyt
käymme	olemme käyneet
käytte	olette käyneet
käyvät	ovat käyneet

過　去	過去完了
kävin	olin käynyt
kävit	olit käynyt
kävi	oli käynyt
kävimme	olimme käyneet
kävitte	olitte käyneet
kävivät	olivat käyneet

条件法

現　在	完　了
kävisin	olisin käynyt
kävisit	olisit käynyt
kävisi	olisi käynyt
kävisimme	olisimme käyneet
kävisitte	olisitte käyneet
kävisivät	olisivat käyneet

可能法

現　在	完　了
käynen	lienen käynyt
käynet	lienet käynyt
käynee	lienee käynyt
käynemme	lienemme käyneet
käynette	lienette käyneet
käynevät	lienevät käyneet

命令法

——
käy
käyköön
käykäämme
käykää
käykööt

不定詞

第1不定詞短形 käydä
　　　　長形 käydäkseen
第2不定詞内格 käydessä
　　　　具格 käyden
第3不定詞内格 käymässä
　　　　出格 käymästä
　　　　入格 käymään
　　　　所格 käymällä
　　　　　　käymäisillään
　　　　欠格 käymättä
　　　　具格 käymän
第4不定詞主格 käyminen
　　　　分格 käymistä

分詞

現在分詞	käyvä käyvän
	käyvää käyviä
過去分詞	käynyt käyneen
	käynyttä käyneitä
行為者分詞	käymä käymän
	käymää käymiä

動名詞

käyminen käymisen
käymistä käymisiä

受動態

直説法現在	käydään
過去	käytiin
現在完了	on käyty
過去完了	oli käyty

命令法	käytäköön
第2不定詞内格	käytäessä
第3不定詞具格	käytämän

| 条件法現在 | käytäisiin |
| 完了 | olisi käyty |

現在分詞	käytävä käytävän
	käytävää käytäviä
過去分詞	käyty käydyn
	käytyä käytyjä

| 可能法現在 | käytäneen |
| 完了 | lienee käyty |

母音語幹と子音語幹を持つ動詞

24 pestä

直 説 法		命 令 法	
現 在	現在完了	——	
pesen	olen pessyt	pese	
peset	olet pessyt	pesköön	
pesee	on pessyt	peskäämme	
pesemme	olemme pesseet	peskää	
pesette	olette pesseet	peskööt	
pesevät	ovat pesseet		

不 定 詞	
第1不定詞短形	pestä
長形	pestäkseen
第2不定詞内格	pestessä
具格	pesten
第3不定詞内格	pesemässä
出格	pesemästä
入格	pesemään
所格	pesemällä
	pesemäisillään
欠格	pesemättä
具格	pesemän
第4不定詞主格	peseminen
分格	pesemistä

過 去	過去完了
pesin	olin pessyt
pesit	olit pessyt
pesi	oli pessyt
pesimme	olimme pesseet
pesitte	olitte pesseet
pesivät	olivat pesseet

条 件 法	
現 在	完 了
pesisin	olisin pessyt
pesisit	olisit pessyt
pesisi	olisi pessyt
pesisimme	olisimme pesseet
pesisitte	olisitte pesseet
pesisivät	olisivat pesseet

分 詞	
現在分詞	pesevä pesevän
	pesevää peseviä
過去分詞	pessyt pesseen
	pessyttä pesseitä
行為者分詞	pesemä pesemän
	pesemää pesemiä

可 能 法	
現 在	完 了
pessen	lienen pessyt
pesset	lienet pessyt
pessee	lienee pessyt
pessemme	lienemme pesseet
pessette	lienette pesseet
pessevät	lienevät pesseet

動 名 詞
peseminen pesemisen
pesemistä pesemisiä

受 動 態

直説法現在	pestään	命令法	pestäköön
過去	pestiin	第2不定詞内格	pestäessä
現在完了	on pesty	第3不定詞具格	pestämän
過去完了	oli pesty		
条件法現在	pestäisiin	現在分詞	pestävä pestävän
完了	olisi pesty		pestävää pestäviä
可能法現在	pestäneen	過去分詞	pesty pestyn
完了	lienee pesty		pestyä pestyjä

24	rangaista		

直　説　法		命　令　法	
現　在	現在完了	———	
rankaisen	olen rangaissut	rankaise	
rankaiset	olet rangaissut	rangaiskoon	
rankaisee	on rangaissut	rangaiskaamme	
rankaisemme	olemme rangaisseet	rangaiskaa	
rankaisette	olette rangaisseet	rangaiskoot	
rankaisevat	ovat rangaisseet	不　定　詞	
過　去	過去完了	第1不定詞短形	rangaista
rankaisin	olin rangaissut	長形	rangaistakseen
rankaisit	olit rangaissut	第2不定詞内格	rangaistessa
rankaisi	oli rangaissut	具格	rangaisten
rankaisimme	olimme rangaisseet	第3不定詞内格	rankaisemassa
rankaisitte	olitte rangaisseet	出格	rankaisemasta
rankaisivat	olivat rangaisseet	入格	rankaisemaan
条　件　法		所格	rankaisemalla
現　在	完　了		rankaisemaisillaan
rankaisisin	olisin rangaissut	欠格	rankaisematta
rankaisisit	olisit rangaissut	具格	rankaiseman
rankaisisi	olisi rangaissut	第4不定詞主格	rankaiseminen
rankaisisimme	olisimme rangaisseet	分格	rankaisemista
rankaisisitte	olisitte rangaisseet	分　詞	
rankaisisivat	olisivat rangaisseet	現在分詞	rankaiseva rankaisevan
可　能　法			rankaisevaa rankaisevia
現　在	完　了	過去分詞	rangaissut rangaisseen
rangaissen	lienen rangaissut		rangaissutta rangaisseita
rangaisset	lienet rangaissut	行為者分詞	rankaisema rankaiseman
rangaissee	lienee rangaissut		rankaisemaa rankaisemia
rangaissemme	lienemme rangaisseet	動　名　詞	
rangaissette	lienette rangaisseet	rankaiseminen rankaisemisen	
rangaissevat	lienevät rangaisseet	rankaisemista rankaisemisia	

受　動　態				
直説法現在	rangaistaan	命令法	rangaistakoon	
過去	rangaistiin	第2不定詞内格	rangaistaessa	
現在完了	on rangaistu	第3不定詞具格	rangaistaman	
過去完了	oli rangaistu			
条件法現在	rangaistaisiin	現在分詞	rangaistava rangaistavan	
完了	olisi rangaistu		rangaistavaa rangaistavia	
可能法現在	rangaistaneen	過去分詞	rangaistu rangaistun	
完了	lienee rangaistu		rangaistua rangaistuja	

動詞の活用表

25	tulla			
	直　説　法		命　令　法	
	現　在	現在完了	――	
	tulen tulet tulee tulemme tulette tulevat	olen tullut olet tullut on tullut olemme tulleet olette tulleet ovat tulleet	tule tulkoon tulkaamme tulkaa tulkoot	
			不　定　詞	
	過　去	過去完了	第1不定詞短形 tulla 　　　　　長形 tullakseen 第2不定詞内格 tullessa 　　　　　具格 tullen 第3不定詞内格 tulemassa 　　　　　出格 tulemasta 　　　　　入格 tulemaan 　　　　　所格 tulemalla 　　　　　　　tulemaisillaan 　　　　　欠格 tulematta 　　　　　具格 tuleman 第4不定詞主格 tuleminen 　　　　　分格 tulemista	
	tulin tulit tuli tulimme tulitte tulivat	olin tullut olit tullut oli tullut olimme tulleet olitte tulleet olivat tulleet		
	条　件　法			
	現　在	完　了		
	tulisin tulisit tulisi tulisimme tulisitte tulisivat	olisin tullut olisit tullut olisi tullut olisimme tulleet olisitte tulleet olisivat tulleet		
			分　詞	
			現在分詞　tuleva tulevan 　　　　　tulevaa tulevia 過去分詞　tullut tulleen 　　　　　tullutta tulleita 行為者分詞 tulema tuleman 　　　　　tulemaa tulemia	
	可　能　法			
	現　在	完　了		
			動　名　詞	
	tullen tullet tullee tullemme tullette tullevat	lienen tullut lienet tullut lienee tullut lienemme tulleet lienette tulleet lienevät tulleet	tuleminen tulemisen tulemista tulemisia	
	受　動　態			
直説法現在 　　過去 　　現在完了 　　過去完了	tullaan tultiin on tultu oli tultu		命令法	tultakoon
			第2不定詞内格 第3不定詞具格	tultaessa tultaman
条件法現在 　　完了	tultaisiin olisi tultu		現在分詞 過去分詞	tultava tultavan tultavaa tultavia tultu tultun tultua tultuja
可能法現在 　　完了	tultaneen lienee tultu			

26 surra

直　説　法		命　令　法
現　在	現在完了	——
suren suret suree suremme surette surevat	olen surrut olet surrut on surrut olemme surreet olette surreet ovat surreet	sure surkoon surkaamme surkaa surkoot

過　去	過去完了
surin surit suri surimme suritte surivat	olin surrut olit surrut oli surrut olimme surreet olitte surreet olivat surreet

不　定　詞	
第1不定詞短形	surra
長形	surrakseen
第2不定詞内格	surressa
具格	surren
第3不定詞内格	suremassa
出格	suremasta
入格	suremaan
所格	suremalla 　　　　suremaisillaan
欠格	surematta
具格	sureman
第4不定詞主格	sureminen
分格	suremista

条　件　法	
現　在	完　了
surisin surisit surisi surisimme surisitte surisivat	olisin surrut olisit surrut olisi surrut olisimme surreet olisitte surreet olisivat surreet

分　詞	
現在分詞	sureva surevan surevaa surevia
過去分詞	surrut surreen surrutta surreita
行為者分詞	surema sureman suremaa suremia

可　能　法	
現　在	完　了
surren surret surree surremme surrette surrevat	lienen surrut lienet surrut lienee surrut lienemme surreet lienette surreet lienevät surreet

動　名　詞	
sureminen suremisen suremista suremisia	

受　動　態

直説法現在	surraan	命令法	surtakoon
過去	surtiin	第2不定詞内格	surtaessa
現在完了	on surtu	第3不定詞具格	surtaman
過去完了	oli surtu	現在分詞	surtava surtavan surtavaa surtavia
条件法現在	surtaisiin		
完了	olisi surtu	過去分詞	surtu surrun surtua surtuja
可能法現在	surtaneen		
完了	lienee surtu		

27 mennä

直 説 法	
現 在	現在完了
menen	olen mennyt
menet	olet mennyt
menee	on mennyt
menemme	olemme menneet
menette	olette menneet
menevät	ovat menneet
過 去	過去完了
menin	olin mennyt
menit	olit mennyt
meni	oli mennyt
menimme	olimme menneet
menitte	olitte menneet
menivät	olivat menneet

条 件 法	
現 在	完 了
menisin	olisin mennyt
menisit	olisit mennyt
menisi	olisi mennyt
menisimme	olisimme menneet
menisitte	olisitte menneet
menisivät	olisivat menneet

可 能 法	
現 在	完 了
mennen	lienen mennyt
mennet	lienet mennyt
mennee	lienee mennyt
mennemme	lienemme menneet
mennette	lienette menneet
mennevät	lienevät menneet

命 令 法	
——	
mene	
menköön	
menkäämme	
menkää	
menkööt	

不 定 詞	
第1不定詞短形	mennä
長形	mennäkseen
第2不定詞内格	mennessä
具格	mennen
第3不定詞内格	menemässä
出格	menemästä
入格	menemään
所格	menemällä
	menemäisillään
欠格	menemättä
具格	menemän
第4不定詞主格	meneminen
分格	menemistä

分 詞	
現在分詞	menevä menevän
	menevää meneviä
過去分詞	mennyt menneen
	mennyttä menneitä
行為者分詞	menemä menemän
	menemää menemiä

動 名 詞	
meneminen menemisen	
menemistä menemisiä	

受 動 態			
直説法現在	mennään	命令法	mentäköön
過去	mentiin	第2不定詞内格	mentäessä
現在完了	on menty	第3不定詞具格	mentämän
過去完了	oli menty	現在分詞	mentävä mentävän
条件法現在	mentäisiin		mentävää mentäviä
完了	olisi menty	過去分詞	menty mennyn
可能法現在	mentäneen		mentyä mentyjä
完了	lienee menty		

28 katsella

直　説　法	
現　在	現在完了
katselen	olen katsellut
katselet	olet katsellut
katselee	on katsellut
katselemme	olemme katselleet
katselette	olette katselleet
katselevat	ovat katselleet
過　去	過去完了
katselin	olin katsellut
katselit	olit katsellut
katseli	oli katsellut
katselimme	olimme katselleet
katselitte	olitte katselleet
katselivat	olivat katselleet

条　件　法	
現　在	完　了
katselisin	olisin katsellut
katselisit	olisit katsellut
katselisi	olisi katsellut
katselisimme	olisimme katselleet
katselisitte	olisitte katselleet
katselisivat	olisivat katselleet

可　能　法	
現　在	完　了
katsellen	lienen katsellut
katsellet	lienet katsellut
katsellee	lienee katsellut
katsellemme	lienemme katselleet
katsellette	lienette katselleet
katsellevat	lienevät katselleet

命　令　法	
——	
katsele	
katselkoon	
katselkaamme	
katselkaa	
katselkoot	

不　定　詞	
第1不定詞短形	katsella
長形	katsellakseen
第2不定詞内格	katsellessa
具格	katsellen
第3不定詞内格	katselemassa
出格	katselemasta
入格	katselemaan
所格	katselemalla
	katselemaisillaan
欠格	katselematta
具格	katseleman
第4不定詞主格	katseleminen
分格	katselemista

分　詞	
現在分詞	katseleva katselevan
	katselevaa katselevia
過去分詞	katsellut katselleen
	katsellutta katselleita
行為者分詞	katselema katseleman
	katselemaa katselemia

動　名　詞	
katseleminen katselemisen	
katselemista katselemisia	

受　動　態			
直説法現在	katsellaan	命令法	katseltakoon
過去	katseltiin	第2不定詞内格	katseltaessa
現在完了	on katseltu	第3不定詞具格	katseltaman
過去完了	oli katseltu		
条件法現在	katseltaisiin	現在分詞	katseltava katseltavan
完了	olisi katseltu		katseltavaa katseltavia
可能法現在	katseltaneen	過去分詞	katseltu katsellun
完了	lienee katseltu		katseltua katseltuja

28	kuunnella

直 説 法	
現 在	現在完了
kuuntelen	olen kuunnellut
kuuntelet	olet kuunnellut
kuuntelee	on kuunnellut
kuuntelemme	olemme kuunnelleet
kuuntelette	olette kuunnelleet
kuuntelevat	ovat kuunnelleet
過 去	過去完了
kuuntelin	olin kuunnellut
kuuntelit	olit kuunnellut
kuunteli	oli kuunnellut
kuuntelimme	olimme kuunnelleet
kuuntelitte	olitte kuunnelleet
kuuntelivat	olivat kuunnelleet

条 件 法	
現 在	完 了
kuuntelisin	olisin kuunnellut
kuuntelisit	olisit kuunnellut
kuuntelisi	olisi kuunnellut
kuuntelisimme	olisimme kuunnelleet
kuuntelisitte	olisitte kuunnelleet
kuuntelisivat	olisivat kuunnelleet

可 能 法	
現 在	完 了
kuunnellen	lienen kuunnellut
kuunnellet	lienet kuunnellut
kuunnellee	lienee kuunnellut
kuunnellemme	lienemme kuunnelleet
kuunnellette	lienette kuunnelleet
kuunnellevat	lienevät kuunnelleet

命 令 法	
——	
kuuntele	
kuunnelkoon	
kuunnelkaamme	
kuunnelkaa	
kuunnelkoot	

不 定 詞	
第1不定詞短形	kuunnella
長形	kuunnellakseen
第2不定詞内格	kuunnellessa
具格	kuunnellen
第3不定詞内格	kuuntelemassa
出格	kuuntelemasta
入格	kuuntelemaan
所格	kuuntelemalla
	kuuntelemaisillaan
欠格	kuuntelematta
具格	kuunteleman
第4不定詞主格	kuunteleminen
分格	kuuntelemista

分 詞	
現在分詞	kuunteleva kuuntelevan
	kuuntelevaa kuuntelevia
過去分詞	kuunnellut kuunnelleen
	kuunnellutta kuunnelleita
行為者分詞	kuuntelema kuunteleman
	kuuntelemaa kuuntelemia

動 名 詞	
kuunteleminen kuuntelemisen	
kuuntelemista kuuntelemisia	

受 動 態			
直説法現在	kuunnellaan	命令法	kuunneltakoon
過去	kuunneltiin	第2不定詞内格	kuunneltaessa
現在完了	on kuunneltu	第3不定詞具格	kuunneltaman
過去完了	oli kuunneltu		
条件法現在	kuunneltaisiin	現在分詞	kuunneltava kuunneltavan
完了	olisi kuunneltu		kuunneltavaa kuunneltavia
可能法現在	kuunneltaneen	過去分詞	kuunneltu kuunneltun
完了	lienee kuunneltu		kuunneltua kuunneltuja

29 autoilla

直説法

現在	現在完了
autoilen	olen autoillut
autoilet	olet autoillut
autoilee	on autoillut
autoilemme	olemme autoilleet
autoilette	olette autoilleet
autoilevat	ovat autoilleet

過去	過去完了
autoilin	olin autoillut
autoilit	olit autoillut
autoili	oli autoillut
autoilimme	olimme autoilleet
autoilitte	olitte autoilleet
autoilivat	olivat autoilleet

条件法

現在	完了
autoilisin	olisin autoillut
autoilisit	olisit autoillut
autoilisi	olisi autoillut
autoilisimme	olisimme autoilleet
autoilisitte	olisitte autoilleet
autoilisivat	olisivat autoilleet

可能法

現在	完了
autoillen	lienen autoillut
autoillet	lienet autoillut
autoillee	lienee autoillut
autoillemme	lienemme autoilleet
autoillette	lienette autoilleet
autoillevat	lienevät autoilleet

命令法

——
autoile
autoilkoon
autoilkaamme
autoilkaa
autoilkoot

不定詞

第1不定詞短形	autoilla
長形	autoillakseen
第2不定詞内格	autoillessa
具格	autoillen
第3不定詞内格	autoilemassa
出格	autoilemasta
入格	autoilemaan
所格	autoilemalla
	autoilemaisillaan
欠格	autoilematta
具格	autoileman
第4不定詞主格	autoileminen
分格	autoilemista

分詞

現在分詞	autoileva	autoilevan
	autoilevaa	autoilevia
過去分詞	autoillut	autoilleen
	autoillutta	autoilleita
行為者分詞	autoilema	autoileman
	autoilemaa	autoilemia

動名詞

autoileminen autoilemisen
autoilemista autoilemisia

受動態

直説法現在	autoillaan
過去	autoiltiin
現在完了	on autoiltu
過去完了	oli autoiltu
条件法現在	autoiltaisiin
完了	olisi autoiltu
可能法現在	autoiltaneen
完了	lienee autoiltu

命令法	autoiltakoon
第2不定詞内格	autoiltaessa
第3不定詞具格	autoiltaman
現在分詞	autoiltava autoiltavan
	autoiltavaa autoiltavia
過去分詞	autoiltu autoillun
	autoiltua autoiltuja

30	ikävöidä		

直説法

現在	現在完了
ikävöin	olen ikävöinyt
ikävöit	olet ikävöinyt
ikävöi	on ikävöinyt
ikävöimme	olemme ikävöineet
ikävöitte	olette ikävöineet
ikävöivät	ovat ikävöineet

過去	過去完了
ikävöin	olin ikävöinyt
ikävöit	olit ikävöinyt
ikävöi	oli ikävöinyt
ikävöimme	olimme ikävöineet
ikävöitte	olitte ikävöineet
ikävöivät	olivat ikävöineet

条件法

現在	完了
ikävöisin	olisin ikävöinyt
ikävöisit	olisit ikävöinyt
ikävöisi	olisi ikävöinyt
ikävöisimme	olisimme ikävöineet
ikävöisitte	olisitte ikävöineet
ikävöisivät	olisivat ikävöineet

可能法

現在	完了
ikävöinen	lienen ikävöinyt
ikävöinet	lienet ikävöinyt
ikävöinee	lienee ikävöinyt
ikävöinemme	lienemme ikävöineet
ikävöinette	lienette ikävöineet
ikävöinevät	lienevät ikävöineet

命令法

———
ikävöi
ikävöiköön
ikävöikäämme
ikävöikää
ikävöikööt

不定詞

第1不定詞短形 ikävöidä
　　　　長形 ikävöidäkseen
第2不定詞内格 ikävöidessä
　　　　具格 ikävöiden
第3不定詞内格 ikävöimässä
　　　　出格 ikävöimästä
　　　　入格 ikävöimään
　　　　所格 ikävöimällä
　　　　　　 ikävöimäisillään
　　　　欠格 ikävöimättä
　　　　具格 ikävöimän
第4不定詞主格 ikävöiminen
　　　　分格 ikävöimistä

分詞

現在分詞	ikävöivä ikävöivän
	ikävöivää ikävöiviä
過去分詞	ikävöinyt ikävöineen
	ikävöinyttä ikävöineitä
行為者分詞	ikävöimä ikävöimän
	ikävöimää ikävöimiä

動名詞

ikävöiminen ikävöimisen
ikävöimistä ikävöimisiä

受動態

直説法現在	ikävöidään	命令法	ikävöitäköön
過去	ikävöitiin		
現在完了	on ikävöity	第2不定詞内格	ikävöitäessä
過去完了	oli ikävöity	第3不定詞具格	ikävöitämän
条件法現在	ikävöitäisiin	現在分詞	ikävöitävä ikävöitävän
完了	olisi ikävöity		ikävöitävää ikävöitäviä
可能法現在	ikävöitäneen	過去分詞	ikävöity ikävöidyn
完了	lienee ikävöity		ikävöityä ikävöityjä

31 valita

直説法

現在	現在完了
valitsen	olen valinnut
valitset	olet valinnut
valitsee	on valinnut
valitsemme	olemme valinneet
valitsette	olette valinneet
valitsevat	ovat valinneet

過去	過去完了
valitsin	olin valinnut
valitsit	olit valinnut
valitsi	oli valinnut
valitsimme	olimme valinneet
valitsitte	olitte valinneet
valitsivat	olivat valinneet

条件法

現在	完了
valitsisin	olisin valinnut
valitsisit	olisit valinnut
valitsisi	olisi valinnut
valitsisimme	olisimme valinneet
valitsisitte	olisitte valinneet
valitsisivat	olisivat valinneet

可能法

現在	完了
valinnen	lienen valinnut
valinnet	lienet valinnut
valinnee	lienee valinnut
valinnemme	lienemme valinneet
valinnette	lienette valinneet
valinnevat	lienevät valinneet

命令法

——
valitse
valitkoon
valitkaamme
valitkaa
valitkoot

不定詞

第1不定詞短形	valita
長形	valitakseen
第2不定詞内格	valitessa
具格	valiten
第3不定詞内格	valitsemassa
出格	valitsemasta
入格	valitsemaan
所格	valitsemalla
	valitsemaisillaan
欠格	valitsematta
具格	valitseman
第4不定詞主格	valitseminen
分格	valitsemista

分詞

現在分詞	valitseva valitsevan
	valitsevaa valitsevia
過去分詞	valinnut valinneen
	valinnutta valinneita
行為者分詞	valitsema valitseman
	valitsemaa valitsemia

動名詞

valitseminen valitsemisen
valitsemista valitsemisia

受動態

直説法現在	valitaan
過去	valittiin
現在完了	on valittu
過去完了	oli valittu

命令法	valittakoon
第2不定詞内格	valittaessa
第3不定詞具格	valittaman

| 条件法現在 | valittaisiin |
| 完了 | olisi valittu |

現在分詞	valittava valittavan
	valittavaa valittavia
過去分詞	valittu valitun
	valittua valittuja

| 可能法現在 | valittaneen |
| 完了 | lienee valittu |

32 | juosta

直説法

現在	現在完了
juoksen	olen juossut
juokset	olet juossut
juoksee	on juossut
juoksemme	olemme juosseet
juoksette	olette juosseet
juoksevat	ovat juosseet

過去	過去完了
juoksin	olin juossut
juoksit	olit juossut
juoksi	oli juossut
juoksimme	olimme juosseet
juoksitte	olitte juosseet
juoksivat	olivat juosseet

条件法

現在	完了
juoksisin	olisin juossut
juoksisit	olisit juossut
juoksisi	olisi juossut
juoksisimme	olisimme juosseet
juoksisitte	olisitte juosseet
juoksisivat	olisivat juosseet

可能法

現在	完了
juossen	lienen juossut
juosset	lienet juossut
juossee	lienee juossut
juossemme	lienemme juosseet
juossette	lienette juosseet
juossevat	lienevät juosseet

命令法

——
juokse
juoskoon
juoskaamme
juoskaa
juoskoot

不定詞

第1不定詞短形 juosta
　　　　　長形 juostakseen
第2不定詞内格 juostessa
　　　　　具格 juosten
第3不定詞内格 juoksemassa
　　　　　出格 juoksemasta
　　　　　入格 juoksemaan
　　　　　所格 juoksemalla
　　　　　　　 juoksemaisillaan
　　　　　欠格 juoksematta
　　　　　具格 juokseman
第4不定詞主格 juokseminen
　　　　　分格 juoksemista

分詞

現在分詞	juokseva juoksevan
	juoksevaa juoksevia
過去分詞	juossut juosseen
	juossutta juosseita
行為者分詞	juoksema juokseman
	juoksemaa juoksemia

動名詞

juokseminen juoksemisen
juoksemista juoksemisia

受動態

直説法現在	juostaan	命令法	juostakoon
過去	juostiin		
現在完了	on juostu	第2不定詞内格	juostaessa
過去完了	oli juostu	第3不定詞具格	juostaman
条件法現在	juostaisiin	現在分詞	juostava juostavan
完了	olisi juostu		juostavaa juostavia
可能法現在	juostaneen	過去分詞	juostu juostun
完了	lienee juostu		juostua juostuja

33 nähdä

直　説　法			命　令　法
現　在		現在完了	——
näen		olen nähnyt	näe
näet		olet nähnyt	nähköön
näkee		on nähnyt	nähkäämme
näemme		olemme nähneet	nähkää
näette		olette nähneet	nähkööt
näkevät		ovat nähneet	不　定　詞
過　去		過去完了	第1不定詞短形 nähdä
näin		olin nähnyt	長形 nähdäkseen
näit		olit nähnyt	第2不定詞内格 nähdessä
näki		oli nähnyt	具格 nähden
näimme		olimme nähneet	第3不定詞内格 näkemässä
näitte		olitte nähneet	出格 näkemästä
näkivät		olivat nähneet	入格 näkemään
条　件　法			所格 näkemällä
現　在		完　了	näkemäisillään
näkisin		olisin nähnyt	欠格 näkemättä
näkisit		olisit nähnyt	具格 näkemän
näkisi		olisi nähnyt	第4不定詞主格 näkeminen
näkisimme		olisimme nähneet	分格 näkemistä
näkisitte		olisitte nähneet	分　詞
näkisivät		olisivat nähneet	現在分詞　näkevä näkevän
可　能　法			näkevää näkeviä
現　在		完　了	過去分詞　nähnyt nähneen
nähnen		lienen nähnyt	nähnyttä nähneitä
nähnet		lienet nähnyt	行為者分詞 näkemä näkemän
nähnee		lienee nähnyt	näkemää näkemiä
nähnemme		lienemme nähneet	動　名　詞
nähnette		lienette nähneet	näkeminen näkemisen
nähnevät		lienevät nähneet	näkemistä näkemisiä
受　動　態			
直説法現在	nähdään	命令法	nähtäköön
過去	nähtiin		
現在完了	on nähty	第2不定詞内格	nähtäessä
過去完了	oli nähty	第3不定詞具格	nähtämän
条件法現在	nähtäisiin	現在分詞	nähtävä nähtävän
完了	olisi nähty		nähtävää nähtäviä
可能法現在	nähtäneen	過去分詞	nähty nähdyn
完了	lienee nähty		nähtyä nähtyjä

34	aleta

直説法

現　在	現在完了
alenen	olen alennut
alenet	olet alennut
alenee	on alennut
alenemme	olemme alenneet
alenetta	olette alenneet
alenevat	ovat alenneet

過　去	過去完了
alenin	olin alennut
alenit	olit alennut
aleni	oli alennut
alenimme	olimme alenneet
alenitte	olitte alenneet
alenivat	olivat alenneet

条　件　法

現　在	完　了
alenisin	olisin alennut
alenisit	olisit alennut
alenisi	olisi alennut
alenisimme	olisimme alenneet
alenisitte	olisitte alenneet
alenisivat	olisivat alenneet

可　能　法

現　在	完　了
alennen	lienen alennut
alennet	lienet alennut
alennee	lienee alennut
alennemme	lienemme alenneet
alennette	lienette alenneet
alennevat	lienevät alenneet

命　令　法

―――
alene
aletkoon
aletkaamme
aletkaa
aletkoot

不　定　詞

第1不定詞短形　aleta
　　　　　長形　aletakseen
第2不定詞内格　aletessa
　　　　　具格　aleten
第3不定詞内格　alenemassa
　　　　　出格　alenemasta
　　　　　入格　alenemaan
　　　　　所格　alenemalla
　　　　　　　　alenemaisillaan
　　　　　欠格　alenematta
　　　　　具格　aleneman
第4不定詞主格　aleneminen
　　　　　分格　alenemista

分　詞

現在分詞	aleneva alenevan
	alenevaa alenevia
過去分詞	alennut alenneen
	alennutta alenneita
行為者分詞	alenema aleneman
	alenemaa alenemia

動　名　詞

aleneminen alenemisen
alenemista alenemisia

受　動　態

直説法現在	aletaan
過去	alettiin
現在完了	on alettu
過去完了	oli alettu

命令法	alettakoon
第2不定詞内格	alettaessa
第3不定詞具格	alettaman

条件法現在	alettaisiin
完了	olisi alettu

現在分詞	alettava alettavan
	alettavaa alettavia
過去分詞	alettu aletun
	alettua alettuja

可能法現在	alettaneen
完了	lienee alettu

34	paeta		

直説法

現　在	現在完了
pakenen	olen paennut
pakenet	olet paennut
pakenee	on paennut
pakenemme	olemme paenneet
pakenette	olette paenneet
pakenevat	ovat paenneet

過　去	過去完了
pakenin	olin paennut
pakenit	olit paennut
pakeni	oli paennut
pakenimme	olimme paenneet
pakenitte	olitte paenneet
pakenivat	olivat paenneet

条件法

現　在	完　了
pakenisin	olisin paennut
pakenisit	olisit paennut
pakenisi	olisi paennut
pakenisimme	olisimme paenneet
pakenisitte	olisitte paenneet
pakenisivat	olisivat paenneet

可能法

現　在	完　了
paennen	lienen paennut
paennet	lienet paennut
paennee	lienee paennut
paennemme	lienemme paenneet
paennette	lienette paenneet
paennevat	lienevät paenneet

命令法

——
pakene
paetkoon
paetkaamme
paetkaa
paetkoot

不定詞

第1不定詞短形 paeta
　　　　　長形 paetakseen
第2不定詞内格 paetessa
　　　　　具格 paeten
第3不定詞内格 pakenemassa
　　　　　出格 pakenemasta
　　　　　入格 pakenemaan
　　　　　所格 pakenemalla
　　　　　　　 pakenemaisillaan
　　　　　欠格 pakenematta
　　　　　具格 pakeneman
第4不定詞主格 pakeneminen
　　　　　分格 pakenemista

分詞

現在分詞	pakeneva pakenevan
	pakenevaa pakenevia
過去分詞	paennut paenneen
	paennutta paenneita
行為者分詞	pakenema pakeneman
	pakenemaa pakenemia

動名詞

pakeneminen pakenemisen
pakenemista pakenemisia

受動態

直説法現在	paetaan
過去	paettiin
現在完了	on paettu
過去完了	oli paettu

命令法	paettakoon
第2不定詞内格	paettaessa
第3不定詞具格	paettaman

| 条件法現在 | paettaisiin |
| 完了 | olisi paettu |

現在分詞	paettava paettavan
	paettavaa paettavia
過去分詞	paettu paetun
	paettua paettuja

| 可能法現在 | paettaneen |
| 完了 | lienee paettu |

35	osata

直説法

現在	現在完了
osaan	olen osannut
osaat	olet osannut
osaa	on osannut
osaamme	olemme osanneet
osaatte	olette osanneet
osaavat	ovat osanneet

過去	過去完了
osasin	olin osannut
osasit	olit osannut
osasi	oli osannut
osasimme	olimme osanneet
osasitte	olitte osanneet
osasivat	olivat osanneet

条件法

現在	完了
osaisin	olisin osannut
osaisit	olisit osannut
osaisi	olisi osannut
osaisimme	olisimme osanneet
osaisitte	olisitte osanneet
osaisivat	olisivat osanneet

可能法

現在	完了
osannen	lienen osannut
osannet	lienet osannut
osannee	lienee osannut
osannemme	lienemme osanneet
osannette	lienette osanneet
osannevat	lienevät osanneet

命令法

——
osaa
osatkoon
osatkaamme
osatkaa
osatkoot

不定詞

第1不定詞	短形 osata
	長形 osatakseen
第2不定詞	内格 osatessa
	具格 osaten
第3不定詞	内格 osaamassa
	出格 osaamasta
	入格 osaamaan
	所格 osaamalla
	osaamaisillaan
	欠格 osaamatta
	具格 osaaman
第4不定詞	主格 osaaminen
	分格 osaamista

分詞

現在分詞	osaava osaavan
	osaavaa osaavia
過去分詞	osannut osanneen
	osannutta osanneita
行為者分詞	osaama osaaman
	osaamaa osaamia

動名詞

osaaminen osaamisen
osaamista osaamisia

受動態

直説法現在	osataan
過去	osattiin
現在完了	on osattu
過去完了	oli osattu

命令法	osattakoon
第2不定詞内格	osattaessa
第3不定詞具格	osattaman

| 条件法現在 | osattaisiin |
| 完了 | olisi osattu |

現在分詞	osattava osattavan
	osattavaa osattavia
過去分詞	osattu osatun
	osattua osattuja

| 可能法現在 | osattaneen |
| 完了 | lienee osattu |

35 maata

直　説　法		命　令　法	
現　在	現在完了	——	
makaan	olen maannut	makaa	
makaat	olet maannut	maatkoon	
makaa	on maannut	maatkaamme	
makaamme	olemme maanneet	maatkaa	
makaatte	olette maanneet	maatkoot	
makaavat	ovat maanneet		
過　去	過去完了	不　定　詞	
makasin	olin maannut	第1不定詞短形	maata
makasit	olit maannut	長形	maatakseen
makasi	oli maannut	第2不定詞内格	maatessa
makasimme	olimme maanneet	具格	maaten
makasitte	olitte maanneet	第3不定詞内格	makaamassa
makasivat	olivat maanneet	出格	makaamasta
条　件　法		入格	makaamaan
現　在	完　了	所格	makaamalla
makaisin	olisin maannut		makaamaisillaan
makaisit	olisit maannut	欠格	makaamatta
makaisi	olisi maannut	具格	makaaman
makaisimme	olisimme maanneet	第4不定詞主格	makaaminen
makaisitte	olisitte maanneet	分格	makaamista
makaisivat	olisivat maanneet	分　詞	
可　能　法		現在分詞	makaava makaavan
現　在	完　了		makaavaa makaavia
maannen	lienen maannut	過去分詞	maannut maanneen
maannet	lienet maannut		maannutta maanneita
maannee	lienee maannut	行為者分詞	makaama makaaman
maannemme	lienemme maanneet		makaamaa makaamia
maannette	lienette maanneet	動　名　詞	
maannevat	lienevät maanneet	makaaminen makaamisen
		makaamista makaamisia

受　動　態

直説法現在	maataan	命令法	maattakoon
過去	maattiin	第2不定詞内格	maattaessa
現在完了	on maattu	第3不定詞具格	maattaman
過去完了	oli maattu	現在分詞	maattava maattavan
条件法現在	maattaisiin		maattavaa maattavia
完了	olisi maattu	過去分詞	maattu maatun
可能法現在	maattaneen		maattua maattuja
完了	lienee maattu		

36 katketa

直説法		命令法	
現 在	現在完了	——	
katkean	olen katkennut	katkea	
katkeat	olet katkennut	katketkoon	
katkeaa	on katkennut	katketkaamme	
katkeamme	olemme katkenneet	katketkaa	
katkeatte	olette katkenneet	katketkoot	
katkeavat	ovat katkenneet	不 定 詞	
過 去	過去完了	第1不定詞短形	katketa
katkesin	olin katkennut	長形	katketakseen
katkesit	olit katkennut	第2不定詞内格	katketessa
katkesi	oli katkennut	具格	katketen
katkesimme	olimme katkenneet	第3不定詞内格	katkeamassa
katkesitte	olitte katkenneet	出格	katkeamasta
katkesivat	olivat katkenneet	入格	katkeamaan
条 件 法		所格	katkeamalla
現 在	完 了		katkeamaisillaan
katkeaisin	olisin katkennut	欠格	katkeamatta
katkeaisit	olisit katkennut	具格	katkeaman
katkeaisi	olisi katkennut	第4不定詞主格	katkeaminen
katkeaisimme	olisimme katkenneet	分格	katkeamista
katkeaisitte	olisitte katkenneet	分 詞	
katkeaisivat	olisivat katkenneet	現在分詞	katkeava katkeavan
可 能 法			katkeavaa katkeavia
現 在	完 了	過去分詞	katkennut katkenneen
katkennen	lienen katkennut		katkennutta katkenneita
katkennet	lienet katkennut	行為者分詞	katkeama katkeaman
katkennee	lienee katkennut		katkeamaa katkeamia
katkennemme	lienemme katkenneet	動 名 詞	
katkennette	lienette katkenneet	katkeaminen katkeamisen	
katkennevat	lienevät katkenneet	katkeamista katkeamisia	

受 動 態			
直説法現在	katketaan	命令法	katkettakoon
過去	katkettiin	第2不定詞内格	katkettaessa
現在完了	on katkettu	第3不定詞具格	katkettaman
過去完了	oli katkettu		
条件法現在	katkettaisiin	現在分詞	katkettava katkettavan
完了	olisi katkettu		katkettavaa katkettavia
可能法現在	katkettaneen	過去分詞	katkettu katketun
完了	lienee katkettu		katkettua katkettuja

36 kiivetä

直説法

現在	現在完了
kiipeän	olen kiivennyt
kiipeät	olet kiivennyt
kiipeää	on kiivennyt
kiipeämme	olemme kiivenneet
kiipeätte	olette kiivenneet
kiipeävät	ovat kiivenneet

過去	過去完了
kiipesin	olin kiivennyt
kiipesit	olit kiivennyt
kiipesi	oli kiivennyt
kiipesimme	olimme kiivenneet
kiipesitte	olitte kiivenneet
kiipesivät	olivat kiivenneet

条件法

現在	完了
kiipeäisin	olisin kiivennyt
kiipeäisit	olisit kiivennyt
kiipeäisi	olisi kiivennyt
kiipeäisimme	olisimme kiivenneet
kiipeäisitte	olisitte kiivenneet
kiipeäisivät	olisivat kiivenneet

可能法

現在	完了
kiivennen	lienen kiivennyt
kiivennet	lienet kiivennyt
kiivennee	lienee kiivennyt
kiivennemme	lienemme kiivenneet
kiivennette	lienette kiivenneet
kiivennevät	lienevät kiivenneet

命令法

———
kiipeä
kiivetköön
kiivetkäämme
kiivetkää
kiivetkööt

不定詞

第1不定詞短形	kiivetä
長形	kiivetäkseen
第2不定詞内格	kiivetessä
具格	kiiveten
第3不定詞内格	kiipeämässä
出格	kiipeämästä
入格	kiipeämään
所格	kiipeämällä
	kiipeämäisillään
欠格	kiipeämättä
具格	kiipeämän
第4不定詞主格	kiipeäminen
分格	kiipeämistä

分詞

現在分詞	kiipeävä kiipeävän
	kiipeävää kiipeäviä
過去分詞	kiivennyt kiivenneen
	kiivennyttä kiivenneitä
行為者分詞	kiipeämä kiipeämän
	kiipeämää kiipeämiä

動名詞

kiipeäminen kiipeämisen
kiipeämistä kiipeämisiä

受動態

直説法現在	kiivetään
過去	kiivettiin
現在完了	on kiivetty
過去完了	oli kiivetty

命令法	kiivettäköön
第2不定詞内格	kiivettäessä
第3不定詞具格	kiivettämän

| 条件法現在 | kiivettäisiin |
| 完了 | olisi kiivetty |

現在分詞	kiivettävä kiivettävän
	kiivettävää kiivettäviä
過去分詞	kiivetty kiivetyn
	kiivettyä kiivettyjä

| 可能法現在 | kiivettäneen |
| 完了 | lienee kiivetty |

37 hävitä

直　説　法		命　令　法	
現　在	現在完了	——	
häviän	olen hävinnyt	häviä	
häviät	olet hävinnyt	hävitköön	
häviää	on hävinnyt	hävitkäämme	
häviämme	olemme hävinneet	hävitkää	
häviätte	olette hävinneet	hävitkööt	
häviävät	ovat hävinneet	不　定　詞	
過　去	過去完了	第1不定詞短形	hävitä
hävisin	olin hävinnyt	長形	hävitäkseen
hävisit	olit hävinnyt	第2不定詞内格	hävitessä
hävisi	oli hävinnyt	具格	häviten
hävisimme	olimme hävinneet	第3不定詞内格	häviämässä
hävisitte	olitte hävinneet	出格	häviämästä
hävisivät	olivat hävinneet	入格	häviämään
条　件　法		所格	häviämällä
現　在	完　了		häviämäisillään
häviäisin	olisin hävinnyt	欠格	häviämättä
häviäisit	olisit hävinnyt	具格	häviämän
häviäisi	olisi hävinnyt	第4不定詞主格	häviäminen
häviäisimme	olisimme hävinneet	分格	häviämistä
häviäisitte	olisitte hävinneet	分　詞	
häviäisivät	olisivat hävinneet	現在分詞	häviävä häviävän
可　能　法			häviävää häviäviä
現　在	完　了	過去分詞	hävinnyt hävinneen
hävinnen	lienen hävinnyt		hävinnyttä hävinneitä
hävinnet	lienet hävinnyt	行為者分詞	häviämä häviämän
hävinnee	lienee hävinnyt		häviämää häviämiä
hävinnemme	lienemme hävinneet	動　名　詞	
hävinnette	lienette hävinneet	häviäminen häviämisen	
hävinnevät	lienevät hävinneet	häviämistä häviämisiä	

受　動　態

直説法現在	hävitään	命令法	hävittäköön
過去	hävittiin	第2不定詞内格	hävittäessä
現在完了	on hävitty	第3不定詞具格	hävittämän
過去完了	oli hävitty	現在分詞	hävittävä hävittävän
条件法現在	hävittäisiin		hävittävää hävittäviä
完了	olisi hävitty	過去分詞	hävitty hävityn
可能法現在	hävittäneen		hävittyä hävittyjä
完了	lienee hävitty		

37 keritä

直説法

現　在	現在完了
kerkiän	olen kerinnyt
kerkiät	olet kerinnyt
kerkiää	on kerinnyt
kerkiämme	olemme kerinneet
kerkiätte	olette kerinneet
kerkiävät	ovat kerinneet

過　去	過去完了
kerkisin	olin kerinnyt
kerkisit	olit kerinnyt
kerkisi	oli kerinnyt
kerkisimme	olimme kerinneet
kerkisitte	olitte kerinneet
kerkisivät	olivat kerinneet

条件法

現　在	完　了
kerkiäisin	olisin kerinnyt
kerkiäisit	olisit kerinnyt
kerkiäisi	olisi kerinnyt
kerkiäisimme	olisimme kerinneet
kerkiäisitte	olisitte kerinneet
kerkiäisivät	olisivat kerinneet

可能法

現　在	完　了
kerinnen	lienen kerinnyt
kerinnet	lienet kerinnyt
kerinnee	lienee kerinnyt
kerinnemme	lienemme kerinneet
kerinnette	lienette kerinneet
kerinnevät	lienevät kerinneet

命令法

	――
	kerkiä
	keritköön
	keritkäämme
	keritkää
	keritkööt

不定詞

第1不定詞短形	keritä
長形	keritäkseen
第2不定詞内格	keritessä
具格	keriten
第3不定詞内格	kerkiämässä
出格	kerkiämästä
入格	kerkiämään
所格	kerkiämällä
	kerkiämäisillään
欠格	kerkiämättä
具格	kerkiämän
第4不定詞主格	kerkiäminen
分格	kerkiämistä

分詞

現在分詞	kerkiävä kerkiävän
	kerkiävää kerkiäviä
過去分詞	kerinnyt kerinneen
	kerinnyttä kerinneitä
行為者分詞	kerkiämä kerkiämän
	kerkiämää kerkiämiä

動名詞

kerkiäminen kerkiämisen	
kerkiämistä kerkiämisiä	

受動態

直説法現在	keritään	命令法	kerittäköön
過去	kerittiin		
現在完了	on keritty	第2不定詞内格	kerittäessä
過去完了	oli keritty	第3不定詞具格	kerittämän
条件法現在	kerittäisiin	現在分詞	kerittävä kerittävän
完了	olisi keritty		kerittävää kerittäviä
可能法現在	kerittäneen	過去分詞	keritty kerityn
完了	lienee keritty		kerittyä kerittyjä

38 kohota

直説法

現在	現在完了
kohoan	olen kohonnut
kohoat	olet kohonnut
kohoaa	on kohonnut
kohoamme	olemme kohonneet
kohoatte	olette kohonneet
kohoavat	ovat kohonneet

過去	過去完了
kohosin	olin kohonnut
kohosit	olit kohonnut
kohosi	oli kohonnut
kohosimme	olimme kohonneet
kohositte	olitte kohonneet
kohosivat	olivat kohonneet

条件法

現在	完了
kohoaisin kohoisin	olisin kohonnut
kohoaisit kohoisit	olisit kohonnut
kohoaisi kohoisi	olisi kohonnut
kohoaisimme kohoisimme	olisimme kohonneet
kohoaisitte kohoisitte	olisitte kohonneet
kohoaisivat kohoisivat	olisivat kohonneet

可能法

現在	完了
kohonnen	lienen kohonnut
kohonnet	lienet kohonnut
kohonnee	lienee kohonnut
kohonnemme	lienemme kohonneet
kohonnette	lienette kohonneet
kohonnevat	lienevät kohonneet

命令法

——
kohoa
kohotkoon
kohotkaamme
kohotkaa
kohotkoot

不定詞

第1不定詞短形	kohota
長形	kohotakseen
第2不定詞内格	kohotessa
具格	kohoten
第3不定詞内格	kohoamassa
出格	kohoamasta
入格	kohoamaan
所格	kohoamalla
	kohoamaisillaan
欠格	kohoamatta
具格	kohoaman
第4不定詞主格	kohoaminen
分格	kohoamista

分詞

現在分詞	kohoava kohoavan
	kohoavaa kohoavia
過去分詞	kohonnut kohonneen
	kohonnutta kohonneita
行為者分詞	kohoama kohoaman
	kohoamaa kohoamia

動名詞

kohoaminen kohoamisen
kohoamista kohoamisia

受動態

直説法現在	kohotaan
過去	kohottiin
現在完了	on kohottu
過去完了	oli kohottu

命令法	kohottakoon
第2不定詞内格	kohottaessa
第3不定詞具格	kohottaman

| 条件法現在 | kohottaisiin |
| 完了 | olisi kohottu |

現在分詞	kohottava kohottavan
	kohottavaa kohottavia
過去分詞	kohottu kohotun
	kohottua kohottuja

| 可能法現在 | kohottaneen |
| 完了 | lienee kohottu |

38	koota		
直　説　法		命　令　法	
現　在	現在完了	——	
kokoan kokoat kokoaa kokoamme kokoatte kokoavat	olen koonnut olet koonnut on koonnut olemme koonneet olette koonneet ovat koonneet	kokoa kootkoon kootkaamme kootkaa kootkoot	
過　去	過去完了	不　定　詞	
kokosin kokosit kokosi kokosimme kokositte kokosivat	olin koonnut olit koonnut oli koonnut olimme koonneet olitte koonneet olivat koonneet	第1不定詞短形 koota 　　　　　長形 kootakseen 第2不定詞内格 kootessa 　　　　　具格 kooten 第3不定詞内格 kokoamassa 　　　　　出格 kokoamsta 　　　　　入格 kokoamaan 　　　　　所格 kokoamalla 　　　　　　　 kokoamaisillaan 　　　　　欠格 kokoamatta 　　　　　具格 kokoaman 第4不定詞主格 kokoaminen 　　　　　分格 kohoamista	
条　件　法			
現　在	完　了		
kokoaisin kokoisin kokoaisit kokoisit kokoaisi kokoisi kokoaisimme kokoisimme kokoaisitte kokoisitte kokoaisivat kokoisivat	olisin koonnut olisit koonnut olisi koonnut olisimme koonneet olisitte koonneet olisivat koonneet		
		分　詞	
		現在分詞	kokoava kokoavan kokoavaa kokoavia
		過去分詞	koonnut koonneen koonnutta koonneita
		行為者分詞	kokoama kokoaman kokoamaa kokoamia
可　能　法			
現　在	完　了	動　名　詞	
koonnen koonnet koonnee koonnemme koonnette koonnevat	lienen koonnut lienet koonnut lienee koonnut lienemme koonneet lienette koonneet lienevät koonneet	kokoaminen kokoamisen kokoamista kokoamisia	
受　動　態			
直説法現在 過去 現在完了 過去完了	kootaan koottiin on koottu oli koottu	命令法	koottakoon
		第2不定詞内格 第3不定詞具格	koottaessa koottaman
条件法現在 完了	koottaisiin olisi koottu	現在分詞 過去分詞	koottava koottavan koottavaa koottavia koottu kootun koottua koottuja
可能法現在 完了	koottaneen lienee koottu		

39 haluta

直説法

現在	現在完了
haluan	olen halunnut
haluat	olet halunnut
haluaa	on halunnut
haluamme	olemme halunneet
haluatte	olette halunneet
haluavat	ovat halunneet

過去	過去完了
halusin	olin halunnut
halusit	olit halunnut
halusi	oli halunnut
halusimme	olimme halunneet
halusitte	olitte halunneet
halusivat	olivat halunneet

条件法

現在	完了
haluaisin	olisin halunnut
haluaisit	olisit halunnut
haluaisi	olisi halunnut
haluaisimme	olisimme halunneet
haluaisitte	olisitte halunneet
haluaisivat	olisivat halunneet

可能法

現在	完了
halunnen	lienen halunnut
halunnet	lienet halunnut
halunnee	lienee halunnut
halunnemme	lienemme halunneet
halunnette	lienette halunneet
halunnevat	lienevät halunneet

命令法

現在
——
halua
halutkoon
halutkaamme
halutkaa
halutkoot

不定詞

第1不定詞短形	haluta
長形	halutakseen
第2不定詞内格	halutessa
具格	haluten
第3不定詞内格	haluamassa
出格	haluamasta
入格	haluamaan
所格	haluamalla
	haluamaisillaan
欠格	haluamatta
具格	haluaman
第4不定詞主格	haluaminen
分格	haluamista

分詞

現在分詞	haluava haluavan
	haluavaa haluavia
過去分詞	halunnut halunneen
	halunnutta halunneita
行為者分詞	haluama haluaman
	haluamaa haluamia

動名詞

haluaminen haluamisen
haluamista haluamisia

受動態

直説法現在	halutaan
過去	haluttiin
現在完了	on haluttu
過去完了	oli haluttu

| 条件法現在 | haluttaisiin |
| 完了 | olisi haluttu |

| 可能法現在 | haluttaneen |
| 完了 | lienee haluttu |

命令法	haluttakoon
第2不定詞内格	haluttaessa
第3不定詞具格	haluttaman

現在分詞	haluttava haluttavan
	haluttavaa haluttavia
過去分詞	haluttu haluttun
	haluttua haluttuja

| 39 | kavuta |

直　説　法		命　令　法
現　在	現在完了	
kapuan kapuat kapuaa kapuamme kapuatte kapuavat	olen kavunnut olet kavunnut on kavunnut olemme kavunneet olette kavunneet ovat kavunneet	—— kapua kavutkoon kavutkaamme kavutkaa kavutkoot

過　去	過去完了
kapusin kapusit kapusi kapusimme kapusitte kapusivat	olin kavunnut olit kavunnut oli kavunnut olimme kavunneet olitte kavunneet olivat kavunneet

条　件　法	
現　在	完　了
kapuaisin kapuaisit kapuaisi kapuaisimme kapuaisitte kapuaisivat	olisin kavunnut olisit kavunnut olisi kavunnut olisimme kavunneet olisitte kavunneet olisivat kavunneet

可　能　法	
現　在	完　了
kavunnen kavunnet kavunnee kavunnemme kavunnette kavunnevat	lienen kavunnut lienet kavunnut lienee kavunnut lienemme kavunneet lienette kavunneet lienevät kavunneet

不　定　詞	
第1不定詞短形	kavuta
長形	kavutakseen
第2不定詞内格	kavutessa
具格	kavuten
第3不定詞内格	kapuamassa
出格	kapuamasta
入格	kapuamaan
所格	kapuamalla
	kapuamaisillaan
欠格	kapuamatta
具格	kapuaman
第4不定詞主格	kapuaminen
分格	kapuamista

分　詞	
現在分詞	kapuava kapuavan kapuavaa kapuavia
過去分詞	kavunnut kavunneen kavunnutta kavunneita
行為者分詞	kapuama kapuaman kapuamaa kapuamia

動　名　詞
kapuaminen kapuamisen kapuamista kapuamisia

受　動　態			
直説法現在 過去 現在完了 過去完了	kavutaan kavuttiin on kavuttu oli kavuttu	命令法	kavuttakoon
			第2不定詞内格 第3不定詞具格	kavuttaessa kavuttaman
条件法現在 完了	kavuttaisiin olisi kavuttu	現在分詞	kavuttava kavuttavan kavuttavaa kavuttavia
可能法現在 完了	kavuttaneen lienee kavuttu	過去分詞	kavuttu kavutun kavuttua kavuttuja

40	varata

直 説 法

現 在
varaan
varaat
varaa
varaamme
varaatte
varaavat

現在完了
olen varannut
olet varannut
on varannut
olemme varanneet
olette varanneet
ovat varanneet

過 去
varasin
varasit
varasi
varasimme
varasitte
varasivat

過去完了
olin varannut
olit varannut
oli varannut
olimme varanneet
olitte varanneet
olivat varanneet

条 件 法

現 在
varaisin
varaisit
varaisi
varaisimme
varaisitte
varaisivat

完 了
olisin varannut
olisit varannut
olisi varannut
olisimme varanneet
olisitte varanneet
olisivat varanneet

可 能 法

現 在
varannen
varannet
varannee
varannemme
varannette
varannevat

完 了
lienen varannut
lienet varannut
lienee varannut
lienemme varanneet
lienette varanneet
lienevät varanneet

命 令 法
——
varaa
varatkoon
varatkaamme
varatkaa
varatkoot

不 定 詞
第1不定詞短形 varata
　　　　長形 varatakseen
第2不定詞内格 varatessa
　　　　具格 varaten
第3不定詞内格 varaamassa
　　　　出格 varaamasta
　　　　入格 varaamaan
　　　　所格 varaamalla
　　　　欠格 varaamaisillaan
　　　　具格 varaaman
第4不定詞主格 varaaminen
　　　　分格 varaamista

分 詞
現在分詞　varaava varaavan
　　　　　varaavaa varaavia
過去分詞　varannut varanneen
　　　　　varannutta varanneita
行為者分詞 varaama varaaman
　　　　　varaamaa varaamia

動 名 詞
varaaminen varaamisen
varaamista varaamisia

受 動 態

直説法現在	varataan
過去	varattiin
現在完了	on varattu
過去完了	oli varattu

命令法	varattakoon
第2不定詞内格	varattaessa
第3不定詞具格	varattaman

条件法現在	varattaisiin
完了	olisi varattu

現在分詞	varattava varattavan
	varattavaa varattavia
過去分詞	varattu varatun
	varattua varattuja

可能法現在	varattaneen
完了	lienee varattu

40 kaivata

直 説 法	
現 在	現在完了
kaipaan	olen kaivannut
kaipaat	olet kaivannut
kaipaa	on kaivannut
kaipaamme	olemme kaivanneet
kaipaatte	olette kaivanneet
kaipaavat	ovat kaivanneet
過 去	過去完了
kaipasin	olin kaivannut
kaipasit	olit kaivannut
kaipasi	oli kaivannut
kaipasimme	olimme kaivanneet
kaipasitte	olitte kaivanneet
kaipasivat	olivat kaivanneet

条 件 法	
現 在	完 了
kaipaisin	olisin kaivannut
kaipaisit	olisit kaivannut
kaipaisi	olisi kaivannut
kaipaisimme	olisimme kaivanneet
kaipaisitte	olisitte kaivanneet
kaipaisivat	olisivat kaivanneet

可 能 法	
現 在	完 了
kaivannen	lienen kaivannut
kaivannet	lienet kaivannut
kaivannee	lienee kaivannut
kaivannemme	lienemme kaivanneet
kaivannette	lienette kaivanneet
kaivannevat	lienevät kaivanneet

命 令 法
———
kaipaa
kaivatkoon
kaivatkaamme
kaivatkaa
kaivatkoot

不 定 詞	
第1不定詞短形	kaivata
長形	kaivatakseen
第2不定詞内格	kaivatessa
具格	kaivaten
第3不定詞内格	kaipaamassa
出格	kaipaamasta
入格	kaipaamaan
所格	kaipaamalla
	kaipaamaisillaan
欠格	kaipaamatta
具格	kaipaaman
第4不定詞主格	kaipaaminen
分格	kaipaamista

分 詞	
現在分詞	kaipaava kaipaavan
	kaipaavaa kaipaavia
過去分詞	kaivannut kaivanneen
	kaivannutta kaivanneita
行為者分詞	kaipaama kaipaaman
	kaipaamaa kaipaamia

動 名 詞
kaipaaminen kaipaamisen
kaipaamista kaipaamisia

受 動 態			
直説法現在	kaivataan	命令法	kaivattakoon
過去	kaivattiin	第2不定詞内格	kaivattaessa
現在完了	on kaivattu	第3不定詞具格	kaivattaman
過去完了	oli kaivattu		
条件法現在	kaivattaisiin	現在分詞	kaivattava kaivattavan
完了	olisi kaivattu		kaivattavaa kaivattavia
可能法現在	kaivattaneen	過去分詞	kaivattu kaivatun
完了	lienee kaivattu		kaivattua kaivattuja

41 kihistä

直説法

現在 / 現在完了
現在	現在完了
kihisen	olen kihissyt
kihiset	olet kihissyt
kihisee	on kihissyt
kihisemme	olemme kihisseet
kihisette	olette kihisseet
kihisevät	ovat kihisseet

過去 / 過去完了
過去	過去完了
kihisin	olin kihissyt
kihisit	olit kihissyt
kihisi	oli kihissyt
kihisimme	olimme kihisseet
kihisitte	olitte kihisseet
kihisivät	olivat kihisseet

条件法

現在	完了
kihisisin	olisin kihissyt
kihisisit	olisit kihissyt
kihisisi	olisi kihissyt
kihisisimme	olisimme kihisseet
kihisisitte	olisitte kihisseet
kihisisivät	olisivat kihisseet

可能法

現在	完了
kihissen	lienen kihissyt
kihisset	lienet kihissyt
kihissee	lienee kihissyt
kihissemme	lienemme kihisseet
kihissette	lienette kihisseet
kihissevät	lienevät kihisseet

命令法

——
kihise
kihisköön
kihiskäämme
kihiskää
kihiskööt

不定詞

第1不定詞短形	kihistä
長形	kihistäkseen
第2不定詞内格	kihistessä
具格	kihisten
第3不定詞内格	kihisemässä
出格	kihisemästä
入格	kihisemään
所格	kihisemällä
	kihisemäisillään
欠格	kihisemättä
具格	kihisemän
第4不定詞主格	kihiseminen
分格	kihisemistä

分詞

現在分詞	kihisevä	kihisevän
	kihisevää	kihiseviä
過去分詞	kihissyt	kihisseen
	kihisyttä	kihisseitä
行為者分詞	kihisemä	kihisemän
	kihisemää	kihisemiä

動名詞

kihiseminen kihisemisen
kihisemistä kihisemisiä

受動態

直説法現在	kihistään
過去	kihistiin
現在完了	on kihisty
過去完了	oli kihisty

条件法現在	kihistäisiin
完了	olisi kihisty

可能法現在	kihistäneen
完了	lienee kihisty

命令法	kihistäköön
第2不定詞内格	kihistäessä
第3不定詞具格	kihistämän

現在分詞	kihistävä kihistävän
	kihistävää kihistäviä
過去分詞	kihisty kihistyn
	kihistyä kihistyjä

42	rakentaa		

直　説　法		命　令　法
現　在	現在完了	───
rakennan rakennat rakentaa rakennamme rakennatte rakentavat	olen rakentanut olet rakentanut on rakentanut olemme rakentaneet olette rakentaneet ovat rakentaneet	rakenna rakentakoon rakentakaamme rakentakaa rakentakoot

過　去	過去完了
rakensin rakensit rakensi rakensimme rakensitte rakensivat	olin rakentanut olit rakentanut oli rakentanut olimme rakentaneet olitte rakentaneet olivat rakentaneet

不　定　詞

第1不定詞短形 rakentaa
　　　　　長形 rakentaakseen
第2不定詞内格 rakentaessa
　　　　　具格 rakentaen
第3不定詞内格 rakentamassa
　　　　　出格 rakentamasta
　　　　　入格 rakentamaan
　　　　　所格 rakentamalla
　　　　　　　 rakentamaisillaan
　　　　　欠格 rakentamatta
　　　　　具格 rakentaman
第4不定詞主格 rakentaminen
　　　　　分格 rakentamista

条　件　法	
現　在	完　了
rakentaisin rakentaisit rakentaisi rakentaisimme rakentaisitte rakentaisivat	olisin rakentanut olisit rakentanut olisi rakentanut olisimme rakentaneet olisitte rakentaneet olisivat rakentaneet

分　詞	
現在分詞	rakentava rakentavan rakentavaa rakentavia
過去分詞	rakentanut rakentaneen rakentanutta rakentaneita
行為者分詞	rakentama rakentaman rakentamaa rakentamia

可　能　法	
現　在	完　了
rakentanen rakentanet rakentanee rakentanemme rakentanette rakentanevat	lienen rakentanut lienet rakentanut lienee rakentanut lienemme rakentaneet lienette rakentaneet lienevät rakentaneet

動　名　詞

rakentaminen rakentamisen
rakentamista rakentamisia

受　動　態		
直説法現在 過去 現在完了 過去完了	rakennetaan rakennettiin on rakennettu oli rakennettu	
		命令法　rakennettakoon
		第2不定詞内格 rakennettaessa 第3不定詞具格 rakennettaman
条件法現在 完了	rakennettaisiin olisi rakennettu	
		現在分詞　rakennettava rakennettavan rakennettavaa rakennettavia
可能法現在 完了	rakennettaneen lienee rakennettu	過去分詞　rakennettu rakettu rakennetun raketun rakennettua rakettua rakennettuja rakettuja

43 tietää

直説法

現在	現在完了	
tiedän	olen tietänyt	olen tiennyt
tiedät	olet tietänyt	olet tiennyt
tietää	on tietänyt	on tiennyt
tiedämme	olemme tietäneet	olemme tienneet
tiedätte	olette tietäneet	olette tienneet
tietävät	ovat tietäneet	ovat tienneet

過去	過去完了	
tiesin	olin tietänyt	olin tiennyt
tiesit	olit tietänyt	olit tiennyt
tiesi	oli tietänyt	oli tiennyt
tiesimme	olimme tietäneet	olimme tienneet
tiesitte	olitte tietäneet	olitte tienneet
tiesivät	olivat tietäneet	olivat tienneet

条件法

現在	完了	
tietäisin	olisin tietänyt	olisin tiennyt
tietäisit	olisit tietänyt	olisit tiennyt
tietäisi	olisi tietänyt	olisi tiennyt
tietäisimme	olisimme tietäneet	olisimme tienneet
tietäisitte	olisitte tietäneet	olisitte tienneet
tietäisivät	olisivat tietäneet	olisivat tienneet

可能法

現在		完了	
tietänen	tiennen	lienen tietänyt	lienen tiennyt
tietänet	tiennet	lienet tietänyt	lienet tiennyt
tietänee	tiennee	lienee tietänyt	lienee tiennyt
tietänemme	tiennemme	lienemme tietäneet	lienemme tienneet
tietänette	tiennette	lienette tietäneet	lienette tienneet
tietänevät	tiennevät	lienevät tietäneet	lienevät tienneet

命令法

―
tiedä
tietäköön
tietäkäämme
tietäkää
tietäkööt

不定詞

第1不定詞短形	tietää
長形	tietääkseen
第2不定詞内格	tietäessä
具格	tietäen
第3不定詞内格	tietämässä
出格	tietämästä
入格	tietämään
所格	tietämällä
	tietämäisillään
欠格	tietämättä
具格	tietämän
第4不定詞主格	tietäminen
分格	tietämistä

分詞

現在分詞	tietävä tietävän
	tietävää tietäviä
過去分詞	tietänyt tietäneen
	tietäneitä
	tiennyt tienneen
	tiennyttä tienneitä
行為者分詞	tietämä tietämän
	tietämää tietämiä

動名詞

tietäminen tietämisen
tietämistä tietämisiä

受動態

直説法現在	tiedetään	命令法	tiedettäköön
過去	tiedettiin	第2不定詞内格	tiedettäessä
現在完了	on tiedetty	第3不定詞具格	tiedettämän
過去完了	oli tiedetty		
条件法現在	tiedettäisiin	現在分詞	tiedettävä tiedettävän
完了	olisi tiedetty		tiedettävää tiedettäviä
可能法現在	tiedettäneen	過去分詞	tiedetty tiedetyn
完了	lienee tiedetty		tiedettyä tiedettyjä

44	antautua		

直 説 法

現　在	現在完了
antaudun	olen antautunut
antaudut	olet antautunut
antautuu	on antautunut
antaudumme	olemme antautuneet
antaudutte	olette antautuneet
antautuvat	ovat antautuneet

過　去	過去完了
antauduin	olin antautunut
antauduit	olit antautunut
antautui	oli antautunut
antauduimme	olimme antautuneet
antauduitte	olitte antautuneet
antautuivat	olivat antautuneet

条 件 法

現　在	完　了
antautuisin	olisin antautunut
antautuisit	olisit antautunut
antautuisi	olisi antautunut
antautuisimme	olisimme antautuneet
antautuisitte	olisitte antautuneet
antautuisivat	olisivat antautuneet

可 能 法

現　在	完　了
antautunen	lienen antautunut
antautunet	lienet antautunut
antautunee	lienee antautunut
antautunemme	lienemme antautuneet
antautunette	lienette antautuneet
antautunevat	lienevät antautuneet

命 令 法

——
antaudu
antautukoon
antautukaamme
antautukaa
antautukoot

不 定 詞

第1不定詞短形	antautua
長形	antautuakseen
第2不定詞内格	antautuessa
具格	antautuen
第3不定詞内格	antautumassa
出格	antautumasta
入格	antautumaan
所格	antautumalla
	antautumaisillaan
欠格	antautumatta
具格	antautuman
第4不定詞主格	antautuminen
分格	antautumista

分 詞

現在分詞	antautuva antautuvan
	antautuvaa antautuvia
過去分詞	antautunut antautuneen
	antautunutta antautuneita
行為者分詞	antautuma antautuman
	antautumaa antautumia

動 名 詞

antautuminen antautumisen
antautumista antautumisia

受 動 態

直説法現在	antaudutaan	命令法	antauduttakoon
過去	antauduttiin	第2不定詞内格	antauduttaessa
現在完了	on antauduttu	第3不定詞具格	antauduttaman
過去完了	oli antauduttu		
条件法現在	antauduttaisiin	現在分詞	antauduttava antauduttavan
完了	olisi antauduttu		antauduttavaa antauduttavia
可能法現在	antauduttaneen	過去分詞	antauduttu antauduttun
完了	lienee antauduttu		antauduttua antauduttuja

45	kaata	

直　説　法		命　令　法
現　在	現在完了	
kaadan	olen kaannut	――
kaadat	olet kaannut	kaada
kaataa	on kaannut	kaatkoon
kaadamme	olemme kaanneet	kaatkaamme
kaadatte	olette kaanneet	kaatkaa
kaatavat	ovat kaanneet	kaatkoot

過　去	過去完了
kaasin	olin kaannut
kaasit	olit kaannut
kaasi	oli kaannut
kaasimme	olimme kaanneet
kaasitte	olitte kaanneet
kaasivat	olivat kaanneet

不　定　詞	
第1不定詞短形	kaata
長形	kaatakseen
第2不定詞内格	kaatessa
具格	kaaten
第3不定詞内格	kaatamassa
出格	kaatamasta
入格	kaatamaan
所格	kaatamalla
	kaatamaisillaan
欠格	kaatamatta
具格	kaataman
第4不定詞主格	kaataminen
分格	kaatamista

条　件　法	
現　在	完　了
kaataisin	olisin kaannut
kaataisit	olisit kaannut
kaataisi	olisi kaannut
kaataisimme	olisimme kaanneet
kaataisitte	olisitte kaanneet
kaataisivat	olisivat kaanneet

分　詞	
現在分詞	kaatava kaatavan
	kaatavaa kaatavia
過去分詞	kaannut kaanneen
	kaannutta kaanneita
行為者分詞	kaatama kaataman
	kaatamaa kaatamia

可　能　法	
現　在	完　了
kaannen	lienen kaannut
kaannet	lienet kaannut
kaannee	lienee kaannut
kaannemme	lienemme kaanneet
kaannette	lienette kaanneet
kaannevat	lienevät kaanneet

動　名　詞
kaataminen kaatamisen
kaatamista kaatamisia

受　動　態			
直説法現在	kaataan	命令法	kaattakoon
過去	kaattiin	第2不定詞内格	kaattaessa
現在完了	on kaattu	第3不定詞具格	kaattaman
過去完了	oli kaattu		
条件法現在	kaattaisiin	現在分詞	kaattava kaattavan
完了	olisi kaattu		kaattavaa kaattavia
可能法現在	kaattaneen	過去分詞	kaattu kaatun
完了	lienee kaattu		kaattua kaattuja

代名詞の変化表

A．人称代名詞

格	単数 1人称	単数 2人称	単数 3人称	複数 1人称	複数 2人称	複数 3人称
主　格	minä	sinä	hän	me	te	he
属　格	minun	sinun	hänen	meidän	teidän	heidän
対　格	minut	sinut	hänet	meidät	teidät	heidät
分　格	minua	sinua	häntä	meitä	teitä	heitä
様　格	minuna	sinuna	hänenä	meinä	teinä	heinä
変　格	minuksi	sinuksi	häneksi	meiksi	teiksi	heiksi
内　格	minussa	sinussa	hänessä	meissä	teissä	heissä
出　格	minusta	sinusta	hänestä	meistä	teistä	heistä
入　格	minuun	sinuun	häneen	meihin	teihin	heihin
所　格	minulla	sinulla	hänellä	meillä	teillä	heillä
離　格	minulta	sinulta	häneltä	meiltä	teiltä	heiltä
向　格	minulle	sinulle	hänelle	meille	teille	heille
欠　格	minutta	sinutta	hänettä	meittä	teittä	heittä
共　格	——	——	——	——	——	——
具　格	——	——	——	——	——	——

B．指示代名詞

格	単数	単数	単数	複数	複数	複数
主　格	tämä	tuo	se	nämä	nuo	ne
属　格	tämän	tuon	sen	näiden / näitten	noiden / noitten	niiden / niitten
対格 I	tämän	tuon	sen	nämä	nuo	ne
対格 II	tämä	tuo	se			
分　格	tätä	tuota	sitä	näitä	noita	niitä
様　格	tänä	tuona	sinä	näinä	noina	niinä
変　格	täksi	tuoksi	siksi	näiksi	noiksi	niiksi
内　格	tässä	tuossa	siinä	näissä	noissa	niissä
出　格	tästä	tuosta	siitä	näistä	noista	niistä
入　格	tähän	tuohon	siihen	näihin	noihin	niihin
所　格	tällä	tuolla	sillä	näillä	noilla	niillä
離　格	tältä	tuolta	siltä	näiltä	noilta	niiltä
向　格	tälle	tuolle	sille	näille	noille	niille
欠　格	——	——	——	näittä	noitta	niittä
共　格	——	——	——	näine	noine	niine
具　格	——	——	——	näin	noin	niin

C. 疑問代名詞

格	単 数	複 数	単 数	複 数
主 格	kuka	ketkä	mikä	mitkä
属 格	kenen	keiden keitten	minkä	minkä
対格 I 　　II	kenet	ketkä	minkä mikä	mitkä
分 格	ketä	keitä	mitä	mitä
様 格	kenä 又は kenenä	keinä	minä	minä
変 格	keneksi	keiksi	miksi	miksi
内 格	kenessä	keissä	missä	missä
出 格	kenestä	keistä	mistä	mistä
入 格	keneen	keihin	mihin	mihin
所 格	kenellä	keillä	millä	millä
離 格	keneltä	keiltä	miltä	miltä
向 格	kenelle	keille	mille	mille
欠 格	kenettä	keittä	——	——
共 格	——	——	——	——
具 格	——	——	——	——

格	単 数	複 数	単 数	複 数
主 格	kumpi	kummat	kumpainen	kumpaiset
属 格	kumman	kumpien	kumpaisen	kumpaisten kumpaisien
対格 I 　　II	kumman kumpi	kummat	kumpaisen kumpainen	kumpaiset
分 格	kumpaa	kumpia	kumpaista	kumpaisia
様 格	kumpana	kumpina	kumpaisena	kumpaisina
変 格	kummaksi	kummiksi	kumpaiseksi	kumpaisiksi
内 格	kummassa	kummissa	kumpaisessa	kumpaisissa
出 格	kummasta	kummista	kumpaisesta	kumpaisista
入 格	kumpaan	kumpiin	kumpaiseen	kumpaisiin
所 格	kummalla	kummilla	kumpaisella	kumpaisilla
離 格	kummalta	kummilta	kumpaiselta	kumpaisilta
向 格	kummalle	kummille	kumpaiselle	kumpaisille
欠 格	kummatta	kummitta	kumpaisetta	kumpaisitta
共 格	——	kumpine	——	kumpaisine
具 格	——	kummin	——	kumpaisin

D．関係代名詞

格	単 数	複 数
主 格	joka	jotka
属 格	jonka	joiden joitten
対格 I 　　 II	jonka joka	jotka
分 格	jota	joita
様 格	jona	joina
変 格	joksi	joiksi
内 格	jossa	joissa
出 格	josta	joista
入 格	johon	joihin
所 格	jolla	joilla
離 格	jolta	joilta
向 格	jolle	joille
欠 格	——	joitta
共 格	——	——
具 格	——	——

E．不定代名詞

格	単 数	複 数	単 数	複 数
主 格	joku	jotkut	jokin	jotkin
属 格	jonkun	joidenkuiden joittenkuitten	jonkin	joidenkin joittenkin
対格 I 　　 II	jonkun joku	jotkut	jonkin jokin	jotkin
分 格	jotakuta	joitakuita	jotakin	joitakin
様 格	jonakuna	joinakuina	jonakin	joinakin
変 格	joksikuksi	joiksikuiksi	joksikin	joiksikin
内 格	jossakussa	joissakuissa	jossakin	joissakin
出 格	jostakusta	joistakuista	jostakin	joistakin
入 格	johonkuhun	joihinkuihin	johonkin	joihinkin
所 格	jollakulla	joillakuilla	jollakin	joillakin
離 格	joltakulta	joiltakuilta	joltakin	joiltakin
向 格	jollekulle	joillekuille	jollekin	joillekin
欠 格	——	——	——	——
共 格	——	joinekuine	——	joinekin
具 格	——	——	——	——

代名詞の変化表

格	単数	複数	単数	複数
主格	kukaan	ketkään	mikään	mitkään
属格	kenenkään	keidenkään / keittenkään	minkään	minkään
対格 I	kenenkään	ketkään	minkään	mitkään
対格 II	kukaan		mikään	
分格	ketään	keitäkään	mitään	mitään
様格	kenenäkään	keinäkään	minään	minään
変格	keneksikään	keiksikään	miksikään	miksikään
内格	kenessäkään	keissään / keissäkään	missään	missään
出格	kenestäkään	keistään	mistään	mistään
入格	keneenkään	keihinkään	mihinkään	mihinkään
所格	kenelläkään	keillään / keilläkään	millään	millään
離格	keneltäkään	keiltään / keiltäkään	miltään	miltään
向格	kenellekään	keillekään	millekään	millekään
欠格	kenettäkään	keittään / keittäkään		
共格	—	—	—	—
具格	—	—	—	—

格	単数	複数
主格	kukin	kutkin
属格	kunkin	kuidenkin
対格 I	kunkin	kutkin
対格 II	kukin	
分格	kutakin	kuitakin
様格	kunakin	kuinakin
変格	kuksikin	kuiksikin
内格	kussakin	kuissakin
出格	kustakin	kuistakin
入格	kuhunkin	kuihinkin
所格	kullakin	kuillakin
離格	kultakin	kuiltakin
向格	kullekin	kuillekin
欠格		
共格	—	—
具格	—	kuinkin

著者紹介

荻島　崇 ［おぎしま・たかし］

　1933年　東京生まれ。1957年　東北大学文学部(仏文学科)卒。1976年-2004年　東海大学講師・助教授・教授。〈専門〉フィンランド語学。〈著書〉『フィンランド語辞典』，『日本語フィンランド語辞典』，『基礎フィンランド語文法』，その他。

目録進呈　落丁本・乱丁本はお取替えいたします。

平成 20 年 7 月 10 日　ⓒ第 1 版発行

日本語フィンランド語小辞典	著　者　荻　島　　　崇
	発行者　佐　藤　政　人
	発　行　所 株式会社　**大　学　書　林** 東京都文京区小石川 4 丁目 7 番 4 号 振替口座　00120-8-43740 電話（03）3812-6281〜3番 郵便番号112-0002

ISBN978-4-475-00100-7　　TMプランニング/横山印刷/牧製本

大学書林

語学参考書

著者	書名	判型	頁数
荻島 崇 著	フィンランド語辞典	A5判	936頁
荻島 崇 著	日本語フィンランド語辞典	A5判	960頁
荻島 崇 著	フィンランド語日本語小辞典	新書判	712頁
荻島 崇 著	基礎フィンランド語文法	A5判	328頁
荻島 崇 著	フィンランド語基礎1500語	新書判	208頁
荻島 崇 著	やさしいフィンランド語読本	B6判	168頁
荻島 崇 訳注	フィンランド語童話選	B6判	240頁
尾崎 義 著	フィンランド語四週間	B6判	408頁
小泉 保 著	フィンランド語文法読本	A5判	368頁
庄司博史 編	フィンランド語会話練習帳	新書判	256頁
小泉 保 訳注	対訳カレワラの歌(I) 呪術師ワイナミョイネンとサンポ物語	A5判	152頁
小泉 保 訳注	対訳カレワラの歌(II) レンミンカイネンとクッレルボ	A5判	192頁
小泉 保 著	ラップ語入門	A5判	218頁
吉田欣吾 著	サーミ語の基礎	A5判	280頁
今岡十一郎 編著	ハンガリー語辞典	A5判	1152頁
岩崎悦子 浅津エルジェーベト 著	ハンガリー語 I	A5判	528頁
岩崎悦子 浅津エルジェーベト 著	ハンガリー語 II	A5判	576頁
早稲田みか 著	ハンガリー語の文法	A5判	196頁
小泉 保 著	ウラル語のはなし	A5判	288頁
小泉 保 著	ウラル語統語論	A5判	376頁

―目録進呈―